COLÓN

SERIE MAYOR

ESTEBAN MIRA CABALLOS

COLÓN

El converso que cambió el mundo

CRÍTICA

Obra editada en colaboración con Editorial Planeta – España

Bajo el sello editorial CRÍTICA M.R.
Avenida Presidente Masaryk núm. 111,
Piso 2, Polanco V Sección, Miguel Hidalgo
C.P. 11560, Ciudad de México
www.planetadelibros.com.mx
www.paidos.com.mx

Primera edición impresa en España: junio de 2025
ISBN: 978-84-9199-778-8

Primera edición impresa en México: abril de 2026
ISBN: 978-607-639-202-7

Impreso en los talleres de Corporación en Servicios
Integrales de Asesoría Profesional, S.A. de C.V.,
Calle E # 6, Parque Industrial
Puebla 2000, C.P. 72225, Puebla, Pue.
Impreso y hecho en México / *Printed in Mexico*

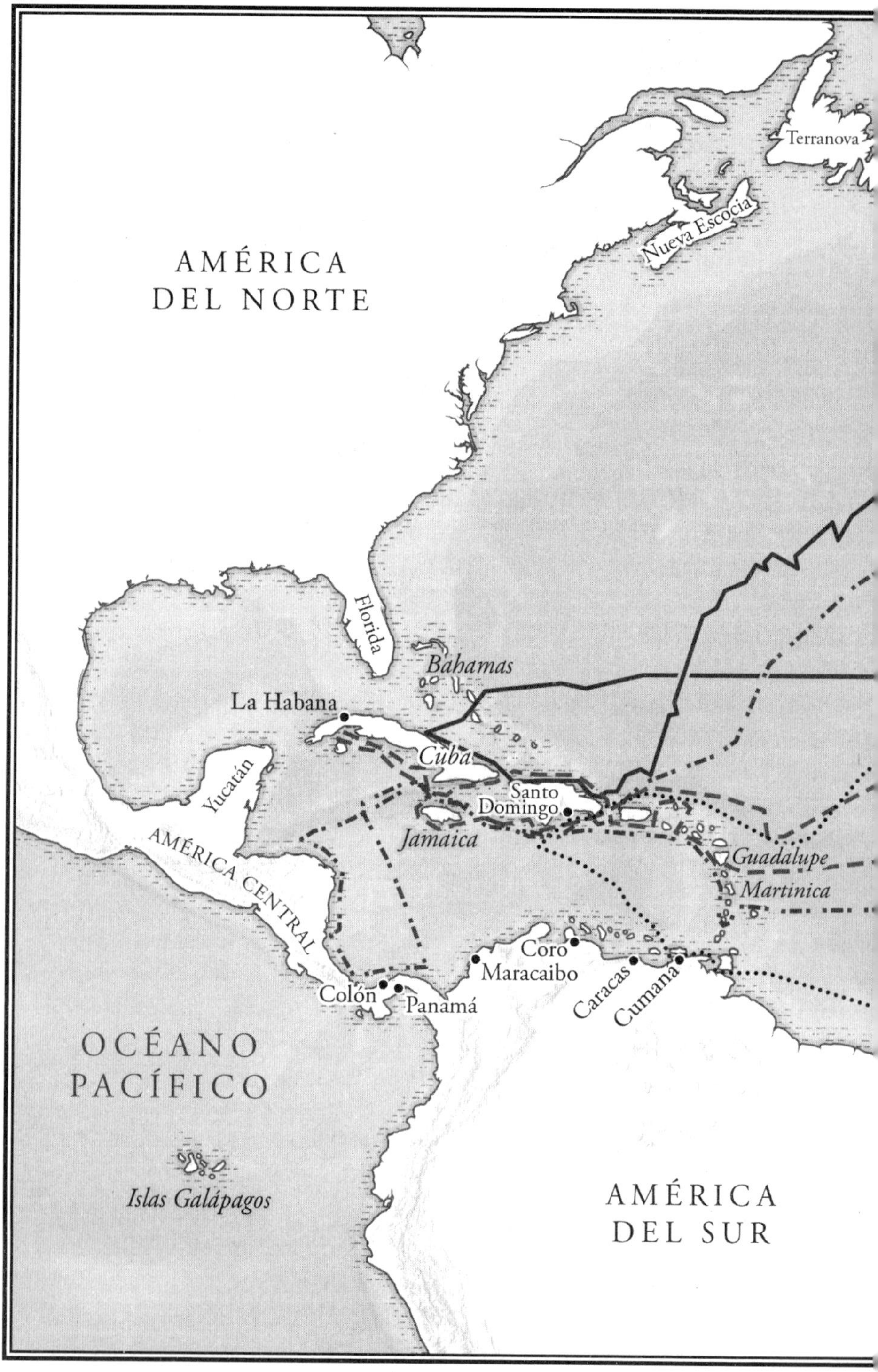
Terranova
Nueva Escocia
AMÉRICA
DEL NORTE
Florida
Bahamas
La Habana
Cuba
Yucatán
Santo
Domingo
Jamaica
AMÉRICA CENTRAL
Guadalupe
Martinica
Coro
Maracaibo
Caracas
Cumaná
Colón
Panamá
OCÉANO
PACÍFICO
Islas Galápagos
AMÉRICA
DEL SUR

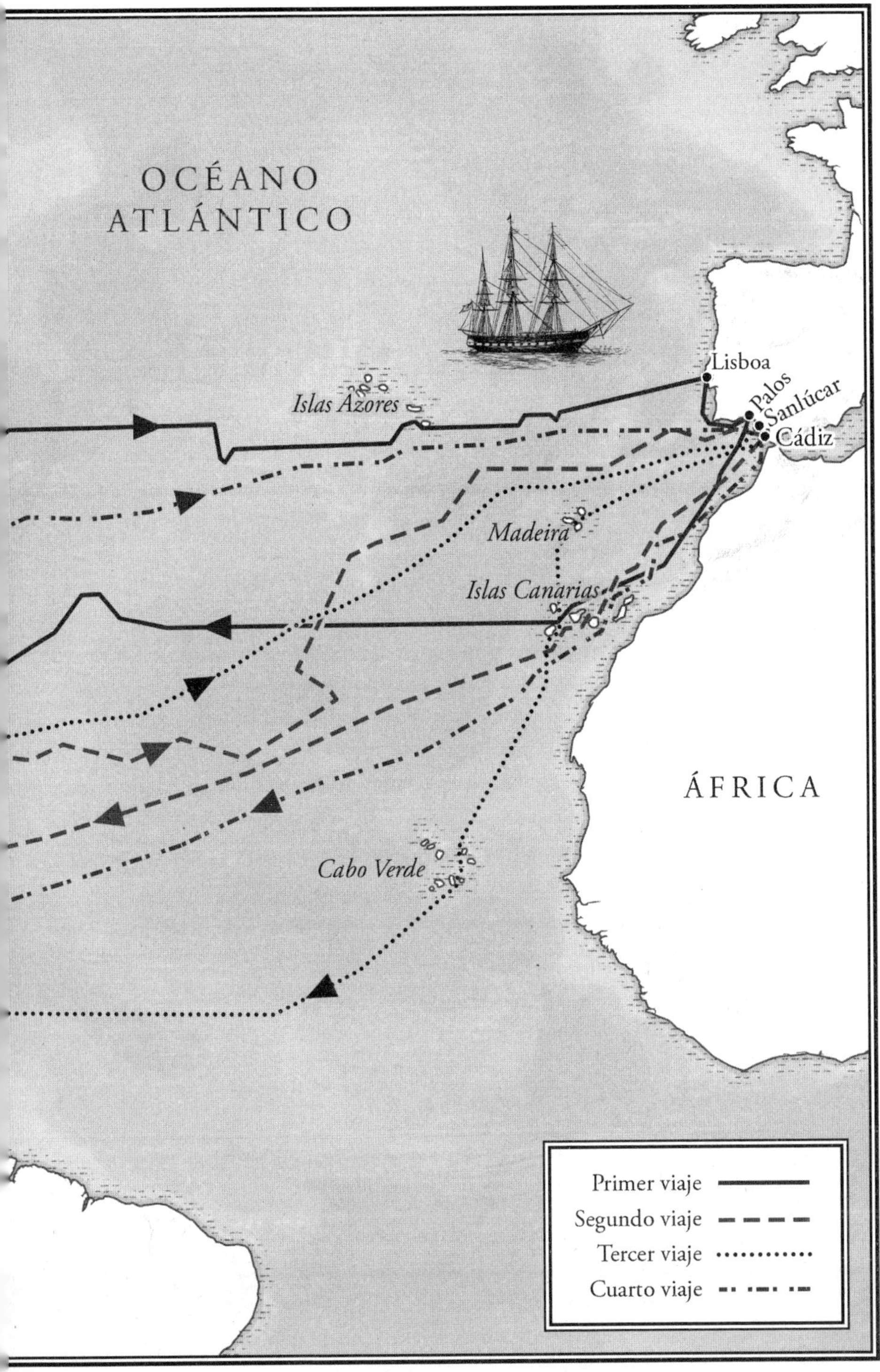

OCÉANO
ATLÁNTICO
Islas Azores
Lisboa
Palos
Sanlúcar
Cádiz
Madeira
Islas Canarias
Cabo Verde
ÁFRICA
Primer viaje
Segundo viaje
Tercer viaje
Cuarto viaje

INTRODUCCIÓN

El 29 de mayo de 1453 se produjo un hecho trascendental que precipitaría, a medio plazo, grandes cambios en el mundo. Ese día, el sultán otomano Mehmet II entró a caballo en la basílica de Santa Sofía de Constantinopla, galopando sobre montones de cadáveres, entre ellos el del último emperador bizantino y defensor de la ciudad. Desde entonces, la ruta comercial terrestre entre Europa y Asia quedó parcialmente cortada, aunque se mantuvo el negocio por la del Mar Rojo, que controlaban los genoveses. El largo recorrido, los impuestos y la considerable disminución del flujo provocaron un encarecimiento extraordinario de los productos asiáticos, en particular de las especias, la porcelana, la seda y las piedras preciosas. Esta revolución de los precios, la escasez de oro y plata y la crisis monetaria provocaron que Europa necesitase buscar rutas alternativas para llegar a nuevos mercados, algo que implementaron los lusos y castellanoleoneses en los siglos XV y XVI. En Europa se soñaba con recuperar ese lucrativo comercio, trayendo productos tan codiciados como rubíes del Tíber, zafiros de Ceilán, tejidos de Damasco, perlas de la India, especias de las Molucas o porcelana de China.

El inicio del dominio del mundo por Occidente comenzó con los reinos ibéricos, cuya superioridad tecnológica desplazó a chinos y árabes, que hasta ese momento habían ostentado la primacía.[1] El único derrotero posible para recuperar ese lucrativo negocio era el marítimo, pero encerraba un gran obstáculo: los mares se consideraban infinitos y el Mare Tenebrosum seguía inspirando un auténtico pavor, tanto como para disuadir a la mayoría de adentrarse en él. Todo esto cambió a partir del 12 de octubre de 1492, una fecha que simboliza el final del medievo y el inicio de un mundo moderno que poco a poco fue tomando conciencia de las verdaderas dimensiones cósmicas del orbe en el que habitaba. Desde ese día todo fue diferente, pues se rompieron las cadenas y comenzaron a superarse buena parte de las supersticiones medievales poniendo al descubierto sus secretos. La Corona de Castilla y León cambió las dehesas y la campiña meseteña por los océanos, que progresivamente dejaron de ser fronteras infranqueables para convertirse en vías de comunicación. De hecho, desde el primer instante hubo un flujo bidireccional, ya que se estima que entre 1492 y 1650 llegaron a las Indias casi medio millón de europeos y unos trescientos mil africanos, pero también hicieron el viaje inverso varios miles de indígenas, criollos y mestizos.[2] Se inició así un imparable proceso de mundialización, dado que, pocas décadas después, se restableció ese comercio de metales preciosos, especias y manufacturas que terminó provocando un cambio en la estructura económica. Como reflejó el propio Karl Marx en su emblemática obra *El capital*, tras la llegada a América comenzó un proceso de acumulación de numerario que terminó generando una verdadera revolución: el nacimiento de una economía precapitalista. Efectivamente, el Descubrimiento fue un punto de inflexión en la historia, puesto que varios mundos ignorados o muy poco conectados hasta ese momento iniciaron una interrelación que llega hasta nuestros días. Las circunstancias políticas obligaron a acelerar la transformación que arrancó a finales del siglo XV, de una navegación de cabotaje a otra de altura. Inicialmente los portugueses culminarían su ruta asiática, bordeando África, y varias décadas después, los españoles, atravesando el Atlántico y el Pacífico. La caída de un imperio —el bizantino— que había sobrevivido durante más de un milenio terminaría dando paso a otro mucho más vasto, el de los Habsburgo, del que se llegaría a decir que en sus dominios nunca se ponía el sol. El océano Atlántico se convirtió en el nuevo mar europeo, en otro Mare Nostrum, y los horizontes mentales se ampliaron hasta límites nunca vistos.[3] Un soldado que en 1491 hubiese luchado en la guerra de Granada pensando que estaba en la última frontera, unas décadas después podía estar combatiendo lo mismo en las Indias Occidentales que en las Orientales o en Flandes.

Antes de 1492 el mundo se limitaba a Europa, Asia y África, tres únicos continentes que formaban un bloque sólido de tierra indivisible y que encontraban una perfecta correlación con el dogma de la Santísima Trinidad. La transculturación aceleró el ritmo vital de los acontecimientos que, en tan solo varias décadas, terminó por cambiar el mundo. La cosmografía —hoy la llamamos geografía—, la botánica y la navegación experimentaron una verdadera eclosión, y se desarrolló un trasiego de personas, mercancías, libros e ideas que sentó los cimientos de una globalización a gran escala. Fue así como comenzó un proceso en el que el Imperio Habsburgo se convirtió, durante varios siglos, en hegemónico, no solo a nivel político sino también económico, circulando el real de a ocho como divisa indiscutible de un comercio global.

Huelga decir que, aunque el Descubrimiento lo personificó un genovés al servicio del reino de Castilla y León, el acontecimiento se convirtió en el espejo de Europa, que, por primera vez, salió de su secular encierro y tomó conciencia de su capacidad para extender su modelo civilizatorio.[4] Ese mismo año ocurrieron otros hechos que iban a condicionar la Historia: uno, la toma de Granada y la dramática expulsión de los judíos, tras los decretos de la Alhambra, ya que los Reyes Católicos pretendían asentar la unidad de sus territorios sobre una base cristiana. El dinero y las joyas arrebatadas a los sefarditas sirvieron para financiar la empresa colombina, especialmente el segundo viaje, en un espíritu de cruzada que impregnó toda la expansión. Y otro, la publicación de la *Gramática castellana* por Elio Antonio de Nebrija, quien ya predijo, con acierto, que la lengua castellana sería «la compañera del imperio».[5]

Cristóbal Colón —castellanización de Cristoforo Colombo— fue uno de los grandes marinos de su tiempo y así lo consideraron todos los que sirvieron a sus órdenes en el mar, que solían confiar ciegamente en sus decisiones. Pero lo que le encumbró como uno de los personajes más singulares de la historia y lo consagró como un explorador inmortal que ha traspasado los siglos fue la trascendencia de su hallazgo.[6] Naturalmente, pudo hacer lo que hizo gracias a la colaboración de un nutrido grupo de personas, fundamentalmente los palermos y los moguereños, sus amigos, socios y prestamistas genoveses, algunos cortesanos, los Reyes Católicos, nobles como el duque de Medinaceli y los religiosos del monasterio de Santa María de La Rábida.

Antes de proseguir estableceré algunas precisiones terminológicas: recurro al término clásico de descubrimiento, aunque no ignoro la opinión de quienes entienden que es un concepto eurocéntrico y vetusto, por lo que prefieren hablar de encubrimiento o de choque civilizatorio.[7] Y es cierto que América no fue descubierta, sino inventada, porque todo se interpretó desde un punto de vista europeo, algo que no podía ser de otra forma en el contexto de aquel tiempo.[8] En cierto modo hubo una incomprensión mutua del mundo encontrado, pues, como escribió el padre Las Casas, los cristianos los consideraban bárbaros, pero también se dio la inversa porque ese desconocimiento fue recíproco.[9] Ha sido una constante en la historia, como dijera Michel de Montaigne, llamar bárbaro a lo que no es propio, es decir, al otro. En cualquier caso, en una biografía como esta no me ha parecido oportuno entrar en tal controversia, ni en el uso de eufemismos que puedan entorpecer o enrarecer su lectura. Además, también hubo un descubrimiento para Europa, África y Asia, e incluso para los pueblos originarios, que no parece que tuviesen conciencia de los confines del continente en el que vivían y que, además, tardaron muy poco en convertirse también ellos en descubridores de los primeros.

Asimismo, a lo largo de todo el libro hablo de colonista, colombino o colombinista para referirme a todo lo relativo a Colón o a los estudiosos y biógrafos que se han ocupado de él. Igualmente, uso el concepto de América Prehispánica para aludir a todas aquellas culturas que se desarrollaron con anterioridad a la llegada de los europeos. A mi juicio, es mucho más adecuado que el de prehistoria de América, ya que antes de 1492 había sociedades en un estadio de desarrollo histórico. Asimismo, he evitado utilizar el concepto *indio*, que es el término que se generalizó desde el Descubrimiento, al creer que habían llegado a territorios asiáticos. Una palabra que implicaba un constructo homogeneizador que en absoluto se correspondía con la realidad del Nuevo Mundo. De hecho, el sustantivo tiene una indudable carga peyorativa, porque si algo caracterizaba al mundo precolombino era justo lo contrario: su enorme diversidad, con historias milenarias, lo mismo de bandas o tribus que de jefaturas o estados. Salvo en citas textuales, he empleado la palabra indígena, o grupos indígenas, que alude a los habitantes originarios y a sus descendientes. En cuanto a los textos de la época que cito, he optado por actualizar las grafías, sin previo aviso, aunque cuidando de no alterar el sentido que pretendían transmitir.

Y para acabar con esta introducción, quiero decir que he tratado de abordar todas las grandes cuestiones colombinas, sin eludir las más espinosas o irresolubles. Y lo he redactado desde mis más sinceras convicciones, sin ningún afán de pontificar ni de sentar cátedra. Mi texto, como toda obra humana, es falible, y asumo que habrá errores o aspectos en los que no poseo la verdad absoluta, y que será cada lector quien, tras leer mis propuestas, se forje su propia opinión. En este sentido, hay que recordar al maestro José Ortega y Gasset, quien sostenía que la verdad no es más que un punto de vista.

Capítulo 1
EL PERSONAJE

SU PERSONALIDAD

Cristóbal Colón fue una persona muy compleja que se movió entre dos mundos, el medieval y el moderno. Exhibía a partes iguales una curiosidad científica y un misticismo extremo, aderezados con una desmedida ambición. Recurrió a la ciencia, pero sin renunciar a sus profundas creencias ni, por supuesto, al gran motor de su vida, que siempre fue la fe. Esta perfecta combinación de ciencia y espiritualidad era propia de todos estos aventureros, pues ambas, a partes iguales, explicaban la realidad que les rodeaba. Lo asiste ese espíritu inquieto tan propio de estos italianos del cuatrocientos, movido por un afán individualista de buscar la fama y la gloria, arriesgando su vida. Una actitud renacentista, aunque su concepción religiosa del cosmos es totalmente medieval.[1]

Se mostró siempre consciente de su origen humilde, pese a esa frase fanfarrona alusiva a que no fue el primer almirante de su estirpe. De hecho, siempre tuvo comportamientos populacheros, por lo general mal vestido, aunque a veces le gustaba hacerse notar con algún toque ostentoso, casi exhibicionista. Él mismo, en su diario, reconoció de manera indirecta su baja extracción social, al confesar que fueron los Reyes Católicos los que le otorgaron grandes privilegios y lo «ennoblecieron».[2] Y, por supuesto, todos los que le conocieron personalmente —Gallo, Giustiniani, Andrés Bernáldez, etc.— fueron sabedores de sus orígenes plebeyos. Según Bartolomé de Las Casas, era sobrio y moderado en el comer, beber, vestir y calzar. Cuando estaba a bordo vestía como un marino, con una especie de capa gris que usaban todos y con un gorro confeccionado en lana carmesí. Y en tierra, pese al uso de indumentaria oscura y del cordón franciscano, no era difícil verlo con su gorro, sus zapatos grana y algún collar llamativo al cuello.[3] Al regreso de su tercer viaje, muchos dijeron que lo vieron con un hábito franciscano, aunque no podemos descartar que fuese simplemente con la vestimenta marinera que usaba y que se ceñía con un cordón, como los religiosos de esa orden a la que tan vinculado estuvo.

Su principal virtud era su profunda convicción en sí mismo y en sus planteamientos, ya que siempre se mostró como una persona enérgica y testaruda. Su amigo Simón Verde, a principios de 1498, elogió su extraordinario ánimo porque hasta entonces nadie creía que pudieran habitar allí hombres, puesto que interpretaban que solo había agua.[4] En todo momento se mostró seguro de la viabilidad de su plan y luchó por él contra viento y marea. El apasionamiento en todo lo que decía y defendía le hacía ganar apoyos incondicionales de las personas que lo conocieron o que lo oyeron. Por momentos podía ser muy ingenioso y a veces incluso divertido, pero su principal cualidad era el fervor con el que lo vivía todo; sabía decirle a cada cual lo que convenía, lo que le otorgaba una extraordinaria capacidad de persuasión. Convenció en ocasiones a los más escépticos, aunque casi todos tuvieron claro que el posible éxito de su empresa no derivaría de sus conocimientos científicos, que está claro eran escasos, sino de su experiencia náutica, de sus observaciones personales y de las noticias recopiladas entre marinos de los puertos y las islas por donde pasaba. Prueba de ello son los grandes personajes a los que consiguió involucrar en su causa, entre ellos, fray Antonio de Marchena, los hermanos Pinzón, especialmente Martín Alonso, fray Juan Pérez, fray Diego de Deza o el duque de Medinaceli. Así era él, una persona calculadora que iba acumulando experiencias y que sabía que algún día protagonizaría una gran hazaña con la que cubriría de honor y de dinero a su estirpe o perecería en el intento.

Otra cualidad era su capacidad de aguante, puesto que era una persona muy sufrida capaz de resistir en la más absoluta adversidad cuando otros se derrumbaban. Y ello era debido a su profunda fe, que, como bien dice el refranero, movía montañas, de ahí su confianza inconmovible, propia de alguien que se expresaba como un verdadero profeta. De hecho, se sentía predestinado para cumplir altos fines, el más importante de todos la expansión de la cristiandad. Todo ello le proporcionaba una fuerza asombrosa para encajar bien sus fracasos y sus errores, que siempre atribuía a la voluntad divina. Así, tras encallar la nao *Santa María*, manifestó que había sido la decisión de Dios, para que poblasen ese lugar «e hiciesen asiento» comenzando la predicación del Evangelio.[5] De un plumazo había convertido un desastre en un triunfo, reinventándose a sí mismo: desde ese instante su empresa no solo era descubridora, sino también colonizadora. Dejar allí a varias decenas de personas obligaba a los monarcas a enviar otra expedición, garantizando a corto plazo la viabilidad de su proyecto, pese a no haber encontrado las riquezas prometidas. Es verdad que experimentaba grandes altibajos en su estado de ánimo, dado que pasaba fácilmente de la más ferviente y orgullosa pasión al decaimiento más inhabilitante. Sobrevivió a muchas calamidades y a enfermedades crónicas que a punto estuvieron de matarlo. El 7 de julio de 1503, escribió desde Jamaica que él mismo se maravillaba, después de pasar tantas angustias, de seguir vivo y no haber perdido la razón.[6]

Esa fe ciega le otorgaba un carácter indulgente, pues, como escribió Bartolomé de Las Casas, era un gran «perdonador de las injurias».[7] Lo demostró numerosas veces a lo largo de su vida; cuando por descuido del maestre de la *Santa María*, Juan de la Cosa, perdió la nave, se lo reprochó, pero no solo no lo denunció ante los reyes, sino que contó con él para su segunda aventura.[8] También era capaz de aplazar un castigo para otro momento, si estimaba que la ocasión no era la propicia. Así, decía Simón Verde que con Guacanagarí fingió creerle, como «hombre sabio» que era.[9] Como es de sobra conocido, trató de evitar que zarpase la flota donde regresaban algunos de sus enemigos, entre ellos Francisco Roldán y el pesquisidor Francisco de Bobadilla. Para ello mandó al capitán Pedro Terreros para pedir refugio en puerto por la cercanía de una gran tempestad y avisar de que se avecinaba una tormenta tropical. Se burlaron de sus vaticinios y, poco más de un día después de haber soltado amarras, a la altura de la isla de la Mona, se fue a pique la mayor parte de la escuadra. Solo el intento de evitar el desastre denota su actitud indulgente hacia unas personas que no lo habían sido con él. Poco después, náufrago en Jamaica, escribió a Nicolás de Ovando en un tono muy amable, solicitando ayuda, pese a no ser, le confesó, una persona «lisonjera», sino que más bien todos lo tenían por áspero.[10] Era una confesión muy personal, sobre su propio carácter, aunque es cierto que necesitaba el apoyo o la comprensión del extremeño para salir con vida de la isla.

Poseía otros atributos bastante menos edificantes, y en distintas etapas de su vida se mostró muy ambicioso, algo que muchos han atribuido al espíritu comercial tan propio de los genoveses. No solo ambicionaba dinero, sino sobre todo honores, reconocimientos y cargos —almirante, virrey, gobernador...— con la idea de legarlos a sus descendientes, para fundar una nueva casa aristocrática. Esto último no lo consiguió él, porque, pese a sus títulos, siempre fue visto como un advenedizo, pero sí sus descendientes, que entroncaron con lo más granado de la aristocracia española. Bien es cierto que se trataba de un ideal caballeresco muy generalizado en su tiempo, del que hacían gala sin ningún pudor otros muchos guerreros y marinos.[11] Además, parece que usó el señuelo del oro con la idea de convencer a los inversores y a los propios reyes para que financiasen su empresa, cuyo objetivo último era la ampliación de la frontera católica.[12] Conocía el poder del oro, capaz de mover montañas, por lo que siempre lo usó para conseguir sus objetivos. En una carta a su hijo Diego le dijo que le había mandado entregar una pepita de oro de medio kilo, que había conservado pese a sus estrecheces, para que se la regalara a la reina Isabel cuando considerase más oportuno.[13]

A veces se mostró extraordinariamente ingrato, egoísta y hasta egocéntrico con los demás, como sufrió en sus carnes Rodrigo de Triana, al que le arrebató la prima que ofreció la reina al primero que avistase tierra. Este lance ha sido visto como una vileza que no han podido justificar ni siquiera sus más fervientes admiradores. Pero al margen de este caso concreto, del que hablaremos más adelante, parece obvio que no fue generoso con ninguno de sus amigos, ni les correspondió en la medida de lo que ellos le dieron, ni con Juanoto Berardi, Francisco Bardi o Diego Méndez, ni siquiera con los religiosos de La Rábida. Bien es cierto, en su defensa, que en algunas ocasiones se mostró compasivo con sus hombres, como cuando, tras llegar de su cuarto viaje, pidió que se abonasen lo antes posible los salarios atrasados de su tripulación, dado que eran todos muy pobres y habían padecido grandes trabajos.

Quería alcanzar el Cipango —Japón—, donde se sabía, o se creía, por autores como Marco Polo (1253-1324), que había mucho comercio y muchas riquezas, hasta el punto de que la casa del rey estaba cubierta con tejas de oro fino.[14] Convenció a todos con el mito dorado, e incluso, tras el regreso de su primer viaje, mintió, diciendo que había oro a raudales cuando ni lo había podido verificar, ni traía muestras en cantidades significativas. La mayor parte de los que se enrolaron en sus dos primeras aventuras descubridoras soñaban con encontrar oro, como el mítico Jasón y los argonautas, buscando su particular vellocino en las aguas del mar Negro. Una obsesión por la riqueza áurea del Nuevo Mundo que en Europa perduró hasta la primera década del siglo XVI, pese a que algunos informantes como Michele de Cuneo ya habían escrito diciendo que no había minas, más allá de las piezas que tenían acumuladas los naturales, que no fundían el metal, pero lo trabajaban martilleándolo.[15] Y es que, aunque en La Española había —y sigue habiendo— oro, nunca se obtuvo en las cantidades esperadas. Sin embargo, dadas sus desaforadas promesas, él mismo se sumió en un círculo vicioso en el que continuamente debía insistir en sus falsedades, con una doble intención: primero, mantener el interés de la monarquía y de los inversionistas, y segundo, reafirmar su idea de que aquella tierra era Japón y China. Esta gran farsa mantenida durante varios años le terminó costando muy cara porque creo unas expectativas que nadie alcanzó, siendo el origen de una notable desafección y de grandes descontentos con su gestión.[16] De hecho, siempre se quejó de que los colonos, al comprobar que no se pescaba el oro, solo querían regresar, de ahí que le cogiesen odio y hablasen de él peor que «de un moro».[17]

Colón era el tipo de persona que se mostraba permanentemente insatisfecha; daba igual lo que descubriese, los privilegios que obtuviera o el dinero que acumulase, siempre estaba pensando en ir más allá, en descubrir nuevos territorios, en encontrar un estrecho que nunca aparecería, en defender sus derechos y hasta en acumular más poder. Con frecuencia se mostró muy arrogante y soberbio, siempre descontento, un quejica redomado. Incluso, podía mostrarse irascible cuando se le contradecía, y en este sentido es conocido el lance que tuvo con Jimeno de Briviesca, uno de los hombres de Fonseca, cuando preparaba su tercera jornada descubridora, que, por ciertas diferencias que tuvo con él, le propinó «muchas coces y remesones».[18]

Tenía una personalidad con muchos matices, pues era al mismo tiempo «apasionado y cauto, colérico y calculador, materialista y predestinado».[19] En ocasiones se podía mostrar como un exaltado disertador y en otras exhibía un trato difícil y agresivo que le granjeó no pocos enemigos. Por tanto, son varios los sustantivos y adjetivos que lo definen: marino, mercader, usurero y profeta.

SU FORMACIÓN

Cuando aludimos a su formación nos referimos a los saberes que acopió de manera paulatina leyendo varias decenas de obras, ya que nunca tuvo una enseñanza reglada, ni alcanzó ningún grado académico. Fue ante todo un autodidacta, con una escasa formación académica, aunque de ahí a ser un analfabeto, como sostuviera Samuel Eliot Morison, o un alma inculta, como escribiera Marcelino Menéndez Pelayo, hay un abismo.[20] Fernán Pérez de Oliva, siguiendo de cerca a Pedro Mártir de Anglería, escribió que estaba poco cultivado en letras, pero muy ejercitado en el «arte de navegar».[21] El propio almirante, en una carta dirigida a los reyes, les confesó que Dios en cuestiones de marinería le hizo «abundoso y de alma ingeniosa», pero de astrología, geometría y aritmética solo supo lo suficiente.[22]

La única educación reglada que recibió fue en primeras letras. Según fray Bartolomé de Las Casas, su progenitor lo llevó a una escuela del gremio de laneros de su ciudad natal, donde aprendió algo de matemáticas y de geografía.[23] Efectivamente, sabemos que el gremio o la hermandad de laneros de esa urbe prestaba servicios educativos a los retoños de sus asociados y enseñaba unos rudimentos de aritmética, geografía y náutica. Una educación que lo marcó para toda su vida, pues allí debió de despertar su curiosidad científica, al tiempo que aprendió los primeros conceptos náuticos y las posibilidades lucrativas que el comercio siempre había ofrecido a la ciudad del Tirreno.

Hernando Colón y, siguiendo a este, el padre Las Casas sostuvieron que estudió geometría, cosmografía y astrología en la Universidad de Pavía, tratando de ofrecer una imagen de hombre de ciencia que en absoluto se correspondía con la realidad. Se trata de una nueva artimaña de su vástago para lustrar a su progenitor, pese a que en esos momentos esa universidad no tenía ningún prestigio en cuestiones náuticas y cosmográficas.[24] Sus estudios universitarios no solo no se han podido verificar, sino que no resultan plausibles, ya que su familia no poseía la capacidad económica para pagarle una carrera.

Por tanto, está claro que no atesoró unos amplios conocimientos científicos, pues como escribió Victor Hugo, si hubiese sido un gran cosmógrafo jamás habría descubierto América.[25] Pese a todo, sí es cierto que llegó a dibujar mapas, aunque su aprendizaje fue autoinstruido. Cronistas como el padre Las Casas dijeron que, durante algunas etapas de su vida, especialmente estando en Castilla entre 1485 y

1492, sobrevivió confeccionando «cartas de marear» y mercadeando con libros. De hecho, durante sus travesías indianas iba elaborando mapas cartográficos, como él mismo anotó en su diario de a bordo, aunque por desgracia no se haya conservado más que uno muy básico, atribuido a su pluma. Colón poseyó nociones de latín, aunque el aprendizaje de esta lengua fue tardío porque consideraba que este idioma culto era esencial para convencer a los eruditos de la viabilidad de su propósito.[26]

Poco a poco fue incorporando informaciones procedentes de algunas lecturas selectas que fue completando a lo largo de su existencia, además de la información que obtuvo de numerosos marinos de su entorno. Su aprendizaje fue extraordinariamente lento y tardío, y, de hecho, en su diario apenas incluye una vaga referencia a Plinio, como única pincelada erudita. Inicialmente había leído a Ptolomeo, Toscanelli y poco más, tanto es así que al sabio griego lo designa siempre a la portuguesa, es decir, como Ptholomeu.[27] El resto de las lecturas las fue interiorizando después del regreso de su segundo viaje, aunque los volúmenes que atesoraba en su biblioteca particular nunca pasaron de una treintena.

Como ya hemos dicho, estando en Portugal leyó una edición de 1479 de la *Geografía* de Ptolomeo (100 d. C.-170 d. C.), que se difundió por Europa desde su traducción del griego al latín y de la que, desde principios del siglo XV, circulaban varios manuscritos por toda Europa, retitulados como *Cosmographia*.[28] Su autor era un matemático, astrónomo y geógrafo egipcio helenizado del siglo II d. C. cuyos textos tuvieron un enorme impacto, especialmente durante el siglo XV. Se trataba de un verdadero diccionario geográfico de las regiones conocidas en su tiempo a las que se les asignaron los datos longitudinales y latitudinales para su perfecta ubicación. Aunque estaba plagada de inexactitudes, sus coordenadas revolucionaron la cartografía bajomedieval. Para él, la Tierra era esférica y el centro de todos los astros, pero desestimó los acertados cálculos de Eratóstenes sobre la circunferencia terrestre, reduciéndola en un cuarenta por ciento.[29] Los datos errados de Ptolomeo le vinieron muy bien y con frecuencia lo citaba para dar autoridad a sus teorías, aunque en otras ocasiones lo rebatiera, sobre todo en su hipótesis de la inhabitabilidad de las zonas subtropicales y ecuatoriales. Aludir a este sabio clásico resultaba clave, ya que gozaba de una gran reputación en los centros universitarios, pese a que algunos de sus postulados estuviesen siendo cuestionados, sobre todo a raíz de los hallazgos portugueses.[30] Sin duda, la imagen del mundo que tenía Colón en la cabeza era una síntesis de las que poseían Ptolomeo y Toscanelli. Probablemente, si no mencionó a este último fue porque pensaba que le restaría mérito que todos supiesen que buena parte de su proyecto no era original sino inspirado en este sabio italiano.

Asimismo, dispuso de un ejemplar de la *Historia natural* de Plinio, en concreto la traducción de Cristoforo Landino, en cuyo texto figuran veintitrés anotaciones de su puño y letra, todas en castellano, menos dos en latín y otra más en italiano.

Sin embargo, el autor que más le influyó fue el francés Pierre d'Ailly, un reputado matemático y cosmógrafo que llegó a ser canciller de la Universidad de París, cardenal de Cambray y confesor del rey de Francia.[31] Su libro, la *Imago mundi*, fue escrito alrededor de 1410, aunque él manejó una edición impresa en Lovaina en torno a 1483, y era una verdadera enciclopedia geográfica del mundo conocido.[32] El religioso francés no solo defendió la esfericidad del orbe, sino la posibilidad de viajar desde Europa a Asia por el oeste. Fue uno de sus libros de cabecera, y su ejemplar se conserva en la Biblioteca Colombina de Sevilla. Como explicó Emiliano Jos, muchas de las citas de autores clásicos a las que aludía Colón las extrajo indirectamente de la *Imago mundi*, entre ellas las referencias al profeta Esdrás.[33] En sus páginas escribió de su puño y letra numerosas apostillas, que son una buena muestra de lo que pasaba por su mente en relación con sus planes.[34]

Otro de los volúmenes que leyó, releyó y anotó fue la *Historia rerum ubique gestarum* de Eneas Silvio Piccolomini —que después sería el papa Pío II—, publicada en Venecia en 1477. Este describió Asia, ofreciendo muchas citas indirectas sobre China y su emperador, el Gran Khan, procedentes de las obras de Marco Polo, Nicolò de Conti, John de Mandeville y Odorico de Pordenone.[35] Aunque sostenía la circunnavegación de África como ruta para llegar a Asia, el religioso defendió que todos los mares eran navegables y todas las tierras habitables, una idea que influyó mucho en su cosmovisión.

Y tardíamente, en 1497, el comerciante inglés John Day le hizo llegar el libro del veneciano Marco Polo, que por tanto no pudo leer antes de ese año, y cuyo ejemplar se custodia hoy en los repositorios de la Biblioteca Colombina.[36] Una prueba de que no lo había leído se aprecia en su propio diario, en el que escribió, el 30 de octubre de

1492, que Cathay —China— era una ciudad, lo que no habría podido decir si hubiese leído al viajero veneciano, que sostenía que era un vasto territorio.[37] Por tanto, de inicio solo dispuso de referencias indirectas de ese texto, a través de las obras de Piccolomini y del florentino Toscanelli.[38]

Como es bien sabido, la familia veneciana Polo, concretamente Mateo, Nicolás y el hijo de este, Marco, estuvo comerciando por vía terrestre con China desde mediados del siglo XIII, favorecida por la estabilidad que había proporcionado el liderato de Gengis Khan, en un período que se conoce como *Pax mongolica*.[39] El miembro más importante de esa familia de viajeros fue Marco Polo (1254-1324), por la magnitud de su viaje, que duró veinticuatro años y abarcó Mongolia y China. Lo hizo a partir de 1271, y vivió durante una larga temporada en la corte del Gran Khan, que, según él, etimológicamente significaba rey de reyes, hasta su retorno a Venecia en 1296.[40] Su libro *Las maravillas del mundo*, conocido a nivel popular como *El millón*, lo concibió tres años después de regresar, con la colaboración y el auspicio del pisano Rusticello, al que conoció en la cárcel, tras la derrota de la armada veneciana. Su obra se convirtió en uno de los textos más leídos de la Baja Edad Media, e influyó tardíamente en el propio Cristóbal Colón.[41] Huelga decir que hubo numerosos trotamundos que estuvieron en la India y en China desde la Alta Edad Media con anterioridad al veneciano, como Guillermo de Rusbruck, Andrés de Perugia, Ibn Haukal, Ibn Batuta o Jordán de Severac, pero Polo fue el que con más detalle describió la tierra y el viajero cuyos textos alcanzaron una mayor trascendencia. Ya en vida del propio Marco Polo su obra tuvo una gran notoriedad, siendo muy leída y referenciada durante la Baja Edad Media, lo que determinó durante siglos la imagen exótica y misteriosa que se tuvo del tercero de los continentes conocidos. Durante los siglos XIV y XV toda Europa quedó fascinada por sus descripciones de Tartaria, de la corte del Gran Khan, del Cathay y de la riquísima isla de Cipango.[42] Aunque el veneciano era mercader, describió especialmente el exotismo y las riquezas de Oriente, dejándose llevar por sus propias fantasías pese a haber visitado los lugares que describió. Bien es cierto que sus descripciones son una fusión de realidad e imaginación, en la que tiene mucho peso la literatura clásica que él conocía con anterioridad a su viaje. Pero es seguro que vivió en primera persona los acontecimientos que narró, y tanto se implicó en el conocimiento de la cultura y de la sabiduría de la zona que llegó a hablar chino a la perfección. Lo cierto es que la imagen asiática descrita por Polo ejerció en él un enorme influjo, pues era la mejor descripción del Lejano Oriente que circulaba o era accesible en Europa.[43]

También cayó en sus manos un ejemplar del mismo título de sir John de Mandeville, un cortesano inglés que publicó su obra en 1371.[44] En realidad, se trataba de un viaje ficticio de un personaje que supuestamente recorrió Asia durante más de tres décadas, ya que Mandeville nunca estuvo en aquel continente. Esta obra demuestra la avidez que existía en Europa por saber más de Asia, de ahí que al propio Marco Polo le salieran competidores. El texto de Mandeville tuvo una extraordinaria difusión, mayor incluso que la de la obra del veneciano, y el propio Hernando Colón lo citó como una de las lecturas de su padre.[45] Eso sí, parece que al igual que el libro de Polo, cayó en sus manos con posterioridad al Descubrimiento, y que se tomó sus descripciones como verídicas, cuando, en realidad, se trataba de una obra fabulada.

Los mitos de las riquezas y del paraíso terrenal que Colón ubicaba en el continente asiático proceden de sus lecturas de estos autores, por lo que compuso en su mente un mundo mítico, plagado de leyendas sobre sus fabulosas riquezas y de relatos fantásticos. Él escribió que La Española y la isla Tortuga eran verdaderos paraísos terrenales, aunque no el Paraíso, que terminó ubicando en las bocas del Orinoco, según él, uno de los cuatro ríos que bajaban desde la montaña donde se localizaba la fuente de la vida. Además, mencionan que los antiguos gobernantes de Cathay habían querido mantener la relación con los cristianos, y el papa había enviado evangelizadores, lo que reforzaba y retroalimentaba sus convicciones.

Sabemos que en su proceso de formación siguió comprando libros que se fueron incorporando a su pequeña pero selecta biblioteca, entre ellos la *Filosofía natural* de Alberto Magno y el *Almanaque perpetuo* de Abraham Zacuto. Además, en sus estanterías se encontraba un ejemplar de Plutarco, *Vidas paralelas*, también muy anotado, y después de su cuarto viaje terminó de componer, con la ayuda de su amigo fray Gaspar Gorricio, el *Libro de las Profecías*.[46] Es posible que dispusiese de obras de san Agustín, Josefo, san Jerónimo, y el *Vocabulario* de Alonso de Palencia, autores a los que alude con frecuencia, al igual que la Biblia, sin la cual no se puede entender que escribiese el ya citado ejemplar profético.[47] Por tanto, además de un profundo dominio de la Biblia, sus lecturas se limitaban a un puñado de autores, algunos clásicos y otros modernos, como Claudio Ptolomeo, Pierre d'Ailly, Plinio, Plutarco, Juan Balbo, Marco Polo, Alonso de Palencia y Eneas Silvio Piccolomini, y referencias indirectas a Platón, Aristóteles, Séneca, Averroes, san Agustín, Josefo, san Jerónimo y Alfragano, entre otros. Es cierto que tuvo toda su vida mucho interés por aprender, interesándose por obras que no siempre pudo conseguir, pues el mundo del libro era entonces bastante caro y había que tener mucha paciencia y ser muy persistente para conseguir algunos títulos.[48]

Podemos concluir que más allá de las primeras letras, no tuvo una formación académica, y que, por supuesto, jamás estudio astronomía, cosmografía, matemáticas ni cartografía, por lo que sus conocimientos eran eminentemente prácticos, fruto de su curiosidad, de sus lecturas y de su extraordinaria capacidad reflexiva. De hecho, como escribió Fernández de Enciso en 1552, el primer almirante no se inspiró tanto en los tratadistas clásicos como en su experiencia, que, decía, «es madre de todas las cosas».[49]

No obstante, como advirtió Juan Gil, su formación era mucho más completa en cuestiones geográficas que la que poseían la mayoría de los eruditos y marinos de su tiempo.[50] En una época en la que un porcentaje importante de la población no sabía leer ni escribir, incluyendo una buena parte de la marinería, atesoraba más formación y cultura que la mayor parte de sus contemporáneos. De hecho, era uno de los pocos marinos que elaboraban su propio diario, un verdadero cuaderno de bitácora, algo que hizo en sus cuatro viajes.

Su gran ingenio, del que hablara Angelo Trevisan, y su experiencia compensaban con creces su limitada formación científica, que se circunscribía a aquellos textos que respaldaban sus ideas sobre la existencia de tierras al oeste. Mediante la observación de las estrellas, se convirtió en un experto capaz de detectar incluso el movimiento de la estrella polar y calcular su posición aproximada en función de los astros. Aunque no tuviese una formación académica reglada, su capacidad de observación y su experiencia en el mar le confirieron el grado de experto, de ahí que incluso un cronista indígena tardío como Chimalpahin lo calificase como «un gran sabio acerca de la tierra y los mares».[51]

Como podemos observar, estuvo inmerso en un proceso de aprendizaje continuo en el que intuía, viajaba, planeaba, calculaba y apuntaba aquellos datos que su propia experiencia le iba aportando. Para aparentar un conocimiento científico más amplio del que poseía era muy dado a citar a autoridades, algunas de las cuales conocía por referencias directas y en otros casos indirectas, a través de otros autores. Disfrutaba hablando con marineros y pescadores que le contaban anécdotas personales de curiosos hallazgos y avistamientos en el océano que luego comentaba con su concuñado, Pedro Correa, señor de Porto Santo. Se enteró de relatos de viejos marinos o conocidos que hablaban de extraños maderos, cañas, canoas y hasta cuerpos inertes de razas desconocidas que habían aparecido en las islas Madeiras. Incluso su propio concuñado le comentó que había visto, en aguas de Porto Santo, un madero con extraños grabados y cañas gruesas. Asimismo, según el propio Colón, el rey Juan II le enseñó diversos objetos que decía habían llegado a las costas portuguesas desde lugares remotos.[52] Y en este mismo sentido, el piloto luso Martín Vicente le contó que, navegando muy al oeste del cabo de San Vicente, encontró un trozo de madera con grabados cincelados que debía de haber traído la corriente desde el otro lado del océano.[53] Pero no solo se avistaron maderos y cañas, sino también náufragos con rasgos extraños —«las caras muy anchas y de otro gesto»— como los que se vieron en las islas Azores y de los que se presumía que habían sido arrastrados por la corriente.[54] En una de sus apostillas, escribió que había visto en la costa de Galway, Irlanda, unos leños que la corriente había llevado hasta allí, en los que estaban esculpidos dos rostros muy raros, de un hombre y de una mujer. También Jerónimo Münzer, que viajó por España y Portugal entre 1494 y 1495, narró que vio en persona muchos objetos de raras facturas que coleccionaban algunos nobles portugueses, lo que indica la sensibilidad que se vivía sobre la existencia de tierras exóticas, lejanas, ubicadas al otro lado del océano.[55] Asimismo, muchos marineros de las islas Canarias y de las Azores afirmaban que en días muy claros se avistaban tierras al poniente. Obviamente, no debían de ser más que efectos ópticos que provocaban las bandas nubosas o los bancos de nieblas, pero todas esas teorías, diretes y leyendas le llevaron a la convicción de que había tierras cercanas al otro lado del Mar Tenebroso. Estaba absolutamente convencido de ello, al igual que muchos marinos lusos y onubenses.

Tras llegar a esa convicción, decidió formarse, leyendo a los clásicos, para ofrecer un proyecto viable y razonado a sus posibles patrocinadores. Su universo mental era bastante simple, se basaba en conjeturas y en datos científicos que seleccionó a su antojo para hacerlos encajar con la imagen que él ya tenía. Y como escribió José Luis Comellas, cuanto más se ilustraba más se obstinaba en sus equivocaciones, pues leía partiendo de unas ideas previas que quería verificar a toda costa.[56]

¿Y qué lenguas hablaba? Ramón Menéndez Pidal escribió un trabajo incontestable en el que demostró que se comunicó en varias: el dialecto genovés, el portugués, el castellano y el latín. Bien es cierto que no conoció en profundidad ninguna de ellas, lo cual no deja de tener su lógica, ya que, como navegante que fue, estuvo siempre de aquí para allá, en contacto con muchos idiomas, pero superficialmente. Su lengua materna no era el italiano, sino un dialecto genovés con el que guardaba notables diferencias.[57] Según su propio testimonio, empezó a navegar siendo muy joven, lo que explicaría que no escribiese el genovés, siendo la lengua que mejor hablaba el portugués, aunque la jerga que dominó fue la que usaban sus tripulaciones, que entremezclaban istmos de muy diversos orígenes. En sus años en Portugal habló con cierta soltura el portugués, aunque fue allí donde aprendió sus primeras nociones de castellano, que perfeccionaría a partir de 1485, cuando llegó a Castilla.[58] Tenía nociones de esas cuatro lenguas, pero hasta donde sabemos solo escribió en castellano y algunas frases y expresiones en un latín básico, aunque nunca en genovés, ni siquiera cuando se dirigía a sus compatriotas. Eso sí, escribía en un castellano plagado de portuguesismos, y en menor medida de galleguismos, catalanismos e italianismos.[59] Y es que, como decía el padre Las Casas, hablaba con un acento extraño que evidenciaba su origen extranjero, y, además, a veces no entendía el sentido exacto de algunas de las palabras que usaba.[60] Por lo demás, dadas sus largas estancias en Sevilla, con frecuencia seseaba, escribiendo *aseite* en vez de aceite o *tosino* en vez de tocino.[61]

En cuanto a su firma, se conservan un total de cuarenta y dos autógrafas, y con anterioridad a 1502 firmaba simplemente como el *almirante*, y desde este año, con el famoso anagrama de siglas triangular que sigue siendo objeto de debate.[62] La forma piramidal ha hecho que algunos la vinculen con la Cábala, y, por lo demás, se han planteado todo tipo de teorías, unas más plausibles que otras, para descifrarla. Para muchos, siguiendo a Eugène Dognée, son iniciales de las siguientes palabras latinas: *Sit / sibit antecedens Semper / Xristus Ma-*

ria Yesus / Christo Ferens, que traducido sería, a su juicio: *Que Jesucristo con María vayan siempre con Cristóbal Colón.*[63] Sin embargo, yo creo que el desglose de las siglas puede ser más simple: S. / S. A. S. / X. M. Y.: *Señor, Su alta señoría, Excelente, Magnífico, Ilustre.* Teniendo en cuenta el carácter del almirante, es más que plausible que sean las siglas de este pomposo tratamiento que creía debía tener, como almirante que era de la mar océana y virrey. A partir del 16 de febrero de 1502, le añadía la palabra almirante y la expresión *Christo ferens*, es decir, el que lleva o conduce a Cristo.[64]

EL HOMBRE DE MAR

Pese a tener una escasa formación reglada, no le faltaban ingenio y una extraordinaria capacidad de improvisación, pues, como escribió Francisco López de Gómara, «no era docto, más sí bien entendido».[65] En parecidas palabras se expresa su amigo el cura de los Palacios: era «de muy alto ingenio, sin saber muchas letras», una idea que desde entonces ha apoyado toda la historiografía.[66] En ese mismo sentido, su compatriota Michele Cuneo sostuvo que hasta su tiempo no había habido nadie que supiese más en cuestiones prácticas de navegación, porque solo con ver una nube o una estrella en la noche sabía el tiempo que iba a hacer.[67] En los Pleitos colombinos, también salieron a relucir sus grandes conocimientos náuticos, aunque fuesen parte interesada. Por no insistir demasiado, destacaré un par de declaraciones, la de su camarero Pedro Salcedo, que dijo que fue «uno de los mayores hombres del mundo en el arte de marear», y la de Gonzalo Alonso, que aseveró que fue «un sabio en las cosas de la mar».[68] Sus conocimientos se fundamentaban en la observación minuciosa del mar y de las estrellas, lo que le llevó a predecir huracanes y tormentas y, por supuesto, a conocer la dirección de los vientos y de las corrientes marinas. A ello hay que sumar una formidable capacidad intuitiva, un talento que, a decir de Emilio Castelar, es uno de los signos distintivos de todo genio.[69] Así, por ejemplo, al regreso de su primera aventura, observó que la *Niña* se balanceaba en exceso por falta de lastre y dispuso que se llenaran los barriles de agua salada para proporcionarle más estabilidad.[70] La situación mejoró en los días posteriores y logró entrar en el estuario del Tajo. Asimismo, a sabiendas de que se iba a producir un eclipse lunar, les dijo a los naturales de Jamaica que su dios estaba enojado con ellos, como podían comprobar al día siguiente mirando al firmamento.[71] Así lo hicieron y, tras observar el oscurecimiento, no dejaron de llevarle alimento y ayudarlo en todo lo que les demandaba. Igualmente, en un banquete demostró a todos los presentes que un huevo podía mantenerse en vertical sobre la mesa, aunque no tenemos la certeza de que fuese el protagonista de esa anécdota.[72] Pero cierta o no, nadie puede negar su intuición, su espíritu visionario y milagrero y su arrojo, ya que él y sus hombres se echaron a la mar en fragilísimos navíos, en una aventura incierta donde se jugaron la vida. Sus lecturas, su experiencia, su curiosidad y su extraordinaria capacidad de observación lo convirtieron, como dijo uno de sus grandes admiradores, el padre Las Casas, en una persona «doctísima» en el arte de navegar.[73]

No hay que olvidar que el aprendizaje náutico en aquellos tiempos seguía siendo práctico, pues no existía una escuela de pilotos ni nada parecido a lo que después será la sevillana Universidad de Mareantes. Había aprendido de manera práctica a usar lo mismo el timón de codaste que la brújula —entonces llamada aguja de marear—, instrumentos esenciales para lo que ellos llamaban engolfarse, es decir, adentrarse en el océano. La brújula es uno de los grandes inventos de la historia y ha sido fundamental para la navegación hasta la Edad Contemporánea. Se trata de una aguja imantada, suspendida sobre un círculo graduado que señala al polo magnético, que no coincide exactamente con el norte, como pudo comprobar el propio Colón. La brújula es un invento chino introducido en el siglo XI en el Mediterráneo por los musulmanes, que pasó al Atlántico tres siglos después, aunque su uso en ese tiempo fue muy limitado, entre otras cosas porque la navegación que se solía hacer era de cabotaje.[74] Todavía a finales del siglo XVI, el padre José de Acosta se sorprendía de que un pequeño imán «mande en la mar y obligue al abismo inmenso a obedecer y estar a su orden».[75] Pero era esencial para emprender cualquier periplo ultramarino pues, como escribió López de Gómara, sin ella «las naos se perderían en el océano».[76] Él la usaba con una rosa de los vientos sobrepuesta en la que se indicaban treinta y dos rumbos posibles, que eran puntos cardinales intermedios, y presuponemos que también lo hacían los capitanes de la *Pinta* y de la *Niña*. Además, disponía de otros instrumentos náuticos, como el compás, los mapas, la ampolleta, el cuadrante, y quizá también el astrolabio.[77]

El astrolabio era un aparato usado por los marinos musulmanes desde el siglo VIII de nuestra era, pero hasta el siglo XV no lo utilizaron los portugueses, aunque la latitud no se midió con precisión hasta bien entrada la centuria siguiente.[78] La ampolleta o reloj de arena que se usaba en tiempos del Descubrimiento estaba compuesta de dos conos de cristal y la arena caía de uno a otro, en períodos de media hora. Había que estar continuamente pendiente para girarlo cada vez que trascurrían esos treinta minutos, porque resultaba esencial para estimar la distancia recorrida. El descuido que cometían los pajes al darle la vuelta antes o después de caer la arena provocaba notables errores de cálculo. La profundidad se controlaba con una sonda, que era una simple cuerda con nudos y un pequeño lastre en la punta.

Colón cometió considerables deslices en los cálculos de la latitud, pues, además de lo rudimentario del cuadrante, con el que medía la altura de la estrella polar y del Sol, el movimiento de la nao no le permitía utilizarlo con precisión. Se ha demostrado que la medía usando una tabla inserta en la *Imago Mundi*, que se conocía desde tiempos de Ptolomeo, calculando las latitudes en función de la declinación solar. Equivocó la latitud en siete de las ocho ocasiones en que la estimó, quizá por el descuido de los pajes en dar la vuelta a la ampolleta, pero sobre todo por el movimiento del barco, lo que impedía calcular exactamente la variación del ángulo solar en relación con la hora. De hecho, siempre situó el área caribeña en la misma latitud que las islas Canarias, cuando estaban bastante más al sur. Pero hay que tener en cuenta que, a finales del siglo XV, eran pocos los marinos que sabían usar esos instrumentos.

Por tanto, podía conocer con mucha inexactitud la latitud, usando el cuadrante o el astrolabio, y midiendo la altura de la polar, pero no tenía medios para averiguar la longitud más allá de la simple estimación, ya que aún no se usaba la corredera. De hecho, la primera vez que sabemos que se usó fue en el viaje de Magallanes-Elcano de 1519-1521, aunque la medición de la longitud no fue precisa hasta el siglo XVIII.[79] Pese a todo, como escribió Antonio de Herrera, calculaba mejor que nadie las leguas recorridas y, por tanto, la longitud, siempre y cuando no se estuviese navegando a la bolina.[80] Eso explica que, al regreso del primer viaje, al divisar unas islas, supiese que estaba ante las Azores, frente a la opinión del resto de la tripulación, que afirmaba estar ante las islas Madeiras o ante la Roca de Sintra, junto a Lisboa.

En los peores momentos, cuando nadie lo apoyaba, se ganó la vida elaborando cartas náuticas que, a decir de Las Casas, «sabía muy bien hacer».[81] Y no era un mal negocio, puesto que estos mapas cartográficos requerían una gran especialización y se vendían a muy buen precio.[82] Hay muchas referencias sobre las esferas y mapamundis que envió, lo mismo a Paolo del Pozo Toscanelli que a los Reyes Católicos, antes y después de sus descubrimientos. Así, por ejemplo, el padre Las Casas refirió que a través de Lorenzo Biardo, un florentino que vivía en Lisboa, remitió a Paolo Toscanelli una esfera en la que le explicaba el viaje que estaba proyectando.[83] Y el 5 de septiembre de 1493, poco antes de zarpar, los soberanos le recordaron que no se olvidase de dejarles la carta de marear que estaba confeccionando.[84] Igualmente, en su relación del segundo viaje, fechada en La Isabela, el 20 de enero de 1494, manifestó que «con harto trabajo» tenía bastante avanzado un mapa cartográfico con todas las islas descubiertas y que lo quería remitir junto a otras «pinturas» que había hecho el año anterior.[85] Tras su tercera travesía, volvió a confeccionar un mapamundi y una esfera, que entregó a Juan Vizcaíno con el encargo de que sacara un traslado, y lo mismo hizo en relación con lo descubierto en su cuarta jornada.[86] Y es que, como afirmó Juan Ferrán de Posada, que las vio en persona, levantaba cartas de todas las tierras que descubría con mucha facilidad.[87] Por desgracia, pese a esa amplia labor cartográfica, apenas se ha conservado un rudimentario mapa de 1492, custodiado en el Archivo Ducal de Alba, donde aparecen la costa norte de La Española y la isla Tortuga.[88] Por cierto, también su hermano Bartolomé fue un excelente cartógrafo, pues según su sobrino Hernando, aunque no era latino, «sabía muy bien hacer cartas de navegación, esferas y otros instrumentos náuticos».[89] De hecho, en 1513 hizo llegar a Fernando el Católico una carta y una pintura que había elaborado en las que se representaban los territorios hallados hasta la fecha.[90]

Por lo tanto, combinaba ciertos conocimientos teóricos con una larga experiencia práctica, lo que sumado a su agudeza le convirtió en uno de los grandes marinos de su época. Parece obvio, como escribió Julio Guillén Tato, que llegó a tener conocimientos muy por encima del resto de los pilotos y marinos de su generación.[91] De las decenas de barcos que capitaneó solo naufragó, debido a un accidente, uno de ellos, la *Santa María*, por un descuido suyo que se concatenó con otros errores que llevaron a la irreparable pérdida.[92] Los que naufragaron en su cuarta travesía no lo hicieron debido a ningún error, sino al pésimo estado en el que llegaron, incompatible con su flotabilidad. Y ello a pesar de que los siniestros en estos primeros años fueron muy frecuentes, dado que aún no estaban cartografiadas las costas y tampoco se conocían los bajíos y roquedos.[93]

SU UNIVERSO MENTAL

Colón pensaba igual que muchas de las personas de su tiempo, pues vivió a caballo entre el medievo y la modernidad, representando él mismo un punto de inflexión. Por un lado, su visión filosófica, su misticismo, sus creencias y su espíritu religioso tenían una honda raigambre medieval. Y por el otro, su individualidad, su entereza en la adversidad, su ambición, su creatividad, su curiosidad científica y ese sueño por abrir una nueva ruta hacia la especiería le otorgaban iniciativas propias de un espíritu renacentista. Su concepción del mundo era el perfecto reflejo de esa Vieja Europa que trataba de sacudirse sus ataduras y lanzarse al mundo, por lo que podemos decir que fue un personaje que vivió entre dos épocas.

En su cabeza todavía rondaban los grandes mitos medievales, que, al igual que sus contemporáneos, no solo conocía, sino que creía a pies juntillas. En aquella época no existía una separación entre lo natural y lo sobrenatural, ambos estadios estaban comunicados e interrelacionados.[94] Cuando en su primera travesía ultramarina observó el Teide en erupción, y después la caída de un bólido, interpretó que estaba ante fenómenos naturales compatibles con alguna señal o intervención divina. Asimismo, anotó ingenuamente, tanto en su diario como en la «carta anunciadora», que no había encontrado monstruos en las nuevas tierras, sino multitud de personas «de muy lindo acatamiento».[95] Sin embargo, sí que tuvo ciertas noticias de los caribes, unos pueblos belicosos que a su juicio cometían una monstruosidad, la antropofagia, una aberración que se acercaba bastante a esa condición inhumana de las quimeras. También oyó hablar de una isla poblada por mujeres varoniles que no tenían ningún trato con los hombres, reiterando la vieja fábula de las amazonas, que, claro está, no existían más allá de su propia imaginación.[96] Todo ello es un claro indicio de que, antes de emprender su aventura, no estaba seguro de si iba a encontrar o no a esos seres monstruosos. Tampoco descartaba encontrar el paraíso terrenal, que, según había leído en la obra de Pierre d'Ailly, se ubicaba en Asia. Así, en su tercera aventura, cuando llegó a las bocas del Orinoco, en el golfo de Paria, actual golfo de la Ballena, creyó que lo había encontrado. El estruendo —macareo— que producía el choque del agua dulce con la salada le pareció una prueba evidente de que debían de ser los ríos del Edén. ¿Qué otra cosa podía ser? Sus palabras ante el extraordinario hallazgo rezuman la emoción del momento:

> Grandes indicios son estos del paraíso terrenal, porque el sitio es conforme a la opinión de estos santos y sacros teólogos, y, asimismo, las señales son muy conformes, que yo jamás leí ni oí que tanta cantidad de agua dulce fuese así adentro y vecina con la salada...[97]

Sin duda, conocía la descripción medieval del Edén, en el que había una fuente de la que manaba mucha agua dulce que surtía a los cuatro grandes ríos asiáticos, el Nilo, el Tigris, el Éufrates y el Ganges, y que, al desembocar y colisionar con el agua salada, producía un ruido ensordecedor.[98] Esta localización reforzaba, además, su convicción de que aquel inmenso territorio pertenecía al continente asiático. El problema era que el Orinoco llevaba bastante más agua que esos cuatro ríos juntos, por lo que era evidente que las piezas no encajaban. Pero su testarudez para verlo todo con el cristal de sus convicciones lo llevó a elaborar una teoría para forzar allí su localización: según dijo, la Tierra no era exactamente esférica, sino que tenía una protuberancia mamiforme, es decir, de forma pectiforme o de pera, en cuya parte superior se encontraba la montaña del Paraíso, y tenía un rabillo que se correspondía con el Árbol de la Vida.[99] Estaba convencido de que había realizado un extraordinario aporte a la humanidad, nada más y nada menos que la situación exacta del Edén, descrito por los sabios clásicos. Su ideario no era en absoluto singular, pues en aquella época se creía en los presagios, en señales de origen sobrenatural que anunciaban algún tipo de acontecimiento futuro. Estos mitos estuvieron muy difundidos en Europa, no solo en la Baja Edad Media, sino también durante la Edad Moderna. También Américo Vespucio pensó en el paraíso terrenal cuando en 1499 estuvo en la misma zona, y todavía en el siglo XVII algunos autores seguían situándolo en las Indias Occidentales, unos en Norteamérica y otros en Sudamérica.[100] Y no solo era una idea generalizada entre las personas del común, sino también entre algunos sabios y humanistas, como Tomás Moro, que situó su mítica isla de Utopía en algún lugar del Nuevo Mundo. Bien es cierto que su fe en este hallazgo contrastó con el escepticismo con el que se lo tomaron en Europa, ya que incluso un cronista tan vinculado a él como Pedro Mártir de Anglería pensó que era una mera fábula, mientras que su hijo Hernando lo omitió por completo.[101] Tampoco parece que la propia Corona se lo tomase en serio; de hecho, la junta de expertos desechó sus opiniones y fue una de las razones que se esgrimieron para abrir las rutas a otros navegantes.[102]

Para plantear un viaje hacia el oeste había que empezar por dar por segura la esfericidad del planeta, algo que ningún erudito del siglo XV dudaba. Ya los sabios de la antigüedad defendieron, o al menos intuyeron, su redondez, entre ellos Platón, Aristóteles, Pitágoras y muy en particular Eratóstenes de Cirene, unas ideas que subsistieron durante la Edad Media.[103] De hecho, se ha demostrado que la inmensa mayoría de los sabios medievales conocían la esfericidad del globo, aunque entre el pueblo persistía la planitud, así como la existencia de monstruos terroríficos que poblaban las antípodas.[104] Sin embargo, Colón era un ejercitado marino y una persona razonablemente culta que estudiaba libros como la *Imago mundi*, en la que pudo leer que la Tierra era redonda; pese a todo, como tratándose de convencer, anotó al margen de una de las páginas del libro de d'Ailly —apostilla 480—: «*Terra est rotunda spherica*».[105] Esférica o con forma de pera, como dirá después, daba lo mismo, pues esta redondez era el primer paso en su proceso mental, un requisito imprescindible para comenzar a plantearse la posibilidad de buscar Asia por el oeste. Otro asunto diferente es que seguía pensando, y esto era una idea mayoritaria, que era el Sol el que giraba en torno a la Tierra, y no al revés.[106] Eso sí, él nunca demostró de forma empírica esta esfericidad, como algunos han planteado, porque el primero en circunvalar el planeta fue, como es sabido, Juan Sebastián Elcano, varias décadas después.

La segunda idea que debió madurar fue la de la supuesta inhabitabilidad de la zona intertropical, que, en este caso, sí tenía un enorme arraigo desde la antigüedad. Sabios clásicos, como Plinio, sostuvieron la redondez terráquea, pero defendieron que solo dos quintas partes del planeta eran habitables, porque ni los polos ni las zonas calientes podían albergar vida.[107] Esta idea se mantuvo vigente durante la Edad Media, viéndose la zona intertropical como una descomunal sauna humana donde ningún ser humano podría sobrevivir y donde no habitaban más que monstruos marinos. El límite se había fijado tradicionalmente en el cabo Bojador, hasta que, en 1434, el portugués Gil Eanes, escudero de Enrique el Navegante, lo cruzó. Se había dado la vuelta en dos ocasiones, horrorizado, pero el soberano le dijo que si no lo rebasaba, no volviese, y cumplió con su cometido en una tercera ocasión. Nada tiene de particular que Alessandro Geraldini escribiera después que fueron los lusos quienes demostraron que la zona cálida estaba muy poblada.[108] Pero estaba tan interiorizada la idea que Américo Vespucio insistió en su sorpresa al encontrar los trópicos tan poblados. Pero, es más, todavía a finales del siglo XVI, Juan de Cárdenas afirmaba que el calor era insufrible en el área tropical, aunque los clásicos se equivocaron al decir que el calor era tanto que la hiciese inhabitable.[109] Una vez más, el almirante se hizo eco de los avances lusos, que, además, pudo verificar en primera persona, en sus viajes a San Jorge da Mina, un fuerte construido en Cape Coast Castle, en el actual estado de Ghana, en 1481. Y en otra de esas apostillas volvió a incidir en ello, anotando en caracteres latinos que los trópicos no son inhabitables, sino que están muy poblados, como habían comprobado los que navegaban por aquellas latitudes.[110] Se trataba del segundo paso necesario para la superación de su propio complejo medieval.

Y finalmente, quedaba una tercera barrera: la enorme distancia que, según la mayoría de los eruditos, separaba a los dos continentes por el océano Atlántico. Para los científicos del momento —muchísimo más acertados que él, por cierto—, el trecho era tan grande que era imposible que llegase ninguna expedición con los medios de que disponían. No extraña que las juntas de expertos se mofasen de sus ideas, en particular por la cuestión de las distancias. Lo cierto es que fue en Portugal donde se convenció de que había tierras al oeste y allí mismo comenzó un proceso de manipulación de datos para hacer encajar a la fuerza la existencia de tierras donde él creía ubicarlas. Para cuadrar las distancias reales con las que él tenía en su cabeza realizó dos operaciones.

Una, redujo el tamaño del orbe en una cuarta parte, al tomar la medida del grado terrestre de la *Imago mundi* del cardenal Pierre d'Ailly. Este había leído a Alfragano, quien, en el siglo IX, por encargo del califa Al-Mamún, había medido la circunferencia terrestre de manera bastante precisa, siendo la suya la aproximación más exacta que existe hasta la Edad Contemporánea. Eratóstenes había calculado la circunferencia terrestre en cuarenta mil novecientos kilómetros y Alfragano en cuarenta mil doscientos cuarenta y ocho, acercándose mucho a la real, que se estima en cuarenta mil ocho kilómetros. Pero d'Ailly interpretó que había usado la milla itálica, de tres mil codos, y no la árabe, que era de cuatro mil, reduciendo la circunferencia en poco más de una cuarta parte, hasta los veintinueve mil kilómetros.[111] En poco más la calculó Paolo Toscanelli, unos treinta mil kilómetros, y Claudio Ptolomeo, en treinta y tres mil. Esta idea de un océano Atlántico de extensión limitada fue defendida por Toscanelli y su entorno, que, en 1474, se dirigió al rey de Portugal explicándoselo.[112] Por tanto, había tres autores, Ptolomeo, d'Ailly y Toscanelli, que por error cifraron la circunferencia terrestre en torno a los treinta mil kilómetros, una idea a la que se aferró el genovés toda su vida. Basándose en estos datos, todavía en su carta desde Jamaica, el 7 de julio de 1503, reiteró a los reyes «que el mundo no es tan grande como dice el vulgo».[113]

No satisfecho con la reducción del orbe en una cuarta parte, concibió un Asia muy alargada en el océano al confiar una vez más en las cifras de Pierre d'Ailly y de Paolo del Pozzo Toscanelli.[114] Estos autores se fiaron de Marino de Tiro —pese a que había sido rectificado por Claudio Ptolomeo—, quien había interpretado mal el *me*, unidad de medida china, prolongando en exceso a Asia en el océano y acortando de esta forma la distancia con el continente europeo.[115] Bien es cierto que había una tradición que arrancaba desde la antigüedad que defendía un continente asiático mucho más extenso de lo que se creía, como defendieron Séneca, Aristóteles o el arzobispo de Cambray, en la primera década del siglo XV. Pero lo cierto es que la mayoría de los cosmógrafos del siglo XV sabían que Marino de Tiro y los otros sabios clásicos estaban equivocados, entre otras cosas porque no ignoraban, como ya hemos afirmado, que fue corregido en su día por Ptolomeo.

Los cálculos de Toscanelli no diferían mucho de los de d'Ailly, ni los de estos dos con los de Colón, pues ambos autores le vinieron como anillo al dedo.[116] No olvidemos que Toscanelli era un prestigioso humanista, amigo personal de Filippo di Brunelleschi y de Leon Battista Alberti, entre otros, y que, como otros personajes de su tiempo, era muy polifacético: astrónomo, geógrafo, físico y matemático.[117] Era una de las pocas personas respetadas que defendían, desde antes de que Colón ni siquiera se lo plantease, que era posible alcanzar Asia por poniente. De hecho, ya el 25 de junio de 1574, tras una petición previa, había enviado una carta al canónigo y médico luso Fernando Martins de Roriz, acompañada de un mapa cartográfico, hoy perdido, en la que explicaba su teoría.[118] Ambos habían coincidido en Florencia y esta correspondencia pone de nuevo en evidencia el clima de curiosidad e inquietud que se vivía en el último tercio del siglo XV en torno a la existencia de islas al oeste e, incluso, en la posibilidad de encontrar una ruta mucho más corta y directa hasta la tierra de la especiería. La misiva evidencia la transferencia de información que había entre las ciudades del norte de Italia y la península Ibérica, fundamentalmente el reino de Portugal, que en el último tercio del siglo XV se estaban al menos planteando la posibilidad de emprender travesías oceánicas para alcanzar las casi míticas islas. Sin embargo, ya los sabios portugueses descartaron los datos de Toscanelli porque, con toda la razón, pensaban que las distancias calculadas por el italiano estaban erradas a la baja.

Pero cuando Colón supo de las teorías de Toscanelli se entusiasmó tanto con ellas que le solicitó información adicional y le remitió una esfera que representaba el viaje que tenía en mente.[119] Al parecer, la petición tuvo como respuesta dos cartas que Toscanelli le remitió en las que le animaba a realizar su empresa.[120] Al menos una de ellas

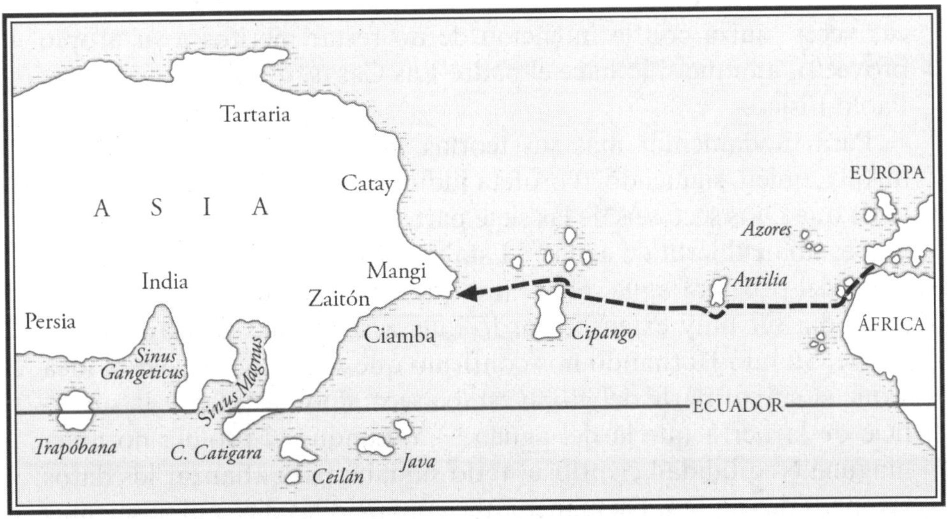

Colón, La Isabela y La Navidad.

terminó cayendo en sus manos y estuvo depositada en su archivo personal, de donde con posterioridad la reproducirían en sus respectivas obras tanto su hijo como el padre Las Casas. Además, Colón aludió varias veces a ella, lo que evidencia que la debió de conocer con detalle. Para el sabio italiano, el camino a Asia por poniente era muy corto, mucho más que el que los portugueses realizaban bordeando África. A su juicio, además de no mediar una gran distancia, había muchas riquezas y un supuesto deseo de aquellos pueblos de restablecer una «plática y conversación» con la cristiandad.[121] Buena parte de sus cálculos eran igual de incorrectos que los del propio Colón, pero se trataba de los errores más felices, fecundos o fructíferos de la historia.[122] Bien es cierto que Toscanelli estimaba que entre Lisboa y Asia por occidente mediaban mil seiscientas veinticinco leguas, lo cual seguía siendo mucho, por lo que el genovés se vio obligado a achicar más aún el tamaño de la circunferencia terrestre. Tan influido llegó a estar por los textos del sabio italiano que tanto Hernando Colón como Bartolomé de Las Casas responsabilizaron a este último de los errores de cálculo que cometió el genovés. Pero la verdad, es que, como dice Antonio Ballesteros, sin Toscanelli Colón no hubiese podido defender su proyecto con la seguridad científica que lo hizo. Para ambos era posible llegar a Asia por occidente en pocos días, siempre y cuando los vientos fueran favorables.[123] No cabe ninguna duda de que su proyecto es deudor en gran medida del de Toscanelli, inspirador intelectual de su aventura ultramarina. Él lo citó muy pocas veces, quizá con la intención de no restar méritos a su propio proyecto, aunque sí lo hace el padre Las Casas, que alude a él como Paolo Físico.

Para fundamentar más sus teorías, citó con frecuencia a Pierre d'Ailly, quien, siguiendo al profeta judío Esdrás, del siglo v a. C., sostenía que Dios secó seis de las siete partes del planeta, por lo que solo una estaba cubierta de agua.[124] Estaba claro que si solo una séptima parte del orbe era agua, el océano que separaba ambos continentes no podía ser muy extenso, por lo que, a su juicio, su proyecto era viable. Su hijo Hernando nos confirmó que su padre creyó esta idea y que la mayor parte del globo estaba seca, «por ser mayor la superficie de la tierra que la del agua».[125] Y aunque el profeta no tenía ninguna credibilidad científica, todo sumaba para afianzar los datos erróneos de su plan. De manera que convirtió las diez mil seiscientas millas de distancia entre Europa y Asia en tan solo dos mil cuatrocientas, es decir, unas setecientas veintidós leguas de distancia con Cipango, que a su vez distaba de Cathay otras dieciséis. Ya estaba en condiciones de afirmar que la costa este de Europa y la oeste de Asia «*no multum dista*».[126]

Su proyecto no era más que un refrito de las teorías equivocadas de d'Ailly y Toscanelli, por lo que no tenía nada de original ni de meritorio. Leer a estos autores fue decisivo para dar forma a sus ideas y, además, citar a autoridades respetadas para dar un aire científico a su teoría. Como ya hemos dicho, tuvo un pleno convencimiento de que navegando setecientas treinta y ocho leguas al oeste de las islas Canarias llegaría a los dominios del Gran Khan y que, además, a medio camino podía encontrar algunas islas en las que aprovisionarse. Estimaba que, con un poco de suerte, teniendo vientos favorables, se podían recorrer veinticinco leguas diarias, por lo que se podría cubrir la distancia en menos de un mes. En todo momento trató de adaptar lo que iba encontrando con lo que tenía diseñado en su mente y en sus planisferios. Eso explica que cuando llegó a Cuba pensara que estaba en el Cipango, mientras que en La Española debían de estar Ofir y Tarsis, las míticas minas de oro con las que se había erigido el templo de Jerusalén, y ambas islas debían de estar a su vez muy cerca del Cathay.[127] Y tanto fue así que le asignó a Cuba una latitud norte de cuarenta y dos grados, algo que era imposible, teniendo en cuenta que había situado Guanahaní a veintiocho grados.[128]

Todo estaba preparado en su mente, la empresa era ya factible, aunque, claro está, casi ningún cosmógrafo de su época respaldase tales cálculos, pues, como él mismo escribió, todos se lo tomaron «a burla, salvo los dos frailes que siempre fueron constantes».[129] Evidentemente, el resto de los instruidos de su época, con bastante más acierto que él y sus dos referentes, d'Ailly y Toscanelli, estaban convencidos de que el trayecto era excesivo, ya que el viaje duraría más de tres meses y no había tecnología naval para alcanzarlo. De ahí se deriva el rechazo que encontró en cortes europeas como la portuguesa y la española. Tomás López Medel escribió, hacia 1570, que tanto el rey de Portugal como la reina de Castilla y León menospreciaron su plan, y solo lo consiguió llevar adelante por su perseverancia.[130] Pero para él no solo era posible alcanzar Asia por occidente con la tecnología de su tiempo, sino que, además, era un itinerario más rápido y barato que el que pretendían los portugueses bordeando África.

Por ello, está claro que el impulsor intelectual de la aventura colombina fue el florentino Paolo Toscanelli, aunque fuese Colón el que tuvo la valentía y el atrevimiento de implementarla. Su verdadero mérito no fue concebir ese proyecto plagado de errores, y que además no era suyo, sino superar todos los miedos, embarcarse rumbo a lo desconocido, rompiendo las fronteras del mundo, y regresar para contarlo. Debió soportar incertidumbres, ausencias de vientos, racionamiento de agua y de alimentos antes de avistar tierra y, además, supo encontrar el camino de vuelta. Todo un proyecto de navegación que estuvo gestado por italianos, como Toscanelli, Colón o Vespucio, pero con el patrocinio de la Corona de Castilla. Todas las demás expediciones viajaron ya con la certeza de la existencia de tierras y con la certidumbre de que era posible regresar subiendo a latitudes más al norte. No en vano, ha escrito Tzvetan Todorov, quizá otros, como Magallanes o Vasco de Gama, realizaron viajes más complicados, pero, a diferencia del genovés, sabían con exactitud a dónde se dirigían.[131]

LAS DOS TIERRAS DE COLÓN

Otra de las grandes preguntas que nos solemos hacer en torno a su pensamiento es: ¿cómo concibió el mundo que descubrió? ¿Pensó que estaba ante un nuevo mundo? ¿Se dio cuenta en algún momento de que no se trataba de Asia? A continuación, trataremos de dar respuesta a estos interrogantes. Siempre creyó en la existencia de dos tierras: la tierra de allá y la tierra de acá, una idea que repitió numerosas veces en sus escritos, desde fechas muy tempranas, concretamente desde la carta anunciadora dirigida a Luis de Santángel.[132]

La tierra de allá, siguiendo a Toscanelli en su carta de navegación, estaba formada por los dominios del Gran Khan, lo que el interpretaba que era el Cipango y el Cathay, más un conjunto de islas y territorios previos.[133] De hecho, en su primera jornada portaba una carta en latín, firmada por los Reyes Católicos en Granada, el 30 de abril de 1492, y dirigida al soberano del Cathay.[134] Sin embargo, estando en las Bahamas, tomó posesión de Guanahaní y de las demás islas que había en su entorno, convencido de que no eran tierras del mongol. Todo ello era la tierra de allá, donde entonces presuponía que estaban los territorios del Cathay y Cipango, pero también había infinidad de islas que no estaban sujetas a ningún soberano. Al principio tuvo ciertas dudas sobre si tenían algún tipo de subordinación, pero una vez que entró en contacto con sus pobladores se cercioró de que eran seres primitivos que no obedecían a ningún monarca. Obviamente, a nadie en su sano juicio se le ocurriría tomar posesión del Cipango de los samuráis o del Cathay, ¡bueno era el Gran Khan! De Japón y China no se podía tomar posesión, pero sí de las islas limítrofes, para evitar que fueran ocupadas en nombre de otros soberanos cristianos. Así, el 15 de agosto de 1493, anotó en su diario que creía que era «un gran continente, desconocido hasta ese momento».[135] Y en la carta anunciadora aludió también a la tierra de acá, que no pertenecía al Gran Khan, porque ya había podido comprobar que había muchas islas y territorios que no señoreaba. En ese momento no se refería a los territorios ubicados en América del Sur, pues solo supo de su existencia a partir de su arribada en el tercer viaje. Sin embargo, algunos han sugerido que sí aludía a la masa continental de Sudamérica, lo que les ha servido para defender que, dado que oficialmente aún no había estado allí, debía tener información previa proporcionada por el piloto anónimo.[136] Pero está claro que en ese primer momento no se refería a Sudamérica, sino a la tierra de allá.

Hay que recordar que en la mentalidad de la época se entendía que las tierras que no pertenecían a un señor cristiano eran consideradas *terrae nullius*, dominios de nadie.[137] Era prioritario ocupar estos islotes, porque así obtenía enclaves preferentes para la ulterior localización del famoso reino, de cuyas riquezas se beneficiarían a través del comercio. Cuando Colón llegó por primera vez a Cuba, lo hizo convencido de que se trataba de la rica isla de Cipango, que a su vez estaba cerca del no menos rico Cathay. A lo largo de sus expediciones tuvo indicios más que suficientes para pensar que aquello no era el Extremo Oriente; no encontró rastro del Gran Khan, ni de palacios con rejas de oro, ni de los monstruos de Ofir, reseñados por Polo y Mandeville. Y aunque hubiese llegado a Asia, difícilmente podía encontrarse con el famoso soberano, cuyo reinado había acabado en 1369, hacía más de un siglo.[138] En cambio, lo que localizó fueron sociedades muy primitivas, en un estado tribal o a lo sumo de jefaturas, con una incipiente división de clases; reyezuelos, señores de pequeños poblados pajizos y aves de variadísimos colores y reptiles. Pero él seguía en sus trece, obsesionado con que la tarea que le había encomendado la providencia era encontrar una ruta más corta a Asia, y de ahí no le iba a sacar nadie.[139] Estaba imbuido de ideas preconcebidas y se puso una venda en los ojos y unas orejeras, de modo que solo veía y oía lo que quería, aquello que encajaba en su universo mental, aunque fuese contradictorio. Debió de influir su gran religiosidad, que le impedía romper con ese bloque monolítico de una ecúmene formada por tres continentes interconectados de la que hablaban los textos sagrados. De manera consciente o subconsciente, no podía imaginar el hecho de haber descubierto un cuarto continente que rompía con todos los dogmas.[140] Tan obsesionado estaba con la mitología medieval que terminó viendo lo mismo sirenas que cíclopes, personas con cola, amazonas o las minas de Tarsis y Ofir. Y todo ello reforzado por las narraciones de los naturales, que, desde el primer momento, se percataron de sus intenciones y, para evitarse problemas y complacerlo, le contaban relatos fantásticos que se acomodaban a lo que él quería escuchar. Huelga decir que estos mitos medievales estaban muy arraigados en la sociedad y la creencia en su existencia se prolongó durante buena parte de la Edad Moderna.[141] Pero continuando con nuestro relato, aunque ningún indígena citaba el Cathay ni Cipango, seguía sospechando que quizá el nombre hubiese cambiado de un idioma a otro.

En cuanto a la tierra de acá, eran unos territorios nuevos hallados por él que se ubicaban en lo que hoy es Sudamérica. Estos eran del todo ignorados e inmensos, como escribió estando en las bocas del Orinoco, en 1498, cuando le sorprendió la enorme cantidad de agua dulce que creía tenía que provenir de un gran continente.[142] Al principio no tenía claro si ese nuevo mundo estaba unido o no al de allá, pero saldría de dudas en su cuarto viaje, cuando recorrió la costa atlántica de Centroamérica, sin encontrar el ansiado estrecho.[143] El hecho de localizar allí el paraíso terrenal, que todos los sabios ubicaban en Asia, le debió de parecer una prueba evidente de que estaba en lo cierto. El 13 de agosto de 1498 escribió que creía que lo descubierto era una «tierra infinita», un mundo nuevo del que hasta entonces no se había tenido noticia. Y años después se ratificó, escribiendo que los reyes serían dueños de inmensas tierras que eran «otro mundo».[144]

Y siguiendo esta lógica de las dos tierras, en sus dos primeros viajes, en las Antillas, estuvo en las estribaciones de la tierra de allá, y en su tercera travesía navegó por latitudes más bajas para tocar en la tierra firme de acá; finalmente, en su cuarto viaje recorrió las costas de América Central para ver si existía un estrecho que separara ambos territorios. Al no encontrarlo, concluyó que esa tierra nueva de la que estaba tomando posesión en nombre de los reyes estaba unida a la de allá.[145] Y pese a que en las bocas del Orinoco creyó situar el paraíso, que todo el mundo ubicaba en Asia, él sabía ya que aquello constituía un extenso apéndice de tierra que no se correspondía con lo que se sabía del continente asiático. Es evidente que él no pretendía tomar el Asia conocida, y sabía, al menos desde 1493, que las tierras que había descubierto eran otro mundo, unido a Asia, pero nuevo. Así lo dijeron incluso amigos suyos, como Simón Verde, quien admiraba el esfuerzo, ánimo y destreza que había mostrado «en descubrir el otro mundo, opuesto al nuestro».[146] La imagen que tuvo de sus hallazgos coincide más o menos con el famoso mapa que el santoñés Juan de la Cosa terminó a primeros de octubre de 1500, en El Puerto de Santa María, cuyo original se conserva en el Museo Naval de Madrid.[147] En él aparecen las tierras nuevas, pero concebidas como un extremo de Asia, justo lo que pensaba Colón. Es muy deudor de los aportes del genovés, aunque va más allá, incorporando aportes tanto de expedicionarios españoles —Pinzón, Ojeda, Niño o Lepe— como de portugueses, prefigurando ya el continente americano.[148]

Resumiendo, supo que había llegado a una tierra nueva de grandes dimensiones, pero que era un apéndice de Asia. Es más, desde el principio sabía que iba a tierras ignotas, pues en las propias Capitulaciones de Santa Fe se le otorgaron cargos gubernativos que debía ejercer sobre las tierras que descubriese y ganase, entiéndase «conquistas». Y, por cierto, nada se dice del establecimiento de la ruta mercantil con Asia, que, en teoría, era el primer cometido del viaje.

¿Y quién se dio cuenta de que todo, la tierra de allá y la de acá, constituía un nuevo continente? Hay que decir que algunos autores clásicos, como Aristóteles, habían sostenido la proximidad de tierras occidentales (América) a las costas europeas. Ya desde 1495 había personas que estaban más o menos convencidas de que aquellos territorios no podían ser Asia, y dos años después aparece reflejado por escrito, quizá por primera vez. Concretamente en un memorial que el doctor sevillano Francisco de Cisneros escribió a los Reyes Católicos, fechado en septiembre de 1497, se sostuvo que los nuevos dominios encontrados no podían ser las Indias, que poseían unas riquezas que no se correspondían con lo hallado. En realidad, se trataba, a su juicio, de unas islas ubicadas en «el Mar Océano Atlántico Etiópico» que se correspondían con las Hespéridas, descubiertas por los cartagineses.[149] Es obvio que Cisneros todavía ofrece en su comentario imprecisiones y contradicciones, combinando Atlántico, Etiopía y Hespéridas, pero lo que sí tiene claro es que en cualquier caso se trataba de un nuevo mundo. Asimismo, en los Pleitos colombinos, otros personajes, como el veneciano Sebastián Caboto, hijo de Juan Caboto, o Gonzalo Fernández de Oviedo, sostuvieron esta misma idea al afirmar que aquellos territorios eran las Hespéridas. Por su parte, Vicente Yáñez Pinzón recorrió la costa brasileña hasta el Amazonas percatándose de que eran tierras ignotas, y fruto de esos descubrimientos, en la Navidad de 1500, el obispo Fonseca envió un memorial a los Reyes Católicos en los que hablaba del hallazgo de un nuevo mundo.[150]

Otra figura clave en la ubicación acertada de los nuevos territorios fue el arcediano y canónigo maese Rodrigo Fernández de Santaella, un carmonense conocido por ser el fundador en 1505 de un Estudio General, bajo la advocación de Santa María de Jesús, que entró en funcionamiento al año siguiente y que se considera el germen de la actual Universidad de Sevilla.[151] Había sido catedrático del Colegio de San Clemente de Bolonia y era uno de los intelectuales más reputados de su tiempo. Varios años antes, en 1502, publicó una traducción castellana de *El libro famoso de Marco Paulo veneciano*, reeditado sucesivamente en 1503, 1507, 1518 y 1520, y en Europa en los siglos XVI y XVII, lo que explica bien su éxito.[152] Pues bien, en su estudio preliminar puso de relieve que las tierras de Ofir y Tarsis de las que hablaba el genovés no tenían nada que ver con las casi míticas minas del rey Salomón, ya que las nuevas tierras no estaban en Oriente, sino en Occidente.[153] En dichas páginas, al tratar de la India se despachaba a gusto contra los delirios mesiánicos del ligur y aludió a él como una persona que «quiso dar a entender, yendo a Occidente, que iba a Oriente y aun al paraíso terrenal». Sus argumentos para desmentir la ubicación asiática de las nuevas tierras descubiertas por el almirante son dos: primero, los barcos de la expedición colombina pusieron proa a occidente, no a oriente. Además, esgrimía, en La Española había oro, pero no las otras mercadurías que se importaban de Asia, como colmillos de elefantes, plata, madera china y piedras preciosas. Por ello, se permitió descalificar la opinión del almirante y ubicar las nuevas tierras descubiertas en Occidente, y no en Oriente. Una opinión que dolió en su época, de ahí que Hernando Colón dedicase al arcediano unas duras palabras, acusándolo de desvariar, pues atacaba a su padre diciendo que no debía llamar a los nuevos territorios Indias porque no lo eran.[154] En cambio, el padre Las Casas justificaba que empleara esa denominación ante los soberanos, a sabiendas de que eran las Indias Occidentales, para que, al ser conocedores de las riquezas de Asia, apoyasen su empresa.[155] Está claro que, el dominico mentía, porque, de hecho, varias páginas más adelante, responsabilizó a Paolo Toscanelli de las ideas erradas que siempre tuvo el descubridor sobre la llegada a los dominios del Gran Khan.[156]

Maese Rodrigo publicó su obra en 1503, pero es probable que su convencimiento sobre el carácter occidental de las tierras colombinas se remontase a años atrás. La repercusión de su obra fue grande, porque lo citan tanto el ya citado Hernando Colón como el jurista Juan López de Palacios Rubios en su *Libellus de Insulis Oceanis*, publicado en 1512. Probablemente es la primera obra impresa en la que se puso de relieve que aquellos territorios no tenían nada que ver con el Cathay y Cipango. Es cierto, como luego veremos, que esa misma certeza la tenía ya Américo Vespucio desde 1502, pero sus conclusiones no fueron divulgadas y publicadas hasta varios años después.

El almirante nunca aceptó que toda su empresa estuviese basada en un gran error de cálculo, que solo la casualidad lo salvara de perecer y de que todo acabara en el fracaso más absoluto. En una escritura otorgada el 22 de febrero de 1498, aún sostenía que a la isla Española unos la llamaban Haití y otros Cipango, mientras que la de Cuba era el antiguo Cathay. En las bocas del Orinoco, intuyó que estaba ante una inmensa superficie terrestre por la inmensa cantidad de agua que desembocaba. Fue la última oportunidad que tuvo para convencerse y reconocer públicamente que aquello era un nuevo continente, pero nunca lo hizo. ¿Acaso albergaba dudas? ¿Ocultaba su verdadero pensamiento? Hay que empezar diciendo que mantuvo una estrecha amistad con el florentino Américo Vespucio, en especial en la última etapa de su vida, desde 1505, siendo de los pocos que acudían a su alcoba a sentarse a conversar con él.[157] Por aquellas fechas, el florentino poseía evidencias fehacientes de que aquello era un nuevo mundo, por lo que cuesta creer que no hablasen en algún momento de la visión tan diferente que tenían ambos de lo hallado al otro lado del océano. Es posible que se lo dijese, y que discutieran sobre el asunto, pero conociendo la actitud obcecada y orgullosa del genovés es posible que se lo contradijera o, simplemente, que no lo quisiese asumir. Tampoco podemos descartar que se entristeciera al saber que su proyecto de hallar una nueva ruta con Asia había fracasado, sin ponderar que, a cambio, había abierto el camino hacia un nuevo mundo, desde donde pasado un tiempo también se comerciaría con Asia, a través del Galeón de Manila. Eso sí, de haber vivido solo dos años más, con total seguridad habría salido de su error, o al menos de su obcecación.

EL ELEGIDO POR LA PROVIDENCIA

Su sincera religiosidad es incuestionable, al igual que su condición de persona temerosa de Dios, lo que no le impidió usar ese argumento para legitimar su empresa y recabar apoyos. Su profunda fe se observa a cada paso, y cuando descubre el Nuevo Mundo exhibe un gran sentido de la trascendencia y de la jerarquía, bautizando a la primera isla con el nombre del hijo de Dios, San Salvador, a la segunda con el de la Virgen, Santa María de la Concepción, y solo después utiliza la onomástica de los reyes y príncipes: Fernandina, Isabela, Juana...[158] El cronista Antonio de Herrera decía que era muy devoto y que a todo lo que decía anteponía: «En el nombre de la Santísima Trinidad haré esto...».[159] Como contó el padre Las Casas, hacía todos los ayunos que la Iglesia preceptuaba y, con mucha frecuencia, se confesaba y comulgaba. Sentía un especial fervor por san Francisco y la Virgen, bajo distintas advocaciones.[160] Esta devoción por el santo de Asís estaba muy arraigada en esos años, pues, al igual que él ordenaría inhumarse con el hábito franciscano, lo mismo dispusieron otros personajes de su tiempo como Isabel la Católica, Américo Vespucio o la virreina María de Toledo, por citar solo algunos ejemplos representativos. Una de las primeras cosas que hizo al regreso de su primera aventura fue solicitar al pontífice que remitiese prelados de calidad, libres de toda codicia, para que llevasen a cabo la ingente labor evangélica que había por delante.[161]

Colón poseía una personalidad muy contradictoria, a medio camino entre cruzado místico y usurero. Se consideró un elegido por la providencia, porque su objetivo vital, como ha escrito Tzvetan Todorov, era «la victoria universal del cristianismo», la expansión de la fe.[162] Así, tras regresar de su último viaje terminó de redactar, con la ayuda de fray Gaspar Gorricio, el citado *Libro de las Profecías*, evidenciando unos conocimientos que no estaban al alcance de todos. En esa obra hizo acopio de un buen número de citas bíblicas con el objetivo de relacionar su descubrimiento con la preconización que ya hicieron las Sagradas Escrituras.[163] Un pensamiento de raigambre judaica, pues estaba siempre atento a las señales de una obra cuyos hilos movía la providencia y que culminarían con el fin de los tiempos y el retorno del Mesías. En ese mismo texto se planteó por qué había sido él el elegido, y su respuesta no pudo ser más elocuente: porque Dios siempre hacía sus grandes revelaciones a los humildes e inocentes antes que a los sabios y poderosos; se llegó a comparar con los apóstoles, que fueron personas sencillas y de baja extracción social.[164] Incluso cuando aludía una y otra vez al metal dorado, lo hacía para captar el interés de los reyes y de los colonos con la idea de que se sumasen a su visionario proyecto. Es más, en el prólogo de su obra profética escribió que para la consumación de su empresa no le aprovecharon ni las matemáticas, ni la razón, ni la cartografía, sino solo la voluntad de Dios y su fe.[165] De hecho, siempre alude a su hallazgo como una gracia concedida por el Señor o por la Santísima Trinidad, de ahí que, al menos desde 1493, se plantease devolver esos favores financiando la reconquista de Tierra Santa, una idea que tuvo un largo y profundo calado en su pensamiento. Por ello, en más de una ocasión manifestó su intención de invertir una parte sustancial de lo que obtuviese en la recuperación de los Santos Lugares. En la carta que redactó a los Reyes Católicos el 4 de marzo de 1493 les dijo que en siete años se comprometía a financiar cinco mil jinetes y cincuenta mil de a pie para reconquistar Jerusalén, y que cinco años después aportaría otros tantos.[166] Tras su liberación, se procedería a la reconstrucción del templo, que no se haría de cualquier manera porque su idea era que fuese más suntuoso que el antiguo, construido con madera y oro de Ofir.[167] Así, en su escritura de mayorazgo manifestó su esperanza de que pronto el virreinato proporcionase grandes réditos y parte de esas ganancias se enviasen al banco de San Giorgio de Génova para destinarlas, entre otros fines, a la conquista del Santo Sepulcro.[168] Es una de las ideas que más interiorizó y que repitió en numerosas ocasiones, aunque no dejaba de resultar oportunista, teniendo en cuenta que entre las intitulaciones que manifestaba Fernando el Católico estaba la de rey de Tierra Santa. Ahora bien, tampoco en esta ocasión era una idea exclusivamente suya, pues en aquella misma época el rey de Francia decía que, tras conquistar Nápoles, emprendería, con el favor de Dios, la toma de Jerusalén.[169] Es indudable, pues, el carácter mesiánico de su empresa, que, a juicio de Claudio Sánchez Albornoz, supuso la prolongación de la cruzada que los reinos cristianos de la península Ibérica llevaban a cabo contra el islam desde hacía ocho siglos.[170] En este sentido, historiadores como Alain Milhou han abundado en este iluminismo que caracterizó todo su ideario, ya que no tenía nada de particular que una persona tan creyente y visionaria como él interpretase que fuera Dios quien puso aquellas regiones en su camino.[171] Uno de los principales objetivos de su *Libro de las Profecías* fue demostrar que el Descubrimiento ya había sido vaticinado en las Sagradas Escrituras y que él solo había sido el instrumento para darlo a conocer.[172]

Esta idea de la intervención divina estaba muy difundida en Occidente desde la antigüedad, pues ya los griegos se consideraron el pueblo elegido por los dioses para alumbrar la civilización y otros pueblos se han considerado así a lo largo de la historia, inclusive en la Edad Contemporánea.[173] No solo él se sentía así, muchos contemporáneos también lo vieron como un predestinado, entre ellos el padre Bartolomé de Las Casas, el italiano Alessandro Geraldini, obispo de Santo Domingo, el cronista Antonio de Herrera o la propia santa Teresa de Jesús, por citar solo a algunos.[174] El primero de ellos estaba convencido de que fue la providencia quien lo eligió como instrumento para una obra nunca vista ni oída, «al mostrar al mundo otro mundo».[175] No menos claro se mostró el obispo italiano al decir que todo lo que logró lo hizo guiado por un «instinto celestial».[176] Otros autores posteriores, laicos y seglares, tanto modernos como contemporáneos, incluida la mismísima santa Teresa, interpretaron el Descubrimiento como una obra de la providencia para expandir el mensaje de Jesucristo.[177] En esa época, lo científico no estaba reñido con lo espiritual, de ahí que la ciencia y la fe fuesen de la mano, algo que compartían lo mismo pensadores que reyes. La imbricación de argumentos materiales y espirituales era común en su tiempo y sería, como bien escribió Pierre Vilar, antihistórico separar unos de otros.[178] El mundo celestial y el terrenal estaban estrechamente relacionados, siendo posible y recurrente la intervención divina en los acontecimientos pasados y presentes.

Todo en su mente estaba santificado, hasta la codicia, que podía ser un instrumento al servicio de la voluntad divina. De hecho, cuando encontraba oro, perlas o piedras preciosas se arrodillaba y daba gracias a Dios.[179] Y es que las cosas materiales no eran incompatibles con las espirituales, siempre y cuando se usasen bien, ya que, como le dijo mosén Jaime Ferrer, «a tal fin las creó Dios».[180] Y en este sentido, no olvidemos que desde la época de las cruzadas la idea de la expansión misional y el lucro económico fueron de la mano, por lo que alguien pudo escribir que el día que faltase el oro en las Indias ni habría muchedumbre de hombres civiles ni de sacerdotes.[181] Pese a todo, Colón nunca reconocería que uno de sus grandes objetivos fue el enriquecimiento personal y el ennoblecimiento de su linaje, prefería decir que era una empresa sagrada, bendecida por Dios. Tampoco ignoraba la idea peyorativa que desde la antigüedad se tenía de la navegación, pues se interpretaba que solo respondía a un desmesurado afán de lucro. El mero hecho de explorar nuevas tierras allende los mares era fruto de una ambición no siempre bien vista a los ojos de Dios, una idea que pervivió a lo largo de la Edad Moderna.[182] Ni los grandes profetas de la antigüedad ni los héroes clásicos habían cruzado el océano, por lo que tampoco había referentes históricos, ni tan siquiera míticos. Él se esforzó en hacer ver que su caso era diferente porque su principal objetivo era la expansión de la fe, contando para ello con el apoyo providencialista de Dios.

A medida que aumentaban su desazón, su fracaso y su cuestionamiento, y le faltaban la financiación y las fuerzas, se aferraba más aún a su idea providencialista y a su profunda fe, algo que fue una constante en otros personajes de su tiempo.[183] Cuando comenzó a recibir reveses y amenazas se refugió en Dios, sintiéndose un auténtico profeta, y compensando así sus insatisfactorias relaciones con determinadas personas. También atribuye las desgracias y las derrotas a los designios divinos y se presenta como un instrumento manejado al albur por la mano inescrutable de Dios. De hecho, en 1495, escribió que cuando a los barcos se les rompían las cuerdas, poniendo en peligro a sus tripulantes, estos lo atribuían a que el cáñamo era malo o el navío viejo, sin percatarse de que, en realidad, era la forma que tenía el Señor de castigarlos por su desagradecimiento.[184] En una carta que envió a su hermano Bartolomé en febrero de 1498, le pidió que fuese justo con lo que era de la reina porque las cosas mundanas no eran nada y el servicio a Dios era para siempre.[185] Su empresa ya no era una empresa comercial, sino religiosa, por lo que debía recibir el apoyo de toda la cristiandad. Antes de partir en su tercera travesía, le dijo a su amigo fray Gaspar Gorricio que confiaba en la ayuda que le podían prestar los frailes de la Cartuja de las Cuevas mediante sus oraciones.[186] En alguna ocasión esporádica, incluso, tuvo el honor de que se le apareciese Dios en persona, como le ocurrió en la Navidad de 1499, cuando, acorralado por las insurrecciones de españoles y de naturales, pensó en huir en una carabela, pero acabó dispersando a sus enemigos.[187] Cuando al año siguiente fue enviado preso a España, afirmó que lo único que le mantuvo vivo fue la esperanza en la justicia divina.

Desde 1501, cuando empezó a redactar su *Libro de las Profecías*, ya se aprecia la visión que tenía de sí mismo como un adalid de la cristiandad, incorporando en su firma dos palabras: *Christo-ferens*, el portador de Cristo. En una persona tan espiritual como él, el sufrimiento, los dolores y los trabajos le recuerdan a la propia Pasión de Jesucristo, lo que retroalimenta su esperanza, que se vuelve trascendente, estando convencido de su merecida salvación eterna. En la relación de su tercer viaje llega a decir que nunca codició bienes materiales, pues ni el dinero ni la soberbia podían salvar a las personas, sino que su única ambición fue la expansión de la cristiandad, «en honra y servicio de Dios».[188] Además, se lamentaba de que todos menospreciaban su empresa por no haber enviado navíos cargados de oro, pero que eso se debió a la premura de tiempo, y que nadie valoraba que hubiese abierto la puerta de la fe a ignotos y apartados territorios.[189] Cada vez más insistía en su misión sagrada, porque el Descubrimiento, insistía, había sido fruto de la voluntad divina.[190] Era una empresa bendecida por Dios, cuyo último objetivo era la conversión de los gentiles, por lo que no entendía que se escatimase en su financiación. Además, esgrimía que los portugueses habían invertido mucho peculio en sus exploraciones a la India y que no por ello se desanimaron, algo que, además, era absolutamente cierto.[191]

Asimismo, Colón estaba imbuido de ese espíritu mesiánico tan arraigado entre los franciscanos, convencidos de que el Juicio Final se produciría cuando la palabra de Dios hubiese llegado a todos los rincones del mundo.[192] Por ello estimaba que los soberanos debían mostrar gran alegría por haber encontrado miles de pueblos indígenas dispuestos a convertirse al cristianismo. Se debía implantar al otro lado del charco una nueva cristiandad, libre de las taras que se habían derivado en Europa, compensando el traumático avance de la Reforma.[193] Después de su cuarto viaje, terminó de compilar, con la ayuda de su amigo fray Gaspar Gorricio, su texto profético, aunque lo esencial de la obra lo tenía preparado en 1502, cuando predijo el fin de los tiempos, basándose en san Agustín.[194] Según el santo de Hipona, el fin del mundo llegaría siete milenios después del nacimiento de los sacros teólogos, por lo que calculaba, en 1502, que faltaban ciento cincuenta y cinco años para el cumplimiento de los siete mil, situando este evento en el año 1657. Un año que no sería para nada halagüeño, aunque distó mucho de producirse el fin de la vida terrena, apenas un tsunami en la ciudad de Concepción, en Chile, un mortífero incendio en Tokio, que dejó cien mil fallecidos, o el ataque inglés al puerto de Santa Cruz de Tenerife. Por lo demás, a diferencia de 1659, no fue un mal año agrícola, por lo que la gente, al menos en España, no padeció especialmente la hambruna. Está claro que Colón era un gran entendido en las cosas del mar, pero no se le daba nada bien hacer de profeta o adivino.

No cabe ninguna duda de que es sincero cuando habla de su providencialismo y de la recuperación de los Santos Lugares, pero tampoco se puede negar su ambición, quizá no tanto económica como de reconocimiento social. Su obsesión por la obtención de oro era manifiesta, aunque fuese por garantizar el apoyo real a su empresa, y como dicen los cronistas recibió una gran alegría cuando vio muestras de oro en su primer contacto porque entendía que eran muestras «de riquezas y tesoro».[195] Tal fue su afán áureo que solo en su diario de a bordo citó el oro en sesenta y cinco pasajes y continuamente se fija en las hojuelas y granos martilleados que los indígenas llevaban colgados de las narices y de las orejas.[196] Cuando se dio cuenta de que no había metal precioso y especias en las cantidades imaginadas, se involucró en el tráfico de esclavos indígenas.

¿Por qué terminó despertando la simpatía y el interés de los Reyes Católicos? Sin duda por su misticismo, por su aura de profeta, lo cual encandiló lo mismo a los franciscanos de La Rábida que a los cartujos o a prelados, como fray Diego de Deza o Pedro González de Mendoza, y, en última instancia, a los soberanos. Un cronista laico como Gonzalo Fernández de Oviedo sostuvo que fue la providencia la que abrió los ojos a los monarcas para que le apoyasen, «porque Dios ve todas las cosas de debajo del cielo».[197] Su plan enlazaba a la perfección con el de la Corona en esa idea, continuada durante los reinados de los Habsburgo, de crear un imperio sobre la base de la unidad cristiana. No olvidemos que el propio Fernando había dicho en 1481, bastante antes de la llegada del genovés a Castilla, que su objetivo vital era expulsar a los enemigos de la fe y «consagrar España al servicio de Dios».[198] Un imperio cristiano que, como pretendía, terminó cristalizando, algo que además ha sido usual a lo largo de los tiempos, pues las principales civilizaciones se han identificado estrechamente con alguna de las grandes religiones monoteístas.[199]

UN CONVERSO MUY CRISTIANO

La gesta colombina dio lugar a cientos de testimonios, desde diarios hasta cartas, privilegios, pleitos, documentos notariales, etc. Sin embargo, de las etapas previas al Descubrimiento la información es mucho menos abundante, sobre todo la referida a aspectos íntimos o personales de la familia. Esta circunstancia ha espoleado el interés no solo de los historiadores, sino también de todo tipo de escritores que han ofrecido puntos de vista apasionados y hasta novelescos. Y aprovechando estas incertidumbres, dudas y vacíos, se planteó otro de los grandes mitos que han rodeado al personaje: su origen judío. Es una constante en la historiografía que cada vez que se aprecia algún tipo de dudas o de ocultaciones en torno a los orígenes de alguien se le cuelgue el sambenito de ser judío, converso o morisco. Incluso el conocido caza nazis Simón Wiesenthal llegó a crear una trama fantasiosa que lo identificaba con un nuevo Moisés, que, justo después de la expulsión de los sefardíes, los guio a una nueva tierra prometida, habitada por unos indígenas que, además, eran descendientes directos de las doce tribus perdidas de Israel.[200] Entre los autores contemporáneos, hay varios que por distintos motivos le atribuyen su condición de judío, como hace Cecil Roth en su obra *El enigma de Colón*, basándose en meras conjeturas, como su firma o en la elección de determinadas fechas que, a su juicio, se ajustaban al calendario hebreo, una idea que explicaría la ambigüedad de su hijo.[201]

Por su parte, a Manuel López Flores le parecía que el hecho de que se considerase un elegido y su avaricia eran pruebas irrefutables de su condición judaica.[202] Tanto Simón Wiesenthal como Nito Verdera basan ese origen semita en el hecho de que un tercio de la tripulación del primer viaje lo fuese, al igual que algunos de los amigos a los que recurrió. Otros autores, como Vicente Paredes, Salvador de Madariaga o el ya citado Simón Wiesenthal, lo atribuyeron a su minucioso conocimiento del Antiguo Testamento. Por su parte, tanto Juan

Atienza como Celso García de la Riega hablaban de un origen sefardita, es decir, un semita originario de la península Ibérica, fundamentándose en el simple hecho de que era amigo de algunos conversos españoles que le proporcionaron financiación, aunque no hay acuerdo sobre de qué lugar exacto procedía esa familia: Galicia, según Celso García de la Riega; Extremadura, según Vicente Paredes, o Cataluña, según Salvador de Madariaga.[203]

La tesis conversa ha sido muy pujante desde la publicación de la obra de Salvador de Madariaga (1940), defensor entusiasta del origen sefardita de la estirpe de Colón, que en algún momento huyó a la ciudad del Tirreno. Y más recientemente se ha visto reforzada con la adhesión de numerosos estudiosos, algunos de ellos de la talla intelectual de Juan Gil, quienes afirman que algunas de sus ideas no se ajustaban a la ortodoxia cristiana. En particular aluden a su obsesión por la reconstrucción del templo de Jerusalén, pues ese supuesto reconstructor debía ser, según Isaías, el prolegómeno del advenimiento del Mesías.[204] Pero no hay que olvidar que él especificaba siempre que esa reconstrucción la debían llevar a cabo cristianos, concretamente los Reyes Católicos, quienes la financiarían con el metal precioso indiano. Pese a todo, da la impresión de que en el fondo de ese corazón cristiano subyacían ideas de largo arraigo judaico, entre ellas la de la reconstrucción del templo, muy importante para los hebreos, pero algo anecdótico para los cristianos.

Asimismo, como destacó en el siglo pasado Alain Milhou, su mesianismo era profético, una idea ligada al judaísmo, pues preveía que la llegada del Mesías estaría precedida por la de uno o varios profetas que prepararían su venida al mundo.[205] No menos claros son algunos de los testimonios recogidos en su texto sobre las profecías, que en absoluto se ajustan a la ortodoxia cristiana. Es innegable que en este libro se contienen ideas, como su convicción de ser un nuevo Mesías, la recuperación del templo de Jerusalén, la reunificación de las tribus perdidas de Israel o la restauración de los reinos de Israel y Judá en una sola patria que no eran propias de un cristiano, sino de un falso converso o incluso de un judío.[206] El documental emitido el 12 de octubre de 2024 ha confirmado que su ADN era compatible con el gen judío, algo que no sorprende en absoluto conociendo sus orígenes familiares: por el lado paterno no hay rastro de ese origen, pero sí por el materno, pues su progenitora, Susana Fontanarosa, era hija de Jacobo de Fontanarubea, una persona vinculada al mundo converso.[207]

Para finalizar, conviene aclarar que Colón siempre fue al menos en apariencia un buen cristiano, algo que era fundamental si quería recabar los apoyos que necesitaba. Y tanto es así que fray Bartolomé de Las Casas, que tuvo un gran trato personal con él, sostuvo con contundencia que «en las cosas de la religión cristiana sin duda era católico y de mucha devoción».[208] Cumplía con los sacramentos, rezaba todas las horas canónicas y sentía una enorme devoción por la Virgen y por san Francisco. En este sentido, es bien conocida la amistad que mantuvo con los religiosos franciscanos del monasterio de La Rábida, una orden, por cierto, muy vinculada al Santo Tribunal de la Inquisición, quienes no habrían pasado por alto su origen semita. También era paradójico, además de contradictorio, que los Reyes Católicos, decididos a extirpar el judaísmo de sus reinos, apoyasen ahora a un judeoconverso. Colón se mostró hostil con judíos y conversos, e incluso le llegó a decir a la reina que los conversos eran enemigos de la prosperidad de todos los cristianos, aunque es cierto que los más antisemitas solían ser precisamente los cristianos nuevos. Y huelga decir que en aquellos tiempos el hecho de que fuese converso no tenía graves consecuencias, pues, como ha escrito Tarsicio de Azcona, en el siglo XV hubo muchos conversos dentro de la propia Iglesia española que, a su juicio, «enaltecieron su patria» con su ciencia y su diplomacia.[209] Algunos de ellos jugaron un papel destacado, como el inquisidor fray Hernando de Talavera, Luis de Santángel, Maese Rodrigo Fernández de Santaella, los memorables literatos Juan Luis Vives y Fernando de Rojas o descubridores y conquistadores como Pedrarias Dávila o Hernando de Soto.

Insisto, el genovés era cristiano a la vista de todos, lo que se discute es hasta qué punto ocultaba ciertas convicciones judaicas que, a mi juicio, son innegables. Bien es cierto que la familia sostuvo unos litigios que se prolongaron durante décadas y nadie lo acusó de criptojudaísmo, pese a los muchos enemigos que tuvo.[210] A pesar de todo, creo que era converso y que mantenía ciertas convicciones judaicas, aunque quizá se salió con la suya en su intento de aparentar ser un converso sincero. En cualquier caso, como ha escrito Tzvetan Todorov, la base de su fuerza inquebrantable era su fe, y hubiese actuado de la misma forma tanto si fuera de origen cristiano como si fuese mahometana o judía.[211]

Capítulo 2
SUS ORÍGENES

De su lugar de nacimiento se han apuntado cerca de medio centenar de patrias, casi siempre auspiciadas por un nacionalismo exacerbado o por un rancio localismo. Muchas de esas teorías surgieron al amparo de los silencios y vacíos que él mismo dejó, pues apenas se refirió a sus orígenes, administrando la verdad, como afirmó Salvador de Madariaga, con extrema cautela.[1] En efecto, hay muy pocos documentos autógrafos; casi toda la correspondencia de Colón que conocemos son copias, más o menos cuidadas. Con posterioridad, los intereses creados en torno a la herencia del ducado de Veragua provocaron que, en el mismo siglo XVI, desaparecieran manuscritos claves, como por ejemplo el testamento otorgado el 1 de abril de 1502, buscado sin fortuna por sus herederos a mediados de la decimosexta centuria. Eso sí, en su escritura de mayorazgo sí que se mostró contundente en cuanto a su origen genovés, aunque jamás se refirió a sus padres ni, por supuesto, a su infancia en la ciudad del Tirreno. Y ello, con toda seguridad, con la intención de no abundar en su baja cuna, y menos aún en su origen converso por parte materna.[2] Asimismo, por motivos lógicos de rivalidad, guardó silencio hasta donde pudo sobre los derroteros seguidos y sus proyectos, lo cual era una vieja estrategia que habían venido utilizando otras potencias, y en particular Portugal, a lo largo del siglo XV.

Su hijo y biógrafo acentuó aún más la confusión, pues no solo ocultó información, sino que mintió cuando aseveró no tener claro de dónde era natural su padre, añadiendo, además, que no había sido el primer almirante de su familia. Y es obvio que faltó a la verdad, por dos motivos: primero, porque parece bastante improbable que, siendo su hijo, no conociera su origen, y segundo, porque en su testamento, otorgado en Sevilla el 3 de julio de 1539, se mostró mucho más sincero al señalar sin ambages su origen genovés.[3] Es evidente que no existiría el debate sobre su cuna si su vástago hubiese dicho una verdad que ocultó intencionadamente, menos en su testamento. Esta actitud hay que entenderla en el contexto de su época, pues interpretaba que estos orígenes humildes y conversos no eran la mejor carta de presentación para una familia que aspiraba a los mayores honores del reino y que esperaba, como hizo, entroncar con la más lustrosa nobleza castellanoleonesa. Es verdad que, al menos a posteriori, Hernando Colón pudo haber ponderado esos modestos orígenes como un valor añadido al mérito de su progenitor, que tanto logró medrar socialmente.[4]

Como ya hemos afirmado, todos estos vacíos han sido aprovechados por escritores oportunistas o con escasa formación histórica para reinventar el personaje a su conveniencia. Cientos de obras literarias o ideológicas han defendido todo tipo de teorías, favoreciendo la creación y la persistencia de muchas visiones sin ningún fundamento científico, racional o documental. Y como suele ocurrir, los libros que tienen más alcance mediático son los de estos autores, y no los de los sesudos trabajos de colombinistas que, por su carácter científico, quedan restringidos a los círculos de los profesionales de la historia.

LAS PATRIAS IMAGINADAS

Torcuato Luca de Tena tituló su libro, muy significativamente, *Los mil y un descubrimientos de América*, enumerando todas las civilizaciones o países que habían reivindicado o a los que se les había atribuido la gesta del descubrimiento del Nuevo Mundo. Algunos habían señalado a los etruscos, los fenicios, los romanos o los vikingos, y de la colonización de estos últimos apareció el famoso mapa de Yale, con la región de Vinlandia, que después se demostraría apócrifo. Lucio Marineo Sículo afirmó, en la primera mitad del siglo XVI, que en Tierra Firme se encontró una moneda de César Augusto que enviaron al papa como prueba de que los romanos ya habían estado allí siglos atrás.[5] Tampoco faltaron descubridores japoneses, como defendiera con sobrada erudición Fröhlich Rainer, o franceses, como Jean Coussin, del que se ha dicho que alcanzó las costas de Brasil en 1488.[6] Y, por supuesto, portugueses como Corte Real o irlandeses como el monje san Barandán (484-578), que navegó al poniente en busca de la tierra prometida.[7] Pero como en el fondo parecía incontestable que aquellos no fueron exactamente descubridores, porque no volvieron para contarlo o porque no interpretaron que habían alcanzado un continente nuevo, la mayoría optó por hacer propio a Cristóbal Colón, fabulando una patria acorde con los intereses de cada cual. Unos debates que, aunque tengan un barniz añejo, han subsistido hasta la actualidad, dando lugar, en palabras de Paolo Taviani, a *partos monstruosos*, que en su mayoría ya fueron desmontados por Ángel Altolaguirre y Antonio Ballesteros Beretta en la primera mitad del siglo pasado.[8] Bien es cierto que desde entonces han aparecido otras obras, aunque, como veremos, siempre basadas en conjeturas más o menos plausibles.

Hay que empezar diciendo que desde el siglo XV al XVII, salvo excepciones muy puntuales, se dio por seguro su nacimiento en la ciudad del Tirreno, algo ratificado, como veremos en páginas posteriores, por todas las personas que lo conocieron. La primera vez que se planteó una patria alternativa fue en 1682, cuando, desde Inglaterra, se reivindicó su naturaleza británica, mientras que, justo tres lustros después, fue Francia la que reclamó su cuna, cuando el letrado galo Juan Colomb dijo ser su descendiente directo.[9]

Ya en la Edad Contemporánea, con motivo del surgimiento de los sentimientos nacionales, se le han asignado más de una docena de patrias, desde la croata hasta la suiza, pasando por la escocesa, la noruega, la francesa, la portuguesa, la griega y la española. Pero, además, dentro de cada país hay distintas regiones o ciudades que reclaman dicho honor: solo en España la han reivindicado, unos con más empeño que otros, gallegos, extremeños, catalanes, aragoneses, mallorquines, ibicencos, leoneses y castellanos.[10] Se trata, como escribió Salvador de Madariaga, de un simple orgullo patrio que cegaba a unos y a otros y los llevaba a tergiversar datos, para tratar de encajarlo en la tierra que ellos defendían.[11] En 1956, Carlos Callejo se lamentaba de que los más irreductibles defensores de su cuna genovesa eran españoles, y citaba a Ángel de Altolaguirre, Antonio Ballesteros y Antonio de la Torre, lo que a su juicio probaba el hondo calado de la Leyenda Negra en la historiografía española.[12] En fin, creo que no merece la pena dedicar demasiado esfuerzo a refutarlas.

Algunos de los orígenes alegados no dejan de ser curiosos, como el que plantea Luis Franco, quien lo hace natural de Calvi, en Córcega, añadiendo que en realidad era aragonés, ya que esa isla en la época de su nacimiento pertenecía a la Corona de Aragón; todo valía para barrer para casa y convertirlo en más español que el Cid Campeador.[13] No menos anecdótica es la cuna griega —identificada con el corsario Bissypat—, aunque como tantas otras no tiene fundamento histórico, dado que se basa en pruebas circunstanciales, interpretadas a conveniencia, o en transcripciones e interpretaciones erróneas de los textos colombinos.[14]

La tesis portuguesa ha sido, quizá, la más destacada, teniendo en cuenta que este país fue muy relevante en su vida y en su trayectoria. Fue allí donde Colón aprendió un castellano lleno de portuguesismos, se desposó con una portuguesa, procreó a su primogénito y gestó su plan. Eso fue suficiente para que autores como Patrocinio Ribeiro (1927), Pestana Júnior (1928), Saul Ferreira (1939) o Lobo de Ávila (1942) defendieran este origen. Según ellos, Colón no se puede adscribir a la familia Colombo de laneros genoveses, sino a los Scotto, unos ricos mercaderes lusos. Otra variante de esta tesis es la defendida, a finales del siglo pasado, por Augusto Mascarenhas Barreto, quien esgrime que su verdadero nombre era Salvador Fernandes Zarco, nacido en la villa de Cuba, en el Alentejo, hijo del infante Fernando de Portugal, que adoptó el apellido Colón por su abuelo, el arzobispo Colonna.[15] Según el citado Mascarenhas, en realidad era ¡un agente secreto portugués, a las órdenes de Juan II! Pese a tan estridentes planteamientos, esta tesis ha gozado siempre de muchos adeptos, e incluso fue llevada a la gran pantalla, a través de un documental, emitido en 2007, titulado *Cristóbal Colón, el enigma* (2007) y dirigido por Manoel de Oliveira.

En cuanto a las patrias españolas, también las hay muy variopintas, aunque unas más que otras. La tesis gallega es la que más incondicionales ha tenido dentro de España, entre otras cosas porque se remonta al propio siglo XVI, cuando el obispo de Tuy, Diego de Avellaneda, destacaba entre las glorias gallegas el haber sido la patria del gran navegante.[16] Desde finales del siglo XIX, coincidiendo con el auge de los nacionalismos, retomó la teoría con empeño y erudición Celso García de la Riega. Así, en 1898, con motivo del IV Centenario del Descubrimiento, dio a conocer numerosos documentos que recogían la existencia en Pontevedra de familias que poseían ese apellido, entre ellas la de doña Constanza de Colón, en 1500, y la de Juan de Colón, en 1519. Incluso llegó a poner lugar y fecha exacta a su nacimiento:

la aldea de Porto Santo, perteneciente al municipio de Poio, en Pontevedra, entre 1436 y 1437, siendo hijo de Domingo Colón *el Mozo* y de Susana Fonterosa. Además, alegaba como prueba irrefutable que el descubridor hubiese usase nada menos que cuarenta y cinco topónimos de origen gallego para designar distintos accidentes geográficos.[17] Evidentemente, ni los topónimos ni la existencia de ese apellido en Galicia demuestran que esa fuese su cuna, porque, además, se tiene la certeza de la existencia de ese mismo apellido al menos en Murcia, Cataluña, Valencia y Mallorca.[18] Pero lo peor es que reconocidos investigadores, como Fidel Fita, Manuel Serrano y Sanz, Ángel de Altolaguirre o Eladio Oviedo Arce demostraron que muchos de esos manuscritos pontevedreses alusivos a la familia Colón habían sido manipulados de manera burda.[19] Pese al descrédito en que cayó la obra de García de la Riega, numerosos autores posteriores han seguido insistiendo en sus tesis, entre ellos Rafael Calzada (1920), Prudencio Otero Sánchez (1922), Enrique Zas (1923), José María Moréu (1997) y, muy recientemente, Ángel Carracelas (2024). Casi todos ellos esgrimen que su lengua materna era el gallego, lo cual es del todo incierto, como demostró con solvencia Ramón Menéndez Pidal. Por analizar solo a uno de ellos, Zas trató de ratificar la teoría de Celso de la Riega e identificó en Pontevedra a doña Benita y a don Miguel Enríquez Colom, lo que le llevó a pensar no solo en su origen pontevedrés, sino en su parentesco con la familia de su amante cordobesa, Beatriz Enríquez de Arana. La Real Academia de la Historia apenas tardó tres años en emitir un informe desfavorable que se añadía al demérito de las flagrantes falsificaciones ya denunciadas.[20]

El origen catalán fue defendido con vehemencia por el historiador peruano de ascendencia vasca Luis Ulloa, que residió varios años en Barcelona y publicó sus trabajos en francés y en catalán (1927 y 1928). Sin esgrimir pruebas científicas, empezaba sosteniendo, de acuerdo con Celso García de la Riega, que el descubridor jamás se llamó, ni firmó, como Colombo, ni siquiera como Colón, y que su apellido real era Colom.[21] Asimismo, alegaba que usó varios catalanismos en sus textos, al escribir *tenen* por tienen, *línia* por línea o *Spañola* por Española. Y, para más inri, no solo aludió a topónimos catalanes como Montserrat, sino que las enigmáticas siglas de su firma, cómo no, se correspondían con las iniciales de diversos topónimos catalanes.[22] Todos esos argumentos lo llevaron a la convicción de que en realidad se trataba del corsario Joan Colom, cuyo apellido era muy frecuente desde la Edad Media tanto en las islas Baleares como en Cataluña.[23] Y aunque sabemos que existió ese catalán llamado Joan Colom, que estuvo en Portugal y viajó a Islandia, no hay el más mínimo indicio que lo identifique con el descubridor de América, por lo que podemos concluir que eran dos personas diferentes. Alguno ha sostenido que era natural de Cambrils, en Tarragona, mientras que otros lo hacen de Tarroja de Segarra, en Lleida, o de Tortosa, en Tarragona. En este sentido, tanto Ricardo Carreras Valls como Enrique Bayerri y Bertomeu defendieron, con altas dosis de imaginación, que era originario de la isla de Génova, en Tortosa.[24] Se llamaba también en este caso Joan Colom, pero, dado que era hijo de un asesino que acabó colgado de un árbol, decidió cambiar su nombre por el de Cristóbal. En fin, como muy bien escribió Luis Astrana, nadie niega que existiese un apellido Colom en Cataluña, pero es obvio que no se ha conseguido establecer la menor relación entre ese nombre y la familia del marino.[25] Más recientemente, tanto Jordi Bilbeny (2006 y 2021), del Instituto Nueva Historia de Cataluña, como Francesc Albardaner i Llorens (2013), vicepresidente del Centro de Estudios Colombinos de Barcelona, dependiente de Òmnium Cultural, han vuelto a insistir en la teoría, la cual recibió un cierto espaldarazo en el documental emitido el 12 de octubre de 2024. Para ellos, en realidad, era Cristòfor Colom, de origen sefardita, y aunque el documental se incline por Valencia como ciudad de nacimiento, ellos interpretan de forma interesada que entonces la ciudad del Turia pertenecía a los Països Catalans.

Una variante de la tesis catalana ha sido la mallorquina, que sostiene que su nombre real era Joan Colom —otro más— y había nacido en Felanitx, Mallorca, en 1460, hijo ilegítimo del Príncipe de Viana, que, estando confinado en el castillo de Santueri, había procreado en 1460 con una doncella mallorquina llamada Margarida Colom, hermana de un prófugo de Renato de Anjou.[26] A juicio de Gabriel Verd, hubo un pacto secreto de Estado para ocultar este origen, pero el hecho de ser sobrino del mismísimo Fernando el Católico explicaría que pudiese entroncar con una dama de la nobleza portuguesa como Felipa Moñiz o mantener buenas relaciones con cortesanos e, incluso, con los reyes, obteniendo cargos para un extranjero. Y el hecho de que usase algunos topónimos mallorquines, como llamar a una isla San Salvador, en honor, claro, al santuario de Nuestra Señora de San Salvador de Felanitx, y el de Margalida —y no Margarita—, le parece prueba evidente de su ascendencia.[27] Pese a su asombroso y prolongado esfuerzo erudito, sus argumentos no pasan de hipótesis, a veces bastante fantasiosas, frente al respaldo abrumador de fuentes con que cuenta su origen en la ciudad del Tirreno. Ello no ha impedido que esta teoría haya conseguido numerosas adhesiones, incluso por parte de autores de prestigio como Paul Chapman, quien cree que el comportamiento del personaje es más coherente con un origen mallorquín que italiano. Y dentro de la tesis mallorquina hay otra variante, defendida por Nito Verdera, quien sostuvo que era un judeoconverso natural de Ibiza, basándose en varios topónimos con los que bautizó algunos accidentes geográficos caribeños.[28]

Las demás patrias españolas las menciono a título anecdótico, porque ni siquiera esgrimen conjeturas plausibles. La patria extremeña se fundamenta en una simple confusión, la Piacenza italiana, en la que decía Hernando Colón que había muchos parientes de su familia, con la Plasencia extremeña. Esta teoría la recogió Pascual Madoz en su prestigioso *Diccionario enciclopédico*, al sostener que sus padres eran placentinos emigrados a la ciudad italiana. De ahí lo tomó Vicente Paredes, que, en 1903, publicó un trabajo en la *Revista de Extremadura*, tratando de demostrar la furibunda hipótesis del Colón placentino, nieto del converso Pablo de Santa María, mitrado primero de Cartagena y luego de Burgos. Cuando el conde de Ledesma se hizo con la ciudad, varias familias, partidarias del condestable Álvaro de Luna, debieron de salir de la urbe, entre ellas la madre del descubridor, que viajó ya embarazada.[29] Y la cosa no quedó ahí, pues en los años cuarenta del siglo pasado el párroco de Oliva de la Frontera (Badajoz), don Adrián Sánchez Serrano, esgrimió que era natural de esa villa, en concreto nacido en la finca «La Colomera», en la que había una estela que él interpretaba que era de los Veragua, pero que varios arqueólogos demostraron que no tenía nada que ver con ese linaje.[30] No menos curiosas han sido otras atribuciones, como la vasca, que lo hace natural de Soraluce, en Guipúzcoa; la toledana, que lo emparenta con sefardíes de esta ciudad del Tajo, o la castellana, que lo hace natural de la villa de Espinosa de Henares, en Guadalajara.[31]

Para finalizar quiero añadir tres ideas: una, que en la actualidad pocos historiadores dedican su tiempo a refutar las patrias regionales o nacionales que se le han atribuido, pues lo consideran, con razón, una pérdida de tiempo. Dos, que la mayor parte de estos orígenes han sido descartados desde un punto de vista histórico, y recientemente, desde la genética. Y tres, el hecho de que fuese genovés, como abordaremos en las siguientes páginas, no resta ningún mérito a los reinos hispánicos, porque los Reyes Católicos lo supieron escuchar y apoyaron un proyecto hasta cierto punto quimérico, que terminaría sentando las bases del Imperio Habsburgo. No le faltaba razón al historiador francés Henry Harrisse cuando, a finales del siglo XIX, escribió: «A Génova Colón solo le debe el haber nacido, a España todo lo demás».[32] Huelga decir que, desde la época del Descubrimiento, la construcción del imperio fue una empresa plurinacional en la que participaron españoles, portugueses, alemanes, italianos, amerindios y asiáticos.[33]

SU CUNA GENOVESA

Quiero empezar aludiendo a los resultados del estudio de ADN dados a conocer en un documental en octubre de 2024, en los que se ha dicho que poseía el gen judío del Mediterráneo Occidental. Evidentemente, acepto el dato científico, pese al medio en el que fue publicado, pero a partir de ahí se han establecido deducciones con las que no coincido. Se ha dicho que, dado que en Italia había muy pocos conversos porque los judíos fueron expulsados en el siglo XII, su origen debía situarse en el Levante español. Eso ya es mucho decir, pues, como veremos, le entraba el gen judío por su familia materna.

Casi todos los grandes biógrafos y estudiosos de su figura han defendido de manera unánime su nacimiento en la ciudad del Tirreno.[34] Y es que la publicación de la *Raccolta colombina*, en 1892, con una ingente cantidad de manuscritos, disipó cualquier duda razonable sobre su origen. Varias décadas después, en 1932, se dio a la estampa una nueva obra con varios cientos de páginas de apéndice documental, que volvían a dar por probada su cuna genovesa.[35] Y en 1945, Antonio Ballesteros Beretta, tras una amplia y exhaustiva investigación, concluyó, una vez más, que su naturaleza era ligur sin discusión alguna, atribuyendo las dudas sembradas a un intento de encubrir los humildes orígenes de Domenico, que no era más que un cardador de lanas. El célebre historiador dijo más: si fuese cierto que cambió su identidad, engañando a todo el mundo, se convertiría en el mayor farsante de toda la historia de la humanidad.[36]

Su cuna genovesa es indiscutible, porque las fuentes son abrumadoras y porque él mismo y todos los que le conocieron así lo afirmaron.

Por tanto, podemos decir, con la contundencia que las fuentes nos permiten, que nació en la ciudad del Tirreno, bien en la propia urbe o bien en algún pueblo de su entorno, como Quinto o Savona, la Saona de la que hablan los cronistas.[37] Su abuelo paterno, Giovanni Colombo, fue un tejedor oriundo de la aldea de Moconesi, en el valle de la Val Fontanabuona, en la provincia de Génova, que se estableció en la villa de Quinto, muy cerca de la capital.[38] Tuvo tres vástagos, Antonio, Batistiana y Domenico, y este último seguiría el oficio de su progenitor y sería el padre del marino más famoso de la historia. Nos consta que, en 1429, Giovanni suscribió una carta de aprendiz de su hijo Domenico, de once años, con un tejedor de lanas. Debió de aprender el oficio en Quinto y alcanzó años después el rango de maestro tejedor, trabajo que compatibilizaría con el comercio y con la ocupación de vigilante o custodio de una de las puertas de Génova, la de Olivella, en cuyo barrio residía. Se aprecia un espíritu emprendedor, pues no se conformaba con los réditos de su oficio de tejedor y, en la medida de sus posibilidades, se dedicaba a otros negocios mercantiles, comprando y vendiendo inmuebles y hasta regentando una taberna.[39] Su oficio no le impidió participar en los enfrentamientos políticos entre los Adorno y los Fregoso, como se observa en diversas escrituras notariales.

Se desposó en 1445 con Susana Fontanarossa y tuvo con ella cinco vástagos legítimos, a saber: Cristóbal, Bartolomé, Bianchinetta, Giacomo y Giovanni. Los dos mayores, Cristóbal y Bartolomé, se dedicaron desde muy jóvenes al mar, siendo el tercero, Giacomo, el que siguió el oficio de su progenitor, el de tejedor, pero solo de manera temporal, hasta que se enroló en la empresa de su hermano mayor.[40] Bartolomé sobrevivió a su hermano Cristóbal y continuó al servicio de su sobrino Diego Colón, a quien acompañó a La Española en 1509, cuando viajaba con el cargo de gobernador. Poco después murió, quedando como descendiente una hija ilegítima.[41] De los otros dos hermanos, apenas sabemos nada; Giovanni debió de fallecer entre 1500 y 1501, mientras que de su única hermana, Bianchinetta, apenas tenemos noticias, por lo que parece plausible que tuviese también un óbito prematuro.[42] El cuarto de los hermanos era Giacomo —Diego en castellano—, nacido en 1468, el único que ejerció el oficio de tejedor de lana, como su progenitor, hasta que su hermano Cristóbal lo llamó para su empresa ultramarina.[43] A diferencia de sus hermanos mayores, tuvo un carácter apocado. Las Casas lo definió como una persona virtuosa, cuerda, pacífica y bienintencionada, que vestía «cuasi en habito de clérigo»; de hecho, se consagró como religioso en 1497.[44] Bartolomé y Diego fueron sus grandes apoyos, sobre todo a partir de 1493, y Cristóbal escribió que nunca halló mejores amigos que sus hermanos.[45]

Se conservan varias decenas de escrituras notariales firmadas por el progenitor del descubridor, solo o en compañía de alguno de sus hijos, y en particular de Cristóbal.[46] El documento más antiguo en el que se alude al futuro almirante —llamado Cristoforo— tiene fecha del 22 de septiembre de 1470, y en él rubrica junto a su padre.[47] Su interés es extraordinario, pues resulta que tanto Domenico como Cristoforo reconocieron una deuda con Girolamo del Porto por la que fueron condenados. En el codicilo que otorgó en Valladolid el 19 de mayo de 1506, pidió que se abonase a los herederos del genovés Gerónimo del Puerto, padre de Benito del Puerto, canciller de Génova, los veinte ducados que le seguía debiendo.[48] No es el único: en 1479, Colón fue citado como testigo en un juicio celebrado en su ciudad natal y se dijo que era genovés, aunque residente en Lisboa. Asimismo, en 1489, Domenico declaró ser viudo y administrador de los bienes de sus tres vástagos ausentes: Cristóbal, Bartolomé y Diego.[49] El 8 de abril de 1500, Sebastián Cuneo demandó a los hijos y herederos del difunto Domenico Colombo, y citó a Cristoforo, Bartolomeo, Giacomo y Giovanni, especificando que los tres primeros estaban ausentes de la República de Génova desde hacía muchos años.[50] Y, por último, en 1501, varios genoveses declararon en juicio que Domenico era finado y que sus tres hijos varones residían en Castilla.[51] Solo con estos testimonios parece indiscutible que ese Cristoforo Colombo, hijo del cardador de lanas Domenico Colombo, es la misma persona que descubrió América.

Pero, por si esos testimonios fueran poco, el propio almirante proclamó a los cuatro vientos su origen y lo puso por escrito en un documento esencial, la escritura de mayorazgo, protocolizada el 22 de febrero de 1498. En ella aseveró haber nacido en Génova, desde donde vino a servir a Castilla, pues de esa ciudad «salí y en ella nací».[52] Además, en dicho instrumento notarial pidió a sus herederos que mantuviesen siempre a alguna persona de su linaje en su ciudad natal y que la dotaran de una renta suficiente para vivir honradamente. Una vez más hay que decir, como hace Alfonso Enseñat, que solo con este documento sería suficiente para no dudar de su nacencia.[53] El propio Colón, en infinidad de ocasiones, puso por escrito su condición de extranjero en Castilla, como cuando el 14 de febrero de 1493, a la altura de las Azores, le sorprendió una tormenta y escribió en su diario que temía dejar a sus hijos huérfanos «en tierra extraña».[54] Años más tarde, el 18 de octubre de 1498, informó a los reyes de que el origen del odio que le tenían era por sus ausencias y por ser un «envidiado extranjero».[55] En su carta desde Jamaica, que él rebautizó con el nombre del apóstol Santiago, fechada el 7 de julio de 1503, fue muy explícito al lamentarse de las calumnias que se habían levantado contra «un pobre extranjero» como él.[56]

Incluso, había colonos y religiosos en Santo Domingo que no tenían ningún motivo para mentir que se quejaban de la tiranía de los hermanos genoveses, especialmente de Bartolomé, del que decían que era una persona dura, áspera, cruel y codiciosa.[57] Así, el 12 de octubre de 1500, fray Juan de Trasierra escribió una dura misiva al cardenal Cisneros en la que le pedía que no consintiese que fueran a las Indias más genoveses, porque eran codiciosos y destruían la tierra.[58] En los Pleitos colombinos, el fiscal alegó que el primer almirante no fue vasallo ni natural de los reinos de España, afirmación que nadie trató de rebatir.[59]

Su correspondencia no es menos reveladora, ya que la mayoría de sus grandes amigos, con los que mantenía correspondencia regular, residían o habían nacido en la ciudad de la Liguria. Entre ellos, Niccolo y Baptista Spinola, Francisco Pinelo, Francisco de Riberol, Pantaleón Italián, Agustian Italián, Nicolao Adriani, Gerónimo Aimari y Antoni Genovés, por citar solo a algunos de ellos.[60] Incluso en su codicilo, protoçolizado en Valladolid el 19 de mayo de 1506, se acordó de un buen número de compatriotas a los que dejó algunas cantidades de numerario, en la mayoría de los casos por restos de deudas antiguas, a saber: al ya citado Gerónimo del Puerto, a los mercaderes Antonio Vazo y Luis Centurión Escoto, a los herederos de Paolo di Negro y a Baptista Spínola o a sus sucesores.[61] Además, dirigió una carta a los directores del banco de San Giorgio en cuyo encabezamiento dijo que, aunque su cuerpo estuviese en Castilla, su corazón estaba en su Génova natal.[62]

Todas las personas que lo conocieron, sin excepción, sitúan su cuna en dicha ciudad italiana. El historiador dominicano Joaquín Marino Incháustegui enumeró un total de noventa y dos personas con nombres y apellidos, coetáneas del descubridor, en su mayoría italianos, aunque también los hay españoles, franceses, alemanes y hasta un suizo, que señalaron sin ambages su nacimiento en la ciudad del Tirreno.[63] De entre todos ellos, citaremos a algunos de los más representativos, empezando por su hijo y biógrafo, quien, en su escritura de última voluntad, suscrita el 3 de julio de 1539, declaró ser hijo del genovés don Cristóbal Colón.[64] Pedro Mártir de Anglería, que era italiano como él y amigo personal, con el que coincidió en España en 1496, dijo que era de Liguria, en la región de Génova.[65] Bartolomé de Las Casas, que no solo lo conoció en persona, sino que dispuso de su archivo personal, escribió que «fue un varón escogido de nación genovés, de algún lugar de la provincia de Génova», un dato que repitió numerosas veces a lo largo de su obra.[66]

No menos claro fue el testimonio de obispo de Santo Domingo, Alessandro Geraldini, natural de Umbría, y también conocido suyo, igual que su hermano Antonio Geraldini, uno de los primeros en apoyar su proyecto de llegar a Asia por el poniente, quien afirma, una vez más, que fue natural de Génova, ciudad de Liguria.[67] También su buen amigo Andrés Bernáldez o Bernal, cura de los Palacios, en su crónica del reinado de los Reyes Católicos, mencionó en varias ocasiones que era natural de esa ciudad italiana.[68] Además, sostenía el citado sacerdote que la gente no lo podía tragar porque no era de los reinos de España, sino de otra nación, por lo que corrían rumores de que se quería «enseñorear de la isla y dársela a los genoveses».[69] Y debemos recordar que Bernáldez lo había hospedado en su casa una larga temporada en 1496 y no tenía motivos para mentir, al menos en este asunto. Asimismo, otros muchos autores de los siglos XVI y XVII, como Gonzalo Fernández de Oviedo, Francisco López de Gómara, Juan Suárez de Peralta, emparentado con Hernán Cortés, Juan López de Velasco, Antonio de Herrera o Juan de Solórzano, señalaron su origen ligur sin ningún género de dudas, aunque algunos de ellos difieren si el alumbramiento se produjo en la propia ciudad o en alguna aldea cercana.[70]

En una carta de Pedro de Ayala, embajador en Inglaterra, aludiendo a la expedición descubridora que Juan Caboto quería realizar bajo el patrocinio de Enrique VII de Inglaterra, este dijo que era un navegante genovés, igual que Cristóbal Colón.[71] Por su parte, Gaspar Contarini, un veneciano que fue embajador de su ciudad natal ante el emperador Carlos V, en una relación que escribió en 1525 dijo que Diego era «hijo del genovés Colón».[72] Girolamo Benzoni, también italiano, narró que, en la primera aventura, cuando se amotinaron los marineros, le tildaban de «genovés, estafador y mentiroso que los estaba llevando a la muerte».[73] Más adelante, dijo que era natural de una pequeña villa del señorío de Génova, aunque sus antepasados eran originarios de Lombardía.[74] En ese mismo año, los embajadores de los Reyes Católicos en Inglaterra y Escocia informaron, cada uno por separado, de las gestiones realizadas por *el genovés* Cristóbal Colón en esos reinos. Asimismo, el portugués Rui de Pina, en su manuscrito sobre el rey don Alfonso y Juan II de Portugal, redactado en 1504, aludió a su origen italiano.[75] Por su parte, Antonio Gallo, canciller del banco de San Giorgio de Génova y cronista de la ciudad desde 1477, escribió que tanto Cristóbal como Bartolomé Colombo, que habían alcanzado gran fama en Europa, eran naturales de Génova, hijos de padres plebeyos, dedicados al negocio de la lana.[76] Otros genoveses, lo mismo Arcangelo Madrignano, en su libro publicado en 1508, que Bautista Fregoso, en su obra publicada el año siguiente, afirmaron con rotundidad su origen genovés. Y por citar un último ejemplo, el obispo Agostino Giustiniani, que publicó en Génova en 1516 una obra titulada *Salterio Políglota*, siguiendo a Antonio Gallo, sostuvo que era oriundo de Génova, de una estirpe humilde.[77]

Pero al margen de toda esa documentación hay otros aspectos más circunstanciales que lo ratifican. Tenía que ser Génova, la ciudad que ha aportado tantos marinos de renombre mundial, como los hermanos Vadino y Ugolino Vivaldi, Lanzarotto Malocello, Niccolo de Recco, Antonio da Noli, Andrea o Juan Caboto, entre otros.[78] Una ciudad vertida al mar que durante la Edad Media proporcionó a Europa no solo grandes marinos, sino también galeras, capitales y empresarios que se establecieron en los principales puertos del Mediterráneo.[79] No había en Europa tantos centros cartográficos; más allá de Génova, estaban Venecia, Lisboa, Barcelona, Palma de Mallorca y pocos más, aunque en el siglo XVI se desarrollarán otros, en especial Sevilla. Pero, es más, su alma, su personalidad, su pensamiento y su espíritu mercantil eran los propios de un genovés de su tiempo. Muchos de sus grandes amigos fueron italianos, unos florentinos, como Juanoto Berardi, y la mayoría genoveses, como fray Gaspar Gorricio, religioso cartujo en el monasterio sevillano de la Cartuja de las Cuevas, Francisco Pinelo, Francisco Cataño, Francisco de Grimaldo, Francisco de Rivarol, Luciano Esbarroya o Francisco Doria.[80] El cartujo del monasterio de las Cuevas fue su amigo del alma, con quien mantuvo una estrecha relación que duró hasta su fallecimiento; a él encomendó su consuelo espiritual, la custodia de sus papeles y la protección de sus hijos.[81] Por tanto, concluiremos, de acuerdo con Paolo Taviani, que nadie con cierto rigor científico puede dudar hoy de su nacencia genovesa.[82]

Más controvertido es fijar su fecha de nacimiento, ya que no se conservan registros sacramentales de aquella época, aunque la mayor parte de los colombinistas la fija en 1451.[83] Pero no hay unanimidad y son muchos los que la adelantan en un arco que se mueve más o menos entre 1430 y 1451. Y es que, en su época, la mayoría no conocía con exactitud su edad, porque para ellos era más importante la vida celestial que la terrenal.[84] De ahí que el propio interesado manifestase edades diferentes en distintas declaraciones que hizo. Así, en 1470, siendo un joven, dijo tener más de diecinueve años, mientras que, ocho años después, el 25 de agosto de 1479, en un acta notarial de Génova —el famoso documento Assereto—, declaró tener veintisiete años más o menos, situando su nacimiento en el primer caso en 1451 y en el segundo en 1452, la misma edad que Isabel la Católica y Juan Rodríguez de Fonseca.[85] Sin embargo, en otras ocasiones manifestó haber nacido en fechas muy diferentes: en 1492 dijo que llegó a Castilla por primera vez en 1484, cuando llevaba «veintitrés años en la mar, sin salir de ella».[86] Pero es que, en 1501, en una carta a los reyes, volvió a indicar que entró a navegar «de muy pequeña edad», y pasaban ya de cuarenta años los que llevaba navegando, habiendo surcado todos los mares conocidos.[87] Por ambos testimonios se deduce que navegaba desde 1461, y parece impropio e improbable que lo hiciera desde los diez años, así que parece más factible que fuera desde los catorce o quince años. En mi opinión, y de acuerdo con autores como Juan Bautista Muñoz, Enrique de Leguina, Henry Harrisse o Alfonso Enseñat de Villalonga, creo que nació en torno a 1446, aunque reconozco que no poseo ninguna certeza.[88] Sin embargo, esta fecha cuadra mejor con su evolución vital desde que entró en la mar, e incluso con su evolución física, pues parece más probable que se le tornase el pelo blanco con cuarenta años, y no con treinta y cinco.

Por tanto, la aventura de 1492 la emprendió con cuarenta y seis años, siendo un hombre ya maduro para la época, lo que explicaría mejor su rápido deterioro físico entre 1492 y 1504. Solo dos años después, se hablaba de él como un anciano, y aunque es seguro que sufrió un envejecimiento prematuro, parece más plausible pensar que rondase los sesenta años que los cincuenta y cinco. Además, en 1512, su hermano Bartolomé aseguró tener más de cincuenta años, situando su nacimiento en torno a 1451, por lo que, obviamente, su hermano mayor, Cristóbal, habría nacido uno o varios años antes.[89] Debo reconocer que la principal objeción que se pone a su nacimiento en 1446 es que la más pequeña de los hermanos, Bianchinetta, nació en torno a 1470, y esto daría un período fértil de los progenitores demasiado amplio, de veinticuatro años.[90] Aunque no es imposible, teniendo en cuenta que en aquellas fechas las parejas solían tener su primer hijo a muy temprana edad. Tampoco sabemos la morada exacta en la que transcurrieron su infancia y su juventud, ya que podría haber sido la aldea de Quinto —hoy integrada en el área metropolitana de Génova—, donde vivía su familia materna, en la casa de la puerta de la Olivella, de la que su padre era guardián, o en Vico Diritto, donde también vivió un tiempo la familia. En cualquier caso, se trataba de viviendas modestas, ajenas al barrio nobiliario de la urbe.

UNA ASCENDENCIA LOMBARDA

Su nacimiento en Génova es incuestionable, pero su familia, como escribió su hijo, era originaria de Lombardía.[91] Así fue reconocido en el pleito por el ducado de Veragua, en el último tercio del siglo XVI, manteniéndose vigente dicha idea, como demostraremos, al menos durante una parte de la siguiente centuria. Bien Domenico, su padre, de cuyo lugar de nacimiento no se tiene constancia expresa, o bien, Giovanni, su abuelo, fueron la primera generación que se instaló a orillas del Tirreno.[92] Son muchos los cronistas de la época que hicieron referencia a esta oriundez familiar. Así, por ejemplo, Gonzalo Fernández de Oviedo escribió que, aunque era natural de Génova, sus antepasados eran de la Piacenza, en el área de influencia lombarda.[93] Por su parte, Francisco López de Gómara asumió la tesis de Oviedo, reiterando que, aunque natural de algún lugar del señorío de Génova, su familia era de Piacenza, en Lombardía.[94] Curiosamente, tanto Cristóbal Colón como la familia de su mujer, Felipa Moñiz de Perestrello, tenían ascendientes más o menos remotos en Piacenza.[95] No menos claro se mostró Bartolomé de Las Casas, quien sostuvo que sus ascendientes habían residido en la región lombarda pero que, debido a problemas económicos, debieron emigrar a la ciudad del Tirreno. También Juan de Castellanos, en sus *Elegías de varones ilustres*, y mucho después Pascual Madoz, en su monumental *Diccionario geográfico-*

estadístico-histórico, volvieron a reiterar esta ascendencia y, desde allí, se trasladaron a Génova, donde vio la luz el famoso navegante.[96]

Además de estos testimonios historiográficos, disponemos de pruebas documentales, como la probanza de nobleza de Diego Colón, realizada el 8 de marzo de 1535, en la que se presentaron testigos muy allegados a la familia, como Rodrigo de Barreda, Diego Méndez y Pedro de Arana. Mientras que los dos primeros respondieron exclusivamente que era genovés, Pedro de Arana, hermano de Beatriz de Arana, manifestó que «oyó decir que era genovés», pero que desconocía de dónde era oriunda su familia.[97] Asimismo, en un manuscrito conservado en el Archivo General de Indias referido a la historia de La Española se insistió en su nacimiento en Génova, en concreto en el lugar de Cugureo —Cogoleto—, mientras que su familia era de ascendencia lombarda.[98] Y lo mismo se refleja en un códice conservado en la Real Academia de la Historia, en la Colección Vargas Ponce, titulado *Genealogía de la Casa de Portugal*, escrito por Francisco de Medina, en el que se asevera que eran originarios «de los confines del genovesado y Lombardía, en los estados de Milán...».[99]

Sin embargo, la pieza manuscrita más contundente en torno a este origen lo constituye el largo pleito que, en 1578, se generó con la ruptura de la línea masculina de la familia y la consecuente disputa por el ducado de Veragua.[100] A Luis Colón, nieto del viejo almirante, le heredó su sobrino Diego, al no tener aquel hijos varones, pero este a su vez murió sin descendencia masculina, acabando aquí la estirpe por línea de varonía. Tras su fallecimiento se presentaron un buen número de aspirantes al ducado de Veragua, entre ellos dos personajes, en apariencia ajenos a la familia, llamados Bernardo y Baltasar Colombo.[101] Salvo estos dos, el resto de los aspirantes estaban emparentados con el último duque de Veragua, Diego Colón, y, en definitiva, con el primer almirante. Pero ¿quiénes eran Bernardo y Baltasar Colombo? ¿Cómo consiguió este último el crédito suficiente para luchar durante tantos años por los derechos sucesorios?

Según Bernardo y Baltasar Colombo, el descubridor de América era nieto, al igual que ellos, de Lança Colombo, señor de los castillos de Cúçaro y Conzano, en el Monferrato. Al parecer, este tuvo tres hijos: Enriotto, Franceschino y Domenico, este último el padre del célebre marino.[102] Bernardo Colombo decía ser sucesor de Nicolás Colombo, hermano de Lança Colombo, abuelo paterno del almirante, y, como tal, se presentaba como aspirante a la herencia del señorío. Bernardo estuvo bastantes años pleiteando, pero en 1584 fue excluido del proceso por el Consejo de Indias, que alegó falta de pruebas.[103] Sin embargo, mucho más consistente pareció la propuesta de Baltasar, poseedor entonces del modesto castillo de Cúçaro, ubicado en los Alpes lombardos, en los confines del Milanesado. Este también decía ser heredero directo de Lança Colombo, por lo que se presentaba como postulante a la sucesión del mayorazgo. Y lo reclamaba alegando la primacía de los varones en la descendencia y acogiéndose a las palabras del propio almirante de que se prefiriese en la sucesión a cualquier varón de su linaje cuyos antecesores pertenecieran a su estirpe. En ningún momento negó que el primer almirante hubiese nacido en Génova, lo que trató de demostrar es que sus ascendientes procedían de Cúçaro, en el Milanesado. Según él, fue el padre del descubridor, Domenico Colombo, el primero de su familia que se afincó en la ciudad del Tirreno, debido a la pobreza en que había caído su linaje. A su juicio, los Colombo eran propietarios del castillo de Cúçaro, pero al no existir mayorazgo en aquella provincia, se había fragmentado tanto la propiedad que los descendientes no tuvieron posibilidad de mantenerse con las rentas. Para demostrar su versión de que el linaje no era originario de la ciudad de Tirreno esgrimía que allí no existía el apellido Colombo antes de la llegada de Domenico y que el nombre del descubridor no pasó a sus anales por no ser originario del lugar.[104] Asimismo, defendía que el error histórico se debía a que en España llamaban genoveses a todos los italianos, cualquiera que fuese su lugar de origen.[105] Y el motivo por el que el primer almirante ocultó sus orígenes fue para evitar tener que hacer pleito de homenaje al marqués de Monferrato, de quien, al parecer, dependían todos los herederos del castillo de Cúçaro.

Por supuesto, las otras partes participantes en el contencioso, en defensa de sus intereses, lo negaron todo, insistiendo en el origen ligur. Sin embargo, los argumentos de Baltasar Colombo debieron de resultar más firmes de lo que pudieron sospechar en un principio, pues vieron cómo un completo desconocido que alegaba viejas ascendencias familiares les disputaba peligrosamente la herencia. Que Baltasar Colombo tenía sus razones lo prueban tanto los largos años que duró el pleito como la sentencia, pese a que sus alegaciones no eran del agrado de los jueces del Consejo de Indias, que no deseaban que un italiano desconocido heredase los derechos del ducado de Veragua. Lo cierto es que obtuvo, algunos dicen que de manera más o menos turbia, el apoyo del senado genovés, que, en una carta al embajador en Madrid, Juan Bautista Doria, reconoció que el descubridor no era natural de Génova.[106]

La sentencia fue fallada por primera vez en Madrid, el 3 de octubre de 1586, apelada en dos ocasiones y resuelta la apelación en primera instancia en 1605, y de manera definitiva, el 22 de diciembre de 1608.[107] El primer fallo favoreció a doña María Colón de Cardona, quizá debido a la notable influencia que ejerció su esposo, Francisco de Mendoza, marqués de Guadalest y almirante de Aragón. Sin embargo, en la segunda sentencia y en la definitiva, el grueso del mayorazgo recayó sobre Francisca Colón de Toledo, ya que el primogénito de María Colón de Cardona había fallecido en el transcurso del pleito. Sin embargo, Baltasar Colombo no salió mal parado, porque fue gratificado con ¡dos mil ducados! a perpetuidad sobre el ducado de Veragua.[108] Que Francisca Colón heredase el grueso del mayorazgo era lógico habida cuenta de que su hijo Carlos Colón era descendiente del último almirante, Diego Colón y, en última instancia, del propio descubridor.

Históricamente se ha tratado a Baltasar Colombo como un falsificador que fracasó en su descabellado intento por heredar el mayorazgo familiar.[109] Es verdad que sus oponentes nunca se ensañaron con él porque enlazar con los señores de Cúçaro otorgaba un cierto fuste nobiliario a sus orígenes.[110] Pero, en mi opinión, de haberse probado su mentira jamás se hubiese prolongado tanto el litigio ni menos aún habría obtenido esa enjundiosa renta. Es más, la propia familia, heredera del ducado, aceptó en los años sucesivos la tesis de que el primer almirante había nacido en Génova pero que su ascendencia estaba en el castillo de Cúçaro.[111]

A mi juicio, es plausible su origen lombardo y que por las causas que fuese su padre o abuelo acabaran afincados en la ciudad del Tirreno. De paso, este remoto origen nobiliario del linaje justificaría, primero, que se deposase hacia 1479 con la noble dama portuguesa de ascendencia lombarda Felipa Moñiz.[112] Segundo, que se relacionara con nobles castellanos como el duque de Medina Sidonia, don Enrique de Guzmán, o el de Medinaceli, don Luis de la Cerda. Y tercero, y último, que se le permitiese acceder al almirantazgo, cargo que, en Castilla, era privativo de la clase nobiliaria. En definitiva, nuestra hipótesis es que nació en Génova pero que su familia procedía de la región de Lombardía, en el norte de la península Itálica.

Capítulo 3
SU VIDA ANTES DEL DESCUBRIMIENTO

INFANCIA Y JUVENTUD (1446-1478)

Sabemos muy poco de su infancia y juventud en su ciudad natal, porque ni él ni su hijo y biógrafo quisieron nunca ahondar en ese pasado. Vivió sus primeros años en una modesta vivienda, situada debajo de la Porta Soprana o de San Andrea, donde con toda probabilidad vino al mundo.[1] Hasta 1467 permaneció allí, colaborando en el sostenimiento de la economía familiar. Su padre siempre quiso que su primogénito se dedicase a su profesión de cardador, pero, desde muy joven, el niño miraba al mar, soñando con aventuras que le permitiesen ganar fama y gloria para él y los suyos. Y en la Europa de su tiempo solo existían dos posibilidades de medrar: las armas o el mar. No tenía nada de particular que un joven inquieto, nacido a orillas del mar Tirreno, optase por surcar los mares y arriesgar su vida en empresas ambiciosas, como hicieron otros compatriotas suyos antes y después. Se trataba de una república abierta al mar, y lo mismo comerciaba con pieles de Rusia que con joyas de Oriente Próximo, o con especias, porcelanas y otros objetos suntuarios de China. Unos productos que luego vendían a altos precios por toda Europa, obteniendo enjundiosas plusvalías.

Siguiendo con esta tradición marinera, Colón inició su carrera como grumete, pues según declaró, en 1501 entró a navegar *de muy pequeña edad* y había seguido navegando hasta la fecha.[2] En sus primeros años estuvo al servicio de un corsario de su familia que algunos han identificado con Cristoforo Salvago, que capitaneaba una embarcación llamada *Pasquerius*.[3] En aquella época era frecuente la figura del mercader-pirata que solía comerciar legalmente, pero que cuando se presentaba la ocasión de contrabandear o de asaltar alguna embarcación de otra bandera no desaprovechaba la ocasión. También en este aspecto, Colón se comportó como un navegante más de su tiempo, conocedor de las prácticas y de las leyes no escritas del mar. La mayoría de los marinos, entre ellos los de la costa andaluza, compatibilizaban el comercio legal con el ilegal, e incluso con el asalto a otros barcos si los consideraban una presa fácil y lucrativa.[4]

Entre 1467 y mediados de 1473 no hay constancia de que estuviese en su ciudad natal, pues, según su hijo, que a su vez cita una carta de su progenitor, se embarcó como grumete al servicio de Renato de Anjou, conde de Provenza, que aspiraba a recuperar el trono de Nápoles. Es posible que participase en el bloqueo del puerto de Barcelona, en el que Génova apoyó a Francia y rindió la Ciudad Condal a finales de 1472.[5] No olvidemos que por esa fecha en el gobierno de la república de Génova se alternaban los Adorno y los Fregoso, buscando, según conviniese en cada momento, el apoyo de Milán o de Francia. Cuando vivía allí, la supremacía en el norte de Italia la ostentaba Luis XI de Francia, y después, su hijo Carlos VIII. Por ello, no es de extrañar que las principales familias genovesas estuviesen del lado galo, a pesar de que, desde mediados del siglo XV, varias de ellas, como los Grimaldi, Spínola, Doria, Centurione, Lomellini, Pinelli o Vivaldi, tuviesen casas abiertas en ciudades como Sevilla o Lisboa.[6] Pero, teniendo en cuenta que la guerra, en la que Génova luchó en el bando anjovino, se prolongó por espacio de cuatro años, no extraña que el joven grumete, de poco más de veinte años, alcanzase el rango de capitán de navío.[7]

El 7 de agosto de 1473, cuando tenía veintisiete años, firmó una carta en Génova, y su nombre no vuelve a aparecer hasta el 26 de agosto de 1479.[8] Lo cierto es que están documentadas al menos dos travesías genovesas a la isla de Quíos, en el mar Egeo, una en 1474 y otra en septiembre del año siguiente, en las que Cristóbal debió de tomar parte.[9] Era una de las pocas islas que conservaba Génova y que, a decir del propio Colón, proporcionaba un volumen total de cincuenta mil ducados anuales.[10] En esta isla adquirían masilla, goma de lentisco que tenía muy distintos usos, sobre todo para la fabricación de barnices y pegamento. Desde esta isla la transportaban hasta los puertos de Portugal, Francia o Inglaterra, donde la vendían a un buen precio. La ciudad había sufrido la competencia veneciana y se había visto obligada a cederle enclaves como Pera, Focea o Caffa, conservando solo la ya citada isla de Quíos. Pese a esas pérdidas territoriales, seguía siendo, al igual que Venecia, una de las intermediarias comerciales entre Oriente y Occidente, a través del mar Mediterráneo. Además, esos menoscabos de sus enclaves orientales los compensaron con el establecimiento de negociantes en distintas ciudades de la península Ibérica que hacían de intermediarios en el comercio con Flandes y las islas británicas.

Posteriormente colaboró con la empresa de Paolo di Negro y de Niccolo Spínola, en cuyas naves se alistó el 13 de agosto de 1476, para zarpar hacia Inglaterra. Diez días después fueron atacados a la altura del cabo de San Vicente por una escuadra francesa, capitaneada por Guillaume de Casenove-Coullón.[11] Él viajaba en la fragata *Bechalla*, que resultó incendiada y hundida, pero consiguió bracear con la ayuda de un remo hasta llegar a tierra, pues, a decir de su hijo, era un gran nadador, y alcanzó la costa de la ciudad portuguesa de Lagos, donde permaneció convaleciente varios meses.[12] Por cierto, como se ve, era un gran nadador, algo que no era demasiado común entre la marinería, porque, en caso de siniestro, agilizaba el tránsito a la otra vida, evitando una larga agonía.[13] Una vez recuperado se dirigió a Lisboa, donde fue acogido por una pequeña colonia de compatriotas que no tardaron en enrolarlo de nuevo en sus expediciones comerciales. De hecho, desde febrero de 1477 estuvo presente en una nueva jornada, primero a Inglaterra y luego a Islandia, considerada por la historiografía antigua y medieval como la última Thule, la frontera del territorio conocido.[14]

En estos años, el joven marinero se fogueó en el manejo tanto de las galeras mediterráneas como de las fragatas y las naves redondas —naos y carabelas—, que tenían una mayor capacidad de carga y además eran más aptas para los largos periplos oceánicos.

EN PORTUGAL SE GESTÓ TODO (1476-1485)

Portugal había sido la gran potencia naval del siglo XV y Lisboa era una ciudad comercial y muy populosa, la mayor urbe de toda la península Ibérica.[15] La casi una década que Colón vivió en este reino fue esencial para su formación, pues le permitió sus conocimientos cosmográficos, cartográficos y náuticos. Fue aquí donde ideó y germinó su proyecto de alcanzar tierras al oeste con las que iniciar un fructífero intercambio. Pese a la importancia de esta etapa, apenas disponemos de documentación, de modo que lo que sabemos debemos deducirlo de informaciones posteriores del propio interesado.[16]

Como ya hemos afirmado, llegó a Portugal de forma accidental, tras el hundimiento del buque en el que viajaba. En junio de 1478 se reembarcó rumbo a las islas Madeiras, con el objetivo de comprar azúcar, un derrotero que repitió en verano de 1479 y en otras ocasiones hasta 1485, siempre al servicio de la casa genovesa de Ludovico Centurione.[17] Mientras permaneció en Lisboa, desconocemos dónde se situó su residencia, aunque se cree que debió estar en el barrio de los genoveses. En algún momento de 1479 conoció a la que se convertiría en su única esposa legítima, Felipa Moñiz de Perestrello, hija de Bartolomé Perestrello y de su tercera esposa, Isabel Moñiz.[18] Su progenitor era un hidalgo portugués de origen lombardo que se desempeñó como marino, en tiempos de Enrique el Navegante, liderando la colonización de Porto Santo. Esta última era la menor de las dos islas del archipiélago, que fue la primera en ser repoblada. Con el apoyo del arzobispo de Lisboa, don Pedro de Noronha, fue designado capitán, señor y gobernador de dicha isla, cargo que a su muerte transmitió a su yerno Pedro Correa da Cunha, desposado con Inés Moñiz.[19] Colón frecuentaba la capilla del monasterio de los Santos Mártires, en cuya clausura residía doña Felipa entre otras nobles seglares. El cortejo debió de durar muy poco, porque en el mismo año de 1479 se casaron, aunque no consta ningún dato documental sobre el evento. Tampoco se sabe si fue un matrimonio por amor o de conveniencia, pero lo cierto es que él mejoró tanto su nivel de vida como su estatus social. Entre 1480 y 1482, el joven matrimonio residió en Porto Santo, donde nació su hijo Diego.

La estancia en la isla con su familia política tuvo una gran relevancia por dos motivos: primero, porque le permitió contactar con personas que tenían conexiones en la corte, dejando atrás su faceta de marinero y de comerciante de libros. Y segundo, porque su entrada en el clan de los Perestrello le permitió acceder a los conocimientos de una estirpe de cierta tradición marinera que le debieron de hablar de las muchas leyendas que circulaban sobre la existencia de tierras al oeste. Como dijo el padre Las Casas, en Porto Santo se forjó todo, pues Colón hablaba con marinos que iban y venían, siendo «el principio que tuvo el descubrimiento de este grande orbe».[20] Su principal aprendizaje como navegante lo obtuvo de los lusos, habituándose al manejo de instrumentos como el astrolabio. Fue en estos años cuando leyó libros de sabios como Ptolomeo o d'Aylli, que incrementaron su acervo cultural y científico, al tiempo que se esforzaba por aprender el castellano y los rudimentos del latín.[21]

Pero como era una persona muy inquieta, apenas reposó un año, y no tardó en enrolarse en expediciones que mercadeaban con Guinea y con San Jorge da Mina. Él mismo manifestó en varias ocasiones que había estado en ese enclave africano, por lo que se cree que debió de participar en la expedición que salió de Lisboa el 12 de diciembre de 1481, encabezada por Diego d'Azembuja, con doce embarcaciones y unos seiscientos hombres.[22] Navegó por la costa africana y conoció de primera mano los archipiélagos portugueses de las Madeiras y las Azores, pero, en cambio, se cree que no estuvo en las islas Canarias antes de 1492.[23] Estas expediciones supusieron unas vivencias esenciales en su proceso de formación por tres motivos: uno, al comprobar que la zona intertropical no solo era habitable, sino que estaba densamente poblada. Dos, porque pudo conocer de cerca el sistema colonizador luso, basado en factorías, que después ejercería una gran influencia en la creación de su virreinato. Y tres, porque acumuló una extraordinaria experiencia en la navegación atlántica.

En la segundad mitad de 1484 presentó su proyecto a Juan II, que llevaba solo dos años reinando pero que desde joven se había encargado de los asuntos navales. Se ofreció a recorrer una nueva ruta hacia la especiería mucha más corta que la africana, solicitando, a cambio, más prebendas, incluso, de las que luego solicitaría en Castilla: los cargos de almirante, virrey gobernador, el diezmo de las rentas, la ochava parte del negocio de las mercadurías y, además de eso, pretendía ser armado caballero de espuela dorada.[24] Llama la atención que las peticiones que hace al monarca luso son casi idénticas a las que después planteó a los Reyes Católicos, con la excepción del título de caballero de espuela dorada. En caso de aceptar, solo pedía tres carabelas bien pertrechadas y abastecidas, con sus tripulaciones y algunas mercancías para rescatar, como espejuelos, cascabeles —muy apreciados por los naturales—, sartas de cuentas de vidrio, bacinetes, tijeras, cuchillos, agujas, camisas, bonetes colorados y otros productos de poco valor para practicar intercambios.[25]

El monarca se lo tomó lo suficientemente en serio como para remitirlo a una *junta dos mathematicos*. No olvidemos que, en el entorno de la corte lusa, desde tiempos de Enrique el Navegante, estaban los mejores cosmógrafos de la época, lo mismo el cartógrafo bohemio Martín de Behaim que Monetarius, que había traducido al portugués el *Tractatus de Sphaera* de Claudio Ptolomeo. La junta estuvo formada por prestigiosas personalidades, como el maestre Jusepe Vizinho, sabio en geografía y astronomía, discípulo de Abraham Zacuto, el maestre Rodrigo y el doctor Diego Ortiz de Villegas, este último un castellano que era obispo de Viseo, además de un reputado cosmógrafo.[26] Eran los más prestigiosos expertos en astronomía náutica que había en esos momentos en el mundo, por lo que no tardaron en concluir que los datos ofrecidos por ese extranjero estaban errados. Ellos sabían —y no se equivocaban— que el orbe era mucho más grande de lo que él decía y el océano mucho más vasto, por lo que las tierras que pretendía alcanzar con los medios de la época estaban demasiado lejos. Según su hijo, la negativa se debió a que el monarca luso estaba inmerso en grandes gastos recorriendo y cartografiando la costa africana.[27] Sin embargo, no parece que fuese ese el único motivo, pues, entre 1462 y 1487, el reino había financiado hasta un total de ocho empresas descubridoras, algunas de ellas no menos inciertas que la que su padre proponía.[28] Lo más plausible, como afirma Las Casas, es que en el veredicto influyesen sus errores técnicos, la falta de concreción de la latitud a la que se ubicaban las tierras que pretendía alcanzar y quizá también sus desaforadas exigencias políticas, sociales y económicas.[29] De modo que, siguiendo el dictamen de su consejo, a principios de 1484, el monarca le comunicó su rechazo; pero le debió de quedar cierta curiosidad cuando, según el padre Las Casas, a sugerencia del doctor Diego Ortiz, envió una carabela al poniente, para comprobar si era cierto todo o parte de lo que decía; tras sufrir muchas tormentas y vientos contrarios, retornó maltrecha a la capital del reino.[30]

Su etapa portuguesa había sido decisiva, pues se había movido por aguas del Atlántico, desde Lisboa a Inglaterra e Islandia, a las Azores, Madeiras-Porto Santo, Cabo Verde y Guinea. Su trayectoria marinera se había ampliado extraordinariamente, surcando el mar Mediterráneo y el Atlántico, aunque jamás llegó a conocer el Pacífico ni el Índico. En 1485 sí que estaba justificada su conocida frase de que había navegado «todo lo que hasta hoy se navega».[31] Pero por esas fechas andaba sin blanca y no estaba dispuesto a permanecer impasible, por lo que le urgía salir de aquel reino.

Además, no le faltaban razones para temer que le pudiesen usurpar su proyecto, máxime sabiendo que Juan II era conocedor de él. Nada le ataba ya a ese reino, pues una vez viudo, había perdido cualquier arraigo, sobre todo si el monarca no estaba dispuesto a financiarle. Envió a su hermano Bartolomé a recabar apoyos, primero ante el rey de Inglaterra y luego ante el de Francia, mientras él buscaba el patrocinio de los Reyes Católicos.[32] El reino de Castilla y León era en esos momentos una potencia marítima emergente, porque poseía buenas embarcaciones, puertos de larga tradición marinera y algunos sabios que entendían de geografía y de navegación.

SU ESTANCIA EN CASTILLA (1485-1492)

No se conoce la fecha exacta en la que llegó a Castilla, pero lo más probable es que lo hiciese en la primavera de 1485, tras el óbito de su esposa Felipa Moñiz, que debió de ocurrir entre noviembre y diciembre del año anterior.[33] Su objetivo estaba muy claro, pretendía conseguir financiación para su proyecto, un empeño en el que perseveraría durante siete años, recibiendo *mil oprobios... y muchas necesidades*.[34] En cualquier caso, estos años que permaneció en tierras de Castilla y León fueron denominados, con razón, por Juan Manzano como los siete años decisivos de su vida.

Dado que quería pasar desapercibido, no fuese que lo detuviera el rey luso, decidió hacer el trayecto por mar.[35] Esta vía era más segura y mucho más anónima que la terrestre, bastaba con hacerse a la mar para alejase de Lisboa.[36] Es curioso que el monarca lo mandase despedir pero que, paradójicamente, él tuviera miedo de que lo retuviese, quizá, a sabiendas de que se llevaba información sensible a un reino rival. También es posible que tuviese algunas deudas, pues tras el fallecimiento de su esposa sufrió ciertas estrecheces.[37] Y puestos a viajar por mar, qué mejor sitio para desembarcar que el histórico puerto de Palos, ya que el complejo portuario onubense disponía entonces de una potencia naval suficiente para llevar a cabo sus proyectos.[38]

Consigo viajaba su hijo Diego, que apenas tenía tres años de edad. La idea era encomendarlo a su cuñada Briolanja Moñiz, por la que siempre sintió una especial predilección. Estaba desposada en primeras nupcias con Miguel Muliart, de origen flamenco, y residía desde 1483 en la villa de San Juan del Puerto, cerca del monasterio de La

Rábida.[39] Era la persona idónea porque no tenía hijos y podía ocuparse de su sobrino carnal, y darle el calor, los cuidados y la protección familiar que ya no le podía brindar su difunta hermana. Solventado este trámite, Colón se pudo dedicar de lleno a las tediosas gestiones para recabar apoyos. Lo primero que hizo fue encaminarse al monasterio de La Rábida, donde además de acoger a peregrinos y menesterosos, había religiosos que eran aficionados a la cosmología y a la ciencia náutica. Asimismo, era el principal centro devocional de la empresa naval atlántica, un punto de encuentro de experimentados navegantes. Estaba muy vinculado a Palos, pues sus vecinos eran muy devotos de la Virgen de los Milagros, una imagen gótica, labrada en alabastro, patrona tanto del monasterio como de la villa.[40] Allí comenzó una larga y fructífera amistad con el padre Marchena, que no tenía experiencia náutica pero atesoraba bastantes conocimientos de cosmografía y astrología y, además, poseía la discreción y la sencillez propias de un franciscano. Estaba claro que nada de lo que le pudiese contar este extranjero excéntrico le iba a resultar ajeno, ni la redondez del planeta ni la existencia de islas o tierras al oeste, pues, como dijo fray Ángel Ortega, todo esto se sabía allí.[41] No solo creyó en su propósito, sino que, incluso, lo ratificó, afirmando que la existencia de islas y tierras al oeste ya la señalaron los autores clásicos.[42] Su apoyo fue incondicional, tanto que después el navegante lo recordaría diciendo que, salvo Dios, nadie le prestó tanta ayuda como él.[43] Tal fue el entusiasmo del cenobita que habló con el jerónimo fray Hernando de Talavera, confesor de la soberana, para que facilitase el encuentro con los reyes.

Le quedaban por delante veintiún años de vida, de los que más de seis los empleó en perseguir a la corte para recabar su apoyo. No menos importante fue para él su amistad con fray Juan Pérez, a quien también conoció en La Rábida algo después, en 1491, aunque se duda si ejercía de guardián o si era solo un fraile profeso.[44] Este le ofreció toda su ayuda desde el primer instante, y tan agradecido estuvo siempre Colón que en 1502, estando en la costa de Centroamérica, capturó a un indígena para que aprendiese la lengua castellana y lo bautizó como Juan Pérez.[45]

Parece que entre abril y mayo de 1485, Colón estuvo en su ciudad natal. Su padre estaba moribundo y aprovechó la ocasión para presentar su plan al Ufficio di San Giorgio.[46] Regresó en verano de ese año, a Córdoba, donde se encontraban los reyes, que tenían allí ubicado su cuartel general mientras estrechaban el cerco sobre la serranía de Ronda, que no culminaron hasta junio de 1485. No sabemos dónde se hospedó, pero se sospecha que en alguna modesta pensión. Tradicionalmente, se ha dicho que fue recibido en la corte en agosto de 1485, pero parece del todo improbable que se produjese esa reunión, teniendo en cuenta que no era más que un curioso personaje que contaba historias fantásticas. Todavía ignoraba que le quedaba por delante un largo suplicio de más de un lustro, peregrinando detrás de la corte, y con no pocos sinsabores, hasta conseguir el aval necesario para emprender su soñada aventura.

Pese a todo, la estancia en la ciudad califal fue productiva, puesto que pudo acceder a algunos miembros del Consejo Real, como Alonso de Quintanilla, contador mayor de Castilla, Luis de Santángel y Juan Cabrero, camarero real, con quienes entabló una prolongada amistad. Gonzalo Fernández de Oviedo ponderó el apoyo del contador de Castilla, que, a su juicio, fue la persona que más le amparó.[47] Estos, junto con el arzobispo de Toledo, Pedro González de Mendoza, le concertaron una audiencia con los soberanos que finalmente se produjo el 20 de enero de 1486, en los salones del palacio arzobispal de Alcalá de Henares, que en esos momentos daba cobijo a la corte.[48] En esa recepción explicó su plan, usando como apoyo un mapa cartográfico elaborado con la ayuda de su hermano Bartolomé donde se ubicaban las tierras que pretendía alcanzar. En esa misma ponencia, pidió a los soberanos que escuchasen a fray Antonio de Marchena, astrólogo, algo que sucedió el 24 de febrero de este mismo año en Madrid.[49] La exposición de uno y del otro logró que los monarcas se interesasen por su empresa, pues, como dice el padre Las Casas, mostraron *un benigno y alegre rostro*.[50] Sin embargo, con muy buen criterio, decidieron que lo expusiese ante una junta de cosmógrafos, mientras accedían a proporcionarle una pequeña pensión para su sustento. Se sabe que acompañó a la corte hasta Córdoba, pasando por el monasterio de Guadalupe del 20 al 23 de abril de 1486 y quedando afincado en la ciudad califal, mientras hacía algunas salidas puntuales.[51]

El citado comité de sabios se reunió en Salamanca, en el colegio de San Esteban, entre otoño de 1486 y principios de 1487, aunque es posible que algunas sesiones se celebrasen en Córdoba en los meses siguientes.[52] El listado de los miembros de esa comisión lo conocemos solo parcialmente. Sabemos que estuvo presidido por el fraile jerónimo Hernando de Talavera, confesor de la reina, que tenía fama de ser una persona austera y recta, y que al menos lo compusieron los siguientes miembros: primero, el doctor Rodrigo Maldonado de Talavera, que había sido profesor de derecho en la Universidad de Salamanca, había tenido un papel en los acuerdos previos al Tratado de Alcaçovas y, desde 1480, se había integrado en el Consejo Real. Segundo, el contador mayor Alonso de Quintanilla, que mantuvo una buena amistad con él y en momentos críticos le dio de comer, confiando en su proyecto y facilitándole importantes contactos. Tercero, el escribano de ración de Fernando el Católico, Luis de Santángel, natural de Valencia, quien a la postre adelantaría el peculio a la soberana con el que se financió la jornada. Y cuarto, el arzobispo de Toledo, don Pedro González de Mendoza, que, a decir de López de Gómara, gozaba de gran autoridad y de una notable influencia tanto sobre el rey como sobre la reina.[53] Es probable que a esa lista se sumasen algunos profesores de la Universidad de Salamanca, aprovechando la presencia allí del comité, así como algunos pilotos y marinos. Según Andrés Bernáldez, el interesado, a viva voz y siguiendo su imaginación, defendió su plan, apoyándose de nuevo en un mapamundi que mostró a los presentes y en el que con toda probabilidad aparecían numerosas islas en la antesala del continente asiático. Eso sí, como afirmó Salvador de Madariaga, por motivos de confidencialidad, no debió de aportar datos sensibles sobre la situación exacta.[54]

Al igual que en Portugal, el plan fue rechazado por causas muy fundamentadas de índole científica, política y social: primero, porque una vez más se estimó que sus cálculos estaban errados, hasta tal punto que, según el doctor Rodrigo Maldonado, todos fueron unánimes al creer que era imposible que fuera verdad lo que decía.[55] En los Pleitos colombinos, Martín González declaró que los sabios decían que nunca encontraría tierra por occidente, «aunque anduviese dos años».[56] Y es que las personas reunidas en Salamanca atesoraban unos conocimientos mucho más exactos que los que Colón exhibía, pues su formación científica era muy básica y de acarreo. Segundo, porque creían que su proyecto violentaba el Tratado de Alcaçovas, firmado con Portugal en 1479 y ratificado con algunas modificaciones al año siguiente en Toledo, poniendo fin a la guerra entre los dos reinos.[57] Y tercero, por las desmesuradas concesiones que solicitaba ese altivo y extravagante personaje.[58]

Con todos esos argumentos, fue Hernando de Talavera personalmente quien desaconsejó el apoyo, de ahí que fray Bartolomé de Las Casas le señalase a él como el causante directo del rechazo.[59] Sin embargo, en defensa de Talavera debemos decir que se limitó a trasladar el fallo —por cierto, unánime— de la junta de técnicos, cumpliendo con lo que se le había encomendado.[60] En ese momento no se le comunicó el dictamen, sino que se remitió a los reyes, que se encontraban en Málaga con motivo de la reconquista de la ciudad. Estos lo mandaron llamar y le asignaron, por carta de libramiento del 27 de agosto de 1487, cuatro mil maravedís para que se costease el desplazamiento hasta la ciudad andaluza, donde le trasladaron la negativa.[61] Pero, por su cuenta y riesgo, los soberanos le dejaron la puerta abierta, al manifestarle que en esos momentos la coyuntura era desfavorable porque estaban ocupados en otras empresas, aunque esperaban que en un futuro próximo cambiase. Y como señal de buena voluntad, le libraron algunas cantidades para su mantenimiento: entre febrero de 1487 y octubre de 1488 los soberanos le mandaron pagar varias partidas de dinero que sumaron casi veintiocho mil maravedís.[62] Y aunque el peculio no era excesivo, le permitió mantener el ánimo y la esperanza de que al final reconsiderasen su propuesta.

Regresó a Córdoba, donde se mantuvo más de dos años, aunque con algunas salidas puntuales en busca de la corte. Durante este tiempo sobrevivió comerciando con libros de estampa y vendiendo cartas náuticas que él mismo confeccionaba, pues era lo único que sabía hacer. Pero en esa ciudad dispuso del apoyo incondicional del contador mayor Alonso de Quintanilla, quien, según Francisco López de Gómara, le daba de comer de su despensa, mientras escuchaba complacido sus teorías sobre la existencia de tierras al otro lado del océano.[63] Allí conoció a la que después sería la madre de su segundo hijo, Beatriz Enríquez de Arana, una humilde tejedora que estaba bajo la tutela de su tío Rodrigo Enríquez de Arana y era hermana del ya citado Pedro de Arana.

Pero no estaba dispuesto a permanecer impasible, por lo que escribió una misiva a Juan II de Portugal, solicitándole un salvoconducto para regresar a Lisboa y presentarle por segunda vez su plan. La única condición que puso fue que le ofreciese garantías de que no sería arrestado por ninguna causa pendiente.[64] El monarca, en su respuesta, fechada en Avis el 20 de marzo de 1488, aceptó sus peticiones, especificando que no debía temer nada por ningún delito pasado, pues le garantizaba la total inmunidad, tanto por causas civiles como criminales.[65] En primavera de ese año, antes de encaminarse a Portugal, pasó por Murcia, donde se encontraban los reyes afrontando la reconquista por el flanco oriental del reino nazarí.[66] Quería averiguar si las circunstancias habían cambiado, pero pudo comprobar que no, porque le seguían ofreciendo promesas futuras cuando las condiciones fuesen otras. Es posible que les comentara la invitación del monarca portugués, pero aun así la respuesta fue la misma: debía esperar. ¿Quién podía pensar en nuevas conquistas sin haber antes terminado la incorporación a Castilla del reino de Granada? No le mintieron al decirle que, una vez consumada la toma de Granada, podrían reconsiderar su denegación.

Pero estaba cansado de esperar y tenía encima de la mesa el llamamiento de Juan II, que mostraba un cierto interés por recibirlo, por lo que no dudó en acudir a su encuentro. Llegó a Lisboa el 17 de abril de 1488. Hay que recordar que el soberano ya había mostrado años atrás su curiosidad por este derrotero alternativo, pues, aunque ya estaba embarcado en la ruta sur, bordeando África, y además entendía que el mundo no era tan pequeño como decía Toscanelli, había enviado diversas expediciones a tantear la vía del poniente. De hecho, en 1485 designó a Fernão Domingues para liderar un viaje hacia unas tierras aún no definidas, pero que él decía haber localizado al oeste de las islas Madeiras. Contó Hernando Colón que, en realidad, el envío de esta armada respondía a su intención de verificar si tenía visos de realidad el plan presentado por su padre, pero, dado que pronto dio media vuelta, vino con la idea de que no existía tal tierra. Y de nuevo, el 24 de julio de 1486 el monarca ratificó el contrato firmado con el flamenco Fernâo Dulmo —Ferdinand Van Olmen—, capitán de la isla Tercera, y el portugués Joâo Alfonso de Estreito para que buscasen a occidente alguna gran isla, como la de las Siete Ciudades, o tierra firme; con ellos viajaba el cartógrafo de origen germano Martín de Behaim.[67] Por fortuna para Colón, los expedicionarios, que zarparon de Cabo Verde, estuvieron vagando muchos días por el océano, sin aprovechar los vientos alisios, y decidieron regresar sin haber avistado tierra.[68] Entre agosto y septiembre de 1488 se reunió con el monarca en Avis y permaneció en Portugal hasta marzo de 1489.[69] Está claro que el soberano se tomó muy en serio su propuesta, pues, de hecho, mandó, una vez más, analizarla por los mismos expertos que en la primera ocasión: el obispo Diego Ortiz y los judíos maese

Rodrigo y maese Jusepe Vizinho.[70] Sin embargo, ocurrió un suceso del todo inoportuno que daría al traste con sus posibilidades, al contemplar en primera persona la arribada, en diciembre de 1488, de Bartolomeu Dias de Novais, tras doblar el cabo de las Tormentas, bautizado por los portugueses como de Buena Esperanza, dejando así abierta la vía directa hacia el océano Índico.[71] Así lo señaló el propio Colón en una de sus apostillas en la *Imago Mundi*, afirmando que Dias regresó con tres carabelas y un mapa de marear en el que detallaba, legua a legua, su derrotero.[72] Desde ese instante, los portugueses solo podían pensar en centrarse en una ruta segura en la que habían invertido décadas de trabajo y mucho esfuerzo económico. Independientemente de la credibilidad que otorgasen al proyecto colombino, los lusos estimaban, con toda la razón, que estaban cerca de alcanzar la meta asiática por el sureste.[73] Todo ello fue determinante y el comité de sabios volvió a resolver en contra, basándose en los mismos datos que la junta castellana, de manera que el monarca dio un carpetazo a su plan, esta vez con carácter definitivo.

Parece que la negativa no sorprendió demasiado a Colón, pues, incluso antes de llegar a Lisboa, en febrero de 1488, ya había despachado a su hermano Bartolomé a la corte inglesa para sondear su interés.[74] Por desgracia, en el trayecto este fue asaltado por corsarios y debió volver a Lisboa, enfermo y despojado de todo lo que llevaba encima, incluida una carta náutica que pretendía presentar.[75] Tras recuperarse y rehacer el planisferio, Bartolomé se embarcó de nuevo, en esta ocasión con éxito, y desembarcó en la costa inglesa. Planteó el plan con la misma soltura que su hermano, pues lo había madurado con él durante años. Sin embargo, tampoco Enrique VII de Inglaterra estaba interesado en ese tipo de aventura, por lo que lo rechazó sin miramientos.[76] Ante este nuevo carpetazo, pasó a Francia para exponer su plan ante el rey Carlos VIII; allí coincidió con Américo Vespucio, que en esos momentos andaba en la corte acompañando a su tío, el embajador Guido Antonio Vespucio.[77] No se conoce ninguna respuesta de este monarca, aunque se sobrentiende su rechazo; no obstante, su hermana mayor, Anne de Beaujeu, conocida como Ana de Francia, que había sido regente durante su minoría de edad, sí que simpatizó con él.[78] Tan a gusto se sintió en el país galo que permaneció una larga temporada, ganándose la vida elaborando cartas náuticas. Estando en Francia tuvo noticias de los éxitos de su hermano, de ahí que no hiciera falta que insistiese ante la corte.[79]

Pero volviendo al primer almirante, hay que decir que, decepcionado por la respuesta del monarca portugués, regresó a Córdoba con la intención de quemar otro cartucho. Se le ocurrió presentar su plan a grandes casas nobiliarias que en algunos casos tenían más poder económico que muchos reinos de Europa. El primero al que recurrió fue a don Enrique de Guzmán, duque de Medina Sidonia y conde de Niebla, con el que contactó a través de fray Antonio de Marchena. También en esa ocasión la suerte le fue aciaga, como dice Las Casas, bien porque no entendió la grandeza de su empresa, o bien porque estaba demasiado ocupado colaborando en la conquista de Granada.[80] Muy diferente fue su encuentro con el primer duque de Medinaceli, don Luis de la Cerda y Mendoza, que tenía menos riqueza que el anterior pero lo sobrepasaba en nobleza. De hecho, sus ascendientes entroncaban con la casa real castellana, siendo sobrino del cardenal Mendoza y primo del duque de Alba.[81] Colón se presentó ante él en 1489 y encontró una extraordinaria receptividad, hasta el punto de que el duque se apasionó y se implicó de lleno en su propósito. Tanto fue así que le mandó proveer de todo lo que necesitase, acogiéndolo en su residencia de El Puerto de Santa María por espacio de algo menos de dos años, desde enero de 1490 hasta septiembre de 1491.[82] Se ha dicho que la buena acogida se debió a que no estaba al tanto de los informes negativos de la junta de cosmógrafos, pero cuesta creer que no los conociese directa o indirectamente. Bien pudo haber financiado su empresa sin demasiado esfuerzo, no olvidemos que la suma que pedía Colón, de poco más de un millón de maravedís, era muy modesta, incluso para un noble de mediana posición. De hecho, algunas casas nobiliarias financiaban empresas más costosas, por lo que no extraña que en una carta que dirigió el duque al cardenal Pedro González de Mendoza, el 19 de marzo de 1493, le dijese que podía haber aprestado las tres o cuatro carabelas que le solicitó sin ningún problema, pero entendió que un negocio de este calado debía patrocinarlo la Corona.[83] También lo creyeron así tanto Cristóbal Colón como su hijo, que, como otros marinos antes y después que él, pensaban que detrás de su proyecto comercial debía estar un monarca. Y no le faltaba razón, solo un estado tenía la capacidad necesaria no solo para financiarlo sino para legitimarlo y protegerlo de las acciones de otros reinos. En este sentido, escribió López de Gómara, solo un soberano podía garantizar que, si se encontraban las riquezas esperadas, no se las arrebatase nadie.[84]

Pese a todo la reina se mantuvo en su línea, comprometiéndose a ocuparse del asunto tan pronto como acabase la conquista de Granada, pues ni ella ni su marido eran dados a llevar adelante varios proyectos de manera simultánea.[85] Una vez más, tocaba seguir esperando, porque a corto plazo los soberanos no podían asumirlo, pero tampoco iban a consentir que lo hiciese un noble. No sabemos a qué se dedicó Colón durante su estancia en El Puerto de Santa María, aunque lo más probable es que simplemente encontrase el sosiego necesario mientras esperaba con resignación que llegase, por fin, la caída de Granada y se le presentase su oportunidad. Permaneció en la villa ducal, haciendo viajes tanto a Córdoba como a la corte, para estar al tanto de la evolución de la guerra.

Desde primavera de 1489 permaneció en el entorno de la corte y mantuvo una breve audiencia con la reina en la ciudad de Jaén, quien por enésima vez le prometió reconsiderar su apoyo una vez que concluyera la toma de la ciudad nazarí. Estuvo presente en la entrada de los reyes en Baza, así como en las de Almería y Guadix. Sin embargo, desde 1490, se volvió a impacientar cuando se vislumbró que Boabdil no capitularía tan fácilmente y que, muy al contrario de lo que se había creído, resistiría hasta el final. Ya por entonces Colón sospechaba que la contienda se prolongaría varios años, y tenía motivos para la desesperanza, porque se decía de Granada que era la más grande ciudad fortificada que existía bajo el sol.[86] La Corona estaba centrada en la reconquista y no tenía tiempo para pensar en esta propuesta poco verosímil.[87] Por todo ello, Colón abandonó la corte y permaneció más tiempo en la residencia ducal de El Puerto de Santa María.

En un momento de desfallecimiento decidió acudir personalmente a Francia, lo que evidencia su incomprensión del trance tan difícil que vivían los soberanos en esas fechas. Antes de viajar al país galo se encaminó otra vez a la zona de Huelva para encomendar a su hijo Diego a Miguel Muliart y a su cuñada Briolanja Moñiz.[88] En la costa onubense tenía que aguantar la burla de la gente de mar, que, a decir de Juan Rodríguez Cabezudo, tenía por vana su empresa.[89] Al pasar por el monasterio de La Rábida se entrevistó tanto con fray Antonio de Marchena, guardián del convento, como con fray Juan Pérez, a quién contó los entresijos de su negocio, el rechazo de la reina y su decisión de buscar a un rey extranjero. Aunque el religioso tenía conocimientos básicos de cosmografía, según Las Casas, hizo llamar a un amigo suyo, médico de profesión, natural de Palos, llamado Garci Hernández, que poseía fama de erudito.[90] El religioso quedó tan convencido con su discurso que le rogó que no hiciese tal cosa, pues creía que era una gran ocasión para el reino.[91] Le prometió tomar de inmediato cartas en el asunto, por lo que Colón permaneció en el monasterio, entre mayo y diciembre de 1491, siendo alimentado por los cenobitas, ya que por aquel entonces, según varios testigos, era «un hombre necesitado».[92] Pérez seguía teniendo una cierta influencia sobre la soberana, de la que había sido confesor, por lo que decidió escribirle una apasionada misiva para que reconsiderara su apoyo.

El portador de la carta fue Sebastián Rodríguez, piloto de Lepe, y aunque desconocemos su contenido, debió de ser lo bastante convincente como para que, después de su lectura, la soberana mandase llamar a Colón.[93] ¿Hasta dónde le contó? Pues sospechamos que todo, es decir, que el genovés tenía la certeza de la existencia de tierras cercanas al oeste y que era la última oportunidad que tenía para evitar que se lo ofreciese a otros monarcas. Es posible que, junto a la misiva, insertase uno o varios de los llamamientos de otros príncipes, solicitando su presencia.[94] Lo cierto es que la carta de fray Juan Pérez y los posibles anexos fueron lo suficientemente convincentes como para que la soberana aceptase su proyecto con presteza, de momento sin consultarlo con su junta de sabios. Si se hubiera conservado esta epístola, es posible que supiésemos mucho más sobre las ideas que rondaban por la cabeza del navegante en torno a lo que esperaba encontrar al otro lado del océano.

Catorce días después de recibir la misiva llegó la respuesta, por mediación esta vez de Diego Prieto, vecino de Palos, que además portaba veinte mil maravedís para que se «vistiese honestamente» y se desplazase hasta la corte.[95] Sin perder tiempo, Colón encargó a su amigo Juan Rodríguez Cabezudo y al clérigo Martín Sánchez que se hiciesen cargo de su hijo Diego, al tiempo que alquilaba al primero una mula ensillada.[96] Pocos días después, pudo contemplar la rendición de la ciudad nazarí, el 2 de enero de 1492, cuando Boabdil entregó la plaza a cambio, como se había hecho en otras ocasiones, de permitir el credo islámico y de respetar sus bienes. Ese mismo día entraron en la ciudad los reyes y el propio Colón fue testigo de la colocación de las banderas reales en las torres de la Alhambra.[97] Y aunque en el entorno de la corte estaban en ese momento varios amigos y defensores suyos, como fray Diego de Deza o el duque de Medinaceli, de nuevo tuvo más peso la opinión de fray Hernando de Talavera, que, en realidad, se guiaba por lo que afirmaban los expertos.

El caso es que se volvió a discutir su plan con personas versadas y, otra vez, hubo opiniones desfavorables, pues según Las Casas, todos se reían de él diciendo que era «locura y vanidad».[98] Además de sus controvertidos cálculos, se añadieron otras razones para la negativa: primero, era más que probable que se generasen disputas territoriales con Portugal porque se asumía que violentaba el acuerdo de Alcaçovas. Segundo, porque seguía pidiendo demasiadas prebendas, algo que la mayoría de los cortesanos veía como inadmisible. Y tercero, porque las arcas reales estaban exhaustas después de la guerra de Granada, por lo que no parecía el mejor momento para invertir en un negocio que parecía tan descabellado. Por todo ello, Talavera volvió a aconsejar a la soberana que no se embarcase en una aventura que la junta de sabios había vuelto a descalificar. En vista de lo cual los reyes le mandaron decir que «se fuese en buena hora», lo que debió de ser uno de los golpes más duros de su vida. Y en este caso, no le faltaban motivos para estar apesadumbrado: uno, porque había albergado muchas esperanzas de que, finalizada la reconquista, su plan fuese finalmente aprobado.[99] Y otro, porque hasta entonces nunca había sido despedido sin ofrecerle una futura reconsideración.

Pero por fortuna para él, su pesadumbre duró apenas unos días. Sus buenos amigos fray Diego de Deza, preceptor del príncipe don Juan, Hernando de Zafra, secretario regio, Juan Cabrero, camarero de Fernando el Católico, Juan de Coloma y, sobre todo, el valenciano Luis de Santángel, escribano de ración, se implicaron en persona y convencieron a la soberana de que reconsiderara su postura, pues era una pena dejar perder tanto por tan poco.[100] Huelga decir que no eran simples funcionarios públicos, sino cortesanos con una gran influencia sobre los monarcas. Coinciden Las Casas y Hernando Colón al decir que Luis de Santángel le transmitió a la soberana que era muy poco el dinero que aventuraba y muchos los posibles beneficios de salir bien la empresa, tanto para el reino como para la cristiandad. Isabel no las tenía todas consigo, pero el riesgo que asumía era calculado y limitado: una pequeña cantidad de dinero y tres embarcaciones con sus respectivas tripulaciones asalariadas. Es posible que los cortesanos esgrimieran razones más sólidas, pues solo por la ruta del poniente se podía sortear el monopolio que los portugueses poseían de la ruta asiática. El Tratado de Alcaçovas fue muy favorable a los lusos, aunque no pudieron prever que a largo plazo le dejarían el camino expedito a Castilla y León para su expansión occidental. Era, pues, la única opción que le quedaba a Castilla y León de alcanzar Asia y participar de ese comercio que se preveía productivo y que hasta entonces parecía que iba a quedar reservado exclusivamente a Portugal. Además, era el momento oportuno, se había reconquistado Granada y el 31 de marzo de 1492 se había solventado dramáticamente el problema judío, tras el decreto de su expulsión.

La Corona estaba ya liberada de sus ocupaciones más perentorias y la firma de las capitulaciones con ese soñador quijotesco se iba a demorar poco más de dos semanas. Parece obvio, como dijo Juan Pérez de Tudela, que la decisión no se fundamentó en razones científicas, sino en la fe, porque, de hecho, el propio Colón escribió que la ciencia no le aprovechó y lo que movió a los soberanos fueron la fe y la constancia.[101]

Capítulo 4
ANTECEDENTES DEL DESCUBRIMIENTO

ANTECEDENTES

El descubrimiento de América no se puede analizar como un fenómeno aislado o fortuito, sino como la culminación de una larga cadena de avances, iniciada en la Baja Edad Media, en busca de oro y especias. Fue una consecuencia previsible del proceso que se estaba llevando a cabo en una Europa meridional donde se había empezado a desarrollar un precapitalismo cambista que a su vez daría paso al surgimiento del Estado moderno.[1] Evidentemente, el progreso técnico es consecuencia y no causa de todo este desarrollo financiero.

Durante la Edad Antigua, las Columnas de Hércules que separaban el Mediterráneo del Atlántico fueron una frontera casi infranqueable. Pocos se atrevían a atravesarla, más allá de algunas expediciones a las islas británicas o a las islas Canarias —llamadas entonces islas Afortunadas— o de alguna expedición cartaginesa a Guinea. Y ello a pesar de que en varios textos antiguos se intuía la existencia de tierras al oeste. Sin embargo, la memoria de ese planeta que se sabía esférico y de esos posibles descubrimientos de tierra en el Mar Tenebroso se perdieron en la Alta Edad Media, lo que no impidió que algunas expediciones alcanzasen América.

Con toda seguridad, hubo contactos previos de europeos, asiáticos y africanos que terminaron llegando al continente americano. Desde la antigüedad habían arribado embarcaciones europeas a la costa atlántica de América, arrastradas por la corriente, aunque ninguna de ellas consiguiese regresar para contarlo. Las evidencias son tantas que no se pueden negar, al menos desde la Edad Antigua, aunque tuvieron un carácter esporádico, fueron muy espaciadas en el tiempo y no tuvieron continuidad. Tanto en las Antillas como en Mesoamérica había recuerdos y leyendas que hablaban de hombres blancos y barbados que habían arribado décadas antes. El caso de los mexicas es muy claro, pues Moctezuma le contó a Hernán Cortés que había oído de su padre que habían llegado personas de Occidente y que algún día volverían, encabezados por Quetzalcoatl, su dios civilizador.[2] Sin embargo, desde que en las pinturas que le llevó Teudile pudo ver que el casco que usaban era similar al que portaba Huitzilopochtli, dios de la guerra, comenzó a pensar que quizá no fuese el dios civilizador sino este otro dios sanguinario.[3]

En el siglo X, los vikingos fueron los primeros en el mundo occidental en hacer una navegación de altura, ya que disponían de embarcaciones robustas y a la vez ágiles que les permitían surcar los océanos. El primero fue Erik el Rojo, un proscrito acusado de asesinato que huyó primero a Islandia y después a Groenlandia, donde permaneció unos tres años, allá por el siglo X d. C.[4] Esta colonia vikinga llegó a estar formada por unas cuatrocientas o quinientas personas y pervivió hasta el siglo XIV, esto es, por espacio de unos cuatro siglos.[5] No en vano, de esa misma centuria databa un mapamundi del veneciano Nicolás Zeno en el que se mostraba el contorno de Groenlandia, Terranova y Nueva Escocia. Su hijo Leif Eriksson, desde Groenlandia, al frente de ciento sesenta expedicionarios, alcanzó una tierra más al sur que llamó Vinland, tierra de viñas, ubicada en lo que hoy se conoce como la península de Labrador. Sin embargo, pese a la fertilidad de sus campos y al clima más benigno, al menos en comparación con Groenlandia, sufrieron frecuentes ataques de los naturales, que estaban en un estadio civilizatorio similar al suyo, y abandonaron la zona en pocos años.[6] No cabe duda de que los vikingos fueron los primeros europeos en instalarse de manera permanente en la costa norteamericana, pero, como es obvio, no se les puede considerar descubridores, porque ni tuvieron conciencia de que estaban ocupando un nuevo continente ni lo comunicaron al mundo.

Es seguro el arribo de embarcaciones desde las costas occidentales de África, pues de otra forma difícilmente se explicarían las cabezas con rasgos negroides de los olmecas, que, por cierto, están fechadas en el primer milenio antes de Cristo.[7] Además, disponemos de numerosos testimonios que señalan la existencia en Tierra Firme de pequeños grupos de personas de color, como los que vieron Juan de Ayora y Francisco Becerra en la costa Pacífica de Tierra Firme, según una carta de Pedrarias Dávila de 1515. Un testimonio que ha ratificado la arqueología, ya que en recientes excavaciones en la zona se han localizado esculturas, fechadas entre el siglo VII y el IX d. C., con rasgos físicos negroides, pelo rizado, nariz ancha y labios gruesos.[8] Asimismo, hay muchas referencias de la llegada de pesqueros del Cantábrico a Terranova, donde acudían a capturar bacalaos, y de marinos ingleses de Bristol, de los que se decía que habían descubierto la isla de Brasil.[9] El propio Colón manifestó que vio en la isla de Guadalupe restos de una nao europea que evidenciaba que alguien había alcanzado su costa antes que él.[10] En definitiva, es innegable que antes de 1492 se habían producido arribadas, la mayoría accidentales, procedentes de todos los continentes conocidos, pero que en ningún caso se las puede llamar viajes descubridores.

Asimismo, se tienen vagas referencias de un viajero budista, llamado Hoei Shin, que regresó a China después de haber estado en lo que él llamó el país de Fusang, que muchos han situado en la costa oeste americana. No fue el único contacto desde ese país: en el siglo XIII, Kublai Khan mandó una escuadra contra Japón, al mando de su hijo, y una fuerte tormenta los empujo hasta la costa peruana.[11] No hay seguridad de que los chinos hubieran llegado, al menos intencionadamente, pero resulta indudable que poseían la tecnología naval para hacerlo si hubiesen querido.[12]

Desde el siglo XIII hubo expediciones pioneras iniciadas en el Mediterráneo, aunque todas ellas fueron fruto de iniciativas privadas. La primera de ellas fue la de los hermanos Vivaldi, que zarparon de Génova en 1291 en dirección a Ifni, en Senegal, y estuvieron en las islas Canarias, al igual que Teodoro Doria.[13] Entre 1338 y 1339, Lanzarotto Malocello, miembro de una estirpe genovesa de empresarios vinculados al mar, viajó igualmente a las islas Afortunadas, al mando de una escuadra castellana, levantando una pequeña fortificación en la isla de Lanzarote que gobernó durante dos décadas.[14] La primacía del comercio con este archipiélago correspondió a la marina onubense, que recorrió sus costas para comerciar y para pescar. Pese a todo, todos estos viajes fueron esporádicos y en buena parte irrelevantes, más allá de que alimentaron el imaginario colectivo, sobre todo de la gente de mar.

Los avances del siglo XIV, auspiciados por la búsqueda de pesquerías, fueron muy limitados, y no fue hasta la siguiente centuria cuando se produjo una aceleración de los acontecimientos y empezaron las exploraciones sistemáticas. Fueron los portugueses los que sistematizaron todo un proyecto explorador, bordeando la costa africana hasta llegar a Asia. El reino no tenía una salida directa al mar Mediterráneo, por lo que desde muy pronto se interesó por su océano, por el llamado Mar Tenebroso. El gran promotor de esta empresa fue Enrique el Navegante (1385-1443), tercer vástago de Juan I de Portugal y fundador, en 1419, de la Escuela Náutica de Sagres, junto al cabo de San Vicente, en un privilegiado enclave asomado al océano. El infante luso era una persona austera que aunaba perseverancia, inteligencia y una enorme imaginación, que empujó a su país a extender sus rutas comerciales.[15] Enrique estudiaba las cartas náuticas y se afanaba por descubrir los secretos de esa enigmática masa de agua, sentando las bases de un gran proyecto naval para bordear la costa africana, en busca de esclavos y oro, y esperando llegar algún día a la especiería. Por Sagres pasaron los mejores cartógrafos, marinos, cosmógrafos y pilotos de su tiempo.

Mientras Castilla, a través de Juan de Bethencourt, colonizaba las islas Canarias desde 1401, en 1415 los portugueses se establecieron en Ceuta y, cinco años después, Joâo Gonçalves y Tristâo Vaz redescubrieron las islas Madeiras. Sin embargo, el hito más destacado en ese proceso lo protagonizó Gil Eanes en 1433 cuando, tras muchos esfuerzos y temores, cruzó el cabo Bojador, encontrando tierra «fertilísima y digna de poblar».[16] Pero no vio a ninguna persona, por lo que lo volvieron a enviar, en esta ocasión con el copero real Alonso González, para que se adentrasen en el territorio, verificaran su poblamiento y, a ser posible, apresaran a varios nativos como prueba de su habitabilidad. Así lo hicieron y, pese a sufrir un encontronazo armado, pudieron verificar que la región estaba poblada y era perfectamente apta para vivir.[17] Desde ese momento se franqueó la frontera medieval del mundo, el límite psicológico de Occidente, a partir del cual se suponía que solo podían sobrevivir monstruos marinos.

Con posteridad avanzarían hasta Cabo Verde (1445), el cabo de Palmas (1460), el río Congo (1483) y el cabo de Buena Esperanza (1487-1488). Alcanzar este último implicó la superación de otra frontera psicológica porque, desde tiempos de Ptolomeo, se pensaba que África llegaba al polo sur y no existía ningún paso o estrecho navegable hasta Oriente. Por eso, la jornada de Bartolomeu Dias resultó providencial y desde entonces ese cabo fue rebautizado como de Buena Esperanza, por lo que se esperaba obtener en adelante. Finalmente, Vasco de Gama llegaría a la India en 1497, varios años después de que Cristóbal Colón alcanzase el Nuevo Mundo, aunque en esos momentos este creía que se había adelantado a los portugueses, alcanzando Asia. Asimismo, incorporaron a la Corona lusa las islas Madeiras y las Azores, que, en particular estas últimas, jugaron un papel esencial en los viajes transatlánticos, al convertirse en escala obligada en el viaje de retorno de las flotas de Indias. Las causas de esta expansión por África fueron la necesidad de oro, cereales, esclavos tintes, cuero, lacas, la ampliación de las zonas de pesca y el devenir de la industria azucarera. A ello, habría que unir el sentido misional, como evidencia la creencia en un príncipe mongol, conocido como preste Juan, que había consolidado un reino cristiano en el Lejano Oriente y que fue buscado por algunos cruzados.[18] Los derechos de los portugueses a estos territorios fueron reconocidos mediante varias bulas papales y de manera definitiva en el Tratado de Alcaçovas-Toledo de 1479-1480.

En cuanto al reino de Castilla y León, había dos grandes focos marineros: por un lado, gallegos, cántabros y vascos, que practicaban una pesca de altura al menos desde el siglo XV. Todos ellos fueron pioneros en ese proceso de expansión atlántica, iniciado en el siglo XV y continuado en la siguiente centuria. En la costa gallega, y en especial en las Rías Baixas, la principal actividad económica era la pesca; nunca antes ni después se dedicaron tantos gallegos a esta actividad. Pese a la alta demanda de pescado, la plataforma continental de las costas gallega y cantábrica era muy reducida, por lo que los pescadores se veían obligados a buscar caladeros lejanos. Ya a finales del siglo XV hay vagas noticias sobre la presencia de embarcaciones vascas y gallegas en Terranova, que se hicieron mucho más frecuentes en la siguiente centuria. En este sentido, es bien conocido el memorial del hijo de Matías de Echevete, en el que declaró que su padre comenzó a pescar en Terranova en un barco francés y que, desde entonces, en un período de medio siglo realizó otros veintiocho viajes. Parece ser que había una colaboración entre galos y vascos en la pesca del bacalao en aquellas aguas.[19] Y, por el otro, los andaluces comerciaban con el norte de África y se adentraban en la costa atlántica de ese continente, primero legalmente y, desde la firma del Tratado de Alcaçovas, de forma ilegal. Como es sabido, a través de este tratado bilateral se había fijado como línea de separación de los territorios de ambos reinos el paralelo veintiséis latitud norte, situado justo debajo de las islas Canarias; los territorios situados al sur serían de Portugal y los situados al norte, de Castilla.

El hecho de que fuesen los reinos ibéricos los que llevaron a cabo el proceso expansivo de los siglos XV y XVI se debió a varios factores. En primer lugar, geográficos, hasta el punto de que Manuel Ballesteros Gaibrois habla, incluso, de un cierto determinismo. La península Ibérica, y sobre todo los puertos del suroeste, se situaban en el callejón de los alisios, desde donde era posible emprender el viaje de ida, con escala en las Canarias, y el de retorno, con parada en las Azores. Ni que decir tiene que la conquista de las Canarias y su incorporación a la Corona de Castilla y León fue providencial, ya que el archipiélago, y en especial La Gomera, se convirtió en un fondeadero obligado de todas las armadas a lo largo de varios siglos.[20] No hay que olvidar que en una época en la que la fuerza motriz era el viento, las circunstancias geográficas imponían su ley. Tras algunos contactos con las islas Afortunadas, serían Juan de Bethencourt y Gadifer de la Salle, bajo los auspicios de la Corona de Castilla y León, quienes asegurasen el control de Lanzarote y Fuerteventura desde el año 1402.[21] Después hubo algún intento fallido de los portugueses de desembarcar en ellas, pero, tras la cesión de sus derechos al conde de Niebla, todo el archipiélago quedaría incorporado al reino castellanoleonés. El proceso fue lento, aunque desde el Tratado de Alcaçovas las islas quedarían vinculadas a Castilla, completándose la conquista con la ocupación de las islas de la Palma (1492) y Tenerife (1493). La situación privilegiada de la costa andaluza, que permitía aprovechar los vientos y las corrientes en dirección suroeste, le otorgó una primacía indiscutible desde los primeros momentos del Descubrimiento. Además, la existencia de tierras fértiles permitía una agricultura próspera y una notable actividad comercial, apoyada por una incipiente red bancaria.[22] Por tanto, como ha escrito Antonio Domínguez Ortiz, el protagonismo andaluz en la época del Descubrimiento no se debió al azar o al capricho de los monarcas, sino a la existencia de las condiciones necesarias para encabezar ese proceso.[23]

En segundo lugar, factores políticos, pues las Coronas de Castilla y Aragón conformaron el primer Estado moderno de Europa, que cogió impulso desde la incorporación de Granada en enero de 1492. Frente a España, Italia era un mosaico de ciudades estado, del que ya Petrarca en el siglo XIV se lamentaba, exclamando: «¡Ay! Sierva Italia, morada de dolor, nave sin timón en gran tempestad, no señora de ciudades sino burdel». Por su parte, Inglaterra acababa de salir de una guerra, mientras que Francia estaba dividida en una serie de señoríos feudales. Y finalmente, la Liga Hanseática, con sede en Lübeck, estaba bien técnica y económicamente, pero mal políticamente. En definitiva, citando las grandilocuentes palabras del padre Ricardo Cappa: «Ningún país europeo poseía ciudades más populosas, sabios más respetados, centros universitarios de más prestigio y hombres más curtidos en las lides heroicas».[24]

Y, en tercer lugar, factores técnicos, porque tanto Portugal como Castilla disponían en esos momentos de la capacidad técnica para implementar con éxito la expansión. Las cocas evolucionaron al barinel portugués, que se usaba en el segundo cuarto del siglo XV, y que usaba tanto velas como remos. Este último era una especie de galera adaptada al Atlántico que terminó evolucionando hasta la carabela, que prescindía de los embarazosos remos, usaba un casco más alargado, una borda más alta y un solo castillo en popa. En realidad, la carabela no dejaba de ser una síntesis del buque redondo del Atlántico norte y la galera mediterránea. Este barco portugués, adoptado y adaptado por la marina castellanoleonesa, se convirtió durante varios siglos en la nave descubridora por antonomasia porque, aunque disponía de una limitada capacidad de carga, era más ligera y rápida que las naos.[25] Por lo demás, fue fundamental la generalización del uso del cuadrante, el astrolabio, la ballestilla y la aguja de marear o brújula, así como el perfeccionamiento del timón del codaste y del arte de bolinear. Un instrumental muy útil a finales del siglo XV para implementar la navegación oceánica pero que pocos marinos sabían usar correctamente.

Parece claro que el proyecto de viajar a Asia por el oeste encajaba en el contexto bajomedieval, especialmente del siglo XV, cuando se especulaba sobre los secretos de Mar Tenebroso. Como ha escrito Felipe Fernández-Armesto, todas sus ideas, todos sus planteamientos y todos sus anhelos formaban parte de las discusiones geográficas habituales de su época.[26] No se trató de una ocurrencia, sino de una idea que Colón fue madurando durante su estancia en Portugal y que fue modificando a medida que leía, debatía con cosmógrafos o verificaba los datos de manera empírica. E independientemente de sus méritos, que los tuvo, como personaje singular que era, no hubiese conseguido nada de no haber contado con un entorno propicio. Sin ninguna duda, pudo realizar sus anhelos porque encontró el apoyo de la corte de los Reyes Católicos y una marinería andaluza capaz de acompañarle en su temeraria aventura. Si no hubiese gozado de esos soportes, su empresa se habría malogrado y nunca lo hubiésemos conocido. ¡Cuántos genios habrán quedado en el anonimato porque no vivieron en el momento adecuado para desarrollar sus potencialidades!

Ahora bien, en esa Europa ávida de metal precioso y especias, donde había pueblos con la iniciativa de los genoveses, portugueses y castellanos, estaba claro que más pronto que tarde se romperían las cadenas y se hallarían nuevos mundos.

EL ENIGMA DEL PROTONAUTA

Se trata de una teoría ampliamente difundida desde la misma época del Descubrimiento y que se ha mantenido, con más o menos vigor, hasta nuestros días. Casi todos los cronistas de la época se hicieron eco de esa enigmática figura, como Francisco López de Gómara, Gonzalo Fernández de Oviedo o fray Bartolomé de Las Casas. Y con posterioridad, decenas de cronistas e historiadores modernos y contemporáneos han hecho suya la teoría, que ha seguido vigente a lo largo de cinco siglos.[27]

Dentro del relato del predescubrimiento hay dos variantes: una que esgrime que fue el propio Colón quien había realizado avistamientos previos al otro lado del charco, de ahí que tuviese la certeza de su existencia.[28] Y dos, que fue un navegante moribundo el que le traspaso sus diarios y su cartografía, siendo esta la versión más extendida. Según esta hipótesis, un marino que en algún momento entre 1477 y 1484 realizaba un comercio triangular entre las islas Madeiras, las Canarias y Huelva, quedó a la deriva y llegó a La Española. Tras muchas penalidades, cinco supervivientes consiguieron llegar a la morada de Colón, entre ellos el piloto, quien, antes de morir, le traspasó sus datos, permitiendo así que este le usurpase todos sus méritos.[29] Esta opción del predescubridor tiene a su vez otras variantes, como la planteada por Demetrio Ramos, que sostiene que hubo varios retornos y, por tanto, varios predescubridores.[30] A continuación, analizaremos los argumentos a favor, siguiendo de cerca a su máximo valedor, Juan Manzano, que en su monumental obra *Colón y su secreto* esgrime tres tipos de pruebas:

Primero, la geográfica, pues existió la posibilidad real de que algún portugués, haciendo la Volta da Mina, perdiera el rumbo y se dejara llevar por las corrientes, hasta acabar en algún punto del área antillana. En este sentido, narró Alexander von Humboldt que, en 1731, una barcaza cargada con vinos que hacía la ruta de Tenerife a La Gomera no pudo luchar contra los vientos contrarios, se abandonó a la corriente y atravesó el Atlántico, hasta llegar a la isla de la Trinidad.[31] Como es sabido, los veleros no pueden avanzar con vientos contrarios, pues solo pueden bolinear, es decir, avanzar haciendo zigzag, cuando el viento sopla de costado. Los defensores de la tesis del protonauta defienden que algo así le pudo ocurrir a este predescubridor.

Segundo, las documentales, pues en las Capitulaciones de Santa Fe se habla de las tierras que el almirante *ha descubierto*. Un tiempo verbal que los partidarios de esta teoría interpretan literalmente, esgrimiendo ese conocido dicho latino que reza que las palabras deben ser interpretadas según su propia significación.[32] Como veremos cuando analicemos la citada Capitulación, otros autores hablan de un error del copista o de que, dado que se incluyó algo después en el registro de la Corona de Aragón, se puso el verbo en pasado.

Y tercero, las historiográficas, pues son muchos los testimonios de personas de la época que nos dejaron relaciones sobre este navegante anónimo. Uno de los más contundentes fue Francisco López de Gómara, cronista oficial de las Indias, que, siguiendo muy de cerca a Gonzalo Fernández de Oviedo, se mostró convencido de la existencia de un predescubridor que falleció en su casa, tras confesarle la localización exacta de las nuevas tierras.[33] Y solo después de saber esto, se informó sobre lo que narraron los escritores clásicos acerca de otras tierras y mundos.[34] También el padre Las Casas se hizo eco de la teoría, aunque se mostró algo más ambiguo, ya que mezcló la tradición indígena del hombre blanco con la tesis del protonauta. Concretamente escribió que cuando Colón trató de buscar un príncipe que lo financiase, «ya él tenía certidumbre que había de descubrir tierra y gentes en ellas, como si en ellas personalmente hubiera estado (de lo cual cierto yo dudo)».[35] Pero de su texto se deduce que no se debía al hecho de haber hablado con ningún protonauta, sino por la acumulación de pruebas de que disponía que le habían hecho no albergar ninguna duda de la existencia de tierras al otro lado del océano. En cambio, Gonzalo Fernández de Oviedo sostuvo que todo el mundo creía en su existencia, aunque él pensaba que todo era una leyenda.[36] De hecho, insistió en que las fábulas que circulaban en su tiempo no debían ser creídas y la gloria de haber descubierto un nuevo mundo, en utilidad de todos, se debía solo a Colón.[37] Por su parte, su hijo Hernando, viendo que no podía eludir la cuestión porque era bien conocida, desvió la atención inteligentemente. Así, habló de otro protonauta, llamado Vicente Días de Tavira, que fue de Guinea a la isla Tercera y nunca más volvió.[38] Por tanto, ni regresó para contarlo ni fue al Nuevo Mundo. Disponemos, asimismo, de un comentario del galeno sevillano Diego Álvarez Chanca que viajó en la segunda jornada, que también han usado los defensores del predescubrimiento. Este escribió que desde las Antillas Menores el almirante se encaminó a La Española, «tan derechos como si por camino seguido viniéramos».[39] Una afirmación que ha llevado a pensar a eruditos como Juan Manzano que Colón conocía el camino por boca del protonauta, aunque, a decir verdad, Chanca solo destacó su pericia y su extraordinaria intuición, sin que se pueda deducir de tal expresión que hubiese recorrido la ruta con anterioridad.

Existen otros muchos testimonios de los siglos XVI y XVII que dan por segura la existencia de un predescubridor, como Luis Zapata de Chaves, en su obra *Carlo famoso*, Juan Suárez de Peralta, Luis de Castellanos, Guamán Poma de Ayala o el padre José de Acosta. Asimismo, Torcuato Luca de Tena dio a conocer un relato, fechado en 1573, de fray Bernardino de Ramos, O. F. M., en el que introdujo una sorprendente novedad: entre los supervivientes de esa pionera expedición no solo estuvo el piloto que contó su secreto sino también otros tripulantes con nombres y apellidos, como Franco Niño, Juan Bermúdez y Juan de Umbría.[40] Y digo que sorprende porque en la primera jornada viajaron tres tripulantes con esos mismos nombres, por lo que deduce Luca de Tena que no solo llevaba consigo la información personal del piloto fallecido, sino también a algunos de los marineros que habían estado en esa pionera jornada. Con posterioridad, otros autores han hablado de cinco supervivientes que le traspasaron sus cartas náuticas e informaciones.[41] Sin embargo, dado que cinco predescubridores son multitud, esto invalidaría el supuesto secreto porque es impensable que todos guardasen silencio. Asimismo, hasta dos cronistas indígenas ajenos a cualquier partidismo en esta materia como Felipe Guamán o Francisco Chimalpahin aludieron a la existencia de este predescubridor. El primero dijo que fue este quien «le dejó los papeles», mientras que el segundo aludió a este piloto anónimo que llegó moribundo a las islas Madeiras y desveló su secreto.[42] Por su parte, el Inca Garcilaso sostuvo que a no ser por las noticias del marino anónimo nunca hubiese ido en busca de esas nuevas tierras.[43]

¿Y quién fue este predescubridor? Durante más de medio siglo se habló de él como una persona anónima hasta que, a partir del último tercio del siglo XVI, comenzaron a aparecer varios nombres y distintas procedencias. Fue el ya citado Garcilaso el que popularizó el nombre de Alonso Sánchez de Huelva, al decir, en sus *Comentarios reales*, que oyó a su padre hablar de este marino onubense que realizaba un comercio triangular entre Huelva, las islas Madeiras y las Canarias y en un temporal llegó a una isla que después se conocería como La Española. Consiguió regresar a su morada, en la isla de Porto Santo, donde, antes de fallecer, le cedió a Colón la información de lo encontrado.[44] Desde entonces, la teoría del predescubridor onubense ha estado muy arraigada en el sentir popular, hasta el punto de que autores como Juan Agustín de Mora, autor de una historia de Huelva publicada en 1762, escribió que la historia del protonauta onubense fue tan notoria y sabida en toda Andalucía que todos los historiadores deberían darle crédito.[45]

Pero hay otros nombres que tienen incluso más credibilidad que el onubense. De hecho, tres testigos comparecientes en los Pleitos colombinos, Alonso Gallego, Fernando Valiente y Alonso Vélez, coincidieron en que el genovés hablaba, en Palos, con un vecino de origen luso llamado Pedro Vázquez de la Frontera.[46] Según los testigos, era una persona «muy sabia en el arte de la mar», que había sido criado del rey de Portugal y había viajado como piloto en la expedición que Diego de Teive realizó, en 1452, en busca de tierras al oeste, cuando llegaron hasta el Mar de los Sargazos.[47] En esta área, la hierba entorpecía la navegación y les hizo sospechar la existencia de roquedos o de bajíos que podrían hacerlos naufragar, de ahí que decidiesen no seguir adelante. Pero hay más nombres propios, como el que menciona Luis Joseph Peguero, citando a Antonio de Herrera: el experto en astrología Martín de Bohemia, natural de la isla de Fayal, en las Azores, que, supuestamente, tras regresar de los confines del océano, murió en las islas Madeiras, no sin antes contar sus hallazgos.[48] Este mismo autor afirma más adelante que otros hacían a este piloto anónimo natural de Vizcaya o de Andalucía.[49] El padre Las Casas citó a otro luso, Lucas de Cazana, que fue informado del avistamiento de una isla en el Atlántico por otro marino natural de Tavira, Vicente Díaz, e hizo varias expediciones en su búsqueda, aunque todas resultaron infructuosas.[50]

Algunos autores han rizado más el rizo e interpretan que en realidad fueron varios indígenas canoeros que se dejaron arrastrar por la corriente, arribaron a la isla de Porto Santo, entre 1482 y 1483, y ofrecieron una información de primera mano.[51] Hay una variante de esta teoría, esgrimida con grandes dosis de erudición por el gran americanista Juan Pérez de Tudela. Empieza dando por seguro el secreto predescubridor, pues de lo contrario jamás hubiera podido convencer a personajes como fray Juan Pérez, Luis de Santángel o Martín Alonso Pinzón.[52] Pero defiende que fueron varias mujeres, originarias de las Antillas Menores —isla Martinica o de la de Guadalupe—, las que alcanzaron la costa atlántica europea. En una expedición para colonizar un nuevo enclave cerca de sus islas originarias acabaron arrastradas hasta el Viejo Mundo, sobreviviendo con el consumo de pescado crudo. El encuentro se produjo en 1482 o 1483, en medio del océano, y fueron rescatadas por algún navío portugués en el que viajaba el genovés. Alguna o algunas de ellas aprendieron el portugués e informaron de que venían de islas situadas al otro lado del ancho océano. Dado que no entendían de latitudes ni longitudes, no pudieron detallarle las coordenadas exactas, y de ahí el desconocimiento que exhibió el genovés sobre la ubicación exacta del área caribeña. Desde ese momento sabía que había territorios al oeste, sin exactitud alguna, y que las personas presentaban rasgos que él interpretó como asiáticos. Pero, en cualquier caso, concluye que las informantes fueron mujeres y que le brindaron la ocasión de protagonizar su gesta.[53] Lo expuesto por Pérez de Tudela es una historia apasionante y hasta novelesca, pero no deja de ser una teoría sin respaldo documental.

La figura de este protonauta —el onubense, no el portugués, claro— fue muy bien acogida por el público español y por la historiografía más nacionalista desde el siglo XIX.[54] Ya que no parecía muy creíble convertir al almirante en extremeño, mallorquín, gallego o catalán, parecía más plausible atribuir todo el mérito a un protonauta, convirtiendo al genovés, como hizo Manuel López Flores, en un simple usurpador.

¿Quiénes están en contra de esta teoría? Desde tiempos del propio descubrimiento también hubo detractores, como Joâo de Barros, que decía que todo era una ficción, o Girolamo Benzoni, que afirmaba que esa historia del protonauta respondía al hecho de que a los españoles no les gustaba que un extranjero hubiese conseguido tanta gloria.[55] También Alessandro Geraldini sostuvo que era impensable que nadie pudiese ser arrastrado por una tormenta a un viaje tan largo y regresar para contarlo.[56] En la Edad Contemporánea también son muchos los grandes colombinistas que se han posicionado en contra y, aunque reconocen que el almirante sabía mucho más de lo que decía, interpretan que el protonauta es un personaje ficticio, fruto del odio que muchos sentían hacia él.[57]

Huelga decir, que detrás de esta hipótesis, a favor y en contra, no hay ciencia histórica, sino en unos casos ideología, y en otros, simple erudición. Y el hecho de que haya tantos testimonios favorables a su existencia no garantiza su veracidad, pues, como escribió Tomás López Medel, el pueblo «es mal inquisidor y peor conservador de la verdad».[58] A mi juicio la teoría está plagada de contradicciones y de ingenuidades, como el simple hecho de que un marino regresara solo con el tiempo suficiente para entregar a Colón —solo a Colón— un mapa cartográfico con todas las coordenadas. No podemos descartar que el argumento fuera incluso esgrimido por el propio genovés y que se lo llegase, incluso, a contar a fray Juan Pérez, de quien decía el padre Las Casas que fue a quien más le comunicó sus secretos.[59] Pero incluso en ese caso, ese supuesto secreto no debía de ser más que una patraña para conseguir el apoyo que necesitaba. Pese al empeño y a la erudición de grandes colombinistas, como Juan Manzano o Juan Pérez de Tudela, creo que no necesitaba de ningún piloto anónimo para soñar con su aventura a lo desconocido, le bastaba con las teorías de d'Ailly y de Toscanelli para justificar su plan y darle, además, una apariencia científica que no tenía. El propio Pierre d'Ailly, al que Colón tanto leyó y admiró, había dejado clara la posibilidad de llegar a China cruzando el océano Atlántico. Es obvio que no hacía falta la existencia de un protonauta para estar convencido de que había islas y tierras al oeste, unas ideas muy divulgadas en Europa desde la antigüedad. En realidad, no fue más que otro soñador que conocía de primera mano las teorías de la existencia de tierras al oeste, pero que en su caso estaba decidido a encontrarlas o morir en el intento. Todo lo relacionado con esta teoría es un intento de justificar la seguridad inquebrantable que siempre exhibió de que encontraría tierras a poniente.[60]

De acuerdo con Paolo Taviani, el genovés nunca necesitó ninguna revelación, su único secreto era su genialidad, su tenacidad, su experiencia naval y su ambición por encontrar nuevas y lucrativas rutas comerciales.[61] Y verdaderamente su personalidad no se correspondía con la de un farsante, sino con la de un marino perspicaz y observador que había recopilado testimonios de experimentados lobos de mar y de distintos autores para convencerse y convencer a los demás de la existencia de tierras a poniente.

ISLAS ATLÁNTICAS

En una carta a los reyes, Colón les confesó que fue la lectura de ciertas obras históricas, cosmográficas, filosóficas, así como crónicas, lo que lo convenció de que era factible llegar a las Indias cruzando el océano por occidente.[62] Como ya hemos afirmado, la mayoría de los marinos del siglo XV estaban al tanto de las múltiples leyendas y rumores que circulaban sobre varias islas situadas al poniente. El ligur estaba seguro de su existencia, una idea que reforzó con testimonios de personas a las que entrevistó y con sus propias observaciones. Recabó noticias de vecinos de las islas Canarias, de las Madeiras y de las Azores que decían que en determinadas épocas del año se avistaban tierras y que incluso algunos marinos habían pedido, en 1484, una carabela al rey de Portugal para ir a explorarlas.[63] Está muy claro que buscaba esas islas, aunque su objetivo, como defendió Emiliano Jos contradiciendo a autores como Jean Henry Vignaud o Enrique Gandía, era, como decía Toscanelli, usarlas de escala para llegar a Cathay, es decir, a China.[64]

En la antigüedad estaba generalizada la creencia de que existían muchas islas y tierras más allá del Mar Tenebroso. Todos hablaban de la Atlántida de Platón, un continente supuestamente hundido, pero del que podrían quedar islas o tierra firme alrededor, como decía el padre Las Casas.[65] Tanto Aristóteles como Plinio citaron la existencia de archipiélagos en el otro extremo del Atlántico; este último habló de la existencia del Jardín de las Hespérides, a tan solo cuarenta días de navegación de las costas occidentales, mientras que Plutarco, en el siglo I d. C., situaba allí el reino de Merope. Pero no menos claro se mostró Séneca cuando premonitoriamente dijo que llegaría un tiempo en que algún audaz marino rompería las cadenas y descubriría nuevos mundos.[66] Asimismo, Eneas Silvio Piccolomini aludió a un relato de Cornelio Nepote en el que este sostuvo que se habían encontrado en Germania, en el siglo I a. C., naves cargadas con mercancías llegadas de la India.[67]

Durante la Edad Media se mantuvieron estas leyendas, pues, de hecho, ya en el año 1154, Al Idrisí, en su *Libro de Rogerio*, había escrito que en el tenebroso e impenetrable océano había multitud de islotes, unos desiertos y otros habitados, a los que ningún marino se atrevía a llegar por miedo a las tempestades y a los monstruos marinos.[68] También circulaban las leyendas de islas como San Barandán —San Borondón o San Brandán—, que unos portulanos venecianos del siglo XIV situaban al oeste de Irlanda, otros al poniente de las islas Afortunadas —las Canarias— y otros, océano adentro.[69] Era famosa la isla de las Siete Ciudades, fundadas por otros tantos obispos lusitanos, encabezados por el arzobispo de Oporto, que huyeron tras la ocupación islámica de la península Ibérica.[70] Y no lejos de allí, en Cathay, era posible que estuvieran asentadas algunas de las doce tribus perdidas de Israel, con quienes se podía contar para expandir la fe. No menos conocida era la Antilia, que todos los mapas situaban al poniente, aunque dependiendo de unos u otros variaba la latitud, que unos ubicaban al oeste de las Azores y otros de las Madeiras, o, incluso, de las Canarias. También se hablaba de la existencia de las Antípodas, unas tierras ya citadas por Estrabón, de cuyas noticias se hizo eco Pierre d'Ailly, que se ubicaban en algún extremo lejano del planeta y que aún no habían sido visitadas por los occidentales. De hecho, cuando se supo de su llegada al Nuevo Mundo muchos interpretaron que, en realidad, había arribado a las Antípodas.[71] No extraña que cronistas como Francisco López de Gómara siguieran hablando del continente perdido de la Atlántida, que, a su juicio, había sido mayor que África y Asia, y del que bien podían haber permanecido emergidas una parte de su extensión o algunas islas.[72] Incluso en un portulano catalán fechado en 1375, se cifraron estos islotes en más de siete mil quinientos y en todos los mapas confeccionados en los siglos XIV y XV aparecían algunas o todas estas islas, como en el del veneciano Luane Pezzigano (1420), el de Andrea Bianco (1436), el de Paolo del Pozzo Toscanelli (1474) o el de Jacobo Bertrán (1482).[73]

Los palermos no eran ajenos a estas confidencias, pues, aunque les atemorizaba adentrarse a poniente, estaban convencidos de que al oeste de las islas Canarias había islas, como la Antilla o San Borondón. En las últimas décadas habían aparecido archipiélagos como las Azores, las Madeiras o las Canarias, por lo que no había motivos para creer que no habría muchos más. El problema era que estaban demasiado lejos, de ahí su rechazo inicial, ya que creían que, más allá de algunas islas, no había tierra, ni era posible alcanzarla.[74] En cambio, Colón y Toscanelli defendían que esos archipiélagos estaban muy cerca del continente asiático y, además, podían servir de escala. Por tanto, parece claro que antes del Descubrimiento ya se presentía el Nuevo Mundo, bajo la forma de islas, aunque, por qué no, quizá también de tierra firme.

Capítulo 5
LA EMPRESA DESCUBRIDORA

Como ya hemos comentado, los otomanos ocuparon Constantinopla en 1453. Desde esa fecha, la ruta comercial terrestre entre Europa y Asia quedó limitada y los precios, que ya eran altos, se dispararon, perjudicando los intereses de los comerciantes y de los consumidores europeos. Portugueses, genoveses y castellanos trataron de encontrar una ruta oceánica alternativa, con la intención de restablecer las relaciones comerciales con Asia. Los portugueses buscaron abrir el derrotero bordeando África, que, desde el acuerdo de 1479, se convirtió en su monopolio, pues quedó excluida Castilla. En cambio, Cristóbal Colón pretendía abrir una nueva vía por el oeste y, en teoría, los más interesados en este proyecto debían ser los Reyes Católicos, porque era la única posibilidad que tenían de romper el monopolio portugués y participar de una ruta comercial muy lucrativa.

LAS CAPITULACIONES

Desde 1420, en pleno proceso de conquista de las islas Canarias, se estableció la capitulación como forma de reducir los desembolsos de las arcas del reino. Durante décadas se ofrecieron territorios a particulares para que los conquistasen y, a cambio, obtuviesen algún señorío jurisdiccional. Este modelo tenía la ventaja del abaratamiento de costes, pero el inconveniente de que concedía un excesivo poder al capitulante. De hecho, más adelante, la monarquía se vio obligada a arrebatarles el poder, lo mismo a descubridores que a conquistadores, como Hernán Cortés o Francisco Pizarro.

El proyecto de ese extranjero soñador parecía, además de errado en sus cálculos, muy arriesgado, pero tenía dos grandes ventajas: primera, la financiación que solicitaba era muy modesta, y segunda, era la única opción que tenían para romper el monopolio luso en el futuro comercio con la especiería. Además, era el momento oportuno: se había reconquistado Granada y el 31 de marzo de 1492 se había solventado de raíz el problema judío, decretando su expulsión. El reino estaba ya liberado de sus ocupaciones más perentorias, por lo que la firma de las capitulaciones tan solo se demoraría poco más de dos semanas. Y, además, era una buena opción para dar salida a miles de soldados e hidalgos que habían hecho de la guerra su forma de vida y que no sabían hacer otra cosa. La precaria economía agraria castellana parecía incapaz de absorber a ese gran contingente de hombres licenciados de la guerra. Desde muy pronto el Nuevo Mundo supuso la nueva frontera en la que seguir practicando lo mismo que habían hecho siempre, la lucha contra el infiel, aunque en este caso los indígenas fuesen solo paganos. La mediación de fray Diego de Deza, Juan Cabrero y Luis de Santángel resultó decisiva en todo el proceso de negociación y firma de la capitulación. Ello podría ser indicativo de que la iniciativa partió más de Fernando de Aragón que de Isabel, y que fue él quien la convenció de patrocinar la empresa.[1] Pero huelga decir que la convencieron no del carácter científico del proyecto, que era obvio que no tenía, sino de que corriera un riesgo que era bastante limitado. El ligur se había alejado de Granada poco más de dos leguas y fue alcanzado a la altura de la villa de Pinos Puente, hoy dentro del área metropolitana de Granada, por un alguacil de la corte que le entregó un mensaje de la soberana para que regresara.[2] Sin pensarlo, se dio media vuelta, convencido de que esta vez sí que era la gran oportunidad que esperaba desde hacía años.

Pese a los deseos de los soberanos de controlar el poder de los señores, otorgaron al ligur unas extraordinarias prerrogativas, tantas que antes o después estaba claro que llegaría el conflicto.[3] Las gestiones previas a su firma se hicieron a través de terceras personas, que estuvieron negociando durante varias semanas. Por la parte del capitulante intervino el ya citado fray Juan Pérez, al que Colón le entregó un extenso memorial con todas sus peticiones. Por parte de los soberanos fue comisionado Juan de Coloma, secretario de la chancillería aragonesa, dada la implicación que desde un primer momento había tenido este reino.[4] Juan de Coloma había sido secretario de Juan II de Aragón y mantuvo su puesto durante los primeros años del reinado de Fernando.[5] Hay que destacar la importancia activa que tuvieron estos dos personajes en la redacción del texto, pues fueron algo así como árbitros de lo que finalmente se redactaría.[6] Hubo tiras y aflojas, sobre todo por las desmesuradas peticiones del navegante. Aunque el texto fue redactado por la cancillería castellana, el original quedó registrado en los repositorios de la Corona de Aragón, dada la implicación del rey de Aragón y de Coloma.[7] Tras varios días de negociaciones, se aceptó, y tanto los soberanos como el navegante estamparon sus firmas. Ese día, el 17 de abril de 1492, se convirtió en una fecha clave en la historia de la humanidad.

El contenido del documento ha sido siempre muy discutido, para empezar porque, como hemos dicho, una copia del mismo se depositó en los fondos documentales del reino de Aragón, y no en los de Castilla y León.[8] El otro original lo conservó el almirante, que lo depositó en su archivo privado, en el convento sevillano de Santa María de las Cuevas, hasta su desaparición.[9] De este último original sacó un traslado, el 16 de diciembre de 1495, que sirvió de modelo para la ratificación, otorgada en Burgos, el 23 de abril de 1497.[10] Por tanto, se conserva la copia del original del Archivo General de Aragón y el traslado ratificado de 1497, que se encuentra en los repositorios del Archivo General de Indias.

Llama la atención que, siendo un texto tan relevante, esté redactado en términos bastante ambiguos y contenga detalles que han dado lugar a grandes controversias. Bien es cierto que solo adquirió relevancia después de que la expedición regresase, porque de lo contrario no hubiese pasado de ser un manuscrito anecdótico. Asimismo, se ha discutido mucho en torno al tiempo verbal utilizado: «Las cosas suplicadas y que Vuestra Alteza dan y otorgan a don Cristóbal Colón de lo que ha descubierto en los mares océanos...». Es sorprendente que aparezca en pasado cuando se suponía que aún no había realizado su viaje y, por tanto, no había podido descubrir nada. Se han alegado causas como un fallo del copista, lo cual es poco verosímil, pues, como ha escrito Juan Manzano, pocos documentos fueron redactados con tanto esmero por parte de la cancillería. Más factible es la idea defendida por Juan Pérez de Tudela, que sostiene que al ser copias de la cancillería aragonesa —es cierto que el original se perdió—, los escribanos transformaron el *va a descubrir* en *ha descubierto*.[11] Y así lo interpretaron tanto Bartolomé de Las Casas como el cronista Antonio de Herrera. El primero, que transcribió el documento completo, cambió el tiempo verbal, es decir, puso *ha de descubrir* en vez de *ha descubierto*, mientras que el segundo utilizó la expresión *descubrirán o ganarán*.[12]

Hay algunas dudas sobre si era un contrato vinculante e irrevocable o una merced real, pues ni siquiera lo tuvieron claro sus contemporáneos, de ahí que diese lugar a dilatados contenciosos. Según Antonio Rumeu, tiene apariencia de carta de merced, pero en realidad establece una relación jurídica contractual.[13] Y, realmente, solo siendo un contrato vinculante, y no una merced, se explica el larguísimo contencioso a que dio lugar. Sin embargo, el 30 de abril de ese mismo año, la soberana ratificó y amplió los privilegios de almirante, virrey y gobernador, que serían hereditarios y abarcarían no solo lo descubierto sino otras islas y tierra firme que él mismo encontrase en futuras expediciones.[14] Además, se le añadía un poder no solicitado, la jurisdicción civil y criminal anexa a sus cargos de almirante, virrey y gobernador, atribución de la que haría uso cuando nombró a los alcaldes ordinarios de La Isabela. En teoría, el almirante ejercía la justicia en la isla, sin que hubiese otros funcionarios u organismos que limitasen su autoridad.[15] El carácter hereditario de su gobernación y virreinato contravenía lo dispuesto en las cortes de Toledo de 1480, en las que se vedó la posibilidad de enajenar oficios, por lo que era una concesión extraordinaria.[16] Pero, en cambio, de lo que no se percató, ni se lo advirtió ninguno de sus amigos, es que con esa carta de privilegios se convertía lo que había sido un contrato vinculante, firmado en Santa Fe, en una concesión real y, como tal, anulable.[17] Por tanto, las capitulaciones fueron un contrato irrevocable cuyos títulos se convirtieron en prescriptibles tras la ratificación de privilegios que en este caso sí que eran una merced real.

Se trata de un documento sencillo y explícito, como evidencia su brevedad, pese a la trascendencia de los privilegios que recoge. El capitulante obtuvo unas desaforadas prebendas, tanto políticas como económicas. Lo primero que nos encontramos es que a su propio nombre se antepone, por primera vez, la distinción de *don*, que entonces tenía mucho valor al conferir el rango de hidalguía. Empezando por los cargos políticos, recibió el título de almirante de todas las tierras que descubriese o ganase en la Mar Océana, con carácter vitalicio y hereditario. El rango de almirante se usaba en Castilla desde mediados del siglo XIII, siendo su jurisdicción marítima, tanto en asuntos de guerra como de control comercial. Sin embargo, se trataba de un título cortesano, por lo que, con frecuencia, sus titulares apenas conocían el oficio del mar.[18] En principio no se especificaba que tuviese los mismos privilegios que el de Castilla, don Fadrique Enríquez, pero él y sus descendientes no cesaron de reivindicarlo, no solo por el prestigio sino también por las enormes atribuciones políticas y económicas inherentes a este cargo.[19] Asimismo, se le concedió el rango de virrey, así como el de gobernador de todos los territorios que descubriese o ganase allende los mares, aunque en este caso no se especifica —y tampoco se niega— su carácter hereditario, que, sin embargo, le fue confirmado diecisiete días después, el 30 de abril, cuando se añadió el matiz de la perpetuidad.[20] Con estas calidades acumuló un gran poder en la jurisdicción del mar y en las tierras que hallase, por lo que colmaban plenamente su ambición de poder y de entronque nobiliario. No olvidemos que su gran proyecto vital fue siempre establecer una casa nobiliaria en la que sus sucesores se pudiesen codear con la más rancia aristocracia. De todos estos cargos sobre las tierras que descubriese se deduce la idea obvia de que esperaba encontrar islas y tierras que no pertenecían al Gran Khan y de las cuales se podía tomar posesión. Es decir, creía que llegaría a Asia, pero también que encontraría territorios nuevos que no estaban bajo la soberanía de ningún señor. Hay que recordar que en Europa, al menos desde la Baja Edad Media, existía el convencimiento, y el soporte jurídico, de que era lícito tomar posesión de aquellos territorios que no pertenecieran a señores cristianos.

No menos generosas fueron las concesiones económicas, nada menos que el diezmo de todas las mercaderías «compradas, ganadas, halladas o trocadas» en los nuevos territorios pertenecientes a su almirantazgo. Bien es cierto que, dando la vuelta a esa misma cláusula, eso implicaba que el noventa por ciento de los beneficios serían para la Corona. Asimismo, se le otorgaba la posibilidad de participar con un octavo en los fletes de todos los navíos que se despachasen hacia las nuevas tierras descubiertas y repartirse, en esa misma proporción, los posibles beneficios.[21]

Ante tal volumen de concesiones, en caso de salir todo bien, su familia se convertiría en una de las casas nobiliarias más importantes de España. Estaba claro que de catalizarse implicaría, antes o después, un enfrentamiento tanto con la Corona, que aspiraba a consolidar la monarquía autoritaria, como con los colonos, siempre ansiosos y celosos de sus libertades.[22] Una pugna que, como veremos, terminó cuando se le despojó de sus poderes y se nombró en su lugar a Francisco de Bobadilla. Pero, si estaba tan claro que iba a haber un conflicto de intereses, ¿por qué aceptaron darle tan excesivos poderes? El propio rey respondió a esta pregunta en una carta que en 1512 dirigió a Juan Ponce de León, antes de firmar su capitulación: en ella le transmitió que sus peticiones de privilegios le parecían «deshonestas y apartadas, porque todo lo que ahora se puede descubrir es muy fácil de conseguir» y quería otra capitulación como la del primer almirante, en la que se cedió «porque entonces ninguna esperanza había de lo que se descubrió...».[23] En definitiva, se aceptaron sus desaforadas peticiones porque se presuponía la posibilidad de que nunca entrarían en vigor, dado que pocos creían que pudiese tener éxito. Sea como fuere, lo que es obvio es que ese documento, suscrito en el campamento de Santa Fe el 17 de abril de 1492, supuso la verdadera partida del nacimiento del Nuevo Mundo.[24]

LA ORGANIZACIÓN DE LA EMPRESA

Una vez firmado el contrato, urgía conseguir el dinero necesario para financiar la empresa, tal y como se habían comprometido las partes. Dado que las cuentas del reino no pasaban por su mejor momento tras los gastos de la guerra de Granada, Isabel se mostró dispuesta a empeñar sus alhajas, como ya había hecho durante el cerco de la ciudad de Baza, rendida el 4 de diciembre de 1489.[25] Esta idea la esgrimen tanto Hernando Colón como el padre Las Casas, y la popularizaron autores como William Prescott, aunque no existe la certeza.[26] Sin embargo, no tiene nada de extraño, ya lo había hecho otras veces y, de hecho, en el mismo año 1492 tenía varias de sus joyas empeñadas por los jurados de Valencia como garantía de varios préstamos que había recibido de ellos.[27] En cualquier caso, no hizo falta porque el escribano Luis de Santángel se ofreció a adelantar algo más de un millón de maravedís, aunque no de su bolsillo sino extraídos de los fondos de la Santa Hermandad, de la que era tesorero.[28] Y la reina accedió, pues consta la devolución posterior del empréstito, con fondos de la bula de cruzada del obispado de Badajoz.[29] Medio millón más los puso el capitulante, a través de varios prestamistas italianos, y el resto lo aportaron los palermos, a través del flete de las dos carabelas, a razón de tres mil maravedís por tonelada.[30] Por tanto, los gastos del primer viaje, así como de los otros tres, corrieron mayoritariamente a cuenta de las arcas reales.

La elección de Palos como puerto de partida no se debió a la casualidad ni a un capricho personal. La villa se ubicaba en un cerro en la margen izquierda del río Tinto, a lo largo de cuya ribera fondeaban las carabelas. Desde la Baja Edad Media, había experimentado una gran actividad náutica, hasta el punto de que en las ordenanzas municipales de 1484 se decía que toda la riqueza de la zona procedía de la actividad naval, sin la cual «cesaría todo».[31] Sus carabelas pescaban a lo largo de la costa africana, en los litorales de los actuales Marruecos y Mauritania, aunque también comerciaban o, si se presentaba la ocasión, capturaban alguna embarcación enemiga. Además de pertenecer al complejo portuario andaluz, los puertos onubenses estaban en una ubicación idónea, en la cabecera del callejón de los alisios, la obligada ruta de ida hacia los territorios ultramarinos, por lo que disponían de una situación privilegiada. De hecho, se estima que si el monopolio lo hubiesen ostentado los puertos gallegos, los costes del viaje se hubiesen incrementado en una quinta parte y también habrían sido mayores la duración del trayecto y los riesgos.[32] Asimismo, Palos poseía un astillero que en la época colombina podía botar hasta ocho carabelas al año, lo que le permitía disponer desde la Baja Edad Media de una potente flota y de una larga tradición marinera.[33] Además, disponía de un centro devocional vinculado al mar donde Colón encontró un apoyo decisivo, en un primer momento por parte de fray Antonio de Marchena, astrólogo y custodio del cenobio, y después de fray Juan Pérez.[34] Asimismo, en Andalucía estaban arraigadas importantes familias genovesas, sobre todo en Sevilla, Cádiz y Jerez, por lo que tenía muy cerca la posible ayuda financiera de sus paisanos.[35]

Se estima que Palos, en torno a la fecha del Descubrimiento, vivía un momento de expansión demográfica, con dos millares de personas, y disponía de una treintena de carabelas, unas navegando y otras pendientes de la pertinente carena para seguir surcando los mares.[36] Eran muchos los palermos y moguereños que eran propietarios de una o dos carabelas, de ahí que, hasta la segunda década del siglo XVI, la costa onubense fuese clave en el comercio con el norte de África.[37] Todavía en la flota ovandina de 1502, diecinueve de las treinta y dos embarcaciones eran propiedad de distintos vecinos de Palos y, según

Enrique Otte, hasta 1520 la navegación indiana estuvo copada por los barcos andaluces.[38] Palos contaba con hombres experimentados en las navegaciones atlánticas, auténticos lobos marinos acostumbrados a hacer travesías de altura que rivalizaban con los del Algarve portugués, quienes, después del Tratado de Alcaçovas de 1479, se convirtieron en enemigos. La gente se dedicaba, además de a la agricultura y a la pesca, al comercio, por lo que usaban las carabelas lo mismo para navegar por el río Tinto hasta Moguer o por el Odiel a Huelva que para comerciar con el norte de África, con las Canarias o como redistribuidores de esclavos y mercancías portuguesas. Su principal fuente de ingresos y de oportunidades la constituía el mar, lo que permitió un gran crecimiento económico y demográfico a lo largo del siglo XV.

Si a todo ello unimos la deuda que los armadores de Palos tenían con la Corona y los apoyos que el ligur tenía en ese entorno, se justifica plenamente la elección de este territorio. Estaba claro que Palos era un lugar de oportunidades, donde un marino inquieto como él podía encontrar apoyos, de ahí que mostrase su preferencia por este fondeadero, que con el entorno onubense formaba un potente núcleo marinero.[39] Los otros enclaves que podían haber sido elegidos, Cádiz y El Puerto de Santa María, no eran rivales en esos momentos. El primero porque estaba por aquella época muy ocupado, ya que se convirtió en el principal puerto de embarque de los judíos expulsados tras los decretos de la Alhambra, del 31 de marzo de 1492. Esta exclusión fue solo temporal, pues Cádiz fue de facto, desde 1493, cabecera del comercio indiano hasta el establecimiento de la Casa de la Contratación en Sevilla.[40] Y el segundo, por estar vinculado al señorío del duque de Medinaceli, ya que la reina deseaba que la empresa quedase bajo la jurisdicción real. Es cierto que Palos también era una villa señorial casi desde su fundación, pero la Corona, nada más saber que la expedición colombina partiría de allí, se apresuró a comprar la mitad de la localidad.[41] Se trataba de toda una declaración de intenciones, pues se quiso dejar fuera de toda duda que la empresa tendría un padrinazgo regio y no señorial. En realidad, no era solo la villa de Palos, sino las de Moguer, Huelva y Niebla —a través de San Juan del Puerto—, que conformaban una unidad homogénea en la costa onubense. Huelga decir que durante las primeras décadas de la expansión el monopolio fue físicamente andaluz, aunque, como dice Antonio García-Baquero, jurídicamente castellanoleonés.[42]

El presupuesto de que disponía —más o menos lo que él siempre reclamó— era muy modesto, unos dos millones de maravedís, procedentes de distintos prestamistas: por un lado, un millón ciento cuarenta mil maravedís, adelantados por Luis de Santángel y Francisco Pinelo, tesorero de la Santa Hermandad, de los fondos de esta institución.[43] Y por el otro, quinientos mil que obtuvo el capitulante de varios cambistas, en particular del mercader italiano Juanoto Berardi. Como ya hemos dicho, los trescientos sesenta mil restantes los aportaron los vecinos de Palos, por una deuda que mantenían con la Corona y que se catalizó en el pago de los fletes y armazón de las dos carabelas.[44] Desconocemos el origen de esta deuda, pero se sospecha que pudiera responder a una multa por las actividades comerciales y pesqueras que desarrollaban hasta la costa de Cabo Verde y Guinea, como habían hecho desde tiempo inmemorial, pese a que estaba prohibido desde el Tratado de Alcaçovas.[45] No parece que respetasen dicho acuerdo entre las dos Coronas ya que les suponía un extraordinario quebranto económico, por lo que debieron continuar sus actividades por la costa africana, desde la firma del Tratado, de manera ilegal. Así se deduce del documento en el que se compele a los vecinos de Palos que, a cambio, diesen dos carabelas, especificando que se cuidaran todos, tanto el almirante como sus tripulantes, de no ir a San Jorge da Mina, fundada a finales de 1481, y a los demás territorios en África que por el citado tratado eran «de nuestro hermano» el rey de Portugal.[46]

El mismo día en el que se suscribió el acuerdo de Santa Fe se expidieron un buen número de documentos complementarios para facilitar el apresto y otorgar los poderes fijados en la capitulación: primero, una Real Provisión por la que se hacía efectivo el nombramiento de Colón como virrey y gobernador de las islas y tierra firme que descubriese allende los mares.[47] Segundo, su designación como capitán de *los navíos y fustas* que se iban a aprestar en Palos.[48] Tercero, otra orden compeliendo a los vecinos de Palos a que aportasen dos carabelas al almirante, en compensación por ciertas penas en que la villa había incurrido, y a los concejos de Andalucía para que suministrasen las armas, los pertrechos y los mantenimientos que el genovés solicitase.[49] Cuarto, un requerimiento a las autoridades de villas y ciudades de la costa de Andalucía para que favorecieran todos los abastos, así de alimentos como de madera o carpinteros que necesitase para preparar su armada.[50] Quinto, una exención del pago de impuesto de todo lo que se sacase para el apresto de *las fustas* de armada con las que se realizaría la jornada descubridora.[51] Y sexto, y último, otra escritura dirigida a las demás autoridades de la costa onubense para que le entregasen dos embarcaciones, anticipándose a la posible negativa de los palermos.

El 12 de mayo de 1492, Colón marchó desde Granada en dirección a Palos, donde llegó tan solo tres días después, sin hacer escala en Córdoba, como se había creído.[52] En la villa onubense, en la plaza situada delante de la iglesia de San Jorge, el alcalde mayor Alonso Cosío leyó la orden, con escaso éxito, pues como a veces ocurría en Castilla —y mucho más después en las Indias—, la ley se obedecía, pero no se cumplía.[53] Realizó otros pregones tanto en Huelva como en Palos, el 23 de mayo de 1492, en la plaza principal, delante de la iglesia de San Jorge, y en la de Moguer.[54] En el litoral onubense nadie estaba dispuesto a embarcarse en una aventura incierta con un extravagante, prepotente y desconocido extranjero; además, todos se resistían a saldar la deuda. Llama la atención la obstinación de los palermos a la hora de incumplir una orden real, por mucho que fuese una tierra de señorío. El 20 de junio de 1492, la Corona envió al contino Juan de Peñalosa para que los compeliese a entregar equipadas las naves solicitadas, como estaba dispuesto.[55] El representante real, en compañía del escribano de esta última villa, Alonso Pardo, procedió a hacer efectivo el mandato y embargó dos navíos.[56] Por tanto, hombres no consiguió, pero sí navíos, aunque poco después le parecieron poco apropiados para su empresa y los devolvió. Sin embargo, seguía teniendo dificultades para conseguir lo proveído, pese a la nueva requisitoria que enviaron los soberanos el 20 de junio a Moguer y a Palos.[57] En la orden se especificaba que cobrase doscientos maravedís al día, pagados de las multas impuestas en las dos villas a las personas que se negasen a cumplirla.

LAS FAMILIAS PINZÓN Y NIÑO

Cuando ocurren hechos trascendentales a lo largo de la historia siempre se debe a un conglomerado de aportes, confluencias y circunstancias que permiten tal transformación. Colón fue un personaje singular, pero nada hubiese logrado sin disponer de toda una generación dispuesta a arriesgarlo todo por cambiar el mundo, un grupo de verdaderos argonautas. La gesta descubridora le debe un gran tributo a la destreza y el sacrificio de decenas de marineros palermos, algunos conocidos y otros anónimos, de los que se estima que unos doscientos cincuenta perecieron ahogados entre 1492 y 1508. Ello supuso un enorme quebranto para la villa, de la que se decía, veinte años después de ver desatracar las tres famosas naves, que estaba apocada y repleta de viudas y de pobres.[58]

De todos esos palermos, el personaje clave fue Martín Alonso Pinzón (1440-1493), que, en el momento en que llegó el ligur, se encontraba en Roma, en una de sus habituales expediciones comerciales.[59] Tenía una notable reputación como marino, pues había navegado desde su juventud, y además disponía de una carabela de su propiedad, aunque en ocasiones fletaba otras con las que hacía travesías por el Mediterráneo y por la costa atlántica. Bartolomé de Las Casas dice que los pinzones eran marineros principales de Palos, pero que Martín Alonso era «el más rico y honrado».[60] En los Pleitos colombinos numerosos testigos declararon que era una de las personas más reputadas y respetadas de todo el estuario del Tinto y del Odiel, siendo un experto en el arte de navegar.[61] Era seis años mayor que el genovés, nacido en 1440, hijo de un marino de su mismo nombre y de Mayor Vicente, una familia palerma de larga tradición marinera. Al parecer, el apellido Pinzón era de origen aragonés, aunque llegó a la villa procedente de Asturias.[62] Asimismo, era hermano de otros dos marinos, Francisco Martín Pinzón y Vicente Yáñez Pinzón; este último era otro experimentado navegante que tuvo una extraordinaria trayectoria.[63] Martín Alonso, al igual que Colón, empezó su carrera como grumete, por lo que atesoraba una enorme experiencia. Además, era cartógrafo. De hecho, sabemos que después de llegar a Bayona, a finales de febrero de 1493, envió a los Reyes Católicos un memorándum, acompañado de una carta náutica que había elaborado durante su viaje.[64] Una vez que regresó de la Ciudad Eterna, Colón fue a negociar con él por mediación de fray Antonio de Marchena y logró su apoyo incondicional.[65] Ambos eran hombres experimentados y visionarios, por lo que no tardaron en conectar, sobre todo por la elocuencia y el entusiasmo del genovés. No obstante, se desconocen los términos exactos de su conversación y de su acuerdo, aunque se supone que le habló de unas tierras en las que había casas cubiertas con tejas de oro y abundantes especias que permitirían un lucrativo comercio.[66] En los Pleitos colombinos algunos afirmaron que le ofreció la mitad de las mercedes que le habían concedido en Santa Fe, pero evidentemente nunca se ha podido verificar tal extremo.[67] Cuesta creer que el orgulloso y avaricioso Colón le cediera tanto, aunque quizá sí lo suficiente como para que su interlocutor quedase entusiasmado con su plan. Como dijo Bartolomé de Las Casas, «nadie se mueve sino por su interés y utilidad».[68]

Es posible que a Pinzón tampoco le sorprendiese demasiado lo que Colón le contó, pues él mismo creía en la existencia de islas a poniente, como muchos de los marinos portugueses y castellanos de su tiempo. Lo que resulta evidente es que era otro de esos navegantes avezados que bien podrían haber encabezado una expedición como la que finalmente halló el Nuevo Mundo. Matthew Restall ha dicho en este sentido que si no hubiese sido Colón, otro lo habría logrado en menos de una década.[69] Es posible, y sin duda entre esos candidatos habría que colocar en primer lugar a Martín Alonso Pinzón y a su hermano Vicente Yáñez, porque ambos poseían conocimientos y ambición como para emprender una empresa de esa magnitud.

La relación de Martín Alonso con el genovés fue en principio extraordinaria, y este último, tras la reparación de la *Pinta* en las islas Canarias, dijo de él que era una persona «esforzada y de buen ingenio».[70] Sin embargo, teniendo en cuenta que eran dos personas enérgicas y carismáticas, los desencuentros no tardarían en llegar, y no fueron a más por la prematura muerte de Pinzón, pocos días después de regresar a su villa natal, en 1493.

Fue Pinzón quien alentó a Colón a desechar las naves embargadas, aportándole tres que él tenía arrendadas y que eran de una mayor fiabilidad: la capitana, una nao cántabra propiedad de Juan de la Cosa, y las dos carabelas, la *Pinta*, propiedad de Cristóbal Quintero, vecino de Moguer, y la *Niña*, propiedad de Juan Niño, miembro de una saga familiar moguereña de larga trayectoria marinera. Asimismo, el palermo se encargó de calmar los ánimos y de enganchar a buena parte de la tripulación, colocando a hombres de su confianza en cada uno de los tres veleros.

La recluta no resultó fácil ni siquiera para una persona tan carismática como el mayor de los hermanos Pinzón. De hecho, se sabe que antes de su retorno de Roma, nadie se quería enrolar porque «tenían por vana aquella empresa».[71] Pero, incluso después de la llegada del palermo, muchos se negaron, por lo que tuvo que ir hablando uno a uno con sus hombres de confianza, rogándoles que aceptasen, algo que solo hicieron cuando supieron que él mismo iría. Los dos primeros alistados fueron sus hermanos, Vicente Yáñez, que fue capitán de la *Niña*, y Francisco Martín Pinzón, maestre de la *Pinta*, quienes a su vez fueron casa por casa reclutando a otros marineros.[72] Un testigo de los Pleitos, Yáñez de Montiel, declaró que Martín Alonso Pinzón iba a las moradas de sus hombres y les pedía que se engancharan para cambiar la miseria que sufrían por la riqueza que encontrarían en unas tierras donde las casas tenían las tejas de oro.[73] No menos elocuente se mostró Francisco Medel, quien aseveró que nadie quería ir con el extranjero porque pensaban que iban a la muerte, y que solo aceptaron los más allegados a Pinzón.[74]

Por lo demás, está fuera de toda duda que fue él quien calmó los ánimos el 10 de octubre, cuando la gente ya no podía soportar un viaje tan largo, consiguiendo evitar que todo acabara en una catástrofe. Es posible, como dijo Francisco López de Gómara, que si no hubiese sido por los hermanos Pinzón, Colón se hubiera visto obligado a regresar sin haber divisado tierra, lo que podría haber acabado en una tragedia.[75] Tristemente, Martín Alonso Pinzón llegó enfermo y agotado, y aunque se retiró a su casa, falleció quince o veinte días después.[76] No sabemos de qué murió, aunque se sospecha que de sífilis, una enfermedad que se terminó extendiendo por Europa, África y Asia, causando grandes estragos.[77] El 31 de marzo de 1493, fue inhumado, según la tradición, con el hábito franciscano, en la capilla del convento de La Rábida, justo delante de la Virgen de los Milagros. El azar quiso que se evitase un enfrentamiento de envergadura entre los dos marinos, que sin duda habrían ofrecido versiones muy diferentes de lo sucedido. Porque algunos dijeron que su idea era recuperarse y, tan pronto como pudiera, dirigirse a la corte y ofrecer a los soberanos su versión de los hechos.[78] Y aunque escribió a los reyes desde Bayona no tuvo la posibilidad de defenderse de las acusaciones, por lo que se quedó sin reconocimiento. Por desgracia, nunca han aparecido sus documentos personales, ni la supuesta carta o portulano que envió desde Bayona, que habrían aportado muchísima luz. Ello nos ha privado de un enorme caudal de información para conocer toda esta pionera jornada, prevaleciendo, a raíz de su fallecimiento, una sola versión.

Martín Alonso Pinzón tuvo con su esposa, María Álvarez, cinco hijos legítimos, tres mujeres y dos hombres, estos últimos llamados Arias Pinzón, el primogénito, y Juan Martín Pinzón, que continuó la tradición naval de su progenitor.[79] Lo sorprendente es que, pese a todo, la familia del palermo siguió teniendo una buena relación con Colón. De hecho, algunos de sus miembros siguieron participando en sus empresas, como Juan de Umbría, que se embarcó en la segunda jornada, o Diego Martín Pinzón, que lo hizo en la tercera.[80] En definitiva, Martín Alonso Pinzón es otro de esos grandes personajes del Descubrimiento, lo que tampoco lo libra de tener sus luces y sombras, como cuando desertó y, empujado por la codicia, fue a explorar tierras por su cuenta.

En cuanto a su hermano, Vicente Yáñez Pinzón, era otro de los grandes marinos de la Castilla de finales del siglo XV. Ya en 1496 había prestado un servicio a la Corona, al llevar pertrechos a la ciudad de Génova destinados a la defensa del Rosellón.[81] El 6 de junio de 1499, capituló en Sevilla con Juan Rodríguez de Fonseca para recorrer tierras no descubiertas antes, ni pertenecientes al rey de Portugal.[82] Aunque halló el río Amazonas, quedó casi en la ruina, pero solicitó y obtuvo una ayuda de la Corona, que lo nombró en 1501 capitán y gobernador del río Marañón —después llamado Amazonas—, al tiempo que era armado caballero por el rey Fernando.[83] Jamás llegó a tomar posesión del cargo de gobernador del Marañón, ni tampoco de la capitanía, corregimiento y gobernación de Puerto Rico, capitulado en 1505.[84] En 1508 lideró una nueva travesía al frente de dos carabelas, alcanzó la costa del Darién y posteriormente se adentró por el golfo de México, para regresar a Cádiz en octubre de 1509. En 1514 se le encomendó viajar en la armada de Castilla del Oro de Pedrarias Dávila, pero estaba ya enfermo y murió ese mismo año, en la más absoluta discreción.[85]

A los Pinzón se unió otra de las grandes familias marineras de la zona, los Niño de Moguer: Juan, maestre de la *Niña*, Peralonso, piloto de la *Santa María*, y Francisco, que se alistó como grumete. Especial relevancia tuvo el citado Peralonso Niño, apodado *el Negro*, que participó también en la segunda jornada colombina y en la expedición de 1499, y que pereció, junto a Francisco de Bobadilla, en la armada de 1502 que un huracán mandó al fondo del océano, en el entorno del canal de la Mona. Así, pues, de la costa onubense salieron esos marineros experimentados, pero también otros personajes necesarios, entre ellos un cirujano, un sastre, un cocinero, dos pilotos, un escribano, un boticario, un capellán e incluso varios intérpretes de latín, griego, árabe, arameo y tártaro.[86]

En distintas etapas históricas, desde prejuicios interesados, se ha discutido si la preeminencia de la gesta la debía ostentar Colón o Pinzón. Se trata de una controversia entre pinzonistas y colonistas que arrancó de los Pleitos colombinos, ya que la Corona trató a toda costa de restarle méritos al ligur, en ese afán por limitar sus grandes privilegios. Tanto Francisco García Vallejo como Juan de Umbría manifestaron que, sin la ayuda del palermo, el ligur nunca hubiese podido completar la recluta ni zarpar.[87] Otros fueron más allá, al decir que Pinzón había estado en Roma, en la Biblioteca Vaticana, donde encontró un documento de tiempos de Salomón en el que se decía que era posible llegar a Japón navegando hacia el oeste, una ruta que pretendía recorrer cuando se presentó el ligur.[88] Obviamente, se trata de una idea fabulada a posteriori, pues no olvidemos que viajó a la Ciudad Eterna con una carabela cargada de sardinas en un viaje meramente comercial que, además, no era la primera vez que realizaba.[89] Tampoco me parecen creíbles otros testimonios recogidos en los Pleitos que dicen que había perdido el ánimo y pretendía regresar, siendo los hermanos Pinzón los que le convencieron de seguir adelante. Hubo numerosos declarantes que se refirieron a ello, citando incluso el testimonio de Martín Alonso, quien ante la propuesta de dar media vuelta respondió: «Adelante, señor, que Dios dará victoria que descubramos tierra, que nunca Dios quiera que con tal vergüenza volvamos».[90] Son muchos los testigos que aseguraron que sin el decisivo apoyo de los hermanos Pinzón la empresa se hubiese malogrado.[91] Pero, más allá del consejo del cambio de rumbo hacia el suroeste que les permitió llegar a las islas Bahamas, se trata de declaraciones interesadas en las que todas las partes se jugaban mucho, y no están acordes con su talante providencialista, inmune al desaliento.

Ya desde el siglo XIX, con el auge de los nacionalismos, hubo una corriente de historiadores que incidieron en que la gesta fue española, destacando el papel de personajes como Isabel de Castilla, fray Antonio de Marchena y, sobre todo, los hermanos Pinzón y los Niño.[92] En 1893, Francisco Serrato lo veía como un codescubridor, cuando decía: «Por España halló Colón Nuevo Mundo con Pinzón», una idea en la que han insistido otros autores posteriores.[93] Algunos fueron más allá y lo describieron como una persona despótica, sin patria y antipopular a la que el pueblo de Palos le dio la espalda, frente a Pinzón, que era el arquetipo de hombre del pueblo, español, y que gozaba del aprecio y del reconocimiento de los suyos.

Creo que es necesario buscar un equilibrio, pues Colón no pudo haber hecho lo que hizo sin las circunstancias políticas, sociales y económicas que encontró, pero tampoco se entiende la inversa. Lo cierto es que sus contactos en la corte y, sobre todo, la marinería onubense fueron los protagonistas colectivos del éxito de los descubrimientos.

BARCOS Y TRIPULACIONES

Desde el siglo XIII se habían desarrollado embarcaciones de pequeñas dimensiones para la navegación ribereña y costera, y otras de gran tamaño, como las urcas y las carracas, denominadas redondas, dotadas de grandes velas cuadradas. Dada la vocación atlántica de los reinos de Portugal y de Castilla y León, no les quedó otra que desarrollar un buque capaz de hacer frente a las corrientes y vientos oceánicos, integrando la tradición náutica mediterránea con la atlántica.[94] Desde un primer momento, Colón pensó en el uso de navíos agiles, de poco calado y a la vez recios, que le permitieran realizar la larga travesía que planeaba y explorar puertos y bajíos. Además, estos permitían la permanencia en el océano, sin tomar puerto, durante un largo período de tiempo, lo que contribuyó de manera decisiva a la hegemonía ibérica en los siglos XV y XVI.[95] De hecho, las mejores carabelas se fabricaban en Portugal y en las costas andaluzas, pues eran recias, veloces y muy maniobreras. El barco descubridor por antonomasia fue la carabela, a la que se uniría la nao, que poseía una mayor capacidad de carga, aunque todos los marinos la consideraban menos apta para las tareas de reconocimiento.[96]

La nao fue muy utilizada desde mediados del siglo XV, especialmente en el Cantábrico, tanto para la pesca de atunes en el norte como para el transporte de lana hasta las costas de Flandes.[97] En realidad, era una evolución de la carraca escandinava, que a su vez era heredera de la coca, y poseía un casco más redondeado que la carabela, un arqueo superior y una mayor arboladura, con velas cuadradas en el palo mayor. Su capacidad de carga era el doble que la de una carabela y se consideraba un navío muy versátil, pues se podía emplear tanto en tareas comerciales como militares, al ser de construcción recia y razonablemente rápido para el combate.[98] Tenía tres palos, en el mayor y en el trinquete llevaba el aparejo redondo mientras que en la mesana, o palo de popa, utilizaba la vela latina. Disponía de una o dos cubiertas y dos castillos, uno a proa y otro a popa. Este barco también jugó un papel fundamental a lo largo de la Edad Moderna, porque fue el más utilizado en el comercio de la Carrera de Indias, mientras que el galeón se prefirió más para la guerra.[99]

La *Santa María* —apodada *la Gallega*, por su origen norteño— fue la capitana y era propiedad del santoñés Juan de la Cosa, vecino de El Puerto de Santa María. Para ser una nao era más bien de porte reducido, pues poseía un arqueo de entre cien y ciento veinte toneladas y una eslora de poco más de veintiún metros.[100] Poseía una única cámara en popa, de reducidas dimensiones, que apenas daba para albergar una cama, un arca y una pequeña mesa con varias sillas. Al propio almirante siempre le pareció un buque menos apropiado que la carabela para su empresa porque, a su juicio, era muy pesada, poco maniobrera y poco apta «para el oficio de descubrir».[101]

La *Santa María* estaba capitaneada por el propio Colón, siendo el piloto el moguereño Peralonso Niño y el maestre Juan de la Cosa.[102] Además, viajaban en ella las principales autoridades delegadas por los Reyes Católicos, como Diego de Arana, alguacil mayor, el escribano Rodrigo de Escobedo, encargado de redactar los documentos oficiales, y el veedor Rodrigo de Segovia, cuyo cometido era velar por el respeto a los derechos de la Corona. Asimismo, se contaba entre su tripulación Luis de Torres, intérprete de árabe y hebreo, lo que demuestra una vez más la intención de llegar a Asia. La dotación total debía de ser de unas cuarenta personas, algo menos del doble de la que llevaban la *Pinta* y la *Niña*. Como veremos, se perdió en el viaje de vuelta, en concreto el 25 de diciembre de 1492, y su dueño, Juan de la Cosa, consiguió a su vuelta que se le indemnizase por el siniestro.[103]

Las otras dos embarcaciones eran dos carabelas de las usadas por los marinos onubenses, de dimensiones reducidas, recias, con tres palos de aparejo y una sola cubierta. El nombre de la embarcación es posible que se deba a un antiguo dueño de apellido Pinto, muy usual en la zona, o quizá, como dicen algunos, a que estaba recién carenada y pintada, de ahí que se le llamase la *Pintá*.[104] Era propiedad del moguereño Cristóbal Quintero, y al mando de ella viajó Martín Alonso Pinzón, llevando como maestre a Francisco Martín Pinzón y como piloto a Cristóbal García de Sarmiento. Sorprende que el dueño, Cristóbal Quintero, viajase en su propio navío con el simple rango de marinero. Era más pequeña que la *Santa María*, de apenas sesenta toneles, pero disponía también de tres palos, equipados con velas llamadas redondas, aunque en realidad tenían forma cuadrangular.[105] De manera similar a las naos, no llevaba portalones para la artillería, aunque embarcaron un par de piezas, una en la proa y otra en la popa, que servían no solo para defenderse sino también para lanzar señales o comunicarse. La tripulación total apenas sumaba los treinta efectivos. A la ida fue el navío más veloz y con frecuencia navegó en vanguardia, mientras que la *Santa María* lo hizo en la retaguardia, algo que no gustó al almirante ni a su dotación.[106] Por ese motivo no extraña que el grito de ¡Tierra! se lanzase precisamente desde la *Pinta*.

La tercera de las embarcaciones era la *Niña*, apodada así por ser propiedad del moguereño Juan Niño, aunque su nombre oficial era *Santa Clara*. Había sido construida en los astilleros de Moguer, pues un testigo en una probanza de los Niño declaró que había ayudado a botar la citada carabela en la ribera de esa localidad. Su velamen era latino y se aprovechó el paso por las islas Canarias para cambiar el aparejo a redondo, que era mucho más apto para la navegación oceánica. Estuvo capitaneada por Vicente Yáñez Pinzón (1462-1514), hermano de Martín Alonso, siendo su maestre Juan Niño y su piloto Sancho Ruiz de la Gama.[107] Era de muy reducidas dimensiones, de unos cuarenta toneles de arqueo, y disponía de una marinería de unos veinticinco hombres.[108] Mostraba una gran versatilidad, lo mismo podía emplearse en la ruta oceánica que en la navegación costera de reconocimiento. Las carabelas tenían fama de ser muy marineras y estables, mientras que las naos a veces eran de difícil gobierno, como se quejó en más de una ocasión Cristóbal Colón de la nao *Santa María*. En cambio, siempre destacó la estabilidad y la maniobrabilidad de la *Niña* frente a la *Santa María*, que le parecía ingobernable. De hecho, al regreso de su primera travesía ultramarina sufrió una gran tormenta y escribió que si la *Niña* no fuese «tan buena y bien aderezada, temiera perderme».[109] Y prueba de la confianza que tenía en ella es que en la segunda jornada la llevó como capitana cuando tenía la posibilidad de haber elegido cualquiera de las diecisiete embarcaciones.[110] No extraña que autores como el conde Roselly de Lorgues la calificaran de coqueta y velera, y ello porque la carabela se consideraba en aquellos momentos un barco muy útil, con una aceptable capacidad de carga, pese a sus reducidas dimensiones.[111]

Las bodegas estaban repletas de alimentos, bizcochos, legumbres, quesos, frutos secos, pescado salado y carne. También llevaban aceite, vino, vinagre y agua, que fue renovada en su escala de las islas

Canarias.[112] Iban muy abastecidas, y prueba de ello es que, a pesar de las quejas e intentos de motines que hubo a bordo, nunca esgrimieron el hambre, ni siquiera la escasez. El fogón se ubicaba en la cubierta, en la zona de proa, y, cuando las circunstancias lo permitían, se encendía una vez al día, a partir de las doce de la mañana, para el almuerzo, que era la única comida caliente de que disponían. Pero con frecuencia los vientos o la mar gruesa impedían su uso por el riesgo de incendio, que era uno de los grandes peligros a los que se enfrentaban. En esos casos, los sufridos pasajeros y tripulantes se debían conformar con una comida cruda o fría.

No se sabe el número total de tripulantes, cuya cifra se mueve entre los noventa que indican la mayor parte de las fuentes, entre ellas el padre Las Casas o Antonio de Herrera, y los ciento veinte que señalaron Pedro Mártir de Anglería, Gonzalo Fernández de Oviedo y Francisco López de Gómara.[113] Sin embargo, existe bastante unanimidad en aceptar el menor de los dos guarismos, uno arriba o uno abajo, de los que se ha identificado a ochenta y ocho.[114] Un dato que ratifica la propia lauda sepulcral de Hernando Colón, donde se menciona que su padre salió de Palos con tres embarcaciones y noventa tripulantes. Bien es cierto que en un grupo tan numeroso podían producirse bajas de última hora, pues Gonzalo Alonso Galeote declaró que se había enrolado en la jornada, pero que, en el momento de zarpar, enfermó y se quedó en tierra.[115]

Inicialmente, nadie quería enrolarse, pues los marineros de aquella época apenas pasaban en el mar una semana o diez días faenando y, cuando cubrían rutas más largas, solían tener siempre la costa a la vista. De ahí su desconfianza, que explica bien los intentos de motín que se dieron después de pasar varias semanas en altamar. En previsión de esta fría acogida, ya la soberana, a petición del propio genovés, otorgó una orden, el 30 de abril de 1492, por la que suspendía las causas judiciales a todos los que se enrolasen hasta su regreso.[116] Bien es cierto que solo cuatro delincuentes de la cárcel de la villa se mostraron dispuestos a acompañar a Colón, a cambio de la conmutación de sus respectivas condenas. Se trataba de Bartolomé de Torres, que había acabado con la vida del pregonero del pueblo y estaba encerrado en espera de juicio.[117] Y sus amigos, Juan de Moguer, Pedro Izquierdo y Alonso Clavijo, que lo liberaron del calabozo para acabar los cuatro enrolados en la jornada colombina.[118] Pero no debemos olvidar que el enrole de malhechores con destino al Nuevo Mundo fue muy puntual, unos cuantos en la primera jornada y otros tantos en la tercera.[119] Y, por cierto, era una práctica habitual de otras potencias, entre ellas Portugal, cuando se trataba de expediciones arriesgadas con dificultades de recluta.[120]

La mayor parte de la marinería era andaluza, fundamentalmente originaria del ducado de Niebla, que constituía la flor y nata de la población navegante onubense. Junto a ellos había una decena de cántabros y vizcaínos, además de un murciano, tres genoveses y un portugués de color llamado Juan.[121] Todos ellos iban asalariados, cobrando cuatro mil maravedís los capitanes, dos mil maravedís los pilotos y maestres, la mitad los marineros y ochocientos los grumetes, y se les abonaron cuatro meses de anticipo. El genovés, en cambio, percibiría un sueldo anual de seis mil cuatrocientos reales, es decir, unos dieciocho mil maravedís al mes.[122] Obviamente, casi todos poseían oficios relacionados con el mar: maestres, contramaestres, pilotos, marineros, grumetes y pajes. Y otros que solían figurar en las tripulaciones, como artillero, despensero, cirujano, escribano o veedor. Asimismo, se alistaron algunos artesanos, como calafates, carpinteros, toneleros, sastres y hasta un intérprete, el ya citado moguereño Luis de Torres, converso, que dominaba el hebreo y el caldeo y, a decir de Las Casas, algo de arábigo.[123] Había tres sanitarios, a saber: el maese Juan, cirujano; el maese Alonso, físico, y el maese Diego, boticario.[124] Pero, no viajaba ningún religioso, pese a que, en teoría, uno de los fines era la conversión de los infieles. Además, había una norma no escrita de que en todo barco debía ir al menos un capellán para prestar servicios espirituales tanto a la marinería como al pasaje. Estaba claro que en este primer momento la prioridad no era la religión cristiana sino la exploración de rutas y, a ser posible, el comercio lucrativo con las personas que se encontrasen.

A juzgar por las naves y por la tripulación, la empresa era meramente exploratoria, pues solo pretendía demostrar que había tierras al otro lado del Atlántico y que, con la tecnología de la época, era factible alcanzarlas y regresar. Por tanto, había un único objetivo, descubrir, algo que se logró, sorprendiendo a toda Europa. En los viajes posteriores, además de las tareas exploratorias para establecer las prometidas rutas comerciales con Asia, se trataría de fundar enclaves, al principio pensados solo para favorecer el comercio, y poco después con la idea de colonizar el territorio y evangelizar a sus pobladores.

EN BUSCA DEL PARAÍSO

El día antes de su partida, Colón encomendó el cuidado de su hijo Diego a Juan Rodríguez Cabezudo y al clérigo Martín Sánchez, quienes lo debían trasladar a Córdoba, donde permanecería temporalmente con Beatriz de Arana.[125] Y era provisional porque los soberanos se habían comprometido a acogerlos en la corte como pajes del príncipe don Juan, algo que se había acordado el 8 de mayo de 1492.[126]

Se ha especulado con la posibilidad de que se demorase la salida hasta el día 3 de agosto debido a que el día previo coincidía con la romería de la festividad de la Virgen de los Ángeles de la Porciúncula, vinculada a los franciscanos, en la que se podían obtener indulgencias. Otros han planteado la idea de que se retrasó hasta la fecha en la que expiraba el plazo para la salida de España de los judíos que no se hubiesen querido convertir.[127] Sin embargo, cuesta creer que se tomase una decisión de ese calado por motivos festivos, espirituales o religiosos, y no por otros relacionados con el tiempo o el estado de la mar. Lo cierto es que en la madrugada del viernes 3 de agosto de 1492, unas horas antes de amanecer, la tripulación acudió al templo de San Jorge, donde se confesaron, escucharon misa y comulgaron, pues, pese a las promesas, no ignoraban que muchos de ellos no regresarían.[128] Aunque el propio Colón omitió cualquier referencia a estas ceremonias previas a la partida, sabemos por otras fuentes que todos procesionaron hasta el muelle, incluidos los religiosos de La Rábida, que permanecieron en el puerto hasta que las velas se perdieron en el horizonte. Efectivamente, al alba soltaron amarras del fondeadero del río Tinto, algo que, según cálculos de José Luis Comellas, ese día se produjo a las seis horas y catorce minutos de la mañana, y pusieron rumbo suroeste.[129] Seis días después, en concreto el 9 de agosto, arribaron a la isla de Gran Canaria, tras una travesía bastante tranquila, pues, aunque se afirmó que sufrieron mala mar, lo peor estaba aún por llegar, y no por motivos meteorológicos.[130] La decisión de enrumbar hasta ese archipiélago resultó clave porque de haber navegado desde Palos rumbo oeste no habrían podido aprovechar los alisios y su viaje hubiese estado condenado al fracaso, como le había ocurrido pocos años antes a Van Olmen.

En Gran Canaria permaneció la *Pinta* casi un mes, porque estaba en mal estado, hacía agua y, desde el 6 de agosto, se había desprendido el timón, lo que obligó a sujetarlo provisionalmente con cuerdas hasta su reparación. Hubo sospechas de que pudiese haber sido saboteado para evitar hacer el viaje, pero este extremo ni se ha podido verificar ni parece plausible.[131] Lo cierto es que no había motivos para ello y, además, a nadie le interesaba poner en grave riesgo a toda la dotación, incluido el supuesto saboteador. En realidad, sabemos que la mala mar en popa perjudica el timón, y se ve que afectó más al de la *Pinta*, que, por las circunstancias que fuese, no estaba bien carenada. Inicialmente se pensó en cambiar de embarcación, pero, dado que no se encontró otra, se decidió calafatearla y repararla, y se aprovechó la ocasión para sustituir sus velas latinas originales por otras cuadradas, lo que la convirtió en la más rápida del convoy.[132] Se sospecha, como sostiene Hernando Colón, que también se decidió cambiar el velamen de la *Niña*, convirtiéndola en redonda, igual que la *Pinta*.[133] Eso explicaría que ambas rivalizaran en velocidad, al ser navíos muy ligeros con un amplio aparejo. El propio Colón reconoció el ingenio y la capacidad de Martín Pinzón, quien no solo solucionó el problema técnico, sino que le otorgó a la carabela una extraordinaria agilidad. El 2 de septiembre, la *Pinta* arribó a La Gomera, donde la esperaban las otras dos embarcaciones, y permaneció en la isla hasta el 6 de septiembre.[134] El trayecto entre Gran Canaria y La Gomera fue complicado porque, como es sabido, la navegación de cabotaje entre las islas era siempre muy difícil, hasta tal punto que estaban mejor comunicadas con la propia península, y después con América, que entre sí.[135] Ese día, tras celebrar una misa en la parroquia de San Sebastián, se dirigieron hacia El Hierro, desde donde, el 8 de septiembre, pusieron rumbo a poniente, comenzando la gran aventura atlántica.

A partir de ese momento se adentraron en aguas totalmente desconocidas, algo que no ignoraba la tripulación. A decir de Hernando Colón, «muchos suspiraron y lloraron».[136] La derrota sería muy complicada, pero no por el estado del mar, que fue muy tranquilo, sino por las inquietudes y los temores que despertaba entre la gente y que, de no haber intervenido Pinzón, podían haber acabado de manera infausta.[137] Desde el 8 de septiembre al 6 de octubre transcurrieron veintiocho días bastante apacibles, manteniéndose en el paralelo de las islas Canarias, para no pasar por aguas adjudicadas a Portugal en el acuerdo de Alcaçovas. Durante buena parte del mes de septiembre la marinería estuvo alegre y esperanzada, recogiendo del mar juncos y trozos de vegetación; algunos incluso avistaron un ave blanca, un alcatraz y hasta una ballena.[138] Todos aguzaban los sentidos para ver, o creer ver, el más mínimo indicio que los llevase a pensar que había tierra cerca. Además, los tres navíos trataban de ser los más rápidos para ser los primeros en avistarla. Y puestos a observar el firmamento, tuvieron la ocasión, el 11 de septiembre, de ver como caía una *ráfaga de fuego* —probablemente un bólido— a cuatro o cinco leguas de sus navíos, es decir, a una distancia de entre veintinueve y treinta y siete kilómetros.[139] Entre el 13 y el 30 de septiembre, Colón anotó una anomalía científica: la aguja de la brújula se desviaba con respecto a la estrella polar, ya que el polo geográfico no coincidía con el magnético.[140] Se ha dicho que en ese momento descubrió la declinación magnética, pero esta ya la conocían los marinos del Mediterráneo e incluso sabemos que, en anteriores rutas, el mismo Colón había cebado su aguja para corregir esta desviación.[141] Lo que calculó con bastante exactitud fueron las declinaciones magnéticas en el Atlántico, que variaban en función de la latitud en la que navegasen, cambiando de nordeste a noroeste.[142]

Desde el 16 de septiembre se adentraron en el llamado Mar de los Sargazos y encontraron mucha hierba en el agua, pues se trata de una zona de confluencias de corrientes donde se suele acumular vegetación, algas, crustáceos y otros objetos flotantes.[143] Aunque no entorpecía la navegación, muchos pensaban que podían ocultar peñas en las que podrían naufragar, por lo que comenzaron las primeras murmuraciones contra Colón.[144] Sin embargo, seis días después, el 22 de septiembre, se produjo un hecho que relajó bastante los ánimos: el almirante anotó en su diario que sopló viento contrario, lo que vino muy bien porque eran muchos los que aseveraban que siempre ventaba en dirección oeste y que nunca encontraría corrientes de poniente para regresar.[145] Esta idea de que no soplaba de oeste a este estaba muy generalizada, no solo entre los marinos sino incluso entre algunos sabios de su tiempo. De hecho, según su hijo, uno de los motivos que esgrimió la junta de cosmógrafos, presidida por Talavera, para rechazar su plan es «que le sería imposible dar la vuelta».[146] Y es que a finales del siglo XV seguía imperando la convicción de que, al margen de las insalvables distancias, los vientos, las barreras vegetales y las corrientes impedían atravesar el extensísimo Mar Tenebroso. Afortunadamente, además del viento contrario, ese mismo día y el siguiente divisaron pájaros, algunos de los cuales identificaron como tórtolas y alcatraces, lo que contribuyó a la tranquilidad porque dedujeron que estaban cerca de encontrar tierra.[147] Estos avistamientos los anotó de manera ponderada en su diario, siempre con la idea de que sus hombres mantuviesen la esperanza. A bordo se vivía todo un carrusel de emociones, pasando en cuestión de horas de la ilusión a la desilusión y viceversa.

El 25 de septiembre, cuando aún quedaban algo más de dos semanas para arribar a las Bahamas, Martín Alonso Pinzón y buena parte de la dotación creyeron ver tierra, por lo que las tres tripulaciones se arrodillaron dando gracias al Creador, entonando el *Gloria in excelsis Deo*.[148] Estuvieron todo el día pensando que la habían encontrado y el propio Colón estimó que se encontraban a menos de veinticinco leguas. Por desgracia para todos, de la alegría pasaron a la más profunda desazón cuando, al día siguiente, tuvieron la certeza de que había sido un mero espejismo, quizá debido a las brumas avistadas en el horizonte, sobre las algas marinas. Y es que está claro que cada uno ve lo que quiere o desea ver, y en este caso había cerca de un centenar de personas ansiando divisar tierra.

Desde primeros de octubre las jornadas se tornaron muy tensas, una situación que se fue agravando a medida que pasaban las horas y los interminables días. Y todo ello pese a que Colón había estado reduciendo intencionadamente la distancia diaria recorrida, llevando una doble contabilidad, como él mismo reconoció, para evitar que la gente se «espantase y desmayase» al ver recorrer tanto camino sin llegar a buen puerto.[149] El mismo 1 de octubre informó a todos de que habían recorrido ya quinientas ochenta leguas cuando en realidad sabía que habían sido más de setecientas.[150] Bien es cierto que no era difícil mantener el engaño, pues la distancia se medía a estima, considerando la fuerza del viento, el velamen, la estiba, etc., con un amplio margen de error.[151] Pero a estas alturas ya nadie se fiaba, seguían sin divisar tierra, y aunque llevaba esa doble contabilidad del camino recorrido, la tripulación comenzó a impacientarse de manera ostensible.

El 6 de octubre volvieron a observar una bandada de aves que volaban en dirección suroeste, por lo que Martín Alonso Pinzón se aproximó a la *Santa María* y propuso al capitán que siguiesen la dirección de esos pájaros, cambiando el rumbo oeste por el de suroeste.[152] Hay que tener en cuenta que las aves migratorias tienen un sentido de la orientación muy superior al del ser humano, por lo que durante siglos fueron un referente para los marinos. Sin embargo, Colón hizo caso omiso, lo que contribuyó a que los ánimos se caldeasen, hasta tal punto que, en la madrugada del 6 al 7, se produjo el primer motín, encabezado en esta ocasión por los cántabros, que amenazaron con arrojarlo por la borda si no daba media vuelta. Hay que aclarar que cuando las fuentes hablan de cántabros se refieren a personas del norte, lo mismo a un santoñés como Juan de la Cosa que a vascos, a los que con frecuencia se les llamaba vizcaínos. Aunque el suceso lo ocultó en su diario, todo parece indicar que fue un problema serio que le obligó a disparar una lombarda para llamar la atención de los pinzones, que estaban al mando de la *Pinta* y la *Niña*. Tras reunirse con ellos, obtuvo la ayuda inestimable de Martín Alonso, que consiguió controlar la situación.[153] No debe de ser casualidad el hecho de que para aquella fecha ya hubiesen recorrido las setecientas cincuenta leguas que eran precisamente las que estimaba el ligur que distaban de Canarias los territorios que pretendían alcanzar.[154]

Tan sugestionados estaban con hallar tierra que el 7 de octubre la *Niña* disparó un tiro de lombarda, como estaba acordado, porque otra vez creyeron verla.[155] Ante este nuevo fiasco se acordó que solo se dispararía la salva artillera cuando se estuviese totalmente seguro del avistamiento, y el que errara ya no podría concursar en adelante por la merced que concedía la Corona para el primero que la divisase.[156] Pero entonces observaron una nueva bandada de aves que volaba en la misma dirección, es decir, suroeste, e interpretaron que se dirigían a tierra, una nueva señal que ya no podía eludir, teniendo en cuenta que los ánimos estaban muy caldeados. Esa misma tarde, Colón decidió seguir la opinión mayoritaria de la marinería, y en especial de Martín Alonso Pinzón, y cambiar el rumbo, lo que los encaminó hacia a las Bahamas. De no haber modificado su trayectoria hubiesen arribado, varios días después, a la costa occidental de La Florida, cambiando parcialmente el devenir de los acontecimientos.

Por esas fechas, Colón ya sabía que estaban muy cerca de tierra porque en su contabilidad secreta había superado con creces la distancia a la que estimaba se encontraba la fabulosa isla de Cipango. Además, cada vez había más señales de la cercanía de tierra, como juncos, cañas verdes, palos cortados, peces que no se solían alejar de la costa y aves, como pardelas, lo cual no escapó a su sutil mirada.[157] Ello no impidió que la situación se volviese ya casi insostenible desde el 9 de octubre, aunque él volvió a minimizar el asunto en su diario, al mencionar tan solo que la gente se quejaba de la larga singladura.[158] Al día siguiente se produjo una nueva asonada general, y, por tanto, muy peligrosa, en la que estuvieron a punto de detenerlo o, incluso, de arrojarlo al mar, pues decían los amotinados que, siendo extranjero, nadie les pediría cuentas.[159] Según un marinero de la *Niña*, Francisco de Morales, se juntaron los tres maestres en la *Santa María* y le dijeron que diese media vuelta porque no solo no había tierra, sino que, si avanzaban más, la dirección de los vientos no les permitiría regresar.[160] La situación se tornó muy tensa y Colón solo la consiguió controlar, una vez más, con la inestimable ayuda de Pinzón, quien los tranquilizó con dos argumentos: uno, convenciéndoles del error que suponía asesinarlo, porque, si sobrevivían, tendrían que rendir cuentas ante los reyes. Y otro, pidiendo un voto de confianza, es decir, que le ofreciesen un plazo de tres o cuatro días y, si en ese intervalo no llegaban a buen puerto, se podrían volver los que quisiesen, con alguna o algunas de las embarcaciones.[161] Colón estaba convencido de que antes de finalizar ese plazo encontrarían tierras, primero, porque sabía que habían recorrido mucho más de setecientas leguas, aunque dijese que eran algo menos de seiscientas, y segundo, porque desde el 20 de septiembre vislumbraba claros indicios de su cercanía: la presencia continua de alcatraces y de hierbas arrancadas de las rocas evidenciaba su proximidad. Obviamente, no agotaría el plazo.

El 11 de octubre, en torno a las diez u once de la noche, Colón apreció en cuatro ocasiones lumbres a lo lejos e hizo llamar en secreto a dos oficiales, el repostero Pedro Gutiérrez y el veedor y contador de la armada Rodrigo Sánchez de Segovia.[162] El primero ratificó la existencia de dichos destellos, aunque no el segundo. Pero fuese real o no, lo cierto es que ya estaba seguro de que en breve se iba a producir el avistamiento, por lo que puso en máxima alerta a las tripulaciones, pidiéndoles que abriesen bien los ojos y redoblasen la vigilancia. Poco después, un marinero, natural de Lepe, acudió a decir que había observado lumbres, pensando en cobrar la recompensa, aunque le advirtieron que el propio capitán ya las había visto antes.[163] Además de los diez mil maravedís a perpetuidad que había ofrecido la soberana, Colón prometió un jubón de seda al primer vigía que la divisase.[164]

Había luna llena, de ahí que se pudiese otear bien el horizonte. La *Pinta*, como casi siempre, iba en vanguardia cuando se divisó tierra a dos leguas de distancia. Fue Rodrigo de Triana, encaramado al palo mayor, quien profirió el famoso grito de ¡Tierra! Segundos después, siguiendo lo acordado, se disparó desde la *Pinta* un tiro de lombarda y se alzaron las banderas. Eran en torno a las dos de la madrugada del 12 de octubre de 1492 y Colón ordenó de inmediato a las tres naves ponerse al pairo o a la cuerda, arriando las velas para no avanzar.[165] Con muy buen criterio, decidió esperar a las luces del alba para navegar, ya que estaban en aguas desconocidas y podían sufrir un percance, al tocar algún bajío.[166] Eso sí, aprovecharon el parón para celebrar un solemne y sentido *Te Deum laudamos*, en acción de gracias por haber llevado a buen término su aventura. Según el padre Las Casas, muchos tripulantes, con lágrimas en los ojos, acudieron ante él pidiéndole disculpas por haber dudado y ofreciéndose a servirle en el futuro en todo lo que ordenase.[167]

Y antes de proseguir con el relato, cabe señalar que no se sabe a ciencia cierta quién fue esa persona que realizó el avistamiento. La versión tradicional que ha pasado a los libros de texto es que fue Rodrigo de Triana, pues así lo llamaron tanto el propio almirante en su diario como su hijo Hernando y otros cronistas. El problema es que está documentado casi todo el rol del primer viaje y no aparece ningún tripulante con ese nombre, por lo que es posible que se tratase de un apodo. El nombre más parecido que sale entre la dotación es el de Juan Rodríguez Bermejo, natural del lugar de Los Molinos (Sevilla), y, además, hasta tres declarantes en los Pleitos colombinos —Diego Fernández Colmenero, Manuel de Valdovinos y Francisco García Vallejo— lo identificaron como la persona que profirió el emblemático grito de tierra.[168]

Como ya hemos referido, Colón reclamó la prima prometida por la soberana, presentando varios testigos que certificaron que, al caer la noche del 11 de octubre, exactamente a las veintidós horas, ya él les comunicó la noticia del avistamiento, al haber observado unos destellos que solo uno de ellos verificó.[169] Bien es cierto que no ordenó disparar la lombarda como estaba estipulado, lo cual hubiese sido el mejor certificado de autenticidad.[170] Pero no hay que olvidar que después de esto hizo la promesa del jubón, e incluso recordó la renta ofrecida por la soberana al que vislumbrase tierra, algo que protagonizó Juan Rodríguez Bermejo, desde el palo mayor de la *Pinta*. Luis Joseph Peguero sostuvo que se le entregó tanto el jubón como la renta a perpetuidad, pero sabemos que no fue así.[171] La justicia le terminó dando la razón, certificando que el primer avistamiento se hizo el 11 de octubre. Por ello el 23 de mayo de 1493 se le concedió dicha renta vitalicia de diez mil maravedís anuales, situada sobre las alcabalas de las carnicerías de la ciudad de Córdoba. ¿Y por qué se lo concedieron a él? El documento no deja lugar a la duda: porque «somos certificados que él fue el primero que vio y descubrió las dichas islas...».[172] Sus detractores han usado históricamente esta avaricia e ingratitud hacia el marinero de la *Pinta* por llevarse una renta que le podía solucionar la vida a una persona humilde pero que para él era apenas una minucia. El acto tiene poca justificación, aunque debo matizar que en esos momentos la situación económica de Colón no era mucho mejor que la del trianero.[173] Este último regresó a Sevilla, donde estaba desposado con Catalina Muñoz, y siguió vinculado a la navegación indiana. En 1507 lo encontramos como maestre de la nao *Santa Catalina*, que viajaba a La Española, y en 1511 lo volvemos a situar con el mismo cargo en la nao *Espíndola*. Con posterioridad desempeñó el cargo de piloto y se embarcó, en 1525, en la expedición a las Molucas de García de Loaysa. Falleció en el trayecto, en abril del año siguiente.[174] Por tanto, legalmente, y así lo decidió un tribunal de justicia, el primer descubrimiento se efectuó a las diez de la noche del 11 de octubre, y no el día 12, como se ha venido sosteniendo desde hace siglos. Pero, incluso, algunos autores mantienen que el avistamiento colombino se produjo el 10 de octubre y el de Rodrigo de Triana al día siguiente. En este sentido se expresaron tanto Francisco López de Gómara como Gonzalo Fernández de Oviedo. Este último no solo afirma que se descubrió un 11 de octubre, sino que en su cómputo de días desde que Colón salió de El Hierro hasta que llegó le salen treinta y tres días, y no treinta y cuatro.[175] En cambio, fray Bartolomé de Las Casas fechó el descubrimiento del trianero el 12 de octubre. Sin embargo, a juicio de Juan Gil, pudo ser por la carga negativa que tenía para el cristianismo el número once, que a su juicio fue la fecha real del Descubrimiento.[176]

La isla descubierta era la de Guanahaní, en las Bahamas, que Colón rebautizaría como San Salvador, mientras que a todo el archipiélago los españoles lo denominaron Lucayas.[177] Apenas permanecieron en el islote entre el 12 y el 14 de octubre, tres días en los que no tuvieron posibilidad, tiempo ni intención de construir ni tan siquiera una empalizada. Por ello, no extraña que no se haya encontrado ningún resto arqueológico que acredite su presencia en esa isla, pese a lo cual hay bastante unanimidad en la comunidad científica en sostener que se trata de la actual Watling Island.[178] El problema es que, aunque se ha analizado con detalle el diario de Colón, este no ofrece una respuesta clara, por lo que, salvo que aparezca algún abalorio de la época, o sus propias cartas náuticas —hoy desaparecidas—, parece imposible confirmar con certeza absoluta la isla exacta de la arribada. Es más, él mismo no tenía claro dónde estaba, y sospechaba que debía de ser alguno de esos múltiples islotes que, según el imaginario medieval, había en la antesala del continente asiático descrito por Marco Polo. Eso sí, no albergaba ninguna duda de que las tierras del Gran Khan estaban cerca y que estaba a punto de lograr lo que tantas veces había prometido.

Lo primero que hizo Colón fue tomar posesión solemne de los nuevos territorios, en nombre de la Corona de Castilla y León. Y aunque no llevaba instrucciones expresas en este sentido, esta ceremonia simbólica y jurídica tenía amplios antecedentes que se remontaban a la Edad Media. El almirante, portando la bandera real, estuvo flanqueado por los dos capitanes, Martín Alonso Pinzón a un lado y Vicente Yáñez Pinzón al otro, ambos con sendas banderolas verdes con las iniciales de los nombres de los soberanos, la F y la Y, y encima de cada letra su corona.[179] Durante el ceremonial, Colón desenvainó su espada y alzó el pendón de Castilla y León, tomando posesión de aquellos territorios. Y tal y como exigía un ritual de ese calado, todo se hizo en presencia de medio centenar de hombres, y sobre todo ante Rodrigo Sánchez de Segovia, veedor real, y del escribano de la escuadra Rodrigo de Escobedo, que se encargó de levantar el acta de tan singular efeméride.[180] Justo después, colocaron una cruz, la primera de las muchas que Colón fue dejando allá por donde pasaba. Mientras, desde la maleza, una muchedumbre de indígenas observó un espectáculo que jamás habían visto, sin comprender que cambiaría sus vidas para siempre. Después de la ceremonia, y tras disiparse las cautelas de los naturales, hubo un intercambio de regalos; los nativos recibieron cuentas de colores y espejuelos y, a cambio, regalaron ovillos de algodón, azagayas, papagayos y otros productos exóticos de su tierra.[181] Como el almirante escribió en su diario, está toma de posesión era extensible a todas las islas y los territorios que descubriesen, por lo que no hacía falta repetir el protocolo en todas las tierras a las que aportasen.[182] Bien es cierto, sin embargo, que en los siguientes viajes, ocasionalmente, siguió tomando posesión oficial de algunos de esos territorios, al interpretar que no eran de nadie.[183]

Ya en ese primer contacto destacó la extraordinaria belleza del paisaje, el verde intenso, así como la inocencia y mansedumbre de sus habitantes, que los tomaron por dioses venidos del cielo.[184] Según Luis J. Ramos, la frase no debe ser entendida de manera literal: señalaban su procedencia de donde salía el sol, pues desde el primer instante fueron conscientes de las ambiciones mundanas de esos extraños.[185] Lo cierto es que, los tomasen o no por dioses, desde los primeros contactos detectamos un doble sentimiento de admiración y de temor que se aprecia tanto en las huidas iniciales como en las aproximaciones posteriores. Parece evidente que, más que un sentimiento de amistad, lo que hubo fue una actitud precavida y la convicción de que no eran tan fuertes como para expulsarlos de sus tierras.

Colón estaba influido por las fantásticas descripciones de Asia que circulaban en Europa y que trataba de identificar a cada paso. Pero lo primero era lo primero, así que lo que más llamó su atención es que algunos portaban un pequeño colgante de oro en la nariz.[186] Les interrogó sobre su origen y le dijeron que más al sureste había un señor que vivía en una gran isla que tenía *grandes vasos* de ese metal. Y aunque en esta ocasión era cierto que allí no había minas, fue una constante a lo largo de todo el Descubrimiento y la conquista que los naturales señalasen siempre más allá para quitárselos de encima, a sabiendas de su voracidad áurea. Este simple detalle de los colgantes de oro fue suficiente para despertar la insaciable codicia de Colón y ratificar su idea de que estaba a las puertas del rico reino de China.

Asimismo, tomó por la fuerza a siete naturales con la idea de llevarlos a Castilla a enseñarles el castellano y usarlos con posterioridad como intérpretes.[187] Esta práctica la había visto realizar a los lusos, de los que decía que traían nativos de Guinea para enseñarles el portugués.[188] Eso no evitó que el padre Las Casas, pese a la admiración que sentía por él, le recriminase su actitud, pues los capturaba lo mismo para usarlos como intérpretes que para venderlos como esclavos.[189] Aunque, precariamente, le sirvieron para mantener una comunicación básica con los naturales de aquellas islas a las que fueron aportando. De hecho, siempre eran ellos los primeros en desembarcar, avisando de que eran personas de paz y que no les harían daño.[190] Colón se llevó consigo a uno de los muchachos tomados en Guanahaní, quizá con su aprobación, y se contó entre los que presentó a los reyes en Barcelona al año siguiente, bautizado con el nombre de Diego Colón, en honor al padrinazgo de su hijo.[191] Ambos sintonizaron bien desde el primer momento y entablaron una larga y duradera amistad. La gran capacidad de aprendizaje y el azar, pues el muchacho sobrevivió a las mortíferas epidemias de los primeros años, lo convirtieron en una pieza clave como traductor durante la época de los descubrimientos.[192] Posteriormente, se afincaría en La Española, desposado con Cora, una hermana del cacique Guarionex, y vivió al menos hasta 1514.[193] Pasa por ser el primer intérprete del Nuevo Mundo, de los muchos que se usaron en toda la empresa expansiva. Con él se inauguraba una política para recabar información del otro y, de paso, superar el grave problema de la incomprensión.

En cambio, aunque los indígenas eran grandes canoeros y conocían las rutas navales antillanas, parece que Colón no los usó como guías en su tránsito por las aguas caribeñas, y que improvisó los recorridos en función de sus propias ideas e intuiciones.[194] El lunes 15 de octubre aportó a otra de las islas Bahamas, que Colón rebautizó como Santa María de la Concepción, quizá la actual Rum Cay.[195] Después rodeó dos islas, una a la que llamó Fernandina —la Long Island actual— y otra que bautizó como La Isabela —Crooked Island—, donde supo de la existencia de una tierra extensa y rica que los naturales llamaban, o eso entendió, Colba, es decir, Cuba.[196] Ninguno de los topónimos que le dijeron se parecía al de Cipango, pero siendo tan grande y rica como decían, le pareció obvio que debía de tratarse de la casi legendaria isla citada por Polo.

Tardaría varios días en arribar a Cuba, debido a la falta de viento, y desembarcó el domingo 28 de octubre, sin que sepamos el punto exacto.[197] La isla fue rebautizada con el nombre de Juana, en honor al príncipe don Juan, primogénito de los reyes.[198] Al día siguiente, siguiendo una costumbre que mantendrá durante los cuatro viajes exploratorios, Colón decidió dejar clavada una cruz, aunque sin presencia de los indígenas, que se mostraron huidizos. Hasta el 1 de noviembre no pudo contactar con ellos y, a través del indígena Diego Colón, les comunicó que solo le interesaba saber si había metal precioso para rescatar. Y volvió a encontrar señales de que lo había, ya que observó que portaban un trozo de metal en la nariz, aunque esta vez por el color interpretó que era plata, y no oro.[199] Seguía anotando posibles puertos, señalando sus cualidades, pensando siempre en futuras fundaciones de ciudades o fortalezas.[200]

La tierra le pareció hermosa, llena de «buenos puertos y ríos hondos», como anota en su diario. Pero ¿dónde creía que estaba? Podía ser Cipango, es decir, Japón, pues muchos tratadistas, entre ellos el propio Toscanelli, decían que era una isla muy grande. No obstante, para asegurarse, volvió a tomar la altura y le salieron cuarenta y dos grados, por lo que también le pareció plausible que estuvieran en tierra firme, en Cathay. Seguía dudando, pero, aun así, el 2 de noviembre decidió enviar tierra adentro al judeoconverso Luis de Torres y al ayamontino Rodrigo de Jerez, acompañados por Diego Colón, para verificarlo. El objetivo era la localización del legendario Gran Khan en Hangzhou, para hacerle entrega de la carta de los Reyes Católicos e iniciar así las relaciones diplomáticas.[201] Se internaron tierra adentro por espacio de doce leguas, pero, evidentemente, regresaron cuatro días después sin haber encontrado a ningún rey, ni más capital que un núcleo de población de cincuenta bohíos o casas pajizas.[202] Y aunque regresaron con el cacique del pueblo y su hijo, Colón apenas le prestó atención y lo dejó volver a su tierra sin suscribir ningún tipo de pacto, como haría después con Guacanagarí en La Española. En realidad, se trataba de otra de sus fantasías, pues, además, ignoraba que el Gran Khan había sido depuesto más de un siglo antes y que su corte había estado en Pekín. De momento le pareció evidente que aquello no podía ser Cathay, como escribió en la carta anunciadora, aunque poco más de un año después cambiaría de opinión.

Pese a todo, mantuvo el buen ánimo y estuvo varias semanas recorriendo la costa, reconociendo puertos y bahías, pensando en futuras jornadas. El 12 de noviembre apresó a siete mujeres y tres niños, de nuevo con la idea de que aprendiesen el idioma.[203] Y, cómo no, siguió colocando cruces por aquí y por allá, analizando futuros negocios, de ahí que señale la existencia de árboles que daban resina —almáciga—, de algodón o de grandes ostras que los indígenas pescaban. Estas últimas las revisó una a una sin encontrar las codiciadas perlas, aunque interpretó que no era la época en que las producían, que él pensaba que era entre mayo y junio.[204]

Desde el 21 de noviembre de 1492 al 6 de enero de 1493, Martín Alonso Pinzón y la *Pinta* estuvieron desaparecidos. Mientras este bojeaba la costa norte de La Española, Colón siguió con la *Santa María* y la *Niña* descubriendo la costa de Cuba. El sábado 1 de diciembre fondeó en Baracoa, en el extremo oriental de Cuba, donde volvió a clavar una cruz encima de unas peñas vivas.[205] Estuvo varios días en ese puerto por culpa del mal tiempo, y no fue hasta el 4 diciembre cuando abandonaron la isla para proseguir su derrotero.

LA ISLA DEL ORO

El 5 de diciembre Colón avistó la primera isla en la que se asentarían con carácter permanente y que los indígenas llamaban Haití o Aytí, que en arawaco significaba tierra escarpada o montañosa.[206] Le pareció una tierra muy hermosa, tanto como España, de ahí que la denominase con el sonoro apelativo de La Española, aunque muchos la conocieron desde entonces como la isla del oro.[207] En ella se ubicó el primer Dorado, ese mundo soñado en el que pensaban que existían grandes ciudades pavimentadas con losas de oro, con casas con tejas del mismo metal y gobernantes engalanados con adornos y vestiduras áureas.[208]

Avistaron junto a la costa una isla que a bote pronto le pareció muy grande, y con tierras de las que se dijo que eran tan fértiles como las de la campiña de Córdoba; la llamaron Tortuga, topónimo que todavía conserva en la actualidad.[209] El 6 de diciembre desembarcaron en el puerto que bautizaron de San Nicolás, en el extremo occidental de La Española, aunque con toda probabilidad ya Martín Alonso Pinzón había recorrido ese litoral.[210] Sabía que no podía ser Cathay, porque apenas estaba a unas pocas leguas de Cuba, cuando, según Toscanelli, la distancia debía ser mucho mayor.[211] El miércoles 12 de diciembre Colón pensó en abandonar dicho enclave, pero los vientos contrarios se lo impidieron; aprovechó la ocasión, como de costumbre, para colocar una cruz en el lugar más visible que encontró. Navegando por la costa norte, se toparon con un indígena que iba en una canoa y lo subieron a bordo, pensando de nuevo en sus futuros servicios como traductor.

El encuentro con Guacanagarí, el cacique del Marién, se produjo el 18 de diciembre de 1492, y desde ese momento se convirtió en su gran aliado, pues terminaría sellando el primero de una larga serie de pactos guatiaos que se alcanzaron a lo largo y ancho del continente.[212] El propio almirante relató con detalle ese primer contacto. El jefe indígena se presentó al pie de la nao *Santa María* acompañado por una comitiva de doscientas personas, que, evidentemente, no pudieron subir a bordo.[213] En la cubierta del barco intercambiaron regalos; el cacique entregó una cierta cantidad de oro y Colón varias camisas, gorros, cuchillos, espejos, cascabeles y campanillas.[214] La comunicación fue difícil, pero se compensó con cordialidad, buenos gestos y semblanzas de alegría. De momento no se había sellado ninguna alianza, pero estaba claro que había buena sintonía, por lo que todo apuntaba a que se iba a convertir en su aliado.

Al día, siguiente, el 19 de diciembre, levaron anclas y prosiguieron la exploración de la costa norte de la isla en dirección este. De cuando en cuando, fondeaban en puerto e intercambiaban baratijas por ricos objetos de oro. En uno de esos encuentros, en el que los indígenas le entregaron a Colón una rica carátula que tenía las orejas, la nariz y la lengua de oro, oyeron hablar de las minas del Cibao, que se encontraban en el interior de la isla, lo que volvió a espolear sus sueños dorados.[215] Los naturales asociaban oro con Cibao, y el almirante vinculaba el Cibao con Cipango, interpretando que se debía de tratar de una deformación del verdadero nombre, que por fin había localizado.

En la madrugada del 24 al 25 de diciembre de 1492, la nao *Santa María* sufrió un grave percance al tocar en unos bajos en la desembocadura del río Yaqui, en la costa norte, en la actual República de Haití.[216] Faltaba una hora para la medianoche cuando Colón decidió acostarse, alegando que llevaba varios días sin conciliar el sueño. Se supone que Juan de la Cosa era el oficial de guardia esa madrugada y que, en cualquier caso, debía velar por que algún marinero con experiencia se quedase al mando del timón. Huelga decir que él era el dueño de la nao, y, por tanto, el menos interesado en perderla, pero, no se sabe cómo, el timón terminó en manos de un inexperto grumete.[217] El propio almirante, dado que había prohibido que estos gobernasen las naves, le reprochó su responsabilidad en la pérdida, aunque la Corona jamás lo tuvo en cuenta. Por tanto, puede achacarse a una negligencia del piloto, aunque es cierto que Colón solía dejar las naves al *paire* o a la *corda*, es decir, con las velas arriadas durante la noche, precisamente para evitar percances en aguas desconocidas de las que no había cartas náuticas. Sin embargo, dado que corría una suavísima brisa y había luna llena, esta vez decidió que prosiguiese la navegación, pues el mar parecía una escudilla y todo parecía indicar que sería una noche tranquila.[218] No tardó en levantarse un viento desde tierra al mar, que se conoce como terral, que empujó la nao hacia el norte hasta hacerla encallar en unas peñas.[219] Cuando el inexperto grumete notó el golpe con el arrecife, gritó y despertó con un sobresalto a toda la gente. Colón fue el primero en ponerse en guardia, situándose al frente de las operaciones para desencallarla. Ordenó echar el ancla y el batel por popa para tratar de liberar la proa, pero la operación se demoró en exceso, ya que los marineros bajaron los bateles y huyeron hacia la *Niña*, tratando de salvar sus propias vidas y abandonando a su suerte a la *Santa María*. Llama la atención que la *Niña* viajase a media legua de la *Santa María*, a más de tres kilómetros de distancia, lo que dilató más los tiempos de la posible ayuda. Con muy buen criterio, y con un gran sentido de la lealtad, el palermo Vicente Yáñez se negó a socorrer al batel y los compelió a regresar a la nao para intentar rescatarla, aunque ya era demasiado tarde.[220] De hecho, la marea estaba bajando y la nao quedó varada en seco, azotada por las olas de costado, lo que terminó por abrir las cuadernas. Se ha discutido mucho sobre quién tuvo la responsabilidad en la pérdida, aunque hay que decir que, como ocurre en casi todos los accidentes, se concatenaron varios errores en cadena para provocar el siniestro, que fue totalmente fortuito.[221] Era la primera Nochebuena que unos europeos pasaban en el Nuevo Mundo y el mar estaba en calma, por lo que hubo un exceso de confianza. Fallaron todos desde la cúspide hasta la base, el capitán, el piloto, el marinero y toda la tripulación, que decidió ponerse a salvo en vez de intentar salvar la nao. Colón se lo pasó por alto a sus hombres y no arrestó a ninguno de ellos, pensando que fue un acto de cobardía, y no de traición.

El contratiempo era muy considerable, no solo porque ya no habría posibilidad de que todos regresaran sino porque perdieron buena parte de su superioridad, al evidenciarse la fragilidad de aquellos castillos flotantes que parecían invencibles.[222] Una vez que Colón se dio cuenta de que la nao estaba perdida, envió un batel al mando del alguacil de la armada Diego de Arana y de Pedro Gutiérrez, repostero real, para que informasen a Guacanagarí de lo sucedido y solicitasen oficialmente su colaboración.[223] El desguace de la embarcación tuvo lugar en varias fases, empezando por la carga de cubierta y por los mástiles.[224] Todo el barco fue desmontado hasta tal punto que se extrajo «hasta el más mínimo clavo».[225] Incluso, al vaciar el pecio, el casco se aligeró y flotó con la marea, por lo que pudo ser remolcado con los botes y canoas hasta la costa, para terminar de aprovechar su madera.[226] Indudablemente, esto hace imposible localizar los restos del pecio en la bahía del Caracol, donde naufragó, pese a las noticias que con cierta periodicidad saca a relucir la prensa sensacionalista.[227] Todo lo que se extrajo de ellos, incluyendo la madera y la clavazón, se colocó en unos bohíos del pueblo del cacique, quien además ayudó con ochenta canoas y trescientos hombres en las tareas de rescate.[228]

Acto seguido se pensó en usar sus restos para construir el fuerte La Navidad, denominado así en honor a la fecha en la que sucedió el siniestro, un nombre que, por otro lado, era muy acorde con su perfil providencialista. Su ubicación en la desembocadura del río Guárico, en la costa noroccidental de la actual Haití, muy cerca del poblado del cacique, tenía su lógica, ya que allí se habían guardado los restos del naufragio.[229] Cinco días después, el 30 de diciembre, ya estaba a punto la estructura, aunque cuando salieron de vuelta a España el fuerte aún no se había terminado de construir, pues se esperaba que las obras durasen al menos un mes más.[230] Ni que decir tiene que no se trató de ninguna ciudad, villa o lugar, ni tan siquiera de una fortaleza en el más estricto sentido de la palabra.[231] En realidad, era una estructura muy básica que Diego Álvarez Chanca describió como «un cortijo algo fuerte, con una (em)palizada», mientras que otros la representaron como un simple «castillejo de tierra y madera», con un pozo de donde abastecerse de agua dulce.[232] La utilización de estos cortijos como estructura defensiva fue una constante en las Antillas en los primeros años. Se trataba de un sencillo recinto de planta rectangular o cuadrada, de cimientos pétreos y muros de tapiería, y sin torres en las esquinas. Su función era muchísimo más defensiva que ofensiva, ya que estaba destinado a servir de refugio en caso de agresión.[233] Aun así, se molestaron en crear una buena empalizada y una pequeña torre central de madera no porque pensara que la necesitarían para defenderse, sino, a decir de Las Casas, porque, conociendo su ingenio, el temor haría que obedeciesen mejor.[234]

Desde un primer momento, Colón pensó en dejar a varias decenas de hombres, en número equivalente a los que iban embarcados en la nao capitana. No olvidemos que tan solo disponía de la *Niña*, porque la *Pinta* llevaba varias semanas desaparecida, de forma que tampoco tenía otra opción. Sorprende que se mostrase en contra Vicente Yáñez, quien le advirtió del peligro de dejar allí a un grupo tan reducido.[235] Y digo que sorprende porque Colón sabía a ciencia cierta que todos no se podían embarcar en la *Niña*, aunque tenía noticias a través de Guacanagarí de que la *Pinta* había sido avistada en la costa norte de la isla.[236] Es más, de haber decidido sobrecargar las dos carabelas, con los temporales a los que se enfrentaron y la escasez de víveres que padecieron, es posible que alguna o las dos hubiesen naufragado, malogrando la empresa. Lo cierto es que la idea de no sobrecargarlas en su viaje de vuelta, complicando su navegabilidad y abocando a todos a un desabastecimiento, resultó una buena justificación para dejar allí a varias decenas de hombres, que aprendieron «la lengua y los secretos de la tierra» e hicieron acopio de oro.[237] Pese a que esta expedición era solo descubridora, las circunstancias permitieron que desde un primer momento se vislumbrase la idea de fundar un enclave permanente.

Según la historiografía, se quedaron exactamente treinta y nueve hombres, incluyendo al capitán Diego de Arana, un cordobés pariente de Beatriz de Arana, la mayoría de ellos voluntarios o criados suyos.[238] Sin embargo, es probable que permaneciesen algunos más, unos españoles y otros indígenas, ya que no todos cabían en las dos carabelas que regresaban.[239] Colón les dio unas instrucciones detalladas en las que les pedía que obedeciesen al capitán Arana como si fuese él mismo y que tratasen bien al cacique Guacanagarí y en general a todos los naturales de la isla. Para evitar el vacío de poder, Colón estableció una escalera de mando, que encabezaría Arana, al que seguiría Pedro Gutiérrez, repostero real, y, en su defecto, Rodrigo de Escobedo. Les dejaba un cirujano, el maestre Juan, un carpintero de ribera, un tonelero, un calafate, un sastre y un artillero, además de vituallas para todo un año.[240] Estaba convencido de que se quedaban a salvo, pues hasta ese momento los indígenas se habían mostrado acogedores y, aunque pudieran atacarlos, apenas disponían de armas ofensivas.[241] Sin embargo, en el fondo no estaba seguro, a juzgar por las piezas de artillería que les dejó y las precauciones que tomó para que el fuerte fuese lo bastante seguro. Está claro que pretendía reforzar la amistad y la obediencia, construyendo un ingenio defensivo que les infundiese temor. No quería marcharse sin alcanzar un pacto de amistad con el cacique del Marién. Para hacerlo efectivo, comenzó con una demostración de fuerza: estando con Guacanagarí, el 2 de enero, mandó disparar una pieza de artillería para mostrarle su poder y de esta forma sellar un pacto más favorable a sus intereses. Cuando los naturales escucharon el estruendo, «cayeron todos en tierra», como desmayados, y causó un gran espanto en el cacique que lo predispuso al pacto.[242] Acto seguido se selló la alianza y el jefe indígena entregó una rica carátula con trozos de oro y otros regalos, al tiempo que le prometía que, a su regreso, los españoles tendrían recogido un tonel con metal precioso.[243] Se trataba del primer gran pacto guatiao o de amistad entre indígenas y españoles, el primero de una larga lista de acuerdos suscritos a lo largo y ancho de continente. Colón estaba convencido de que el pacto era estable y férreo, aunque a su vuelta se daría cuenta de lo equivocado que estaba.

Capítulo 6
EL REGRESO TRIUNFAL

EL DIFÍCIL TORNAVIAJE

Perdida la *Santa María* y desaparecida la *Pinta*, a Colón le pareció peligroso seguir descubriendo con una sola embarcación, por lo que decidió que había llegado el momento de regresar. En la *Niña* iba Vicente Yáñez como capitán, cargo que conservó, aunque ahora como segundo de a bordo, ya que el mando supremo lo ostentó él, en calidad de capitán general.[1] El 4 de enero de 1493 zarpó la *Niña* de Montecristi y, dos días después, se encontró con la *Pinta*, que había estado desaparecida desde el 21 de noviembre, por espacio de cuarenta y seis días.[2] Se decidió regresar a Montecristi, donde Martín Alonso Pinzón se disculpó, alegando que fueron las fuertes corrientes las que le apartaron, argumento que volvió a salir años después en los Pleitos colombinos.[3] Sin embargo, otros dejaron claro que fue en busca de la isla de Baneque —Puerto Rico—, donde, según los erróneos o falseados testimonios de los naturales de Cuba, abundaba el oro.[4] Fue el primero en descubrir esa isla, pero, al no hallar el metal precioso, se dirigió a La Española en busca de las minas del Cibao.[5] El propio hijo del palermo, Juan Martín Pinzón, manifestó años después que oyó decir que su padre se adentró en la isla y encontró ciertas muestras de oro, tras lo cual decidieron retornar a estos reinos.[6] Su intención estaba clara, y así lo sabía Colón, aunque aparentó creer sus excusas porque interpretó que no era el momento, lo que no impidió que anotase en su diario que lo hizo porque quiso y que no sabía de dónde le venía esa soberbia y deshonestidad.[7] Se trató de la primera de toda una larga serie de traiciones y defecciones que Colón sufrió desde 1492, debido a una contradicción insalvable en su discurso: por un lado, prometía grandes riquezas, afirmando cosas como que había más oro que hierro en las vascongadas, y por el otro, interpretaba que las riquezas que encontrasen le correspondían a él como descubridor, además de a la Corona. Esa actitud jugó en su contra y provocó, como veremos más adelante, que nada más llegar surgiesen los primeros desacuerdos y desacatos. Colón disimuló su enojo, lo que permitió que el hermano de Juan, Vicente Yáñez Pinzón, permaneciese a su lado. Tiempo habría para denunciarlo ante la reina, algo que no fue necesario, ya que falleció al poco de regresar. De este modo, Colón se quitó de encima a una persona que con toda probabilidad se hubiese convertido en un poderoso rival. Eso sí, todavía en su carta desde Jamaica de 1503 se lamentaba de que, dado que no se castigó a Martín Pinzón por su deslealtad, otros habían tomado su ejemplo, en perjuicio de la estabilidad de aquellos territorios y de sus rentas.[8]

Lo cierto es que emprendieron juntos el viaje de retorno, siguiendo la línea costera hasta la bahía de Samaná. Allí, el 13 de enero de 1493 sufrieron un encontronazo con los naturales que pasa por ser el primer enfrentamiento armado entre indígenas y españoles en el Nuevo Mundo. Pese a las intenciones de Colon de establecer un nuevo pacto y abastecerse de alimentos, los naturales se mostraron hostiles. Su aspecto era diferente a los taínos y macorixes, con los que había contactado hasta entonces, pues llevaban los cabellos largos e iban armados con macanas, arcos y flechas. Se trataba de ciguayos, aunque inicialmente Colón pensó que eran los temidos caribes, una idea que rectificaría después.[9] La refriega fue sofocada y los naturales se vieron forzados a mantener una aparente relación amistosa, aunque no parece que alcanzaran un pacto de amistad o una alianza, como la que habían establecido con Guacanagarí. El 16 de enero decidió abandonar la bahía de Samaná, que él denominó golfo de las Flechas, en dirección a España, al mando de las dos carabelas.[10] Atrás dejaba la isla que llamó La Española, aunque seguía creyendo que era la legendaria Cipango.

El pionero viaje de ida había sido muy tranquilo, pese a los miedos de la gente por adentrarse en el llamado Mar Tenebroso. El padre Las Casas, tan convencido de la intervención de la providencia, llegó a afirmar que Dios hizo que el primer viaje tuviera buena mar para que los cristianos no volviesen las espaldas, y la vida del almirante no corriese más peligro.[11] Como veremos, el viaje de retorno fue todo lo contrario, y lo mismo la *Pinta* que la *Niña* estuvieron amenazadas de irse a pique, lo que hubiera sepultado la gesta del Descubrimiento. Eso sí, el navío más rápido en el viaje de ida había sido la *Pinta*, pero en el de vuelta lo fue la *Niña*, ya que aquel llevaba en mal estado el palo mesana y, como decía Herrera, «no andaba bien a la bolina».[12]

Desde un primer momento, Colón optó por subir hacia latitudes más septentrionales para aprovecharse de nuevo de los alisios, que en esas latitudes soplaban de oeste a este. El hecho de que acertara con el camino de vuelta ha suscitado reflexiones encontradas: ¿fue casualidad, intuición o conocimiento? Todo parece indicar que se debió más a la suerte o a la intuición, pues, de hecho, tanto en el regreso del segundo viaje como en el tercero optó por rutas mucho más meridionales que complicaron mucho la travesía. En su cuarta y última aventura sí que retornó a latitudes más al norte, casi la misma que recorrió en 1493, en su pionera expedición.

Llama la atención que las dos carabelas fuesen mal abastecidas, lo que ya se hizo notar incluso en los primeros días. Es cierto que los principales bastimentos los dejaron en el fuerte de La Navidad, pero bien pudieron haber recurrido a alimentos autóctonos, en especial a las tortas de cazabe o el maíz. Por fortuna, el 25 de enero, cuando apenas quedaban provisiones, los marineros pescaron un atún y un tiburón de gran tamaño que remediaron temporalmente la carestía.[13] Días después recibieron un regalo: decenas de peces voladores cayeron en las cubiertas de las dos embarcaciones, por lo que los recursos del mar los salvaron de sufrir una hambruna de consecuencias inciertas.[14]

El viaje empezó más o menos tranquilo, aunque hubo algunos días, como el 26 de enero, que debieron navegar a la bolina, es decir, zigzagueando, porque soplaban vientos contrarios.[15] Pero lo peor estaba aún por llegar. En la noche del 12 al 13 de febrero se desencadenó una extraordinaria tempestad, con gran aparato eléctrico, que se prolongó durante dos largos días y que estuvo a punto de mandarlos al fondo del océano. Ambas embarcaciones se separaron, pese a que las dos carabelas llevaban iluminados los faroles en el mástil de popa; sin embargo, esa luz se terminó diluyendo en el horizonte. Ahí le perdemos la pista a la *Pinta*, aunque luego se supo que había sido desplazada muy al norte por la tormenta y que alcanzó a finales de febrero o principios de marzo de 1493 el puerto gallego de Bayona.[16] Dado que Colón hizo escala en las islas Azores, el palermo llegó varios días antes y fue el primero en comunicar la buena nueva del descubrimiento y enviar un informe a los reyes. No está claro si el desvío de la *Pinta* fue forzado por el temporal o intencionado, al sospechar que, a la llegada a Palos, el almirante lo mandaría apresar, aunque esa hipótesis queda desmentida porque en ese caso nunca se hubiese redirigido con presteza a su localidad natal.[17]

Desconocemos la derrota exacta de la *Pinta* ni lo sucedido a bordo desde el 13 de febrero, pero sí que sabemos lo ocurrido en la *Niña* gracias al diario de Colón. El 14 de febrero, pese a estar el cielo despejado, se levantó un virulento viento cruzado que provocó un oleaje *espantable*, a decir del almirante.[18] A cada hora pensaban que se hundirían, lo que resultaría letal porque no había otro navío que los pudiese socorrer. Tan mal se vieron que decidieron hacer un sorteo para elegir a una persona que acudiese a un santuario devoto y prometieron todos peregrinar descalzos al primer templo que encontrasen. Estos sorteos eran frecuentes en el mar, donde la vida era precaria, pues, como decía Antonio de Guevara, entre la vida y la muerte no había más que una tabla. El primer garbanzo con una cruz marcada lo sacó el propio Colón, quien tendría que ir de romero a Guadalupe con un cirio de cinco libras de cera. A un tal Pedro de Villa, natural de El Puerto de Santa María, le tocó peregrinar al monasterio de Santa María de Loreto, pero, dada su penuria, el genovés se ofreció a sufragarle la visita. Y finalmente, a otro tripulante, que las fuentes omiten, le correspondió acudir a la iglesia conventual de Santa Clara de Moguer.[19] Pero, dado que la situación no mejoró, preparó un pergamino en el que escribió «todo lo que pudo» de su hallazgo, lo envolvió en un paño encerado y bien atado, lo introdujo en un barril y lo arrojó por la borda.[20] Según Las Casas, le apenaba que sus hijos quedasen desamparados en tierra extraña, sin que los reyes supieran nada de los grandes servicios que les había prestado.[21] Solo le movía la esperanza de que, si todos se ahogaban, alguien lo hallaría y su gesta sería conocida, aunque nunca se encontró dicho tonel con ese mensaje, que seguramente fue breve y redactado de forma apresurada. Colón no le explicó las causas a nadie para no desanimarlos, por lo que todos pensaron que se trataba de alguna superstición suya.

Al día siguiente el viento amainó y avistaron la isla de Santa María, la más meridional de las Azores, por lo que pudieron respirar tranquilos. Dos días después, el 18 de febrero, estaban frente a Vila do Porto, pero los vientos los empujaron hasta la bahía de la Greda, donde por fin fondearon. No tardaron en tener noticias del lugarteniente del gobernador de la isla, Jôao Castanheira, que no les dio la acogida esperada.[22] Este les hizo llegar algunos víveres frescos, con la idea de ganarse su confianza y acto seguido apresarlos, pero Colón sospechó algo y envió a tierra tan solo a diez de sus hombres, que, en representación del resto, pretendían cumplir con la romería a la que se habían comprometido.[23] Los marineros desfilaron en procesión, descalzos, hasta el templo parroquial para dar gracias a la madre de Dios, momento en el que fueron emboscados y arrestados. La tardanza en regresar les hizo temer lo peor y, ante el riesgo de que se apoderasen de la carabela, partieron en dirección a la isla de San Miguel. Sin embargo, ni siquiera llegaron a desembarcar porque no encontraron ningún buen puerto, por lo que retornaron a la isla de Santa María a ver si podían liberarlos. Colón mandó a varios hombres en un batel para comunicarle al teniente de gobernador que se trataba del almirante y virrey de las Indias por los reyes de Castilla y Aragón y que, si no accedía a soltar a sus hombres, se generaría un grave conflicto diplomático.[24] Pero el gobernador, envalentonado, le respondió que allí no conocían a los soberanos de Castilla ni les tenían miedo, y que «antes les darían a entender qué cosa era Portugal».[25] Y, como justificación de su actitud, esgrimió que el soberano luso había dado la orden a todos sus súbditos de que en caso de encontrarse con él lo apresaran, algo que parece bastante plausible.[26] La situación se tornó tan tensa que Colón pensó, como anotó en su diario, que en su ausencia había ocurrido algún conflicto entre los dos reinos. Sin embargo, el portugués terminó entrando en razón y, después de interrogar a los rehenes y cerciorarse de que no venían de las áreas coloniales portuguesas, decidió ponerlos en libertad. No sabemos los motivos de un cambio tan repentino, aunque es posible que, dado que no podía apresarlos a todos, pensara que los hechos podrían conocerse en Castilla y crear el citado conflicto. Sea como fuere, no quisieron tentar más a su suerte y el 24 de febrero soltaron amarras y prosiguieron su camino de manera apresurada.[27]

Pero los sinsabores de la *Niña* no acabaron ahí, en el trayecto a la Península volvieron a sufrir una climatología adversa. Los tres primeros días fueron tranquilos, pero desde el 27 de febrero los vientos fueron contrarios, y debieron surcar grandes olas, pese a lo cual mantuvieron el rumbo en dirección a la barra de Saltes.[28] Sin embargo, el 3 de marzo se levantó una nueva tormenta que, una vez más, estuvo a punto de hundirlos. La estabilidad de la *Niña* mejoró cuando se decidió llenar los barriles vacíos con agua de mar para proporcionarle más lastre y tirar por la borda diversos enseres de la cubierta. Asimismo, sortearon un nuevo romero para ir de peregrino, en esta ocasión al devoto santuario de Santa María de la Cinta de Huelva; por cierto, le volvió a tocar a Colón.[29] Y no fue el único voto que hicieron, pues se comprometieron a guardar ayuno el primer sábado después de su arribada a tierra. Como ya hemos afirmado, la intención era navegar en derechura a Palos, pero con la carabela casi desarbolada Colón no pudo hacer otra cosa que arribar al estuario del Tajo. Por fin, el 4 de marzo de 1493, tras pasar por Cascais sin detenerse, fondeó en el atracadero de Restelo, ubicado justo al lado de donde hoy se encuentra la Torre de Belem, que entonces aún no había sido edificada.[30] Allí algunos marinos se sorprendieron de haber podido sobrevivir, porque jamás habían vivido «un invierno con tan recias y desaforadas tormentas que habían naufragado veinticinco naos de Flandes».[31]

Cuando se supo de su llegada, todos se apresuraron a visitarlo para ver lo que traía y se agolpó tanta gente a bordo que no cabían dentro.[32] Lo primero que Colón hizo fue enviar una misiva a Juan II para que le autorizase el desembarco. La respuesta se demoró muy poco: el 8 de marzo, don Martín de Noronha se la hizo llegar. Colón fue conducido al día siguiente ante un pesaroso Juan II, sin duda arrepentido de no haber aceptado su proyecto cuando tuvo la oportunidad. La reunión se celebró en el monasterio franciscano de Santa María de las Virtudes, en las afueras de Lisboa, donde residía la corte por la epidemia de peste que había azotado la capital, y supuso el preámbulo del futuro Tratado de Tordesillas.[33] Inicialmente los recelos fueron mutuos, en especial por parte del genovés, que había salido casi de incognito de Portugal siete años antes y sabía que la situación podía ser muy delicada. Además, no le parecía adecuado mantener una entrevista de ese nivel sin tener una autorización expresa de los Reyes Católicos. Pero no le quedó otra opción; estaba en Lisboa y, por mucha tensión que hubiese, el encuentro era inevitable. Desde un primer momento el monarca interpretó que se había violentado el Tratado de Alcaçovas, al tomar posesión de territorios que no pertenecían a Castilla.[34] Con esa convicción, lo primero que hizo fue sobornar a dos marineros portugueses que venían en la *Niña* para que fuesen sus pilotos y recorriesen el mismo camino.[35] Acto seguido envió a su embajador Ruy de Sande a la corte de los Reyes Católicos, con una carta en la que informaba de su arribada, al tiempo que comunicaba el envío de varios comisionados para dialogar sobre la expansión atlántica.[36] El delegado portugués llegó a Barcelona antes que el propio Colón e inició las conversaciones sobre a quién pertenecían las tierras halladas. Isabel y Fernando se debieron enfrentar al conflicto diplomático, sin tener ni la más remota idea de dónde se ubicaban. No pudieron hacer otra cosa que despachar de inmediato al contino Lope de Herrera, quien, el 23 de mayo, comenzó las negociaciones en la corte lusa sobre las áreas de expansión de cada reino, algo que se concretaría un año después en Tordesillas.

Pese al desasosiego del monarca portugués, el almirante trató de calmarlo, diciéndole que su viaje no era ninguna amenaza para sus planes expansivos. Sin embargo, el rey mantuvo su preocupación, oyendo de boca de algunos de sus cortesanos la posibilidad de acabar con su vida y organizar una expedición desde Lisboa para llegar a los nuevos territorios. El riesgo fue real, pues Colón bien pudo haber sido retenido o, peor aún, asesinado, como relató el cronista portugués Rui de Pina.[37] Al final se impuso la cordura y se trató de evitar por todos los medios un enfrentamiento directo con el reino vecino. Así que el rey luso optó por darle un trato en apariencia cordial, encargando al prior de Crato que lo hospedase, lo agasajase y le ofreciera una buena compañía.[38] Con toda seguridad, como sostiene el padre Las Casas, la procesión iba por dentro, y se arrepintió de no haberle dado crédito cuando tuvo la ocasión.[39]

SU RECIBIMIENTO EN ESPAÑA

Juan II, a través de un escudero, le envió a decir que le ofrecía todo su apoyo si quería hacer el trayecto por tierra, pero Colón lo desestimó y el 13 de marzo soltó amarras con la *Niña*, poniendo rumbo a Palos.[40] Dos días después, a mediodía del viernes 15 de marzo, con la marea alta, aprovechó para entrar por la barra de Saltes, ante la consternación de muchos palermos que esperaban la llegada de las tres embarcaciones.[41] Los principales cronistas afirman que fue recibido con gran regocijo, procesión y fiesta, pero no parece que esto se ajuste a la realidad, al menos en un primer momento, cuando se daba por probable el naufragio de la *Pinta*.[42] Parece lógica la ansiedad que debió de despertar el avistamiento. Sin embargo, en pocas horas se disiparon, pues tras desembarcar se les comunicó a parientes y amigos que un contingente de hombres había quedado al otro lado del océano y, seis horas después, el alivio se tornó en alegría cuando, por fin, otearon en el horizonte la llegada de la *Pinta*.

Una vez desembarcado, lo primero que hizo Colón fue entregar a una persona de su confianza las cuatro cartas anunciando su descubrimiento, dirigidas al escribano de ración Luis de Santángel, al tesorero general de Aragón, Gabriel Sánchez, a los propios Reyes Católicos y al concejo de Córdoba.[43] No las había enviado antes por no disponer de un mensajero de confianza que pudiese llevarlas a sus destinatarios sin comprometer su confidencialidad. Por cierto, siempre acostumbró a redactar varias relaciones o traslados sobre sus viajes para asegurarse que alguna o algunas de ellas llegaban a su receptor.[44] Desconocemos la fecha exacta en las que las redactó, aunque probablemente lo hizo durante el viaje, ya que no menciona nada de su llegada a las Azores y a Lisboa; las firmó en tres fechas diferentes, a saber: la de Santángel, el 15 de febrero de 1493; la de los reyes, el 4 de marzo de ese mismo año, y la de Gabriel Sánchez, el 14 de marzo.[45] No había encontrado lo que buscaba, es decir, China y Japón, ni el paso hacia ellos, pero destacaba la belleza de aquellos territorios de climas suaves, de abundosas aguas, con exuberante vegetación, así como la mansedumbre de sus habitantes y el gran provecho futuro que esperaba obtener.[46] De momento, con buen criterio, omitió todo lo relacionado con su ubicación exacta, temiendo dar pistas a otros navegantes, en particular a los portugueses. Las misivas cautivaron de tal manera que ya en abril aparecieron impresas en Barcelona, en castellano y en catalán, y poco después se realizaron numerosas reimpresiones: primero en latín, editadas en Roma, y, con posterioridad, en otros idiomas como el toscano, el francés, el holandés o el alemán.[47] A continuación, Colón pasó una noche de vigilia en el templo de monjas clarisas de Moguer, pese a que a él no le había tocado ir de romero, y luego pasó por el santuario de Nuestra Señora de la Cinta de Huelva, porque, en este caso, sí había hecho la promesa. Por su parte, Martín Alonso Pinzón se marchó a descansar de sus dolencias a una propiedad rústica que poseía en el término de Moguer, pero cuando empeoró fue trasladado a La Rábida, posiblemente buscando la ayuda de su enfermería, a falta de mejores infraestructuras sanitarias en la zona.

Desde la costa onubense, Colón organizó una comitiva para dirigirse al encuentro de los soberanos. Llevaba en el séquito a un grupo de indígenas que habían viajado en la *Niña* y otros tantos que llegaron en la *Pinta*.[48] Además del almirante, hubo otros tripulantes que también trajeron naturales, como Alonso Pardo o Juan Bermúdez.[49] De ese grupo de nativos, varios se quedaron en la villa de Palos y otros tres en Sevilla, en poder de su factor Juanoto Berardi, por lo que solo siete lo acompañaron hasta la Ciudad Condal, aunque uno murió en el camino.[50] Su intención era doble: mostrar una prueba evidente de que había alcanzado tierra allende los mares y que aprendiesen el castellano y le sirvieran de intérpretes en sus ulteriores exploraciones.[51]

Colón decidió marchar al encuentro de los soberanos por vía terrestre, dejando las carabelas fondeadas en Palos. La primera ciudad a la que llegó fue Sevilla, donde entró el 19 de marzo y encontró un caluroso recibimiento. Rafael Cataño, testigo presencial, afirmó que lo vio entrar en la ciudad con una decena de indígenas, portando carátulas y vistosos papagayos, originarios de las tierras descubiertas.[52] Se hospedó en casa del conde de Cifuentes y, estando allí, recibió una misiva de los reyes, fechada el 30 de marzo de 1493, pidiéndole encarecidamente que se diese la mayor presteza posible en acudir a la corte para informar de toda su aventura.[53] Había prisa, pues se temía que el rey luso tomase alguna iniciativa que comprometiera la legitimidad de estos descubrimientos.[54]

Dado que la carta tardó una semana en llegar a sus manos, debió de salir de Sevilla el 9 o el 10 de abril, aunque conocemos solo parcialmente el itinerario que siguió hasta llegar a la corte. Tanto él como su hijo lo omiten, pero parece lógico que se encaminasen a Córdoba, donde vio —por última vez, por cierto— a su mujer, Beatriz de Arana, que, además, se había quedado con la custodia de su hijo Diego y, por supuesto, con la de Hernando.[55] Pese a que traía menos oro y riquezas de lo esperado, el cortejo, con objetos de plumas, siete indígenas y coloridos papagayos, causó sensación. Desde la ciudad califal, Colón se encaminó al Levante español, pasando con toda probabilidad por Andújar, Villa Palacios, Balazote, Chinchilla, Almansa, Valencia, Tortosa, Tarragona y Barcelona.[56] Lo acompañaban varios de los marinos que habían compartido su gesta, como los Niño o Juan de la Cosa, pero no Vicente Yáñez Pinzón, que, llamado por los monarcas, no llegó hasta mayo.[57] La muchedumbre se agolpaba en los caminos al paso de la comitiva, causando admiración esos indígenas ataviados con plumas y los papagayos de vistosos colores.[58] Como demostró Demetrio Ramos, a pesar del compromiso que había adquirido de ir como romero a Guadalupe, las prisas con las que fue requerido por los soberanos hicieron imposible que se desviase tanto de su ruta como para pasar por dicho cenobio, aunque lo haría al regreso.[59]

Colón entró en la Ciudad Condal el 21 de abril de 1493 —aunque no hay total seguridad— con un orden calculado, como si de un desfile solemne se tratara. Bartolomé de Las Casas dice que salió todo el mundo a la vía pública, hasta tal punto que no cabían por las calles, y que el navegante parecía «un senador del pueblo romano».[60] Delante iba un grupo de marineros a pie que abría paso, seguían el almirante junto sus hijos, otros hombres a caballo y, justo detrás, seis indígenas con exóticas plumas, brazaletes, collares y trozos de oro en las narices, portando papagayos y otros objetos curiosos. El cortejo lo cerraban varias mulas y acémilas cargadas con cofres repletos de joyas, tejidos de algodón, plumería, plantas desconocidas, un poco de oro y otras curiosidades nunca vistas.[61] El recibimiento en el salón del Tinell del Palacio Real fue apoteósico, siendo acogido con grandes fastos y ante la admiración de todos.

Cuando Colón se acercó a besar las manos de los monarcas, estos se levantaron en señal de respeto y lo conminaron a sentarse junto a ellos.[62] Era sin duda el máximo reconocimiento que se le podía ofrecer, pues, según la tradición, los vasallos y criados del rey debían permanecer siempre de pie. Los monarcas, conscientes de que se trataba de un día histórico, lo organizaron todo con el boato de las ocasiones más solemnes, presentándose en un riquísimo trono cubierto por un dosel de brocado de oro.[63] En la citada capilla se celebró un solemne *Te Deum laudamus*, acompañado del órgano y ante toda la corte. Acto seguido, el almirante presentó todos los objetos que traía, algunas piezas de oro, unas pocas perlas, piezas de algodón, plantas medicinales, papagayos y los indígenas, que constituían el verdadero certificado de que había estado en tierras extrañas.[64] Con la elocuencia que solía exhibir, no es difícil imaginarlo narrando las excelencias del Nuevo Mundo, de sus gentes y de los extraordinarios réditos futuros que se podrían obtener, lo mismo materiales que espirituales. Las muestras áureas eran escasas y no cubrían el coste de la expedición, pero consiguió crear entre los presentes una extraordinaria sensación sobre las riquezas que aguardaban al reino en caso de proseguir la empresa. De hecho, sin saberlo a ciencia cierta, declaró que había todo el oro, especias, algodón y esclavos que se pudiesen cargar en los navíos que arribasen.[65]

Tras el boato inicial, Colón informó de sus descubrimientos a los soberanos, apoyándose en su cartografía, aunque no despejó todas las incógnitas. Solo dejó su diario, que en ningún caso establecía las coordenadas exactas de las nuevas tierras, lo que a corto plazo dificultó las negociaciones con el papa para establecer con exactitud la donación de los territorios descubiertos y por descubrir. La ceremonia de bautismo de los naturales se demoró hasta finales de ese mismo mes o principios del siguiente, y ello motivado por el interés de los reyes de que estos neófitos se preparasen adecuadamente antes de recibir el sacramento.[66] Fernández de Oviedo identificó a dos de los bautizados con los nombres de don Fernando de Aragón y don Juan de Castilla, quienes, según Luis Joseph Peguero, eran los dos hijos del cacique Guacanagarí, que, como nativos principales, tuvieron el privilegio de ser los primeros en recibir las aguas bautismales.[67] Las Casas señaló a un tercero, llamado Diego Colón, quien, como ya hemos dicho, se convertiría en el primer traductor del Nuevo Mundo.[68] La ceremonia la ofició el cardenal Pedro González de Mendoza, siendo apadrinados por los reyes y por el príncipe don Juan, con la presencia probable de fray Francisco Jiménez de Cisneros, confesor de la soberana y futuro regente y arzobispo de Toledo.[69]

Esos bautizos simbolizaron el punto de partida de una nueva expansión de la cristiandad, algo que, desde las bulas papales de 1493, se convertiría en esencial para justificar el proceso de ocupación. De ahí que la evangelización fuese siempre una prioridad, hasta tal punto que, en teoría, solo cuando fracasaban los religiosos se podía emprender una guerra justa. Y ese interés por la predicación lo mostraron los reyes en las sucesivas instrucciones que otorgaron a Colón, pidiéndole que velase por la administración de los sacramentos y por la conversión de los naturales.[70]

La sorpresa que causó fue extraordinaria, y prueba de ello son las múltiples reediciones de su carta anunciadora dirigida al escribano de ración Luis de Santángel, que se convirtió en uno de los primeros impresos superventas de la historia. Pedro Mártir de Anglería, fascinado, escribió que unos pioneros habían regresado del otro lado del Mar Tenebroso con noticias maravillosas.[71] Eso sí, las supuestas riquezas auríferas y las especias no habían aparecido, ni tampoco las míticas ciudades asiáticas, por lo que, de momento, había que conformarse solo con promesas.

EL PAPA DONA EL NUEVO MUNDO

Tan pronto como los reyes tuvieron la certeza de su llegada, se pusieron manos a la obra para proteger y asegurar sus nuevas posesiones. Por un lado, hubo una exhibición de fuerza, despachando una poderosa armada desde Vizcaya, con seis naos gruesas y ochocientos setenta hombres, para proteger el suroeste peninsular de una posible acometida portuguesa, al tiempo que se movilizaban las guarniciones fronterizas.[72] Y por el otro, enviaron a varios diplomáticos para entablar conversaciones con el monarca luso, mientras en el Vaticano se gestionaba la donación. Esto último hay que entenderlo en su contexto, desde la falsa donación de Constantino al papa Silvestre en la que le traspasó el poder del imperio, tanto en lo religioso como en lo político.[73] Con posterioridad, conocemos la existencia de un buen número de papas guerreros que no dudaban en empuñar la espada para combatir a los infieles. Las cruzadas comenzaron en el siglo XI de nuestra era y se prolongaron por espacio de varios siglos. En ese intervalo se pusieron en marcha al menos ocho campañas, con el objetivo de recuperar los Santos Lugares, en manos de los persas desde el 614 d. C. y de los musulmanes desde el 637 d. C. Estos se habían mostrado hostiles frente a los peregrinos cristianos que intentaban acceder a los territorios sagrados. Pero no era tanto la fe lo que atraía a los cruzados como las promesas de enriquecimiento. Muchos retornaban ricos, tras practicar la rapiña entre los infieles, lo que a su vez animaba a otros a incorporarse a dicha guerra santa. Un ejemplo muy significativo es el de Andrés II, rey de Hungría, que retornó de su cruzada por Tierra Santa con un cuantioso botín en el que se incluía el supuesto aguamanil usado en las célebres Bodas de Caná de Galilea, en las proximidades de Nazaret.[74]

Durante la Edad Media, se mantuvo la idea de que el papa, como vicario de Cristo, poseía también el poder temporal del mundo y podía conferir territorios a los cristianos para someter o convertir a los infieles o paganos que los habitasen. Se trataba de la vieja idea teocrática que defendía que el papa no solo tenía el poder espiritual sino también el temporal, es decir, el terrenal, el político. Por poner un ejemplo concreto, Enrique de Susa, conocido como el cardenal Ostiense, que vivió en el siglo XIII, defendió que el pontífice era el vicario de Dios en el mundo y, por tanto, tenía jurisdicción espiritual y temporal sobre la cristiandad. Y en virtud de este poder delegado de Dios, podía, con causa justa, arrebatarles sus tierras a los infieles y donarlas a los cristianos.[75] Por decirlo de alguna forma, ese era el derecho internacional vigente en aquella época, que favorecía el colonialismo de los pueblos cristianos sobre los paganos e infieles.

Las cruzadas se convirtieron en la solución perfecta a los problemas socioeconómicos que padeció la Europa medieval, proporcionándoles un medio de vida a hidalgos sin fortuna o a segundones desheredados. Con posterioridad, se continuaron expidiendo bulas de cruzada y aumentó su número tras la caída —o liberación, para los turcos— de Constantinopla, en 1453. La Santa Sede se mostró muy propensa a compensar dicha pérdida, favoreciendo cualquier empresa que quisiera expandir los confines de la cristiandad. Los papas Nicolás V, Calixto III, Pío II y Sixto IV otorgaron, en la segunda mitad del siglo XV, numerosas bulas de cruzada, bendiciendo y auspiciando esta expansión. Así, en 1455 el papa Nicolás V concedió a Alfonso V de Portugal, por la bula *Romanus Pontifex*, la facultad de conquistar territorios desde el cabo Bojador hasta Guinea, pudiendo someter a servidumbre a todos los infieles que encontrase. Asimismo, en 1481, Sixto IV, por la bula *Aeterni Regis*, confirmó la pertenencia a Portugal de todos los dominios situados al sur y al oeste de las islas Canarias, tal y como se había establecido en el Tratado de Alcaçovas-Toledo, en 1479-1480.[76] Durante todo el siglo XV, Portugal se había comprometido con dos objetivos: la búsqueda de una ruta comercial hacia Asia, bordeando África, y el encabezamiento de una nueva cruzada frente al islam. Es en ese contexto donde hay que entender las bulas de donación solicitadas por los Reyes Católicos.

El pontífice era el vicario de Dios y el señor del mundo, un poder que, a finales del siglo XV, se estaba cuestionando, pero que fue reafirmado y revitalizado de manera interesada por los Reyes Católicos, que confiaban en que esta donación les diese legitimidad.[77] Conseguir esta donación no era algo obligatorio, pero sí bastante recomendable: teniendo en cuenta la doctrina jurídica vigente hasta entonces, solo una concesión papal justificaba la exclusión de otros príncipes cristianos de las tierras asignadas. Se partía de la base de que se trataba de territorios que no eran propiedad de ningún soberano cristiano y, según eso, se justificaba el derecho de ocupación, con la finalidad de convertir a sus moradores. La situación era muy propicia porque en esos momentos la máxima autoridad de la Iglesia recaía en el valenciano Rodrigo de Borja, Alejandro VI, que ocupó la sede de San Pedro entre 1492 y 1503. Este, que no era un ejemplo de castidad —tuvo varios hijos— ni de virtud, se sentía en deuda con Fernando el Católico, quien, a través del cardenal Bernardino de Carvajal, había ejercido una gran influencia para su designación como pontífice. Por ello, las gestiones se hicieron con toda celeridad, pues se solicitó el 18 de abril de 1493, cuando el genovés aún no había ni siquiera llegado a la corte. Los trámites los llevó a cabo el embajador ante el Vaticano y ya el 3 de mayo se expidieron las dos primeras, la *Eximiae devotionis* y la *Inter caetera*, redactadas en términos muy similares a las que gozaban los portugueses desde 1455 y concediéndoles los mismos derechos en las tierras que habían descubierto, aunque sin especificar ninguna línea de separación entre los territorios de Castilla y de Portugal.[78]

La primera de ellas, la *Eximiae devotionis*, otorgó a los Reyes Católicos los mismos privilegios, las mismas libertades y exenciones que habían gozado los monarcas portugueses en los territorios donados a ellos. En concreto se les cedió el diezmo a cambio de que se encargasen de sostener el culto religioso y de predicar el Evangelio. En cambio, la *Inter caetera* no convenció a los reyes, por su imprecisión, por lo que, al día siguiente, el 4 de mayo de 1493, se concedió una segunda bula *Inter caetera* en la que ya se incluía una demarcación, especificando que Castilla se reservaba todo lo que estuviese al oeste de una línea imaginaria situada a cien leguas al oeste de las islas Azores —sin especificar desde cuál de ellas— y Portugal lo que estuviese al este.[79] Por supuesto, toda esa donación señorial era a cambio de enviar a personas cristianas y doctas que evangelizasen a los paganos.

Pero todavía faltaba una cuarta e inesperada concesión, la bula *Dudum Siquidem*, expedida el 26 de septiembre de ese mismo año y conocida como la de la *ampliación* de la *donación*, que les permitía navegar por poniente hasta las Indias Orientales y castigaba con la pena de excomunión a todo aquel que entrase sin autorización en los territorios donados.[80] Solo se les privó de un derecho del que sí habían gozado los monarcas lusos, pues no podrían esclavizar a la población originaria, como se había hecho con los infieles africanos.[81] La cesión se realizó a favor de Isabel y Fernando a partes iguales, pero incluyendo una cláusula muy trascendente: una vez fallecidos los monarcas, todos esos territorios pasarían en exclusiva a los sucesores y herederos del reino de Castilla y León.[82] Lo cierto es que con este conjunto de prerrogativas se completaba el primer reparto del mundo entre los españoles y los portugueses, aunque todo eso no dejaba de ser teoría por dos motivos: primero, porque en esa época no había medios técnicos para determinar su ubicación exacta, dadas las dificultades que había para medir la longitud terrestre. Y segundo, porque nadie iba a respetar esa decisión, empezando por los propios portugueses. Habría que recordar en este sentido que cuando en 1454, a través de la bula *Romanus Pontifex*, el papa Nicolás V donó a los portugueses la costa africana por debajo del cabo Bojador, Castilla no lo respetó y mantuvo una pugna con Portugal que no finalizó hasta el Tratado de Alcaçovas de 1479. Estaba claro que Portugal no iba a admitir el reparto, entre otras cosas porque fijar la frontera en una línea vertical situada en medio del océano Atlántico era un disparate, como comunicó el soberano luso a los monarcas españoles.[83] Por ello, más adelante, algunos plantearán, con altas dosis de ingenio, que las Indias eran legalmente españolas por ser limítrofes con España, aunque, eso sí, con un océano de por medio, una idea que, en cualquier caso, también se podía aplicar Portugal.[84]

Las quejas de Juan II fueron reiteradas, por lo que no quedó otra, si querían evitar un conflicto militar, que celebrar reuniones bilaterales para llegar a un acuerdo que satisficiera a ambas partes. Los Reyes Católicos eran conscientes de la disconformidad de los portugueses y para no irritarlos más, el 27 de abril de 1493, estando aún el almirante en Barcelona, expidieron una orden prohibiendo a los castellanos ir a las pesquerías del cabo Bojador porque eran territorio exclusivo del reino vecino.[85]

Lo cierto es que con esta donación la empresa indiana se convirtió oficialmente en una cruzada, por lo que muchos castellanos se animaron a continuar la lucha contra el infiel allende los mares, algo que les permitió enriquecerse con la coartada de la religión. Los descubridores y conquistadores estuvieron convencidos, con la bendición papal, de que podían tomar posesión de aquellas tierras y tutelar a sus habitantes hasta su conversión a la fe cristiana.[86] Bien es cierto que en la propia escuela de Salamanca aparecieron algunas voces disidentes, como Francisco de Vitoria, que no aceptaban la donación pontificia como causa justa, mientras que sí lo era impedir la comunicación o la propagación pacífica de la fe.[87] Pero, de momento, Castilla basó su expansión en esta donación, mientras que Portugal, sin restar legitimidad al pontífice, mostró su disconformidad. E insisto, aunque hoy nos pueda resultar extraño, este acto jurídico del sumo pontífice fue visto como algo normal, acorde con la política de aquel tiempo.

Como hemos visto, Castilla no hizo más que copiar lo que había hecho antes Portugal y acudir al pontífice, para que se los cediera a cambio de evangelizarlos.

EL TRATADO DE TORDESILLAS

Entre 1475 y 1479 se había desencadenado la guerra de sucesión entre doña Juana de Trastámara, hija de Enrique IV, con el apoyo del rey de Portugal, y su tía Isabel de Castilla. En 1479, a cambio de la renuncia de doña Juana al trono de Castilla, Isabel aceptó una división del mundo, que fijaba el paralelo situado a veinte grados latitud norte como la separación entre los territorios africanos de Castilla y Portugal. El primer reino se reservaba el norte de África, incluyendo las islas Canarias, y el resto del continente quedaba en manos de los lusos. Fue un acuerdo muy favorable a Portugal que se reservó la exclusividad en la exploración y explotación de las costas de África, al sur de las islas Canarias. Sin embargo, Castilla también quedó satisfecha porque implicó el fin de la guerra y de la disputa por el control de las Canarias, en un momento en el que sus miras expansivas estaban centradas en la conquista del reino nazarí. [88]

El descubrimiento de América lo cambió todo y dejó inservible el acuerdo de 1479 y, de hecho, desde un primer momento los lusos solicitaron la paralización, al menos temporal, de los descubrimientos. Las bulas de donación solo satisficieron a España y era obvio que Juan II de Braganza no las iba a aceptar. Todo el mundo creía que el descubridor había llegado a Asia y los portugueses entendían que esos territorios ya les habían sido donados a ellos por el papa Martín V.[89] Pero a nadie le interesaba un nuevo enfrentamiento armado, por lo que había buena voluntad por ambas partes para alcanzar un nuevo pacto que restaurase la concordia.[90]

Desde el regreso de su primera aventura ultramarina, Colón estaba haciendo contactos al máximo nivel entre los dos reinos. Como ya afirmamos, Juan II envió a Ruy de Sande, que llegó a Barcelona antes que el propio descubridor, mientras que en las siguientes semanas llegaron otros delegados, como el doctor Pero Dias y el caballero Rui de Pina. En respuesta, el 3 de noviembre de 1493 los reyes enviaron una embajada, formada por el protonotario don Pedro de Ayala y el contino Garci López de Carvajal, en respuesta a lo propuesto por la delegación lusa.[91] Para alcanzar un buen convenio, ambos contendientes necesitaban disponer de información de calidad, o al menos de más datos que la otra parte. El problema es que Colón no había aportado las coordenadas sobre la localización de los nuevos territorios, bien porque era una información sensible que todavía no quería desvelar, o bien porque aún no tenía acabada su carta náutica, o quizá por ambos motivos.[92] Tras ser compelido a ello, se da por seguro que la envió desde La Isabela, junto con su memorial, en la flota de Antonio de Torres, que llegó a la corte el 13 de abril de 1494.[93] Los lusos no tenían información, salvo en el improbable caso de que dispusieran de datos procedentes de algún viaje clandestino.[94] De hecho, oficialmente no estuvieron allí hasta el año 1500, cuando arribó a aquellas tierras la expedición liderada por Pedro Alvares Cabral, que se toma como punto de partida del nacimiento de Brasil.[95] Dado que la carta náutica de Colón, que era lo único concreto de que se disponía, estaba llena de estimaciones y de imprecisiones, nadie tenía claro en esas fechas la masa continental que existía al otro lado del océano. Pero se daba lo más importante, buena voluntad por ambas partes para renovar la paz con un acuerdo.

La localidad elegida fue Tordesillas, en Valladolid; por el lado castellano estuvieron implicados don Enrique Enríquez, mayordomo real, don Gutierre de Cárdenas, comendador mayor de León, y el doctor Rodrigo Maldonado, mientras que por la parte portuguesa lo estuvieron Ruy de Sousa, señor de Sagres, su hijo Juan de Sousa, el cosmógrafo Duarte Pereira Pacheco y el corregidor de derechos civiles Arias de Almadana.[96] Pese a las imprecisiones y a lo reciente de los descubrimientos había buena voluntad por ambas partes, de ahí que se lograse relativamente pronto, el 7 de junio de 1494.[97] Dada la trascendencia del acuerdo, decidieron darse un tiempo para ratificarlo. Un mes después, los Reyes Católicos, estando en Arévalo, estamparon su firma, mientras que el monarca luso lo corroboró en Setúbal algo después, el 5 de septiembre.[98] También el papa Julio II, que no quería quedar al margen de esta nueva partición, aceptó el acuerdo por bula expedida el 24 de enero de 1506, aprovechando la ocasión para insistir en la contrapartida evangelizadora establecida en las bulas de donación.[99]

En esta ocasión la línea divisoria sería la de un meridiano situado a trescientas setenta leguas al oeste de las islas de Cabo Verde, quedando la parte occidental para Castilla y la oriental para Portugal.[100] No se modificó el reparto vertical del mundo: se mantuvo la estructura de la bula *Inter caetera*, aunque desplazando esa frontera más al oeste, lo que permitió a Portugal acceder a algunos territorios al otro lado del Atlántico. Es cierto que seguía sin saberse el punto exacto y, además, no había en esos momentos medios técnicos para concretarlo, y mucho menos en lo relativo al antimeridiano del océano Pacífico. La longitud se medía entonces por estima, contando la velocidad del buque partido por el tiempo, que controlaban mediante el reloj de arena, por lo que los errores solían ser de bulto. Pero es que además ni siquiera se especificaba si se contaba a partir de la isla de Cabo Verde más occidental o de la más oriental, lo que implicaba una diferencia de doscientos kilómetros. Pese a todo, se dieron un plazo de diez meses para enviar una delegación a la frontera entre Badajoz y Caya, con astrólogos y pilotos de ambos reinos, para que fijaran en un mapamundi la línea de separación entre ambos imperios, algo que nunca se llegó a hacer.[101] Pese a lo difuso de esa línea, ambas partes se comprometieron, en la medida de sus posibilidades, a evitar enviar expediciones a tierras atribuidas al otro. Además, se obtuvo otra prerrogativa que es importante ponderar, debido a su relevancia: los castellanos podrían circular por aguas portuguesas para dirigirse a sus territorios de manera libre, segura y pacífica.[102] Ello convirtió a las islas Azores, durante varios siglos, en una escala obligada de la Carrera de Indias en el viaje de retorno, algo que ocurrió a partir del regreso de la segunda expedición colombina.

Se ha discutido mucho si fue un buen tratado para Castilla, y dependiendo de con qué se compare unos dicen que sí y otros que no. Obviamente, Portugal mejoró con respecto a las bulas de donación, ya que según estas todas las tierras descubiertas a occidente quedaban fuera de su jurisdicción. En cambio, este acuerdo, al desplazar la línea doscientas setenta leguas más al oeste, les permitió acceder a Brasil, reservándose, además, la costa africana. Se sintieron muy satisfechos, y prueba de ello es que el monarca luso mandó rápidamente mensajeros a los soberanos españoles aceptando este acuerdo, que entendía saciaba todas sus expectativas.[103] Pero también los monarcas españoles se mostraron muy satisfechos con el convenio, que constituía el espaldarazo definitivo a su política expansiva y convertía a Castilla en dueña de la mayor parte de las tierras halladas al oeste, sentando las bases de uno de los mayores imperios de la historia. Los lusos se centrarían en proseguir su ruta a la India, bordeando África, mientras que Castilla se volcaría en el derrotero atlántico, sellando ambas potencias su vocación ultramarina para varios siglos.

A pesar de las dificultades para trazar una línea exacta, ambas potencias trataron de respetar el acuerdo. Sin embargo, el resto de los países no lo aceptaron, aunque tardarían algunos años en estar en condiciones de disputarle al mundo ibérico su dominio. En este sentido, se le atribuye al rey galo Francisco I esa famosa frase de que quería ver el testamento de Adán donde señalara tal reparto, al tiempo que defendía que el libre tráfico de mercancías era uno de los derechos más sagrados e inalienables de las naciones.[104] Con posterioridad, el derecho a la libertad de navegación y de comercio fue defendido tanto en el extranjero —lo mismo por corsarios como John Hawkins que por juristas como Hugo Grocio— como en España por intelectuales de la talla del padre Francisco de Vitoria o Fernando Vázquez de Menchaca.[105] En la praxis, primero los franceses y después los ingleses y los holandeses rechazaron de plano el monopolio ibérico, con la sanción del Vaticano, pues estaban convencidos de que sus actividades comerciales eran legítimas. Y con esa misma argumentación defendían que los territorios ultramarinos eran de quien primero los ocupase, como décadas después hicieron con zonas despobladas o mal protegidas del Imperio Habsburgo. En América había grandes posibilidades de negocio a las que las nacientes potencias europeas no estaban dispuestas a renunciar.[106]

A pesar del peso de Fernando el Católico en todo lo relacionado con los asuntos indianos, este tuvo siempre la generosidad de usarlo en favor del reino de Castilla y León. De hecho, sabía por las bulas de donación que, tras su muerte, las Indias quedarían vinculadas a la Corona castellanoleonesa, como recordó la propia Isabel en su testamento de 1504. Eso sí, pese a la exclusión teórica de los aragoneses, nunca existió la intención de impedir el paso a aquellos que de manera puntual mostrasen su interés por viajar, como hicieron desde la segunda expedición colombina.[107] Y, en efecto, estuvieron presentes casi desde su descubrimiento, aunque legalmente nunca gozaron de los mismos privilegios que los castellanos y leoneses, «como quiera que aquellos fueron los que las Indias descubrieron; y no aragoneses, ni catalanes, ni valencianos o vasallos del patrimonio real del rey católico...».[108] Esta limitación estuvo vigente hasta el 10 de noviembre de 1525, en que se dispuso que los aragoneses pudiesen viajar a las Indias en las mismas condiciones que lo habían hecho hasta entonces los vasallos de la Corona de Castilla y León.[109]

Capítulo 7
LA GRAN ARMADA COLONIZADORA

LA ORGANIZACIÓN DE LA ARMADA DE 1493

Tras la vuelta de los pioneros expedicionarios todo era euforia y miles de personas pretendieron enrolarse en esa nueva jornada al Dorado. La reina también estaba pletórica, por lo que puso todos los medios a su alcance para organizar una segunda escuadra en un tiempo récord, pese a ser mucho más compleja, con más embarcaciones y con mucho más personal. Había mucha prisa por asegurar aquellos territorios, averiguar dónde se ubicaban exactamente y evitar que los portugueses, que también tenían noticias de ellos, se pudieran adelantar.[1] Incluso circulaban noticias sobre una carabela que había zarpado de las islas Madeiras para descubrir tierras a poniente, aunque, según el propio monarca luso, había ido sin su consentimiento; este incluso habría despachado tres embarcaciones para apresarla.[2] Lo cierto es que no faltaban razones para la desconfianza.

El objetivo de esta armada era muy diferente al de la primera, porque no se trataba del viaje utópico de un visionario, sino de hacer realidad el sueño de Castilla y León de establecer una ruta comercial con Asia, revirtiendo el desastroso Tratado de Alcaçovas. La jornada tendría un triple objetivo: uno, asentar la ocupación de los nuevos territorios, poblando, cultivando la tierra e iniciando la explotación aurífera. Dos, proseguir la exploración hasta encontrar el reino del Gran Khan, y así comenzar el rico comercio de la especiería. Y tres, llevar a cabo una evangelización sistemática, enviando a un grupo de religiosos, con los enseres litúrgicos necesarios para desarrollar su labor e implantar allí la cristiandad.

El monopolio seguía siendo real, previéndose la existencia de una casa aduana en Cádiz y otra en La Isabela, que debía establecerse con el objetivo de que se custodiasen allí todas las mercancías de la Corona.[3] Además, viajaban mil doscientos asalariados de las arcas reales, servidores públicos, lo cual evidencia que el almirante no era más que un representante más del Estado.[4] Mientras la mayor parte del rol del primer viaje estuvo compuesto por marineros, ahora, en el segundo, se incorporaron personas de todos los estamentos sociales y de todos los oficios, lo mismo militares que artesanos, albañiles, fundidores, agricultores y religiosos. El cambio fue extraordinario y, sobre todo, muy rápido, pues solo había pasado un año del Descubrimiento y ya todos pensaban en cruzar el océano e iniciar una actividad fundadora de ciudades que empezaría con La Isabela y se prolongaría durante décadas en todo el continente americano. Había un afán por asentar el poblamiento en la isla, pero se seguía pensando en enclaves comerciales, cuyos principales socios beneficiarios seguían siendo fundamentalmente la Corona y a mucha distancia el almirante.

Lo primero que decidió la reina fue, por una disposición del 28 de mayo de 1493, hacer efectivo el nombramiento de Colón como almirante, virrey y gobernador de las islas y tierra firme descubiertas y por descubrir, un nombramiento extensible a sus descendientes.[5] Insisto en que no era una confirmación, porque lo capitulado en Santa Fe estaba supeditado a que se consumasen esos descubrimientos, por lo que los cargos no se hicieron efectivos hasta esta fecha. Asimismo, se le otorgaron facultades para poder nombrar lugartenientes que gobernasen en su ausencia, pese a que en la capitulación solo se le permitía proponerlos.[6] De esta forma se trataba de evitar los vacíos de poder, lo que permitió a Colón nombrar a su hermano gobernador interino, sin esperar una confirmación regia. También obtuvo reconocimientos sociales, porque se le concedió, tanto a él como a sus herederos, el derecho de anteponer a su nombre la distinción de don y se le amplió su escudo de armas, en el que incluiría las antiguas de su linaje y las nuevas, dividido en cuatro cuarteles: uno con el castillo, otro con el león rampante, otro con unas islas doradas y el cuarto cuartel con las viejas armas de su estirpe.[7]

Simultáneamente fue comisionado el toresano Juan Rodríguez de Fonseca (1451-1524) para que se encargase de todos los preparativos.[8] Su perfil religioso era lo de menos, aunque hizo una larga carrera eclesiástica, empezando por el cargo de arcediano de Sevilla, obispo sucesivamente de Badajoz, Córdoba, Palencia y Burgos, y, finalmente, arzobispo de Rossano, en Nápoles. Se trataba de una persona de la máxima confianza de la reina, pues la había apoyado en la guerra de sucesión y poseía una extraordinaria capacidad para la gestión. De hecho, fue un gran estadista, una persona enérgica y de una sólida formación académica, del que decía el padre Las Casas que, pese a ser religioso, era «muy capaz para mundanos negocios».[9] Se convirtió durante varios lustros en un superministro de Indias, hasta tal punto que, según Francisco López de Gómara, en los asuntos relativos al Nuevo Mundo era él quien lo regía todo.[10] La primera expedición la había organizado en persona el almirante, pero esta era otra cosa, no solo por el número de naves y de tripulantes sino también por las mercancías de todo tipo que debían embarcar. Era un reto para la monarquía, por la magnitud de la empresa y por la premura de tiempo, aunque es obvio que el religioso hizo un trabajo extraordinario. En apenas cinco meses consiguió poner a punto una armada de diecisiete embarcaciones, entre grandes y pequeñas, con aprestos, mercancías y alimentos para un total de mil quinientas personas, buscando, asimismo, los recursos para financiarla.[11] Se trato, sin duda, de la armada más portentosa aprestada en los puertos de Castilla en todo el siglo XV.

El almirante se limitó a supervisar la recluta, la selección de los navíos y el enrole de sus hombres de confianza, pero no tardó en tener serios encontronazos con Fonseca, que también era una persona muy temperamental. Y es que Colón gastaba el dinero de la Corona con mucha más liberalidad que el religioso, quien se veía obligado a restringirle todo lo que podía.[12] En particular, al genovés le sentó muy mal que Fonseca pusiera objeciones a su solicitud de llevar un séquito de treinta personas asalariadas, algo que a la postre le fue autorizado.[13] Asimismo, mantuvo algunas disputas porque pretendía que se subiese la remuneración de los marineros, ya que al precio estipulado no conseguía atraer al número suficiente de efectivos para una armada tan grande. Lo cierto es que esta enemistad se prolongó incluso con Diego, el hijo del almirante, hasta tal punto que el propio duque de Alba le escribió contándole su perplejidad ante su actitud con el marido de su sobrina, que esperaba cambiase en adelante.[14] Pero el obispo no perdió nunca la confianza de la Corona, manteniéndose como administrador de los asuntos indianos durante varias décadas y mostrándose en todo momento como un leal servidor.

Peor relación aún tuvo Colón con los contadores de la armada, como Francisco Pinelo, Juan de Soria o Rodrigo Sánchez de Segovia, que debían abonar los caudales que el almirante o Fonseca les reclamasen.[15] Contra ellos, especialmente contra el agredeño Juan de Soria, secretario del príncipe don Juan y contador mayor de la segunda armada, sí que escribió el almirante, que entonces tenía mucho poder, y consiguió que se le recriminase.[16]

Colón decidió regresar de Barcelona por vía terrestre, igual que a la ida, aunque pudo haber vuelto con más tranquilidad bordeando la línea costera, como había hecho otras veces. Salió de la ciudad el 1 de junio y se encaminó a Valencia, y desde allí cruzó media España para dirigirse al monasterio de Guadalupe y cumplir su promesa. Lo acompañaban solo cinco nativos, porque un sexto se había quedado en la corte. Los jerónimos lo acogieron con grandes muestras de afecto. Tal fue la cercanía que el prior le encomendó que le pusiera el nombre de la Virgen a alguna de las islas que descubriese, algo que haría realidad pocos meses después.[17] El almirante siguió su itinerario por Córdoba, Peñaflor y Sevilla, donde permaneció desde el 20 de junio hasta el 17 de septiembre, en que se encaminó a Cádiz, pasando antes por El Puerto de Santa María.[18] Está claro que Palos no disponía de la capacidad para aprestar una escuadra de estas dimensiones en tan corto período de tiempo, por lo que Cádiz pareció la opción más plausible. Esta ciudad ejerció el monopolio de la navegación indiana hasta 1502.

La acogida fue extraordinaria y llegaron miles de peticiones de enrole, de las que hubo que seleccionar las candidaturas más idóneas. Y ello porque la riqueza de las nuevas tierras había corrido por toda Europa, despertando la codicia de todos. De la noche a la mañana, el Nuevo Mundo se convirtió en la nueva frontera, en un lugar soñado en el que la imaginación no tenía límites, desde la leyenda de Jauja al Dorado, pasando por las ciudades míticas de los Césares, de Cíbola y de Quivira.[19] La mayoría se veía tomando posesión de unas islas en las que el oro se cogía del suelo o se pescaba y comprando ricas mercancías en Cipango, Mangui o Cathay. Para la Corona era una magnífica oportunidad para dar trabajo a muchas personas que se habían quedado desocupadas después de la toma de Granada. De ahí que las Indias se convirtieran en la nueva frontera en la que continuar la expansión de la cristiandad. De hecho, la lucha contra el musulmán estaba muy presente en la mente de estos descubridores, conquistadores y colonos.[20] El genovés vivió en esos meses los momentos más felices de su vida, cuando todo el mundo lo admiraba y contaba con el apoyo incondicional de los reyes.

Había mucho interés en organizar con presteza la escuadra, pero, como siempre, los recursos resultaban insuficientes. El coste total de la misma fue astronómico, de más de diecisiete millones y medio de maravedís, una parte invertida por la Corona, otra procedente de los bienes expropiados a los judíos y el resto de diversos prestamistas, entre ellos el duque de Medina Sidonia, que aportó cinco millones.[21] Mientras los salarios de los enrolados tardaron varios años en ser abonados, también algunos abastos se obtuvieron fiados, como el trigo para elaborar el bizcocho, comprado en Jerez de la Frontera, cuyos productores no cobraron en su mayor parte hasta el verano de 1503, es decir, casi una década después.[22]

Pese a las dificultades financieras, el convoy quintuplicó al primero: lo conformaron un total de diecisiete embarcaciones, todas ellas andaluzas, doce o trece carabelas y el resto, naos.[23] El almirante, al igual que en su primera expedición, era el capitán general, nombrándose como segundo a Antonio de Torres, hermano del ama del príncipe don Juan, quien debía traerla de regreso.[24] El objetivo de la empresa quedó bien especificado tanto en las misivas dadas a Colón y a Fonseca, el 24 de mayo de 1493, como en las instrucciones que se le dirigieron al primero cinco días después: tomar posesión de los nuevos territorios, lo que equivalía a poblarlos, y descubrir nuevas tierras. En ese mismo documento se le dio facultad para fundar ciudades y nombrar regidores, jurados, alguaciles y otros oficios en las tierras que fuese descubriendo.[25]

Hace pocos años se publicó el rol de la expedición, por lo que conocemos los oficios de unos seiscientos nombres, un cuarenta por ciento del pasaje. Mil doscientos de ellos iban asalariados, pero, contando las familias que llevaron algunos agricultores y artesanos, la cifra total del pasaje bien pudo sumar el millar y medio.[26] La mayor parte de la marinería era andaluza, fundamentalmente de la costa onubense, pero también había malagueños, gaditanos, cántabros, vizcaínos y un total de siete aragoneses. No solo viajaban maestres, contramaestres, pilotos, marineros y grumetes, sino también otros cargos relacionados con la navegación como calafates, carpinteros de ribera, toneleros, cirujano o barbero, despensero y capellanes.[27] Para llevar un control del pasaje, el 29 de mayo de 1493 se dispuso la elaboración de un listado para saber quiénes eran, su calidad, su oficio y si eran buenos cristianos, ya que debían servir de ejemplo a los naturales.[28] Por supuesto, se prohibió el embarque de cualquier persona con causas pendientes con la justicia, no se daba la opción de conmutar las penas por el destierro. La decisión de enrolar a delincuentes fue excepcional y solo se permitió en la primera y en la tercera jornada, por falta de voluntarios.[29] Entre el pasaje, la mayoría eran castellanos, pero también viajaban algunos catalanes, valencianos, un puñado de portugueses, algunos italianos y dos griegos.[30]

Se embarcaron un buen grupo de nobles e hidalgos, pues, según Hernando Colón, acudieron tantos al enrole que fue precisa una estricta selección. Entre ellos, figuraban el conquense Alonso de Ojeda, amigo personal del obispo Fonseca y criado del duque de Medinaceli, o Pedro Margarit, un contino de origen catalán que gozaba de la confianza del rey Fernando y a quien se le asignó el mando de una de las carabelas. Se alistaron oficiales de la máxima confianza de los soberanos, como el veedor Diego Márquez, que había sido paje del obispo Fonseca, Gil García, como alguacil mayor, y Bernal Díaz de Pisa, que viajaba como contador mayor.[31] Este último recibió detalladas instrucciones para llevar una contabilidad de todo lo invertido en la armada, pidiéndole que en los navíos que se despacharan hacia España enviase una relación de todo lo que se traía y a quién pertenecía.[32] Asimismo, los reyes solicitaron a Colón que le ofreciese un cargo de responsabilidad a una persona de su máxima confianza, el repostero real Juan Aguado.[33] Hubo, pues, un número considerable de continos reales, con los que el almirante no tardó en tener problemas, al tratarlos, como veremos después, igual que a los plebeyos en cuanto al reparto de raciones y al trabajo.

Se engancharon un buen número de personajes que con el tiempo desempeñarían un importante papel en la conquista, como Diego Velázquez, que estuvo primero en la pacificación de La Española y después en la conquista de Cuba. También figuraba Juan Ponce de León, futuro conquistador de Puerto Rico y descubridor de La Florida, o el célebre doctor Diego Álvarez Chanca, que al parecer era un agente fonsequista. Este último se había ofrecido a ir de manera voluntaria, algo que fue recibido de buen grado por los servicios médicos que podía prestar.[34] Además, nos brindó una relación de su experiencia personal, donde narró el itinerario y muchos detalles de la naturaleza que solo una persona con su formación académica podía ofrecer.[35]

Como afirma Montserrat León, había representación de todos los gremios que podían encontrarse en cualquier villa o ciudad media europea.[36] Viajaban una veintena de agricultores, más un experto en construir acequias para regadíos, los cuales debían experimentar el cultivo de trigo, viña, caña de azúcar y posiblemente olivo, pues si se quería disponer de un establecimiento permanente había que garantizar la suficiencia alimentaria.[37] Aunque no se especificaba nada del reparto de tierras, estaba claro que la nueva empresa sería colonizadora, tratando siempre de trasplantar allí un trocito de la sociedad española.[38] No menos importancia se dio a la cuestión minera, pues era una prioridad localizar y extraer metales preciosos para rentabilizar el negocio lo antes posible. Por ello, se sumaron varios mineros y plateros, entre los que conocemos al menos a tres de ellos, naturales o vecinos de Sevilla, que después el almirante llevaría consigo en su exploración del interior de las islas.[39] Se alistaron, incluso, cetreros, empujados por las inciertas noticias del propio Colón acerca de la existencia allí de estas aves, ello unido a la afición por la cetrería del propio Fernando el Católico.[40]

Se pensó tanto en la cuestión religiosa como en la militar. En relación con lo primero, en las instrucciones que se le entregaron al almirante se estableció como prioridad la conversión a la fe católica de los moradores de los nuevos territorios. Para facilitar dicho fin se alistó a un grupo de trece religiosos, encabezados por el aragonés fray Bernardo Boyl, O. M., representante espiritual del pontífice, junto con los borgoñones fray Juan de Deule y fray Juan de Tisin.[41] Este grupo de cenobitas se vería reforzado en julio de 1494 con la llegada, junto a Bartolomé Colón, del ermitaño jerónimo fray Ramón Pané, considerado el primer etnógrafo de América.[42] Fue el primero de una larga serie de frailes que aprendieron las lenguas indígenas para favorecer la evangelización y terminó escribiendo una obra titulada *Relación acerca de las antigüedades de los indios*, que conocemos gracias a la transcripción que hizo Hernando Colón, y que resulta fundamental para el estudio de la mitología, la cosmovisión y las creencias de los taínos.[43]

Se dio orden a Fonseca de que mandase dar a los religiosos todos los enseres litúrgicos que necesitasen para decir misa y administrar los sacramentos al otro lado del océano.[44] Estaba claro que esta expedición no solo tenía como objetivo la fundación de enclaves estables sino también la evangelización, cumpliendo con el mandato papal. Y aunque después se acusaría al padre Boyl de preocuparse más de sus asuntos y rivalidades personales que de practicar una auténtica política humanitaria, poco podía hacer con tan escaso número de correligionarios.[45] Además, la preparación de estos primeros evangelizadores era muy escasa, pues ni tan siquiera fray Ramón Pané, pese a convertirse en políglota, tenía más conocimiento doctrinal que «el Ave María y el Pater Noster».[46] Y como dijo el siempre ácido Bartolomé de Las Casas: «¿Qué doctrina podían dar hombre seglares y mundanos idiotas que apenas, comúnmente y por la mayor parte, se saben santiguar, a infieles de lengua diversísima de la castellana?».[47] Pues ninguna, aunque convirtieron a varios miles a golpe de hisopo.

En cuanto al asunto castrense, se incorporó un grupo de soldados, capitaneado por don Francisco Peñalosa, contino de la reina. Se le pidieron al alcaide de Málaga cincuenta corazas y otras tantas espingardas y ballestas para equiparlos.[48] Entre esos militares había varios ballesteros, lombarderos, espingarderos y hasta algunos trompetas y un tambor. Asimismo, se encargó a Hernando de Zafra que alistase, en la Santa Hermandad de Granada, a veinte lanzas jinetas que quisieran viajar con sus yeguas y cabalgaduras.[49] Llama la atención su enrole, teniendo en cuenta que todavía entonces el almirante veía a los naturales como seres pacíficos y no peligrosos.[50] Es probable que en esos momentos estuviese pensando más bien en la posibilidad de defenderse de un eventual ataque portugués, dado que no habían aceptado de buen grado las bulas de donación y aún no se había firmado el Tratado de Tordesillas.[51] También llevaban un buen número de piezas de artillería, que en las naos le servirían para comunicarse entre ellos y, llegado el caso, para defenderse, además de ballestas, corazas y espingardas.

Entre los pasajeros se contaban también miembros de algunas minorías, entre ellos varios nativos, supervivientes del grupo llegado en el primer viaje.[52] Algunos iban infectados de viruelas, una plaga que transmitieron a su retorno a la isla, desencadenando una de las primeras grandes epidemias que diezmaron a la población indígena.[53] Diego Colón fue el único que sobrevivió y, gracias a su buen aprendizaje del castellano, sirvió de gran ayuda en esta aventura. Por cierto, en la escuadra viajaban dos personas con ese mismo nombre, el indígena de Guanahaní y el hermano del almirante, mientras que Bartolomé se incorporaría meses después de la arribada. Se enrolaron también algunas personas de color, aunque se trató de un hecho aislado, pues no existía ninguna legislación al respecto.[54]

Hubo que hacer un enorme esfuerzo para abastecer a la escuadra de provisiones, la mayoría de las cuales se recabaron en Andalucía, aunque fue necesario comprar enseres por toda Castilla, incluso en la feria de Medina del Campo.[55] Las bodegas iban repletas de alimentos, agua y vino, aunque una buena parte de este último se perdió, lo que el almirante atribuyó «a la mala obra que los toneleros hicieron en Sevilla», aprovechando la ocasión para culpar otra vez a Juan de Soria, que era quien los había adquirido.[56] Llevaban todo tipo de semillas de cereales, cítricos, legumbres y de otras especies, así como huesos de frutales y esquejes de *vitis vinífera* y de caña de azúcar.[57] Embarcaron numerosas especies de animales domésticos, pues una de las cosas que más llamó la atención del almirante en su primera travesía fue la ausencia de estos, que si los hubiera, dijo, alguno habría visto.[58] Una parte de ellos se cargaron en España y la otra en La Gomera: becerros, caballos, yeguas, vacas, ovejas —probablemente de raza merina—, cabras, cerdos, gallinas y asnos, con la idea de que se reprodujeran.[59] Algunos de los barcos de esta expedición parecían auténticas arcas de Noé, aunque algunas bestias, sobre todo los équidos, eran de difícil transporte y no pocos murieron en el trayecto.[60] Y, por supuesto, no podían faltar abalorios de latón, loza o cristal para intercambiar con los naturales, ya que no se ignoraban los trueques similares que los portugueses practicaban a lo largo de la costa africana.

LA SEGUNDA AVENTURA

Había mucha prisa por zarpar, pues se temía que los portugueses trataran de adelantarse o de buscar alguna estrategia para neutralizar el Descubrimiento. De hecho, en una respuesta de los soberanos a Colón le dicen que no creen que Portugal tuviese una armada preparada, pero, por si acaso, le pedían que no se acercase al cabo de San Vicente, ni a Cabo Verde, para evitar un posible conflicto.[61] Y, en caso de que la avistase, debía informar lo más pronto posible del número de barcos que la componían para que Fonseca enviase una segunda escuadra con el doble de unidades.[62]

Ya desde finales de julio de 1493, la Corona estaba apremiando para que soltasen amarras. Incluso insistía en que lo hicieran, aunque no tuviesen todos los pertrechos, porque en breve se despacharía un segundo convoy, para lo cual el obispo Fonseca debía permanecer en Cádiz.[63] El 18 de agosto la Corona volvió a insistir, manifestando su decepción por no haber partido el pasado 15 de agosto.[64] En esta ocasión, la premura estaba motivada no solo por la rivalidad con Portugal, sino porque se acercaba la estación otoñal y convenía que partiesen con buen tiempo. Pese a la insistencia, no soltaron amarras hasta el 25 de septiembre de 1493, una hora antes de salir el sol, con vientos favorables.[65] Poco antes, el almirante entregó a cada uno de los capitanes de los navíos un pliego cerrado y sellado que contenía las coordenadas exactas para llegar a La Española, pero que solo podían abrir en caso de que alguno se perdiese.[66] Sobre la despedida de la escuadra en Cádiz, Guillermo Coma narró las ceremonias y el estruendo de los disparos de lombardas, mientras sonaban las trompetas, los pífanos y los clarines. Los hijos del almirante divisaron los actos desde el castillo de Santa Catalina, y justo cuando salía la flota entraron en el puerto varias carracas venecianas, compitiendo con ellas en el disparo «de salvas y lanzando mil bendiciones, según costumbre».[67] Desde el puerto gaditano tomaron rumbo suroeste, hasta arribar el 2 o el 3 de octubre a Gran Canaria. En esa escala repararon uno de los navíos, que hacía agua, y al día siguiente pasaron a La Gomera, donde se aprovisionaron de agua, carne y otros productos frescos. Allí permanecieron por espacio de cinco días, desde el 5 hasta el 10 de octubre, ya que esta isla se convirtió desde ese momento en escala obligada en la ruta de ida.[68] Tras pasar por la isla de El Hierro, el domingo 13 de octubre pusieron rumbo suroeste, tomando una derrota bastante más meridional que la primera vez porque, antes de llegar a La Española, Colón pretendía recorrer las islas de los caníbales, de las que había escuchado hablar, aprovechando para elaborar la carta náutica que le habían solicitado los reyes.[69] El 27 de octubre sufrieron un temporal, pues fuertes rachas de viento, una densa niebla y relámpagos amenazaron con embestir unas naves contra otras y echarlas a pique, aunque con algo de suerte consiguieron escapar indemnes.[70] Pese a esa tormenta puntual, la travesía se consideró bastante favorable, tal punto que desde El Hierro a la primera isla de las Antillas Menores, solo tardaron veintiún días —veinte dicen Colón, su hijo y el doctor Chanca—, quince menos que en su primera andadura.[71] El propio almirante destacó esa tranquila travesía «que no se haya oído ni visto de mar tan llano, de viento tan quieto y dulce y de templanza de cielo tan suave».[72]

Cuando avistaron tierra, se desató un gran entusiasmo, pues según el doctor Chanca, al tiempo que vociferaron desde la nao capitana: «¡Albricias, que tenemos tierra!», se desataron todo tipo de griteríos y alabanzas al Señor.[73] Inmediatamente después, todo el pasaje entonó, con gran recogimiento, la salve y otras oraciones de su devoción.[74] El 3 de noviembre descubrieron varias islas, a la primera de las cuales Colón llamó Dominica —por haberla descubierto en domingo— y a otra que había próxima, Marigalante, según Michele Cuneo, por el cariño que le tenía a su nao capitana.[75] Dado que en la primera isla no localizó un puerto seguro donde fondear, lo hizo en la segunda, y allí tomó oficialmente posesión de los nuevos territorios.[76] De nuevo desplegó toda la parafernalia, con la bandera real en la mano, y ante las principales autoridades reales tomó posesión de la tierra, como dice Diego Álvarez Chanca, «en forma de derecho».[77]

Prosiguieron su derrota hacia otra isla que llamaron Santa María de Guadalupe, cumpliendo así Colón la promesa que le había hecho al prior del monasterio, fray Nuño de Arévalo, unos meses antes.[78] Recaló en el actual puerto de Grande Anse, donde debieron permanecer seis días dado que un pequeño grupo de españoles, mandados por el capitán sevillano Diego Márquez, se adentró en la isla y se extravió. El almirante se mostró dispuesto a zarpar sin ellos, pero, a ruego de los parientes de los desaparecidos, decidió esperar y mandar en su busca a Alonso de Ojeda, con cuarenta hombres.[79] Por supuesto, no desperdició la oportunidad de pedirle que de paso indagase en los secretos de la tierra y le informara al regreso.[80] Aquí tuvieron los primeros contactos con caribes, que, supuestamente, practicaban la antropofagia ritual; solo los vieron huyendo hacia el interior de la isla, aunque liberaron a un muchacho cautivo de catorce años.[81] Cuando el capitán Diego Márquez —o Marque, según la documentación— y los suyos consiguieron regresar, no parece que tomase grandes represalias contra él, pues, de hecho, con posterioridad contó con sus servicios para bojear la isla Española.

El 12 de noviembre zarparon de Guadalupe y exploraron el resto de las Antillas Menores, empezando por Santa María de Montserrat, llamada así por las montañas altas que tenía y que a Colón le recordaron a las de Barcelona, desde donde llegaron a otra que bautizaron como Santa María la Redonda, por tener esa forma y no poseer playas.[82] De ahí partieron hasta Santa María de la Antigua y luego, a Santa Cruz, donde tuvieron el primer enfrentamiento con los temidos caribes, entre los que había dos mujeres flecheras que dieron pábulo al mito de las amazonas. Resultó herido un marinero que, finalmente, y pese a la atención que le prestó el doctor Chanca, murió a la llegada a La Española.[83]

Prosiguiendo el viaje, el 15 de noviembre de 1493 avistaron tantos islotes que, según Diego Álvarez Chanca, debían de ser más de cuarenta, a los que bautizaron como las Once Mil Vírgenes y, al principal, Santa Úrsula.[84] Como había aprendido la lección tras el encalle de la *Santa María*, el almirante recorrió la zona con mucha precaución, navegando al pairo y fondeando a la caída del sol.[85] Tras recorrer todo el arco de las Antillas Menores, el 19 de noviembre de 1493 llegó a la primera de las Grandes Antillas, que los indígenas llamaban Borinquen y él rebautizó como San Juan Bautista, actualmente Puerto Rico.[86] Según el doctor Chanca, era una tierra muy fértil y hermosa; sin embargo, sufría incursiones de los caribes, que causaban grandes estragos y capturaban a mucha gente.[87] Por eso, al verlos desembarcar en la Aguada, los naturales huyeron como solían hacer cuando llegaban las incursiones de estos belicosos indígenas. Allí apenas permanecieron dos días. Pusieron proa a La Española, que alcanzaron sin contratiempos, y desembarcaron en lo que hoy se conoce como bahía del Caracol, en la provincia de Samaná.

LLEGADA A LA ISLA DEL ORO

El 25 de noviembre estaban en la zona costera de Montecristi, donde se detuvieron dos días. Encontraron dos cadáveres y al día siguiente otros tantos, por lo que hubo la certeza de que alguna tragedia había sucedido.[88] Aunque los restos estaban muy descompuestos, los identificaron por las barbas cerradas que tenían, a sabiendas de que los naturales eran imberbes.[89] El miércoles 27 de noviembre fondearon en la costa donde habían fundado el fuerte de la Navidad, aunque; dado que era de madrugada, no desembarcaron hasta el día siguiente. Al principio pensaron que los supervivientes habrían huido, por lo que Colón ordenó disparar la artillería para hacerles saber que habían llegado.[90] El hecho de que no respondieran ya presagió el peor de los augurios, que no tardaron en confirmar, al encontrar el fuerte totalmente destruido, así como once cadáveres en avanzado estado de descomposición que parecían ser de españoles por las barbas y la vestimenta que llevaban.

Lo primero que hicieron fue darles sepultura, oficiándoles unas solemnes exequias fúnebres. Acto seguido, Colón mandó excavar en el interior del fuerte en busca de oro, en concreto en un pozo, ya que había dejado dicho en las instrucciones que el metal que obtuvieran lo enterrasen.[91] La búsqueda resultó infructuosa, pero evidencia otra vez su obsesión áurea, con la que, como ya hemos dicho, trataba de rentabilizar su compañía y obtener apoyos. Hubo varios testigos con los que se pudieron comunicar, pues la barrera idiomática se había diluido en parte, gracias a la presencia del indígena Diego Colón, que hablaba ya el castellano bastante bien, y porque los hombres de Guacanagarí lo balbuceaban, ya que llevaban un año manteniendo contacto con los extranjeros. Llegó un hermano del cacique con varias carátulas como obsequio, explicando que los españoles murieron unos de enfermedades, otros en enfrentamientos entre ellos mismos y el resto a manos del cacique Caonabo.[92] Por su testimonio, se supo que había habido discordias entre ellos y que un grupo encabezado por vizcaínos había desobedecido al capitán Diego de Arana, saliendo a buscar oro y a secuestrar mujeres, tomando cada uno a tres o cuatro. La insubordinación partió de Pedro Gutiérrez y Francisco Escobedo, quienes huyeron al cacicazgo de La Maguana, siendo aniquilados por Caonabo. Y dado que el fuerte Navidad quedó deficientemente protegido también se atrevió a atacarlo y destruirlo, algo que consiguió con bastante facilidad. El hermano de Guacanagarí trataba de aplacar la ira de los extranjeros, al tiempo que les pedía que, dado que el cacique seguía convaleciente de una herida, acudiesen a su encuentro en el poblado. Obviamente, insistió en desvincularlo de la matanza, ocurrida en octubre de ese año, es decir, un mes antes de la llegada de la segunda expedición. No solo culpó a Caonabo de haber asaltado y quemado el fuerte, sino que afirmó que, al salir él en su defensa, resultó herido en una pierna.[93] El almirante, para verificarlo, pactó un encuentro, enviando una comitiva al mando del sevillano Melchor Maldonado, en la que también iban el doctor Álvarez Chanca y Diego Colón, quien permitió una aceptable comunicación con el cacique.[94] Se encontraron al jefe indígena en una habitación oscura del caney, acostado en una hamaca y derramando unas lágrimas por el triste desenlace de los españoles. Le pidieron que saliese para examinar la herida que tenía en su pierna y aceptó. Tras retirarle la venda de algodón, el doctor Chanca descubrió que no existía tal herida y que el cacique tan solo fingía que le dolía, aunque tampoco pasaron desapercibidas las versiones contradictorias que ofreció.[95]

Casi todos los relatos apuntan, como escribió Álvarez Chanca, a que fueron los celos de los naturales la principal causa de la acometida, aunque sin duda debió de haber otros factores. Se trataba de abusos cometidos al amparo de su supuesta superioridad bélica, aunque infravaloraron su reducido número en comparación con sus oponentes. De hecho, Andrés Bernáldez culpa a Caonabo y sostiene que los cristianos habían causado grandes desconciertos, entre ellos la toma de mujeres, lo que provocó que los naturales se conjuraran para acabar con ellos.[96] Es posible que algunos perdiesen la vida en las refriegas que hubo entre ellos mismos, o por enfermedades, pero la mayoría fue fácil presa para una amplia coalición de caciques, liderados por Caonabo. Ahora bien, ¿quién atacó el fuerte Navidad, donde permanecieron junto a Diego de Arana una decena de hombres? Debió de ser el propio Guacanagarí quien, al verlos divididos, y quizá pensando que nunca llegarían refuerzos, cobró confianza en sus propias fuerzas y acabó con ellos.[97] De hecho, parece impensable una incursión de ese calado en el cacicazgo del Marién por parte de Caonabo, sin que Guacanagarí hubiese sido depuesto o ajusticiado.

Evidentemente, ni Maldonado ni Chanca estaban autorizados a tomar ninguna decisión, por lo que acordaron que el cacique, al día siguiente, acudiese al encuentro del virrey. Este, que tuvo lugar en la nao capitana, fue todo lo solemne que se pudo, con redoble de tambores, tañido de campanas y lanzamiento de artillería. En popa se sentaron a almorzar, con un ágape de confites y pasteles, mientras se intercambiaban regalos.[98] Colón fingió otorgarle credibilidad al cacique, aunque la sospecha de que había participado estaba en el ambiente. Pero de momento le interesaba, en la medida de lo posible, preservar al único aliado que tenía, y una vez que se hubiese consolidado la colonia, ya tendría tiempo de castigarlo.[99] El cacique logró un éxito diplomático al conseguir revalidar su pacto guatiao, pensando en unas ventajas para su cacicazgo que, finalmente, nunca llegaron.[100] La confianza en el líder taíno se mantuvo, pues, por ejemplo, Miguel de Toro, que llegó enfermo, se hospedó en el caney del cacique hasta su recuperación.[101]

El 7 de diciembre —o el 8, según Cuneo— decidieron zarpar y buscar un puerto salubre y adecuado donde poblar. Colón optó por recorrer la costa norte en dirección este, siguiendo su instinto como navegante.[102] Sin embargo, sufrieron vientos contrarios de tal magnitud que, según Diego Álvarez Chanca, les costó más recorrer treinta leguas que todo el viaje desde Cádiz. Llegaron hasta el río de Gracia, que apenas se encontraba a seis leguas del emplazamiento de lo que después sería Puerto Plata. Pero las quejas de los marineros, el sentido común y su enfermedad le hicieron desistir de su intento y deshacer sus pasos.[103] Así fue como se conformaron con fondear en la desembocadura del río Bajabonico, donde se fundó oficialmente la ciudad de La Isabela —en honor a la soberana católica—, un 6 de enero de 1494.[104] Resulta obvio que el almirante quiso establecerla mucho más al este, pero cuestiones meteorológicas se lo impidieron, cambiando el rumbo de los acontecimientos.[105] Siempre sostuvo que fue la voluntad divina la que le llevó a erigirla en ese emplazamiento, aprovechando para elogiarlo. Escribió que el río que desembocaba en la bahía era más poderoso que el Guadalquivir, que había un buen puerto donde podrían caber «todas las naos del mundo», una vega más grande que la de Granada y una montaña de piedra de mejor calidad que la que se había usado en la construcción de la iglesia de Santa María de Sevilla.[106] Pese a sus palabras, siempre se ha dicho que fue una pésima elección, aunque no es exactamente cierto, pues, en efecto, el lugar disponía de una bahía que, además, fue capaz de acoger a los diecisiete barcos en su segundo viaje, poseía un gran río y tierras fértiles en su entorno. Además, se encontraba bastante cerca de las minas de Cibao, donde esperaban encontrar mucho metal precioso. Y durante el tiempo que estuvo habitada supuso un buen nodo de interrelación de espacios, tanto del interior de la isla con la costa como con las islas adyacentes y el propio Atlántico.[107]

Los actos fundacionales se revistieron, como era costumbre, de una notoria solemnidad. Tras ello, se realizó un trazado ortogonal, como afirmó Antonio de Herrera, «ordenando plaza y calle», y repartiendo solares para los edificios públicos y religiosos: la iglesia, el hospital, la alhóndiga, la fortaleza y la casa del virrey y gobernador.[108] Así pues, el primer centro sanitario del Nuevo Mundo se estableció en La Isabela en 1494, aunque la primera botica no llegó hasta 1495, en la flota capitaneada por Juan Aguado, en concreto en la carabela *Colina*, propiedad de Bartolomé Colín.[109] Se asentaron unos quinientos colonos, que construyeron en poco tiempo varios centenares de viviendas, techadas con materiales vernáculos. Por ello, La Isabela se convirtió de facto en la —efímera— primera ciudad, una avanzadilla para la exploración de la isla. Y digo que fue efímera porque en marzo de 1499, cuando fue visitada por los hermanos Colón, la encontraron ya casi despoblada, pues nunca se llegó a reconstruir por completo tras el huracán que la arrasó cuatro años antes.[110] No llegó a ser

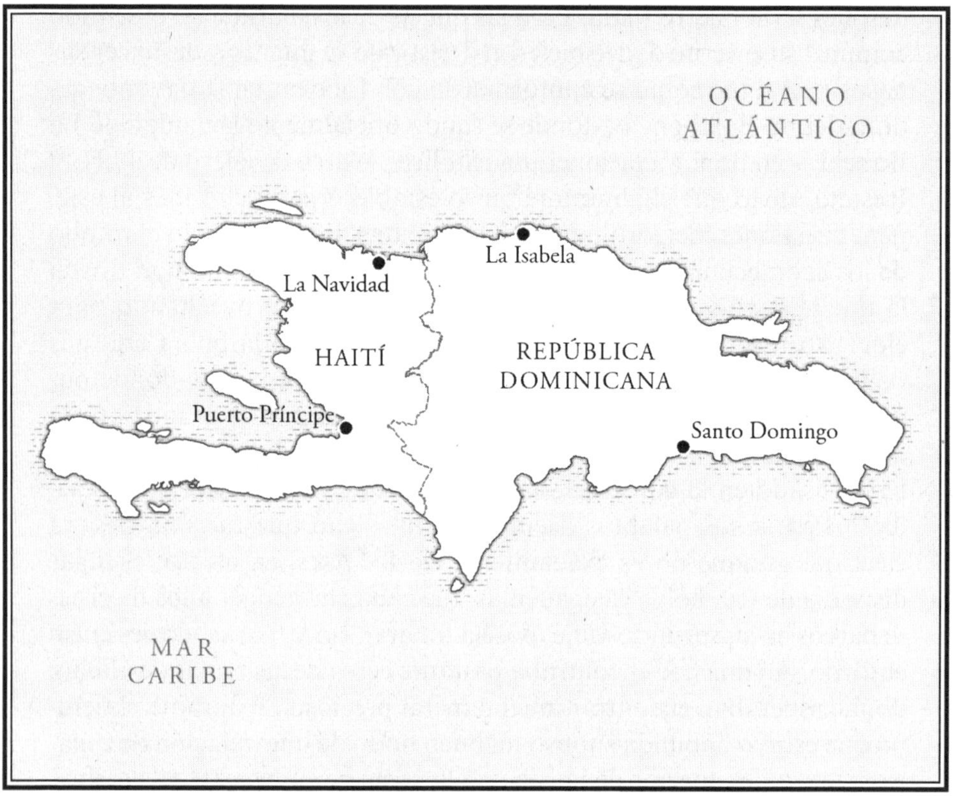

Ubicación de La Navidad y La Isabela.

una urbe, sino una modestísima villa, a medio camino entre campamento militar y factoría comercial, cercada por un pequeño muro; más o menos una réplica de la factoría de San Jorge da Mina, que Colón había conocido en sus años portugueses.[111]

Una vez establecida la ciudad, y pese a estar convaleciente, el almirante seleccionó a medio millar de hombres, con Alonso de Ojeda al frente, y los envió a explorar el interior de la isla. Durante veintinueve días trataron de encontrar las famosas minas del Cibao, donde los naturales decían que había mucho metal precioso.[112] Sin embargo, las cosas no iban nada bien, porque no era fácil alimentar a más de un millar de españoles, ni tan siquiera contando con los alimentos que tenían acumulados los naturales. Urgía remitir una armada a España para informar de la situación y con un listado de las necesidades más perentorias, por lo que se dispuso el inmediato retorno de Antonio de

Torres, al mando de doce de los diecisiete navíos fondeados. En dicha flota Colón remitía unos treinta mil ducados de oro, además de muestras de especias, sesenta papagayos, varias decenas de indígenas y diversos enseres de los naturales, junto a un extenso memorial, redactado en La Isabela, el 30 de enero de 1494.[113] Como compensación por tan menguado botín, embarcó a un centenar de esclavos, algunos de ellos supuestamente antropófagos, que despertaron una gran curiosidad allí por donde transitaban.[114] El hecho de que fuesen caníbales era intencionado, primero porque se justificaba mejor su servidumbre y segundo, porque animaba a apoyar a una empresa que trataba de desarraigar lo que fray Gerónimo de Mendieta denominaba una «abominable inhumanidad».[115] También viajaban varios naturales libres para que aprendiesen el castellano y a corto o medio plazo contribuyesen a mejorar la comunicación entre los dos mundos.[116]

La escuadra de Torres soltó amarras el 2 de febrero de 1494 y vivió una jornada muy favorable, por lo que llegó a Cádiz sin contratiempos el 7 de marzo, tras un periplo de treinta y tres días. Pese a la corta duración, solo llegaron vivos veintiséis indígenas del centenar embarcado.[117] Una vez más, Colón ofrecía muchas cáscaras y pocas nueces, porque la inversión seguía siendo ruinosa para la Corona. En el memorial explicó que el oro recogido era escaso porque la mayor parte de la gente estaba enferma —incluido él mismo—, debido, decía, «al mudamiento de aguas y aires» y, además, no disponían de bestias de carga.[118] Sabemos por el testimonio del doctor Chanca que una tercera parte de los expedicionarios enfermaron, pero el almirante esperaba que en cuanto todos se recuperasen se pudiera fundir mucho más metal precioso. Asimismo, elogiaba las posibilidades agrícolas de las nuevas tierras, que también podían ser una importante fuente de recursos.

El almirante estuvo convaleciente desde el 11 de diciembre de 1493 hasta el 12 de marzo de 1494, lo que no impidió que continuase dando órdenes, buscando minas y completando el mapeo de la isla. De hecho, envió al sevillano Diego Márquez a bojear la isla, algo que este completó tras cuarenta y cinco días, hasta regresar a La Isabela a finales de enero de 1494.[119] Una vez recuperado, siendo como era un personaje inquieto, Colón no paró en La Isabela. Otorgó poderes a su hermano Diego y al padre Boyl para que, con la colaboración de Pedro Margarit, se quedasen al frente del gobierno durante su ausencia.[120] El mismo 12 de marzo, marchó al Cibao a verificar lo que le había contado Alonso de Ojeda. Salió de la ciudad en formación de combate, con las banderas desplegadas y con las trompetas, para disuadir a los naturales de cualquier tentación de sublevación.[121] Una vez en la zona, ordenó construir el fuerte de Santo Tomás, en Jánico, en el sitio más preeminente, a fin de que dominase todo el horizonte y sirviera de refugio a los españoles en caso de alzamiento.[122] Allí dejó a Pedro Margarit con cincuenta y seis hombres, que, con el tiempo, llegarían a sumar trescientos, y regresó a La Isabela.

EXPLORAR MEJOR QUE GOBERNAR

Su idea fue la de seguir explorando, pues siempre estuvo más cómodo a bordo de un navío que en tierra. Por eso, el 24 de abril de 1494 dejó constituido un consejo de gobierno, presidido por su hermano Diego y formado por el padre fray Bernardo Boyl, Pedro Hernández Coronel, el alguacil mayor Juan de Luján y el bachiller Gallego.[123] Liberado de la gobernación, ese mismo día Colón zarpó al mando de una escuadrilla formada por tres carabelas, la *Niña*, la *San Juan* y la *Cardera*, acompañado por el piloto Juan de la Cosa. Permaneció fuera de la isla un total de ciento cincuenta y ocho días, hasta el 29 de septiembre de ese mismo año.[124] Tras la desilusión del supuesto oro del Cibao, quiso explorar la costa meridional cubana en busca del famoso Cathay, donde esperaba encontrar el metal precioso que no había hallado en Cipango.[125] Se llevó con él a su inseparable amigo Diego Colón, que para entonces ya dominaba el castellano, quien le ayudaría una vez más a romper la barrera de la incomunicación.[126]

El 18 de mayo pusieron proa en dirección a Cuba. Colón estaba ahora convencido de que era tierra firme, el Cathay de Marco Polo. Había cambiado de opinión, pues en el primer viaje interpretó que era una isla, aunque eso sí, «muy mayor que Inglaterra y Escocia juntas».[127] Para asegurarse, les preguntó a algunos ancianos si era una isla y estos le dijeron que era una tierra infinita y que nadie había visto «el cabo de ella al poniente».[128] Y para colmo, llegó a su noticia que había un cacicazgo llamado Magón, poblado por personas de un solo ojo, hocico de perro y cola, que en su mente solo podía ser una deformación del original nombre de Mangui, provincia que según Marco Polo era limítrofe con el Cathay.[129] Convencido de que estaba en tierra firme, realizó un interrogatorio en la *Niña*, el 12 de junio de 1494, ante el escribano de La Isabela, Fernán Pérez de Luna, en el que tomó declaración a pilotos, maestres y marineros, que aseguraron que era tierra continental.[130] Así lo manifestaron Francisco Niño, vecino de Moguer, piloto de la *Niña*, Alonso Medel, vecino de Palos, maestre de la misma carabela, o Juan de la Cosa, entre otros. Fundamentalmente dijeron todos que creían que era tierra firme porque nunca habían visto una isla tan larga, con más de trescientas leguas de costa. Eso sí, antes les había amenazado con condenarlos al pago de diez mil maravedís e incluso cortarles la lengua si afirmaban lo contrario. Es cierto que hasta 1507 no se tuvo la certeza empírica de su carácter insular, cuando Sebastián de Ocampo la bojeó.[131] Pero todos los indicios apuntaban a que lo era, por lo que esta actitud muestra de nuevo su terquedad, ya que es posible que ni él estuviese convencido de que no era una isla. Pero su visión profética de las cosas no admitía error ni duda, había que seguir adelante con su proyecto asiático y, si era necesario, forzar las piezas del puzle para que encajasen.

Desde la isla de Cuba pasó a la de Jamaica, que llamó así porque le recordó a la pequeña Jana, citada por Marco Polo, arribando al puerto de Santa Gloria, donde fondearon. Aunque había tenido noticias de ella en su primera travesía, hasta ahora no la había podido contemplar, y le pareció «la más hermosa de cuantas había visto».[132] En un primer momento hubo un conato de resistencia de los naturales, que salieron en canoas a hostigarlos, aunque por mediación de Diego Colón pudo entablar relación y hacer algunos intercambios de alimentos a cambio de abalorios. Sin embargo, no tardó en vislumbrar que no había el menor indicio de la existencia de minas de oro, por lo que dejó de interesarle su belleza y decidió regresar a Cuba, y de ahí, con toda esa información, a La Isabela. La ausencia de oro en Jamaica provocó que su colonización se demorase durante bastantes años, hasta que se encontró su utilidad como abastecedora de alimentos y productos textiles a las zonas pobladas de Tierra Firme y de las Antillas Mayores.[133] En el viaje de vuelta desde Cuba Colón exploró la costa sureste de La Española, donde pudo comprobar la navegabilidad del río Ozama en su desembocadura, con un buen puerto, lo que se unía a la cercanía de las recién descubiertas minas de San Cristóbal.[134]

En su ausencia, el 28 de julio de 1494, había aparecido en la isla Bartolomé Colón (1460-1514), que iba al encuentro de su hermano, después de haber residido un lustro en la ciudad del Sena. Según su propio testimonio, había recibido una carta suya en la que lo mandaba llamar, pues le daría recursos con los que se vería «más honrado y acrecentado».[135] De ahí que se apresurase a dejar su cómoda vida parisina, junto a una señora Borbón —según afirmó él mismo—, viajando en primera instancia hasta Sevilla, donde se entrevistó con Juanoto Berardi, apoderado y socio mercantil de su hermano. Este le entregó cierta documentación que él había dejado, entre ella unas instrucciones con lo que debía llevar y las coordenadas exactas para arribar a la isla.[136] Con esa información, Bartolomé Colón preparó su armada, compuesta por tres carabelas, con las vituallas solicitadas, algunos hombres y portando importantes noticias para su hermano.[137] Bartolomé fue calificado por Las Casas como una persona muy prudente, esforzada, astuta, recatada y «de menos simplicidad» que su hermano, a quien casi igualaba en el conocimiento de la cosmografía y superaba en el manejo de la pluma.[138] Lo cierto es que era una persona con un carácter decidido que se mostró siempre como un leal servidor de su hermano, al que prestó grandes servicios, primero como capitán y, desde la marcha de este a Castilla, como gobernador interino. Buena parte de la mala fama que tuvo el almirante como gobernador habría que atribuírsela al adelantado.

Durante su ausencia, la situación se había agravado porque los colonos ni cobraban sus salarios ni disponían de víveres suficientes. Eso dio lugar a abusos, pues algunos se lucraron vendiendo alimentos básicos a precios excesivos, provocando con ello el endeudamiento de la mayoría. Asimismo, se inició una revuelta por parte de las lanzas jinetas, es decir, de los caballeros que habían viajado en la segunda jornada y que estaban bajo el mando de Pedro Margarit.[139] Ya en el momento del embarque el almirante puso impedimentos, y llegado a la isla, en el memorial que remitió a los reyes con Antonio de Torres, los dejó en muy mal lugar. Dijo que en el alarde que hicieron antes de zarpar de Cádiz exhibieron buenísimos caballos, pero que debieron venderlos y comprar pencos, que el mejor de ellos no valían ni dos mil maravedís.[140] El descontento y las diferencias no cesaron de aumentar, pues a Margarit le encargó que, al mando de sesenta españoles, acudiese al Cibao, al encuentro de Alonso de Ojeda. Se le ordenaba que sometiese la rebelión de Caonabo a sangre y fuego y que tomase las sementeras de los naturales para acopiar alimentos para él y los suyos, aunque sin indisponerlos más de lo necesario.[141] Asimismo, le ordenó que a los naturales que robasen les cortara las narices y las orejas, porque eran miembros muy visibles que infundirían el temor a los demás. Sin embargo, a Margarit no le pareció una conducta honrosa ni ajustada a su condición de caballero, por lo que directamente incumplió la orden y, como dice el padre Las Casas, se mantuvo quieto, «no andando por la isla señoreándola», como le habían encomendado.[142] Colón le recriminó su deslealtad, de ahí que las diferencias no cesasen de aumentar desde su regresó a la isla.

Sin embargo, los descontentos eran legión, en particular entre los caballeros, a los que se les privó de la cebada para sus cabalgaduras, al tiempo que se les tomaban sus rocines para contribuir a la construcción de la recién fundada ciudad de La Isabela o para usar su fuerza en la molienda de las tahonas.[143] Todos debían trabajar en su edificación, incluidos los hidalgos, algo que enemistó a Colón con el grupo nobiliario, el que más poder e influencia tenía. Y, en el contexto de su tiempo, tenían razón cuando afirmaban que por su función militar estaban exentos de trabajar, incluso si se trataba de la construcción de fuertes o murallas.[144] Pero ni el virrey ni su hermano captaron el agravio que suponía tratar a estos caballeros como personas del común, máxime siendo dos extranjeros naturalizados. Nunca reconocieron distinciones sociales, y, de hecho, como afirma Herrera, «todos eran iguales en el trabajo».[145] Incluso mandaban repartir a todos la misma ración de alimentos, consistente en apenas una escudilla de trigo, una tajada de tocino rancio o de queso podrido y algunas habas o garbanzos. Una falta de tacto que no tardaría en desembocar en un enfrentamiento abierto y directo, pues con la llegada de Bartolomé la impopularidad de la familia no cesó de aumentar. A esta falta de sensibilidad se sumaba la desazón por no obtener las riquezas prometidas. Hernando Colón lo dice con una gran claridad: todos estaban descontentos porque se embarcaron pensando que apenas bajasen a tierra se cargarían de oro y volverían ricos.[146] Y aunque les recriminó esta forma de pensar, no dice que, en realidad, estaba motivada por las fabulosas promesas de su progenitor.

El 29 de septiembre de 1494 Colón estaba de vuelta en La Isabela y fue recibido con manifestaciones de júbilo, ya que la mayoría temía que hubiese muerto en algún naufragio.[147] En ese momento supo con gran satisfacción de la llegada de su hermano, con tres carabelas repletas de mercancías europeas, así como con la respuesta de los reyes al memorial enviado con Antonio de Torres.[148] Sin embargo, el almirante había regresado muy enfermo, pues sufría fiebre, estaba casi ciego y padecía alucinaciones, hasta el punto de que pasó cinco meses en la cama, al parecer aquejado de tifus exantemático.[149]

Desconocemos la ruta exacta que transitó en ese casi medio año que anduvo de exploración. Esto ha dado lugar a la hipótesis de Juan Manzano, quien, tras un erudito análisis de las fuentes, defendió que en esos meses protagonizó un viaje hasta Paria, las islas de las perlas, la costa del Orinoco y la costa de Guayana que mantuvo en secreto durante un tiempo.[150] Lo cierto es que él nunca lo reconoció, pues ofreció una pormenorizada descripción del viaje y en absoluto mencionó tal posibilidad.[151] Además, de haber estado en Paria no hubiese desaprovechado la ocasión de traer una partida de perlas, como hizo después de estar allí en su tercera travesía.[152] A falta de oro bien podría obtener una rentabilidad con las abundantes perlas que había en Paria, así como en las islas de Margarita y Cubagua. Pero, es más, en los Pleitos colombinos salen decenas de testigos, algunos de los cuales estuvieron en esa jornada, y todos mencionan el recorrido por la costa cubana y el arribo a Jamaica, pero en ningún caso su llegada a tierra firme.[153] Y para más inri, algunos de ellos estuvieron después en el tercer viaje y todos confirmaron que era la primera vez que se recorría la desembocadura del Orinoco y su zona costera. Por ejemplo, Andrés de Córdoba o Andrés del Corral afirmaron que era la primera vez que navegaban su costa porque los naturales al verlos se maravillaron y espantaron mucho, «algo que no hicieran si ya hubiesen visto antes a otros cristianos».[154] Hay que reconocer que la tesis del eminente historiador Juan Manzano es sugerente y erudita, basada en ciertas contradicciones en las declaraciones de algunos testigos, pero no cuenta con base documental. En mi opinión, Colón estuvo efectivamente en lo que él entendía que era tierra firme, es decir, Cuba, aunque también recaló en Jamaica, en el puerto que llamó de Santa Gloria, por su gloriosa hermosura.

EL RETORNO A ESPAÑA

Una vez repuesto, Colón pensó que la disponibilidad de esas tres carabelas era una buena oportunidad para embarcar a los descontentos, entre ellos al padre Boyl, a Pedro Margarit y al sevillano Juan Aguado.[155] El primero le achacaba una excesiva dureza tanto en el trato proporcionado a los españoles como a los naturales, por lo que había pedido autorización a los reyes para regresar. Estos se la negaron, salvo que se debiese a motivos de salud, y él se acogió a esta última circunstancia, que era cierta, pues estuvo varias semanas convaleciente en España.[156]

La pequeña escuadra fondeó en el puerto de Cádiz en noviembre de 1494, a donde no tardó en llegar un requerimiento para que acudiesen a la corte a informar.[157] También regresaron las lanzas jinetas con sus caballos y cabalgaduras y, pese a que los équidos estaban flacos por los trabajos y por no haber comido cebada en meses, se les indemnizó por sus servicios.[158] El escaso metal que trajeron se mandó acuñar para pagar parte de los salarios atrasados de los recién llegados, así que entre las críticas y la escasez de numerario su buen nombre empezó a estar en entredicho.[159] Lo cierto es que ya se tenía conciencia de la delicada situación que se vivía en la isla, por lo que, en agosto de 1495, se suscribió un asiento con el repostero de la corte Juan Aguado para retornar en calidad de juez pesquisidor, con el objetivo de que se informase con detalle de lo que ocurría.[160] Se trataba de una persona de la confianza del obispo Fonseca y su pesquisa sobre la actuación colombina supuso un antecedente de lo que sucedería cinco años después, con la llegada de Francisco de Bobadilla.

El 5 de agosto de 1495 salió de Sevilla al frente de una flota de cuatro carabelas y llegó a la isla a mediados de octubre de 1495. Como ironizó Cesáreo Fernández Duro, el pesquisidor Aguado *aguó* la prosperidad del almirante porque la Corona comenzó a tomar conciencia del irremediable fracaso del virreinato.[161] Al llegar se encontró que el virrey estaba en el cacicazgo de La Maguana, luchando contra el cacique rebelde, Caonabo, y pudo comprobar el descontento generalizado que reinaba, el cual se acrecentó desde su llegada. Según Las Casas, se hizo frecuente escuchar a muchos vecinos proclamar a voces: «Así Dios me lleve a Castilla», cansados de tanto trabajo, carestía y desgobierno.[162]

Desde principios de 1496, a Colón le rondaba la idea de su vuelta a España, pues no le quedaba más alternativa que ofrecer su visión de los hechos y tratar de limpiar su ya deteriorada imagen. El 17 de febrero de 1496, abusando del privilegio que tenía para designar oficios, nombró a su hermano Bartolomé como teniente de gobernador para que se hiciese cargo de la factoría durante su ausencia.[163] Su idea era dejar a unos trescientos efectivos, que pensaba que era el número idóneo para sustentarse y controlar la tierra.[164] Estos serían administrados por Bartolomé Colón, junto con un consejo presidido por su otro hermano, Diego, que, pese a su carácter apocado, gozó siempre de su plena confianza.[165] El resto del comité estaría formado por Pedro Hernández Coronel y el regidor de La Isabela, Juan de Luján, criado de Fernando el Católico.[166] Como veremos, este período de gobierno de los dos hermanos Colón fue el más delicado que se padeció, pues se produjo una sedición generalizada, tanto de los naturales como de los propios españoles.

El jueves 10 de marzo de 1496 Colón salió de La Isabela, sin saber que en breve quedaría despoblada la ciudad que él mismo había fundado. La escuadra se componía de tan solo dos carabelas abarrotadas, la sempiterna *Niña*, capitaneada por él mismo, y la *Santa Cruz*, al frente de la cual estaba Juan Aguado.[167] Viajaban un buen número de colonos desencantados y una treintena de nativos, así como objetos curiosos, collares, coronas, carátulas o cemíes que volvieron a causar una notable impresión entre los cortesanos.[168] En el trayecto sufrieron una gran carestía, ya que, al igual que al regreso de su primera jornada, las naves iban mal abastecidas no solo de alimentos sino también de agua. La penuria fue de tal magnitud que se plantearon arrojar por la borda a los naturales que traían, para ahorrar raciones, mientras que otros, dice Hernando Colón, plantearon la posibilidad de comérselos.[169] Fue el almirante quien tuvo que mediar, diciendo que eran prójimos y cristianos, y que pronto llegarían a tierra, como así sucedió. Tras una durísima travesía de tres meses, arribaron a Cádiz el 11 de junio de ese mismo año de 1496.[170]

En esta ocasión, Colón fue recibido con apatía, exceptuando a algunos nobles y eruditos que esperaban con ansiedad cualquier noticia procedente de ultramar. Aunque aún no había empezado su decrepitud, ya no parecía un gran señor, sino una persona cansada y marchita, una imagen que se veía reforzada por su forma de vestir, siguiendo la sencillez franciscana y con el cordón de penitente atado a la cintura.[171] Bien es cierto que de este envejecimiento prematuro no se libraron otros personajes de su tiempo, como la reina Isabel o, años después, el propio emperador Carlos V. Nada más desembarcar, el almirante entregó a Gutiérrez de Cangas, correo mayor de Sevilla, una misiva dirigida a los soberanos en la que les informaba de su llegada y de su intención de reunirse con ellos.[172] No tardó en conocer la triste noticia del fallecimiento, unos meses antes, de su fiel amigo y factor Juanoto Berardi, que, además, en su testamento decía que le debía ciento ochenta mil maravedís. Asimismo, supo que se había liberalizado el tráfico con el Nuevo Mundo sin tan siquiera consultarle. Pese a todo, aprovechó que otra armada de dos carabelas y una nao, capitaneadas por Peralonso Niño, estaban a punto de zarpar con provisiones para mandar cierta correspondencia a su hermano.[173]

Pocos días después del desembarco se dirigió a la villa de Los Palacios, en Sevilla, donde se alojó en casa de su amigo Andrés Bernáldez, cronista oficial, a quien entregó el diario que por desgracia nunca ha aparecido. Allí permaneció en torno a un mes, concretamente hasta el 23 de julio, en que salió en dirección a la corte. ¿Cuál fue el motivo de la demora? Los soberanos estaban muy ocupados, primero, preparando los esponsales de sus hijos, la infanta doña Juana y el príncipe don Juan, y segundo, en la guerra con los franceses en Perpiñán,[174] de ahí que esperasen un mes para concertar una entrevista en Burgos, aunque le insistían en que no había prisa y que se acercase cuando pudiera hacerlo con menos molestia.[175] Un desinterés tan manifiesto que evidencia el desencanto que por aquel entonces se vivía en la corte.

Camino de Burgos, Colón iba llamando la atención por donde quiera que pasaba con ese atuendo que recordaba al de los terciarios franciscanos y un grupo de indígenas portando collares, carátulas y cemíes. Pasó por el monasterio de Guadalupe por segunda vez y allí, el 29 de julio de 1496, se bautizaron sus criados indígenas Cristóbal y Pedro.[176] Luego se encaminó a la ciudad del Pisuerga, donde se detuvo varias semanas y gastó una gran cantidad de numerario en adquirir ropa, con la idea de presentarse de la mejor guisa posible.[177] A mediados de septiembre llegó por fin a Burgos, donde permaneció ocho meses, hasta el 10 de mayo de 1497, tratando de recuperar su honra y sus prebendas.[178] El recibimiento fue bastante menos solemne que en la primera ocasión, pero sí respetuoso, manteniéndole todas sus prerrogativas. No traía mucho oro, pero, como siempre, se las apañó para deslumbrar a los cortesanos, entrando con un cortejo de naturales ataviados con sus prendas tradicionales y cubiertos de adornos auríferos, entre ellos una gruesa cadena de oro que colocó a uno de ellos. Asimismo, presentó un puñado de pepitas de oro, algunas de ellas, dice Gómara, de quince o veinte onzas, así como trozos de ámbar, nácar, palo brasil, piezas de algodón, papagayos y objetos indígenas, como máscaras con ojos y narices áureos, cemíes textiles, mientras aderezaba el acto con fantásticos relatos.[179] Hubo cierto regocijo, aunque cada vez resultaba más difícil convencer a los soberanos para que continuasen apostando a pérdidas. Pero como afirmó el cura de los Palacios, los monarcas le mantuvieron su aprecio frente al desprecio con el que lo trataban muchos porque no podían soportar que un extranjero tuviese tales distinciones.[180] Por el momento, había vuelto a conseguir que le financiasen las ocho embarcaciones que pedía para su nueva aventura.

Capítulo 8
SUS ÚLTIMAS EXPEDICIONES

LOS PREPARATIVOS DE SU TERCERA AVENTURA

Aunque su nombre estaba en entredicho, y había incumplido sus promesas de hallar grandes riquezas —oro y especias—, los monarcas nunca le llegaron a retirar totalmente su apoyo, aunque ya no fuese tan entusiasta como en los primeros años. Pese a todo, el año 1497 fue bastante generoso en mercedes, pues el 23 de abril le confirmaron de nuevo todos los privilegios otorgados en Santa Fe.[1] Ese mismo día se le autorizó a fundar su mayorazgo, que formalizaría en Sevilla un año después, un dato muy revelador de la intención de la Corona de mantener a sus descendientes sus prerrogativas aristocráticas.[2] Y de nuevo, el 2 de junio, por una Real Provisión firmada en Medina del Campo, Colón obtuvo un extensísimo señorío, de nada menos que cincuenta leguas de tierra en La Española, que, por cierto, rechazó. Según fray Bartolomé de Las Casas, no lo aceptó para evitar un mayor descontento entre los pobladores, argumentando que le bastaba con que le acudiesen con el diezmo de las rentas indianas y el ochavo de las mercaderías.[3] Ordenó encuadernar en un libro todas sus escrituras de privilegios, que depositó en su archivo del monasterio sevillano de Santa María de las Cuevas, para una mayor seguridad.[4] Aún tenía motivos para estar satisfecho, pero las alegrías le iban a durar poco, ya que en breve sería testigo del fracaso definitivo de su virreinato, así como del incumplimiento en la praxis de esas mismas prerrogativas que le habían sido ratificadas.

Sabía que no tenía tiempo que perder, pues con razón imaginaba que su hermano, como teniente de gobernador, debía de estar pasándolo mal. Había sufrido alzamientos indígenas y también había conatos de asonada entre los españoles, que, a partir de 1497, en su ausencia, se aglutinarían en torno a la figura de Francisco Roldán. Tampoco ignoraba que otras potencias, como Inglaterra o Portugal, estaban preparando expediciones con destino al Nuevo Mundo, en busca del ansiado estrecho.[5] A pesar de las ganas que tenía de reembarcarse, los preparativos se prolongaron durante más de diez meses debido a dos motivos: primero, a que es lo que se solía tardar en aprestar un convoy de esas características. Y segundo, a la coyuntura luctuosa que se vivía en la corte tras el fallecimiento del heredero, el príncipe don Juan, en octubre de 1497, acentuada por el aborto de su viuda, la princesa Margarita. Además, el dinero escaseaba y, encima, el organizador volvió a ser el obispo Fonseca, que sentía muy poca simpatía hacia él, por lo que puso todos los impedimentos que pudo. De hecho, su hijo Hernando culpó al prelado de retrasar su despacho «mucho más de lo que convenía» y ello por el «mortal odio» que sentía hacia su progenitor.[6]

Tras pasar por Medina del Campo, Colón se dirigió al sur a través de la ruta de La Plata, aunque desplazándose, una vez más, hasta el monasterio de Guadalupe.[7] Desde julio de 1497 estuvo en Andalucía, primero en Sevilla, hospedado en el monasterio de las Cuevas, donde residía su buen amigo fray Gaspar Gorricio, italiano como él, natural de Novara. Ya próximo a la partida, se trasladó a Sanlúcar de Barrameda para supervisar los preparativos. La inversión fue mucho más reducida que en la jornada anterior, pues se le ofrecieron seis millones de maravedís, pero al final, dados los compromisos financieros de la Corona, solo se le pudieron entregar algo menos de la mitad.[8] Aunque se invirtieron menos recursos, nada había cambiado con respecto a la jornada anterior, siendo financiada fundamentalmente por la Corona, y con el objetivo ya explícito de poblar el territorio. Sin embargo, sí se atisba un deseo de reducir la inversión pública y el número de asalariados, para dar paso a la participación privada, algo que se generalizará desde principios de la siguiente centuria.

Con ese capital se pudieron pagar algunos adelantos de los sueldos y aprestar las ocho embarcaciones que Colón había solicitado, a saber, las carabelas *Santa Cruz* y *Santa Clara*, que, como veremos, partieron por adelantado, mientras que él zarpó desde Sevilla con otras cinco carabelas: *Castilla*, la *Gorda*, la *Rábida*, la *Garza* y la *Santa María de Guía*, propiedad de distintas personas de Palos, a las que en Sanlúcar de Barrameda se le unió la *Vaqueña*.[9] Después del fracaso de la segunda expedición, nadie se quería alistar en esta nueva aventura, que consideraban más un infierno que un paraíso como el que había prometido el almirante.[10] Por ello fue necesario de nuevo ofrecer el indulto a aquellos reos que quisiesen embarcarse, exceptuando los culpados de herejía, lesa majestad, sodomía o traición.[11] La medida fue excepcional y prácticamente no se repetiría en tres siglos de administración de las Indias. Colón sacó ocho copias de esta disposición, que envió a distintos puntos de España para que se pregonase en diversas ciudades.[12] Finalmente, solo se engancharon una decena de ellos, ocho hombres y dos mujeres. Además, a Colón se le obligó a no superar el tope máximo de medio millar de asalariados, dando paso con ello a un buen número de personas que viajaban por cuenta propia. Entre los contratados figuraban cuarenta escuderos, cincuenta labradores, diez hortelanos, veinte mineros, veinte artesanos, cien peones, treinta marineros y otros tantos grumetes.[13] Viajaban también algunos religiosos y al menos dos mujeres, siendo la mayoría del pasaje de origen andaluz y, en menor medida, extremeño, aunque no faltaban algunos extranjeros, sobre todo italianos, algunos portugueses, un francés y un griego.[14] Tampoco se descuidó la misión evangélica, entregándole unas instrucciones en las que se destacaba la importancia de la labor misionera, compeliéndole a embarcar a algunos religiosos.[15] Es cierto que solo nos consta la presencia de dos eclesiásticos, Juan Domínguez y Juan de Caicedo, aunque también viajó un personaje, aún laico, llamado Bartolomé de Las Casas, que con el tiempo se convertiría en el más combativo de los miembros de la corriente humanista.[16] También se enrolaron, sin sueldo, cuatro personas de etnia gitana, tres mujeres y un hombre. Además de alimentos para abastecer a la colonia, se incluyó una buena botica, gestionada por algunos médicos y cirujanos, a sabiendas de las dolencias que se padecían en los nuevos territorios y a las que no había sido ajeno el propio Colón. Curiosamente se incluyeron, en esta ocasión, instrumentos musicales, según Antonio de Herrera, con el objetivo de que se alegrase la gente.[17] Si de verdad se quería establecer un poblamiento estable como era el caso, no debía faltar la música, que podía contribuir a calmar los ánimos de los exasperados colonos.

Antes de soltar amarras, Colón se encargó de que sus vástagos quedasen a buen recaudo, otorgando un poder, el 31 de octubre de

1497, a Gerónimo de Agüero, para que ejerciese de tutor y se encargase de percibir todos los libramientos que se les hiciesen.[18]

EL DESCUBRIMIENTO DE SUDAMÉRICA

Dado que la salida se demoraba, Colón decidió mandar por delante a dos de los ocho navíos, las carabelas *Santa Cruz* y *Santa Clara*, de las que eran maestres Pedro Francés y Juan Bermúdez respectivamente. Estas zarparon desde Sanlúcar de Barrameda el 6 de febrero de 1498, lideradas por el capitán Pedro Hernández Coronel, alguacil mayor de las Indias.[19] En la isla, como decía Antonio de Herrera, había tanta hambre que nada les alegraba más que ver en el horizonte la llegada de navíos de Castilla cargados de bastimentos.[20] Además de víveres, llevaban un contingente de soldados, entre ellos ocho escuderos y cuarenta y siete lombarderos, por lo que estaba claro el doble objetivo de esta avanzadilla: abastecer el virreinato y reforzar el poder del gobernador interino.

Cumplido el primer objetivo de llevar abastos a la isla, el grueso de la armada aún tuvo que esperar casi dos meses para soltar amarras. El lunes 14 de mayo de 1498 todo estaba preparado, pero se retrasó una vez más por los rumores de la presencia en el entorno del cabo de San Vicente de una escuadra gala, país que en esos momentos estaba en hostilidades con España. Finalmente, el 30 de mayo de 1498 el grueso de la expedición partió desde Sanlúcar de Barrameda y, para evitar el encuentro con los franceses, se dirigió a las islas Madeiras, para arribar a Porto Santo ocho jornadas después.[21] Tras unos días, pusieron rumbo a las Canarias y entraron el 19 de junio en el puerto de San Sebastián de La Gomera, donde acopiaron alimentos frescos, agua y leña.[22] Después pasaron a la isla de El Hierro, y desde allí, Colón envío a tres de sus barcos, al mando de Alonso Sánchez de Carvajal, en dirección a La Española con el objetivo de reforzar más su suministro.[23] En cambio, él tenía claro que su misión seguía siendo exploratoria, por lo que, al mando de una nao y dos carabelas, decidió descender a latitudes situadas bastante más al sur, en concreto hasta las islas de Cabo Verde. En aquel tiempo las relaciones con Portugal eran excelentes, lo que facilitaba que los barcos castellanoleoneses se pudiesen adentrar en las costas africanas sin grandes problemas.

Se ha especulado sobre los motivos que lo llevaron a desviarse hasta latitudes tan meridionales, y es posible que tuviese varios. Para empezar, existía un mito muy popular que decía que en latitudes sureñas abundaba el oro, el cual solo se formaba si hacía calor, por lo que solía escasear en las zonas templadas y frías. Y en esta idea parece que estuvo influido por el incansable cosmógrafo y viajero aragonés Jaime Ferrer, quien, el 5 de agosto de 1495, le había escrito diciendo que solo si descendía hasta regiones más meridionales encontraría las riquezas esperadas.[24] También resulta plausible que quisiera saber si esa línea divisoria establecida en Tordesillas tocaba o no las tierras que él había hallado.[25] Zarpó el 21 de junio, avistando el islote de la Sal seis días después, pero siguió hasta otra isla y fondeó en la bahía del puerto de Boa Vista, tras haber recorrido setecientas cincuenta millas náuticas.[26] Era un enclave destinado para enfermos, la mayoría de lepra, que se recuperaban comiendo carne de tortuga, por lo que el almirante aprovechó para dejar allí a alguno de sus tripulantes que se encontraba enfermo.[27] En su diario anotó una de sus típicas ocurrencias, pues dijo sorprenderse de lo inexacto del nombre que le habían puesto los portugueses, porque estaba todo tan seco «que no vi cosa verde en ellas».[28] Nada parecido a la selva subtropical, que tanto destacara en relación con las islas caribeñas, de las que decía que era tal su verdor que era un placer mirarlas, pues estaban más frondosas que Andalucía en primavera. Desde esa isla pasó a la de Santiago, donde había una nutrida colonia portuguesa y más posibilidades de aprovisionamiento. Esperó varios días a que pasara una tormenta de arena y el 4 de julio decidió soltar amarras, para encontrarse con una ausencia de vientos en el océano que le hizo pasar muchas calamidades. Durante ocho interminables días con sus noches, hizo tanto calor que el vino se avinagró, se rompieron los aros metálicos de los toneles, el trigo se tostó y el agua dulce se derramó y se evaporó hasta tal punto, dice, que «creí que se me quemaban los navíos».[29] Colón estuvo convaleciente varios días, aquejado de un gran dolor en una pierna debido a la gota y de febrícula.[30]

Tras esas jornadas de calma chicha y de un calor abrasador, se levantó un viento del sureste que permitió avanzar hacia poniente y alcanzaron el 1 de agosto una isla en las Antillas Menores, a la que bautizaron como Trinidad.[31] Según su hijo, el nombre se lo puso Colón por dos motivos: primero, en agradecimiento al Salvador, y segundo, porque divisaron tres montes juntos, que señalaban el aspecto trino del archipiélago.[32] Una vez más, igual que en las dos primeras jornadas, el avistamiento de tierra fue muy celebrado, dando gracias a Dios y rezando en voz alta «la Salve Regina y otras muchas coplas y prosas devotas».[33] El almirante estuvo navegando varios días por el golfo de Paria, al que entró por la Boca de la Sierpe, para atravesarlo de sur a norte y salir por la Boca del Drago. En esta última garganta sufrieron corrientes de tal virulencia que le recordaron al «Guadalquivir en tiempos de avenida»,[34] y ello debido a la mezcla del agua dulce con la salada, que provocaba grandes olas y un estruendo ensordecedor. Siete veces fondeó en su recorrido, aunque la toma de posesión la hicieron capitanes designados por él, ya que durante este tiempo estuvo convaleciente, con insomnio y con una afección en los ojos que lo mantuvo casi ciego.[35] En la desembocadura del río Orinoco, rescató algo de oro y aljófar, y tomó a cuatro o cinco naturales, «por saber la lengua y el secreto de la tierra» y para facilitar, como siempre, la comunicación en futuros viajes.[36] Estaba seguro de que aquello debía ser un nuevo continente, los signos eran demasiado evidentes como para ignorarlos. Lo sabía, aunque nunca reconoció, al menos públicamente, que esas nuevas tierras no estaban pegadas al continente asiático. Orgullo y cabezonería nunca le faltaron.

Y pese a que creía que estaba muy cerca del Paraíso terrenal, no se quiso parar a explorarlo, dado que, según los textos bíblicos, la montaña donde se situaba no era accesible. Además, sospechaba que su hermano podía estar en graves aprietos, y continuó su viaje en derechura a la isla. En el camino perdió una de las carabelas, pues hacía agua, y decidieron continuar con las dos embarcaciones restantes.[37] Pasó por las islas de Margarita y Cubagua, donde observó a pescadores de ostras perlíferas y entrevió el negocio, pues comentó a sus hombres de confianza que habían llegado «al país más rico del mundo».[38] Sorprende su retraso en llegar a La Española, a sabiendas de las dificultades gubernativas que estaba teniendo su hermano, ya que antes de soltar amarras había recibido noticias de la complicada situación que se vivía. Sin embargo, siempre antepuso su ansia exploradora a su labor como gobernador. Incluso ocultó a sus hombres su intención de explorar, para evitar que se negasen a embarcar o que le pidieran más dinero.[39]

El 20 de agosto de 1498 fondeó en la isla Beata, cerca de La Española, donde fue informado de la difícil situación que se vivía, pues la autoridad de su hermano estaba desprestigiada y era cuestionada.[40] Diez días después, entraba en la desembocadura del río Ozama, donde en su ausencia se había fundado la ciudad de Santo Domingo. Encontró allí un desorden generalizado, los naturales huían al no poder pagar el tributo y los colonos estaban descontentos al no encontrar las riquezas prometidas y encima sufrir, decían, la tiranía de un extranjero. En este sentido, según el padre Las Casas, los españoles obedecían a sus gobernantes si eran de su nación, pero mostraban mucha menos paciencia y más desafecto si se trataba de extranjeros, como era el caso de los hermanos Colón. Para colmo, además del descontento y de la sublevación, el almirante se encontró con más de un centenar y medio de personas enfermas de sífilis, lo que limitaba la búsqueda de oro y la recaudación de los tributos.[41]

Ante tanta desolación tuvo una buena noticia, al llegar dos embarcaciones, la *Niña* y la *India*, con provisiones y con diversas cartas ratificándolo en sus cargos, e incluso notificándole el nombramiento de su hermano como adelantado.[42] Este balón de oxígeno y su talante más diplomático, al menos en comparación con su hermano, hicieron que se alcanzase un acuerdo amistoso con los sediciosos.[43] A pesar de la delicada situación política, el almirante seguía prestando una especial atención a sus intereses económicos. De hecho, preparó una expedición, capitaneada por su hermano, para navegar a la costa de las Perlas, que ofrecía una gran posibilidad de lucro. También fue en estas fechas cuando planeó enviar a España a cuatro mil esclavos indígenas y otros tantos quintales de palo brasil, un árbol abundante en algunas zonas de la isla que se usaba para teñir de encarnado.[44]

Mientras tanto, en la corte existía cierta alarma por las noticias que llegaban del otro lado del océano y las insubordinaciones que se sucedían. El propio almirante escribió a los reyes que, en la Navidad de 1499, todo el mundo lo tenía «desamparado y cercado de guerra de indios y de malos cristianos».[45] Pero también llegaron otros informes aún más preocupantes que decían que pretendía hacerse con aquellas islas, rompiendo el vasallaje para entregárselas a los genoveses.[46] Obviamente, no era cierto, primero, porque su voluntad siempre fue de servicio a la Corona, y segundo, porque en cualquier caso no estaba en condiciones ni tan siquiera de plantearse algo así. En su carta de Jamaica del 7 de julio de 1503, escribió que no hizo sus viajes descubridores por honra ni por dinero, sino por servir a la Corona, «con sana intención y buen celo».[47] Es cierto que no podía decir otra cosa, y menos en las difíciles circunstancias en las que se encontraba, pero no hay el menor indicio de que se le pasara por la cabeza la idea de alzarse. Seguramente nadie creyó tales bulos, aunque sí tenían claro que era necesario un cambio político que garantizase la viabilidad de la colonia.

SU VUELTA A ESPAÑA CON DESHONOR

El virreinato no funcionaba y urgía salvar la empresa, por lo que el 21 de mayo de 1499 nombraron juez pesquisidor de las Indias a Francisco de Bobadilla, caballero de la Orden de Calatrava y criado de la casa real.[48] Su objetivo principal debía ser informarse de las personas que se habían levantado contra el virrey. Se le entregaron requisitorias para que se le librasen de manera pacífica fortalezas, armas, caballos, mantenimientos y navíos de titularidad regia, a fin de proveerle de todos los medios necesarios para impartir justicia.[49] En ese mismo mes, la reina escribió al almirante para que, a su llegada, le entregara al juez todas las fortalezas y los navíos.[50]

En teoría, el principal objetivo de Bobadilla era informarse de las personas que se habían sublevado contra la autoridad del virrey, haciendo justicia de ellos y de sus propiedades. Sin embargo, como veremos, en la praxis actuó duramente contra Colón, que nunca más recuperaría el poder político, aunque sí que mantendría sus prerrogativas económicas.[51] Estaba decidido de antemano que el juez, lejos de mostrar equidad, le arrebatara el gobierno y lo enviase a Castilla para someterlo a un juicio de residencia. En efecto, tras un auto sumarísimo, el almirante fue apresado y su hermano, que se encontraba en Xaragua, regresó de manera precipitada en formación de combate, aunque fue persuadido por Cristóbal para que se entregase sin oponer resistencia. La actitud del jurista fue tan implacable que el propio almirante llegó a pensar que incluso podía ser ajusticiado, acusado de traición. De hecho, cuando el capitán del navío fue a por él, le preguntó: «Vallejo, ¿dónde me lleváis?», y al decirle que al navío, insistió. «Vallejo, ¿es verdad?», a lo que este le respondió «Por vida de vuestra señoría que es verdad y que se va a embarcar».[52] Respiró mucho más tranquilo, aunque viajase en calidad de reo, junto a su hermano.

A principios de octubre de 1500 desatracaron de Santo Domingo las dos carabelas, la *Gorda*, llamada así porque su maestre era Andrés Martín de la Gorda, y *Nuestra Señora de la Antigua*. La primera estaba capitaneaba por Alonso de Vallejo y fue en la que viajó el almirante, mientras que en la otra, mandada por Andrés Martínez, se embarcó el adelantado.[53] Se ofrecieron a quitarle los grilletes, ya que era imposible escapar de un barco, pero él se negó porque pretendía que fuesen los propios reyes quienes lo liberasen.[54] Claro está que se trataba de otro de sus gestos de orgullo y de una muestra más de su fuerte carácter, pues pretendía dar la imagen de mártir, de un nuevo David enfrentado con un Goliat contra el que resultaría vencedor.[55] Su amigo Bartolomé de Las Casas relacionó su apresamiento con un castigo de la providencia por haber sometido a servidumbre a los indígenas y haberles cobrado excesivos tributos. Interpretaba que el Señor también castigaba a sus elegidos cuando lo estimaba oportuno.

El 20 de noviembre de 1500, tras una travesía más o menos tranquila, entraron en el puerto de Cádiz.[56] Ese mismo día el almirante escribió al entorno de la corte, notificando su llegada en calidad de reo y preguntando los motivos, salvo que fuese por voluntad de Dios, decía. La respuesta no se hizo esperar: se ordenó su liberación inmediata y se reclamó su presencia para informar. Pero no disponía de efectivo, por lo que tuvo que solicitar un préstamo de dos mil ducados a sus amigos genoveses, que le permitieron seguir viviendo holgadamente con su corte de paniaguados y criados.[57] Acudió con presteza a Granada, pues los soberanos estaban en los palacios nazaríes, y, entre sollozos, besó las manos de la soberana y consiguió el efecto deseado. Los monarcas lamentaron su injusta situación y, por supuesto, ordenaron la restitución de todas sus prebendas económicas.[58] Ahora bien, solo las económicas, ya que jamás le fueron devueltos los derechos jurisdiccionales ni los poderes políticos.[59] La propia Corona le diría años después a su hijo Diego Colón que tuvieron que arrebatarle el poder a su progenitor porque tenía la isla «toda alzada y sin ningún provecho».[60] El elegido para encabezar el nuevo proyecto fue seleccionado con minuciosidad. Se trataba del brocense frey Nicolás de Ovando, una persona muy vinculada al malogrado príncipe don Juan y a la institución.

Aunque estaba proyectando su propia escuadra, a Colón se le permitió mantener sus prerrogativas económicas y embarcar mercancías en la armada ovandina, hasta cumplimentar el ochavo que le correspondía. De esta forma hizo valer su privilegio, ayudado por varios prestamistas como Francisco de Riberol, Gaspar Espíndola, Francisco Doria y Francisco Cataño. Sin embargo, hubo ciertos problemas, ya que estos fiadores no le entregaron el peculio sino el género, a precios elevados, un género poco útil porque era ropa difícilmente utilizable en el clima subtropical de la isla, como chamelotes, paños de Londres y lienzos.[61] Por ese motivo, el factor Fernando de Monroy no consintió su estiba, pero, dado que eso ocurrió a principios de diciembre de 1501, Colón todavía tuvo tiempo de arreglar el despropósito y embarcar nuevo género, cuyo importe ascendió a algo más de ciento cincuenta mil maravedís.[62] En la armada del nuevo gobernador de las Indias consiguió embarcar a su factor, Alonso Sánchez de Carvajal, contino de la casa real y regidor de Baeza, quien obtuvo un privilegio para seguir cobrando sus honorarios como edil, pese a estar ausente en las Indias.[63] Recibió el triple encargo de vender las mercancías fletadas por Colón, cobrar la décima parte de las rentas que le correspondían por su capitulación y administrar sus propiedades e intereses en la isla. En teoría, debía estar presente en las fundiciones, junto al veedor real, para controlar que se pagase el diezmo de todo el oro que se extrajese. Asimismo, debía remitir los ciento once quintales de brasil, en concepto del diezmo, de lo que se había autorizado a extraer de la zona de Yáquimo. Bien es cierto que, finalmente, dado que la flota naufragó, solo llegó a Cádiz una parte, en concreto cuarenta y dos quintales.[64] Con posterioridad, la explotación del brasil continuó, aunque nunca satisfizo sus expectativas por dos motivos: primero, porque los oficiales reales nunca le acudieron con el diezmo y debió reclamarles uno a uno.[65] Y segundo, porque el colorante caribeño era de mala calidad y sufrió la competencia del que llegaba de otros lugares, de ahí que se cotizase a precios muy menguados. El pago se hacía de la estimación de su valor de venta, descontando antes los costes de su procesamiento y estiba.

No es difícil imaginar su frustración al ver, por un lado, sus dificultades para percibir sus rentas, y por otro, la suspensión de sus derechos, al capitular los monarcas con otros marinos, la mayoría viejos conocidos suyos, como Vicente Yáñez Pinzón, Peralonso Niño, Alonso de Ojeda, Diego de Lepe o Vélez de Mendoza. Todo ello lo pudo ver en persona, dado que se mantuvo una larga temporada en el entorno de la corte, en Granada, algo lógico teniendo en cuenta que allí servían sus hijos como pajes. Al menos, los monarcas estuvieron dispuestos a financiar un cuarto viaje, una propuesta que se antojaba irresistible para un explorador nato como él.

EL APRESTO DE SU ÚLTIMA EXPEDICIÓN

Al regresar de su tercera travesía, Colón estaba tan cansado que no se planteaba una nueva andadura y prefería quedarse en el entorno de los reyes para tratar de recuperar sus prebendas. Permaneció tres años junto a ellos intentando mejorar su imagen, para lo que se apoyó en su buen amigo Pedro Mártir de Anglería, que hacia 1501 redactó lo que algunos han considerado su biografía oficial. Fue la propia reina quien lo animó a realizar una nueva gira, ya que temía que los portugueses tomasen la iniciativa. Dada la dura competencia, urgía encontrar un paso para acceder a Asia y competir con los lusos en el negocio de la especiería.[66] Pese a sus frustraciones, el almirante seguía teniendo planes descubridores, por lo que no hizo falta mucho para convencerlo. Ya el 25 de noviembre de 1501 se habían despachado instrucciones a Juan de Enero para que comprase todo lo necesario para la nueva jornada. Desde un primer momento se estimó que estaría formada por cuatro navíos de entre cuarenta y sesenta toneladas, en cada uno de los cuales viajarían un capitán, un piloto, un maestre, un contramaestre, doce marineros, diez grumetes y cinco escuderos.[67] Todo ello financiado por la Corona, desde los fletes de los navíos al salario de los tripulantes y, por supuesto, los abastos y pertrechos.

Para prepararla, Colón se estableció en Sevilla durante varios meses, en busca de apoyos financieros. Renunció al diez por ciento de sus rentas en su ciudad natal para ganarse el apoyo de los ricos mercaderes genoveses. Además, en febrero de 1502, escribió una misiva al papa Alejandro VI en la que le informó de sus descubrimientos, y en particular de la localización exacta del paraíso terrenal, lo que reforzaba su idea de que había arribado a Asia.[68] A finales de febrero de 1502, la flota de Ovando había zarpado y los preparativos de la cuarta escuadra colombina estaban muy avanzados. Tuvo tiempo de realizar alguna visita a la corte, en Granada y en Valencia de las Torres, donde permaneció entre el 12 y el 14 de marzo y recibió en persona las instrucciones para su última jornada.[69] En ellas se le especificaron tres cuestiones clave: primero, le urgieron a salir lo antes posible, para dirigirse *en derechura* a tierra firme, sin tocar en La Española, a donde acababa de llegar el nuevo gobernador, frey Nicolás de Ovando. La idea era que continuase lo ya avanzado por Rodrigo de Bastidas en dirección norte, en busca del ansiado paso a Asia.[70] Segundo, se le autorizaba a llevar consigo a su hijo Hernando, que entonces era paje de la reina y tan solo tenía catorce años, mientras que su primogénito y sus apoderados se quedarían en España, prosiguiendo con la reclamación de sus derechos. Y tercero, debía dar pasaje al veedor Francisco de Porras, que supervisaría todo el metal precioso, perlas y especias que se *rescataran*. En cuanto a sus poderes políticos, no se menciona prácticamente nada, más allá del mando absoluto de la armada y de la posibilidad de poblar los nuevos territorios que hallase, en especial la zona de Veragua. Bien es cierto que no llevaba efectivos suficientes para poblar con garantías, por lo que en la práctica estaba claro que solo podía llevar a cabo un viaje exploratorio.

Pocas semanas antes de zarpar, el 22 de marzo de 1502, ordenó redactar traslados de todos los privilegios que le habían sido concedidos, cuyos originales dejó en poder de su amigo fray Gaspar Gorricio. Asimismo, dictó su testamento en el monasterio sevillano de la Cartuja de las Cuevas, el 1 de abril de 1502, al tiempo que le escribía a su hijo Diego. Esta escritura de última voluntad no se ha podido localizar, pues la hicieron desaparecer durante los contenciosos por la sucesión del mayorazgo, pero se menciona en el codicilo del 19 de mayo de 1506 y en algunos inventarios antiguos.[71]

Como ya se ha dicho, la flota estuvo formada por cuatro embarcaciones fletadas a un precio de entre siete mil y diez mil maravedís al mes, dependiendo de las características de cada una. Los navíos en cuestión eran la carabela *Gracia de Dios*, de setenta toneladas, que hacía de capitana, la *Santiago* o *Bermuda*, de un porte similar, y dos barcos algo menores, de cincuenta toneladas, llamados la *Gallega*, de sesenta toneladas, y la *Vizcaína*, de tan solo cincuenta.[72] En total los expedicionarios sumaban el centenar y medio, de los que conocemos con nombre y apellidos a casi todos, la mayoría originarios de la costa onubense, pero, como en otras ocasiones, también había un grupo de italianos, ocho de ellos genoveses.[73] Entre estos últimos estaba Bartolomé Fieschi, capitán de la *Vizcaína*, el artillero Bartolomé de Milán y un tal Guillermo, que iba como escudero. Asimismo, le acompañaban su leal hermano Bartolomé y el segundo de sus hijos.[74]

Todos iban asalariados, variando los estipendios desde los cien mil maravedís al año que cobraba Bartolomé Colón a los doce mil que percibía un marinero o los ocho mil que se embolsaba un grumete.[75] La cuarta parte de los expedicionarios no sobrevivieron y fueron sus familias las que tuvieron que solicitar sus salarios, que, no obstante, tardaron varios años en cobrar. Todavía en febrero de 1506 algunos expedicionarios seguían reclamando su sueldo, entre ellos el hermano y el hijo del almirante.

El objetivo de la jornada estaba claro, encontrar de una vez el paso o el estrecho hacia el Cathay, que permitiese abrir en un futuro próximo la lucrativa ruta comercial de la especiería. El almirante no ignoraba los obstáculos, pero seguía pensando en la posibilidad de la existencia de ese estrecho entre las dos tierras, como bien escribió su hijo Hernando.[76]

LA CUARTA TRAVESÍA

El 3 de abril de 1502 desatracaron de Sevilla en dirección a Cádiz, desde donde se hicieron a la mar el 9 de mayo, pues tuvieron que esperar a que amainasen los vientos contrarios que reinaron durante varias semanas.[77] Pusieron proa a Arcila, donde, en un gesto de buena voluntad, acudió a socorrer a los portugueses. Sin embargo, al llegar ya había acabado todo, por lo que aprovechó para hacer aguada y se encaminó al archipiélago canario, a donde arribaron el 20 de mayo, tras una travesía tranquila.[78] El trayecto hasta la isla de Martinica, llamada entonces Martinino, también fue corto, pues levantaron anclas el 25 de mayo y llegaron el 15 de junio, tras apenas veintiún días.[79] Colón igualó el récord del segundo viaje, pero su suerte acabó ahí, ya que el resto de la ruta fue muy virulenta, con tormentas y vientos contrarios que lo llevaron al borde de la zozobra.

Recorrieron las Antillas Menores, recalando en islas como la Dominica y Santa Cruz, y desistiendo de momento de recorrer la costa centroamericana por problemas con el velamen de uno de sus barcos. Por ese motivo, contraviniendo las instrucciones, el almirante puso rumbo a La Española, pasando previamente por la costa norte de Puerto Rico.[80] En Santo Domingo desembarcaron algunos hombres, encabezados por Pedro Terreros, con la intención de pedir licencia al gobernador para entrar en puerto y sustituir la carabela *Santiago*, capitaneada por Bartolomé Colón, que navegaba con dificultad. Asimismo, aprovechó para advertirle que no dejase salir a la flota capitaneada por Luis de Torres, dado que preveía un gran huracán.[81] El brocense desoyó sus peticiones y no lo dejó desembarcar, una actitud incomprensible e injustificada porque se trataba de una emergencia que le pudo costar muy cara. Lo cierto es que la desazón cundió y, como él mismo escribió, «cayó el corazón a la gente que iba conmigo».[82] Y, para colmo, se permitió la salida de la flota, que se hundió en el temporal, salvándose cuatro de las veintiocho embarcaciones que la componían, pereciendo medio millar de hombres y hundiéndose el mayor envío de oro remitido hasta entonces.[83] Tres de ellas consiguieron regresar a Santo Domingo, mientras que la cuarta, que paradójicamente era de las menos marineras, llegó a España con cuatro mil pesos de oro que los factores de Colón enviaron a Castilla.[84] El ciclón fue de tal magnitud que, en palabras de Girolamo Benzoni, «llenó de terror el cielo y de espanto la tierra», por lo que todos pensaron que se acercaba el fin de los tiempos.[85] Las pérdidas fueron muy cuantiosas, tanto humanas como económicas, hundiéndose para siempre miles de pesos de oro de particulares y de la Corona, entre ellos un famoso pedrusco áureo valorado en tres mil quinientos ochenta escudos de oro.

Huelga decir, salvando la tragedia, que para el almirante supuso un golpe de suerte, porque en esa flota regresaban un buen número de enemigos, como el pesquisidor Bobadilla o Francisco Roldán, que, sin duda, hubiesen difamado aún más su buen nombre.[86] Eso sí, la trágica y prematura muerte del pesquisidor y la pérdida de la documentación impidieron su posible justificación ante la historia. Además, tuvo la suerte de que sus caudales iban en los pocos navíos que se salvaron. Obviamente, se trataba de una coincidencia del destino, lo que no fue óbice para que sus enemigos lo acusaran de tener un pacto con el diablo para vengarse de Bobadilla.[87] Y es que, a esas alturas, cualquier cosa servía como arma arrojadiza.

La flotilla de Colón, pese al mal estado de la carabela *Santiago* o *Bermuda*, también se salvó, aunque fue dispersada por la tormenta y los tripulantes de cada embarcación pensaron que los otros habían naufragado. La alegría fue inmensa cuando se reencontraron todos, incluida la *Bermuda*, desde antes del ciclón en mal estado y que, a pesar de tener la cubierta anegada, se salvó in extremis.[88] Colón permitió que sus hombres se relajasen varios días en Azua, en la parte suroriental de la isla, relativamente lejos de la recia mano del gobernador. Allí se repusieron, comiendo frutas y verduras autóctonas, cazabe y pescado. Una vez restablecidos, tras pasar por el puerto de Yáquimo, el 14 de julio pusieron proa a tierra firme, aunque un nuevo temporal los empujó hasta unos islotes cercanos a Jamaica, las islas de las Pozas, donde aprovecharon, una vez más, para hacer aguada.

Aportaron a una isla cercana, la de Guanaja, donde, dado que Colón padecía un ataque de gota, fue su hermano el encargado de tomar posesión, en nombre de los reyes, con la misma parafernalia acostumbrada y ante el asombro de cientos de espectadores indígenas. El 11 de agosto de 1502 estaban frente al cabo de Honduras, que el almirante denominó Punta Caxinas porque había unos frutos que los naturales llamaban así.[89] Era, quizá, la primera vez que un europeo pisaba la costa de Honduras, aunque comprobaron que sus pobladores vivían en un estadio civilizatorio similar a los de La Española. Pero estando en esa isla se toparon con una grata sorpresa que a Colón le hizo pensar en la cercanía de alguna gran civilización: llegó una canoa de Yucatán que traía productos para comerciar, ocasión que aprovechó para mercadear con ellos y de paso retener a un anciano llamado Yumbé, que pensaba que le podía servir de intérprete.[90]

Tras este lance siguió navegando en dirección sureste, buscando el estrecho del que le habían hablado los naturales, que él interpretaba que debía de tratarse del de Malaca, y que se ubicaba en la costa de Veragua.[91] Continuaba buscando el paso entre la tierra de acá y la de allá, el camino que le podía llevar hacia la rica y populosa China, de la que tantas maravillas contara Marco Polo.[92] Y tan claro tenía que lo iba a encontrar que llevaba una carta de los reyes dirigida a Vasco de Gama, con el que esperaba contactar.[93]

Siguieron la exploración por el litoral de los actuales Estados de Costa Rica y Panamá. El 2 de noviembre, siguiendo su navegación hacia el este, descubrieron la bahía que llamaron de Portobelo, porque les pareció muy hermosa y poblada.[94] Dado que Colón estaba enfermo, la capitanía de la flota la asumió Diego Méndez, quien se vio obligado en ese puerto a abandonar también el navío *Vizcaíno*.[95] Permanecieron allí siete días debido al temporal y a los fuertes vientos del oeste que impedían su avance. Pese a los aguaceros y tormentas, continuaron el trayecto hasta arribar a una punta que después se conocería como Nombre de Dios. Y finalmente, el 26 de noviembre entraron en otra bahía que llamaron de El Retrete, hoy llamada bahía de Escribanos, en la provincia de Colón (Panamá). La denominaron así, a decir de su hijo, porque era tan estrecha que no cabían más de cinco o seis embarcaciones.[96] Allí fueron atacados por los naturales, por lo que no tardaron en continuar su viaje hasta Veragua, creyendo estar en la península de Malaca y, por tanto, muy próximos al ansiado estrecho. El 6 de enero de 1503 fondearon en la desembocadura del río Belén, en el actual Panamá, donde permanecieron más de tres meses y fundaron, el 1 de abril de 1503, la primera ciudad europea en tierra firme, Santa María de Belén. El objetivo de Colón era dejar allí asentados a ochenta de sus hombres, al mando de su hermano Bartolomé, y explorar el interior de Veragua, donde según el propio almirante vieron en pocos días más muestras de oro que en La Española en varios años. En realidad, creía que tierra adentro se localizaban las famosas minas de Ofir, que tanto se le habían resistido. Pese a su empeño poblador, la resistencia del cacique Quibian y sus hombres fue tan grande que les obligó primero a replegarse y después, dado que parecía poco viable proseguir el viaje con tan solo sesenta o setenta hombres, a reembarcarse.[97]

El 11 de mayo de 1503 desatracaron de Veragua con tres navíos, pensando en retornar a Castilla, pero no pudieron debido a que las carabelas, según Diego Méndez, estaban tan agujereadas y podridas que «no las podían tener sobre el agua»[98] y a que sufrieron vientos contrarios, que les hicieron llegar a la costa de Cuba ¡treinta y cinco días después![99] Volvieron a soltar amarras y, una vez más, los vientos contrarios y el mal estado de las embarcaciones los empujaron hasta Jamaica, a donde arribaron, salvando *in extremis* sus vidas. El propio almirante escribió que en medio de una terrible tormenta que parecía el fin del mundo, llegó a gatas a Jamaica, en cuyas costas encallaron y quedaron aislados.[100] Y no exageraba, pues los barcos tenían tantas vías de agua y su velamen estaba tan desvencijado que no tenían posibilidades allí de repararlos. El punto de recalada fue Puerto Bueno, aunque poco después pasaron a Santa Gloria, en la bahía de Santa Ana, donde pasado el tiempo se fundaría la ciudad de Nueva Sevilla.[101] Estando en tierra continuó el mal tiempo, con la mayoría de los hombres enfermos, hambrientos y cansados, por lo que se confesaban unos a otros y hacían votos si sobrevivían.[102] El almirante estuvo postrado casi un año debido a un ataque agudo de artritis reumatoide, residiendo en la cámara de popa de uno de los dos barcos encallados y con un temor constante de que los naturales —o los españoles rebeldes— lo quemaran y se abrasara a bordo.[103] Pese a ello, confesó que le dolía mucho más ver el sufrimiento de su hijo, de tan solo trece años de edad, lo cual no era óbice para que animase continuamente a los demás a seguir luchando, «como si hubiera navegado cincuenta años».[104] También lamentaba la suerte tanto de su hijo Diego, que podría quedar en España huérfano, sin honra y sin hacienda, como de su hermano Bartolomé, que se embarcó en la jornada a petición suya y había capitaneado el navío que estaba en peor estado.[105] Pero no menos sufrió el resto de la tripulación, que, según relató el propio Colón, estaban tan *molidos* que ansiaban la muerte para salir de tanto sufrimiento.[106]

A sabiendas de que nadie iría a rescatarlos, encomendó a su fiel criado Diego Méndez de Segura una misión casi suicida: ir con dos canoas a La Española para buscar ayuda. Ya era difícil que alcanzara la isla, pero tampoco era seguro, dados los precedentes, que, en caso de hacerlo, el gobernador accediese a ayudarlos. Su actitud ante la petición habla por sí sola de su arrojo y valentía: «Señor, una vida tengo, no más, yo la quiero aventurar por servicio de vuestra señoría y por el bien de todos los que aquí están porque tengo esperanza en Dios...».[107]

Una de las canoas la capitanearía el propio Diego Méndez y la otra el genovés Bartolomé Fieschi, pensando que habría más posibilidades de que una de las dos consiguiese su objetivo. Eran de buen tamaño, con capacidad para ocho personas, y les colocaron un pequeño mástil con una vela.[108] Partieron de la playa de Santa Gloria el 15 de julio de 1503 y cubrieron algo más de doscientos kilómetros en cinco días y cuatro noches, a razón de poco más de siete leguas diarias.[109] Sin afán de restarle importancia a la travesía, hay que decir que el mérito hay que atribuírselo a todo el grupo, en particular a los indígenas que llevaban a bordo, expertos en la navegación insular. Pese al corto espacio de tiempo, los tripulantes pasaron hambre y sobre todo sed, hasta el punto de verse obligados a beber sorbos de agua salada.[110] Por fin, la mayoría de la tripulación —salvo un indígena que pereció en el trayecto— alcanzó el cabo de San Miguel, en el suroeste de la isla, que era el punto más cercano a Jamaica. Llevaban varias jornadas sin beber ni comer, por lo que descansaron dos días, siendo abastecidos con generosidad por los naturales. Pasado este tiempo, volvieron a zarpar, ya sin perder de vista la costa, en dirección a la desembocadura del río Ozama. El primer contratiempo se lo encontraron nada más desembarcar, pues el gobernador estaba en el cacicazgo de Xaragua, combatiendo una insurrección. Se encaminaron hacia allí y, según el propio Méndez, el extremeño en vez de ayudarlos los retuvo durante los siete meses que duró la contienda.

Durante todo ese tiempo, los de Jamaica no tuvieron noticias de ellos, por lo que dieron por seguro un final trágico, con las consecuencias que eso tenía para todos los náufragos que permanecían en la isla.[111] Pero cuando menos lo esperaban llegó a la bahía de Santa Gloria una pequeña carabela, al mando de un viejo enemigo suyo, el Roldánista Diego de Escobar. No es difícil imaginar la emoción al observar en el horizonte la embarcación, aunque les duró poco al comprobar que no cabían todos en ella y que solo venía a verificar la situación. Las provisiones que les entregaron fueron nimias, ¡un barril de vino y medio puerco salado!, así como un comunicado del gobernador, informándoles de que en esos momentos no disponía de navíos para trasladarlos.[112] De nuevo en esta ocasión su actitud fue verdaderamente incomprensible para un estadista de su talla.[113] Da la impresión de que el objetivo era tan solo comprobar si seguían con vida, pues, de haber muerto Colón, se habrían quitado un problema de encima.

Lo cierto es que, pese a estar postrado en la cama, durante todo este tiempo el genovés tuvo que enfrentar y controlar un motín, liderado por los hermanos Francisco y Diego de Porras. Estos eran allegados del tesorero Morales, y los había embarcado a ruego de este, siendo el primero capitán y el segundo contador.[114] Los rebeldes tomaron diez canoas, gritando: «¡Yo me voy a Castilla con los que quieran seguirme!», y siguieron la misma ruta que habían tomado los que iban con Diego Méndez, ya que pretendían llegar a Santo Domingo.[115] Dada la desazón en la que todos estaban inmersos, no tuvieron dificultad para conseguir un buen puñado de secuaces, sin que el almirante pudiese evitar su huida.

Pero no acabaron aquí sus problemas, pues los indígenas, viendo estas divisiones, dejaron de suministrarles alimentos. Entonces el almirante volvió a tirar de ingenio y, estando ya casi repuesto de su artritis, uso una inteligente artimaña para hacerlos cambiar de opinión. Él sabía que habría un eclipse lunar, probablemente porque tenía consigo una obra impresa en Nuremberg a finales del siglo XV en la que se predecían los eclipses en los treinta años siguientes.[116] Con esa información, les dijo a los caciques que su dios estaba enojado porque no les daban de comer y que la señal del castigo que les esperaba la verían en el cielo ese día. Tras suceder el oscurecimiento, los naturales le llevaron siempre alimentos, pidiéndole que intercediese por ellos ante su dios para que no se enfadase. En cuanto a los Porras, seguían transitando por la isla, obligados por las corrientes, por lo que les ofreció un perdón general si desistían, aunque no aceptaron.[117] Fue Bartolomé Colón quien, tras una escaramuza, los detuvo, en lo que constituyó la primera batalla entre españoles librada en el Nuevo Mundo.[118] En los enfrentamientos perdieron la vida varios hombres y otros resultaron heridos de diversa consideración. Pero, poco después, hubo una segunda conspiración, liderada por un tal Bernal, boticario valenciano, que fue frenada por la llegada del carabelón que envió el gobernador de La Española, Nicolás de Ovando.

Efectivamente, la situación estaba más o menos controlada cuando apareció en el horizonte un navío de cierto porte. No tardaron en saber, con gran júbilo, que era Diego Méndez, que regresaba un año y tres días después con un navío capitaneado por un criado colonista, Diego de Salcedo. La emoción del momento la reflejó el propio almirante, quien le dijo a Ovando que se puso tan contento que después de verlo llegar no pudo dormir de la alegría.[119] Y aunque las condiciones del mar no eran favorables, las prisas por abandonar aquella cárcel hicieron que el 29 de junio de 1504 zarpasen rumbo al puerto de Santo Domingo.[120] Tardaron más de un mes en llegar porque, como en otras ocasiones, los vientos y las corrientes fueron contrarias, obligándolos a navegar a la bolina, hasta el punto de que cuando entraron en puerto apenas se podían mantener a flote. Solo llegaron ciento diez supervivientes de los ciento cincuenta que habían iniciado la expedición, es decir, casi la tercera parte se había quedado por el camino. Alcanzaron primero la isla Beata, donde permanecieron varios días reponiendo fuerzas, hasta que el 13 de agosto entraron por fin en Santo Domingo.[121] Esta vez sí, el gobernador salió a recibir al almirante con la gente principal, como si no hubiese pasado nada, e incluso lo hospedó en su propia morada. Pero se trataba de una mera apariencia, pues ni le reconoció su rango ni acató su decisión de mantener en prisión a los hermanos Porras. Colón lo aceptó con frustración y resignación, ya que no podía hacer otra cosa.[122] Sería su hijo Hernando quien no dejaría pasar la ocasión de censurarlo con dureza, acusándole de besar como un escorpión, acogiendo a su padre en su casa, pero al mismo tiempo liberando a los Porras, los rebeldes que tantos problemas le habían causado.[123]

Solo algunos quisieron acompañarlo, pues un buen grupo de al menos treinta y cinco tripulantes decidió no tentar más a la suerte y permanecer en tierra.[124] El almirante debió pagar de su peculio los dos navíos que se le entregaron, que, por cierto, estaban en mal estado, hasta tal punto que ambos perdieron el palo mayor en su trayecto a la península.[125] Desatracaron el 11 de septiembre de 1504, sufriendo un nuevo calvario por el mal tiempo, que a punto estuvo de mandarlos al fondo del océano. Colón pasó buena parte del viaje postrado en la cama con un ataque agudo de gota, lo que no impidió que siguiese dando órdenes desde su lecho. Pese a las inclemencias climáticas, el 7 de noviembre de 1504 entraron en el puerto de Sanlúcar de Barrameda, tras cincuenta y siete días de travesía.[126] Había sido el trayecto más largo, penoso y arriesgado de todos los que el genovés había emprendido a lo largo de su existencia. Llegó muy cansado y enfermo, y aunque tenía solo cincuenta y ocho años, estaba muy avejentado, lo que no impidió que dedicase las pocas energías que le quedaban a luchar por la defensa de sus derechos y los de sus herederos. No menos fatigados llegaron sus tripulantes, por lo que el propio almirante, en uno de los pocos actos en los que primó el interés de sus hombres y no el suyo propio, escribió para que se abonasen sus salarios lo antes posible. Dijo de ellos que eran grandes pilotos y marineros que habían sufrido extraordinarios peligros y trabajos al servicio de la Corona y, pese a ello, estaban en la más absoluta miseria.[127]

MUJERES EN LA EMPRESA COLOMBINA

Entre 1493 y 1500 debieron de pasar al Nuevo Mundo varias decenas, aunque tan solo tenemos identificadas con nombre y apellidos a un total de diez. Ya en la segunda travesía se conocían los nombres de tres de ellas, María de Granada, Catalina Rodríguez y Catalina Vázquez, aunque hemos podido confirmar la presencia de una cuarta, María Fernández, que viajó como criada del almirante.[128] No obstante, se cree que en esa jornada pudieron pasar algunas más, en compañía de sus respectivos maridos, aunque sus nombres no han trascendido, como tampoco los de sus hijos, niños que con toda probabilidad se embarcaron junto a sus progenitores.[129]

Poco después, en 1495, llegaron otras dos, Inés de Malaver y Teresa de Baeza, y, dada la escasez de féminas europeas, parece que esta última estableció en La Isabela una especie de casa de citas, algo así como el primer prostíbulo del Nuevo Mundo.[130] De ser así, el que se conoce como uno de los oficios más antiguos del mundo hizo su aparición tan solo tres años después del Descubrimiento. En la tercera travesía colombina viajaron varias más, de las que conocemos los nombres de Catalina de Sevilla, desposada con Pedro de Salamanca, de Gracia de Segovia, soltera, y otras dos quizá de origen gitano, llamadas Catalina y María de Egipto.[131] Otro contingente debió de llegar en la escuadra de Francisco de Bobadilla, acompañando a sus respectivos esposos, pero no disponemos de información, y al menos dos más se embarcaron en la cuarta expedición colombina.[132]

El primer gran grupo debió de llegar en la flota de Nicolás de Ovando de 1502, la mayoría acompañando a sus maridos, aunque los nombres de las mujeres no se relacionen. Y ello porque se otorgó pasaje franco a aquellos casados que viajasen con su mujer e hijos, de ahí que no aparezca formalizada ante notario la compra de sus respectivos boletos de embarque.[133] Había un gran interés en que la población se asentase, evitando los muchos retornos que estaban ocurriendo o la rápida marcha a otros lugares de las Indias a la primera contingencia que se presentaba o bajo la promesa de un mejor botín. Y es que los primeros asentamientos coloniales estuvieron aquejados de una notable volatilidad, de ahí el temprano empeño en que viajasen familias completas, que implicaban un mayor arraigo al territorio. Tradicionalmente se ha afirmado, basándose en una referencia del erudito valenciano Juan Bautista Muñoz, que en la flota viajaron un total de setenta y tres mujeres. Sin embargo, el dato debe ser matizado, porque este estudioso se basó tan solo en el hecho de que Luis de Arriaga embarcó a ese mismo número de familias. De ahí deduce que en cada una de esas unidades familiares debía viajar una fémina. Pero hubo otros pasajeros, entre ellos algún funcionario real, que también viajaron con toda su prole. Por ejemplo, Diego Márquez, veedor, lo hizo en compañía de su esposa y de un séquito de ocho criados. También es posible que Rodrigo de Alcázar, fundidor y marcador, se embarcase en compañía de su mujer, habida cuenta de que se le autorizó a pasar con nueve sirvientes. De hecho, a ambos se les comunicó la posibilidad de que, llevando a sus respectivas parejas, pudiesen llevar ocho criados libres de flete. A pesar de todo, tan solo disponemos de cinco nombres concretos, todas ellas acompañando a sus respectivos maridos.[134] De estas cinco mujeres, dos tuvieron la mala fortuna de perecer en el naufragio de la *Rábida*, en el trayecto a las Canarias. En algún caso más, encontramos una unidad familiar formada por el cabeza de familia, la mujer y los hijos, pero no se especifica el nombre de esta. Fue el caso del escribano Diego Gutiérrez de Rueda, que viajó en la armada con su mujer e hijos y, alegando su avanzada edad, solicitó al gobernador que le autorizase a volver a Castilla, a lo que este terminó accediendo. En total, a las setenta y tres familias de Arriaga habría que añadir como mínimo a estas seis familias, sumando un total de setenta y nueve, aunque dos de ellas no llegaron a ver tierras americanas. Es posible que viajasen algunas más, pero no parece probable que el número total superase el centenar. De hecho, entre los pasajeros había muchos solteros, pues tras el fracaso del virreinato no parecía lo suficientemente seguro como para llevar a toda su parentela.

También hubo algunos casados que prefirieron pagarse el boleto de embarque que viajar gratis en el seno de su unidad familiar. Así, por ejemplo, el 22 de enero de 1502, Francisco Pomareda, antes de la partida, redactó un testamento en el que declaró estar desposado con Francisca de Hojeda, que se quedaba en Castilla con su hijo, Alfonso de Hojeda, a quien designó su heredero universal. Como tantos otros, pese a estar casado, pensó que debía viajar en solitario, y no le faltaba razón, a juzgar por la mortandad que se desató pocos meses después de la arribada. Con bastante frecuencia se adelantaba el cabeza de familia y, una vez conseguida una estabilidad, mandaba a buscar a los suyos. Prueba de ello es el quebranto que causó la orden de que los casados que tuviesen a sus mujeres en Castilla fuesen a buscarlas, so pena de la pérdida de la vecindad y de la encomienda. Algunos se apresuraron a pedir exenciones, casi siempre alegando mal estado de salud. Como podemos observar, la presencia de mujeres en los barcos de la época de los descubrimientos fue una realidad desde 1493, aunque fuesen siempre minoritarias en relación con los hombres.

Capítulo 9
LA FACTORÍA

EL VIRREINATO

Siempre se ha dicho que lo que se pretendió crear al otro lado del océano era una factoría similar a las que poseían los portugueses en la costa occidental africana. Es cierto que la Corona castellanoleonesa no tenía experiencia previa, más allá de la conquista y colonización de las islas Canarias. Además, en sus años de residencia en Portugal, Colón había recorrido las rutas africanas y había estado en persona en San Jorge da Mina, como confesó a los propios reyes en una carta fechada en enero de 1495.[1] Pese a todo, está claro que la empresa colombina desde un primer momento superaba el modelo luso, que se limitaba a la fundación de fortificaciones militares para garantizar la seguridad de las relaciones comerciales que se controlaban desde Lisboa. En cambio, el modelo colombino trató de poblar el territorio, fundando villas y ciudades que sirvieran de base para futuras expansiones comerciales o colonizadoras.[2] Además, el virreinato fue siempre muy sui géneris, porque preveía un virrey con un poder absoluto que, además, poseía junto con la Corona el monopolio de la explotación económica, siendo el resto de los colonos meros asalariados. Eso sí, estaba claro que más pronto que tarde el sistema tenía que colapsar, como de hecho ocurrió, y ello por dos motivos.

Uno, porque no encajaba con el proyecto expansivo de la monarquía, que trató de rentabilizar la empresa desde 1493, cuando ordenó crear dos casas de aduana, una en Cádiz y otra en La Isabela, que se encargasen de controlar y custodiar las mercancías reales y el pago de los impuestos.[3] Pero la empresa nunca ofreció saldos positivos, pues solo en salarios se gastaba mucho más de lo que se producía. Los beneficios comenzarían ya en la primera década del siglo XVI, una vez finiquitado el virreinato, durante el gobierno de Nicolás de Ovando.

Y otro, por el descontento de los colonos, que, a pesar de ir asalariados, se habían creado expectativas más lucrativas y clamaban contra el virrey, que era, junto con la Corona, el único beneficiario. La empresa colombina constituía un monopolio que, en teoría, apenas daba lugar a la participación privada. Por ello, desde el primer momento hubo graves problemas para mantener el control político, pues lo mismo lo acusaban de su autoritarismo y de tener poca mano izquierda que de todo lo contrario. Por ejemplo, nada más llegar a La Española, en 1493, el padre Boyl, al que se le presuponía una caridad cristiana, le reprochó que no castigase a Guacanagarí por el asesinato de al menos una parte de los españoles.[4] Más adelante, el mismo prelado se quejaría de la mano dura que empleaban tanto el almirante como su hermano, pero lo cierto es que apenas pudo abandonó la isla para no volver, sin llegar a exhibir una especial sensibilidad religiosa o espiritual. Otros lo tildaron de déspota, pues ya desde 1494, el tesorero Real, Bernal Díaz de Pisa, en un prematuro conato de insubordinación, pretendió enviar, en la flota de Luis de Torres, un memorial criticándolo con dureza. El origen de todo fue la negativa a dejarlo regresar en esa flota, motivo por el cual, a finales de febrero o principios de marzo de 1494, días después de que saliese la escuadra, intentó capturar una o varias de las cinco carabelas que quedaban en La Isabela y regresar por su cuenta. Sin embargo, el motín fue descubierto y, tras un proceso contra él, fueron condenados a la pena capital dos de sus secuaces, Juan de Luján y el escribano Salinas.[5]

Lo cierto es que el gobierno de los hermanos Colón no satisfizo las expectativas de nadie, ni de los colonos, ni de los reyes, ni, por supuesto, de los indígenas, a los que se obligó a pagar unos tributos desmedidos.[6] Los naturales no tenían posibilidades de abonarlos y, de hecho, solo unos pocos caciques consiguieron entregarlos y en muy pocas ocasiones. Hay un inventario de lo recaudado entre el 10 de marzo de 1495 y el 19 de febrero de 1496, y será la última vez que reciban objetos de oro, pues ya no les quedaba más oro labrado y las rebeliones dificultaron el lavado de nuevo metal en los placeres auríferos.[7] No conocemos grandes detalles de su cobro porque el cuaderno donde se contabilizaba no se ha conservado.[8] Pero parece que se obtuvieron cifras ínfimas, siendo la única beneficiaria la familia del virrey, ya que, según Anglería, «no permitía que nadie, excepto sus familiares, fuera a las minas a recoger oro».[9] Fue una contribución que tuvo más un carácter de prestación señorial que de tributo fiscal, y para distinguir a los que pagaban del resto se acordó ponerles al cuello una moneda de latón o de plomo que les sería renovada tras cada período de pago.[10] Lo cierto es que, cegado por el dorado metal, Colón no quiso escuchar la propuesta de Guarionex, quien le prometió que, a cambio de exonerarlos de ese tributo, cultivaría un extenso terreno desde La Isabela a Santo Domingo para abastecer a los españoles.[11] Cometió el error de no aceptar, porque de haberlo hecho habría mejorado no solo la situación de los naturales sino también la carestía crónica de alimentos que padecía la colonia. Esta negativa trajo consecuencias desastrosas para la población indígena y a corto y medio plazo para la viabilidad de la presencia española en la isla. Muchos decidieron huir de sus poblados para evitar las reprimendas que su impago les podía acarrear. Hasta 1496 no se percataron de que la imposición era un fracaso, pues no se recaudaba nada y los naturales huían al monte, abandonando las sementeras. Incluso las destruían con la idea de que el hambre los hiciera abandonar su tierra.[12] La situación era caótica, y el hambre acentuaba todos los males, ya que los tempranos intentos por experimentar la viabilidad de los cultivos de trigo, vid y olivo fracasaron, pese a las ilusiones iniciales. De hecho, a principios de enero de 1494 informaba el almirante que había sembrado trigo y esquejes de viñas y que habían crecido tanto en poco tiempo que no tendrían nada que envidiar a los que se sembraban en Andalucía o Sicilia. Por desgracia, no tardaron en comprobar que el trigo se pudría sin dar fruto y la viña crecía muy rápido, pero apenas daba fruto.[13] Un nuevo fiasco que, unido al rechazo inicial a aceptar los alimentos indígenas, acentuó la hambruna que se vivía en la ciudad y contribuyó a empeorar la situación política.

Como ya hemos afirmado, los colonos soportaban mal el autoritarismo, lo mismo de Cristóbal que de su hermano Bartolomé —Diego, el hermano menor, era mucho más apocado—, a los que tildaban de extranjeros y usureros, pues solo autorizaban el beneficio de las minas a sus allegados. Permitieron que esos descontentos regresasen a Castilla en junio de 1494, en una de las embarcaciones que estaban en el puerto, entre ellos los religiosos, encabezados por el padre Boyl; parece que el único que permaneció en la isla fue fray Ramón Pané. Asimismo, se marchó Pedro Margarit, lo que supuso la dispersión de los hombres de armas, que se internaron por la isla y cometieron todo tipo de pillajes.[14] Hasta ese momento el monopolio de la información lo había tenido el almirante, pero desde 1494 circulaban ya otras versiones disidentes sobre lo que allí ocurría. Los reyes supieron de primera mano de la riqueza aurífera de las minas del Cibao, porque Margarit había sido capitán del fuerte de Santo Tomás. Por ello, decidieron enviar a la isla a Pablo Belvís, experto en la explotación de los placeres auríferos, junto a cuatro auxiliares, para que tratase de regularizar su explotación.[15]

Tras la llegada de Juan Aguado y las pesquisas que este hizo, Colón se vio obligado a regresar a España y llegó a Cádiz el 11 de junio de 1496. Tras pasar por el monasterio de Guadalupe, se encaminó a la corte, donde, a principios de 1497, entregó un ruego en el que pedía autorización para fundar en la isla tres o cuatro pueblos nuevos.[16] Ya se insinúa en su escrito que el modelo de factoría, con La Isabela como punto estratégico civil y militar, estaba en crisis y pretendía cambiar a otro donde primasen el poblamiento y la explotación minera. Y es que, como ya hemos dicho, el modelo de factoría colombino siempre fue diferente al portugués, basado exclusivamente en el control de las rutas comerciales con pequeños enclaves. En cambio, el establecido en el virreinato nunca renunció a la ocupación efectiva del territorio y al establecimiento de ciudades.

Mientras Colón estaba en la corte, llegó a La Isabela el aragonés de ascendencia conversa Miguel Díaz de Aux, que por cierta reyerta que tuvo había huido al sur, a la zona del río Ozama, donde procreó con la cacica Catalina a uno de los primeros mestizos.[17] Conociendo las bondades de la tierra, su fertilidad, su puerto, la abundante mano de obra indígena y la cercanía de las minas de oro recién descubiertas de San Cristóbal, decidió regresar a informar, esperando a cambio el perdón. Sus argumentos fueron lo bastante convincentes como para que el adelantado acudiese a la zona y fundara, en el segundo tercio de 1498, en el margen oriental del río Ozama, la ciudad de Santo Domingo. Justo después comenzó la construcción de una fortaleza.[18] Según Hernando Colón, le puso ese nombre en honor a la onomástica de su progenitor, mientras que Gonzalo Fernández de Oviedo añadió que también por coincidir en domingo la fecha de la fundación.[19] Sin embargo, el padre Las Casas sostiene que el almirante pensó en llamarla La Isabela Nueva, y así la denominó hasta su desembarco en la ciudad en el tercer viaje, cuando asumió el nombre con el que la había bautizado su hermano.[20] Acto seguido, como habían hecho en La Isabela, Colón repartió solares, reservando sitios para los edificios oficiales como la casa de aduanas, el palacio de gobierno, el hospital o la catedral.[21] Obviamente, en los primeros años, al igual que La Isabela, no fue más que un modesto villorrio destinado a facilitar el comercio, formado por unos cuarenta y cinco bohíos o casas de pajizas y unos pocos edificios oficiales de cantería.[22] Bien es cierto que desde la llegada de Nicolás de Ovando en 1502 no tardaría en convertirse en la gran capital primada de la isla.

Pero, al margen de esta fundación, el panorama que se encontró el almirante a su llegada a la isla, el 30 de agosto de 1498, fue desolador. Había tardado tres años en regresar, dejando a su hermano en una situación muy comprometida. Nada más llegar supo de la rebelión liderada por el jiennense, natural de Torredonjimeno, Francisco Roldán Jiménez, antiguo criado suyo y alcalde mayor de La Isabela. Desde 1497, este había aglutinado a unos setenta descontentos que, a decir de Gómara, no podían sufrir más tiempo a los genoveses.[23] Sorprende que el líder fuese un miembro destacado de la estructura política virreinal y como tal uno de los pocos favorecidos por la familia Colón. Pero parece que no dejaba de ser un subalterno de la familia y su cargo se convirtió en irrelevante, dado el vertiginoso declive de la primera ciudad del Nuevo Mundo.[24] Los rebeldes saquearon la alhóndiga de La Isabela, interrumpiendo la recaudación tributaria tanto en la región de la Vega como en la de Xaragua.

Como reconoció el propio virrey, no se trataba solo de Roldán, sino de una defección generalizada, porque en toda la isla «apenas había cuarenta de quienes fiarse».[25] Al sedicioso le fue fácil captar adeptos dada la desazón que se vivía debido a las enfermedades, la hambruna, el excesivo trabajo y los retrasos en el pago de los salarios. Como escribió Anglería, les ofreció cambiar el trabajo, el hambre y el agotamiento por el ocio, la abundancia y los placeres.[26] Incluso cuando el buque que capitaneaba Alonso Sánchez de Carvajal, que se había enviado por anticipado para abastecer a la isla, obligado por las corrientes aportó a la costa de Xaragua, la mayor parte de los tripulantes desertaron.[27] Eso sí, se aseguraron de mantener su fidelidad a la Corona, pues en sus proclamas gritaban: «¡Viva el rey!», al tiempo que denunciaban la tiranía de Bartolomé Colón. Así, en una misiva que el líder de los rebeldes dirigió al arzobispo de Toledo, le dijo que el adelantado gobernaba con mucho rigor y que le cogió un odio personal, por lo cual tuvo sobrados motivos para alzarse. Pero no solo disponía de españoles, sino que había suscrito algunos pactos guatiaos con caciques como Manicaotex, que apreciaban el mejor trato que este les daba frente a las exigencias del teniente de gobernador.[28]

A poco de llegar el almirante a Santo Domingo, encargó a Miguel Ballester que fuese al encuentro de los insurrectos para establecer negociaciones. En respuesta, el 17 de octubre de 1498 recibió una carta desde El Bonao de los cabecillas de la revuelta, Francisco Roldán Jiménez, Pedro Gámez, Adrián de Mújica y Diego de Escobar, en la que le comunicaron que su desobediencia era defensiva, por la ira de su hermano.[29] El propio Ballester le dijo al gobernador que sus partidarios estaban en minoría, por lo que optó por la única salida que le quedaba, es decir, negociar y tratar de atraerlos con buenas palabras y con promesas de restitución de sus cargos y haciendas. Prueba evidente de que lo hacía por ese motivo es que diez u once meses después solicitó la nulidad del acuerdo, porque lo hizo, según dijo, obligado por las circunstancias, para evitar que derrotasen y ahorcasen a su gente.[30] Es una prueba más de la gran crisis que se vivía y de la incapacidad de la familia Colón para mantener el orden, ni con la fuerza ni con el diálogo.

Inicialmente pidieron una carabela para regresar, exclamando los más desencantados: «¡Así Dios me lleve a Castilla!». Y se les concedió, pero al final aplazaron su embarque, alegando que las carabelas no estaban en buen estado, aunque es posible que también temiesen no conseguir el resarcimiento esperado.[31] Pensaron que era preferible conseguir primero la inmunidad, así como la restitución de sus cargos, de su hacienda y de los salarios atrasados, a pesar de haber estado alzados y ausentes. Las peticiones le parecieron a Colón inaceptables, pero sabía que solo podía aceptar, a la espera de mejores momentos para enjuiciarlos y condenarlos. El 12 de septiembre de 1498 expidió un bando donde no solo les ofreció el perdón, sino también pasaje franco a los que deseasen retornar a España.[32] No solo los indultó a cambio de que regresaran a la obediencia, sino que les ofreció solares, heredades y repartimientos. Pero los rebeldes no se fiaban de su palabra. El 26 de octubre de ese mismo año, Colón firmó un nuevo salvoconducto en el que reiteró que los que retornasen a la sujeción no serían «enojados ni molestados» por cosa alguna.[33] Eso sí, ya no cabían medias tintas, a los que persistiesen los amenazaba con duros castigos por alzarse contra una autoridad delegada de los reyes.

Por fin, el 16 de noviembre de 1498, tras unas largas negociaciones, se alcanzó un acuerdo que fue ratificado cinco días después por el almirante.[34] Francisco Roldán fue repuesto en su cargo como alcalde mayor, se le abonaron los atrasos y se le concedieron tierras y repartimientos. Asimismo, cumpliendo lo prometido, se autorizó el retorno a todos aquellos que así lo deseasen, como de hecho hicieron, aunque al final un temporal hundiese la flota. A cambio, Colón impuso dos condiciones: una, que se mantuviese el cobro del tributo indígena, aunque se entregasen determinados contingentes de indígenas en repartimiento. Y dos, que quedara prohibido que los españoles deambulasen por la isla, porque, a su juicio, «nada dejaban intacto o impoluto».[35]

Pese al acuerdo, algunos escribieron a la reina informando del desastre político. Pero es más, el propio almirante cometió un error al contar a los reyes que por culpa de los insurrectos peligraba la soberanía, algo que a la postre jugó en su contra. Al descontento político se sumaba la carestía de alimentos, lo que explica que cuatro o cinco mil montones de yuca se valorasen en trescientos pesos de oro.[36] Además, el problema de fondo subsistía, por lo que parecía evidente que el conflicto tan solo había sido aplazado. Y ello porque lo que reclamaban los rebeldes y la mayoría de los colonos era el fin del monopolio y la liberalización económica que permitiera a los particulares explotar las minas y usar la mano de obra indígena. Las quejas que llegaron y el informe del propio Colón fueron la gota que colmó el vaso, por lo que se tomó la decisión de enviar al pesquisidor Francisco de Bobadilla, que acabaría con el apresamiento de los hermanos y el fin del virreinato.

Empezaban así una racha de mala suerte y de disgustos que acompañaría a Colón hasta el final de sus días. Incluso sus propios herederos se vieron abocados a pasar largos años litigando por sus derechos. Los monarcas encontraron en estas aguas revueltas la excusa perfecta para romper el monopolio y arrebatar a la familia unos poderes que jamás les serían devueltos. Es plausible que la decisión de apresarlo no fuese una iniciativa del pesquisidor y que llegara desde España. Y es que el obispo Juan Rodríguez de Fonseca había llegado a la conclusión de que el almirante era un obstáculo para el desarrollo económico de la isla y el afianzamiento de la colonia. Algunos implican, incluso, a Fernando el Católico, persuadido por los informes de algunos aragoneses, como Pedro Margarit o el padre Boyl.[37] Sin embargo, no parece probable que el monarca actuase así, en contra y a escondidas de su esposa Isabel.

Desde entonces se ha repetido hasta la saciedad que fue tan buen marino como mal gobernante, algo que siempre ha parecido muy plausible, teniendo en cuenta su escasa preparación jurídica y su carácter apasionado. Esta es la imagen que ha trascendido y que ha provocado duras críticas por parte de los historiadores, que se han ensañado con él, aludiendo a su falta de mano izquierda y a su carencia de don de mando, responsables de las continuas insumisiones a las que se enfrentó.[38] Y es cierto que no tenía la formación para ejercer de gobernador y de virrey, y, además, su carácter temperamental le hacía actuar en no pocas ocasiones a golpe de impulsos. También es cierto que, en medio de una sedición generalizada, no solo su hermano sino también él actuaron con gran dureza, como pudo comprobar Francisco de Bobadilla a su llegada a la isla. Sin embargo, al final, como ocurre con todo, las cosas no son blancas o negras, por lo que creo que debemos matizar esta idea a partir de cuatro argumentos que paso a enumerar: primero, que él personalmente estuvo muy poco tiempo al frente de las tareas de gobierno y que fueron sus delegados los que tomaron casi todas las decisiones, fundamentalmente su hermano. Este último, que ostentó el título de adelantado y de gobernador interino, se mostró como una persona con muy poca capacidad de negociación que tomaba siempre decisiones firmes y contundentes. Segundo, que nunca le dieron ni una sola oportunidad y, desde muy pronto, muchos de esos colonos, algunos de ellos viejos combatientes de la guerra de Granada, cuestionaron su autoridad. Pero está claro que no todo se debía al desgobierno, pues ya el propio almirante había denunciado, a finales del siglo XV, la actitud de los colonos que, cegados por la codicia, no querían trabajar, sino solo buscar oro.[39] Y especifica que iban con la idea de recoger el metal dorado y las especias con una pala, echarlos en las naos y regresar ricos, por lo que, dado que pronto se desengañaron, le tomaron un odio acendrado.[40] Resulta obvio que esa actitud la había auspiciado él mismo cuando habló de las maravillosas riquezas de las nuevas tierras, con la idea de captar apoyos. Pero no es menos claro que la forma de proceder de los colonos era descabellada y hasta suicida, porque existía la necesidad de producir alimentos. De ahí que lo que pescaron fue una hambruna que se fue acentuando con el paso de los meses y de los años, seguida de enfermedades como la sífilis que, a finales del siglo XV, afectaba casi a la tercera parte de la población. Su imagen en España estaba ya a esas alturas muy deteriorada, tanto como para que sus propios hijos, Diego y Hernando, fuesen ridiculizados en público. Tercero, que algunas de las escasas decisiones que tomó fueron conciliadoras, de manera que, cuando arribó Francisco de Bobadilla en 1500, tenía controlada la insurrección Roldánista, a cuyos líderes había hecho numerosas concesiones.[41] Y cuarto, si se le compara con otros gobernadores, tanto de la época de la conquista de las Canarias como de América, como Pedrarias Dávila, los Welser, Hernán Cortés, Beltrán Nuño de Guzmán o Francisco Pizarro, no sale tan mal parado. En este sentido, ha escrito Horts Pietschmann que en algunos aspectos fue un gobernador con «una gran capacidad de aprendizaje y de visión de largo alcance».[42]

Pero la decisión estaba tomada y la llegada de Francisco de Bobadilla, en el año 1500, supuso el fin definitivo del virreinato. Existían dos buenos argumentos: Colón había esclavizado a la población indígena, algo que la reina no podía consentir, y, además, había fracasado en su proyecto evangelizador, con el riesgo que ello conllevaba de poner en entredicho la legitimidad de la donación pontificia.

LOS INDÍGENAS QUE ENCONTRÓ

Cuando los europeos arribaron al área antillana se encontraron con una gran complejidad cultural. El grupo más abundante era el taíno, pero pervivían grupos de siboneyes, ciguayos y macorixes residuales que mantenían unas formas de organización más primitivas y arcaicas. Es decir, en toda el área antillana primaba la pluralidad cultural y no existía ningún grupo de naturales que actuara como dominador e impusiera sus patrones culturales.[43]

Estos grupos arcaicos habían llegado a la isla desde la costa oriental de Venezuela, la isla Trinidad y Centroamérica desde el 3500 a. C.[44] Se ubicaban en zonas cercanas a la costa, pues se dedicaban al marisqueo y a la recolección, aunque recientemente se ha sabido que también practicaban una incipiente agricultura, en concreto de yuca y maíz. Los siboneyes tampoco eran un grupo homogéneo, dado que habían llegado en migraciones distintas y habían adoptado patrones de comportamiento e instrumentales diferentes, en función del hábitat que encontraron. Desconocían el uso de la cerámica, se agrupaban en bandas de entre treinta y cien personas, no eran una sociedad excedentaria y vivían en pequeñas viviendas vernáculas situadas cerca de abrigos rocosos. Los macorixes, por su parte, habitaban en la banda norte y hablaban una lengua diferente, aunque todas ellas no dejaban de ser dialectos del arawaco. Fueron macorixes los naturales con los que contactaron los españoles cuando fundaron La Isabela.[45]

Más de dos mil años después, sobre el 500 a. C. comenzaron a llegar, también procedentes de la costa venezolana, oleadas de arawacos, que eran fundamentalmente agricultores.[46] La presión demográfica y la falta de tierras, por el agotamiento del sistema de roza, los obligaron a saltar a las islas caribeñas en busca de nuevos terrenos sobre los que sustentarse. Habían cultivado en la selva tropical del Orinoco y en La Española implantaron el mismo tipo de agricultura de roza que ellos conocían. Cultivaban la yuca, con cuya harina elaboraban las tortas de cazabe, el maíz, ajes, maní, etc., y bebían el maíz fermentado (chicha). Habitaban en poblados de entre quinientas y un millar de personas.

La unidad mínima dentro de la sociedad taína era la familia extensa, formada por veinte o treinta personas.[47] Las relaciones sexuales entre la población solían ser monogámicas, reservándose la poligamia para el grupo caciquil. En estas culturas tan poco desarrolladas, con la única excepción de la reducida clase dirigente, la población no tenía posibilidades de mantener a más de una mujer, de ahí que la poligamia estuviese restringida a aquel grupo de poder.[48] El propio Colón aludió a ello, diciendo que la mayoría se contentaban con una mujer, aunque al rey disponía hasta de una veintena.[49]

Utilizaban numerosos ritos, desde diversos tipos de inhumaciones hasta la incineración o el abandono en zonas despobladas.[50] Precisamente, la escasez de cadáveres indígenas inhumados localizados en las Grandes Antillas nos revela que esta práctica estuvo reservada para los sectores privilegiados. Poseían unos amplios conocimientos herborísticos que les permitían solventar las heridas más comunes, las calenturas y las fracturas. El prestigio de sus behiques se debía a sus probados éxitos médicos y a la confianza que inspiraban en los demás miembros de su comunidad. De hecho, cuando el paciente moría y se demostraba que había habido negligencia, el behique era reprendido e incluso golpeado. Son muchos los cronistas que destacan los conocimientos herborísticos de estos chamanes, que tenían una destacada consideración social.[51] Aunque los behiques revestían todas sus sesiones curativas con un ritual mágico-ceremonial en el que supuestamente intentaban extraer al enfermo su mal, sus éxitos médicos estaban fundamentados en dos sólidos pilares: en primer lugar, en sus ya mencionados conocimientos herborísticos, que compartían la mayoría de las comunidades indígenas americanas. Y en segundo lugar, en sus notables dotes psicológicas, descritas por algunos cronistas. Antes de proceder a la aplicación del tratamiento, preparaban un sahumerio a partir de una mezcla de tabaco y otras hierbas alucinógenas, con la intención de adormecer al convaleciente. En este sentido, Girolamo Benzoni, tan agudo como siempre, afirmó que los behiques, «cuando querían curar a algún enfermo, iban a visitarlo, le suministraban ese humo y, cuando estaban bien aturdido(s), le hacían la mayor cura».[52]

Entre las habilidades que más brillantemente solventaban estos behiques estaba el restañamiento de heridas, para lo cual conocían numerosas pócimas que se elaboraban con plantas. Uno de estos productos eran unos polvos extraídos de un árbol, común en la isla, llamado yaruma, y cuyas propiedades describió el cronista Gonzalo Fernández de Oviedo.[53] No era este el único sistema empleado por los taínos para sanar las heridas, ya que, por ejemplo, Joseph Peguero citó una especie de palmera datilera llamada tamarinda cuya corteza se molía y se colocaba sobre las heridas, con excelentes resultados como cicatrizante. También remediaban las diarreas, a base de dietas porque, según el padre Las Casas, «se están tres y cuatro días sin comer ni beber» y luego consumían la fruta del guayabo, que era de muy buena digestión.[54] Asimismo, tenemos noticias de que los behiques de La Española sanaban la sífilis —que ellos llamaban bubas—, cociendo el palo del guayacán y extrayendo su zumo, con tal éxito que, a decir de Fernández de Oviedo, «entre los indios no es tan recia dolencia ni tan peligrosa como en España...».[55]

Sabemos que empleaban otras muchas plantas con cualidades medicinales: el bálsamo o guaconax —comercializado en la primera década del siglo XVI por los españoles— como cicatrizante de heridas y llagas; la semilla del manzanillo como purgante; la grasa de la iguana para reducir hinchazones; el zumo del *hobo* para los problemas de estómago, etc. Según Anglería, una vez acabado el ritual y concluido asimismo el tratamiento, el behique los persuadía con todo un ritual de que había curado al enfermo, algo que era una motivación extra para la rápida recuperación del paciente.[56] Esta circunstancia, unida a la profunda fe que los aborígenes tenían depositada en sus behiques, hacía que el éxito estuviese asegurado, al menos en los casos de las enfermedades más comunes. Habida cuenta de que el behique se debía consolidar por sus propios méritos, solo de esta forma lograba un prestigio importante sobre el resto de la población. Cuando se equivocaban podían ser recriminados y duramente castigados por los familiares si se demostraba que había sido por negligencia. Sin embargo, todos los cronistas coinciden en que esta situación no era frecuente, ya que les era fácil demostrar que el fallecimiento, si se daba, había sido fruto de la providencia divina. Incluso cuando consideraban que la persona padecía una enfermedad que excedía los conocimientos curativos de los behiques, lo llevaban al monte con agua y comida y lo abandonaban.[57] No cabe duda de que eran sabedores de las posibilidades reales de su medicina naturista, por lo que, en situaciones extremas, ni ellos mismos confiaban en su curación. Los documentos callan tanto el procedimiento exacto para aplicar muchas de estas pócimas como otras soluciones médicas utilizadas por los indígenas. Sin duda, una parte importante de la ciencia herborística taína se extinguió con la desaparición de su cultura, y los últimos behiques murieron sin confesar los secretos de su oficio.

Su sistema económico se basaba en el trueque, por lo que no tardó en entrar en colisión con el modelo mercantil castellanoleonés, con las consecuencias que tuvo para la población indígena su incorporación forzosa a este último sistema.

BUENOS Y MALOS SALVAJES

Desde un primer momento existió una imagen estereotipada del indígena, cuyas primeras descripciones partieron del propio almirante. Ya en la carta anunciadora fueron descritos como gente «bien dispuesta y de hermosa estatura», desnudos, afables, generosos y hospitalarios.[58] Colón les atribuye una ingenuidad primigenia y una generosidad tal que «cuando se les pide lo que tienen jamás dicen no».[59] Hasta cierto punto era lógico que, a falta de riquezas, decidiese ponderar las bondades de sus habitantes y la hermosura de su paisaje. Otros cronistas, como Pedro Mártir de Anglería, abundaron en esta imagen de personas felices y prístinas, sin codicia, sin jueces y sin pensar en el futuro, aunque no se libraban de la peste de las guerras. Por tanto, eran seres felices racionales y de buenas hechuras, aunque inferiores, ideas que destacan otros autores como Michele Cuneo o Guillermo Coma.[60] Asimismo, se difundió el mito de la existencia de matriarcados en diversas zonas del continente, más allá incluso del área amazónica.[61]

Los españoles se aprovecharon de esta supuesta ingenuidad para iniciar un comercio desigual, pues a cambio de los granos de oro que llevaban en sus narices u orejas les daban trozos inservibles de escudillas, espejuelos y sobre todo cascabeles, que, a decir de Antonio de Herrera, era lo que más valoraban.[62] Refiriéndose a su tercera travesía, sostuvo que los naturales de Paria, a cambio de trozos de escudillas de Málaga, entregaban perlas y papagayos.[63] Se trataba de objetos europeos sin más valor que la novedad, por los que obtenían a cambio productos objetivamente más valiosos. Sin embargo, no es menos cierto que los indígenas no tardaron en darse cuenta de la obsesión áurea de los extranjeros, a los que engañaron sin piedad, señalando siempre más allá para librarse de ellos e incentivando la persecución de un Dorado que solo fue un espejismo.

Indudablemente, esta visión idealizada no se ajustaba a la realidad, y le iba a costar muy cara al almirante, como pudo comprobar al regreso a La Española en su segunda expedición descubridora. Los naturales jugaron desde el primer instante un papel activo. De hecho, ya en la época prehispánica lo habían exhibido, modificando la naturaleza, cultivando la tierra y participando en los frecuentes conflictos políticos y militares desarrollados a lo largo y ancho del continente.[64] Un protagonismo en sus propios destinos que mantuvieron durante la conquista y, en el resto del continente, durante la época hispánica.[65] Lo cierto es que esta visión del buen salvaje se perpetuó en Europa a lo largo de varios siglos, aunque no en la propia España, donde la imagen tardó poco en cambiar. Esos seres bondadosos y bellos no tardaron en ser vistos como «holgazanes, borrachos, ladrones o sucios», seres primitivos que, además, desconocían el caballo, la rueda o el hierro.[66] El propio almirante, que en 1493 había contribuido a crear la imagen del buen salvaje, los caracterizó siete años después como personas belicosas y de costumbres y religiones muy contrarias al cristianismo.[67] Esta incomprensión del indígena en general, visto como un ser salvaje, primitivo, belicoso e inferior, dificultó durante siglos la aceptación del otro. Y es que desde la llegada de los europeos todos tuvieron a los naturales como seres racionales, aunque inferiores y además paganos, lo que legitimaba la guerra justa.[68] De hecho, su condición de vasallos de la Corona de Castilla y León estuvo supeditada a unas relaciones de dominación entre los civilizados y los barbaros, que indefectiblemente debían convertirse al cristianismo. Aunque los naturales eran personas, había una inferioridad en su capacidad de raciocinio, lo cual marcaba la jerarquía social y los elementos de dominación entre conquistadores y conquistados.[69] Esta idea es la base sobre la que se cimentó el concepto de guerra justa, un argumento que estuvo vigente incluso en épocas avanzadas de la colonia, lo que permitió la persistencia tanto de la encomienda como de la esclavitud.[70] Pese a los planes de Colón, la reina trató de protegerlos desde fechas muy tempranas, pues ya en las instrucciones fechadas el 29 de mayo de 1493 dispuso que se tratara a los naturales *amorosamente*, haciéndoles buenas obras y honrándolos.[71] Incluso le pidieron al almirante que castigase con severidad a los que los maltrataran y que velase por su conversión. Sorprende que tan solo un año después del primer encuentro se plasmase la intención de los soberanos de protegerlos.

Sin embargo, frente a ese buen salvaje había otros, los malos salvajes, que el propio almirante identificó con los caribes y que se caracterizaban por ser bárbaros, antropófagos y belicosos. Se trata de una dicotomía indígena bueno/indígena malo que se perpetuó a lo largo de los siglos y que permitió durante décadas justificar la guerra justa, protegiendo a los primeros de los segundos.[72] Un verdadero cliché que evidenciaba la incomprensión y justificaba la servidumbre de miles de personas de las Antillas Menores, fundamentalmente de las islas Martinica, Guadalupe, San Cristóbal y Dominica.

LA RESISTENCIA ARMADA

Una realidad fue la intención protectora y otra el trato diario que recibieron los indígenas, pues todos ambicionaban un enriquecimiento rápido. Una vez superada la sorpresa inicial, los naturales comenzaron una resistencia activa, como muestra la temprana destrucción del fuerte Navidad, que puede considerarse el primer acto de disidencia del Nuevo Mundo.[73] Todos los indicios apuntan a que los españoles desobedecieron al capitán Diego de Arana y se dedicaron a saquear y a violar a cuantas jovencitas encontraban.

En un primer momento los naturales pensaron que los extranjeros estaban de paso, pero no tardaron en averiguar que no solo habían llegado para quedarse, sino que ellos mismos iban a ser compelidos a trabajar para estos y a cambiar sus costumbres e incluso su cosmovisión.[74] La resistencia no tardó en generalizarse, pues, como escribió Pedro Mártir de Anglería refiriéndose a la temprana fecha de 1494, «nada ansiaban más que arrojarlos de raíz o destruirlos por completo y borrar todo recuerdo de ellos...».[75]

La resistencia militar fue limitada por su inferioridad bélica frente a unos españoles que, como dijo Lewis Hanke, llevaban siglos luchando contra el islam, transmitiendo de generación en generación «el gusto por las glorias militares y las conquistas religiosas».[76] Además, supieron aprovechar en su propio beneficio las rencillas y enemistades existentes entre los distintos caciques, ganándose la voluntad y la alianza de unos contra los otros. Ya en la misma arribada a la isla de Guanahaní, los españoles se percataron de que algunos tenían heridas provocadas supuestamente por las razias que cometían grupos armados llegados de otras islas. Una vez en La Española, el cacique del Marién, Guacanagarí, optó desde muy pronto por aliarse con ellos para acabar con su eterno rival, el cacique Caonabo. Se trató del primer precedente de una amplia política de pactos a lo largo y ancho del continente americano.

En esos primeros años se selló el acuerdo con Guacanagarí, quien optó por la vía pactista para controlar la situación y de paso vengarse de sus viejos enemigos. Como demostró Demetrio Ramos, la iniciativa la tomó el cacique, que desde el principio mandó a sus hombres con presentes para suscribir esa alianza.[77] Incluso fue él quien los invitó a que visitasen su pueblo y les dejó un bohío para guardar los restos del desguace de la *Santa María*. El pacto estuvo animado por la animadversión que este cacique sentía hacia Caonabo, cacique de La Maguana, y también hacia Beechio, cacique de Xaragua. Pero no fue el único que intentó pactar: según el doctor Chanca, a la llegada a la isla en la segunda travesía descubridora, se les acercó un grupo de naturales enviados por Guarionex, que les rogaba que fuesen a su tierra, donde tenían mucha comida y ricas minas de oro.[78] El pacto no se sustanció, pero ahí se observa de nuevo el papel activo de estos líderes indígenas.

Sin embargo, la matanza del fuerte Navidad evidenció la prematura ruptura del pacto, algo que iba a llegar antes o después, dado que los españoles no tardaron en descubrir que el principal recurso de aquellas islas no era la tierra, ni tan siquiera el oro, sino la mano de obra. Por ello abandonaron su idílica visión inicial para crear un sistema laboral compulsivo que llevó a los naturales a romper la concordia. Ello obligó a un cambio de estrategia, pues hasta entonces apenas se temía a los indígenas, de ahí que las defensas de La Isabela fuesen escasas, e incluso la torre fortificada que se construyó respondía más a esa idea medieval de poder que a una verdadera necesidad defensiva. Por ello, Colón mandó erigir un total de seis casas fuertes a partir de marzo de 1494: Santo Tomás, la Magdalena, Santiago, Santa Catalina, Esperanza y la de Concepción de la Vega.[79] Se trataba de meras empalizadas tan solo eficaces frente a las primitivas acometidas indígenas, porque, según explicó la Audiencia de Santo Domingo, «en los primeros tiempos pareció imposible pasar corsarios a estos mares».[80] El objetivo de toda esa línea de fuertes construida hasta 1496 era unir el norte con el sur, algo que culminaría con la fundación de la Nueva Isabela, que después se llamaría Santo Domingo.[81]

El fuerte de Santo Tomás fue constituido en marzo de 1494 en las cercanías de las minas del Cibao y estaba rodeado por el río Jánico, de ahí su seguridad. Tras rescatar con los naturales algunas piezas de oro, Colón dejó a Pedro Margarit al frente del recinto, con poco más de medio centenar de hombres, y se marchó decepcionado a La Isabela.[82] Aún no sabía lo que le esperaba, pues poco después fue asediado durante varias semanas, mientras los naturales quemaban las sementeras con la intención de que el hambre los obligara a abandonar su territorio. Como dijo Gómara, se habían envalentonado, pensando que podían acabar con los barbudos igual que habían hecho con los del fuerte Navidad.[83] Fue necesario enviar a Alonso de Ojeda con refuerzos y relevar al propio Margarit al frente de la fortaleza.

El 27 de marzo de 1495 se libró la primera batalla del Nuevo Mundo, a diez leguas de la Vega, posiblemente en las proximidades de Santa Cruz de Mao.[84] En un bando estaban los Colón con dos centenares de españoles, una veintena de hombres a caballo y una veintena de perros —era la primera vez que se empleaban en la guerra indiana—, así como varios centenares de indígenas amigos.[85] Y en el otro había una coalición de caciques encabezada por Guatiguaná, quien tenía su poblado en la ribera del río Yaque del Norte, justo en el sitio donde se había mandado construir la fortaleza de la Magdalena. No sabemos el número exacto de indígenas que lucharon, quizá varios miles, aunque los cronistas, como siempre, hablan de cifras estratosféricas.[86] Los rebeldes resultaron derrotados y, tras el encontronazo, medio millar de ellos fueron capturados y embarcados como esclavos en la flota que zarpó para Castilla el 24 de febrero de 1495, al mando de Antonio de Torres.[87] Los sucesos ocurridos en la Vega Real el 27 de marzo de 1495 conforman la primera batalla ocurrida entre indígenas y españoles en el continente americano. Y fue de tal magnitud que desde entonces el propio almirante afirmaba, con orgullo, que él había sido el conquistador de la isla.[88]

Por su parte, Caonabo fue capturado por Alonso de Ojeda, quien lo engañó al decirle que los grilletes eran unos adornos que usaban los castellanos.[89] Lo entregó al virrey, que no se atrevió a ahorcarlo por ser el más preeminente de los señores de la isla. Por eso lo mantuvo recluido en La Isabela hasta que lo trajo de vuelta en su segundo viaje, junto con dos parientes suyos, su hermano, de treinta y cinco años, bautizado como don Diego, y un sobrino de unos diez años.[90] Por desgracia, el bizarro caudillo de La Maguana murió en el trayecto, sin llegar a pisar tierras europeas.

La situación era muy difícil, porque, como dijo años después Bartolomé Colón, el almirante apenas disponía de ciento cincuenta españoles en condiciones de luchar, aunque ni siquiera estos estaban sanos del todo.[91] Ello no evitó que se desencadenase un segundo alzamiento, en verano de 1497, en el que, una vez más, un grueso de indígenas se aglutinó, en este caso en torno a Guarionex, que huyó a las montañas para desde allí hacer incursiones y devastar los campos de cultivo. El hecho de que se refugiase en el territorio ciguayo le restó apoyos, porque muchos taínos veían a estos como a sus ancestrales enemigos. Unos cinco mil indígenas fueron derrotados en la batalla del Santo Cerro y algunos de sus líderes fueron ajusticiados en Concepción de la Vega.[92] La suerte de Guarionex fue aciaga, pues fue capturado y vivió en prisión hasta 1502, cuando fue enviado a Castilla y murió en el naufragio de la flota. Por aquel entonces ya nadie pensaba que los naturales fuesen aquellos seres pasivos, pacifistas y dóciles de los que hablara Colón en los primeros tiempos. Por eso, el 16 de septiembre de 1501 se prohibió venderles armas, ni ofensivas ni defensivas, una medida que se repitió en los años sucesivos, aplicada a otros lugares del continente.[93]

Además del uso de la fuerza, los naturales también practicaron la resistencia pasiva, abandonando sus labranzas y huyendo a zonas más escarpadas, con la idea específica de desproveer de alimentos a los españoles. De hecho, según los cronistas, planearon dejar de sembrar para desabastecerlos, pensando que sobrevivirían comiendo raíces, bayas y pescado.[94] La estrategia dio resultado solo parcialmente: por un lado, consiguieron llevar la hambruna a los europeos, que no tenían más alimentos que la menguadísima ración que se les daba de la alhóndiga y no hacían otra cosa sino jurar: «Así Dios me lleve a Castilla».[95] Por otro, frente a lo que habían previsto, el hambre también los afectó a ellos. Bien es cierto que esta situación duró solo tres o cuatro años, porque ya en octubre de 1498 el propio almirante informó de que algunos animales domésticos se habían multiplicado, de modo que había *infinitésimos* cerdos montaraces y gallinas, aunque había escasez de vino y de ropa.[96] Además, ya por esas fechas, los españoles se habían habituado a ingerir alimentos autóctonos como cazabe, ajes, maíz o frutas —piña, mamey o chirimoya— y, llegado el caso, animales como hutías o iguanas.[97]

REPARTIMIENTO Y ESCLAVITUD

Colón escribió con satisfacción que los naturales no eran infieles, solo paganos, ya que «no practicaban secta ni idolatría».[98] Además, como creía que eran ingenuos por naturaleza, estaba convencido de que serían fácilmente cristianizados, cumpliendo el mandato papal. Sin embargo, eso no le impidió entrar en una contradicción: su condición de idólatras e ingenuos les permitía ser evangelizados, pero también sometidos, con justicia, a esclavitud. Esta concepción, que aunaba la cristianización y el lucro, fue ampliamente aceptada desde la Edad Media. La guerra santa implicaba una doble moral que compatibilizaba la expansión de la fe y la obtención de botín. E incluso, si llegado el caso había que recurrir a matanzas indiscriminadas, el fin las justificaba, y cualquier exceso sería perdonado tan solo comprando una bula de indulgencia. Ni que decir tiene que todas las guerras religiosas a lo largo de la historia se han caracterizado por su crueldad.

Tras los primeros contactos hubo un cambio de actitud debido al grave problema de rentabilidad de su empresa. Colón no tardó en sentirse frustrado, al comprobar que no había tales riquezas, no había ciudades como las descritas por Marco Polo, con los techos cubiertos con tejas de oro, ni ricas especias. Desde ese momento, dado el rápido agotamiento de las reservas de oro acumuladas, empezó a barajar la idea de explotar la mano de obra mediante los repartimientos —luego encomienda— y la esclavitud, lo que, además, le podía servir para fidelizar a su gente.

En el lustro final del siglo XV la situación era especialmente difícil, pues la factoría se enfrentaba a varios problemas que comprometían su continuidad y que terminaron por hacerla fracasar. La principal dificultad era económica, ya que se encontraba al borde de la quiebra, aunque también había un descontento social y político fruto del desencanto, tanto por parte de los colonos como de la propia Corona. El virrey no se resignó e intentó buscar soluciones a ambas cuestiones; para frenar el malestar social introdujo los repartimientos, iniciados de forma esporádica en 1496 y de forma más sistemática tres años después, en 1499.[99] De hecho, en torno a 1496, el almirante le hizo entrega a su hermano Bartolomé de una caballería de tierra en el Árbol Gordo, pese a que la autorización para repartir tierras no la obtuvo hasta el año siguiente.[100] Junto a las tierras, le debió de conceder un repartimiento para destinarlo no solo a tareas agropecuarias sino también al laboreo en las minas de San Cristóbal, que se encontraban a una legua de distancia.[101] Obviamente, solo se hablaba de repartimiento, no de encomienda, y además fueron concedidos siempre a título individual, sin que podamos hablar de un repartimiento general, como ocurriría después. Ya en 1499 lo tenemos más documentado, pues se repartieron mil matas de yuca a muchos vecinos con su correspondiente mano de obra.[102] El almirante aceptó los repartimientos porque pensaba que el número de indígenas era inagotable y no mermaría sus propios intereses. Asimismo, con ellos trató de evitar nuevas rebeliones como la de Roldán, mientras daba acomodo a los nuevos pobladores.[103] Bien es cierto que desconocemos la mayoría de los detalles de este repartimiento, pues ni tenemos constancia del número total que se adjudicó ni a qué españoles, ni tan siquiera por cuánto tiempo. Es posible que afectara solo a una parte de los naturales, ya que todavía había extensas áreas que escapaban al control. Sí se entrevé que se usó ya al cacique como intermediario entre los españoles y los indígenas, hasta el punto de que se le señaló como el responsable último del trabajo de estos. Esto es un detalle interesante porque, durante varios siglos de dominación hispánica del continente, los caciques se convirtieron en el nexo entre los dos mundos.

Hacia finales del siglo XV, la situación de la isla era caótica porque la mayoría de los colonos estaban descontentos por no obtener las riquezas esperadas, por el hambre que sufrían y porque casi una tercera parte estaban afectados de sífilis. Ya por aquel entonces, los reyes estaban convencidos de que las promesas eran solo humo y que la empresa ultramarina era manifiestamente deficitaria. Así estaban las cosas cuando el 23 de agosto de 1500 se presentó en la isla el pesquisidor Francisco de Bobadilla y lo primero que hizo fue un nuevo repartimiento, recomendando que se juntasen en compañías de a dos. A continuación, liberalizó la explotación del oro, pregonando que pudiesen ir todos los vecinos a extraerlo y tributando tan solo la undécima parte, y no el tercio como hasta ese momento.[104] En ese sentido hay una frase muy conocida, atribuida a Francisco de Bobadilla: «Aprovechaos cuanto podáis porque no sabéis cuánto tiempo os va a durar».[105]

Los aborígenes trabajaron sin descanso, cavando en las minas o *escopetando*, según terminología de la época, y se sacó bastante oro. De hecho, aunque no tenemos registros de fundición, sabemos que en la malograda flota de Antonio de Torres, en la que regresaba el pesquisidor, venían al menos cien mil pesos de oro. Así se ganó la voluntad y el favor de los trescientos vecinos que por entonces habitaban la isla. Para el indígena, en cambio, fueron momentos difíciles en los que fue obligado a un trabajo intensivo, pues todo se hacía sobre sus espaldas, dada la ausencia aún de bestias de carga. Bien es cierto que seguía habiendo algunos cacicazgos que todavía escapaban al control, por lo que no todos fueron compelidos a este trabajo sistemático.

Dada la poca mano izquierda de Bobadilla, y la dureza con la que trató a los colonistas, no tardó en caer en desgracia, por lo que, sin llegar al año de gobierno, por orden del 16 de septiembre de 1501, se le ordenó regresar y se invalidaron las franquicias que había concedido.[106] No solo se anuló la prerrogativa del pago del onceno, sino que se aplicó con carácter retroactivo, obligando a los vecinos a pagar la diferencia en las tributaciones pasadas.[107]

Con la llegada a la isla de frey Nicolás de Ovando, las relaciones laborales dieron un giro radical. Siguiendo las primeras instrucciones dadas en Granada el 16 de septiembre de 1501, puso en libertad a los naturales y anuló los repartimientos. El nuevo gobernador dispuso que trabajasen voluntariamente a cambio de un salario, como cualquier otro vasallo. Sin embargo, ellos aprovecharon para huir al monte, por lo que Ovando informó a la soberana de que era imposible su conversión si no tenían contacto con los cristianos. Detrás de sus palabras se escondía también una necesidad de producción precapitalista que se impuso sobre el modo de producción indígena. Por tanto, el surgimiento de este tipo de compulsión al trabajo debió de estar favorecido por la existencia, desde el primer momento, de una mano de obra barata y abundante, así como de un mercado asegurado para toda la producción. La Corona, que desconocía la realidad de la isla, tuvo en consideración lo expuesto por Ovando y por una disposición, expedida en Medina del Campo el 20 de diciembre de 1503, legalizó los repartimientos, una institución que se convirtió en la base del sistema laboral en el Nuevo Mundo.[108]

Pero queremos puntualizar que en realidad lo único que se autorizó fue la compulsión al trabajo, siguiendo el sistema de repartimientos utilizado ya durante la factoría. Apenas si se especificaba cómo debía gestionarse este primer instrumento legal, el número de personas que le correspondería a cada uno, la duración o el salario que se les daría por su trabajo, de modo que toda su regulación se dejaba a la libre voluntad del gobernador, que durante 1504 dio y quitó repartimientos a su voluntad, entregándolos solo en usufructo temporal. En 1505, coincidiendo con el primer repartimiento general realizado en el Nuevo Mundo, se introdujo el término encomienda para definir la relación laboral exacta entre indígenas y españoles. El gobernador dejó de repartir a secas para hacerlo en régimen de encomiendas. Y lo hizo sin tener mandamiento expreso, pues la Corona tan solo lo había facultado para repartir, sin que se mencionase, por supuesto, el término encomienda. Esta era una institución que Ovando conocía bien, no debemos olvidar que en la Orden de Alcántara se concedían encomiendas de tierras con los campesinos que allí habitaban, sometidas a la supervisión de los comendadores de la orden, quienes a través de visitadores evitaban los abusos de sus poseedores e incentivaban el poblamiento.

¿Por qué la introdujo? Porque el repartimiento escapaba al control en primera instancia del gobernador, y en última instancia de la Corona, ya que no tenía más contenido legal, como la propia palabra indica, que el de ser un reparto. Estos repartimientos no regulaban la relación laboral y cuando el gobernador consideraba que había que volverlos a repartir, resultaba muy difícil convencer a los españoles de que los devolvieran, pues pensaban que se los habían dado en propiedad. En cambio, la encomienda hacía referencia a las obligaciones mutuas entre españoles e indígenas, los primeros, a dar educación, manutención y protección, y los segundos, a prestar servicios laborales o tributarios a sus encomenderos. Además, la encomienda podía ser mucho más controlada por los soberanos, ya que solo podía otorgar encomiendas una persona designada por la Corona como repartidor, porque solo al rey le correspondía otorgarlas y, por tanto, determinar su tiempo de duración.

Pero, además de los repartimientos, también se contempló la posibilidad de someter a los naturales a esclavitud, lo cual se justificó en el derecho natural, de base aristotélica, es decir, en la guerra justa que se podía practicar contra grupos antropófagos, idólatras que se resistiesen a la dominación.[109] En los primeros tiempos encontramos una política dubitativa por parte de las autoridades metropolitanas que favoreció su trata.[110] Ya Colón, al regreso de su primer viaje, capturó a una treintena de naturales, entre hombres, mujeres y niños. Lo hizo de manera forzada, ante la imposibilidad de explicarles sus intenciones de que sirviesen de intérpretes, aunque fueron bien tratados, tanto que la mayoría tuvo la oportunidad de huir y no lo hizo.[111] Este tráfico fue aceptado inicialmente, según el padre fray Bartolomé de Las Casas, por la influencia que ejerció sobre ellos el almirante, al convencerlos de la importancia económica que tendría esta trata de seres humanos, tomados «en buena guerra».[112] Sin embargo, la Corona lo que hizo fue prolongar una vieja praxis de larga tradición medieval, pues atribuyó a estos aborígenes el mismo estatus que habían sufrido los musulmanes peninsulares hasta 1492, que fueron vendidos en tierras andaluzas. Además, existía otro caso similar y coetáneo, el de los ya citados guanches, deportados por centenares a Castilla entre finales del siglo XV y principios del XVI. El caso es que estos primeros indígenas fueron vendidos en distintas ciudades de Andalucía Occidental y llegaron a formar una nutrida colonia en Sevilla, junto a la Puerta de la Carne.[113]

El almirante confesó a varios naturales que el motivo de su arribada a aquellas tierras había sido protegerlos frente a los belicosos caribes e impedir que les hiciesen daño y los canibalizasen.[114] Es evidente que se trataba de una burda excusa muy usada en las primeras décadas de la colonización.[115] La realidad era otra, pues, dada la gran cantidad de mano de obra que había en el Nuevo Mundo, Colón se percató de su importancia económica para rentabilizar su empresa. Ya aludió a ello en su diario, en el que reflejó la simpleza de los naturales y la facilidad con la que se podrían sojuzgar y esclavizar, mientras que en las cartas anunciadoras especificó que entre los recursos estaban los esclavos, «cuantos mandaran cargar, y serán de los idólatras».[116] Tan sólo unas semanas después, dirigió otro escrito, en este caso a la soberana católica, expresándose en los mismos términos y, sin esperar la respuesta, puso en marcha su plan.[117] De hecho, el 24 de febrero de 1495 despachó de vuelta a España las cuatro naves que habían llegado dos meses antes, capitaneadas por Antonio de Torres, ahora cargadas con medio millar de esclavos de los que solo sobrevivieron tres centenares, debió a las bajas temperaturas.[118] La mayoría de ellos eran originarios del cacicazgo del rebelde Guatiguaná, en La Española, cuya venta fue inicialmente autorizada, motivo por el cual los reyes ordenaron que fueran vendidos en Andalucía, pero estableciendo un matiz muy interesante: el dinero que se obtuviese por la venta debía retenerse hasta que se averiguara si era lícita su servidumbre.[119] Unos meses después, dada la escasez de galeotes que sufría la Armada real, se dispuso que cincuenta de esos indígenas se entregasen como remeros al capitán de la escuadra Juan de Lezcano, con la condición de que si después eran declarados libres, se liberase a los que siguiesen vivos.[120] Sin embargo, fue cuatro años después, el 18 de octubre de 1498, cuando Colón planteó a los reyes un plan para enviar cuatro millares de taínos que, según sus cálculos, le reportarían unos beneficios similares a los del palo brasil, unos veinte millones de maravedís.[121] Se ha dicho que las circunstancias lo convirtieron en un buscador de oro y esclavos, aunque en una carta trató de justificarse, sosteniendo que este proyecto esclavista no lo planteaba por codicia, sino con la idea de instruirlos en la fe y en las costumbres castellanas y devolverlos después a sus naturalezas para que enseñasen a los otros.[122] Obviamente, la cantidad de esclavos implicados en el proyecto era tal que se hace difícil pensar en una causa que no fuese la pecuniaria. Ya al regreso de su tercera travesía, no fue solo Colón quien trajo esclavos, sino también algunos particulares, que los vendieron a una media de mil quinientos maravedís la unidad.[123] Y una vez más, el 18 de octubre de 1498 despachó desde La Española dos embarcaciones con trescientos esclavos y un poco de oro y de palo brasil.[124]

En los años sucesivos continuaron llegando esclavos, no solo enviados por el virrey sino también por otros marinos, como Alonso de

Ojeda o Cristóbal Guerra.[125] El 15 de octubre de 1498 arribaron a Cádiz Américo Vespucio y Alonso de Ojeda con doscientos treinta y dos aborígenes que vendieron sin problema en el mercado gaditano. El propio Vespucio escribió poco después que, fatigados de tantos trabajos y peligros, decidieron volver, pero no podían hacerlo con las manos vacías, por lo que decidieron apresar esclavos.[126] Además, se convirtió en habitual que los pasajeros o tripulantes trajesen consigo algún nativo, lo mismo como esclavo que como criado. En este sentido es conocido el caso de Juanico, un niño esclavo de Bartolomé de Las Casas, del que este dijo que se lo había regalado su padre, a su regreso de las Indias en 1498.[127]

A finales del siglo XV, el riesgo de que las Indias se convirtiesen en un inmenso mercado de esclavos con destino a Europa era muy elevado, por el fracaso económico del virreinato. Parecía la solución más rápida al problema, pero, por fortuna, la reina inauguró una política de protección del aborigen, al pedir que se suspendiese el tráfico temporalmente, mientras se tomaba una decisión.[128] Estaba muy influida por su confesor, el cardenal Francisco Jiménez de Cisneros, y quedó muy contrariada al conocer el desembarco de las naves de Ballester y García Barrantes abarrotadas de cautivos. Según el padre Las Casas, al conocer la noticia, se preguntó con crispación: «¿Qué poder tiene mío el almirante para dar a nadie mis vasallos?».[129] En ningún caso negó la legalidad de la institución, de lo que estaba en contra era de que se sometiera a servidumbre a unos vasallos que no ofendían al cristianismo y que, por tanto, no estaban sujetos a una guerra justa.[130] Fue la primera vez que el almirante quedó desacreditado ante la soberana, ya que no tenía explicación que, siendo las Indias en teoría tan ricas, pretendiese hacer caja con el tráfico de esclavos. Por ello, en las instrucciones de su cuarto viaje no se olvidaron de incluir una cláusula prohibiendo embarcar esclavos, salvo que alguno voluntariamente quisiese venir para aprender la lengua.[131] Pero respecto a los que ya estaban en España, dado que a corto plazo no había posibilidad de devolverlos, autorizó su cesión fiada a los interesados, mientras se resolvía la cuestión de su libertad.[132] Eso sí, en abierta contradicción, dispuso que se seleccionase a medio centenar de ellos y se entregaran a Juan Lezcano para servir como galeotes en las galeras reales.[133]

Nuevamente, y siguiendo esa misma línea ideológica, entre abril y junio de 1500 se ordenó que los indígenas que ya estaban en España se entregasen al pesquisidor Francisco de Bobadilla para que los repatriase.[134] La orden se mandó pregonar en diversas ciudades, pidiendo, asimismo, la liberación y el retorno de los que había traído el almirante.[135] Unos trescientos fueron declarados libres, aunque apenas se logró reunir a varias decenas de ellos, que se embarcaron en la citada flota del pesquisidor.[136] Esta disposición fue ratificada tácitamente en la capitulación de Alonso de Ojeda, firmada el 28 de julio de 1500, y en la de Cristóbal Guerra, suscrita el 11 de noviembre de 1501.[137] Además sentó un importante precedente, ya que en casi todas las capitulaciones firmadas desde ese año se incluyó una cláusula vedando su trata, exceptuándose, a partir de 1504, los de las islas «que se dicen caníbales».[138] Todavía en otra capitulación, firmada en 1520 con el licenciado Serrano para poblar la isla de Guadalupe, se especificó que las personas que allí encontrasen fueran libres, porque así fue «la intención de la católica reina, mi señora...».[139] A pesar de la importancia de la decisión, la suspensión de la trata no fue total, pues se permitió su posesión siempre que su servidumbre estuviera fundamentada en un *justo título*.[140] Pero a medio y largo plazo sí que fue un hito que confirmaron leyes posteriores, como las expedidas en Burgos en 1512, las Leyes Nuevas de 1542 o las Ordenanzas de Nueva Población y Pacificación de las Indias, despachadas en el Bosque de Segovia el 13 de julio de 1573. En este último corpus legal se decidió desterrar la palabra conquista por la de penetración misional, de nuevo siguiendo lo estipulado en las bulas de donación.

Pese a la rápida reacción de la soberana, se estima que durante el virreinato colombino se enviaron en torno a dos millares de esclavos, de los que la mayoría pereció prematuramente.[141] Además, a pesar del hito legal, la población indígena comenzó un declive demográfico que en pocas décadas la llevó al borde de la extinción física. Mientras que en otras zonas de América el descenso fluctuó entre el setenta y el ochenta por ciento, en el área antillana el declive se movió en cifras superiores al noventa y cinco por ciento, llevándolos al borde de su extinción. Solo en La Española se estima que en 1492 había unos ciento treinta y seis mil naturales y medio siglo después apenas quedaban unos pocos centenares.[142] El mundo indígena, que practicaba una agricultura de subsistencia, sobrevivía en un delicado y precario equilibrio que saltó por los aires desde la llegada de los europeos. La principal causa fue el choque epidemiológico, aunque también hubo otras como las armas de fuego, el hambre, la presión de los estancieros, las edificaciones, la esclavitud, el servicio en las minas, la desestructuración de las comunidades y las divisiones internas. Las bacterias viajaron junto a los españoles, que, sin ser conscientes, introdujeron un arma letal frente a las poblaciones sometidas. Estas enfermedades nuevas (influenza, viruela, gripe, sarampión, varicela, peste bubónica, etc.) se sumaron a otras endémicas que ya padecían ellos, como la sífilis, la tuberculosis o la disentería. Ya el doctor Álvarez Chanca, en la segunda travesía descubridora, se percató de que un mismo agente morbífico afectaba más a los nativos que a los europeos, y ello debido a dos motivos: uno, a su aislamiento durante milenios, lo que provocaba que no tuviesen inmunidad, y otro, porque cuando les sobrevinieron se encontraban subalimentados y vivían en pésimas condiciones de vida y de higiene.[143]

Huelga decir que Colón hizo lo mismo que los portugueses en África y los castellanoleoneses en el norte de África y en las islas Canarias a lo largo del siglo XV, combinando sin rubor conversión con esclavitud.[144] Baste recordar las empresas de rapiña y captura de esclavos que se organizaban desde los puertos andaluces, auspiciadas incluso por nobles como los duques de Medinaceli o Medina Sidonia. Lo que fue excepcional fue la rapidez con la que reaccionó la monarquía para tratar de impedir que América se convirtiese en un gran mercado de esclavos con destino a Europa.

EVANGELIZACIÓN

Tradicionalmente se ha ampliado el marco de las cruzadas hasta la reconquista de la península Ibérica e, incluso, hasta la conquista de América. Siete siglos de lucha contra Al-Ándalus marcaron el carácter hispano, que siguió expandiendo la frontera cristiana más allá del océano. Los hombres de armas, que en muchos casos se siguieron llamando adelantados, tenían una forma de vida forjada por una tradición de siglos y que continuaron en el nuevo confín.[145] En este sentido, escribió López de Gómara que, acabada la guerra contra los musulmanes, comenzó la conquista del Nuevo Mundo, para que siempre guerreasen los españoles contra los infieles.[146]

En el seno de la cristiandad había, desde la Edad Media, tres doctrinas: la primera, conocida como humanista, que era minoritaria y toleraba la existencia de otros credos, negando además la esclavitud.

Ya San Pablo y después San Basilio habían condenado a los esclavistas e indirectamente a la institución. Melchor de Covarrubias, Bartolomé de Las Casas, Francisco de Vitoria, Benito Arias Montano, fray Pedro de Córdoba o fray Bartolomé de Albornoz son algunos representantes de esta corriente de pensamiento. Para ellos, la aceptación de la fe debía hacerse voluntariamente y sin coacción, y pese a no ser la corriente oficial de la Iglesia, dejaron una gran influencia en los corpus legales indianos.[147] La segunda doctrina reconocía un trato diferenciado a infieles y paganos; a los infieles había que hacerles la guerra, pero a los paganos se les debía incorporar de manera pacífica a la cristiandad. Con estos últimos, que en absoluto ofendían a los creyentes, solo era posible emplear prácticas evangélicas. Y, finalmente, la tercera, quizá la más radical, incluía dentro del concepto de infiel tanto a los herejes como a los paganos. San Agustín había aclarado que la guerra era una consecuencia directa del pecado en el que vivían los paganos y, por tanto, era lícito hacerles la guerra. Tanto san Agustín como santo Tomás aceptaron la guerra como inevitable y hasta necesaria, aunque siempre que hubiese causa justa, ideas que también defendió fray Luis de León, aludiendo a san Gregorio, doctor de la Iglesia.[148]

Pues bien, desde mucho antes del Descubrimiento, la Iglesia había optado por la tercera: la guerra era inherente al hombre, generaba destrucción, pero, al fin y al cabo, el destino último del ser humano no era otro que la muerte, su propia destrucción física. No resultaba tan difícil unir el sentimiento religioso con la necesidad de practicar la guerra cuando los intereses de la cristiandad así lo requerían. Ya el 18 de junio de 1451, el papa Nicolás V expidió una bula a los portugueses en la que les concedió la facultad de conquistar y anexionar los territorios habitados por paganos e infieles, y someterlos a esclavitud. El vicario de Cristo decidió incluir en el mismo saco a infieles y a paganos, lo que implicaba, desde un punto de vista material, la posibilidad de eliminar todas sus instituciones y arrebatarles sus propiedades.[149] Esta doctrina fue la que se impuso en América; paganos equivalía a infieles, y estos a su vez a bárbaros, lo que implicaba una auténtica patente de corso para someterlos, con la coartada de la evangelización. Y sobre todo teniendo en cuenta que al menos desde tiempos de los Reyes Católicos, el pueblo español se sentía llamado por Dios para expandir la fe.[150]

La conquista y colonización de América tuvo como objetivo prioritario la evangelización, pues, como bien afirmó Joseph Höffner, existía en España un espíritu de cruzada, siendo inconcebible un cristianismo fingido.[151] Es obvio, pues, que se entendió como la prolongación de la guerra santa que desde hacía varios siglos se venía librando en la reconquista. No en vano, ya en el primer viaje colombino se utilizaron fondos de la bula de cruzada, y esta tardó poco en cobrarse en el Nuevo Mundo.[152] La idea de que la providencia divina había elegido a unos hombres para expandir el cristianismo estaba muy extendida, puesto que la universalidad de la Iglesia y el mesianismo estaban fuertemente arraigados en la mentalidad de la época.

Hispanización y evangelización fueron de la mano y la Corona fue consciente del apoyo que le prestaba la Iglesia como factor de sumisión. La cristianización se entendió como el auténtico cimiento de la expansión o, lo que es lo mismo, la cruz y la espada formaron parte del mismo proyecto imperial. Lo cual tampoco era nada nuevo: desde los orígenes de la historia, las religiones han servido como instrumento de dominación. Nada tiene de particular que Colón fuese colocando cruces por los sitios que descubría, en una simbólica ceremonia de toma de posesión.[153] Incluso en las instrucciones que le dio a Pedro Margarit, el 9 de abril de 1494, ordenó que pusiese cruces altas en los árboles y en todos los lugares convenientes como muestra de agradecimiento a Dios y para que siempre vean que aquella «es tierra de cristianos».[154] De hecho, la cruz se convirtió para los indígenas en un símbolo del poder español al que le atribuían sus victorias. Y en este sentido no podemos olvidar el episodio de la cruz de la Vega, que los indígenas quisieron derribar sin éxito, a la que atribuyeron la victoria sobre el cacique Guarionex.

La evangelización de los indígenas antillanos resultó muy problemática por su resistencia al cambio de mentalidad y porque no tardaron en relacionar al cristianismo con la sumisión al nuevo poder. Así, los Jerónimos, reformadores de La Española, explicaron en 1518 que entre los naturales «ya había opinión que los frailes no iban allá sino a amansarlos para que los cristianos los tomasen para matarlos».[155] No cabe duda de que la estructura mental es la más resistente al cambio, pues todas las religiones, como bien afirmó Burckhardt, pretenden durar tanto como el mundo visible.[156] Precisamente la destrucción violenta de una religión está considerada como una causa fundamental en la extinción de una civilización. Las sociedades primitivas solían tener una religión sencilla pero adaptada a sus necesidades, estando sus miembros plenamente convencidos de que sus auténticos protectores eran sus dioses tradicionales, los cuales colmaban sus necesidades físicas y psicológicas.[157] En el caso concreto de los indígenas antillanos, su religión era más afectiva y pragmática que la católica, pues contaban con dioses de características morales elevadas que ellos sabían valorar y admirar. Su credo y su cosmovisión cubrían espiritualmente sus necesidades más cotidianas, como podían ser la siembra, el nacimiento de sus hijos o la lluvia. A esta falta de interés debemos unir la escasa formación de los religiosos, salvo, por supuesto, casos muy excepcionales. Así, por ejemplo, sabemos que fray Ramón Pané, uno de los cenobitas arribados a La Española con el padre Boyl y que llegó a conocer el arawaco, no tenía más formación doctrinal que «el Ave María y el Pater Noster».[158] Y aunque en teoría todos los españoles tenían obligación de evangelizar, en realidad, y como tan críticamente afirmó el padre Las Casas: «¿Qué doctrina podían dar hombres seglares y mundanos, idiotas y que apenas, comúnmente y por la mayor parte, se saben santiguar, a infieles de lengua diversísima de la castellana...?».[159]

En medio de estas circunstancias tan poco propicias para su conversión, los naturales continuaron con sus rituales paganos, haciendo caso omiso a los preceptos del nuevo credo. De los sacramentos es evidente que jamás llegaron a practicar más que el del bautismo y, como ya hemos afirmado, no por propia voluntad sino de manera más o menos impuesta. Salvo excepciones, la mayoría de los cristianados, como afirmó Gerónimo de Mendieta, lo hicieron «más por lo que les mandaban sus amos, que movidos a devoción...».[160] Así, el 12 de octubre de 1500, fray Juan Robles y fray Juan de Deule informaron por separado al cardenal Cisneros de que habían administrado el bautismo a dos o tres millares de almas.[161] Pero en cuanto al resto de los sacramentos, su administración debió de ser algo excepcional, pese a que en algunas instrucciones a las autoridades de La Española se les pidió que los fomentasen entre los naturales. El propio padre Las Casas declaró haberles dado la comunión en varias ocasiones, no dejando de ser, sin embargo, un hecho más o menos aislado.[162]

Por lo demás, las tres causas del fracaso evangelizador en las Antillas fueron las siguientes: la primera, su rápida extinción, que evitó un período prolongado de aculturación sobre una continuidad generacional. La segunda, la inexistencia de libros doctrinales bilingües, como ocurrió en épocas posteriores en otros lugares de América. Y la tercera, el desinterés de la población autóctona por aprender y asimilar los preceptos básicos de la nueva religión. No se debía tanto a una incapacidad para comprender los complejos dogmas cristianos, sino que «no querían creer», como reconocen algunos informes de la época. En este sentido, escribió el doctor Álvarez Chanca que cuando los españoles quemaban los cemíes, los naturales solo «querían llorar».[163] De hecho, desde muy pronto aceptaron ciertos elementos de la tecnología hispana, pero ni los más aculturados fueron capaces de rezar el Ave María después de servir varios lustros en casas de los españoles. La situación fue muy diferente en el continente, donde hubo un contacto mucho más duradero, y prueba del éxito misional es el hecho de que actualmente Hispanoamérica sea el mayor reservorio de la cristiandad.

Capítulo 10
EL OCASO DEL PROYECTO COLOMBINO

EL FIN DEL MONOPOLIO

Ante el fracaso del virreinato y la ruina económica que suponía, la Corona decidió tomar cartas en el asunto. Resultaba obvio que el monopolio colombino era insostenible financieramente, pero, además, había riesgo de convertir aquellos territorios en un enorme señorío. Las expediciones habían estado sufragadas por la Corona, con una pequeña participación privada por parte de los socios prestamistas de Colón. En el caso del primer viaje, la reina puso el cincuenta y siete por ciento del caudal; sin embargo, en las otras tres travesías la participación estatal fue mucho mayor.[1]

Urgía dar paso a la iniciativa empresarial, compartiendo costes y de paso probando un nuevo sistema que resultara provechoso. La monarquía tenía dos razones de peso para compartir gastos: una, sus propias limitaciones financieras, pues se estima que las rentas anuales de que disponía apenas superaban los novecientos mil ducados.[2] Y otra, la hasta entonces nula rentabilidad de la empresa, por lo que la recuperación de lo invertido no estaba en absoluto asegurada, al menos a corto plazo. El nuevo proyecto no era nuevo, puesto que ya se había implementado con éxito en las islas Canarias, donde se habían concedido licencias a capitulantes para financiar, conquistar y explotar comercialmente el territorio. Por estos tratados, los reyes conservaban la total soberanía sin arriesgar su peculio, a cambio de concesiones económicas y gubernamentales si el proyecto salía bien. Bajo este modelo, el archipiélago africano fue rentable desde un primer momento, con negocios como el de la esclavitud o el de las plantaciones de caña de azúcar.

Desde 1499 se optó por aplicar este exitoso modelo a la empresa indiana, un sistema empresarial mixto que dio paso a un mayor porcentaje de participación privada.[3] La decisión estaba tomada, y solo se le preservaron parcialmente sus privilegios económicos, mientras que en el ámbito político se cambió de táctica, buscando el control real. El almirante se quejó en su conocido memorial de agravios, diciendo que lo concedido a Alonso de Ojeda y Vicente Yáñez era parte de la tierra que él descubrió, sufriendo muchas calamidades y cuando todo el mundo decía que era imposible alcanzarla.[4] Asimismo, en la misiva escrita en Jamaica el 7 de julio de 1503, afirmó con amargura que padeció durante siete años muchas burlas por un proyecto que consideraban inverosímil «y ahora, hasta los sastres suplican por descubrir».[5] Pese a sus protestas, ni él ni sus sucesores recuperaron jamás sus prerrogativas, entre otras cosas porque nunca hubo voluntad de devolverle el virreinato, por el gran perjuicio financiero que implicaba tanto para la Corona como para los mercaderes y prestamistas, que reclamaban su liberalización. A ello se sumaba el temor por el creciente interés de otras potencias rivales, que no tardarían en competir por una parte de los réditos del comercio indiano.

El cambio de sistema tuvo un precedente el 9 de abril de 1494 cuando se autorizó a cualquier español que quisiera ir a descubrir, comerciar o simplemente poblar, aunque, eso sí, sin sueldo y por cuenta propia, y pagando el quinto de lo que rescatasen o produjesen.[6] Los asalariados estantes en la isla se limitarían a medio millar, y a los demás se les debía facilitar el viaje de vuelta, lo que suponía un nuevo avance en ese proceso de privatización.[7] Al día siguiente, por una nueva disposición, se volvió a romper el privilegio colombino, permitiendo a cualquier empresario organizar una armada descubridora o comercial con tal de que partiese y regresase por Cádiz, pagando los impuestos correspondientes.[8] Varias semanas después, se pregonó una orden en la que se indicaba que ninguna autoridad podría detener en las Indias a estos navíos mercantes y que podrían emprender el regreso cuando quisieran, con tal de que declarasen las mercancías y los caudales que traían de vuelta.[9] En absoluto se menciona el diezmo ni el ochavo colombino, lo que implicaba una ruptura de facto con el privilegio otorgado en Santa Fe. Incluso se otorgaron monopolios de productos concretos, como el estanco del jabón, concedido el 3 de agosto de 1499 a Pedro de Salcedo, pidiéndole que si otra persona tratase de venderlo, se le confiscara el producto y se le multase con tres mil maravedís que se debían emplear «en el reparo del hospital de la villa de Santo Domingo».[10] El almirante, al regreso de su segundo viaje, peleó duro por recuperar sus privilegios y consiguió que el 2 de junio de 1497 la Corona revocase esta ley de libre comercio, aunque fue solo de forma temporal, ya que la liberalización a medio plazo resultó imparable.[11]

Asimismo, la Corona estaba intentando regularizar el tráfico naval entre España y los nuevos territorios, sugiriendo en 1494 la posibilidad de que cada mes fuese una carabela y regresara otra.[12] Evidentemente la idea no estaba bien madurada, pues esa comunicación mensual parecía inviable, además del riesgo que suponía para la seguridad que los navíos viajaran solos. Por ello, unos meses después, el 9 de abril de 1495, se firmó un acuerdo con el florentino Juanoto Berardi, representante de Colón, para despachar de manera regular tres flotas anuales, de cuatro navíos, que saldrían desde Cádiz en abril, junio y septiembre de cada año y retornarían al mismo puerto, asegurando así una comunicación fluida y continua.[13] La Corona pagaría dos mil maravedís por cada tonelada de flete; con ese dinero se debían abonar los costes y los salarios de las tripulaciones. Se trataba del primer intento de conformar un sistema de flotas entre la metrópolis y el virreinato, que terminó fracasando, entre otras cosas por la prematura muerte del empresario. La primera armada prevista por Berardi, formada por cuatro carabelas, zarpó de Sanlúcar de Barrameda el 3 de febrero de 1496, cuando ya él era finado, pero se perdió pocos días después en una tormenta.[14] En un plazo muy reducido se aprestó otro convoy capitaneado por Peralonso Niño, compuesto de una nao llamada *Catalina* y dos carabelas, la *Guía* y la *Lázaro*, con provisiones y colonos. Este desatracó de Cádiz el 16 de junio de 1496 y alcanzó con éxito el puerto de La Isabela en julio de ese mismo año.[15] Todos los fletes, el salario de los tripulantes y las mercancías corrieron a costa del erario público, pues las Indias seguían siendo en aquel momento un mal negocio. Todavía se tardaría algunos años en dar libertad a todos los vecinos para importar las mercancías que necesitasen y dedicarse a la extracción de oro, con la única condición de que abonasen el quinto.[16]

LOS VIAJES ANDALUCES

Desde finales del siglo XV, existía la necesidad no solo de liberalizar el comercio, sino también los descubrimientos. Había noticias de que tanto los portugueses como los ingleses, estos últimos usando los servicios de Juan Caboto, estaban proyectando expediciones. Además, la relación del tercer viaje, con descripciones que evidenciaban la existencia de una gran masa continental, espoleó aún más la ambición de los soberanos, decididos a mantener la iniciativa. Urgía dar paso a la participación privada para compartir gastos y beneficios, algo que se inició privatizando los viajes descubridores que se llevarían a cabo a partir de 1499.[17] Este año marcó el inicio de la liberalización, rompiendo definitivamente con los privilegios colombinos y con la financiación real. En adelante, la empresa ultramarina no sería un coto privado de una familia, sino que podrían tomar parte todas las personas que lo solicitaran y contasen con los medios para llevar a cabo su propio proyecto.

Todo el conjunto de empresas realizadas entre 1499 y 1502 han sido llamadas de distintas formas: viajes menores, según Martín Fernández de Navarrete; viajes andaluces, según Francisco Morales Padrón, y viajes de descubrimiento y rescate, según Demetrio Ramos. La primera acepción está en desuso por razones obvias y la más usada en la actualidad es la de viajes andaluces, porque todos ellos se organizaron en Andalucía, partieron y regresaron a sus puertos, de donde procedía la mayor parte de sus tripulaciones. Todos fueron fruto de la iniciativa privada, rigiéndose por unas normas y unos objetivos muy similares: zarpan de Cádiz, firman una capitulación, tienen como destino tierras no descubiertas antes y no obtienen más beneficios que lo que pudiesen *rescatar*. Efectivamente, la Corona ya no las financiaba, como había hecho hasta entonces, y cada capitulante debía invertir su propio capital o buscar a algún prestamista, de ahí que fueran empresas pequeñas, compuestas tan solo de entre una y cuatro carabelas. Estos contratistas corrían con todos los gastos, mientras que la Corona se reservaba el quinto de los posibles beneficios, al tiempo que mantenía el control político de los nuevos territorios.[18] En este sentido, escribió Gonzalo Fernández de Oviedo que lo reyes no ponían más que *papel y buenas palabras*, mientras que los capitulantes se jugaban la vida y su fortuna.[19] Asimismo, estos estaban obligados a embarcar a los funcionarios que debían levantar acta de la toma de posesión de los nuevos territorios y cerciorarse de que se reservaba la quinta parte de todo lo obtenido. Eso sí, para favorecer el abastecimiento y compensar la subida de precios, se eximió a todos estos armadores del pago de impuestos de los pertrechos, la artillería y las vituallas que adquiriesen para su apresto.[20] El encargado de supervisarlas y capitular en nombre de los reyes fue el obispo Fonseca, que tenía varios objetivos encomendados: uno, averiguar de una vez por todas dónde se encontraban exactamente las tierras descubiertas, para ir completando el padrón real; y dos, localizar el paso, estrecho o canal para llegar al Maluco, cumpliendo el objetivo original del proyecto colombino.[21]

La mayor parte de los capitulantes eran pilotos y marinos que habían viajado junto al primer almirante en algunos de sus viajes o que habían estado con él.[22] De hecho, siguieron la estela del tercer viaje, aunque superaran con amplitud sus límites geográficos. Los lamentos del genovés no se hicieron esperar, pues, en palabras de Las Casas, muchos estaban ávidos de «tirar del hilo del ovillo» que él puso en sus manos.[23] Con razón se mostró muy dolido al regreso de su tercera travesía, cuando vio llegar expediciones sin que él tuviese participación alguna en sus menguados beneficios. En los Pleitos colombinos la familia insistió en que ninguno de esos exploradores se habría animado a realizar sus derrotas si no hubiesen visto las cartas y padrones que hizo Colón.[24] Y aunque eran testigos de parte, es plausible pensar que se aprovecharon de sus avances. También fueron de esta opinión cronistas como Francisco López de Gómara, quien escribió que los nuevos descubrimientos se hicieron tras conocer lo realizado por el genovés, pues pretendían, siguiendo su ejemplo, ganar fama y enriquecerse.[25] Y prueba de que se aprovecharon de sus logros es que la mayoría siguió un itinerario muy similar al de su tercera jornada, en la que arribó a la costa atlántica de Sudamérica.

Entre estos viajes andaluces hay que empezar hablando del realizado por el conquense Alonso de Ojeda, criado del duque de Medinaceli, Fernando Ladrón de Guevara, el piloto Juan de la Cosa y Américo Vespucio, como socio financiero, que llevaron a cabo su travesía entre 1499 y 1500. Según Bartolomé de Las Casas, el almirante remitió a Fonseca un portulano de lo descubierto en su tercera jornada y este se lo mostró a su amigo Alonso de Ojeda, quien se animó a realizar su travesía.[26] Los preparativos los hicieron en El Puerto de Santa María, donde aprestaron una flotilla de cuatro carabelas, dos de ellas financiadas por Vespucio, y una dotación de cincuenta y cinco personas. En la capitulación, firmada por el obispo Fonseca, se les autori-

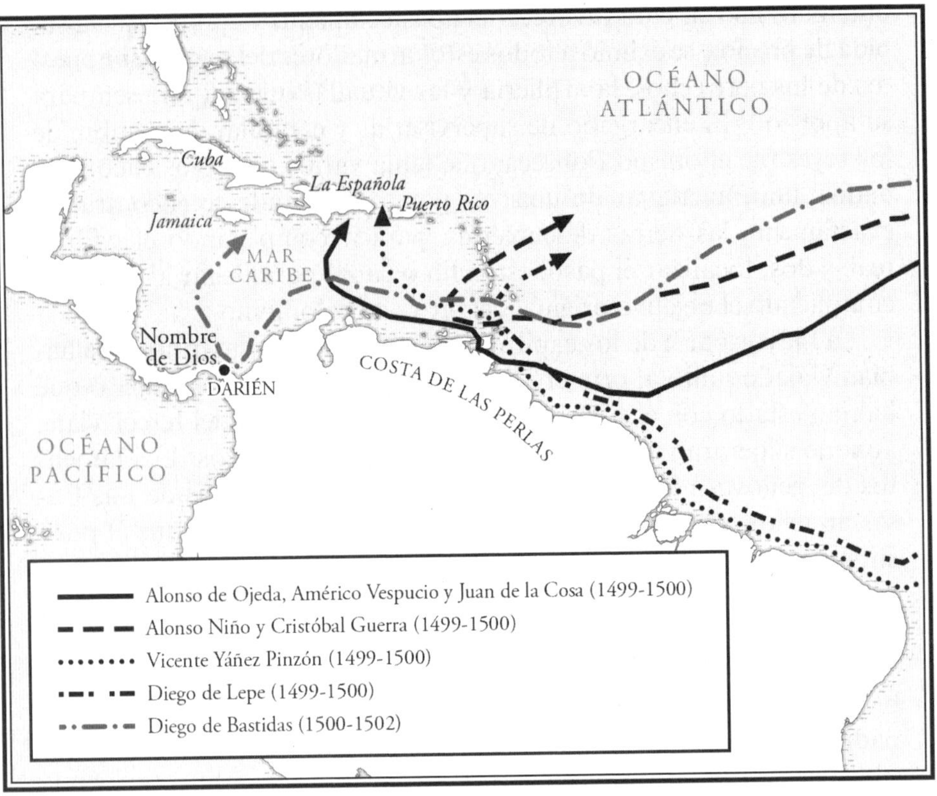

Los viajes andaluces.

zó a navegar hasta Paria, que había sido descubierta por el almirante, y continuar el descubrimiento de tierras nuevas.[27] El 18 de mayo de 1499 partieron de El Puerto de Santa María, siguiendo un rumbo muy similar al de Colón y haciendo escala, como de costumbre, en las islas Canarias, pasando por Lanzarote, Fuerteventura, Gran Canaria, Tenerife, La Gomera y El Hierro, para abastecerse de alimentos frescos, aunque no siempre con buenas artes.[28] Salieron del archipiélago y se encaminaron hasta las islas de Cabo Verde, desde donde pusieron proa en dirección suroeste hasta tocar en el cabo de Orange, al norte del delta amazónico. A partir de ahí, se dividieron y Vespucio puso rumbo al sur, pasando por la desembocadura del Amazonas, mientras que Alonso de Ojeda y Juan de la Cosa lo hicieron hacia el norte, hasta llegar al golfo de Paria.[29] El navegante italiano escribió que navegaron bajo la línea equinoccial, perdiendo la estrella polar, mientras que apenas se veía la Osa Menor, lo cual les dificultó tanto el uso del cuadrante como del astrolabio. Era la primera vez que unos europeos navegaban en la costa americana por debajo del ecuador. De vuelta se reencontraron todos en la isla Trinidad, donde tuvieron el primer contacto con unos indígenas que resultaron ser caribes. Estuvieron a punto de naufragar, al toparse con una corriente marina tan potente que, según Vespucio, las de los estrechos de Gibraltar y Mesina «son un estanque en comparación con aquella».[30] Después tocaron en tierra firme, en la costa de las perlas, y fondearon en la desembocadura del río Guapariche, en la actual Venezuela, donde fueron bien recibidos por los naturales, al igual que en Puerto Flechado, donde estuvieron veinte días reponiendo fuerzas. En el camino de retorno fondearon en la isla de Curaçao, aunque los naturales los atacaron y tardaron poco en reembarcarse, para pasar por el golfo de Coquivacoa. Por cierto, en la isla de Aruba Vespucio observó unos palafitos, esto es, unas casas que se sustentaban sobre el agua, y, dado que le recordaban a Venecia, denominó a esa tierra Venezuela.[31]

Como los beneficios de la empresa habían sido pírricos, antes de poner rumbo a España, los expedicionarios decidieron apresar a más de doscientos esclavos. Tras una dura travesía de sesenta y siete días llegaron a las islas Azores. Pero aún les quedaba el último tramo, que fue también adverso, pues se vieron forzados a desplazarse hasta las islas Canarias primero, después a las Madeiras, y de allí a Cádiz, donde aportaron el 13 de junio de 1500. Allí vendieron a los esclavos que habían sobrevivido a la travesía y el poco oro y perlas que habían conseguido *rescatar*. Tras abonar todos los gastos, quedaron quinientos ducados que hubo que repartir en cincuenta y cinco partes, pues sorprendentemente solo dos tripulantes perdieron la vida en la jornada. A pesar de los menguados beneficios, todos dieron gracias a Dios por haber salido con vida de tan peligrosa aventura.[32]

Desde el punto de vista geográfico consiguieron transitar un amplio tramo costero, desde el norte de Brasil hasta Venezuela, pasando por la desembocadura del río Orinoco y hallando el lago Maracaibo. Una parte de lo que recorrieron ya había sido navegado, pues, de hecho, en 1514, Miguel de Toro, que estuvo con Ojeda, declaró que cuando llegaron a Paria encontraron cruces que había colocado el primer almirante, por lo que el conquense decidió pasar de largo.[33] Bien es cierto que se anticiparon varios meses a la arribada de Cabral, a quien erróneamente se le suele atribuir el descubrimiento de esa costa. Toda la información recabada se la hicieron llegar a Fonseca, que la iba incorporando al padrón real, pero fue el florentino Américo Vespucio, agente comercial de la familia Berardi, quien sacó el mayor rédito de esta travesía y de otra que realizaría después con Portugal. Y ello porque describió aquellas tierras como un mundo nuevo, que a la postre, en su honor, recibiría el nombre de América.

Con apenas quince días de diferencia, zarparon Peralonso Niño y Cristóbal Guerra con una pequeña carabela, tripulada por una treintena de hombres, algunos de los cuales habían estado en la tercera jornada colombina. Al parecer, Peralonso recurrió al prestamista Luis Guerra para que le financiase, a lo que este accedió con la condición de que participase como socio su hermano Cristóbal Guerra.[34] Hicieron la recluta en Palos y se dirigieron a la costa de las perlas, es decir, a Cumaná y a las islas de Cubagua y Margarita, incumpliendo, por cierto, su capitulación, ya que se trataba de costas ya recorridas, como bien conocían los capitulantes.[35] Pero sabían que podían obtener una gran rentabilidad recogiendo una buena cantidad de perlas, algunas muestras de oro y abundante palo brasil.[36] Regresaron en febrero de 1500 con un estimable cargamento de perlas, pero desembarcaron en el puerto de Bayona, ocultando parte de lo que traían, por lo que se procedió contra ellos, reclamando el quinto real.[37] El capitulante lo había incumplido todo, aunque lo único que pareció sancionable fue el fraude al fisco, tras evitar recalar en el puerto de Cádiz como era obligado. No parece que el castigo llegase a mayores, por lo que fue de los pocos viajes que resultaron lucrativos, lo que les permitió poco después emprender una nueva andadura.[38]

Así, en agosto de 1500, Peralonso y Guerra realizaron un segundo viaje a la costa de las perlas con tres carabelas y regresaron a Cádiz el 15 de octubre de 1501. Esta jornada resultó muy singular, primero, porque recorrió la costa brasileña más al sur que nadie hasta ese momento, y segundo, porque, una vez más, resultó lucrativa, ya que consiguieron *rescatar* un buen número de perlas en la isla Margarita y en Cumaná, que se valoraron en treinta mil pesos de oro.[39] Asimismo, trajeron trescientos esclavos capturados en la isla de Bonaire que vendieron a su vuelta en Sevilla, Cádiz, Jerez de la Frontera y Córdoba, aunque la Corona mandó que se les reintegrase el dinero a los compradores, los liberasen y se reembarcaran en la flota ovandina.[40] Pero, por unas circunstancias u otras, apenas retornaron unas pocas decenas de ellos y tuvieron un destino incierto, pues ni tan siquiera eran originarios de La Española, a donde se dirigía la armada.[41] No obstante, se observa un nuevo intento, muy temprano y también infructuoso, de protegerlos. Cristóbal Guerra volvería a capitular el 12 de julio de 1503 para emprender una nueva aventura.[42]

El palermo Vicente Yáñez Pinzón preparó en Palos una flotilla de cuatro carabelas, reclutando a una marinería preparada y esforzada, la mayoría originaria de la costa onubense, y con experiencia en anteriores periplos. Entre ellos se contaba Juan Quintero de Argenta, contramaestre de la *Pinta* en 1492, Diego Martín Pinzón, que había estado en la tercera jornada colombina, y Bartolomé Martín.[43] Con la escuadra, se encaminó a Sevilla a través del Guadalquivir para firmar la capitulación con Fonseca y obtener ventajas fiscales en su apresto. El 6 de junio de 1499, Yáñez Pinzón suscribió con Fonseca su contrato para explorar, como siempre, tierras no recorridas antes, ni pertenecientes al rey de Portugal.[44] Eso sí, desconocía lo hallado por Ojeda, Cosa y Vespucio, porque está expedición regresó seis meses después de que él se marchase.[45] Y aunque fue eximido del pago de derechos por las armas y los pertrechos, tuvo que enfrentarse con el almojarife de Sevilla, que se los pretendía cobrar. Soltaron amarras del puerto de Sanlúcar a primeros de diciembre de 1499, tomando, al igual que Colón y Ojeda, rumbo al sur, hasta la isla de Santiago, en Cabo Verde, donde permanecieron hasta el día de Navidad. Desde ahí zarparon en dirección oeste, arribando el 26 de enero de 1500 al cabo de San Agustín, en la costa brasileña, que rebautizaron como el de Santa María de la Consolación. Alcanzaron la desembocadura del río Amazonas, cuyo drenaje de agua dulce les impresionó, haciéndoles sospechar la magnitud de la cuenca.[46] Lo bautizaron Santa María de la Mar Dulce al comprobar que el agua potable se adentraba casi cuarenta kilómetros en el océano. Luego siguieron costeando las Guayanas, el golfo de Paria, que ya había recorrido Ojeda, y descubrieron la isla de Tobago, antes de poner proa hacia La Española. Perdieron dos de las cuatro carabelas en una tempestad y regresaron con las dos restantes a Palos el 30 de septiembre de 1500. El aporte geográfico fue notable, ya que descendieron por la costa brasileña hasta latitudes que nadie había recorrido hasta entonces, anticipándose varios meses a Pedro Alvares Cabral, a pesar de que los portugueses tienen a este como el primer descubridor de Brasil.[47] De hecho, en un momento del recorrido cambiaron de hemisferio, dejando de ver la estrella polar, lo que era un grave inconveniente, porque perdieron la principal referencia de cualquier marino en la navegación de gran altura.[48] Pero económicamente resultó un nuevo fiasco, pues apenas trajeron trescientos cincuenta quintales de palo brasil, unos cuantos topacios, algunas muestras de especias y varios esclavos.[49] Llegaron a Palos el 20 de septiembre de 1500 desvalidos y enfermos y, pese a todo, los fiadores les interpusieron un pleito y les embargaron sus bienes, mientras el sufrido Yáñez Pinzón pedía que esperasen a la venta del colorante.[50] Y se le concedió la prórroga solicitada, entre otras cosas porque a la propia Corona no le interesaba que todos viesen el fracaso de estos pioneros navegantes, ya que podía resultar disuasorio para otros exploradores.

Diego de Lepe, asesorado por los pilotos Bartolomé Roldán y Martín de Arcos y por el maestre Andrés García Galdín, que también habían estado en la tercera jornada colombina, capituló con el obispo Fonseca para seguir los pasos de Vicente Yáñez y continuar la exploración de la costa brasileña.[51] Armó en Palos dos carabelas, llevando como pilotos a los citados Bartolomé Roldán y García Galdín, y desatracó de Sanlúcar de Barrameda a mediados de enero de 1500.[52] Tomaron la misma derrota que el almirante y que Vicente Yáñez, es decir, las islas de Cabo Verde, desde donde pusieron proa al cabo de San Agustín, al sur de la desembocadura del río Amazonas. Apreciaron evidencias del paso previo del palermo Vicente Yáñez, y de hecho bautizaron un cabo como Punta de Santa Cruz porque habían visto cruces colocadas por este.[53] Desde ese punto siguieron la costa en dirección norte, pasando por la isla de la Trinidad y por el golfo de Paria, donde se encontraron con la armada de Vicente Yáñez.[54] Desde allí decidieron regresar, y entraron en el puerto de Sevilla en agosto de 1500, con un botín muy escaso que dejó al lepero casi en la ruina y demandado por impagos. Eso no impidió que Diego de Lepe consiguiese una nueva licencia para ir a descubrir con tres carabelas, tras capitular el 14 de septiembre de 1501, obteniendo como ventaja la tributación del sexto, en vez del quinto o del cuarto, como venía siendo habitual.[55] Pero, finalmente, no llegó a organizarla porque le sorprendió la muerte, estando en Portugal.

Por esas mismas fechas una gran flota portuguesa de trece naves, al mando del ya citado Pedro Alvares Cabral, que en principio iba al cabo de Buena Esperanza, fue desplazada por un temporal hasta la costa sudamericana. Allí tomaron posesión del territorio, pese a que ya había sido reconocido tanto por Vicente Yáñez Pinzón como por

Diego de Lepe. Pese a que el mérito del descubrimiento correspondió a los dos españoles, estos territorios quedaron en manos de Portugal, en virtud del Tratado de Tordesillas, vigente, al menos en teoría, desde seis años antes.[56]

El año 1500 fue particularmente activo. Para empezar, el 5 de junio el trianero Rodrigo de Bastidas firmó un nuevo asiento con el obispo Fonseca. Las Casas dice de él que era una persona honrada, bien entendida y con hacienda, lo que no impidió que firmara un acuerdo con varios prestamistas, comprometiéndose a repartir los beneficios cuando regresase.[57] Adquirió la nao *Santa María de Gracia* y la carabela *San Antón*, y contrató los servicios de Andrés de Morales y de Juan de la Cosa. Este último había elaborado ese mismo año una carta propia con todo lo que se conocía hasta esa fecha de las nuevas tierras.[58] Al igual que los otros capitulantes, se le obligó a no ir a las tierras ya recorridas y, dado el déficit que sufrían las arcas reales, se le impuso el pago de la cuarta parte de todo lo que rescatase, debiendo embarcar al menos a un veedor en cada una de las dos naves.[59] Soltó amarras de Cádiz en octubre de 1500 y, tras pasar por La Gomera para aprovisionarse, enfiló el Atlántico y llegó a la isla de Granada, en las Antillas Menores.[60] Desde ese punto recorrió toda la costa en dirección norte, explorando el litoral colombiano, el golfo de Urabá y la costa panameña, donde fundó el puerto de Darién.[61] Según Jesús Varela, la decisión de recorrer la costa en dirección norte la había tomado el obispo Fonseca, interesado en seguir buscando un estrecho hacia Asia, dado que al sur no se había localizado.[62] Debido al mal estado de sus veleros, Rodrigo de Bastidas decidió enfilar a Santo Domingo, aunque en realidad llegaron a la costa sur de Jamaica, desde donde, con grandes esfuerzos, consiguieron alcanzar La Española. Pero lo peor estaba por llegar, porque, dado el mal estado de sus carabelas, se embarcaron con el botín obtenido en la flota que había traído a Nicolás de Ovando y que ahora despachaban de vuelta, bajo el mando de Antonio de Torres. Como es sabido, este convoy sufrió una fuerte tormenta, aunque tuvieron suerte, porque el navío en el que viajaron fue uno de los cuatro que se salvaron. Consiguieron traer a España su pequeño botín, consistente en unos ciento cuarenta marcos de oro, además de las perlas. Los esclavos habían sido vendidos previamente y sin permiso en La Española.[63] El trianero Rodrigo de Bastidas realizó el recorrido más largo de toda la serie de viajes andaluces, pasando por el cabo de la Vela, Santa Marta, el golfo de

Urabá y Jamaica hasta aportar a La Española. Pese a la proeza geográfica, tampoco en esta ocasión la expedición resultó demasiado lucrativa, aunque fue socorrido por la Corona, quien le cedió una pensión vitalicia sobre las rentas de las provincias de Urabá y Cenú que había explorado, mientras que de la Cosa fue nombrado alguacil mayor de Urabá.[64] De vez en cuando, aunque solo de vez en cuando, la Corona era capaz de compensar los servicios de sus grandes hombres.

Un mes después que Bastidas, entre el 20 y el 22 de julio de 1500, se suscribió un nuevo asiento, en esta ocasión con el comendador Alonso Vélez de Mendoza, vecino de Moguer. Este se comprometió con el obispo Fonseca a aprestar cuatro embarcaciones para explorar la costa de Tierra Firme sin tocar en los territorios ya hallados.[65] Como en el caso de Cristóbal Guerra, la Corona, deseosa de sacar tajada, le obligó a pagar el cuarto de los beneficios que obtuviese, y no el quinto, como era usual. Finalmente, solo pudo fletar dos carabelas. Zarpó de Sevilla en agosto y pasó, como de costumbre, por el archipiélago canario.[66] Desde allí enrumbó hacia las islas de Cabo Verde y a mediados de octubre alcanzó el cabo de San Agustín, en un trayecto muy similar al seguido por Vicente Yáñez. Recorrió una buena parte de la costa brasileña de los actuales estados de Paraíba, Pernambuco, Bahía y Espíritu Santo, lo que unido a lo ya descubierto implicaba el reconocimiento de dos tercios de la costa de la actual República de Brasil.[67] Regresaron diez meses después, trayendo consigo algunos esclavos, por lo que resultó un nuevo fiasco económico, aunque no descubridor, pues además de demostrar que el cabo de San Agustín no era una isla, avanzaron en el cartografiado de la costa este de Sudamérica. El 15 de febrero de 1502, Vélez de Mendoza volvió a suscribir un nuevo contrato, en este caso para poblar La Española con un mínimo de cincuenta familias.[68]

Por su parte, el palermo Juan de Escalante, que había participado en la segunda y en la tercera travesía colombina, firmó su contrato el 5 de octubre de 1501. Se comprometió a aprestar tres navíos, con los que rescataría metales preciosos y perlas, pero no podía traer esclavos ni tampoco palo brasil más allá de un quintal, pagando a la Corona solo el sexto.[69] No parece que su empresa fuese lucrativa y a Escalante se le pierde la pista en 1515, avecindado en Cuba y participando en la conquista de la confederación mexica.

Asimismo, el conquense Alonso de Ojeda mostró un espíritu incansable y volvió a organizar otras empresas en 1502 y en 1509. Ya el

10 de marzo de 1501 recibió una licencia para traer de La Española treinta quintales de palo brasil, veinte de ellos por merced y los otros diez por un caballo que le tomó el almirante.[70] De nuevo, el 8 de junio de 1501 capituló en Granada, obteniendo el cargo de gobernador de Coquivacoa a cambio de poblar el territorio y extraer esmeraldas como las que había traído como muestra en su primer viaje.[71] Pagaría únicamente el quinto de los beneficios y, además, le concedían seis leguas de tierra en La Española para que le sirviese de apoyo a su empresa. En enero de 1502, cuando aún no había retornado Bastidas, Alonso de Ojeda zarpó de Cádiz con cuatro carabelas y realizó un recorrido muy similar al de este. Pero en el viaje de retorno tuvo serias diferencias porque se supo que había infringido los términos de su capitulación, por lo que fue encarcelado en La Española, hasta que en 1503 lo enviaron a España, donde fue absuelto al año siguiente.[72] Su liberación se vio favorecida por el hecho de que no se encontrara fraude en la entrega del quinto real, por lo que, pese a exceder los límites territoriales fijados en su capitulación, se había mostrado respetuoso con los intereses económicos de la Corona; esta se daba por satisfecha. Desde entonces, se convirtió en el *modelo intrépido* de otros capitulantes con ansias de conseguir fama y dinero, aun a costa de superar los límites de sus concesiones.[73]

El balance de estas empresas fue muy positivo desde el punto de vista descubridor, pues se cartografió buena parte de la línea costera atlántica de Sudamérica. Sin embargo, a nivel económico fueron un fiasco, lo que llevó a la ruina a muchos de estos intrépidos navegantes, como los Pinzón, así como sus socios capitalistas. Pero, claro, esto tuvo sus consecuencias porque desde entonces pocos se atrevieron a invertir en estos negocios, de ahí que la Corona se viese obligada a retomar parcialmente su participación, aunque los gastos seguirían siendo en cualquier caso compartidos. En 1505, la Corona apoyó la empresa de Vicente Yáñez y Américo Vespucio, a los que se le suministraron cuatro carabelas provistas por dos años y con la dotación asalariada con cuatro meses de anticipo.[74] En cambio, la armada de Diego Colón de 1509 estuvo sufragada mayoritariamente por la iniciativa privada: el propio segundo almirante, algunos empresarios de ambos lados del océano y los maestres. Se pagó el flete gratuito a setenta y seis personas, un número muy reducido en comparación con los que se le habían concedido a su padre.[75] El modelo monopolístico se daba por finiquitado de manera definitiva y en adelante la empresa sería fundamentalmente privada, aunque siempre bajo la supervisión y la participación de la Corona.

DEL VIRREINATO A LA GOBERNACIÓN

Como ya afirmamos, al margen de estas armadas privadas, se descartaba la fórmula lucrativa de la factoría, basada en el establecimiento de enclaves comerciales, y se apostaba por el sistema de poblamiento y de libre comercio. Al almirante tan solo se le mantuvo el privilegio de cargar el ochavo de las mercaderías, si así lo deseaba, tal y como se le había concedido en Santa Fe.[76]

Para implementar el cambio se envió al pesquisidor Francisco de Bobadilla, que, tras averiguar la situación, debía destituir al virrey y comenzar un nuevo ciclo. Para favorecer el poblamiento, ese mismo día se expidió una orden para que a todo el que se quisiera enrolar y establecer una casa poblada se le ofreciesen exenciones y privilegios tributarios por espacio de dos décadas.[77] Desde este momento se inició un proceso de transformación de la forma de producción señorial por otra precapitalista que se consolidaría durante las primeras décadas del siglo XVI.

Para la jornada se le proporcionaron dos carabelas palermas: *Nuestra Señora de la Antigua* y la *Gorda*, comandadas por Alonso Vallejo. Viajaban un benedictino, fray Alonso del Viso, y cinco franciscanos.[78] También se dispuso el embarque de los indígenas que se habían traído ilegalmente, aunque solo se localizó a veintiuno, de los que solo nos consta el embarque de nueve de ellos. El juez entró en el río Ozama el 23 de agosto de 1500, justo el día en el que había sido sofocada una segunda asonada de un antiguo compañero de Roldán, Adrián de Mújica.[79] Lo primero que hizo el recién llegado fue celebrar misa y, acto seguido, acudió, con veinte soldados de su guardia personal, a la fortaleza de la ciudad para que su alcaide le hiciese entrega de la misma. El segedano Gómez de Ribera fue el que leyó sus poderes y el requerimiento para la entrega de los fortines. Pero el alcaide se negó a hacerlo sin recibir antes la orden del virrey, que en ese momento se encontraba en la Vega, mientras que su hermano Bartolomé estaba en Xaragua, donde, como ya se ha dicho, acababa de sofocar la rebelión de Mújica. La negativa provocó que los hombres de Bobadilla la tomasen al asalto, sin encontrar resistencia.[80] Es obvio que la familia Colón no iba a facilitar las cosas, aunque no estaban en condiciones de enfrentarse con el nuevo mandatario. Según el propio virrey, en su ausencia, había publicado que lo apresaría y que lo enviaría de vuelta a España, pese a lo cual quiso evitar el enfrentamiento, ordenando a su hermano que no emplease la fuerza, por lo que la situación no fue a mayores.[81]

El juez se encontró una situación muy grave, puesto que habían sido ahorcadas siete personas y otras cinco esperaban su turno. El almirante le dijo que su intención siempre fue no tocar ni un cabello a nadie, pero que las circunstancias y el deseo de algunos de arrebatarles el señorío le habían obligado a dictar penas de muerte. En ese mismo año habían fallecido medio centenar de colonos de pura inanición y la isla se encontraba casi arruinada.[82] Todos estaban a disgusto, ya que no solo no veían expectativas de enriquecimiento, sino que, incluso, había una escasez severa de alimentos. Tras colocar la isla bajo su jurisdicción realizó un nuevo repartimiento general, anulando el anterior, y recomendó que se juntasen en compañías de a dos.[83] Seguidamente liberalizó la explotación del oro, pregonando que pudiesen extraerlo todos los vecinos, tributando a la Corona tan solo la undécima parte, y no el tercio como hasta entonces.[84] De esta forma se ganó la voluntad y el favor de la mayoría de los trescientos vecinos que por entonces habitaban la isla. Para el indígena, en cambio, fue un momento muy duro, pues fue compelido a un trabajo intensivo, aunque había amplias regiones que todavía escapaban al control. Se debió de sacar mucho oro durante su mandato, pero no tenemos una relación exacta, más allá de los cien mil pesos de Castilla que se dice que venían en el malogrado navío de Antonio de Torres donde el pesquisidor regresó a España.[85]

Sin embargo, en los dos años que estuvo al frente de la isla, no fue capaz de solventar los graves problemas que la aquejaban, por lo que no tardó en caer en desgracia, debido a dos motivos: uno, a su decisión de rebajar el pago del tributo real del tercio al onceavo, sin autorización previa, y otro, a la falta de delicadeza con la familia del virrey, a la que apresó, tras confiscar todos sus bienes, tanto muebles como inmuebles.[86] Todo ello daría pie a su inmediata destitución. El 16 de septiembre de 1501 no solo se anuló la franquicia del onceno, sino que, además, se obligó a los vecinos a pagar la diferencia con carácter retroactivo.[87] Su trágica muerte en la travesía de regreso a España y la desaparición de sus documentos imposibilitaron cualquier tipo de justificación o de defensa de su actuación. De ahí que haya pasado a la historia como una persona sin habilidad negociadora, resentido con el poder de la familia Colón y cuyo gobierno fue «un borrón muy oscuro» en la etapa más temprana de la colonización.[88]

El nuevo elegido para implantar la autoridad de la monarquía y estabilizar la situación económica fue el extremeño frey Nicolás de Ovando, comendador de Esparragosa de Lares y después mayor de la Orden de Alcántara. Fue caracterizado por Las Casas como «un varón prudentísimo y digno de gobernar mucha gente, pero no indios...», y había sido preceptor del príncipe don Juan, gozando de la máxima confianza de los monarcas.[89] Desde principios de 1501 se estaba planeando una gran flota que transportase al gobernador, junto con una considerable cantidad de personas, enseres, plantas y animales. Se trataba de asentar de una vez por todas las bases de una colonización firme y próspera al otro lado del océano.[90] Nunca hasta entonces se había concebido ni por supuesto despachado una escuadra de tales dimensiones con destino al Nuevo Mundo, muy superior incluso a la segunda expedición colombina. Esta flota supuso un antes y un después, pues atrás quedaba definitivamente el modelo de factoría y comenzaba una nueva etapa caracterizada por el poblamiento y la colonización. No en vano, viajaban todo tipo de funcionarios reales, artesanos, profesionales liberales, etcétera. Encontramos entre los alistados a médicos, boticarios, artilleros, carpinteros, aserradores, albañiles, vidrieros, barreros, caleros y, por supuesto, agricultores, todos ellos casados, para nutrir el poblamiento indiano. Asimismo, sabemos que viajaron varias decenas de mujeres, casi todas acompañando a sus maridos, lo cual respondía a las necesidades de la nueva política de colonización.

Su jurisdicción abarcaba toda la América conocida, salvo las gobernaciones otorgadas a Alonso de Ojeda y Vicente Yáñez Pinzón, y ejercería poderes tanto de administración como de justicia en calidad de juez de apelación. Llegó para hacerse cargo de la gobernación de una isla que era un auténtico desastre, lo cual motivó que sus poderes fuesen muy amplios, pues estaban pensados para solventar una situación excepcional. Sus poderes eran casi absolutos, políticos, económicos, militares y judiciales, y disponía de una amplia plantilla de funcionarios civiles y militares para ponerlos en práctica. El extremeño debía someter militarmente a la isla y dar viabilidad a la coloniza-

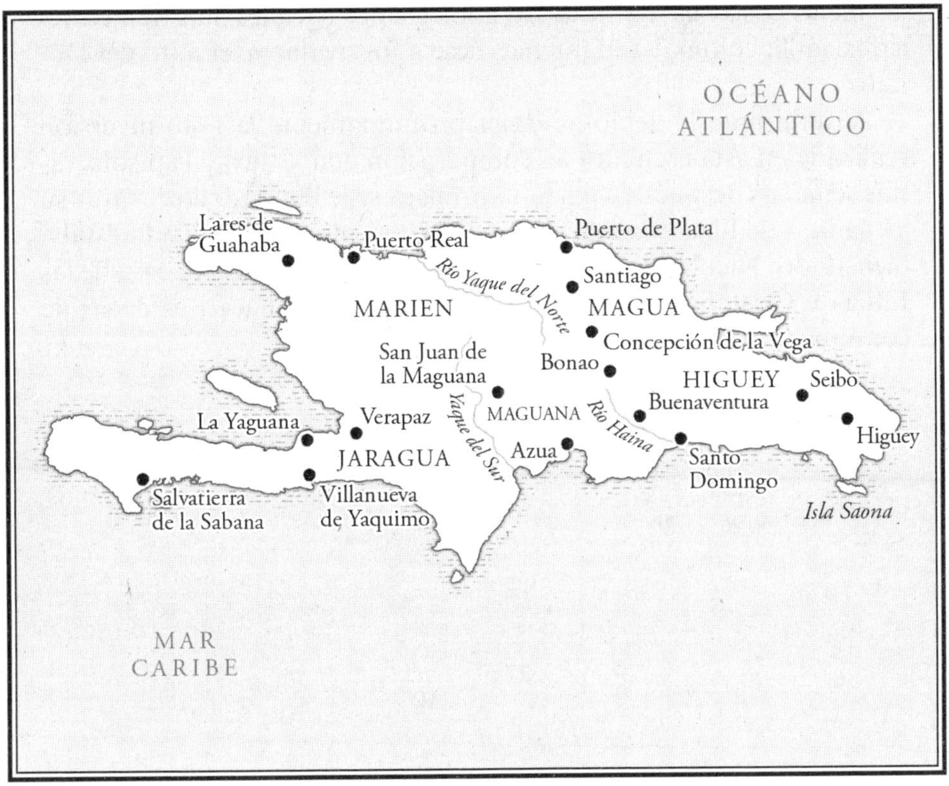

Ciudades y villas fundadas por Ovando.

ción. No debía de ser casualidad que los reyes eligieran a un alto cargo de una orden militar, pues todavía a principios del siglo XVI, pocos años después de la conquista de Granada, estas instituciones conservaban su función militar, el verdadero sentido de su existencia en la Baja Edad Media. Su labor principal había sido la lucha contra el infiel, habiendo colaborado activamente en la recuperación del Reino Nazarí para el mundo cristiano. Tan poderosas llegaron a ser que, a finales del siglo XV, los Reyes Católicos decidieron, con autorización del pontífice, asumir su control. Cuando en la frontera indiana las cosas se pusieron difíciles, optaron por comendadores de órdenes religiosas para continuar la lucha contra el infiel: Francisco de Bobadilla, Nicolás de Ovando y el comendador Diego del Águila, quien en 1513 rechazó el ofrecimiento para ocupar la gobernación de Castilla del Oro. Los colonos no fueron difíciles de conseguir, pues, mientras las malas cosechas maltrataban a los grupos sociales más desfavorecidos, en la colonia se mantenía, pese a los avatares, el mito del Dorado.

Al almirante le debió de doler profundamente la gran inversión realizada en esta escuadra en comparación con la suya. Tan solo varias semanas después de partir la primera se le autorizó a preparar su jornada, y se hizo a la mar en mayo de ese mismo año. Todo estaba bien atado: Nicolás de Ovando se encargaría de la gobernación de las Indias y Cristóbal Colón de lo que mejor sabía hacer, es decir, de continuar con los descubrimientos.

Capítulo 11
SU VIDA PRIVADA

ESPOSAS, AMANTES Y CONFIDENTES

Desde su más tierna niñez tuvo a varias mujeres a su lado, y a no pocos hombres en contra.[1] De entre esas féminas que influyeron de manera decisiva en su vida hay que empezar citando a su propia madre, Susana Fontanarossa, y a su hermana Bianchinetta, con las que mantuvo una estrecha relación afectiva, aunque las fuentes se muestren parcas. Igualmente decisivo fue el apoyo brindado por la reina Isabel, sin el cual no hubiese podido llevar adelante su plan, por lo que siempre sintió una gran admiración y lealtad hacia ella, calificándola de mujer «esforzada, santa y cabeza de la cristiandad».[2] Que sepamos, mantuvo relaciones afectivas con dos mujeres: su esposa legítima, Felipa Moñiz de Perestrello y, siendo ya viudo, su amante Beatriz Enríquez de Arana.[3] En cambio, como veremos, es cuestionable que mantuviese una relación con la gobernadora de La Gomera Beatriz de Bobadilla, apodada *la Cazadora*.

Se da por seguro que Felipa Moñiz fue su primera y única esposa legítima, aunque no consta la partida de matrimonio, más allá de las referencias que ofrecen los cronistas. Ella era la tercera de los cuatro hijos de Bartolomé Perestrello, un navegante luso que ostentó el cargo de primer gobernador de la isla de Porto Santo, en el archipiélago de las Madeiras, y que, en 1449, se desposó con Isabel Moñiz.[4] Esta última era una dama de abolengo de la que se decía que descendía de la casa real de los Braganza. Se trataba, pues, de una estirpe linajuda, vinculada a la aristocracia y a su corte, pero que no ostentaba títulos nobiliarios. Sin embargo, cuando Colón se desposó con Felipa hacía tiempo que había fallecido su suegro y un concuñado suyo, Pedro

Correia, casado con Inés de Perestrello, era el tercer gobernador de Porto Santo, en las islas Madeiras.[5]

Cuando el padre de Felipa falleció, siendo capitán y gobernador de la isla de Porto Santo, su viuda se marchó a vivir a Lisboa en compañía de sus hijas. La benjamina de la familia, Briolanja Moñiz, vivió en Lisboa hasta que se trasladó a vivir a Andalucía junto a su marido, Miguel Muliart. Felipa, en cambio, había ingresado en el convento femenino de dos Santos, llamado así en honor a los tres mártires protectores de la ciudad. El cenobio funcionaba como una especie de pensionado para huérfanas de alcurnia venidas a menos, en el que doña Felipa alcanzó el rango de comendadora.[6] Allí conoció al genovés, que, siendo aún un comerciante de escasa fortuna, acudía a escuchar misa a dicho templo conventual.[7] El cortejo no se demoró demasiado y Felipa, que tenía votos de castidad, debió pedir dispensa para contraer esponsales. El enlace debió de ocurrir entre 1476 y 1480, aunque la mayoría de los autores se inclinan por 1479, cuando ella tenía unos veintidós años.[8] Tampoco sabemos el lugar donde se ofició la ceremonia, que unos sitúan en Lisboa y la mayoría en las islas Madeiras, que parece lo más probable por los indicios de que disponemos.[9]

Siempre se ha dicho que fue un matrimonio de conveniencia y que el marino solo pretendió entroncar con una persona de abolengo que, además, pertenecía a una estirpe de navegantes que poseía información privilegiada. Teniendo en cuenta la condición religiosa de Felipa y los obstáculos que debió superar, tampoco podemos descartar el arrebato pasional que hizo que lo dejara todo para lanzarse en los brazos de ese casi desconocido mercader. Dado que no disponían de recursos económicos, decidieron afincarse en Porto Santo, donde recibieron la ayuda de los suyos y se hospedaron en la residencia familiar.[10] Allí moraba su suegra, viuda de Bartolomé Perestrello, quien puso a su disposición los documentos, celosamente guardados, de su difunto esposo, que también había sido una persona muy interesada por las cuestiones del mar.[11] Asimismo, Colón pudo entablar fructíferas conversaciones con viejos marinos y exploradores que le transmitieron la inquietud por las aventuras ultramarinas. De hecho, se dedicaba a entrevistar a todos aquellos que hubiesen realizado navegaciones oceánicas. Por ello, la conversión del Colón comerciante en el Colón descubridor se produjo durante sus largas estancias en Porto Santo, en compañía de su esposa y de su familia política. De hecho, su hijo escribió que fue en ese momento cuando empezó a creer que, igual que los portugueses navegaban muy lejos hacia oriente, él podría hacerlo en dirección contraria, es decir, por occidente.[12]

La contribución de Felipa Moñiz fue clave en la conformación de su proyecto: primero, porque le dio acceso a todo el acervo documental de la casa de los Moñiz, que custodiaba documentos confidenciales relativos a la navegación. Y segundo, porque le proporcionó un hijo legítimo, Diego, a quien transmitir su legado, lo que le daría motivos para seguir viviendo, incluso en los períodos más adversos. Todos sus sueños de ennoblecimiento se centraron en este vástago que a la postre se convertiría en el segundo almirante de la mar océana y heredero del mayorazgo. Probablemente su esposa le habría dado otros retoños de no haber sufrido una muerte prematura, aunque ignoramos todo lo relacionado con la fecha y las causas de su óbito. La mayoría fecha este luctuoso suceso en 1484, poco antes de la marcha de Colón a Castilla.[13] Y aunque no tenemos la certeza, sí que parece lo más plausible, teniendo en cuenta que se llevó a su hijo de muy corta edad para encomendarlo en Huelva a su cuñada. Tampoco conocemos las causas, por lo que se ha especulado con la posibilidad de que ocurriese en el parto, bien de su hijo Diego, o bien de un segundo vástago, algo que parece posible pero no probado.[14] Se supone que fue enterrada en la capilla de la Piedad del monasterio del Carmen de Lisboa, que era de la familia de los Moñiz.[15]

No se tiene constancia de que guardase el duelo correspondiente, ni de su pluma salió nunca ningún recuerdo añorante sobre tan sensible pérdida, pero lo cierto es que la desaparición de su esposa lo dejó libre para marchar.[16] Hasta en un asunto tan trágico como este el padre Las Casas vio la mano de la providencia, que lo liberó de su obligación de dedicarse al cuidado de su esposa y le permitió llevar a cabo fines más grandiosos, a los ojos de Dios, claro.[17] Antes de pensar en otras alternativas, decidió probar suerte con el propio monarca luso, Juan II, quien reinaba desde 1481. Aunque este declinó implicarse en su plan, se mostró muy cordial, garantizándole la inmunidad civil y criminal en su reino y agradeciéndole el ofrecimiento. Y su negativa estaba bien fundamentada, pues, al margen de las excesivas mercedes que Colón reclamaba, los lusos tenían muy avanzada la apertura de la ruta a las Indias bordeando África. Tras esta contrariedad, sin pensarlo dos veces, el genovés cogió a su hijo Diego y se marchó a Castilla, esperando encontrar mejor acogida. Mantuvo el contacto con la familia a través de su cuñada Briolanja Moñiz, que vivía en San Juan del Puerto, muy cerca del monasterio de la Rábida, junto a su esposo, Miguel Muliart, y le dio cobijo cuando lo necesitó.[18]

Su amante más conocida, porque nunca se desposó con ella, fue Beatriz Enríquez de Arana (1467-1521), una mujer de baja estirpe nacida en la aldea de Santa María de Trassierra, a tan solo diecisiete kilómetros al noroeste de Córdoba. El apellido Arana era de origen vizcaíno, aunque aparece en Córdoba, ligado al de Enríquez, desde el siglo XIV.[19] Ella era hija de un pequeño agricultor llamado Pedro de Torquemada y de Ana Núñez de Arana, que apenas poseían un lagar, una huerta y dos pequeñas viñas.[20] Para colmo, con tan solo cuatro años se quedó huérfana y permaneció bajo la custodia de su abuela materna y la supervisión de una tía, Mayor Enríquez de Arana. Pero una nueva desgracia se cebó con la familia cuando, en un corto período de tiempo, fallecieron estas dos parientas que con tanto esmero se habían encargado de Beatriz y de sus hermanos. Dado que en aquella época una mujer no se podía quedar sola, se vio obligada a marcharse a Córdoba, a la morada de un primo de la madre llamado Rodrigo Enríquez de Arana. Su recalada en la ciudad califal en 1486 fue muy oportuna porque, además de recibir una educación académica básica, le puso en el camino del navegante. Fue allí donde, a través de su tío Diego de Arana, lo conoció, cuando aún no pasaba de ser un mercader extranjero con un utópico proyecto en el que casi nadie creía. Había acudido allí siguiendo a la corte y en esta urbe entabló amistad con el tío de Beatriz, que frecuentaba, al igual que él, las tertulias de la rebotica de Luciano de Esbarroya.[21]

Había transcurrido más de un lustro desde el óbito de la primera esposa de Colón y a este no se le conocen amoríos en esos años. Era un viudo de cuarenta años, con un hijo huérfano de madre, y ella una guapa y joven mujer de unos diecinueve años. A diferencia de su relación anterior, en esta sí que hay consenso a la hora de afirmar que se produjo en medio de un apasionado enamoramiento. Como ya hemos afirmado, él no era nadie todavía, e incluso padecía estrecheces económicas. En este sentido, dice el cronista Gonzalo Fernández de Oviedo que andaba *con la capa raída* y que tuvo que dedicarse a la venta de libros para sobrevivir.[22] Para colmo, su proyecto fue rechazado. Su único alivio era el apoyo incondicional de su compañera Beatriz Enríquez.

Todo parece indicar que nunca se casaron oficialmente, aunque, desde el siglo XVII, quizá por motivos interesados, se divulgó la idea de que habían contraído nupcias, lo que ha provocado la confusión de algunos historiadores contemporáneos.[23] Siempre nos hemos preguntado los motivos por los que nunca lo hicieron, teniendo en cuenta que ninguno de los dos tenía impedimento alguno, pues él era viudo y ella soltera. Se han esgrimido argumentos como el origen judaico de alguna rama familiar de los Enríquez de Arana, pero no hay que olvidar que él también los tenía.[24] Otros, en cambio, hablan de causas más sórdidas, como la vida licenciosa de Beatriz, algo que tampoco cuenta con ningún respaldo documental. Pero es posible que la razón fuese más simple: el navegante seguía aspirando a entroncar con lo más granado de la nobleza y desposarse con una persona de baja alcurnia comprometía seriamente su objetivo. Es más, desde 1492 era ya imposible, porque a los almirantes y virreyes se les vedaba la posibilidad de enlazar con personas de baja estirpe, algo que en Castilla se observaba a rajatabla.[25] Beatriz Enríquez debió asumirlo con resignación, quizá pensando también en el futuro de su hijo, nacido el 15 de agosto de 1488, al que bautizaron con el nombre del rey.[26]

Apenas convivió con su amante, pues Colón ni siquiera estuvo presente en el momento del nacimiento de su hijo. De hecho, en enero de ese año abandonó la ciudad califal y no volvió hasta el 11 de abril de 1493, de camino a la Ciudad Condal. Se quedó junto a ella solo un día, siendo además el último encuentro que tuvieron. Eso sí, había tenido con ella un gran gesto, sintomático de la confianza que le merecía, cuando antes de zarpar en su pionera travesía, le dejó encomendado a su hijo Diego para que lo criase junto a Hernando.[27] Ella se esmeró tanto en los cuidados como madre y madrastra protectora que fue incluso felicitada por Isabel la Católica. Luego se encargó de enviarlos a la corte, por mediación de Bartolomé Colón, para que entrasen a servir como pajes del príncipe don Juan.[28] Antes de la entrega, dada la condición nobiliaria de los pajes cortesanos, legitimó a su hijo Hernando mediante una sencilla ceremonia previa. Este luciría el apellido Colón y no los de su familia materna, Arana, Enríquez, Torquemada o Núñez, algunos de ellos, como ya hemos visto, muy vinculados al judaísmo. Con posterioridad, Colón aludió a ella en tres ocasiones, para asegurarse de que dispusiese de los bienes suficientes para vivir con dignidad.

Primera, el 23 de mayo de 1493, cuando le dejó la renta que la Corona le había otorgado sobre las alcabalas de Córdoba, de un monto de diez mil maravedís anuales.[29] Una pequeña cuantía que parece que no cobró con regularidad. De hecho, sabemos que en 1504 sus apoderados intentaron cobrar la renta de ese año y los fieles le pusieron impedimentos, diciendo que mostrasen certezas de que el beneficiario seguía vivo.[30] Por tanto, parece que no la percibía con regularidad y, por supuesto, dado que era una renta vitalicia, no la pudo ingresar después del fallecimiento del almirante, en mayo de 1506.

Segunda, en marzo 1502, cuando ordenó a su hijo Diego que tratase a Beatriz Enríquez como a su propia madre y que le entregase otros diez mil maravedís al año, además de los que ya disfrutaba. Sin embargo, en el testamento de Diego Colón, del 16 de marzo de 1509, reconoció que no se los había abonado, al menos desde 1507. Y peor aún, en su última carta de voluntad, otorgada en Santo Domingo el 8 de septiembre de 1523, volvió a admitir dicho impago, disponiendo que, dado que ya era finada, se abonara lo que se debiese a sus herederos, en descargo de su conciencia.[31]

Y tercera, en su codicilo, protocolizado en Valladolid poco antes de su fallecimiento, el 19 de mayo de 1506, en el que volvió a mostrar un recuerdo tierno hacia ella, ordenando una vez más a su hijo Diego que se ocupase de ella «para que pueda vivir honestamente, como persona a quien soy en tanto cargo».[32] Está claro que, en los últimos instantes de su vida, Colón lamentaba la tacañería mostrada hacia la progenitora de su segundo hijo, la misma que siempre lo apoyó en los momentos más difíciles, cuando pocos creían en él. Lo cierto es que la cordobesa nunca llegó a salir de la pobreza, pues apenas se le asignaron veinte mil maravedís de renta anual, diez mil de los cuales parece que nunca llegó a percibir.

Pese a la ingratitud tanto del almirante como de su hijo, hay sobrados motivos para pensar que fue su gran amor. Es cierto que no le correspondió como ella se merecía, pero dio muestras a lo largo de su vida de no haberla olvidado, acordándose de ella, incluso, en el día previo a su óbito. Beatriz le sobrevivió bastantes años, pues debió de fallecer en Córdoba en 1522 o 1523, sin cobrar las rentas dispuestas por Diego Colón.[33] A pesar de todo, tanto el primer almirante como su primogénito mantuvieron una gran amistad con la familia Enríquez de Arana, hasta el punto de que Diego de Arana, primo de Beatriz, viajó como alguacil mayor en el primer viaje, mientras que el hermano de Beatriz, Pedro de Arana, estuvo como capitán en la tercera travesía ultramarina y se afincó en Puerto Plata, donde dejó descendencia.[34]

La historiografía ha sostenido que Colón mantuvo una relación íntima con Beatriz de Bobadilla Álvarez, la gobernadora, hija de los marqueses de Moya. Se decía de ella que era una de esas mujeres de tronío que combinaba una gran belleza —morena, de ojos negros— con una extraordinaria personalidad. En torno a su figura se ha creado un mito novelesco de mujer fatal, comparada incluso con Circe, que, sin embargo, no consiguió someter al navegante.[35] Es cierto que encandilaba a cuantos la trataban, incluso se decía que mantuvo una relación esporádica con Fernando el Católico, finalizada en 1481, cuando la reina católica se la quitó de encima, destinando al esposo de aquella, Hernán Peraza de Ayala, a la conquista de La Gomera.[36] En 1488, tras la muerte de su marido a manos de los guanches, Beatriz se hizo cargo de la gobernación de El Hierro y La Gomera, como tutora que era de los dos hijos habidos de su matrimonio. Una década después se desposaría en segundas nupcias con Alonso Fernández de Lugo, adelantado de Canarias y gobernador de las islas de Tenerife y La Palma.

Ambos coincidieron en la corte, probablemente en Córdoba y con toda seguridad en Santa Fe, pues sabemos que ella permaneció cerca de los soberanos entre junio de 1491 y el mismo mes del año siguiente.[37] En el primer viaje no coincidieron, porque, cuando Colón llegó a La Gomera, ella había marchado a Gran Canaria y se cruzaron en el camino, aunque sin verse.[38] El único documento que poseemos de estos supuestos amoríos con doña Beatriz de Bobadilla parte de Michele Cuneo, que estuvo presente en la segunda expedición y relató el encuentro entre ambos. Describió con detalle la entrada de la escuadra en el puerto de San Sebastián de La Gomera, mientras se lanzaban numerosas salvas de honor en señal de alegría por la señora del lugar, «de la cual nuestro Almirante estuvo una vez prendado de amor».[39] Hay que decir que no fue la última vez que la visitó y que prolongaba siempre su estancia en la isla más días de lo necesario. Sin embargo, se ha cuestionado la veracidad del relato del italiano, a quien se ha tildado con toda la razón de chismoso, libidinoso y exagerado.[40] Para empezar, disponemos de otros testigos de ese viaje y ninguno insinúa nada relativo a una posible relación entre ambos. Asimismo, cuando se produjo el encuentro, en 1493, ya la dama tenía apalabrados sus esponsales con Alonso Fernández de Lugo, con quien contraería matrimonio en 1498, junto antes de que llegase por allí el almirante. Por cierto, en el cuarto viaje este no pasó por La Gomera, quizá por el hecho de ser la comendadora parienta de Francisco de Bobadilla, quien lo había enviado preso a Castilla.[41] Dos años después, a finales de 1504, doña Beatriz de Bobadilla falleció en Medina del Campo, donde estaba la corte, pues allí había acudido para preservar los derechos de su hijo Guillén.[42] En definitiva, está claro que la conoció, que coincidió con ella antes del Descubrimiento y también en dos de sus pioneros viajes —en 1493 y en 1498—, y que pudo sentir atracción, tal y como les sucedió a otros hombres de su tiempo. Se trataba de una mujer no solo bella sino también resuelta, que ejercía el poder de gobernadora de manera férrea, en unos tiempos en los que las mujeres tenían muy difícil el acceso a estos puestos. Sin embargo, no hay razones, y menos aún pruebas, para pensar que hubiesen mantenido una relación amorosa de la trascendencia y la duración que algunos autores le atribuyen.[43] Y en el remoto caso de haber existido, lo cierto es que no tuvo consecuencia alguna en su trayectoria vital.

Asimismo, tenemos noticias de una tal María Fernández, que se personó ante un notario para pedir un crédito y el único aval que presentó fue un vistoso paño de Contray que Colón le regaló cuando fue su criada durante la segunda jornada. ¿Hubo algún tipo de relación amorosa? Jamás lo sabremos, pero dado que durante gran parte de su vida tuvo la condición de viudo, es posible que mantuviese relaciones con otras mujeres europeas o americanas —quizá alguna indígena de La Española— cuyos nombres y pormenores no han trascendido.

Las mujeres fueron decisivas en su vida, hasta el punto de que sin ellas jamás hubiese podido gestar y realizar su gran proyecto descubridor que a la postre cambiaría el mundo. Pese a ello, por lo general se mostró ingrato con ellas, lo mismo con su cuñada Briolanja Moñiz, que tanto le ayudó en sus primeros años en España, como con la cordobesa Beatriz Enríquez de Arana.

EL AMOR POR SUS HIJOS

Solo tuvo dos vástagos, Diego y Hernando, habidos respectivamente con su legítima mujer Felipa Moñiz de Perestrello y con la cordobesa Beatriz de Arana. Poseía un concepto de familia muy característico que incluía por encima de todo a sus hijos, y en segundo lugar a sus dos hermanos, Bartolomé y Diego. Como hemos visto, apenas se ocupó de su cuñada ni de la cordobesa, pero, en cambio, siempre se preocupó de sus hijos y se encargó de que recibieran una cuidada formación en la corte y de que tuviesen garantizadas todas sus necesidades vitales. En todas las cartas incluía una coletilla de despedida que explicita bien su afecto: «Tu padre que te ama más que a sí».[44]

No se sabe la fecha de nacimiento de su primogénito porque no se conserva su partida de bautismo, aunque la mayoría de los estudiosos lo sitúan entre 1478 y 1482.[45] Como ya hemos afirmado, tras la muerte de su progenitora, su padre rompió todas sus ataduras y se marchó a Castilla con el niño, para dejarlo en manos de su cuñada Briolanja Moñiz, que vivía en San Juan del Puerto, Huelva. Más adelante, lo colocó, al igual que a su hermano Hernando, como paje en la corte, con ciento sesenta y cuatro maravedís diarios de ración de despensa para ambos que casi siempre se les abonaron con bastante retraso. Desde 1499 tenía pensado que su primogénito se marchase a vivir a La Española, pues el 21 de octubre de ese año le dio unas instrucciones a Miguel Ballester, alcaide la fortaleza de Concepción de la Vega, para que señalase a su hijo tierras, aguas, cotos y montes, ya que había manifestado su intención de ir a vivir a la isla.[46] El 22 de febrero de 1498, Diego fue nombrado heredero del mayorazgo familiar, y desde entonces estuvo siempre reclamando la restitución del cargo de gobernador de las Indias no ya para él, sino para su primogénito.[47] Desde 1503 ascendió a contino, ahora sí con un salario anual que casi duplicaba el de paje, de cincuenta mil maravedís anuales.[48] Se trataba de un salario equivalente a un alto cargo de la administración, pues, por ejemplo, esa misma cifra cobraban el factor de La Española Fernando de Monroy o el alguacil mayor, Juan de Molina.

Colón planeó el matrimonio de su hijo con doña Mencía de Guzmán, hija del duque de Medina Sidonia, pero este enlace no fue autorizado por la Corona. Por ello, hacia 1508, ahora sí, con autorización real, Diego se terminó desposando con doña María de Toledo y Rojas (1490-1549). Esta era ocho años más joven que él, e hija de don Fernando de Toledo, comendador mayor de León, sobrina carnal del duque de Alba y pariente en segundo grado del propio Fernando el Católico.[49] Es obvio que fue un casamiento de conveniencia, pactado, pues el parentesco de su esposa con el duque de Alba le daba a Diego una mayor influencia sobre la corte. Eso no significa que no hubiese conexión entre ellos, aunque solo convivieron ocho años, de 1509 a 1514 y de 1520 a 1523, procreando a siete hijos, tres varones y cuatro mujeres.[50] En el testamento de María de Toledo, otorgado en Santo Domingo el 10 de mayo de 1549, pidió ser enterrada en el presbiterio de la catedral junto a su marido, y añade sentidamente «por que estemos juntos en la muerte, como Nuestro Señor quiso que lo estuviésemos en la vida».[51] El primogénito, siguiendo los deseos de su padre, reclamó sin descanso la devolución de sus privilegios y su restitución como virrey y gobernador. Sin embargo, nunca se aceptó, más allá de su nombramiento como gobernador por Real Cédula dada en Arévalo el 8 de agosto de 1508, lo que equivalía a reconocer tácitamente que ya no existía un virreinato ni una gobernación a perpetuidad. Pese a todo, Diego aceptó el nombramiento y en 1509 marchó a La Española en compañía de su esposa doña María de Toledo, de su medio hermano Hernando Colón y sus tíos Bartolomé y Diego.[52]

En un primer momento se instalaron en la fría e incómoda fortaleza junto al río Ozama y después en las Casas Reales hasta 1514, en que se acabó de construir el palacete conocido hoy como alcázar de Diego Colón.[53] La gobernación de la isla fue muy problemática por el duro enfrentamiento entre el grupo colombinista y el oficialista, liderado por Miguel de Pasamonte. En 1514, el gobernador regresó a España, dejando en Santo Domingo a su esposa junto a cuatro hijas procreadas en esos años: Felipa, María, Juana e Isabel. Imaginamos a la virreina, constantemente embarazada y dedicada por entero a la crianza de sus vástagos, ejerciendo también de gobernadora interina. Su marido regresó en 1520, de nuevo con el rango de gobernador y virrey, nombramiento que obtuvo el 17 de mayo de 1520, y permaneció en la isla por espacio de tres años. Sin embargo, en ese lapso tuvieron tiempo de procrear a dos varones, pues ella quedó embarazada a la partida de su marido, al que nunca volvió a ver. Antes de zarpar, el 8 de septiembre de 1523, Diego formalizó su testamento, nombrando a su hijo Luis Colón como heredero de su mayorazgo y a su esposa, doña María de Toledo, como uno de sus albaceas. El remanente de sus bienes debía repartirse en siete partes iguales entre todos sus hijos legítimos. El segundo almirante murió en España el 23 de febrero de 1526, mientras seguía a la corte del emperador, como siempre, para reivindicar sus derechos. Poco después, su viuda, en nombre de su hijo Luis, menor de edad, dio poder a su cuñado

Hernando Colón para que se encargase de administrar y reclamar todos los derechos de sus hijos en España.

La virreina regresó a España en 1530, tras pasar veintiún años en Santo Domingo. Volvía con sus retoños más pequeños, Isabel y Diego, que apenas tenía siete años de edad, dejando atrás a Luis y Cristóbal, a los que no volvió a ver hasta su regreso a la isla en 1544, y a Felipa, con la que jamás pudo reencontrarse, puesto que falleció prematuramente.[54] Aunque desconocemos la vida de la virreina en España entre 1530 y 1543, parece que, al igual que su difunto marido, se dedicó a la reivindicación de los derechos de la familia, tratando de preservar los intereses de sus vástagos. Asimismo, intentó hacer cumplir la voluntad testamentaria de su esposo, como albacea que era, al tiempo que buscaba una solución a la biblioteca de Hernando Colón, de más de quince mil ejemplares, que este había legado a su sobrino Luis Colón. Sin embargo, María de Toledo, ignorando lo dispuesto por su cuñado, depositó los libros en el monasterio sevillano de San Pablo, donde permanecieron hasta que en 1552 entraron en posesión del cabildo catedralicio, donde en parte todavía permanecen. A María de Toledo se le ha afeado que infravalorase este conjunto de libros que constituían en aquella época una de las mejores bibliotecas del mundo.

Catorce años después, el 8 de agosto de 1544, regresó a la Ciudad Primada, llevando consigo los restos mortales de su suegro y de su marido, a los que, como veremos más adelante, pretendía inhumar en la capilla mayor de la Catedral, siguiendo los deseos testamentarios de su esposo. En la isla le esperaban sus hijos, Luis, de veintiún años, y Cristóbal, de veinte, el primero de los cuales se marcharía a España; el segundo permaneció en la isla, administrando el patrimonio familiar. La virreina vivió en Santo Domingo hasta su fallecimiento, en 1549, acompañada en todo momento por su hijo Cristóbal. Siete meses antes, el 12 de octubre de 1548, redactó su escritura de última voluntad, disponiendo su inhumación, con el hábito franciscano, en la capilla mayor de la Catedral Primada, donde, decía, «están sepultados los almirantes mis señores».[55] Todavía viviría unos meses más, pues el 10 de mayo de 1549 redactó su codicilo, aunque falleció justo al día siguiente.

Vivió la vida que le correspondió, muy encorsetada por su linajuda familia. De hecho, se casó con la persona que su padre le eligió y cumplió con lo que se esperaba de ella, es decir, el desempeño de sus obligaciones como esposa y como madre. No protagonizó ningún escándalo y llevó una vida discreta, de ahí que el siempre crítico padre Las Casas solo tuviera buenas palabras hacia ella, a la que describió como una «señora prudentísima y muy virtuosa».[56]

El hijo mayor, Luis, fue el heredero del mayorazgo y primer duque de Veragua, tras renunciar en 1536 a los privilegios de Santa Fe.[57] Tuvo una vida muy ajetreada y dejó el recuerdo de un pasado desenfrenado. En 1551, regresó a España para solucionar ciertas cuestiones familiares y se enamoró de Ana de Castro, hija del conde de Lemos. Se desposó con ella en 1554. Sin embargo, fue acusado de bigamia, ya que se había casado previamente con María de Mosquera, y en 1563 fue exiliado al presidio de Orán durante una década.[58] A su regreso tuvo un nuevo amorío, en este caso con la madrileña Luisa de Carvajal, con la que tuvo un hijo al que bautizó con el nombre de su célebre abuelo. El mayorazgo familiar terminaría pasando a su sobrino Diego, hijo de Cristóbal, y, tras morir este sin descendencia, quedó extinguida la sucesión por línea de varonía.

El otro de los hijos del primer almirante, Hernando, había nacido en Córdoba el 15 de agosto de 1488, fruto de su relación con Beatriz de Arana.[59] Esa onomástica no tenía ninguna tradición en la familia del muchacho, ni de la materna ni de la paterna, lo que ha llevado a pensar que quizá se lo pusieran en honor al rey aragonés. Aunque nacido ilegítimo, fue reconocido por su padre desde el primer momento y legitimado, lo que le permitió acceder a los honores y a la fortuna de su progenitor. Incluso, su padre aludió a sus vástagos en varias ocasiones, citándolos como hijos legítimos suyos. El almirante se preocupó de su bienestar y de su educación, de manera que, en 1493, consiguió su nombramiento como paje del príncipe don Juan y, tras la muerte de este, el 4 de octubre de 1497, Hernando pasó al servicio de Isabel de Castilla.[60] Eso le permitió un contacto muy cercano con su medio hermano Diego, que también servía de paje, viviendo juntos momentos felices y amargos. De hecho, el propio Hernando narró años después que, en torno a 1499, estando junto a su hermano en Granada, tenían que escuchar risotadas de muchas personas que los incordiaban diciéndoles: «¡Mirad, ahí van los hijos del almirante de los mosquitillos, de aquel que ha descubierto tierras de vanidad y engaño, para sepulcro y miseria de los hidalgos *castellanos*!».[61] Es cierto que ya habían llegado noticias de que en aquellas latitudes meridionales los insectos eran un auténtico azote.[62]

Pese a algunos sinsabores, Hernando recibió una esmerada educación que, pasados los años, le permitió convertirse en un notable intelectual. Tuvo una amplia formación como humanista, historiador y cosmógrafo, tanto que fue uno de los expertos de la parte española, junto a Juan Sebastián Elcano, Juan Caboto y otros pilotos y cosmógrafos, presente en las juntas de Elvas-Badajoz celebradas entre el 11 de abril y el 31 de mayo de 1524, en las que se pretendía dilucidar si las islas Molucas o de la especiería caían en la parte española o en la portuguesa.[63] El padre Las Casas afirma que era docto en cosmografía, mientras que Antonio de Herrera lo calificó de caballero de gran virtud y letras, siendo uno de los más afamados bibliófilos de su tiempo, aunque también pintaba y tocaba instrumentos musicales.[64]

Viajó junto a su padre en la cuarta jornada, cuando solo tenía catorce años. Ello le permitió una cercanía muy grande con él y un importante conocimiento de su personalidad y de su pensamiento que le permitiría después redactar su biografía oficial.[65] Su padre se encargó de que percibiese peculio suficiente para vivir, pues en la escritura de mayorazgo se pedía que de las rentas de este se le entregase la cuarta parte hasta un total de dos millones de maravedís.[66] Quedó liberado de la responsabilidad de defender el patrimonio familiar, y tampoco tuvo ataduras familiares, ya que no se le conocen amoríos, esposas ni hijos.

Sin embargo, su aspecto más oscuro es la extrema ingratitud que mostró a lo largo de toda su vida no solo hacia su progenitora, sino hacia toda su familia materna. En sus escritos no la menciona ni una sola vez, ni tampoco a sus parientes cordobeses, algunos de los cuales fueron hombres de confianza de su padre. Llama la atención que cuando narró la tercera expedición de su padre citase como uno de los capitanes a Pedro de Arana, del que solo dice que fue «primo del Arana que murió en la isla Española».[67] Sorprende que no mostrase ni una sola palabra de afecto hacia su tío carnal, hermano de su madre. Incluso, cuando acudió a la ciudad califal, tras la muerte de su progenitora, otorgó una escritura el 17 de agosto de 1525, renunciando en favor de su primo Pedro de Arana a todos los bienes raíces heredados de su madre.[68] Evidenciaba otra vez que no quería saber nada de ella ni de sus escasas propiedades, ni tan siquiera de su Córdoba natal. Y en su testamento, fechado en Sevilla el 3 de julio de 1539, solo la menciona una vez sin citar expresamente su nombre, dejando unos sufragios por su alma, para que «el Señor la perdone».[69] Para tratar de entender su actitud debemos hacer el esfuerzo de situarnos en la mentalidad casticista de la época y el miedo al estigma social que atenazaba a un plebeyo ennoblecido como él. Mantener contacto público con su familia materna, de baja alcurnia y sospechosa de judaizante, era un riesgo que nunca estuvo dispuesto a correr.

Durante muchos años se dedicó a su gran pasión, la bibliofilia, llegando a crear una de las mejores bibliotecas de su tiempo. Al parecer, su objetivo fue fundar un centro de conocimiento donde los eruditos pudieran resolver cualquier duda científica que se planteasen. El núcleo originario de su biblioteca fueron los pocos volúmenes que acopió su padre, pero a partir de ahí recorrió una buena parte de Europa buscando ediciones y entró en contacto con intelectuales de la talla de Erasmo de Róterdam, con quien mantuvo una buena amistad.[70] En sus largos viajes, compró, directamente o a través de intermediarios, miles de impresos en distintos idiomas y de las más variopintas materias. Llegó a recopilar cerca de veinte mil ediciones, no solo de libros sino también de estampas, partituras y panfletos de muy diverso tipo. Su objetivo fue crear una biblioteca universal que reuniera todo el saber, sin exclusión de materia, lengua o religión. Las principales temáticas fueron teología, relatos de viajes, historia, geometría y poesía, aunque también hay obras de legislación, alquimia, medicina o filosofía.[71] Hay que tener en cuenta que, desde el siglo XV, la imprenta transformó el mundo, al igual que lo está revolucionando la actual era digital. Pero no menos interesante fue otro de sus empeños: crear un sistema eficaz de catalogación que permitiera a cualquier persona acceder con rapidez a todo el acervo de conocimiento. Fue consciente de que su biblioteca universal sería inútil si no disponía de un método adecuado para encontrar y localizar la información. Mediante palabras clave y resúmenes pretendió que cualquier persona pudiese acceder a los datos o conocimientos que buscaba dentro de su gigantesco anaquel. Unos desvelos similares a los que tienen las actuales empresas de búsqueda digital, que saben que la ingente información que circula por las autopistas de la comunicación es inútil si no se puede rastrear y localizar con precisión. En esta cuestión fue un pionero, adelantándose cinco siglos a los actuales y eficaces motores de búsqueda, usando inteligencia artificial. Sus catálogos fueron tan eficaces que todavía se mantienen en uso en la Biblioteca Colombina o Fernandina, que custodia lo que queda de su legado.

La obra escrita por la que es conocido universalmente es su *Historia del Almirante*, algo así como la biografía oficial de su progenitor. La escribió por dos motivos: uno, porque su padre no tuvo tiempo de convertir sus memorias en historia, al padecer muchos trabajos y enfermedades, pese a que, a su juicio, era una persona digna de ser recordada eternamente. Y dos, para hacer justicia, ya que interpretaba que algunos estaban cuestionando su hazaña o señalando a otros como los verdaderos descubridores.[72] Para su elaboración, además de ser testigo presencial, dispuso de información privilegiada y de sus propias confidencias personales. Tuvo a su disposición el archivo familiar, los diarios de a bordo, la correspondencia privada del almirante y los privilegios. En su obra reprodujo algunos de ellos, lo que confiere a sus textos una extraordinaria valía, teniendo en cuenta que algunos de esos originales no han llegado a nuestros días. Entre esos textos que incluyó en su obra se cuenta la *Relación acerca de las antigüedades de los indios* de fray Ramón Pané, cuyo original ha desaparecido, que constituye un trabajo esencial para el conocimiento de la mitología, de la cosmovisión y de las creencias de los taínos. Pero a ningún historiador se le escapa que el autor del texto es parte interesada, lo que obliga a filtrar muchas de sus opiniones, que tienen una intencionalidad. De hecho, trató de ofrecer una imagen idealizada de su padre y le atribuyó todos los méritos del Descubrimiento, en detrimento de otros muchos marinos como Martín Alonso Pinzón o Américo Vespucio.

También es muy conocida su faceta como cosmógrafo. Dejó a medio elaborar una obra titulada *Descripción y cosmografía de España*, publicada en facsímil en 1988, un monumental trabajo que él coordinó con un equipo de personas que fueron recorriendo España, entre 1517 y 1523, recogiendo coordenadas, población, distancias, etc. Sin embargo, el rey le prohibió que continuase con su obra, quizá por motivos de seguridad, de ahí que quedara inconclusa. Y precisamente porque quedó inacabada presenta una gran heterogeneidad de datos, en muchos casos repetidos, ya que nunca llegaron a ser ordenados y depurados para su publicación. Pese a ello, se trata de una obra pionera, en la que, de alguna forma, trató de dar unidad por primera vez a lo que ya todos entendían que era España.

Desde 1526 residió en Sevilla, en una casona que se construyó en la calle de Goles, enfrente del monasterio de Santa María de las Cuevas. En esa morada, muy espaciosa y que poseía una extensa huerta con varios miles de árboles, vivió el resto de su existencia hasta su fallecimiento, el 12 de julio de 1539.[73] Unos días antes, el 3 de julio de 1539, redactó su escritura de última voluntad, en la que dejó regulado con detalle el destino de su biblioteca. Su sobrino Luis fue designado su heredero, con la condición de que se gastara cien mil maravedís anuales en la conservación y aumento de la librería.[74] Y si no aceptaba tal herencia con dicha carga, los libros pasarían a ser propiedad de la fábrica de la catedral de Sevilla. La virreina, en nombre de su hijo, que era menor de edad y estaba en Santo Domingo, se hizo cargo de los más de quince mil volúmenes, además de un millar de grabados y documentos. Pero se trataba de una ocupación que requería mucha dedicación y la virreina no tenía la formación ni el tiempo para emplearse a fondo. Por ello, tras diversos avatares, en 1544, antes de regresar a La Española, decidió depositarla en el convento dominico de San Pablo, y desde 1552 en la seo hispalense, donde actualmente se custodia.[75] Por desgracia, los fondos se fueron dispersando debido en unos casos al expurgo de los inquisidores, en otros a hurtos o simplemente a su deterioro en varias inundaciones que afectaron al lugar donde estaban almacenados. En la actualidad apenas se conservan unos cuatro mil ejemplares de la que en su día fue la verdadera biblioteca de Alejandría de los albores de la Edad Moderna.

Capítulo 12
DE ÓBITOS, INHUMACIONES Y EXHUMACIONES

DE VUELTA EN ESPAÑA

El 7 de noviembre de 1504, Colón desembarcó en Sanlúcar en unas pésimas condiciones de salud, por lo que permaneció en Sevilla, postrado en una cama durante seis meses, aquejado de un reuma artrítico que limitaba su movilidad. Poco después, el 26 de noviembre de 1504, falleció la reina Isabel, que posiblemente llegó a saber de su arribada, aunque no tuvo tiempo de conocer los pormenores de su viaje. La noticia de su defunción corrió como la pólvora por todos los confines del reino y llegó a oídos del almirante, pues, en una carta que remitió a su hijo desde Sevilla el 3 de diciembre de ese año, se lamentaba del óbito de la que siempre vio como su gran protectora. Incluso llegó a pensar que podía haber dispuesto algo en su favor en su escritura de última voluntad, por lo que volvió a escribir a su hijo, el 21 de diciembre, para que se interesara por el asunto. De nuevo se mostró demasiado presuntuoso, pues, como pronto supo, la reina no había pensado en él en su último aliento y su desaparición, además de suponer un duro varapalo para sus aspiraciones, dejó a la administración temporalmente paralizada.

En esos momentos, Colón desconocía que tan solo le sobreviviría dieciocho meses, en los que, además, estuvo convaleciente por la gota, la artrosis y una vejez prematura, debida a sus muchos esfuerzos y sufrimientos.[1] Siempre temió que Fernando el Católico lo tratase peor y nunca le reconociese sus prerrogativas; de hecho, su hijo Hernando escribió que, a diferencia de su esposa, el rey siempre fue contrario a sus negocios. También el padre Las Casas afirmó que si la reina no hubiese muerto se habría evitado muchos «disfavores y adversidades».[2] Es cierto que la soberana siempre lo apoyó y que a su pérdida se sumaba la de Luis de Santángel, fallecido seis años antes, el 25 de febrero de 1498. Pero las críticas parecen injustas, porque el monarca le mantuvo los derechos que aún conservaba y continuó reconociendo su papel, a diferencia de lo que harían Juana de Castilla y Felipe el Hermoso con su hijo Diego, hacia el que nunca mostraron una especial consideración.[3]

Sus limitaciones físicas no le impidieron mantener una intensa actividad epistolar, al tiempo que daba órdenes a apoderados y a familiares para que gestionasen sus asuntos o acudieran a la corte a defender sus intereses. En esas cartas se acordó de su sufrida tripulación, pidiendo que se le abonasen con presteza sus salarios, que debía ser una enjundiosa cantidad, pues el viaje se prolongó más de dos años, dada la estancia forzada, como náufragos, en la isla de Jamaica.[4]

Su actividad epistolar en estos meses fue muy intensa. Redactó decenas de misivas a sus apoderados, a los reyes, al papa y, sobre todo, a fray Gaspar Gorricio y a su hijo Diego. Pero no conforme con ello, aunque en la corte de Medina del Campo se encontraba su hijo Diego, decidió enviar a su hermano Bartolomé, acompañado de su hijo Hernando, para que informaran con detalle de sus descubrimientos y en particular de las riquezas auríferas que decía haber hallado en Veragua.[5] También recibió muchas misivas, la mayoría con noticias desalentadoras para sus intereses, hasta tal punto que decía que se le encrespaban los cabellos al oír y leer todo al revés de lo que su alma deseaba.[6]

Su principal preocupación en la última etapa de su existencia fue preparar la sucesión de su legado y de sus privilegios en favor de su hijo mayor. Era consciente ya de que su final se acercaba y el 21 de noviembre de 1504 escribió al rey Fernando, pidiéndole una vez más la gobernación para su hijo Diego.[7] Asimismo, remitió varias misivas, entre el 21 de noviembre de 1504 y el 25 de febrero del siguiente año, en las que le expresaba su preocupación por recuperar sus prebendas políticas, es decir, los cargos de almirante, virrey y gobernador. También manifestó su intención de acudir en persona a la corte cuando mejorase de sus dolencias, algo que no llegaría a ocurrir. Incluso, solicitó las andas que habían servido para transportar el cadáver del cardenal Diego Hurtado de Mendoza y que eran propiedad de la catedral de Sevilla, aunque finalmente no llegó a hacer ese viaje.[8]

Permaneció en Sevilla a lo largo de todo el invierno, que fue de los más fríos y lluviosos que se recordaban y que provocó, por enésima vez, el desbordamiento del Guadalquivir a su paso por la ciudad. Físicamente estaba muy delicado y sus dolencias se veían agravadas con el frío, que, según decía, le fatigaba mucho. Pero su estado de ánimo no era mejor, pues se descorazonaba cada vez que veía retornar barcos sin sus rentas o salir expediciones descubridoras sin contar con su participación. Pese a su estado de salud, estuvo protocolizando escrituras, redactando misivas, disponiendo su sucesión o dando poderes para que se cobrasen sus rentas.

Dado que estaba prohibido viajar en mula —salvo los clérigos— para obligar a todos los hidalgos a tener su équido, a finales de 1504 pidió una autorización para desplazarse en ella, alegando su avanzada edad y su enfermedad. El 23 de febrero de 1505 se le concedió, en atención a «su ancianidad».[9] No obstante, esperó a la primavera, pues, como escribió a su hijo Diego, el frío lo sufría tan mal que temía terminar sus días en el camino, en cualquier venta o mesón.[10] Huelga decir que en esa época no era extraño ni singular que una persona pudiese morir en un mesón, pues la gente fallecía en sus casas y los transeúntes —salvo que fueran pobres de solemnidad— en cualquier establecimiento hostelero.

Bien entrada la primavera, a finales de mayo de 1505, se encontraba bastante mejor de sus dolencias, por lo que se vio con las fuerzas suficientes para dirigirse por fin al encuentro con el monarca. Por enésima vez le solicitó que le confirmara y ampliara sus privilegios, pero el soberano, muy al contrario, le propuso que renunciase a todos ellos a cambio del señorío de Carrión de los Condes, en Palencia.[11] Obviamente, no aceptó y le siguió entregando cartas durante los meses de junio y julio, en las que seguía reclamando la restitución de la gobernación para su heredero. Tuvo tiempo de otorgar un tercer testamento el 25 de agosto de 1505, en el que incluyó otro mayorazgo para su hijo Hernando.[12]

En octubre de 1505 estaba en Salamanca, donde se había desplazado la corte. El 10 de diciembre de ese año otorgó un poder a favor de Francisco Bardi, vecino de Sevilla, para que cobrase de Pedro Llanos o de cualquier otra persona todos los caudales y joyas suyas que llegasen del Nuevo Mundo.[13] Su salud era muy delicada ya desde principios de 1506, pues, pese a sus sesenta y un años, se encontraba muy avejentado y padecía una escasa movilidad, debido a la gota, al reuma y a una acentuada ceguera. Desde Salamanca aún tuvo fuerzas para marchar a Valladolid, siguiendo al soberano. Llegó el 2 de abril y fue la última vez que coincidió con él. Estaba ya demasiado débil e impedido, por lo que decidió permanecer en la ciudad castellana y no acudir el 26 de abril a La Coruña a recibir a la reina Juana de Castilla y a su marido Felipe el Hermoso.[14] Eso sí, sacó fuerzas de flaqueza para redactar una última misiva en la que alegó que carecía de salud. Esta vez no mentía, estaba ya en la recta final de su vida terrenal.

El martes 19 de mayo de 1506, un día antes de su óbito en Valladolid, protocolizó un codicilo ante el escribano Pedro de Inoxedo, ratificando el testamento de 1502.[15] En él, como almirante, virrey y gobernador de las Indias «descubiertas y por descubrir», dejó como heredero de sus títulos a su primogénito Diego, al que tenía vinculado su mayorazgo. Y si él muriese sin descendencia, debía pasar a su hijo Hernando, y si este también falleciese sin herederos varones, a sus hermanos, primero Bartolomé y segundo Diego.[16] Trataba de que su linaje se perpetuase a toda costa, aunque no pudo evitar que a la postre se terminase extinguiendo por línea de varonía. Asimismo, tuvo un recuerdo hacia las tierras descubiertas, esas mismas que tanto le habían dado: ordenó fundar tres capellanías en La Española, a ser posible en algún templo de Concepción de la Vega, con la obligación de rezar tres misas diarias, una a la Santísima Trinidad, otra a la Inmaculada Concepción y la última a todos los fieles difuntos, por su alma, las de sus padres y la de su difunta esposa. Como albaceas dejó a su hijo Diego, a su hermano Bartolomé y a Juan de Porras, tesorero de Vizcaya.[17]

FALLECIMIENTO Y PRIMERAS INHUMACIONES

Un día después de dictar su codicilo, en la madrugada del miércoles 20 al 21 de mayo de 1506, víspera de la festividad de la Ascensión, falleció en Valladolid, rodeado de los suyos. Poco antes había pedido recibir el sacramento de la extremaunción, que le proporcionaron los franciscanos. Su hijo Hernando, presente en tan luctuoso momento, fue testigo de sus últimas palabras, pronunciadas en latín: «En tus manos, Señor, encomiendo mi espíritu».[18] Una prueba más de su profunda espiritualidad, emulando la frase del propio Jesús antes de morir en el Gólgota recogida por el evangelista san Lucas.[19] En sus últimos instantes estuvo rodeado de su círculo más íntimo: sus dos vástagos; su hermano Diego —Bartolomé estaba en la corte y no llegó a tiempo—; su leal amigo Diego Méndez; el genovés Bartolomé Fieschi; el bachiller Miruela; el escribano Pedro de Inoxedo; el ayudante de este, Gaspar de la Misericordia; siete criados de su servicio y los franciscanos que le asistieron espiritualmente en sus últimas horas.[20] Solo se hizo eco de la noticia, con un breve obituario, Rodrigo de Verdesoto, que, además de regidor del concejo y procurador en Cortes, era una especie de cronista local.[21] Pero no hay que olvidar que, salvo en el caso de los reyes, el tránsito a la otra vida era algo tan común que no solía considerarse una efeméride.

Se desconoce el domicilio exacto donde ocurrió; según la tradición, fue en el número dos de la calle Ancha, junto a la iglesia de la Magdalena, donde en la actualidad está su casa museo. Sin embargo, es solo una teoría, al igual que las que señalan que fue en el claustro del convento de mínimos observantes de San Francisco, en el palacete de su amigo Luis de la Cerda o, incluso, en una humilde posada de las que daban alojamiento a los que se hallaban de paso en la corte.[22] Como en otros aspectos de su vida, la incógnita es irresoluble, salvo que aparezca alguna fuente nueva. Tampoco está clara la causa exacta de su deceso, aunque parece que se debió a la conjunción de todas las afecciones que padecía y que le habían afligido desde hacía varios lustros. Algunos contemporáneos, como Andrés Bernáldez, sostuvieron que murió de viejo, *in senectune bona*, una idea que ha mantenido una buena parte de la historiografía.[23] Bien es cierto que el cura sevillano le atribuía erróneamente una edad en el momento de su defunción de setenta años.

Las exequias fúnebres se celebraron en la iglesia de Santa María de la Antigua de Valladolid, tras lo cual su cuerpo fue trasladado a la capilla de Luis de la Cerda, en la iglesia conventual de San Francisco de la ciudad del Pisuerga.[24] A través del regidor Alonso de Montemayor se consiguió que el guardián del cenobio cediese un espacio en dicho oratorio privado, aunque no tenía poder ni autorización de la familia de la Cerda para hacer tal cosa. Al parecer, antes de ser inhumado se le practicó un proceso de descarnado para conservar mejor su osamenta y luego se le amortajó, según su propio deseo, con un hábito de San Francisco.

No murió olvidado, ni tampoco pobre, pese a sus reiteradas quejas, pues disponía en esos momentos de más de ocho mil pesos de oro de renta anual. El problema es que los oficiales de La Española no se las remitían con regularidad. Desde la llegada de Nicolás de Ovando como gobernador de las Indias, comenzaba a ser una cuantía muy estimable. De hecho, sus apoderados insistieron a los oficiales de la Casa de la Contratación que le abonasen el diezmo de los beneficios, cumpliendo con lo establecido en sus privilegios y con lo ordenado por la Corona.[25] Sin embargo, incumplieron la orden alegando, en agosto de 1504, que no debían hacerlo porque ya se lo pagaban los oficiales de La Española.[26] Pero no era exactamente así, pues el 18 de septiembre de 1505, en una carta que le remitió a su primogénito, Colón se lamentaba de que habían llegado varios barcos con mucho oro y ninguna partida asignada a él.[27] Y de nuevo, en su propio codicilo, dictado un día antes de su fallecimiento, se lamentó de que hasta la fecha no había recibido ninguna cuantía en concepto de diezmo, a pesar de lo cual dispuso la distribución de las rentas futuras.[28] Lo único que se embolsó, aunque siempre con retrasos, fueron los salarios que tenía asignados como capitán de cada una de las cuatro expediciones que encabezó.

Varios años después, en 1509, Diego Colón dictó su testamento antes de marchar rumbo a La Española, dejando dispuesto el traslado de los restos de su progenitor a la capilla de Santa Ana del Monasterio cartujo de Santa María de las Cuevas de Sevilla y como encargado de las gestiones a un viejo amigo de la familia, Simón Verde, mercader florentino. ¿A qué se debió este traslado? Hay que empezar diciendo que el primer almirante nunca dispuso, al menos por escrito, el lugar donde quería que reposaran sus restos mortales. No podemos descartar que en privado hubiese comunicado a las personas más cercanas su intención de que la iglesia conventual de las Cuevas se convirtiera en el panteón familiar. De hecho, el prior del cenobio, fray Diego Luján, a los pocos meses de su deceso, comenzó la construcción de la capilla de Santa Ana con su bóveda de entierro, lo que parece indicar que era esa la intención desde su fallecimiento. En ese cenobio profesaba su gran amigo y compatriota fray Gaspar Gorricio y él mismo había residido allí alguna temporada, mientras preparaba su cuarta travesía.[29] La citada capilla se encuentra a los pies de la iglesia, en el lado de la epístola, donde Juan Antonio Colombo depositó sus restos, el miércoles 11 de abril de 1509, según un acta notarial, «a la hora de la campana del Ave María».[30] Desde entonces se convirtió en el primer panteón familiar, donde se sepultó tanto al primer almirante como a su hijo Diego, en abril de 1526, cuando sus restos llegaron en andas desde La Puebla de Montalbán (Toledo), donde había fallecido.[31] Con posterioridad, a mediados de siglo, Luis Colón recuperó la citada capilla como panteón, con la intención de que él y sus descendientes fueran enterrados allí, para lo cual concedió una limosna de mil ducados y diez mil maravedís de renta anual.[32] Desde este momento, el linaje dispuso oficialmente de dos panteones, el del presbiterio de la seo de Santo Domingo y el de la capilla de Santa Ana del monasterio cartujo de Sevilla.

UN VIAJE ULTRAMARINO DE IDA Y VUELTA

El 8 de septiembre de 1523, Diego Colón dispuso en su última escritura testamentaria que se instituyese un convento de clarisas en la ciudad de Concepción de la Vega, siguiendo la disposición establecida por su padre en su codicilo.[33] La capilla mayor de este cenobio debía servir como panteón para los restos de su padre, de su tío Bartolomé y de él mismo y sus descendientes. Sin embargo, nunca se llegó a erigir y, de hecho, los restos de Bartolomé, hermano del primer almirante, fallecido en Santo Domingo en 1514, permanecieron enterrados en el convento de San Francisco de la Ciudad Primada, mientras que los del otro hermano, Diego Colón, fallecido en 1515, lo hicieron en el de Santa Clara de la misma ciudad.[34]

Fue la virreina viuda, María de Toledo, quien solicitó la capilla mayor de la seo para sepultar a su difunto esposo y a su suegro, una petición que le fue concedida el 2 de junio de 1537.[35] Asimismo, consta su solicitud de 1536 para que los cartujos le entregasen los restos mortales de ambos con el objeto de trasladarlos a la Ciudad Primada. También consta su entrega en ese mismo año por el prior Diego Rodríguez, aunque no especifica el día ni el mes.[36]

¿Y cuándo se llevó los restos de su marido y de su suegro? Suponemos que en 1544, cuando se embarcó rumbo a la isla, aunque no está documentado. Desde principios de ese año estaba preparando su viaje, por lo que el 25 de febrero de 1544 dio poderes a Melchor de Carrión para que administrase sus bienes en España y cobrase todas las rentas que llegaran para ella o para su hija, la marquesa de Guadalete.[37] Poco más de un mes después, el 21 de marzo de 1544, firmó una carta de obligación con Alonso Gómez de la Serna, vecino de Sevilla y señor de la nao *Santa María del Valle*, para que le diera pasaje. Pagó los fletes correspondientes a las dos cámaras de popa, la alta y la baja, un pasaje de cincuenta personas de su séquito y un total de quince toneladas de equipaje.[38] La escuadra llegó a la Ciudad Primada el 8 de agosto de 1544 y suponemos que, entre esas quince toneladas de equipaje, llevaba las dos cajas con los restos de su suegro y de su marido, pues en 1548, en su testamento, manifestó expresamente que ambos se encontraban en la seo de dicha ciudad.[39] ¿Y qué hizo con ambos cadáveres entre 1536 y 1544? No lo sabemos, aunque dado que solo eran huesos, suponemos que los guardó en su propia casa.

En esa misma bóveda de entierro de la catedral primada se inhumaron tanto doña María de Toledo, en cuyo testamento, fechado el 27 de septiembre de 1548, ordenó enterrarse con el hábito de San Francisco en la citada capilla mayor, como su hijo Luis Colón y Toledo.[40] En cambio, como ya se ha dicho, el cuerpo de Bartolomé nunca llegó a trasladarse a la seo dominicana y permaneció en el convento de San Francisco de la capital primada. Volviendo al sepulcro de los primeros almirantes, hay que decir que se enterraron en la capilla mayor, al lado izquierdo del retablo mayor, junto al muro del Evangelio.

El hecho de que no estuviese señalado el sitio exacto con una lápida o monumento lo salvó de que Francis Drake lo profanase en 1586, ya que arrampló con todos los enseres de la catedral y no hubiese desaprovechado la ocasión de infligir un daño moral tan severo como ese. Sin embargo, con posterioridad sí debió de estar indicada su ubicación hasta 1655, cuando el arzobispo Francisco Pío Guadalupe y Téllez, ante el temor de que las tropas inglesas comandadas por William Penn ocupasen la isla y profanaran su tumba, ocultó su acceso colocando encima un nuevo pavimento.[41] Desde 1655 a 1667 solo la tradición señalaba su situación exacta, pero en las reformas realizadas para ampliar el presbiterio y renovar los escudos de armas de los duques de Veragua aparecieron una vez más sus restos. En una carta del arzobispo al rey, fechada el 1 de agosto de 1667, le dijo que los restos estaban localizados desde tiempo inmemorial dentro de la capilla mayor y que se había accedido a ellos.[42] Solo cuatro años después se informaba al duque de Veragua de que su ascendiente seguía inhumado en la capilla mayor de la seo, donde estaban ya refrescados los cuatros escudos de armas de la familia.[43] Y finalmente, en el último cuarto del siglo XVIII, estuvo en la isla Moreau de Saint-Méry y habló de las tumbas de los Colón en la capilla mayor, siendo la única descripción que tenemos anterior a su exhumación definitiva de la isla. En 1783 se informó de las autoridades locales políticas y religiosas, quienes le confirmaron que sus huesos estaban en una caja de plomo, a su vez encerrada en otra de piedra, en el lado del Evangelio del presbiterio, mientras que los de su hijo Diego estaban al otro lado, en el de la Epístola.[44] Todo parece indicar, otra vez, que aparentemente se conocía su localización exacta.

Pocos años más tarde, el 22 de julio de 1795, se firmó en Suiza el Tratado de Basilea, que ponía fin a la guerra de la Convención entre España y Francia. A cambió de recuperar los territorios ocupados por los franceses al sur de los Pirineos, España cedió su parte de La Española, aunque después no se llevó a efecto debido a la revolución haitiana. Lo cierto es que, tras su firma, las autoridades decidieron, con el acuerdo del duque de Veragua, don Mariano Colón de Toledo y Larreategui, el traslado de sus restos a La Habana.[45] Era entonces arzobispo de Santo Domingo fray Fernando Portillo, quien colaboró no solo en el traslado de sus restos sino también de toda la platería de la catedral y de las iglesias de la isla. En la exhumación solo encontraron varias planchas de plomo de lo que había sido su caja y pedazos de hueso y canillas, así como tierra, que se recogieron en una salvilla que a su vez se introdujo en un arca de plomo dorada con cerradura de hierro.[46] Pero el documento no es todo lo preciso que cabría esperar y, como narró Carlos Esteban Deive, el escribano que registró el hallazgo ni siquiera certificó que fuesen sus restos sino simplemente de algún difunto.[47] Lo que se discute es por qué no lo especificaron: para unos, debido a que, al no encontrar ninguna inscripción, no lo pudieron autenticar, mientras que, para otros, porque era obvio de quién se trataba. Parece claro que, al no tener inscripción, ni el arzobispo Portillo ni el teniente general Gabriel Aristizábal tuvieron la certeza absoluta de que eran sus verdaderos restos. Pero en lo que difiero de la tesis dominicana, de la que luego hablaremos, es en el hecho de que la exhumación se hizo de forma apresurada y, muy al contrario, es obvio que se realizó con meticulosidad, tomándose su tiempo y levantando las actas correspondientes.[48]

Dado que la caja originaria estaba inservible, los pocos restos que hallaron se introdujeron en otra nueva de plomo sobredorada con cerradura —la misma que está ahora en la tumba sevillana— y esta se puso en un ataúd pequeño sobre un túmulo. Se le ofició una misa solemne con presencia de todas las autoridades militares, civiles y religiosas de la isla. En el traslado posterior hubo repiques de campanas, descarga de piquetes, al tiempo que se soltaban quince cañonazos y otros tantos en el momento de su embarque. La armada del teniente general Gabriel de Aristizábal, que había llegado para llevar a Cuba a las personas que se quisieran marchar, fue la encargada del traslado. Sus restos se embarcaron en el bergantín *Descubridor*, desde donde fueron trasbordados en la bahía de Ocoa a la capitana, el navío *San Lorenzo*, que el 21 de diciembre de 1795 zarpó de Santo Domingo y entró en el puerto de La Habana el 5 de enero de 1796, mientras se disparaban otros quince cañonazos en su honor. Catorce días después fueron recepcionados oficialmente por los canónigos de la Catedral, quienes procedieron a su inhumación, levantando el acta el escribano Adolfo Rodríguez Palacios.[49] En un nicho de la pared del presbiterio de la catedral habanera estuvieron hasta 1822, cuando fueron trasladados a otro lugar más solemne dentro de la misma seo, donde se colocó la caja con sus restos, junto a otra con la Constitución de 1812 y algunas monedas conmemorativas, bajo una lápida con su busto.[50]

En 1898 sus restos hicieron un nuevo viaje cargado de simbolismo, en este caso de retorno a España, tras la humillante derrota en la guerra de los Cien Días contra el gigante norteamericano. Los Tratados de Paz de Paris, suscritos el 10 de diciembre de 1898, implicaron una rendición sin condiciones en la que España cedió todas sus posesiones americanas y asiáticas a cambio de veinte millones de dólares y de permitirle la repatriación de los restos del descubridor. Una capitulación vergonzosa acorde con la situación de extrema debilidad que sufría: sus flotas del Atlántico y del Pacífico habían sido destruidas, las arcas públicas estaban al borde del colapso y el pueblo se encontraba hastiado. Varias ciudades españolas se ofrecieron a acoger sus restos mortales: Huelva, que pretendía inhumarlo en el monasterio de la Rábida, tan vinculado a su figura; Córdoba, por las vivencias del marino con la cordobesa Beatriz de Arana; San Fernando (Cádiz), por disponer de un Panteón de Marinos Ilustres, y, finalmente, Sevilla, por ser durante siglos el puerto y la puerta de las Indias. Al parecer, fue el duque de Veragua, Cristóbal Colón de la Cerda, a quien le correspondió tomar la decisión final. Optó por la última candidatura. El 26 de septiembre de 1898 se exhumaron de nuevo sus restos de La Habana y se hallaron en la caja dos pequeños pedazos de hueso y algunas astillas. El 13 de diciembre de ese mismo año se embarcaron en el crucero *Conde de Venadito*, comandado por el capitán de navío Esteban de Arriaga y Amézaga, que alcanzó la ciudad de Cádiz el 16 de enero de 1899. No hubo ningún tipo de ceremonia en este puerto, pues se reservaba toda la parafernalia para Sevilla. Por eso, el mismo día de la llegada del crucero se reembarcaron los restos en el navío de aviso *Giralda*, capitaneado por Rafael Rodríguez de Vera, quien se encaminó a la ciudad hispalense, a donde llegó en la fría mañana del 19 de enero de 1899.[51]

Según narraron los diarios de ese día, la acogida fue multitudinaria. El muelle de las Delicias había sido engalanado y a la entrada del *Giralda* todos los vapores hicieron sonar las sirenas en su honor. Al pie del puerto esperaba la comitiva, encabezada por el entonces alcalde de Sevilla, don Alfredo Eraso y Pizarro, acompañado por el duque de Veragua, como representante de la familia. La tribuna se situó delante del palacio de San Telmo, desde donde, en pomposa procesión, los restos fueron llevados hasta la Catedral.[52] Tras una solemnísima ceremonia, sus reliquias se instalaron provisionalmente en el panteón de los arzobispos, sito en la iglesia del Sagrario de la catedral, en una sepultura contigua a la del prelado Romo y Gamboa, fallecido en 1855.[53]

Sus restos quedarían cobijados en el monumental sepulcro que Arturo Mélida y Alinari había proyectado en 1891 para la catedral de La Habana, cuando aún no se era consciente de que la isla se perdería al año siguiente. Mientras el monumento se instalaba en la seo sevillana, su caja permaneció en un túmulo ubicado en el Panteón de los arzobispos. La idea era instalar el monumento definitivo en la capilla de Nuestra Señora de la Antigua, pero, dado que no cabía en la misma, el 17 de noviembre de 1902 se colocó en la nave de la catedral, en el lado de la Epístola, delante de la puerta de la Lonja, donde aún permanece.[54] Ese mismo día se realizó una ceremonia solemne y se trasladó la caja a su nueva ubicación en el citado catafalco, que portan cuatro figuras de gran tamaño que representan a los reinos de Castilla, León, Aragón y Navarra. La citada urna era la misma de plomo dorado realizada en 1795, en cuyo exterior se lee: *Aquí yacen los huesos de Cristóbal Colón, primer Almirante y descubridor del Nuevo Mundo R. I. P. A.* El catafalco tenía tres cerraduras y cada una de las llaves se entregó a tres personas distintas: el duque de Veragua, el arzobispo de Sevilla y el alcalde de la ciudad, el ya citado Alfredo Eraso Pizarro.

Sus huesos viajaron junto a varios centenares de repatriados, todo un símbolo del final de una era. Con su llegada se cerraba deshonrosamente la aventura imperial, iniciada en 1492 por un genovés al servicio de Castilla. Constituyó su último viaje, que supuso, en palabras de Julio Martínez, «el patético cerrojazo al Descubrimiento, el saldo a cero del imperio colonial».[55]

UN ERROR HISTÓRICO

Hasta aquí hemos narrado la historia oficial. Sin embargo, desde 1877 se desató una gran polémica, coincidiendo con unas obras de remodelación del presbiterio de la catedral de Santo Domingo. Allí se localizó una bóveda de entierro en el lado del Evangelio, justo donde en 1795 se extrajeron los restos de Colón, y había una urna con las siglas *C. C. A.*, que se interpretó que respondían a *Cristóbal Colón, Almirante* y otra inscripción en la que ponía *ilustre y esforzado varón don Cristóbal Colón.*[56] Dentro de la citada urna, además de varios fragmentos de huesos, se encontró una bala de plomo de unos treinta gramos de peso que cada uno ha interpretado como mejor le ha convenido. Para unos, era un trozo de plomo que suponían que había recibido el primer almirante en su juventud, mientras que para otros respondía a un trozo de metralla recibida por el nieto del primer almirante, de su mismo nombre, que fue militar.[57]

Pese a las dudas, monseñor fray Rocco Cocchia, obispo de Orope y nuncio apostólico del Vaticano en República Dominicana, dio a conocer el 14 de septiembre de 1877 una enfervorecida pastoral en la que hizo público el hallazgo de los verdaderos restos del primer almirante.[58] Incluso circularon frascos con pequeñas cantidades de cenizas, supuestamente suyas, que se hicieron llegar al pontífice León XIII.[59] Desde entonces ha habido un arduo debate, por momentos agrio, entre la historiografía dominicana y la española, en torno a si se acertó o no cuando se exhumaron los restos en 1795. Se han publicado a ambos lados del charco decenas de libros y artículos en los que se defiende una u otra hipótesis.[60]

Los defensores de la tesis dominicana insisten hasta la saciedad en que la exhumación de 1795 se hizo de manera «precipitada o apresurada, festinada e inconsulta», lo que los llevó a cometer un error pueril, pues se llevaron los restos del segundo almirante.[61] Poco después del hallazgo de 1877, el presidente del gobierno español Antonio Cánovas del Castillo encargó un informe a la Real Academia de la Historia, que a su vez lo delegó en el académico Manuel Colmeiro Penido, censor de dicha institución, que dio a conocer sus resultados el 14 de octubre de 1879 y refutó la idea defendida por los dominicanos.[62] Esencialmente, trató de demostrar que el traslado de 1795 no se hizo de cualquier manera, sino que se practicaron muchas diligencias y junto a los restos se remitió la documentación que certificaba la exhumación.

Como ya afirmamos, en el lado del Evangelio del presbiterio de la catedral de Santo Domingo se colocó, junto al muro, a Cristóbal y a su hijo Diego, y delante de este último a su esposa María de Toledo. Mucho más cercano a la nave de la seo, y, por tanto, bastante separados de los tres primeros, se inhumaron los dos nietos del primer almirante, a un lado Cristóbal y al otro Luis.[63] En una de mis visitas a la seo dominicana, en octubre de 2017, el conservador de la catedral, don Esteban Prieto Vicioso, me enseñó amablemente la cripta de los Veragua —cuya llave todavía poseen los actuales duques— al tiempo que me explicó la ubicación exacta en la que se encontraban los restos del primer almirante, de su hijo Diego, y de sus nietos Luis y Cristóbal. Según él, en 1795, cuando se exhumaron los restos, está documentada, a través de varios inventarios, la existencia de un retablo en el lado del Evangelio que impedía el acceso al nicho del primer almirante, por lo que se llevaron los de su hijo Diego. Por tanto, para él, los restos extraídos, y que se colocaron en un arca de plomo dorada con cerradura, fueron los de Diego y no los de su padre, a los que no pudieron acceder.

Sin embargo, siempre me ha costado trabajo creer que en 1795 las autoridades civiles y religiosas, con la supervisión de la propia familia, cometiesen un error tan ingenuo como llevarse los restos equivocados. Menos creíbles aún me han parecido las teorías conciliadoras de la repartición de los huesos; según Carlos Dobal Márquez, la mitad de los restos se quedaron en la Cartuja de las Cuevas y la otra mitad fueron remitidos a Santo Domingo, mientras que José de la Peña y Cámara sostuvo que en 1795, ante el riesgo de que el barco naufragase, se decidió enviar solo la mitad de los restos a La Habana, quedando la otra mitad en Santo Domingo.[64] Una idea que ha vuelto a ponerse de actualidad, cuando los autores del documental *El ADN de Colón*, emitido el 12 de octubre de 2024, han vuelto a sugerir la posibilidad de que sus huesos pudiesen estar repartidos entre Sevilla y Santo Domingo.[65] Como intento por contentar a todos está bien, pero, desde mi punto de vista como historiador, debo decir que esa hipótesis no cuenta con el menor respaldo documental. Tampoco podemos dar credibilidad a la idea defendida por Manuel Giménez Fernández, quien sostuvo que los restos nunca salieron del monasterio de las Cuevas y se perdieron para siempre en la inundación que el Guadalquivir provocó en 1544.[66] Y digo que no es plausible porque consta documentalmente la entrega de sus restos a María de Toledo, varios años antes.

Para más inri, el 14 de febrero de 2004 las autoridades dominicanas autorizaron la exhumación de los restos conservados desde 1992 en el Faro a Colón, que hubiese despejado todas las dudas. Sin embargo, al final se cambió de opinión, lo que ha permitido la pervivencia del enigma, o al menos de la teoría de que allí se conservan la mitad de sus restos.[67] No obstante, hay varios estudios realizados con anterioridad, en particular uno de 1959, que concluyeron que pertenecían a un hombre de 1,73 de altura que había sufrido durante largo tiempo artrosis y que debía de tener en el momento de su óbito unos sesenta años, algo compatible con el primer almirante, pero también con su hijo e incluso con su nieto.[68] Una de las pocas conclusiones en las que el equipo de genetistas, encabezado por el doctor José Antonio Lorente Acosta, se ha mostrado rotundo es que los restos de Sevilla son los auténticos. Ya lo dijeron en 2006 y lo han vuelto a dejar claro en el documental de 2024, confirmando que no hubo error en la exhumación de 1795.[69] Está claro que lo dicho en un documental no posee validez científica y habrá que esperar a la publicación del informe científico, pero todo apunta en ese sentido.

Los dominicanos, por su parte, han realizado en los últimos siglos sus propios traslados y monumentos, honrando al descubridor. Ya el 5 de diciembre de 1898 se inauguró un sepulcro situado a los pies de la nave principal de la Catedral Primada, obra del arquitecto español Fernando Romeau y del escultor Pedro Carbonell.[70] Allí permanecieron hasta su traslado al fastuoso Faro, construido con motivo del V Centenario del Descubrimiento de América.[71] Se trataba de un viejo anhelo de la intelectualidad dominicana, que llevaba décadas pensando en construir un monumento de estas características.

Toda esta disputa me parece irrelevante, un debate añejo que suena a tiempos pretéritos donde se mezcla un patriotismo mal entendido. Sin embargo, he creído oportuno ofrecer mi punto de vista, siempre con la intención de aclarar ideas y de disipar mitos. Es verdad que las dudas que se han mantenido hasta la fecha han permitido mantener dos monumentos funerarios, uno en Sevilla y otro en Santo Domingo, algo que quizá el propio Colón habría suscrito.

LOS ESTUDIOS GENÉTICOS

El profesor José Antonio Lorente, director del Laboratorio de Identificación Genética de la Universidad de Granada, con el asesoramiento del historiador Marcial Castro Sánchez, lleva desde el año 2002 estudiando los restos de la familia Colón. Se exhumaron sus supuestos restos en la catedral de Sevilla el 2 de junio de 2003, así como los de su hermano Diego Colón, que se encontraban en la fábrica de cerámica Cartuja-Pickman, y los de su hijo Hernando, localizados en la misma seo hispalense. Por fin, tras algo más de dos décadas de promesas incumplidas, el 12 de octubre de 2024 se publicaron los resultados, no en una publicación científica sino en un documental.[72] No era un producto televisivo lo que esperábamos los colombinistas; no obstante, su emisión ha ofrecido algunos resultados interesantes, aunque en los aspectos fundamentales no han sido concluyentes.[73]

Para empezar, los restos del primer almirante de la catedral de Sevilla ofrecen muy poca calidad y con grandes dificultades han conseguido extraer alguna información de su ADN, a diferencia de los de su hijo Hernando, que se encuentran en mucho mejor estado. Quiero insistir en que en la urna de Colón no hay ningún cadáver suyo, sino solo ciento cincuenta gramos de material óseo junto a otros restos como trozos de yeso, insectos, arena, conchas, carbón vegetal e hilos de oro y plata.[74] Casi lo mismo que se describió en 1795 cuando se exhumaron esos restos de la catedral de Santo Domingo, señalando entonces las autoridades que apenas encontraron pequeños fragmentos de hueso entre varias planchas de plomo de una vieja caja de ese metal. Ya el propio profesor Lorente manifestó hace tiempo que era difícil obtener material genético de tan escasos restos, aunque se mostraba moderadamente optimista.[75] A continuación, enumeraré las principales conclusiones del mismo:

Primero, el ADN de los restos del mausoleo de la catedral de Sevilla es de muy poca calidad y apenas ofrece información, a diferencia de los de su hijo Hernando, que se encuentra en la misma seo. Pese a todo, se ha podido demostrar que Hernando era hijo de Cristóbal, algo que nadie había dudado nunca en los últimos quinientos años.

Segundo, dado que son compatibles los datos de los huesos de Cristóbal Colón y de su hijo Hernando, se confirma que los restos conservados en el monumento de Mélida son los auténticos.

Tercero, se exhumaron los supuestos restos de Giacomo —Diego— Colón que se conservaban en la Cartuja de Sevilla, en una urna de plomo con dos dedos de agua corrupta que obligó a practicarles un proceso de deshidratación.[76] Los resultados confirman que en realidad eran parientes en tercer o cuarto grado, y hay que añadir que la compatibilidad entre hermanos es muy fácil de obtener porque los hijos de padre y madre comparten el mismo ADN mitocondrial. Sin embargo, hay un pequeño problema y es que tanto Cristóbal como Bartolomé le dieron siempre un tratamiento de hermano, y Domenico Colombo lo citó como su hijo. Dado que la caja con los restos, además de no tener ninguna inscripción, ha estado deambulando de un lado para otro durante décadas, como se recoge en el propio documental, no podemos descartar que los restos analizados correspondan a los de otra persona, o incluso, a los de Juan Antonio o Andrea Colombo, primos y amigos personales del almirante. De hecho, el primero de ellos fue el encargado de inhumar sus restos en la sevillana Cartuja de las Cuevas. Después, en 1509, tanto Juan Antonio Colombo como su hermano Andrea se embarcaron junto a Diego Colón y la virreina María de Toledo rumbo a La Española en su séquito personal.[77] No podemos descartar que sus supuestos restos sean en realidad de algunos de estos dos sobrinos del almirante, que con toda probabilidad también se inhumaron en la Cartuja de las Cuevas.

Cuarto, quedan descartados los extravagantes orígenes del corsario Pedro Ataide, el hijo del Príncipe de Viana, el hijo de doña Aldonza de Mendoza, el Álvarez de Sotomayor o un agote de la Baja Navarra. Está bien que se hayan podido demostrar como errados científicamente, pero es algo que todo el mundo daba por hecho porque se basaban en meras conjeturas.

Y quinto, los restos de la seo sevillana son compatibles —dicen— con el gen judío del Mediterráneo Occidental. Es decir, que en teoría podría ser originario de Italia, Francia o España. Pero, como afirman los autores del documental, dado que en Italia no había semitas porque fueron expulsados en el siglo XII, podrían ser de España y, ya puestos, por qué no de Valencia, donde había una alta concentración de ellos. Parecen ignorar los autores del documental que su familia materna, los Fontanarossa, era una conocida estirpe conversa, por lo que los resultados del ADN de los huesos de Sevilla no contradicen lo que todos los colombinistas sabemos, es decir, que era un converso genovés.

En definitiva, el documental, más allá de demostrar como equivocadas las tesis rocambolescas atribuidas a Colón, mantiene intacta la genovesa, que, por otro lado, está más que documentada. ¿Qué sentido tendría mentir a toda la humanidad y hacer creer que era genovés cuando en realidad era, según los autores del documental, catalán o más probablemente valenciano? No tiene ningún sentido, él era un converso nacido en la ciudad del Tirreno, algo en lo que no abundó demasiado, pero que nunca contradijo, porque ser converso no era una rémora insalvable. De hecho, había grandes personajes en el entorno de la corte que lo eran, entre ellos su protector Luis de Santángel o el famoso cardenal Juan de Torquemada, del que dijo Hernando del Pulgar que sus abuelos fueron del linaje de los judíos.

SU DESCENDENCIA

Ninguno de los descendientes de Colón continuó con el oficio de marino, pues mientras que su primogénito desplegó labores gubernativas el resto de sus sucesores se convirtieron en rentistas, limitándose a cobrar los réditos de su ducado. Su hijo Diego se encargó de proseguir la reivindicación de los derechos santafesinos, aunque no es cierto que fuese él quien iniciara los Pleitos colombinos, que, en realidad, se desencadenaron a instancias de la fiscalía, a principios de 1511.[78] Consiguió su nombramiento como gobernador de La Española, a donde llegó en junio de 1509, aunque nunca gozó de los poderes que había disfrutado su antecesor frey Nicolás de Ovando. Y aunque se quejó ante el monarca, este le reprochó que le dio poderes casi absolutos al extremeño para restituir el orden, debido al caos reinante en el virreinato.[79] Diego Colón había dado muestras de su deseo de ejercer un poder omnímodo, pues, incluso, se había permitido obviar el cumplimiento de algunas disposiciones regias.[80] Precisamente la Corona, anticipándose al problema, ya había nombrado al todopoderoso tesorero Miguel de Pasamonte, que llegó a la isla en noviembre de 1508 y que debía servir para consolidar el poder real. Este aragonés gozaba de la confianza tanto de los soberanos como de Lope de Conchillos y del obispo Fonseca, y desde el principio lideró el grupo oficialista encargado de controlar el poder de la facción colombinista, que encabezaría Diego Colón.[81]

El segundo almirante insistió en que se le restituyese la autoridad judicial de la que gozó su progenitor, de ahí que sugiriese la creación de una audiencia en Santo Domingo, presidida por él. En una minuta inédita dirigida a la Corona propuso la creación de esta chancillería, detallando su funcionamiento.[82] El documento no tiene fecha, pero debió de ser escrito hacia el año 1510, una vez que estaba ya en la isla, pocos meses antes de la creación del organismo.[83] Llaman la atención varios aspectos. En primer lugar, que lo denomine ya como la Real Audiencia de la ciudad de Santo Domingo, la cual estaría formada por tres oidores que solo podrían mantenerse en el cargo durante un período de tres años, siendo presidente vitalicio el propio Diego Colón o sus descendientes. Solo podrían optar a la reelección pasados otros tres años, y todos estarían sometidos a un juicio de residencia, salvo Diego Colón, por su condición de virrey. Además, este ejercería de presidente de la audiencia, teniendo un voto igual que cada uno de los tres oidores, pero siendo el suyo decisivo en caso de empate. La sede del tribunal estaría ubicada en su propio palacio de gobierno y tendría tres tipos de poderes: jurídicos, de gobierno y hacendísticos, hasta el punto de que los secretarios de la audiencia deberían tener tres libros diferenciados de cada una de las tres competencias. Y es interesante porque es la primera vez que se planteaba que la audiencia tuviese poderes más allá de lo estrictamente judicial y en un marco territorial que abarcase todas las Indias. La Corona accedió a su creación, formada por tres oidores, y con poderes gubernativos, además de jurídicos. Pero, eso sí, se aseguró de que constituyesen un poder paralelo al almirante, que no solo no controlaría el tribunal, sino que sería su principal contrapeso. Los asuntos económicos ya estaban controlados, pero también quería arrebatarle cualquier tipo de competencia judicial, lo que justificó la fundación del primer tribunal de justicia del Nuevo Mundo por una Real Provisión, dada en Burgos, el 5 de octubre de 1511. Fueron designados como primeros jueces de apelación Lucas Vázquez de Ayllón, Marcelo de Villalobos y Juan Ortiz de Matienzo, con un salario de 150.000 maravedís más un repartimiento de dos centenares de indígenas cada uno.[84] Los elegidos eran juristas de una larga trayectoria, aunque ninguno de ellos fue un ejemplo de rectitud, en particular Lucas Vázquez de Ayllón y Juan Ortiz de Matienzo, que se convirtieron en dos de los grandes promotores de las armadas esclavistas, eufemísticamente llamadas de rescate. La Corona dispuso que todos, incluido el gobernador, recibiesen a los juristas y acatasen sus decisiones.[85] Lo que se pretendió fue dotar de amplios poderes a los jueces de apelación y a los oficiales reales, los cuales deberían imponer sus designios frente al partido colombino.[86] Como hemos visto, Diego Colón apenas recuperó una gobernación con competencias muy mermadas, y gracias a la influencia de la familia de su esposa doña María de Toledo. De ahí que los contenciosos se prolongasen varias décadas y se resolvieran en primera instancia el 27 de agosto de 1534, al reconocerse el almirantazgo perpetuo de las Indias a los sucesores del descubridor, así como la gobernación del Darién, con la posibilidad de designar tenientes.

Luis Colón, nieto del descubridor, fue un personaje díscolo que llevó una vida licenciosa; fue acusado de bigamia y terminó siendo desterrado a Orán, donde falleció.[87] No estuvo dispuesto a continuar la lucha de sus predecesores y solo quería una ganancia con la que satisfacer sus caprichos, por lo que terminó pactando un acuerdo con la Corona. El 16 de agosto de 1535, en una nueva sentencia —la cuarta—, se ratificaron los títulos de virrey y gobernador de las islas y Tierra Firme a sus descendientes. Pero de nuevo fue recurrido, ya que Luis Colón solicitaba que su virreinato abarcase todo el continente, algo que, como resulta obvio, las autoridades nunca iban a admitir. El 2 de junio de 1536 se volvió a corroborar en Valladolid lo concedido en 1534, por lo que definitivamente la familia renunció a los privilegios otorgados en 1492, en especial al cargo de virrey y a la percepción de la décima parte de las rentas. A cambio, conservaron las siguientes prebendas: primero, el título a perpetuidad de almirante de las Indias, con las remuneraciones anexas al cargo, aunque desde 1556 se le obligó también a renunciar a sus percepciones pecuniarias.[88] Segundo, el señorío y propiedad de la isla de Jamaica, con jurisdicción civil y criminal, y el título anexo de marqués o duque, sin especificar la intitulación específica, que después sería de la Vega. Este lo detentarían hasta 1655, cuando la isla cayó en manos inglesas, pese a que los Colón siguieron conservando hasta la actualidad el marquesado. El entonces almirante, don Pedro Colón, protestó, pero paralizó sus reclamaciones al ser designado virrey de Nueva España. Claro está que nunca más recuperaría este señorío, ni una compensación por su pérdida. Tercero, otro señorío de veinticinco leguas cuadradas en la provincia de Veragua, con el título de duque.[89] Y cuarto, diez mil ducados anuales a perpetuidad, situados sobre la Caja Real de Santo Domingo, que desde 1550, a cambio de renunciar a la remuneración de virrey, se amplió hasta los diecisiete mil.[90] Asimismo, se le asignó el alguacilazgo mayor perpetuo de todas las villas y ciudades de La Española, así como el patronazgo de la capilla mayor de la catedral de Santo Domingo, con la única condición de que la adecentara.[91] Tan solo un año después, se le adjudicaron dos mercedes más: una, la posibilidad de presentar a los abades y demás cargos religiosos en la isla de Jamaica, y dos, el hábito de Santiago y quinientos mil maravedís de renta al otro hijo de la virreina, Diego Colón, y otras rentas similares para sus dos hijas doncellas, María y Juana Colón.[92] Los privilegios terminaron reduciéndose al ducado de Veragua, al título de marqués de la Vega y a unas rentas de diecisiete mil ducados anuales. Este acuerdo puede interpretarse como una claudicación, como lo vio Hernando Colón, pues contravenía los deseos de sus ascendientes. Pero en su defensa hay que decir que antes o después los hubiese perdido por la lógica decisión de la monarquía, que aspiraba a consolidar su poder, lo cual pasaba por suspender unos privilegios que, al margen de su legalidad, eran casi feudales.[93] De hecho, los soberanos aprendieron la lección y nunca más otorgarían a ningún personaje tantas prerrogativas como las concedidas en Santa Fe.

Luis Colón solo tuvo una hija, Felipa, que no podía heredar el mayorazgo porque el primer almirante dejó claro que la sucesión se debía llevar siempre por orden de varonía, aunque no fuesen de su rama principal.[94] Sin embargo, se buscó una solución que a la postre resultaría muy efímera, al pactar sus esponsales con su primo hermano, Diego, hijo de Cristóbal Colón.[95] Y digo que fue efímera porque ambos murieron sin descendencia, Felipa Colón, II duquesa de Veragua, en 1577, y su marido el año siguiente. Desde entonces se iniciaron grandes litigios por la sucesión, en la que estarían implicados personajes muy variopintos, como Baltasar y Bernardo Colombo, y que se prolongarían durante décadas e incluso siglos, un conflicto que daría para otro libro.

Capítulo 13
COLÓN EN LA DIANA

DEL AMOR AL ODIO

Como todos los grandes personajes de la historia, Cristóbal Colón no ha podido escapar al relativismo con el que se le ha mirado en cada época. El genovés ha sido siempre el mismo, sigue siendo el mismo desde hace más de cinco siglos, lo que ha cambiado ha sido la forma en la que las distintas generaciones lo han contemplado. Ya sus propios contemporáneos fueron conscientes de que se iniciaba una nueva era en el devenir histórico. Francisco López de Gómara ponderó su gesta escribiendo aquella repetida y memorable frase de que el descubrimiento de América fue lo más grande ocurrido en el mundo desde su creación, salvando «la encarnación y muerte de Jesucristo».[1] Y, además, sostuvo que su hazaña fue tan gloriosa «que nunca se olvidará su nombre», una frase que, aunque pueda parecer exagerada, fue en realidad premonitoria, pues su memoria ha traspasado los tiempos, a través de sus defensores y de sus detractores.[2] No menos laudatorio se mostró Bartolomé de Las Casas, para el que fue Dios «quien le dio las llaves de este espantosísimo mar, y no quiso que otro abriese sus cerraduras oscuras» y, por tanto, solo a él se le debía «la más egregia obra que hombre jamás, en millares de años atrás, hizo».[3] Por su parte, el jurista Alonso de Zuazo afirmó en 1519 que, gracias a él, el rey de Castilla poseía el más extenso imperio de la historia, pues Alejandro Magno nunca se alejó mucho de Macedonia y el Imperio Romano nunca sobrepasó las setecientas leguas.[4]

Todos ellos exageraban, sugestionados por las sorprendentes noticias que circulaban, pero era la sensación que muchos tenían en la vieja Europa en los albores de la Edad Moderna, pensando que vivían en un planeta fascinante, mucho mayor de lo que habían pensado y con muchos secretos por descubrir.

En los siglos XVII y XVIII su figura pasó bastante desapercibida, y fue a partir de mediados del siglo XIX cuando el auge de los nacionalismos resucitó un inusitado interés por el hombre y su proeza. En la centuria decimonónica tuvo un extraordinario impacto el texto de Washington Irving, que fue la primera biografía completa y documentada, aunque tamizada por un perfil romántico, al presentarlo como un gran cosmonauta frente a los oscurantistas miembros de la junta de Salamanca. Traducido al castellano en 1834 por José García de Villalta, la obra combinaba una excelente prosa con un exhaustivo uso de las fuentes disponibles en su tiempo, lo que llevó a Marcelino Menéndez Pelayo a decir que era la mejor biografía que se había escrito del personaje. Para Irving, este personaje representaba el mejor ejemplo del sueño americano, de su eterna aspiración de ampliar los horizontes hacia el oeste, lo mismo que protagonizó su país, Estados Unidos, a lo largo del siglo XIX. Su biografía ejerció una extraordinaria influencia, y con posterioridad aparecieron otras muchas que seguían ese mismo paradigma idealizado, mientras que las obras críticas fueron minoritarias, entre ellas las de los norteamericanos Aarón Goodrich (1879) y María A. Brown (1888). El primero ponderó la avaricia y la crueldad de una persona que no dudó en esclavizar a los naturales, mientras que la segunda destacó el papel en el Descubrimiento de los islandeses, al tiempo que tildaba a Colón de «usurpador, infame y pirata».[5]

A mediados del siglo XIX, hubo un gran interés en Huelva por recuperar los lugares colombinos y poner en valor la importancia de esta tierra en los descubrimientos. Se restauró el monasterio de La Rábida, que se reabrió el 15 de abril de 1855, mientas que un cuarto de siglo después se creó la Sociedad Colombina Onubense, que desde esa fecha a la actualidad ha mantenido la actividad y potenciado la investigación.[6] Por su parte, el conde Roselly de Lorgues publicó una famosa semblanza sobre el personaje en 1856, traducida al castellano dos años después, insistiendo en su santidad, que tuvo una considerable repercusión en toda Europa. A raíz de esa idea, en 1866 el papa Pio IX encargó al arzobispo de Burdeos que abriese una causa para su posible beatificación, que continuó su sucesor León III, pues lo veían como un elegido para expandir las fronteras de la cristiandad. En 1892 se volvió a impulsar la causa, aunque finalmente nunca se terminaría de sustanciar, en parte porque se encontraron ciertas máculas en su vida privada y también por los nuevos aires de la historiografía positivista, que trataba de dejar atrás las visiones hagiográficas.[7]

La admiración por su gesta alcanzó su punto culminante en 1892, con motivo del IV centenario del Descubrimiento, en el que España consiguió darle al evento una proyección internacional. El gobierno de Antonio Cánovas del Castillo trataba así de apuntalar los lazos culturales y económicos con Hispanoamérica, ante un rival cada vez más omnipresente como era Estados Unidos.[8] El auge de la II Revolución Industrial y el resurgimiento del imperialismo favorecieron el reconocimiento a lo que en la época se entendía que era un hito en el proceso civilizatorio. Intelectuales de la talla de Emilio Castelar, que había sido presidente de la I República española, lo ensalzaron como un personaje asombroso que prestó grandes servicios a España y al mundo.[9] Incluso el revolucionario cubano José Martí se declaró un gran admirador suyo, calificándolo de *marino profético y batallador*, en cuya persona cabía un nuevo mundo.[10] En ese cuarto centenario se publicaron numerosas obras y se organizaron incontables eventos, ponderando la gesta de aquellos hombres que forjaron el imperio. Solo en España se celebraron once congresos americanistas, siendo el más destacado el inaugurado el 7 de octubre en La Rábida.[11] Las celebraciones, como ocurre siempre, tuvieron un trasfondo político, de manera que se conmemoró de distinta forma en España que en otros países de Europa o de América. España se centró en la gesta descubridora, destacando no solo al marino italiano, sino también a la reina Isabel, a los hermanos Pinzón y a otros descubridores españoles. Se trataba de hispanizar la gesta, ponderando, como dijera en 1892 Cesáreo Fernández Duro, la grandeza de miras del país que aceptó el patrocinio de tal empresa, frente a otros soberanos que se negaron. En pleno auge de los nacionalismos, hubo piques entre españoles e italianos, pues los primeros entendían que la gloria había sido de la España de los Reyes Católicos, que pusieron las condiciones para que la proeza se cumpliese, mientras que los segundos defendían que esta fue protagonizada fundamentalmente por un italiano y su entorno.[12] Asimismo, trataban de focalizar su interés en la biografía del personaje, destacando su mérito y minusvalorando el papel de los españoles. Hubo algunos críticos que cargaron las tintas contra la conquista, pero evitaron aludir a él en particular, por lo que su estima fue casi generalizada hasta bien entrado el siglo siguiente.

Desde el siglo XX no existe unanimidad en torno a su figura, no solo a pie de calle sino también entre los intelectuales. Oswald Spengler lo comparó con su contemporáneo Leonardo da Vinci. Ambos, a su juicio, «hicieron posible la victoria del infinito sobre la limitación material de lo presente y palpable».[13] Y más adelante añadió que él y Vasco de Gama dilataron el horizonte geográfico hasta la inmensidad, relacionando el mar con la tierra.[14] Por su parte, el argentino Enrique de Gandía dijo que dio al ser humano la completa posesión del planeta, haciendo más por la expansión de la fe que los santos mártires.[15] Asimismo, el gran antropólogo y etnólogo belga Claude Lévi-Strauss esgrimió que su proeza fue más meritoria que la llegada del hombre a la Luna, pues comparativamente para su época estaba tan lejos como el satélite y la riqueza de lo encontrado en el Nuevo Mundo fue mucho mayor.[16] En España, uno de sus principales biógrafos, Manuel Ballesteros Beretta, escribió que fue «una de las individualidades más poderosas de la historia».[17] En el lado opuesto se situaron autores como el alemán Georg Friederici, quien, en 1925, lo describió como una mala persona avara y cruel que desencadenó un infame trato a la población aborigen.[18]

Desde los años sesenta y setenta se produjo un auge de los movimientos de liberación nacional, en los que se plantearon grandes críticas al colonialismo pasado y presente, situándolo en la diana. En esta línea, en buena parte indigenista, muchos lo han visto como un exponente del eurocentrismo, que terminó provocando la destrucción de las civilizaciones originarias. Para ellos, más que un descubrimiento lo que se produjo fue un encubrimiento que terminó por situar a Europa en el centro de la historia, excluyendo a los indígenas, que fueron obligados a integrarse en la civilización occidental.[19]

Durante el V Centenario se trató de buscar un consenso, titulando el proceso como el encuentro de dos mundos y evitando usar la palabra descubrimiento. Un encuentro —o encontronazo— no exento de conflictos entre dos mundos que colisionaron, pero tras el cual se sentaron las bases de la expansión de una civilización interconectada a través de flujos bidireccionales. En general, la acogida fue aceptable, y prueba de ello fue la exitosa celebración en Sevilla de la Expo 92, aunque no faltaron voces críticas que hablaron de des-celebración.[20] Se trataba de posiciones minoritarias, pero muy ruidosas, de miembros de una corriente que despreciaba el inicio de un colonialismo que, a su juicio, seguía vigente a través de un comercio asimétrico y que mantenía el desprecio hacía los pueblos originarios. Ellos pusieron de actualidad una frase que todavía se esgrime: que el 12 de octubre no hay nada que festejar. Entre esas voces críticas no solo había extranjeros, sino también españoles como Rafael Sánchez Ferlosio, uno de los intelectuales que con más empeño se opusieron a los fastos de la efeméride. De hecho, ridiculizó a la Expo del 92, tildándola de ser una *Disneylandia sevillana* que trataba de dulcificar lo que había sido una colisión feroz entre dos mundos. A su juicio, toda conmemoración es apologética y bajo ningún concepto se debía celebrar lo que fue la victoria del mal, por lo que mostraba su disgusto y disconformidad con la glorificación de lo que él entendía que fue una espantosa tragedia. Para Ferlosio, todo el proceso estuvo animado por un deseo de dominación, una empresa que tildó de «pavorosa, arrolladora y tenebrosamente eurocéntrica»,[21] en la cual estuvo implicada la Iglesia, bendiciendo las brutalidades cometidas en el proceso con la excusa de ensanchar sus fronteras.[22] La otrora gesta descubridora se había convertido a finales del siglo XX en una empresa invasora y Colón en un vulgar y oscurantista ladrón.

Ya en el siglo XXI, en países como Venezuela, Argentina, Chile, Bolivia o México han sido vandalizados o retirados los monumentos de Colón de la vía pública. También algunas ciudades estadounidenses han desmantelado sus estatuas, como Los Ángeles, que en el año 2018 ordenó su retirada del centro histórico. Asimismo, muchos países han cuestionado la celebración del Día de la Hispanidad el 12 de octubre. Por poner algún ejemplo concreto, en 2002, el presidente de Venezuela, Hugo Chávez, cambió el nombre de la festividad, que pasó a llamarse Día de la Resistencia Indígena. Desde esa fecha, comenzó en el país sudamericano una gran hostilidad hacia su figura que terminó con la retirada o la vandalización de los monumentos que había en el país, entre ellos, la emblemática estatua de Caracas. Pero como estas dinámicas suelen ser contagiosas, no tardaron en aparecer réplicas en otros países, como Nicaragua, que en 2007 institucionalizó el Día de la Resistencia Indígena, Negra y Popular. Tampoco se libró de esta tendencia Argentina, pese a que, desde 1917, tenía el 12 de octubre como día de su fiesta nacional. En el año 2010 la presidenta argentina Cristina Fernández de Kirchner decidió cambiar su nombre por el del Día del Respeto de la Diversidad Cultural.

Es indudable que el hecho de colocar una estatua a un personaje responde a una decisión política que de alguna forma pretende imprimir una determinada identidad histórica, pero lo mismo ocurre cuando se retiran o se cambian por las de otros personajes.[23] Lo cierto es que en la agenda política de varios países hispanoamericanos está el arrinconamiento de la herencia hispana, cuyos pilares más simbólicos son los monumentos dedicados a descubridores como Colón, a conquistadores o evangelizadores. En la actualidad, solo dos países siguen conmemorando el 12 de octubre como Día de la Hispanidad: Panamá, que mantiene ese mismo nombre, y Guatemala, que lo mantiene como Día del Descubrimiento de América.[24] En cuanto a España, aunque con algunas críticas, se mantiene ese día como fiesta nacional, aunque desde 1987 ya no es fiesta de la Hispanidad. Bien es cierto que se mantiene un cierto interés por el personaje, que alumbra publicaciones de libros, jornadas históricas e incluso alguna gran exposición como la dirigida por Consuelo Varela en 2007.

Como puede observarse, un personaje tan potente como el que estamos biografiando ofrece munición tanto para ponderarlo como para despreciarlo, de ahí que siga siendo, cinco siglos después, objeto de debates y reflexiones lo mismo sobre su figura que sobre las narrativas históricas que se han realizado. Una parte de la historiografía actual está tratando de revisar su perfil histórico y, sin negar que marcó un antes y un después en el cambio de ciclo histórico, también lo señala como un símbolo del colonialismo europeo que trajo consigo el drama de la explotación abusiva de los pueblos indígenas.

Personalmente, entiendo al personaje en su contexto y creo que su gesta cambió el mundo para siempre. Pero no ignoro, como dijera Lichtenberg, que el día que los indígenas se encontraron con Colón fue un mal día para ellos.[25] La desigualdad de los universos que entraron en liza fue tal que se produjo un verdadero cataclismo en la forma de vida de millones de personas. Antes de la fatídica arribada vivían en el continente varias decenas de millones de personas que arrastraban un largo pasado de historias felices y también de historias violentas. Como ha escrito Matthew Restall, las sociedades aborígenes no eran ni bárbaras ni tampoco idílicas, sino tan civilizadas e imperfectas como las europeas de aquel tiempo.[26] Constituían otro mundo, muy diferente, no siempre peor, cuyo universo desapareció en un santiamén a la par que se reinventaba un nuevo orbe.[27] Su propia convicción de que era un predestinado para expandir la cristiandad implicaba un sentimiento de superioridad de un mundo sobre el otro, algo que solo se puede entender en sincronía con su tiempo. Pero no se trataba de una idea propia, sino que se insertaba en el pensamiento dominante europeo desde la Baja Edad Media. Existió una convicción ontológica generalizada de la inferioridad de las civilizaciones americanas, que por su lejanía y aislamiento, por su desconexión del resto de las civilizaciones había embrutecido las formas de vida de sus habitantes.[28] Como todos los personajes históricos, con sus luces y sus sombras, para entenderlo debemos hacer un esfuerzo de contextualización. Por tanto, no se puede ni se debe ocultar el drama que se generó en términos de choque civilizatorio, aunque tampoco se puede ignorar la amplísima herencia hispana de todo un continente que, junto a la prehispánica y a los aportes africanos y asiáticos, conforma la gran América que todos admiramos.

UN ICONO CULTURAL

Un personaje tan relevante como él no ha dejado indiferente a nadie a lo largo de los últimos cinco siglos. No solo ha generado una extraordinaria historiografía, sino que ha sido objeto de atención lo mismo por filósofos, sociólogos, historiadores o novelistas que por creadores de otras artes plásticas como la pintura, la escultura, la filatelia, la numismática, la música, el teatro o la filmografía. Como ha escrito Carlos Martínez Shaw, las dimensiones del personaje han superado con creces el ámbito histórico, adquiriendo una asombrosa dimensión como icono cultural.[29] Ningún otro personaje de la historia tiene tantas distinciones. Su nombre lo ostentan infinidad de plazas y calles, además de ciudades, colegios, universidades, distritos y hasta un país, la República de Colombia. Bien es cierto que esta fama la adquirió a partir de finales del siglo XVIII y, sobre todo, en la siguiente centuria.[30]

Empezando por sus representaciones pictóricas, hay que decir que no se ha conservado ningún retrato de su época y los cientos que existen son muy posteriores a su óbito, la mayoría de finales del siglo XVIII o posteriores. No hay que olvidar que, tras su fallecimiento, su nombre cayó en un cierto olvido, siendo a partir del romanticismo cuando fue redescubierto como uno de los grandes adalides de la historia. Tanto el personaje como su gesta han sido representados por cientos de autores, los primeros del mismo siglo XVI y los últimos del siglo XXI. Sin embargo, como ya hemos dicho, todos fueron realizados con posterioridad a su fallecimiento por autores que no le conocieron personalmente y sus facciones varían en función de la imagen que cada cual quiso resaltar. De ahí que sus retratos, como los de otros personajes históricos, fuesen evolucionando en función del pensamiento histórico de cada época.[31]

No obstante, disponemos de detalladas descripciones de su rostro y de su personalidad que nos dejaron varias personas que sí lo conocieron. La más minuciosa y fiable es la de su hijo Hernando, que lo caracterizó como una persona de talla algo más que mediana, de pelo bermejo —que después se tornó cano—, ojos azules, rostro blanco tirando a rojizo y nariz aguileña.[32] Bastante similar es la descripción que nos dejó Gonzalo Fernández de Oviedo, quien dijo que era «más alto que mediano, de recios miembros, los ojos vivos y las otras partes del rostro de buena proporción, el cabello muy bermejo y la cara algo encendida y pecosa...».[33] Como se puede observar, Gonzalo Fernández de Oviedo incluyó un matiz nuevo, que tenía la cara llena de pecas, algo que también recogió Francisco López de Gómara. El padre Las Casas coincide más o menos con esas características, pero incluyó otro rasgo novedoso: poseía también una barba rubia que, al igual que el pelo de su cabeza, se tornó gris muy prematuramente, por sus muchos trabajos.[34] Y parece que tuvo esa barba porque, según reflejó en su propio diario, los indígenas, admirados, se la tocaban maravillados porque ellos no tenían, aunque no podemos descartar que se la hubiese dejado crecer durante la travesía.[35] Angelo Trevisan matizó a los anteriores en cuanto al color del pelo y dijo que, antes de tenerlo cano, lo tuvo rubicundo, es decir, rubio tirando a rojizo. Lo que está claro es que desde muy pronto el pelo se le tornó grisáceo, por un envejecimiento prematuro causado por los muchos trabajos y por las enfermedades que padeció.[36]

En cuanto a otros datos relacionados con su personalidad, el dominico sevillano nos dijo que era una persona seria, «de gentil presencia» y digna de todo crédito y reverencia.[37] Y casi todos, lo mismo Angelo Trevisan que Andrés Bernáldez, destacaron que tenía mucho ingenio. Tanto Bartolomé de Las Casas como Antonio de Herrera añadieron que también era bien hablado, elocuente, gracioso y alegre.[38] Su hijo Hernando completó la descripción diciendo que era de buen comer y beber, vestía modestamente, tenía una buena y amena conversación y se mostraba siempre muy religioso.

El más antiguo de los retratos que conocemos es el que figura en una medalla de cincuenta milímetros con su rostro y una inscripción en la que se lee: *Christophoro Colombo*. Se atribuye al italiano Guido Mazzoni y se fecha a finales de la primera década del siglo XVI, por lo que es posible que se realizara muy poco después de fallecer.[39] Sin embargo, hay cinco retratos más que se consideran bastante fidedignos: primero, uno fechado hacia 1520 y atribuido a Ridolfo Ghirlandaio (1483-1561) que se conserva en el Museo del Mar y de la Navegación de su ciudad natal. Segundo, el retrato del Museo Cívico Garibaldi, de la ciudad de Como, también en Italia, fechado en el segundo cuarto del siglo XVI. Tercero, el del Museo Metropolitano de Nueva York, de Sebastiano del Piombo, fechado en 1519. Cuarto, el retrato de un marino que aparece bajo el manto de la Virgen de los Navegantes de Alejo Fernández Alemán, fechado hacia 1535 y conservado en el Cuarto del Almirante del Alcázar de Sevilla. En esta tabla encontramos a una persona con calvicie en la parte superior de la cabeza, pero con barba y una larga melena medio rubia y medio cana. Y quinto, la tabla anónima titulada *Virgen de Cristóbal Colón*, pintada hacia 1540 y conservada en el madrileño Museo Lázaro Galdiano, que incluye un retrato que se considera copia de otro anterior desaparecido.[40]

Hay algunas representaciones más del siglo XVI, como los grabados que Paulo Jovio insertó en una obra publicada en Basilea en 1575 o el grabado que el francés André de Thevet incluyó en 1584 en su obra sobre los hombres famosos, en el que podemos observar al almirante con unas pobladas barbas canosas.[41] Asimismo, Teodoro de Bry, en el tomo V de su libro *Grands et petit voyages*, editado en Frankfurt en 1595, insertó una xilografía suya, mientras que en la Biblioteca Nacional de Madrid se conserva otra representación que incluye la leyenda *Colomb. Lygur novi orbis reptor* y que muestra a un personaje ataviado con un traje de pieles.[42] Al parecer, este último formó parte de un conjunto de retratos de marinos célebres preparado en tiempos de Carlos V para decorar el salón del Consejo de Indias.[43] Y por citar uno más, mencionaremos el conservado en una colección veneciana, atribuido a Tiziano, con la inscripción *Cristophor Columbus*.

Pero, como ya hemos afirmado, la mayor parte de sus retratos son contemporáneos, inspirados en mayor o en menor medida en las representaciones ya citadas del siglo XVI. Hay cientos de ellos en colecciones privadas y públicas, desde el del francés Eugène Delacroix (1798-1863) al de Joaquín Sorolla, además de otros dedicados al Descubrimiento, como el óleo de gran tamaño que Salvador Dalí pintó entre 1958 y 1959, conservado en el Morse Charitable Trust.[44] Omitimos en estas páginas las referencias a toda esta iconografía, que daría para un amplísimo catálogo, a las que habría que sumar muchísimas más alusivas a distintos hechos de su gesta: el desembarco en Guanahaní, la recepción de los reyes en Barcelona, su llegada a Cádiz encadenado, su muerte en Valladolid, etc. También ha estado presente en la filatelia de muchos países del mundo, siendo Chile el primer país que puso su imagen en los sellos en 1853. Después le han seguido otros muchos países, en especial con motivo de la celebración del IV Centenario, y esta práctica filatélica ha continuado hasta nuestros días.[45]

Lo mismo podemos decir de los numerosísimos monumentos escultóricos, casi todos ellos contemporáneos, a pesar de que Gonzalo Fernández de Oviedo ya sugirió en el siglo XVI que el gran marino merecía una estatua de oro.[46] El más antiguo es el erigido en Baltimore en 1792, con motivo del Tercer Centenario del Descubrimiento.[47] En la segunda mitad del siglo XIX se construyeron muchos más, de entre los que destacaremos solo los más importantes. De los más señeros son el erigido en Lima (1858), obra del genovés Salvatore Ravelli; los dos de Cuba, uno en La Habana (1862), obra de J. Cucchiari, y otro en bronce, en la ciudad de Cárdenas, fundido por José Piquer. Le siguen en antigüedad el de Ciudad de México, de Charles Cordier (1877), reiteradamente vandalizado hasta su retirada en el año 2020. De una década después data el de la ciudad de Santo Domingo, obra del escultor francés Ernesto Gilbert, mientras que en 1896 se levantó otro en Guatemala, firmado por Tomás Mur y Lapeydare.[48] En 1898, Antonio Susillo diseñó un monumento para La Habana, pero tras la pérdida de la isla en 1901 se decidió su instalación en la ciudad de Valladolid.[49] Asimismo, el 15 de junio de 1921 se inauguró otro en Buenos Aires, cerca de la Casa Rosada, obra del escultor italiano Arnaldo Zocchi, realizado en mármol de Carrara, que fue una donación de la comunidad italiana con motivo del centenario. Sin embargo, en agosto de 2013 la presidenta argentina Cristina Fernández de Kirchner ordenó su retirada para colocar en su lugar otra de Juana Azurduy, una mujer que alcanzó el grado de mariscal y que luchó en la guerra de Independencia.[50] Otras ciudades, como San Juan de Puerto Rico, también disponen de sus respectivos monumentos al descubridor.

En cuanto a España, entre finales del siglo XIX y principios de la centuria siguiente se erigieron muchos en las principales ciudades, de los que solo destacaremos los más emblemáticos: uno en el puerto de Barcelona, donde encontramos una gran escultura suya señalando al Nuevo Mundo sobre una colosal columna, con una altura total de sesenta metros, inaugurada en 1888 y cincelada por Cayetano Buhigas y Morabé. El de Madrid fue construido entre 1881 y 1885, pero su inauguración se retrasó hasta el 12 de octubre de 1892, para hacerla coincidir con la efeméride, siendo el proyecto y el pedestal neogótico obra de Arturo Mélida y la estatua del escultor Jerónimo Suñol. La efigie mide tres metros y porta la bandera de Castilla y León en una mano y un globo terráqueo en la otra. En ese mismo año, otras ciudades inauguraron sus respectivos monumentos: Granada, donde Mariano Benlliure diseñó un grupo escultórico formado por Isabel la Católica y el descubridor, y Las Palmas de Gran Canaria, con un conjunto diseñado y cincelado en Génova por Paolo Triscornia di Ferdinando y cuyo busto se inspiró en el retrato del quinientos de Lorenzo Lotto.[51] En otras ciudades como Sevilla, Valladolid, Salamanca, Huelva o Cartagena también se erigieron sus respectivos conjuntos conmemorativos.

En lo que se refiere a la toponimia, su nombre ha sido usado ampliamente, sobre todo en Europa y América. Como ya hemos dicho, un país americano, Colombia, le debe su nombre, al igual que su montaña más elevada, el pico Cristóbal Colón. Encontramos numerosas regiones, ciudades, ríos y parajes con su onomástica. Solo en Estados Unidos existe el distrito de Columbia, que popularmente se conoce como Washington D. C., dos localidades, una en Alabama y otra en California, y una universidad que lleva su nombre, en la ciudad de Nueva York. En Canadá, una de las provincias más occidentales se denomina Columbia Británica, cuya capital es Victoria. Asimismo, en Panamá encontramos la ciudad de Colón y una provincia homónima. Hay pueblos y ciudades llamadas Colón en Cuba, Argentina, Costa Rica, Paraguay, México, Venezuela, Honduras y Ecuador.

Por su parte, la Armada española siempre ha tenido en consideración el nombre del almirante para sus unidades navales. Seis buques de guerra han llevado su nombre, entre ellos el crucero acorazado más moderno del que dispuso España en la batalla naval de Santiago de Cuba, el 3 de julio de 1898. Y en la actualidad, la fragata más moderna de la Armada española, la F-105, también lleva su nombre.

En la ópera también ha gozado de un largo recorrido, con numerosas obras que se estrenaron con motivo del cuarto centenario en Génova, México, Río de Janeiro o Estados Unidos, por lo general, todas ellas laudatorias con el personaje y con el Descubrimiento. No hay que olvidar que la centuria decimonónica se considera su gran siglo, cuando su figura alcanzó el máximo reconocimiento.[52] Con motivo del V Centenario se promovió desde el gobierno español una ópera, compuesta por el músico Leonardo Balada y el escritor Antonio Gala, que se estrenó el 24 de septiembre de 1989. Se trató de una obra correcta, donde se ponderaba a partes iguales a Colón y a Pinzón, tratando de subrayar el carácter hispánico de la empresa.[53]

Tanto el personaje como su gesta han sido objeto de atención por el séptimo arte. Desde principios del siglo XX se rodaron varios filmes en Europa, casi todos desde una línea clásica, eurocéntrica, ponderando la figura del héroe casi sin excepciones.[54] En la segunda mitad del siglo pasado aparecieron un buen número de películas de más presupuesto y envergadura, entre ellas una serie televisiva rodada en 1968, dirigida por Vittorio Cottafavi, y otra en 1985, producida por Alberto Lattuada, con Gabriel Byrne en el papel del descubridor. Asimismo, hay que destacar la película de animación, dirigida a un público infantil, del colombiano Fernando Valverde, estrenada en 1983. Pero fue con motivo del V Centenario cuando se filmaron dos filmes de notable impacto, como *Christopher Columbus: the Discovery*, del inglés John Gleen, que resultó eclipsada por *1492. La conquista del paraíso*, de Ridley Scott, con un Gérard Depardieu encarnando magistralmente al descubridor.[55] Esta última fue una coproducción española, francesa y británica que, pese a su impacto, recibió bastantes críticas porque ofreció la imagen de un Colón ambicioso y usurero que arruinó el paraíso que él mismo dijo que había encontrado en el Nuevo Mundo.

El cine español se ha ocupado muy poco de él, según Luis M. González, por la controversia que el personaje genera y por la dificultad para afrontar con objetividad un acontecimiento tan trascendente.[56] Así, en 1916 se estrenó la película de Emile Bourgueois titulada *La vida de Cristóbal Colón y su descubrimiento de América*, una coproducción hispano-francesa que recorre cronológicamente su vida. En 1951, en plena dictadura franquista, se rodó *Alba de América*, de Juan de Orduña, en la que se pretendió ofrecer una visión gloriosa de una gesta que llevó la luz de la cristiandad y de la civilización al otro lado del Atlántico.[57] Este filme ofrece la visión particular que el régimen tenía de la gesta y, de alguna forma, era una respuesta al rodado por el español exiliado en México José Díaz Morales, titulado *Cristóbal Colón o la grandeza de América* (1943).[58] En 1982, Mariano Ozores dirigió la película *Cristóbal Colón... de oficio descubridor*, realizada en clave humorística. Y en 2010 ha aparecido un filme dirigido por la española Icíar Bollaín, *También la lluvia*, en la que se analizan de manera crítica el Descubrimiento y la conquista, destacando su carácter violento, sin que las Leyes de Indias pudiesen hacer nada por evitarlo.[59] Es uno de los pocos ejemplos filmados en España en los que se ofrece una visión revisionista de todo el proceso.

EL NOMBRE DE AMÉRICA

El florentino Américo Vespucio (1454-1512), nacido en una familia nobiliaria empobrecida, recibió una buena formación académica y entró al servicio del banquero Pier Francesco de Medici, que poseía establecimientos en Florencia, Sevilla y Lisboa.[60] Desde finales de 1491 o principios de 1492 estaba en la ciudad del Guadalquivir, trabajando como factor de su compatriota Juanoto Berardi, con quien tuvo una gran amistad, hasta tal punto que fue uno de sus albaceas testamentarios, tras su fallecimiento en Sevilla en 1495.[61] Berardi era a su vez factor y apoderado del almirante, por lo que desde muy pronto Vespucio estuvo vinculado a la empresa colombina y al tanto de las noticias que llegaban sobre las tierras descubiertas al oeste.

Al igual que él, exhibió una extraordinaria capacidad de observación y de aprendizaje, usando esos conocimientos, como era natural, para prosperar. Sin embargo, Vespucio era una persona plenamente renacentista, mucho más pragmático y lleno de una curiosidad insaciable por conocer los secretos de las nuevas tierras. Hay que atribuirle a él la agudeza de percatarse de que aquellos territorios formaban parte de un nuevo continente y que de ninguna forma podían pertenecer a Asia. Es decir, Colón sabía que la tierra de acá era un nuevo mundo, pero estimaba que estaba unida a Asia. Lo que aportó Vespucio fue que todo, la de allá y la de acá, constituía un nuevo mundo y que, además, estaba separado de Asia.

Como ya dijimos, había llegado a Sevilla entre diciembre de 1491 y marzo de 1492, como agente de la familia Medici, y coincidió con

Colón en el campamento de Santa Fe mientras se firmaba la capitulación.[62] Se sospecha que pudieron volver a coincidir en Barcelona, a su regreso del primer viaje, en abril de 1493, mientras que, desde 1505, tuvieron un trato muy cercano hasta la muerte del almirante, un año después.

Tras el fallecimiento del empresario y banquero Juanoto Berardi, se apunta la posibilidad, no documentada, de que Américo Vespucio hubiese viajado en la flotilla capitaneada por Peralonso Niño que arribó a La Isabela con provisiones en julio de 1496. Pudo ser su primera experiencia en la navegación indiana y, a su regreso, es posible que tomara parte en una nueva jornada que navegó por la costa de Tierra Firme, entre el 19 de mayo de 1497 y el 5 de octubre de 1498, adelantándose al propio Colón.[63] Tampoco tenemos constancia de su participación en esta segunda travesía, más allá de su propio testimonio, aunque sí que es segura su presencia en la emprendida entre el 16 de mayo de 1499 y el 8 de septiembre de 1500, que recorrió la costa de Sudamérica.[64] En Sevilla dejó a su esposa, con un poder suyo para que se encargase de la administración de sus bienes, aunque esta lo subrogó en favor de un tal Pedro de Salamanca.[65] Temporalmente entró al servicio de Portugal y viajó en una expedición que desatracó de Lisboa el 14 de mayo de 1501 y no regresó hasta el 7 de septiembre de 1502, tras recorrer la costa de Sudamérica al servicio de la Corona lusa. Y realizó un cuarto viaje —curiosamente los mismos que el genovés— poco conocido, capitaneado por Gonzalo Coelho, que se prolongó desde el 10 de mayo de 1503 al 18 de junio de 1504.[66]

Lo cierto es que tuvo acceso a detalles y conocimientos de los que no dispusieron otros, lo que le permitió afirmar, con conocimiento de causa, que aquellas tierras no solo eran nuevas, sino que formaban otro continente. Varios elementos contribuyeron a que llegara a esa conclusión frente al empecinamiento del genovés: primero, porque no tenía el lastre de las ideas previas y de los datos manipulados para hacer encajar Asia a la fuerza donde después apareció América. Vespucio se fiaba de las medidas de Alfragano, evaluando la circunferencia terrestre en seis mil leguas, algo más reducida del tamaño real pero mucho mayor que la estimada por el genovés. Y segundo, porque en sus viajes descendió por la costa brasileña y cambió de hemisferio, lo que le llevó a la convicción de que aquello no coincidía con ningún continente conocido. Su expedición recorrió toda la costa atlántica sudamericana, en un larguísimo periplo en el que llegaron hasta más allá del Río de la Plata. Estaba seguro de estar en el hemisferio sur, pues había signos que ningún marino de la época ignoraba, como que la estrella polar no era visible desde allí o que las estaciones estaban invertidas. En un momento determinado, descendiendo por la costa de Sudamérica en 1501 escribe:

> Habíamos perdido completamente la Osa Menor y la Mayor estaba muy baja, y apenas se nos mostraba al final del horizonte y nos regíamos por las estrellas del otro polo del mediodía...[67]

En esas palabras se percibe la emoción del instante en el que tomó conciencia de que estaba en el hemisferio sur, cuando todo el mundo sabía, al menos desde los tiempos de Marco Polo, que Asia estaba en el hemisferio norte. Era obvio que estaba ante otro mundo, y tan claro lo tenía que más adelante escribió que le plugo a Dios mostrarles aquel «continente y nuevos países y un otro mundo desconocido».[68] El 22 de julio de 1502 estaba de regreso en Lisboa y era ya conocedor de ese gran secreto, de que las tierras de las que todos hablaban, ubicadas al otro lado del Atlántico, eran un continente nuevo.[69] Colón, en cambio, dado que en su tercera travesía ultramarina giró al norte, antes de cambiar de hemisferio, no pudo percatarse de tal circunstancia. Y aunque estaba obcecado con la idea de que era Asia, si hubiese seguido varios cientos de kilómetros en dirección sur, con toda seguridad habría llegado a la misma conclusión que su amigo.

El florentino escribió varias cartas, la primera de ellas titulada *Mondus Novus*, dirigida a Pier Francesco de Medici, que se publicaría en Paris a principio de 1504 y fue reeditada numerosas veces en latín, señalando por primera vez su idea de estar ante un territorio desconocido hasta entonces.[70] A su juicio, era lícito llamarlo Nuevo Mundo —*Novum Mundum*— porque eran tierras nunca conocidas antes, «pues he encontrado —decía— un continente en esta parte meridional más poblado y lleno de animales que Europa, Asia o África».[71] Asimismo, el 4 de septiembre de 1504 escribió desde Lisboa una segunda epístola, dirigida a su paisano, el magistrado Piero Soderini, en la que le relataba sus cuatro viajes y volvía a hablar con toda claridad de la existencia de un continente nuevo.[72] Esta carta cayó en manos del cosmógrafo alemán Martin Waldseemüller (1470-1518), de la Universidad de Friburgo, un apasionado de la cartografía que por aquel entonces pertenecía a una pequeña academia geográfica bajo la protección del duque de

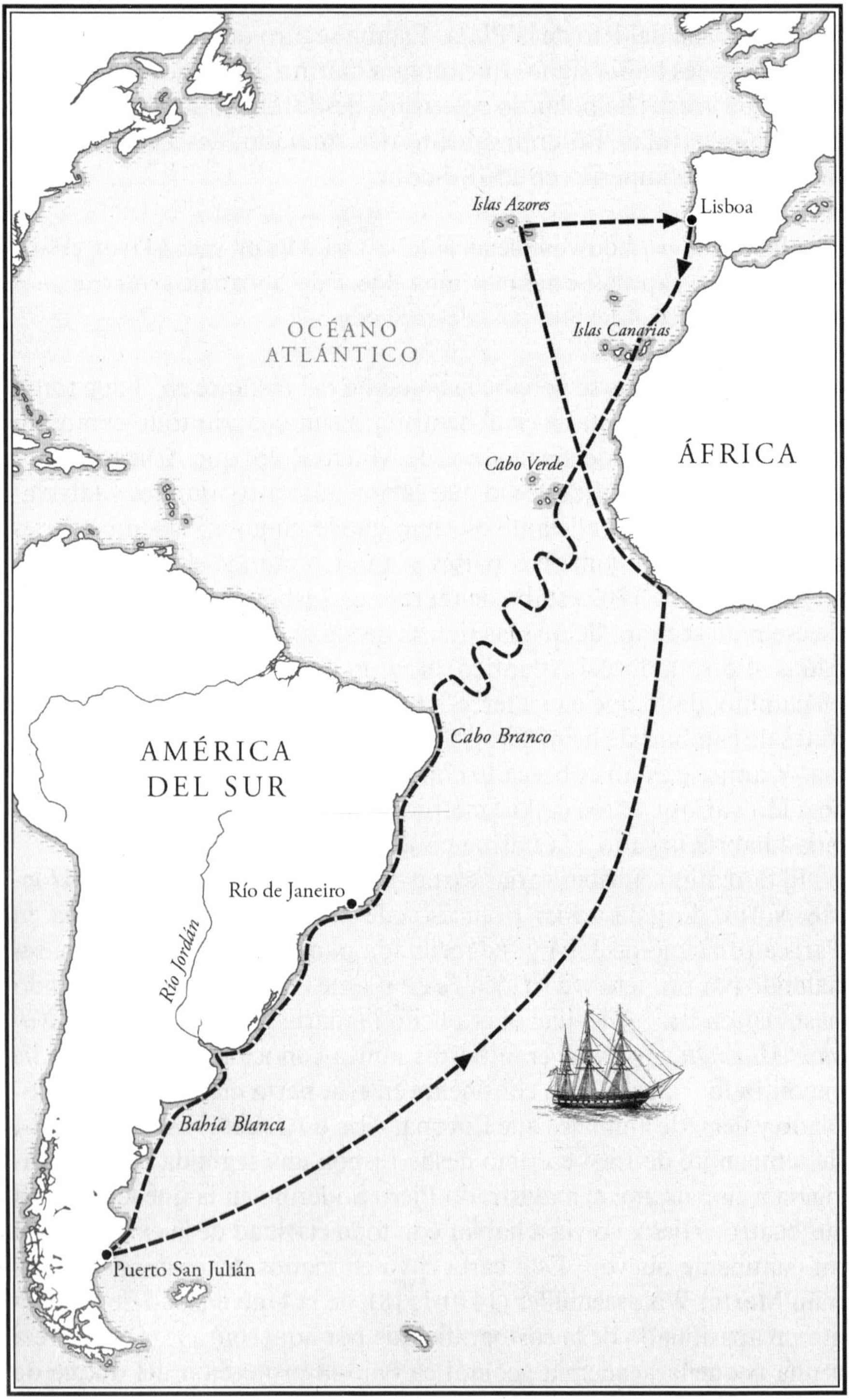

Viaje de Americo Vespucio.

Lorena. En esos momentos estaban preparando una reedición en latín de los ocho tomos en griego de la *Geografía* de Claudio Ptolomeo, que llevaría un amplio estudio previo titulado *Cosmographiae Introductio*. El texto, publicado en 1507, constaba de un prólogo, un epílogo, nueve apartados y un apéndice, y en él último de los capítulos, que se supone que escribió un tal Ringmann, se sugería el nombre de América, en honor a Américo, para designar al nuevo continente. En el apéndice se incluyó la carta de Vespucio a Soderini y un planisferio, influido por el de Martelius de 1490, en el que aparecía una nueva masa terrestre exenta de Asia.[73] En ese mapa, además de colocar la palabra América, se incluyeron dos medallones en la orla con las efigies de este último junto al Viejo Mundo y de Vespucio al lado del Nuevo. Es obvio que la atribución del nombre de América a las nuevas tierras descubiertas debe atribuirse al cosmógrafo alemán, sin que el propio Vespucio tuviese nada que ver.[74] En otras reimpresiones posteriores que Waldseemüller elaboró, como las de 1513 y 1516, le quitó ese apelativo de América, e incluso sostuvo que ese nuevo mundo había sido examinado por muchos exploradores, por lo que no veía razón para denominarlo con el nombre del marino florentino.[75] Y aunque le devolvió todo el mérito al genovés ya era demasiado tarde y no pudo evitar que el nombre de América perdurase. Bien es cierto que hasta el siglo XVIII los españoles llamaron a aquellos territorios las Indias Occidentales, generalizándose solo a partir de ese siglo el topónimo América.[76]

El 24 de abril de 1505 Vespucio consiguió que doña Juana de Castilla le expidiese carta de naturaleza castellanoleonesa, lo que le permitió acceder a cargos de la administración.[77] Se desposó con la sevillana María Cerezo y en 1508 fue designado Piloto Mayor. Prestó sus servicios en la Casa de la Contratación, con un salario anual de cincuenta mil maravedís.[78] El 9 de abril de 1511 dictó su testamento, en el que se mostró como una persona sencilla, satisfecha con su vida, que no se vanagloriaba de nada, ni tampoco reclamaba nada.[79] Se mandó inhumar con el hábito de San Francisco en la iglesia de San Miguel de Sevilla, en la bóveda de entierro de la familia de su mujer, los Cerezo. Sus últimos años fueron modestos, sin apreturas, aunque sin haber amasado patrimonio alguno, pues incluso vivió en una casa de alquiler hasta el final de sus días. Su viuda vivió muy humildemente, con una pensión anual vitalicia que le concedió la Corona de diez mil maravedís. No dejó descendencia, pero tuvo un sobrino, Juan Vespucio, que le sucedió en el cargo de Piloto Mayor, aunque con un sueldo muy inferior al de su tío, de tan solo veinte mil maravedís anuales.[80]

El padre Las Casas lo acusó de hurtar y usurpar a Colón lo que era suyo, silenciando además al propio Alonso de Ojeda, que fue el capitán de esa expedición en la que averiguó que estaba ante un nuevo continente.[81] Desde entonces ha existido una especie de leyenda negra contra el florentino que ha durado hasta la Edad Contemporánea, puesto que muchos autores lo tildaron de ladrón, envidioso, arribista, usurpador, defraudador e impostor, entre otros improperios.[82] Pero, como dijo Francisco Esteve, el florentino fue una persona honrada, responsable y seria que no tuvo nada que ver con la elección de su nombre para designar al nuevo continente.[83] Incluso el almirante lo tuvo en gran estima hasta el final de su vida, pensando que la suerte le había sido esquiva, aunque eso cambiaría poco después de su óbito. Es cierto que entre 1492 y 1504 apenas coincidieron porque ambos estuvieron embarcados en expediciones diferentes. Sin embargo, desde principios de 1505 y hasta su fallecimiento, el 20 de mayo de 1506, ambos estuvieron en España y mantuvieron una relación muy cercana, hasta el punto de que Colón remitió cartas a su hijo Diego por mediación suya.[84] En los últimos meses de su vida la relación se hizo más estrecha y con frecuencia acudía a su alcoba, para mantener con él largas conversaciones.[85] Es posible que hablaran de los descubrimientos y de la naturaleza de las tierras descubiertas, aunque es algo que nunca podremos saber.[86] Además, la idea de que lo descubierto era un continente desconocido que no tenía nada que ver con Asia no era exclusiva de Vespucio, pues desde 1501 tiene conciencia el propio obispo Fonseca, que había recibido toda la información de los viajes andaluces. Lo cierto es que el genovés nunca lo percibió como a un rival, quizá porque aún no tenía la perspectiva de lo que a la postre ocurriría. De haberlo sabido, conociendo su ambición y su ego innato, es muy probable que la relación no hubiese sido la misma, aunque su hijo Hernando sí tuvo esa perspectiva y tampoco le hizo ningún reproche.

No obstante, Vespucio, como todos, tenía sus propios intereses, eso sí, bastante más modestos que los de su amigo genovés. En una carta fechada el 4 de junio de 1501 decía que sus desvelos por calcular la longitud le habían abreviado la vida una década, pero lo tenía por bien empleado porque esperaba lograr fama eterna si regresaba con salud de esa travesía.[87] Como otras personas de su tiempo, soñaba con lograr reconocimiento y fama, algo que por sí no lo demerita en absoluto. Sí puede ser criticable que se inventase el viaje de 1497 para arrebatarle a Colón el mérito del descubrimiento de Tierra Firme. Y en este caso, sí habría una intención de engaño para sacar réditos propios. No solo no consta en ningún libro de armada ni en documento alguno, sino que muchos testigos de su época que se pasearon por los Pleitos colombinos declararon que el descubridor de Tierra Firme fue Colón, negando tácitamente ese viaje previo.

Pese a todo, nadie puede negar que Colón fue el descubridor físico de América y Vespucio el intelectual. El primero tenía demasiados prejuicios proféticos como para reconocer que había llegado a un continente nuevo; en cambio, el segundo estaba liberado de esa visión iluminada y poseía una extraordinaria capacidad de observación sobre los territorios que se estaban explorando y descubriendo. Ya en el siglo pasado, el hispanista argentino Roberto Levillier le hizo justicia en su obra *América la bien llamada* (1948), un título a mi juicio elocuente y acertado.

CONCLUSIONES

El protagonista de esta biografía ha sido uno de los personajes más populares de la historia, mucho más que infinidad de reyes, emperadores y papas, y su gesta ha sido estudiada en casi todos los rincones del mundo. Por ello, los textos colombinos han sido traducidos a muy diversos idiomas y se ha generado una ingente bibliografía que ha abordado los hechos desde muy diversos puntos de vista: histórico, antropológico, sociológico, psicológico, filosófico, literario y artístico. Colón sirvió de inspiración a miles de intelectuales de muy distintas disciplinas que recrearon sus utopías o sus proyectos experimentales en los territorios descubiertos, como Tomás Moro, Tommaso Campanella, el padre Las Casas o Vasco de Quiroga.[1] Por poner un par de ejemplos contemporáneos, Friedrich Nietzsche vio en él al primer superhombre, a alguien capaz de desarrollar sus propios valores, convirtiéndose así en un héroe pensador, de una iniciativa y un tesón sin igual.[2] Asimismo, un intelectual marxista como el peruano José Carlos Mariátegui reconoció en 1928, dos años antes de su fallecimiento, que Colón era uno de los grandes protagonistas de la civilización occidental y que América entró en la historia universal después de que él se lo revelase a Europa.[3]

Como queda demostrado en este libro, su nacimiento en Génova es algo incuestionable, aunque también su naturalización castellanoleonesa, la de su familia y la de sus descendientes. Muchos historiadores se han preguntado por qué nunca la solicitó de manera oficial y la respuesta es muy simple: porque se daba por hecho que la tenía. En este sentido, Juan Gil ha advertido que la propia castellanización del apellido Colombo indica un deseo voluntario de cambiar de nación.[4] Y, por supuesto, desde el mismo instante en que, en 1493, le fueron confirmados los oficios de almirante, virrey y gobernador, se daba por hecha su oriundez castellanoleonesa. En este sentido hay que añadir que, según las leyes del reino, solo podían desempeñar esos cargos personas naturales o naturalizadas. Y por si alguien sigue teniendo sus dudas, en el escudo de armas que se le concedió se incluyeron, en los dos cuarteles superiores, las armas reales de Castilla y León. Por tanto, está claro que era genovés de nacimiento, pero castellanoleonés de adopción, una idea que no es nueva, pues ya en la primera mitad del siglo XIX escribió Alejandro de Humboldt que España fue su segunda patria.[5] Por tanto, si tuviera que resumir en una frase quién fue, diría: un comerciante genovés converso, naturalizado castellanoleonés. Pese a todo, él repitió hasta el final de sus días que se sentía un extranjero y temía dejar huérfanos a sus hijos en tierra extraña.

Padeció toda su vida una salud muy frágil, pues sufrió artritis reactiva desde poco después del naufragio de 1476 en las costas de Portugal, y padeció desde esa fecha episodios cada vez más largos e inhabilitantes.[6] Se trata de una dolencia que se origina por una infección y produce inflamaciones de las articulaciones y de la uretra, así como problemas oculares. En aquella época era un mal incurable para el que solo existían ineficaces tratamientos naturales, como las infusiones de perejil que él tomaba.[7] Los problemas de movilidad se manifestaron desde muy pronto, pues ya al regreso de su primera travesía, estando en torno a las Azores, escribió el padre Las Casas que «estaba muy tullido de las piernas, por estar siempre desabrigado al agua y al frío».[8] En 1494 estuvo varios meses en cama al borde de la muerte, padeciendo fiebre, ceguera y alucinaciones, probablemente acentuadas por el tifus exantemático. En Jamaica tuvo un nuevo episodio que lo mantuvo mucho tiempo incapacitado, casi ciego y con llagas en las piernas, hasta el punto de que llegó a perder la esperanza de sobrevivir.[9] Y aunque sí lo hizo, nunca más recuperó la salud y desde entonces estuvo afectado de gota, artritis reumatoide y, según Consuelo Varela, de diabetes, ya que se quejaba desde hacía años de heridas en las piernas que nunca cicatrizaban y de ceguera.[10]

Es cierto que erró en sus pronósticos, que calculó mal las latitudes y que nunca supo a dónde había llegado con exactitud. En su defensa hay que decir que el azar quiso que no viviese lo suficiente como para atisbar los límites del mundo que él mismo había hallado. Pese a todo, es indudable que fue una persona dotada de grandes cualidades naturales, que aprendía sobre la marcha de la simple observación.

Llegó a ser un gran conocedor de la declinación magnética, de las corrientes marinas, así como de la dirección de los vientos, y era capaz de anticiparse a la formación de temporales. Fue un extraordinario navegante, aunque no le fue bien como gobernador, pues se granjeó la hostilidad de los naturales y la antipatía de la mayoría de los colonos. Tal fue su fracaso que la Corona se vio obligada a suspender sus poderes y a mandar jueces y gobernadores. Pero no se debió a algo personal, sino que estaba en consonancia con la idea de consolidar la monarquía autoritaria, algo, por cierto, que le ocurriría después a la mayoría de los conquistadores y adelantados, como Hernán Cortés o Francisco Pizarro. En las Capitulaciones de Santa Fe se le hicieron unas concesiones políticas que ninguna monarquía podía asumir, de ahí que se viesen obligados a rectificar. Se trataba de evitar que América se convirtiese en un gran señorío jurisdiccional, cuyo titular podría llegar a rivalizar con la propia Corona. Por tanto, nunca le dieron la más mínima oportunidad, de tal manera que si todo le hubiese salido bien, los grupos de poder se las habrían apañado para arrebatarle sus desaforadas competencias, y si salía mal, como de hecho ocurrió, pues igual, ya que existía la necesidad de rentabilizar el virreinato y de integrarlo en la jurisdicción real.

Huelga decir, como defendieron tanto Cesáreo Fernández Duro como fray Ángel Ortega, que la idea de que murió en el más absoluto ostracismo es otro de los mitos que han rodeado a su figura.[11] Bien es cierto que en parte lo creó el mismo, que era muy dado al lamento fácil, a quejarse de su mala estrella, cuando, en realidad, fue una persona con mucha suerte, al ganar la gloria pese a haber cometido uno de los mayores errores de cálculo de todos los tiempos. No es cierto que muriese pobre, como el mismo insinuó, en particular desde 1497, cuando se apagó su estrella. Al final de su vida, en su carta desde Jamaica del 7 de julio de 1503, escribió sobre los muchos servicios que había prestado, decía que «no tenía ni una teja» y que a veces no le llegaba «ni para pagar la comida a escote».[12] No hay que olvidar que esta misiva la redactó en un momento de absoluta zozobra, cuando se sentía un náufrago al borde del abismo. Además, hacía tiempo que había adoptado esa postura de dar pena a todos, de sentirse víctima de una supuesta ingratitud por parte de la monarquía a la que tanto había aportado. Su hijo Hernando ratificó esta idea porque así le interesó en el marco de los Pleitos colombinos. Pero huelga decir que ni siquiera el desgobierno del virreinato le fue atribuido personalmente a él, sino a las circunstancias y a la falibilidad de todo ser humano. Los soberanos en todo momento lo respetaron y lo valoraron, hasta el punto, como dijo Gonzalo Fernández de Oviedo, que siempre «quisieron más verle enmendado que maltratado».[13] En cuanto a lo económico, es cierto que, dado que La Española aún no se había poblado, los ingresos seguían siendo muy limitados, y, además, parece que pocas veces los oficiales reales le consignaron su diezmo, aunque llegaban barcos cargados con oro y palo brasil.[14] Por tanto, hasta su regreso del cuarto viaje vivió prácticamente del salario que tenía asignado como capitán de las armadas que comandó, mientras que sus hijos se mantenían con los emolumentos que percibían, primero como pajes reales y luego como continos. Ya en los dos años finales de su vida se ha estimado que ingresó unos ocho mil pesos de renta anual, cantidad suficiente para mantener su estatus y disponer de una decena de criados y apoderados. Quizá todo eso le parecía muy poco a una persona como él, que no se consideraba menos que el almirante mayor de Castilla o que el duque de Medina Sidonia, que ingresaba más de cincuenta mil ducados al año.[15] Ni que decir tiene que fueron muy pocos los navegantes, exploradores y conquistadores que murieron como él, por causas naturales, en su lecho y reconfortado por los suyos.[16] Además, resulta obvio que cuando sucumbió era una persona más o menos acaudalada y reconocida socialmente, hasta el punto de que su hijo Diego Colón, que desde 1507 recibió las rentas indianas con cierta regularidad, se desposó con una dama de la alta nobleza como doña María de Toledo.[17] Pese a su nuevo estatus, jamás se comportó como un noble sino como lo que hoy llamaríamos un nuevo rico, y fueron sus descendientes los que entroncaron con la alta nobleza castellana. Baste citar que el 2 de abril de 1537 María de Toledo pactó la boda de su hija Juana Colón con Luis de las Cuevas, hermano del duque de Alburquerque, dándole una enjundiosa dote de dos millones de maravedís.[18]

Para entender la proeza de Colón es necesario olvidar lo que después se supo, es decir, que había tierra al otro lado del océano y que era posible alcanzarla con los medios de entonces. Pero, como digo, eso se supo luego, antes se tuvo que enfrentar a todo tipo de prejuicios, cuestionando toda la sabiduría clásica y las opiniones de los principales cosmógrafos. Como ha escrito Hugh Thomas, lo que hoy nos parece inevitable en aquella época no se veía ni tan siquiera como probable.[19] Su gran mérito no fue viajar por primera vez hasta América, algo que está claro que ya habían hecho otros, incluso desde la antigüedad, sino su empeño en romper las cadenas del océano y encontrar no solo la ruta de ida sino también la de regreso.[20] Fenicios, griegos, romanos y después genoveses o venecianos habían recorrido el Mediterráneo, interconectando civilizaciones, y tras el Descubrimiento, ocurriría lo mismo con los océanos, primero el Atlántico y después el Índico y el Pacífico. Él fue el primero que regresó del otro lado del Atlántico para revelar a Europa la existencia de un nuevo mundo. Un empeño fundamentado no tanto en la ciencia como en la utopía, pues sin duda fue un personaje quijotesco y excéntrico que buscó el paraíso terrenal y la expansión de la fe. Creía oír voces del más allá y se vestía de manera provocadora, con un hábito similar al de un franciscano, aunque con algún pesado y llamativo collar de oro al cuello. Un chiflado que guarda bastantes paralelismos con un personaje ficticio posterior como don Quijote de la Mancha, algo que no ha pasado inadvertido. En ese sentido, Jakob Wassermann tituló su libro *Cristóbal Colón, el Quijote de los océanos* (1929 y 1935), idea que después retomaría Salvador de Madariaga. Tras su gesta llegaron otros, pues, como muchos declararon en los Pleitos colombinos, solo después de que él abriese la puerta se animaron otros aventureros.[21] No menos claro se mostró Gonzalo Fernández de Oviedo, quien dijo que fue el primer descubridor de unas tierras incógnitas para todos, y que antes de su hallazgo los marinos no se «apartaban mucho de tierra», como se había hecho siempre en la navegación por el Mediterráneo.[22] Asimismo, estableció unos derroteros que se mantuvieron vigentes durante siglos, mientras pervivieron los veleros, que no tenían más fuerza motriz que el viento. Y, además, su sueño de alcanzar Asia por occidente se terminaría cumpliendo a través del Galeón de Manila, que desde 1565 realizó con regularidad la ruta Manila-Acapulco, y la Flota de Nueva España, que completaba el recorrido desde Veracruz a Sevilla.[23]

No llegó a ser consciente de la magnitud que su hazaña adquiriría en pocos años, y que se tomaría como el punto de partida del mundo moderno. Y digo esto sin restarle méritos a otras personas de su entorno, empezando por los propios Reyes Católicos y sus colaboradores, que practicaron lo que Demetrio Ramos llamó alta política, que permitió el contexto idóneo para el desarrollo de los descubrimientos. Debemos mencionar también a toda una pléyade de personajes como fray Antonio de Marchena, fray Juan Pérez, fray Diego de Deza, Martín Alonso Pinzón, Bartolomé Colón o Juan de la Cosa, sin los cuales el devenir histórico hubiese sido otro. Todos ellos jugaron un papel esencial que permitió el feliz desarrollo de la empresa.

Colón estuvo convencido de que había encontrado un mundo nuevo, nunca visto ni oído, pues las pruebas eran más que evidentes. Pero se empecinó en que estaba junto a Asia; prometió llegar a este continente por un derrotero más corto y se empeñó el resto de su vida en hacer creer que había cumplido con su promesa. Como escribió José Luis Comellas, por atrapar Asia perdió América, ya que nunca quiso reconocer que aquellas tierras estuviesen fuera del mundo conocido.[24] Pudo haber modificado su discurso, a medida que se evidenciaba su error primigenio, y haberse presentado como el descubridor de un nuevo mundo, de un ignorado y desconocido continente. Nunca lo hizo, aunque no podemos descartar que en el fondo lo supiera o que al menos lo intuyera.

En definitiva, estamos ante un personaje extraordinario, un visionario, que, pese a sus grandes contradicciones, a su altivez y a su ambición, ha fascinado a millones de personas a lo largo de los siglos. Como ha escrito Laurence Bergreen, además de cambiar el rumbo de los acontecimientos, sus expediciones constituyen la mayor aventura protagonizada por un ser humano,[25] Asimismo, Marcel Bataillon ha dicho que la empresa tuvo tal trascendencia que sesenta años después Europa conoció más territorios nuevos de los que había encontrado en los mil años precedentes. En 1527, tras los pioneros navegantes portugueses, las hazañas de Colón y las de otros intrépidos marinos de su tiempo hicieron, según escribió Robert Thorne, que no hubiera en el mundo «mar que no sea navegable, ni tierra que no pueda ser habitada».[26]

Esta frase encierra el glorioso colofón de un prodigioso siglo de navegaciones que cambiaron el orbe para siempre. Y una prueba de la grandeza del personaje es la ingente literatura que ha generado, lo cual es compatible con el hecho de ser una persona controvertida, lo mismo por lo que hizo que por lo que dejó de hacer. No fue un santo, ni tampoco un demonio, fue un ser humano de su tiempo, y, como tal, falible y lleno de defectos. Pero su empuje y su tesón le llevaron a emprender una de las mayores aventuras de todos los tiempos. Desde el 12 de octubre de 1492 nada fue igual en este mundo, por lo que es y seguirá siendo en los siglos venideros una figura destacada en la historia de la humanidad, representando mejor que nadie el espíritu aventurero del Renacimiento, así como las complejidades éticas y religiosas asociadas con la expansión europea.

METODOLOGÍA

El género biográfico, desde el siglo XIX y hasta bien avanzado el XX, se consideró un hermano menor de la historia, más erudito que científico, pues los biógrafos tenían una tendencia innata a lo hagiográfico.[1] Y ello por el peso que tenían la vida de los santos, pero también porque del resto de los biografiados se destacaba siempre su épica caballeresca, algo que provocaba una excelente acogida por parte de los lectores. Todavía en la primera mitad del siglo XX suscitaba grandes críticas, pese a la aparición, en 1942, del libro de Lucien Febvre en el que, a través del universo mental de un humanista como Rabelais, ahondó en la cosmovisión del siglo XVI. Pero se trató de una excepción, pues tanto los historiadores sociales como los sociólogos, hasta el tercer cuarto del siglo pasado, despreciaron la corta duración del género, frente a su idea de estudiar las estructuras. Es más, en la propia Escuela de los Annales se focalizaban en el estudio de una historia total de las colectividades, minimizando el papel del individuo. Asimismo, los historiadores marxistas esgrimían que el motor de la historia era el modo de producción, que condicionaba o determinaba las relaciones sociales y económicas. Para ellos, el elemento individual no tenía relevancia, dado que actuaba encorsetado dentro de los parámetros de su tiempo.[2] En este sentido, autores como Jorge Plejanov sostenían que las dinámicas históricas están regidas por los medios de producción de cada época y no por las personas, pues estas actúan de la manera que su tiempo les impone.[3] Por ello, reivindican el estudio de los procesos históricos, de los acontecimientos colectivos y de la masa anónima.[4] Por su parte, la sociología se interesa por las colectividades, restando importancia a las acciones individuales, ya que entiende, como escribió Jean-Claude Passeron, que el género biográfico es literario, utópico, literario y de un cuestionable rigor científico.[5]

Sin embargo, desde los años setenta del siglo pasado el género ha vivido un nuevo renacer, debido a dos motivos: uno, porque la historia de las masas, así como el análisis de las estructuras de larga duración, no ha podido explicar todos los procesos y cambios del devenir histórico. Y otro, porque ha quedado bien demostrado que una biografía científicamente elaborada puede ser también un fiel reflejo de la época en la que vivió el personaje en cuestión.[6] Y es que, como ha escrito Bernard Guenée, «la historia se cansa de no tener rostro», y, en general, siempre tratamos de poner cara a todos los acontecimientos que abordamos.[7] Ya no se busca en el biografiado que exhiba una vida ejemplar, sino que interaccione con su época y desvele con su comportamiento los rasgos del momento histórico que le tocó vivir. Justo en 1976 vio la luz la biografía de Carlo Ginzburg sobre Menocchio, el viejo molinero de Friule, en una obra titulada *El queso y los gusanos*, en la que demostró que el objeto de la biografía no solo podían ser los grandes prohombres, sino también los miembros de las clases subalternas.[8] Le siguió otro gran texto firmado por John H. Elliott, dedicado al conde-duque de Olivares (1986), que volvió a poner de manifiesto el papel que podía jugar la biografía dentro de la historiografía, sin restarle un ápice de cientifismo. Desde entonces hasta la actualidad mantiene una gran aceptación entre el público, hasta el punto de que muchas de ellas suelen situarse entre las obras más vendidas del género ensayístico. Alguien se podría preguntar: ¿Por qué escribir un nuevo libro sobre un personaje tantas veces biografiado? Cuatro razones me han impulsado a ello:

Primero, la importancia del individuo, pues, guste más o guste menos, para bien o para mal, cambió el mundo, abriendo las puertas de la modernidad y de la globalización. Y a pesar de que hemos avanzado en el conocimiento, siguen existiendo infinidad de mitos que se han incrustado en su biografía y que siguen vigentes, no solo en el sentir popular, sino incluso en las obras literarias e históricas. Fábulas como el de las joyas empeñadas por Isabel la Católica para financiar su viaje, el de los delincuentes enrolados en sus expediciones o la existencia de un protonauta con nombre y apellidos. Va a ser difícil que pueda añadir nuevos datos a los ya conocidos, pero sí que he tratado de exponer solo lo que está documentado, tratando de destapar, a cada paso, los principales mitos que han rodeado su figura. He tratado de construir el relato sobre fuentes confiables y contrastadas, rebatiendo mitos, y todo en un lenguaje sencillo, accesible a cualquier lector no especializado. Asimismo, ofrezco nuevas reflexiones basadas en la relectura de fuentes que en su inmensa mayoría ya conocíamos.

Segundo, la existencia de una bibliografía abrumadora, en la que existe de todo, desde valiosos regestos documentales hasta obras escritas por historiadores sesudos y otras muchas por escritores de formaciones profesionales y de ideologías muy diversas. Tratándose de un personaje universalmente conocido, cualquiera se ha atrevido a opinar e, incluso, a escribir sobre él, tratando de sentar cátedra, en ocasiones sin ningún pudor. Hay, pues, una vastísima producción bibliográfica, pero una buena parte no ha sido escrita desde la ciencia histórica, sino desde la ideología o desde los sentimientos nacionales de sus respectivos autores, por lo que han planteado visiones muy sesgadas o descontextualizadas. Aunque pueda parecer extraño, en la actual sociedad de la información, y después de haber sido objeto de miles de biografías, todavía existen grandes enigmas en torno a Cristóbal Colón. Este exceso de información ha sido y es un hándicap porque resulta abrumador para los investigadores sentirse perdidos entre decenas de miles de páginas de literatura. Y, lo más duro, árido y laborioso de este trabajo ha sido el proceso de selección de materiales, pero creo que cabía una nueva obra que revisara lo principal de ese extensísimo acervo bibliográfico y lo sintetizase, separando la historia de la leyenda y lo documentado de lo ficticio. A mi juicio, sobran libros literarios, eruditos o ideológicos y, en cambio, faltan trabajos de fondo, realizados bajo el riguroso tamiz de las fuentes primarias, la metodología histórica y del siempre necesario sentido común. Mi objetivo ha sido volver a releer los documentos, pues, como decía Lucien Febvre, constituyen «el polen milenario de donde se extrae la miel de la historia».[9] Una lectura, por supuesto, crítica, puesto que no existe documento inocente ya que todos fueron redactados por una motivación, de ahí que necesiten de la revisión de un historiador para interpretarlos.

Tercero, porque cabía escribir una biografía actualizada, pensada para un lector del siglo XXI y que ofreciese un estudio completo y riguroso sobre un personaje que siempre ha despertado pasiones. En este sentido, todo libro de historia es fruto de su tiempo, por lo que cada generación, guiada por su propia sensibilidad, se plantea interrogantes e inquietudes distintas con las que acercarse al personaje.[10] Cada época revisa la forma de ver y entender la historia y, en ese sentido, este libro trata de analizar su figura desde la perspectiva, los intereses y los puntos de vistas de un escritor y de un lector de un siglo cambiante y volátil como el actual. La historia implica siempre una mirada al pasado desde el presente, por lo que el historiador trabaja, como quería Reinhart Koselleck, con un futuro del pasado y reinterpreta este según sus propias experiencias e inquietudes. Eso explica que todos los manuales de historia queden obsoletos en menos de una década. Por eso, a los documentos les hemos hecho nuevas preguntas, ya que estos solo responden cuando se les plantea una interrogante. En este sentido, escribió Lucien Febvre que la tarea de todo historiador era la de plantear un problema que es el comienzo y el final de toda historia.[11]

Y cuarto, por una cuestión personal, pues llevo pensando en el personaje desde que inicie mis estudios americanistas, en la última década del siglo pasado. Por eso me reconfortan las palabras del historiador francés Pierre Chaunu, quien escribió que para ser un buen biógrafo es fundamental tener una madurez vital, es decir, «haber experimentado el camino de la vida».[12] Sin duda, se trata de una gesta extraordinaria que bien ha merecido mi atención y la de los posibles lectores.

Por todas esas razones, siempre pensé que era posible escribir un nuevo libro liberado de los tradicionales corsés de patria y nación, pues, de acuerdo con Eric Hobsbawm, uno de los mayores retos que tienen los historiadores actuales es escribir al margen de las historias y de los mitos nacionales.[13] Por ello, he tratado no solo de revisar críticamente las fuentes sino de tratar de explicar y de entender no tanto los hechos que protagonizó, que ya conocemos, sino lo que le llevó a hacer lo que hizo, en el contexto de su tiempo. Para entender su vida, su mentalidad y su obra, el lector debe hacer un esfuerzo para acercarse a él sin ideas previas. Hay que tener en cuenta que estamos hablando de alguien que vivió a caballo entre la Edad Media y la Edad Moderna, cuando los parámetros políticos, sociales y culturales eran muy diferentes a los actuales. No podemos olvidar que la historia solo se puede entender en sincronía histórica, pues, como dijera Marc Bloch, es la ciencia de las personas en el tiempo.

Y, por último, he pretendido escribir una biografía del personaje, no un libro del Descubrimiento. Ya en la antigüedad, decía Plutarco que la biografía debía destacar la personalidad y la psicología del personaje, dejando para los estudiosos de la historia los hechos que protagonizó.[14] Obviamente, es difícil disociar ambos aspectos, pero sí es verdad que, en esta línea, he tratado de ponderar sobre todo a la persona, su toma de decisiones y sus motivaciones.

FUENTES E HISTORIOGRAFÍA

Dado que estamos ante el personaje más biografiado de la historia, por muy detallada que sea esta relación bibliográfica necesariamente tiene que ser una selección, pues solo enumerar y comentar toda la producción escrita daría para varios volúmenes. Bien es cierto que las obras que de verdad aportan datos novedosos o interpretaciones de interés se limitan a poco más de un centenar.

Las fuentes esenciales para conocer su vida son los documentos y las crónicas de su época, de autores que lo conocieron en persona. En primer lugar, hay que destacar los documentos escritos por él mismo: redactó muchos, pero se han conservado pocos, la mayoría a través de traslados o copias. Por Bartolomé de Las Casas y por su hijo sabemos que durante muchos años estuvo redactando un *Libro de Memorias* que, como tantos otros textos suyos, no ha llegado a nuestros días. Particularmente importante es su archiconocido y reeditado *diario de a bordo* de su primera travesía, cuyo original entregó a los Reyes Católicos en su encuentro en Barcelona, en abril de 1493. Sin embargo, tanto este original como la copia que estos le mandaron a primeros de septiembre de ese mismo año se encuentran en paradero desconocido.[1] En realidad, el texto del que disponemos es un resumen que se localizó en 1825, en el archivo de los duques del Infantado, junto al del tercer viaje, firmado por el padre Las Casas, para que le sirviera después para su reproducción, con algunas variantes, en su *Historia de las Indias*.[2] También Hernando Colón incluyó un extracto de ese mismo documento, que presenta pocas variaciones con el publicado por el religioso sevillano. Hay que aclarar que las tres relaciones son versiones resumidas y hasta cierto punto alteradas y modificadas del original hoy perdido. De hecho, en bastantes ocasiones el relato se hace en tercera persona, permitiéndose resumir y añadir correcciones de lo que el dominico entendía que eran errores.[3] En cualquier caso, habrá que agradecerle que dispongamos de un documento esencial para conocer los pormenores de esa primera odisea descubridora, un relato extraordinario de las experiencias vividas. Fue editado por primera vez de manera independiente en 1825 por Martín Fernández de Navarrete, y después ha visto un sinfín de reediciones comentadas o editadas por especialistas como Luis Baudizzone (1942), Gregorio Marañón (1944), Carlos Sanz (1962), Manuel Alvar (1976), Luis Arranz (1985), Paolo Emilio Taviani (1987), José Martín López (1992), Demetrio Ramos y Marta González Quintana (1995), Francisco Morales Padrón (1995), Consuelo Varela (1989), Jesús Varela y José Manuel Fradejas (2006) y Christian Duverger (2016), entre otros. En él ofrece muchos detalles de todo lo que iba viendo en su pionera travesía, incluyendo una erupción del Teide. En concreto el 2 de septiembre de 1492, divisaron a lo lejos las grandes llamas que expulsaba el volcán tinerfeño, una actividad que, por cierto, solo conocemos a través de su testimonio. La tripulación debió de sorprenderse, e incluso interpretarlo como un mal augurio, pero no él, que había visto en más de una ocasión el estallido del Etna. En sus páginas anotó datos de un total de diecisiete animales que avistaron, incluyendo algunas especies acuáticas, pájaros y reptiles. También expresa valoraciones sobre las tierras que descubrió, las gentes que las poblaban y las posibilidades que ofrecían esos territorios de incrementar el comercio y de ganar almas para la cristiandad. Habla de las costumbres indígenas, y se mencionan las hamacas, el tabaco, con el que hacían sahumerios, y las canoas. A estas últimas las llama al principio almadías hasta que, a partir de 26 de octubre, termina usando el término indígena, canoa, igual que asumió el término cacique para definir a los jefes nativos. Analiza también los alimentos de la tierra, citando el cazabe, que elaboraban a partir de la harina de la raíz de la yuca previamente exprimida, pero también otros tubérculos como la batata, de cuyo sabor se decía que estaba a medio camino entre la zanahoria y la castaña. Señala muchos detalles sobre la flora, la vegetación o la fauna, citando infinidad de especies, desde peces, aves, reptiles y mamíferos. Pone énfasis en señalar los grandes árboles con cuya madera se podrían fabricar navíos, algo que mandará hacer pocos años después, cuando se construyó la *India*, que junto con la *Niña* le sirvió en su viaje de regreso a España en 1496. Continuamente compara el verde intenso de la vegetación con la que lucía el sur de España en primavera, e incluso una montaña le recuerda a la Peña de los Enamorados de Antequera.[4] Muy interesantes son las páginas dedicadas al famoso perro mudo del que hablan las crónicas y que sirvió de alimento a las huestes, hasta el punto de situarlos al borde de la extinción. También comparecen las iguanas, el manatí, las ballenas, los lagartos —cocodrilos— y los papagayos. Precisamente es este último animal el que más veces aparece citado en el resumen del texto colombino y, de hecho, los trajo a España, tras su regreso de su primera y su segunda travesía, y se convirtieron en uno de los grandes atractivos.[5] Anota, asimismo, datos relacionados con la navegación, la cartografía o los puertos donde asentarse o construir fortalezas, aunque sin especificar las latitudes y longitudes exactas. De hecho, el 5 de septiembre de 1493 los reyes le pidieron que en un informe les señalase los grados donde estaban las islas y tierras descubiertas porque en su diario no se especificaban.[6] Y es que la política de sigilo era esencial para evitar la injerencia de las potencias extranjeras, en particular de Portugal, una práctica utilizada desde la antigüedad. Colón no solía compartir esos datos ni siquiera con sus pilotos.[7] Este diario es posible completarlo con dos cartas muy similares que firmó el 15 de febrero de 1493 y el 14 de marzo de ese mismo año, días antes de arribar en su viaje de vuelta, y que dirigió a Luis de Santángel y a Gabriel Sánchez.[8]

Redactó también los diarios de los otros tres viajes, pero, igual que ocurrió con el primero, los originales se han perdido y nos tenemos que conformar con fragmentos que reprodujeron tanto su hijo como el padre Las Casas. De la segunda expedición disponemos, además de esos fragmentos, de la relación que escribió un pasajero de excepción, testigo de los hechos, el doctor Diego Álvarez Chanca, que ofrece unas descripciones mucho más neutrales y objetivas.[9] Asimismo, Hernando Colón incluyó muchos pormenores sobre esta jornada que con toda probabilidad tomó del perdido diario de su padre. En cuanto a su tercera travesía, además de los fragmentos de su diario, disponemos de una extensa carta que el propio almirante escribió a los reyes tras arribar a Santo Domingo, fechada el 31 de agosto de 1498, que reprodujo el padre Las Casas. Y finalmente, de la cuarta travesía también redactó, con la ayuda de su hijo, un diario que este reprodujo en su biografía. Además, disponemos de una copia de la carta que escribió en Jamaica el 7 de julio de 1503, conservada en la Biblioteca de la Universidad de Salamanca, en la que contó el duro peregrinaje vivido en la que sería su última jornada descubridora.[10] De esta cuarta travesía se conservan otros dos relatos de interés: uno, redactado por Diego de Porras, uno de los protagonistas del alzamiento en Jamaica, y el otro, el esclarecedor testamento de Diego Méndez, un compañero leal e infatigable que se mostró muy prolijo en detalles.

De los cuatro viajes en conjunto y de su testamento se han publicado numerosas ediciones, entre ellas las de Ignacio B. Anzoátegui (1946), Vicente Muñoz Puelles (1985) y la de Consuelo Varela (1986). Asimismo, ha sido editada una cuidada edición de todos sus documentos autógrafos por Consuelo Varela y Juan Gil (1992). En el año 2024 apareció la última versión revisada y corregida. Del resto de las fuentes primarias debemos destacar dos que resultan esenciales:

Una, los Pleitos colombinos, que contienen decenas de declaraciones de testigos que conocieron a Colón y que en muchos casos sirvieron a sus órdenes. Una primera edición fue impresa a principios de siglo por Cesáreo Fernández Duro, y, entre 1983 y 1985, fueron reeditados por la sevillana Escuela de Estudios Hispano-Americanos, aunque limitándose a los documentos custodiados en el Archivo de Indias. Más recientemente, en 2015, han sido estudiados y completados en una cuidada edición por Anunciada Colón de Carvajal y José Manuel Pérez-Prendes, aportando más de doscientos textos desconocidos.

Y otra, las colecciones documentales que se empezaron a imprimir a partir del siglo XIX, unas referidas a América en general y otras al descubridor en particular. Una de las primeras fue la colección documental del académico Martín Fernández de Navarrete, a quien Fernando VII encargó acopiar una serie de manuscritos de los viajes marítimos. En 1823 apareció el *Códice diplomático Colombo-Americano*, en el que se recopilaron un total de ciento sesenta y cuatro documentos, incluido el diario de a bordo redactado por Bartolomé de Las Casas. Dos años después comenzaría la publicación de la *Colección de viajes y descubrimientos que hicieron por mar los españoles* (1825), que en su momento representó un hito porque puso a disposición de los investigadores cientos de manuscritos inéditos. Con la idea de continuar el trabajo de Fernández Navarrete, Luis Torres de Mendoza solicitó apoyo al gobierno español para publicar una *Co-*

lección de Documentos inéditos relativos al descubrimiento, conquista y colonización de las posesiones españolas en América y Oceanía (CODOIN), cuyo primer volumen apareció en 1864 y el último en 1884. Se editaron cuarenta y dos valiosos tomos, aunque la obra quedó inacabada. Asimismo, se imprimieron colecciones documentales específicas sobre Colón y el Descubrimiento tanto en Génova como en España; la más importante obra publicada en Italia fue la *Raccolta colombina*, dirigida por Cesare de Lollis, en once volúmenes, impresa entre 1892 y 1896, con motivo del IV Centenario, que incluía decenas de documentos inéditos de su vida y de su epopeya, dejando fuera de toda duda su origen ligur. Mientras, en España, Rosario Falcó y Osorio, duquesa de Berwick y Alba, dio a la estampa en 1892 y 1901 numerosos textos inéditos conservados en el archivo de la casa ducal de la que era titular. Entre esos materiales publicados por la duquesa figuró el único mapa que se conoce suyo, donde aparece la parte norte de La Española.

Con posterioridad se han imprimido infinidad de regestos sobre el personaje y su tiempo, de entre los que destacaremos los siguientes: en primer lugar, el *Libro copiador* (1989), editado por Antonio Rumeu de Armas, que contiene nueve documentos colombinos, siete de ellos inéditos. Segundo, la monumental *Colección Documental del Descubrimiento* (1994), dirigida por Juan Pérez de Tudela, que es a día de hoy la más amplia y completa compilación de manuscritos sobre la época. Y tercero, los regestos publicados por Francisco Morales Padrón (1990), Juan Gil y Consuelo Varela (1982, 1992a y 2024), y fray Vicente Rubio (2007).

Disponemos de otras fuentes de un valor extraordinario, las crónicas y cartas de amigos y parientes que lo conocieron en persona. Son de especial valor las de su propio hijo y biógrafo, Hernando, aunque también hay que tener muy en cuenta las de Pedro Mártir de Anglería, fray Bartolomé de Las Casas y Gonzalo Fernández de Oviedo. Todos ellos, de manera unánime, afirman que era genovés, aunque algunos ofrecen pequeñas variaciones, mencionando distintas aldeas o barrios.[11]

Su hijo Hernando Colón redactó un borrador de las andanzas de su progenitor que, pasado el tiempo, alguien terminaría, convirtiéndose en la *Vida del almirante don Cristóbal Colón*. El original fue escrito en castellano, una versión que tuvo entre sus manos el padre Las Casas y que se perdió. La edición más antigua que se conoce está en italiano, pues fue publicada en Venecia en 1571 y traducida con posterioridad a numerosos idiomas. En la actualidad se piensa que hubo más de un redactor, aunque se descarta que sea un texto apócrifo, como defendiera Henry Harrisse, y, muy al contrario, se considera la espina dorsal de los estudios colombinistas. Sin embargo, como es obvio, hay que leerla sin olvidar que el autor es parte interesada y que optó por confeccionar un texto apologético.

En cuanto a Bartolomé de Las Casas, hay que empezar diciendo que buena parte de los escritos colombinos se los debemos a él, que los copio total o parcialmente.[12] La amistad que mantuvo con Colón y con sus hijos le permitió un acceso ilimitado a los documentos familiares, en especial al archivo colombino depositado en el monasterio de la Cartuja de las Cuevas. De ahí que toda la obra casiana, y en particular su *Historia de las Indias*, sea esencial, pues insertó treinta y un documentos colombinos, de los que diecisiete son inéditos. El dominico se mostró como un veraz copista de dicha documentación, y sus comentarios poseen la fiabilidad de alguien que fue testigo de muchos de los acontecimientos que describió y que tuvo acceso al archivo familiar. El fraile fue siempre un admirador de los hermanos Colón, particularmente de Cristóbal, porque simpatizaba con su talante providencialista, como un elegido de Dios para la expansión de la fe. Ello le llevó a mostrarse muy indulgente con sus debilidades, a diferencia de lo que hizo con otros descubridores y conquistadores.[13]

También las *Décadas* de Pedro Mártir de Anglería tienen un gran valor, pues, aunque no estuvo en América, dispuso de información de primera mano en el entorno cortesano y tuvo acceso a decenas de manuscritos originales. Su amplia curiosidad lo llevó a entrevistarse con todos los que llegaban del otro lado del océano, tamizando sus valoraciones con su capacidad, crítica a veces y burlesca otras, de ahí que sus comentarios sean por lo general muy atinados.

Gran interés tiene la crónica de Gonzalo Fernández de Oviedo, porque, aunque solo lo conoció de oídas, sí que coincidió con sus hijos en varias ocasiones y dispuso de información de primera mano. Su texto fue empleado tanto por Juan Ginés de Sepúlveda como por Francisco López de Gómara, aunque es cierto que este último incorporó algunas informaciones propias, así como rumores y tradiciones, como la del piloto anónimo.[14] No obstante, el relato de su vida y de sus viajes es mucho menos detallada que el de otros cronistas, como el dominico Las Casas, aunque coincidió con este en su admiración por el personaje.[15]

Andrés Bernáldez, cura de Los Palacios, fue amigo personal de Colón, y lo hospedó en su casa al menos en dos ocasiones, una de ellas al regreso de su segunda expedición, en 1496.[16] La información que proporciona es escueta pero muy valiosa, ya que dispuso no solo de testimonios verbales sino también de muchos documentos que la familia le facilitó.

También es interesante la *Historia del Nuevo Mundo*, de Girolamo Benzoni, publicada en 1565. El autor era de origen italiano, igual que Colón, y aunque no lo conoció personalmente contó con muchas informaciones de personas de su tiempo. Pese a sus imprecisiones y errores en algunos datos concretos, ofrece valoraciones de mucho interés sobre lo que hizo y sobre lo que se hablaba de él.

Otros muchos autores, como Juan de Castellanos, Juan Suárez de Peralta y Antonio de Herrera, entre otros, siguen de cerca la crónica de Gonzalo Fernández de Oviedo, pero incorporando matices de sus respectivas cosechas. A pesar de la tardía fecha en la que escribió Antonio de Herrera, su obra tiene un enorme valor por la amplia documentación que manejó, por su formación y por su capacidad para sintetizar y ordenar las referencias.

En cuanto a la historiografía, hay una amplia trayectoria. José Luis Comellas estimó en cerca de veinte mil las obras dedicadas a la gesta colombina, una producción bibliográfica inabarcable. El gran desarrollo historiográfico comenzó en el siglo XVIII, coincidiendo primero con la aparición del concepto de autor como generador de conocimiento y segundo, con un renovado interés por la época. Empezaron los historiadores y escritores anglosajones, unos mostrando su admiración y otros planteando reproches con ciertos tintes negrolegendarios. Así, en 1725, el inglés Daniel Defoe le restaba méritos al decir que el Descubrimiento fue solo cuestión de suerte, mientras que el abate Raynal, en 1770, lo acusó de los excesos cometidos. Por su parte, William Robertson, que editó su monografía en 1777, lo presentó como un italiano extraordinario que aportó muchísimo a la historia de la civilización. Se pensó en traducirla al español, pero finalmente la Real Academia de la Historia decidió encargarle una *Historia del Nuevo Mundo* al erudito valenciano Juan Bautista Muñoz, para ofrecer una versión oficial propia. Para elaborarla preparó una extensa colección de documentos que a la postre sería el núcleo de la creación del Archivo de Indias y la base documental de su obra.[17] Esta sentó un importante precedente en la historiografía positivista, aunque quedó inacabada porque solo se publicó el primer tomo, que tan solo abarca hasta el año 1500.

En la centuria decimonónica aparecieron textos de gran envergadura que moldearon buena parte de la visión que hoy tenemos del genovés. La primera de ellas fue la del estadounidense Washington Irving, sobre los viajes de Cristóbal Colón, aparecida en inglés en 1828 y en castellano en 1834 y 1851, siguiendo de cerca el libro de Hernando Colón y usando la colección documental de Fernández de Navarrete, publicada poco antes. Su obra tuvo una extraordinaria difusión y ha ejercido una considerable influencia no solo en la historiografía sino también en la percepción del personaje por el gran público. Justo un año después, en 1853, el historiador dominicano establecido en Cuba Antonio del Monte y Tejada (1783-1861) dio a la estampa una *Historia de Santo Domingo* en varios voluminosos tomos, de los que el primero estuvo dedicado a su figura. Esta obra es una de las primeras en las que se transcribieron documentos de primera mano como los diarios de a bordo, las capitulaciones, la carta de mayorazgo, etc. Le siguieron los libros del conde Roselly de Lorgues (1855 y 1885), en la misma línea que Irving, que tuvo también mucha popularidad y se tradujo a varios idiomas. Insistió en su ascetismo, siendo el gran auspiciador de su proceso de canonización. Asimismo, hay que citar otra de esas grandes obras monumentales decimonónicas como es la de Henry Harrisse (1884 y 1892), un autor que investigó minuciosamente en la Biblioteca Colombina de Sevilla.[18] Mientras tanto, algunos autores españoles tuvieron una cierta repercusión, dando a la estampa varios volúmenes como los de José María Asensio y Toledo (1891), Emilio Castelar (1892), presidente de la I República española, y Francisco Serrato (1893). Las tres se imprimieron en el marco del IV Centenario, cuando se publicaron numerosas y valiosas obras, tanto regestos documentales como biografías, aunque ni aun así quedaron perfilados determinados aspectos de su vida. La primera es quizá la mejor obra española de su siglo, a pesar de que, acorde con su época, tiene tintes bastante hispanistas, pero sin destacar especialmente la figura de Martín Alonso Pinzón, lo que le obligó a hacer otro texto dedicado a su figura. La segunda, aunque se titula *Historia del descubrimiento*, es en realidad una biografía laudatoria del marino, un libro de gran formato de cerca de seiscientas páginas en las que el autor compendió mucha de la información disponible en su época. En esta obra, compatibilizó muy bien la ponderación de su figura con el papel de España en todo el proceso. Y la tercera es una síntesis extensa de todo lo que se sabía del personaje a finales del siglo XIX. Además, con motivo de ese centenario, se editaron numerosas obras divulgativas, como la de T. Escamilla (1892) o la de E. Leal y R. Campillo (1892), dirigidas a un público no especializado.

En el siglo XX aparecieron otros trabajos de investigación de envergadura que han resultado esenciales. Uno de los primeros fue el de Jean Henry Vignaud (1901, 1905, 1911), discípulo de Henry Harrisse, que tuvo una notable repercusión en Europa, aunque algunas de sus hipótesis han sido rebatidas por la historiografía.[19] En 1940 la editorial Espasa Calpe publicó la biografía de Salvador de Madariaga, que había sido imprimida en inglés un año antes. Hizo suya la tesis de Jakob Wassermann que defendía su judaísmo, popularizando su condición semita. Se trata de una obra literaria, muy bien redactada y de fácil lectura, pero con un limitado rigor científico, ya que no siempre tuvo en cuenta las fuentes primarias. Tan solo dos años más tarde aparecieron otras dos obras notables: una, la del autor estadounidense Samuel Eliot Morison (1942), que tuvo una gran aceptación, en particular entre el público anglosajón, y fue traducida al castellano y publicada muy tardíamente en México (1991) por el Fondo de Cultura Económica. Y dos, el trabajo de Enrique de Gandía, que manejó una importante amplitud de fuentes, aunque al estar editado en Argentina apenas tuvo difusión fuera de este país. Sin embargo, en 1945 vio la luz la que a día de hoy sigue siendo la biografía más completa del personaje, firmada por el historiador Antonio Ballesteros Beretta. En dos tomos abordó todos los puntos de vista, rebatiendo muchos de los mitos que rodeaban su biografía, en especial los relativos a sus supuestas patrias. Se trata de un autor vinculado al positivismo que se muestra en todo momento fiel a la documentación, sin entrar en diatribas ni en abstracciones teóricas. Y ya en el siglo XXI, se ha publicado un monumental libro colectivo titulado *Cristóbal Colón*, dirigido por Carlos Martínez Shaw y Celia Parcero Torre (2006), que es la obra de referencia más actualizada que existe hasta la fecha.

Entre las biografías divulgativas hay decenas muy completas y rigurosas, que se ciñen a lo que se sabe de su biografía, sin entrar en polémicas históricas o ideológicas. Entre ellas hay que destacar las de Giuseppe Scortecci (1940), Armando Álvarez Pedroso (1944), Manuel Ballesteros Gaibrois (1951), Yácov Svet (1972), D. del Olmo (1975), Luis Arranz (1986), Francisco Morales Padrón (1988), Gonzalo Zaragoza (1988), Lourdes Díaz Trechuelo (1991), John Dyson (1991), Consuelo Varela (1992), Felipe Fernández-Armesto (2004), Manuel Fernández Álvarez (2006) y, aunque más divulgativas que rigurosas, las de Juan Ramón Gómez (2012) e Ignacio Mollá Ayuso (2023). En lengua inglesa, podemos citar la obra de Paul H. Chapman (1992) y sobre todo la de Laurence Bergreen (2011), que ha sido un superventas, aunque abarca solo la etapa de 1492 a 1504, es decir, los cuatro viajes. Asimismo, disponemos de poemarios, como los de Juan de la Rada y Delgado (1863), Bernabé Demaría (1887) y Carolina Valencia (1892), así como trabajos destinados al público infantil y juvenil, como el de Jakob Wassermann (1929), T. B. Marull (1961), Marcel D'Isard (1968), Pedro Voltes (1987) y Fiona Macdonald y Mark Bergin (1991).

Sobre aspectos específicos de su vida, la producción historiográfica es abundantísima, por lo que solo destacaremos algunos libros esenciales, prescindiendo de los miles de artículos editados en las más diversas revistas de todos los continentes Por ello, remito directamente a las decenas de grandes aportes recogidos en la revista de la Academia Española de la Historia, fáciles de localizar a través del listado comentado, publicado por Remedios Contreras Miguel (1992). Los siete años que transcurrió en Castilla antes de capitular, entre 1485 y 1492, han sido estudiados con detalle por Juan Manzano (1964). Sobre la cuestión del protonauta, los grandes defensores son autores contemporáneos como Baldomero Lorenzo y Leal (1885), Jean Henry Vignaud (1901 y 1905), Manuel López Flores (1962 y 1964), Demetrio Ramos (1971) y, sobre todo, Juan Manzano, que publicó su afamada obra *Colón y su secreto* en 1976, reeditada varias veces. Algunos de ellos, sobre todo Manuel López Flores, con altas dosis de patriotismo, defienden la españolidad de los descubridores —Alonso Sánchez de Huelva y Martín Alonso Pinzón— frente a Cristóbal Colón, al que consideran un simple farsante que se apropió de méritos ajenos. Otros, en cambio, se han posicionado en contra del predescubridor, argumentando que no pasa de ser una leyenda, como Cesáreo Fernández Duro (1892). La importancia del monasterio de La Rábida en la vida del almirante ha sido abordada, entre otros, por José

Coll (1891), fray Ángel Ortega (1925-1926) y por Antonio Rumeu de Armas (1968). Las Capitulaciones de Santa Fe, un documento esencial, han sido estudiadas tanto en sus aspectos históricos como diplomáticos por Antonio Rumeu de Armas (1985). El original estuvo en manos de Cristóbal Colón, pero se perdió, y de él se sacó una copia que se conserva en el Archivo de la Corona de Aragón, otra realizada en 1495 en el Archivo General de Indias, así como otros traslados sacados por la familia y extractos insertos en los Pleitos colombinos.[20] Los itinerarios exactos que siguió Colón, así como la cartografía colombina, han sido estudiados, en relación con el área antillana, por Antonio María Manrique (1890), y a nivel global por Jesús Varela (2003 y 2021) y María Montserrat León (2003). Sobre las mujeres que tuvieron alguna significación en su vida, existe un completo estudio de Beatriz Enríquez de Arana y de su familia, firmado por José de la Torre y del Cerro (1984). En relación con sus restos mortales y sus enterramientos, podemos destacar las obras de Manuel Colmeiro (1879), Juan Ignacio Armas (1881), Carlos Esteban Deive (1983) y Anunciada Colón de Carvajal y Guadalupe Chocano (1992). Sobre su origen judío o converso sigue siendo una referencia el clásico libro de Salvador de Madariaga (1975) y otros aportes más recientes como los de Rica Amran (2006) y sobre todo Javier Corzo (2018). Sobre su labor gubernativa en La Española, destacan los trabajos de Joaquín Marino Incháustegui (1942), Consuelo Varela (2006) y Juan Gil (2013), mientras que sobre las sociedades indígenas que encontró pueden verse los trabajos de Marcio Veloz (1972, 2013), Roberto Cassá (2002) y Esteban Mira (1997). Y, finalmente, sobre su figura histórica en la historia del arte, debemos destacar los trabajos de Silvio Zavala (1991), Carlos Reyero (2006) y Carlos Javier Castro (2006).

En cuanto a Bartolomé Colón, su mano derecha y uno de sus albaceas testamentarios, sigue siendo de utilidad la clásica biografía de José María del Valle (1946). Sobre el segundo almirante Diego Colón, tenemos la biografía de Luis Arranz Márquez (1982) y, en lo alusivo a la esposa de este, doña María de Toledo, ha aparecido hace pocos años una biografía firmada por Fernando Tola de Habich (2016). Otros protagonistas de la época, algunos de ellos colaboradores necesarios de la gesta descubridora, han recibido una menor atención. Sobre los hermanos Pinzón debemos destacar la extensa y detallada obra de Juan Manzano, *Los Pinzones y el Descubrimiento de América* (1988), y, centrados en Martín Alonso, los trabajos de Jesús Varela

(2005), que lo considera un codescubridor, Julio Izquierdo Labrado (2012) y, muy recientemente, el libro de Juan Ángel López Díaz (2023), en el que ha vuelto a reivindicar su figura. En relación con el obispo Fonseca, gran gestor de los asuntos indianos en la época colombina, destacan los estudios de Adelaida Sagarra (1997) y María Montserrat León (2024). Sobre Américo Vespucio, sigue sin estar superada la biografía de Germán Arciniegas (1990), mientras que sobre Paolo del Pozzo Toscanelli disponemos del clásico trabajo del historiador y militar sevillano Ángel de Altolaguirre (1908). En cuanto a los roles de cada uno de los viajes, han realizado grandes aportes Alice Gould (1984), Consuelo Varela (1985), Juan Gil (1986b), Jesús Varela (1998) y María Montserrat León Guerrero (2005 y 2007).

Los libros de novela histórica y de ficción se cuentan por centenares, pero, dado el carácter científico de este libro, me limitaré a citar algunos que me han parecido más relevantes: Alfonso de Lamartine (1870), Vicente Blasco Ibáñez (1929), Stephen Marlowe (1987), Edward Rosset (2002) y Luis Melero (2006). Asimismo, en el teatro su presencia ha sido alargada: la primera obra de teatro conocida la escribió Lope de Vega en 1613, titulada *El Nuevo Mundo descubierto por Cristóbal Colón*, en la que lo presentó como un personaje elegido por la providencia, lo que no era incompatible con su creencia en la existencia de un protonauta.[21] Y de 1933 data la obra del francés Paul Claudel titulada *Le libre de Christophe Colomb,* traducida al castellano en 1954, en la misma línea que la obra de teatro de Lope, pues aparece el genovés representado como un elegido para expandir la cristiandad. De la filmografía se han ocupado autores como Rafael de España (2002), María del Carmen Pasán (2005) y Luis M. González, profesor del Connecticut College (2009 y 2022), entre otros.

SIGLAS UTILIZADAS

ADA: Archivo Ducal de Alba.
AGA: Archivo General de Aragón.
AGI: Archivo General de Indias.
AGS: Archivo General de Simancas.
AHN: Archivo Histórico Nacional.
AHNO: Archivo Histórico de la Nobleza.
APS: Archivo de Protocolos de Sevilla.
BRAH: Boletín de la Real Academia de la Historia.
BN: Biblioteca Nacional de Madrid.
CODODES: Colección Documental del Descubrimiento.
CODOIN: Colección de documentos inéditos para la Historia de América, serie I y II.
EEHA: Escuela de Estudios Hispano-Americanos.
RAH: Real Academia de la Historia.

BIBLIOGRAFÍA

Abellán, José Luis, *Historia crítica del pensamiento español*, T. II, Espasa Calpe, Madrid, 1979.

Acosta, José de, *Historia natural y moral de las Indias*, ed. De José Alcina Franch, Historia 16, Madrid, 1987.

Airaldi, Gabriella, «Génova y los genoveses en tiempos del Descubrimiento de América», *Descubridores de América. Colón, los marinos y los puertos*, David González Cruz, coord., Sílex, Madrid, 2012, pp. 31-43.

Albardaner i Llorens, Francesc, *La catalanitat de Colom*, Ignasi Ametlla, Barcelona, 2013.

Alegría, Ricardo E., «Aspecto de la cultura de los indios taínos de las Antillas Mayores en la documentación etno-histórica», en *La Cultura Taína*, Editorial Turner, Madrid, 1989, pp. 117-136.

Alfonso Mola, Marina, «Los cuatro viajes póstumos del Almirante de la Mar Océana o ¿dónde reposan los restos de Colón», en *Cristóbal Colón*, Carlos Martínez Shaw y Celia Parcero Torre, dirs., Junta de Castilla y León, Salamanca, 2006, pp. 327-356.

Alfonso Mola, Marina y Carlos Martínez Shaw, *Historia Moderna: Europa, África, Asia y América*, UNED, Madrid, 2021.

Altolaguirre y Duvale, Ángel, «Llegada de Cristóbal Colón a Portugal», *BRAH*, T. 21, 1892, pp. 481-492.

—, «Estudio jurídico de las capitulaciones y privilegios de Cristóbal Colón», *BRAH*, t. 38, 1901, pp. 279-294.

—, *Cristóbal Colón y Pablo del Pozzo Toscanelli*, Imprenta de Administración Militar, Madrid, 1908, (edición facsímil en Valladolid, Maxtor, 2006).

—, «La patria de don Cristóbal Colón, según las actas notariales de Italia», *BRAH*, t. 72, 1918, pp. 200-224.

—, «La carta de navegar atribuida a Cristóbal Colón por Mr. De la Roncière», *BRAH*, t. 87, 1925, pp. 439-452.

—, «La Real confirmación del mayorazgo fundado por don Cristóbal Colón el 22 de febrero de 1498», *BRAH*, t. 88, 1926, pp. 330-335.

—, «Algunos documentos inéditos relativos a don Cristóbal Colón y su familia», *BRAH*, t. 92, 1928a, pp. 513-525.

Altolaguirre y Duvale, Ángel, Ricardo Beltrán y Rózpide y otros, «Informe sobre algunos de los documentos utilizados por don Celso García de la Riega en sus libros *La Gallega* y *Colón español*», *BRAH*, t. 93, 1928b, pp. 39-57.

Álvarez Márquez, María del Carmen, *El libro manuscrito en Sevilla (siglo XVI)*, Ayuntamiento de Sevilla, Sevilla, 2000.

Álvarez Pedroso, Armando, *Cristóbal Colón. Biografía del descubridor*, Cultural S. A., La Habana, 1944.

Amarillas, Marquesa de las, *Diario de viaje de Cádiz a México*, UNAM, México, 2016.

Amran, Rica, "El entorno judeo-converso de Cristóbal Colón: las influencias mesiánicas", *Cristóbal Colón y el Descubrimiento del Nuevo Mundo*, María Monserrat León Guerrero, ed., Valladolid, 2006, T. I, pp. 215-231.

Anaya, S. James, *Los pueblos indígenas en el derecho internacional*, Ed. Trotta, Madrid, 2005.

Anderson, Perry, *La palabra H. Peripecias de la Hegemonía*, Akal, Madrid, 2018.

Andrés Martín, Melquiades, *El dinero de los Reyes Católicos para el descubrimiento de América, financiado por la diócesis de Badajoz*, Editorial Cisneros, Madrid, 1987.

Antequera Luengo, Juan José, «Introducción», en *La Carta de Colón anunciando el Descubrimiento*, Alianza Editorial, Madrid, 1992, pp. 13-34.

Apestegui Cardenal, Cruz, «La vida a bordo: condiciones de vida en un navío o galeón de la Armada Real de la época del Guadalupe», en Inmaculada Sanchís Bueno (coord.), *Navegantes y Naufragios. Galeones en la ruta del Mercurio*, Lunwerg Editores, Barcelona, 1996.

Aram, Bethany, *Leyenda negra y leyendas doradas en la conquista de América. Pedrarias y Balboa*, Marcial Pons, Madrid, 2008.

Arán Ferrer, Buenaventura, *Algo sobre la cuna de Cristóbal Colón*, I. G. Barcino, Barcelona, 1958.

Aranda Mendíaz, Manuel, *Visiones sobre el primer Tribunal de justicia de la América Hispana. La Real Audiencia de Santo Domingo*, Campillo Nevado, Las Palmas, 2007.

Arciniegas, Germán, *Américo y el Nuevo Mundo*, Alianza Editorial, Madrid, 1990.

Ardrey, Robert, *La evolución del hombre: la hipótesis del cazador*, Alianza Editorial, Madrid, 1990.

Arens, William, *El mito del canibalismo. Antropología y Antropofagia*, Siglo XXI Editores, México, 1981.

Armas, J. I., *Las cenizas de Cristóbal Colón suplantadas en la Catedral de Santo Domingo. Estudio histórico crítico*, Imprenta de la Gaceta Oficial, Caracas, 1881.

Arranz Márquez, Luis, *Don Diego Colón*, Consejo Superior de Investigaciones Científicas, T. I, Madrid, 1982.

—, «Introducción», *Historia del Almirante*, Hernando Colón, Historia 16, Madrid, 1985.

—, *Cristóbal Colón*, Quorum, Madrid, 1986.

—, *Repartimientos y encomiendas en la isla Española*, Fundación García Arévalo, Madrid, 1991.

—, «Los Pleitos Colombinos y su influencia en los primeros descubrimientos de América», *Congreso de Historia del Descubrimiento*, T. I, Madrid, RAH, 1992, pp. 593-610.

—, *Cristóbal Colón: misterio y grandeza*, Marcial Pons Historia, Madrid, 2006.

—, «Don Diego Colón y el virreinato de las Indias», en *España y República Dominicana. Una historia compartida*, Embajada de España, Santo Domingo, 2023, pp. 69-78.

Arrom, José Juan, *Aportaciones lingüísticas al conocimiento de la cosmovisión taína*, Fundación García Arévalo, Santo Domingo, 1974.

Artola, Miguel, *La Monarquía de España*, Alianza Editorial, Madrid, 1999.

Asensio, José María, *Cristóbal Colón, su vida, sus viajes, sus descubrimientos*, Espasa Compañía Editores, Barcelona, 1891.

Astrana Marín, Luis, *Cristóbal Colón. Su patria, sus restos y el enigma del Descubrimiento de América*, Editorial Voluntad, Madrid, 1929.

Attali, Jacques, *1492*, Plural, Barcelona, 1992.

Avalle-Arce, Juan Bautista de, «Los mitos de Cristóbal Colón», *Impacto y futuro de la civilización española en el Nuevo Mundo. Actas del Encuentro Internacional Quinto Centenario*, Sociedad Estatal Quinto Centenario, Madrid, 1991, pp. 31-38.

Azcona, Tarsicio, *La elección y reforma del episcopado español en tiempo de los Reyes Católicos*, CSIC, Madrid, 1960.

—, *Isabel la Católica*, Sarpe, Madrid, 1986

—, *Isabel La Católica. Vida y reinado*, La Esfera de los Libros, Madrid, 2002.

Aznar Vallejo, Eduardo, «La regulación de los oficios del mar en Andalucía», en *Gentes de mar en la ciudad atlántica medieval*, Jesús A. Solorzano Telechea, Michel Bochaca, Amelia Aguiar Andrade, eds., Instituto de Estudios Riojanos, Logroño, 2012, pp. 95-122.

Ballester Escalas, Rafael, *Grandes enigmas de la Historia*, Editorial Mateu, Barcelona, 1964.

Ballesteros Beretta, Antonio, «Los restos de Colón», *BRAH*, t. 120, 1947, pp. 7-49.

—, *Cristóbal Colón y el Descubrimiento de América*, Salvat, Barcelona, 1945.

—, *La marina cántabra y Juan de la Cosa*, Diputación Provincial de Santander, Santander, 1954.

Ballesteros Gaibrois, Manuel, *Cristóbal Colón*, Editora Nacional, Madrid, 1951.

Ballesteros Gaibrois, Manuel y Roberto Ferrando Pérez, *Luis de Santángel y su entorno*, Cuadernos Colombinos, Valladolid, 1996.

Baraibar, Álvaro, «La naturaleza en el discurso indiano: la construcción de un espacio de experiencia americano», en *Tierras prometidas. De la colonia a la independencia*, Bernat Castany *et al.*, Centro para la Edición de los Clásicos Españoles, Bellaterra, 2011, pp. 9-30.

—, «La defensa del héroe: Cristóbal Colón en el discurso de la Monarquía Hispánica de Gonzalo Fernández de Oviedo», en *La Edad de Oro de los aventureros españoles (tipos y figuras de la cultura hispánica)*, Juan Manuel Escudero Baztán ed., IDEA, 2022, Nueva York, pp. 27-43.

Bataillon, Marcel, «Novo mundo e fim do mundo», *Revista de História*, n. 18, Sâo Paulo, 1954, pp. 343-351.

Bauza Socias, Rafel y Jaume E. Amengual, *El descubridor del Nuevo Mundo*, Editorial Eureka, Palma de Mallorca, 1990.

Bayerri Bertomeu, Enrique, *Colón tal cual fue*, Porter Libros, Barcelona, 1961.

Bayle, Constantino, «La comunión entre los indios americanos», *Missionalia Hispánica*, Vol. I. Madrid, 1944, pp. 13-72.

—, *Los cabildos seculares en la América española*, Sapientia, Madrid, 1952.

Bejarano Almada, María de Lourdes, «Las bulas alejandrinas: detonantes de la evangelización en el Nuevo Mundo», *Revista El Colegio de San Luis*, n. 12, San Luis de Potosí, 2016, pp. 224-257.

Benito Rodríguez, José Antonio, «Colón en Perú», en <https://jabenito.blogspot.com/2014/03/cristobal-colon-en-peru.html> (consulta del 25 de enero de 2025).

Benito Ruano, Eloy, *La leyenda de San Borondón, octava isla canaria*, Cuadernos Colombinos, Valladolid, 1978.

Bennassar, Bartolomé, *La América española y la América portuguesa, siglos XVI-XVIII*, Akal, Madrid, 1987.

Bénot, Yves, «La destrucción de los indios del área Caribe», en Marc Ferro (dir.), *El Libro negro del colonialismo*, La Esfera de los Libros, Madrid, 2005, pp. 51-63.

Benzo de Ferrer, Vilma, *Pasajeros a la Española (1492-1530)*, Amigos del Hogar, Santo Domingo, 2000.

Benzoni, Girolamo, *Historia del Nuevo Mundo*, Alianza Editorial, Madrid, 1989.

Bergreen, Laurence, *Columbus. The four voyages*, 1492-1504, Penguin Books, Nueva York, 2011.

Bernabéu Albert, Salvador, «De leyendas, tópicos e imágenes. Colón y los estudios colombinos en torno a 1892», *Congreso Internacional Cristóbal Colón, 1506-2006. Historia y Leyenda*, Consuelo Varela, coord., Palos de la Frontera, 2006, pp. 299-333.

Bernal, Antonio Miguel, «La Casa de la Contratación de las Indias: del monopolio a la negociación mercantil privada (siglo XVI)», *La Casa de la Contratación y la navegación entre España y las Indias*, Universidad de Sevilla, Sevilla, 2003, pp. 129-160.

—, *España, proyecto inacabado. Costes/beneficios del imperio*, Marcial Pons, Madrid, 2005.

Bernal, Rafael, *El Gran Océano*, Fondo de Cultura Económica, México, 2015.

Bernáldez, Andrés, *Memoria del reinado de los Reyes Católicos*, Real Academia de la Historia, Madrid, 1962.

Bernand, Carmen, «Imperialismos ibéricos», en Marc Ferro (dir.), *El Libro negro del colonialismo*, La Esfera de los Libros, Madrid, 2005, pp. 165-213.

Berwick y Alba, duquesa de, *Autógrafos de Cristóbal Colón y papeles de América*, Imprenta de los sucesores de Rivadeneyra, Madrid, 1892.

—, *Nuevos autógrafos de Cristóbal Colón y relaciones de ultramar*, Imprenta de los sucesores de Rivadeneyra, Madrid, 1902.

Bilbeny, Jordi, *Cristòfor Colom: Príncep de Catalunya*, Proa, Barcelona, 2006.

—, *Cristòfor Colom i l'Amèrica catalana*, Librooks, Barcelona, 2021.

Blanco Núñez, José María, «El combate naval: táctica, buques, mando y organización», en *Historia Militar de España* (Hugo O' Donnell, dir.), T. III, vol. I., Ministerio de Defensa, Madrid, 2012.

Blasco Ibáñez, Vicente, *En busca del Gran Kan (Cristóbal Colón)*, Editorial Prometeo, Valencia, 1929.

Boldizzoni, Francesco, *La pobreza de Clío. Crisis y renovación en el estudio de la historia*, Editorial Crítica, Barcelona, 2013.

Bonnet Reverón, Buenaventura, «Las expediciones a las Canarias en el siglo XVI», *Revista de Indias*, vol. V, Madrid, 1944, pp. 577-610.

Bono, José y Carmen Ungueti-Bono, *Los protocolos sevillanos de la época del Descubrimiento*, Junta de decanos de los colegios notariales de España, Sevilla, 1986.

Boorstin, Daniel J., *Los descubridores*, Editorial Crítica, Barcelona, 1989.

Bosch Gimpera, Pedro, *El problema de las Españas*, Editorial Algazara, Málaga, 1996.

Brendecke, Arndt, *Imperio e información. Funciones del saber en el dominio colonial español*, Iberoamericana, Madrid, 2016.

Brigham, Kay, *Cristóbal Colón. Su vida y descubrimiento a la luz de sus profecías*, Clie, Barcelona, 1990.

Bueno Jiménez, Alfredo, «Primeras resistencias indígenas y conquistas castellanas en la isla de La Española: de la batalla campal de la Vega Real a las resistencias de Higüey y Xaraguá», en *Un mar de encuentros. El Caribe: arte, sociedad y cultura (siglos XV-XVIII)*, Manuel Gámez y Alfredo Bueno, eds., Ediciones Complutense, Madrid, 2023, pp. 167-193.

—, «The bay of La Isabela Dominican Republic: The first enclave for the shelter, reception, construction and maintenance of ships in the New World, 1494-1498», *International Journal of Maritime History*, 2024a, pp. 1-24.

—, «La rebelión de Francisco Roldán en la isla de La Española, 1497-1499», *Ciencia y Sociedad*, vol. 49 (4), 2004b, pp. 43-70

Burckhardt, Jacobo, *Reflexiones sobre la Historia del Mundo*, Librería y editorial El Ateneo, Buenos Aires, 1945.

Cadenas y Vicent, Vicente de, *El protectorado de Carlos V en Génova. La «Condotta» de Andrea Doria*, Hidalguía, Madrid, 1977.

Calvo Poyato, José, *La ruta infinita*, Harper Collins, Madrid, 2019.

Callejo, Carlos, «¿Quién es Cristóforo Colombo?», *Alcántara*, T. XIV, n. 123-125, Diputación de Caceres, Cáceres, 1958, pp. 13-22.

Campos Carrasco, Juan M., «Lugares para el encuentro: Guanahaní, fuerte de la Navidad e Isabel —primera ciudad y puerto de las Indias Occidentales—», *Descubridores de América. Colón, los marinos y los puertos*, David González Cruz, coord., Sílex, Madrid, 2012, pp. 371-389.

Canales Torres, Carlos y Miguel del Rey Vicente, *Las reglas del viento. Cara y cruz de la Armada Española en el siglo XVI*, EDAF, Madrid, 2010.

Cappa, Ricardo, *Colón y los españoles*, G. del Amo, Madrid, 1887.

Carande, Ramón, *Estudios de Historia*, T. I, Editorial Crítica, Barcelona, 1989.

Carbonell, José Antonio, «El tercer viaje de Cristóbal Colón y el descubrimiento de Venezuela», *Boletín de la Academia Nacional de la Historia*, t. LXVIII, n. 270, 1985, pp. 425-432.

Carrasco, Pedro y Guillermo Céspedes del Castillo, América indígena. *La conquista*, Alianza Editorial, Madrid, 1985.

Casado Soto, José Luis, «Barcos utilizados por Colón para descubrir y volver», en *Cristóbal Colón*, Carlos Martínez Shaw y Celia Parcero Torre, dirs., Junta de Castilla y León, Salamanca, 2006, pp. 161-182.

Casanova, Julián, *La historia social y los historiadores*, Editorial Crítica, Barcelona, 2003.

Cassá, Roberto, *Historia social y económica de la República Dominicana*, T. I, Editora Alfa y Omega, Santo Domingo, 1993.

—, *Los indios de las Antillas*, Mapfre, Madrid, 2002.

Cassá, Roberto, Raimundo González de la Peña y Genaro Rodríguez Morel, «El primer virreinato americano», *Anuario de Estudios Americanos*, n. 63-2, 2006, pp. 13-26.

Castañeda Delgado, Paulino, *La teocracia pontifical y la conquista de América*, Publicaciones del Seminario de Estudios Teológicos, Vitoria, 1968.

Castelar, Emilio, *Historia del Descubrimiento de América*, Sucesores de Rivadeneyra, Madrid, 1892.

Castellanos, Juan de, *Elegía de varones ilustres*, Atlas, Madrid, 1944.

Castro Brunetto, Carlos Javier, «La imagen de Cristóbal Colón en el arte», *Catharum. Revista de Ciencias y Humanidades*, n. 7, 2006, pp. 5-10.

Cerdá, Juan, *Mallorca, ¿cuna de Colom?*, Imprenta Hispana, La Palma, 1968.

Cerezo Martínez, Ricardo, *La proyección marítima de España en la época de los Reyes Católicos*, Ed. San Martín, Madrid, 1991.

—, «El meridiano y el antimeridiano de Tordesillas en la geografía, la náutica y la cartografía», *Revista de Indias*, vol. LIV, n. 202, 1993, pp. 509-542.

Certeau, Michel de, *L'écriture de l'histoire*, Gallimard, París, 1975.

Cervantes, Fernando, *Conquistadores. Una historia diferente*, Turner, México, 2021.

Céspedes del Castillo, Guillermo, *América Hispánica (1492-1898)*, T. VI de *Historia de España*, Manuel Tuñón de Lara, dir., Labor, Barcelona, 1985.

—, «Las Indias en tiempos de los Reyes Católicos», en *Historia de España y América Social y económica*, vol. II., Vicens Vives, Barcelona, 1988, pp. 433-481.

Chaparro Gómez, César, «Reforma y conquista: en torno a Martín Lutero», en *El mundo de Carlos V: 500 años de protestantismo*, Rosa María Martínez de Codes y César Chaparro (coords.), Fundación Europea de Yuste, Cáceres, 2018, pp. 231-255.

Chapman, Paul H., *Discovering Columbus*, ISAC Press, Columbus (GA), 1992.

Charlevoix, padre Pierre François-Xavier de, *Historia de la isla Española o de Santo Domingo*, Editora del Caribe, Santo Domingo, 1979.

Chaunu, Pierre, *Sevilla y América, siglos XVI y XVII*, Servicio de Publicaciones de la Universidad, Sevilla, 1983.

Chez Checo, José, «Las primacías de América en La Española», en *España y República Dominicana. Una historia compartida*, Embajada de España, Santo Domingo, 2023, pp. 171-184.

Chimalpahin, Francisco de San Antón Muñón, *Relaciones originales de Chalco Amaquemecan*, Fondo de Cultura Económica, México, 1965.

Chocano, Guadalupe, «Los Colón que descubrieron el Nuevo Mundo», *Congreso Internacional Cristóbal Colón, 1506-2006. Historia y Leyenda*, Consuelo Varela, coord., Palos de la Frontera, 2006, pp. 113-145.

Cioranescu, Alejandro, *Colón y Canarias*, Aula de Cultura de Tenerife, Santa Cruz de Tenerife, 1978.

Claudel, Paul, *El libro de Cristóbal Colón*, Editorial Losada, Buenos Aires, 1954.

Clavero, Bartolomé, *Mayorazgo. Propiedad feudal en Castilla, 1369-1836*, Siglo XXI, Madrid, 1989.

Colección Documental del Descubrimiento (1470-1506), Juan Pérez de Tudela, dir., MAPFRE, Madrid, 1994.

Coll, José, *Colón y La Rábida*, Librería Católica de Gregorio del Amo, Madrid, 1891.

Colmeiro, Manuel, «Los restos de Colón. Informe de la Real Academia de la Historia al gobierno de S. M. sobre el supuesto hallazgo de los verdaderos restos de Cristóbal Colón en la iglesia catedral de Santo Domingo», Ministerio de Fomento, Madrid, 1879.

—, «Los restos de Cristóbal Colón», *BRAH*, t. 13, 1888, pp. 307-308.

—, «Sermón autógrafo que predicó el arzobispo de Santo Domingo en 1795, al exhumarse en aquella catedral para ser trasladados a la de La Habana los restos de Cristóbal Colón», *BRAH*, t. 14, 1889, pp. 388-412.

Colón, Cristóbal, *Cristóbal Colón. Textos y documentos completos*, ed. de Consuelo Varela Bueno, Alianza Universidad, Madrid, 1982.

—, *Los cuatro viajes. Testamento*, ed. de Consuelo Varela, Alianza Editorial, Madrid, 1986.

—, *Manuscrito del Libro Copiador*, Antonio Rumeu de Armas, trascripción, Testimonio Compañía Editorial, Madrid, 1989.

—, *Diario de Bordo*, Historia16, Madrid, 1990.

—, *Textos y documentos completos. Nuevas cartas*, Consuelo Varela y Juan Gil, eds., Alianza Universidad, Madrid, 1992a.

—, *La carta de Colón anunciando el Descubrimiento*, Juan José Antequera Luengo, ed., Alianza Editorial, Madrid, 1992b.

—, *Textos y documentos completos. Nuevas Cartas*, Consuelo Varela y Juan Gil, eds., Athenaica, Sevilla, 2024.

Colon, Hernando, *Historia del Almirante*, Historia 16, Madrid, 1985.

Colón de Carvajal, Anunciada, «El nieto del Almirante, Luis Colón, entre pleitos, mujeres y prisiones», en *Cristóbal Colón*, Carlos Martínez Shaw y Celia Parcero Torre, dirs., Junta de Castilla y León, Salamanca, 2006a, pp. 357-379.

—, «Cristóbal Colón ¿hombre rico, hombre pobre? Una perspectiva sobre su supuesta riqueza», *Revista de Estudios Colombinos*, n. 2, 2006b, pp. 5-12.

Colón de Carvajal, Anunciada y Guadalupe Chocano, «En torno al testamento de Cristóbal Colón del año 1502», *Quinto Centenario*, n. 12, 1989, pp. 167-175.

—, *Cristóbal Colón. Incógnitas de su muerte 1506-1902. Primeros Almirantes de las Indias*, CSIC, Madrid, 1992.

Colón de Carvajal, Anunciada y José Manuel Pérez-Prendes, *La herencia de Cristóbal Colón. Estudio y colección documental de los mal llamados pleitos colombinos (1492-1541)*, MAPFRE, Madrid, 2015.

Colón de Carvajal, Cristóbal, «La pérdida de la nao Santa María», *I Simposio Internacional Colombino*, Costitx, Mallorca, 2009, pp. 19-42.

Comellas, José Luis, *El cielo de Colón. Técnicas navales y astronómicas en el Viaje del Descubrimiento*, Tabapress, Madrid, 1991.

—, *Sevilla, Cádiz y América. El trasiego y el tráfico*, Editorial Arguval, Málaga,1992.

Contreras Miguel, Remedios, «Cristóbal Colón y el descubrimiento de América en el Boletín de la Real Academia de la Historia (1877-1991), una bibliografía comentada», *Congreso de Historia del Descubrimiento*, T. IV, RAE, Madrid, 1992, pp. 395-497.

Cook, Noble David, *La conquista biológica. Las enfermedades en el Nuevo Mundo*, Siglo XXI, Madrid, 2005.

—, «¿Una primera epidemia americana de viruela en 1493?», en *Los taínos en 1492. El debate demográfico*, Frank Moya Pons y Rosario Flores Paz (eds.), Academia Dominicana de la Historia, Santo Domingo, 2013, pp. 313-333.

Cordero del Campillo, M., «Las grandes epidemias en la América Colonial», *Archivos de Zootecnia*, 500, 2001.

Cortés López, José Luis, «El tiempo africano de Cristóbal Colón (precisiones para su biografía)», *Studia historica. Historia moderna*, n. 8, 1990, pp. 313-326.

Cortizo Martínez, Avelino y Francisco García-Blanch de Benito, *Hispanismo, cénit del humanismo. Historia Verdadera del Legado Tecnológico en el Nuevo Mundo*, autoedición, Madrid, 2023.

Corzo Sánchez, Javier, *Un judío llamado Cristóbal Colón*, Círculo Rojo, Almería, 2018.

Criado Miguel, José Ramón, *Cuéllar, la historia perdida*, Ayuntamiento de Sanchonuño, Segovia, 2017.

Crosby, Alfred W., *El intercambio transoceánico. Consecuencias biológicas y culturales a partir de 1492*, UNAM, México, 1991.

Cuartero y Huerta, Baltasar, *La prueba plena. Documentos inéditos, demostrativos de la autenticidad de los restos de Cristóbal Colón*, CSIC, Madrid, 1963.

—, «Los Colón en La Cartuja», *Boletín de la Real Academia Sevillana de Buenas Letras*, vol. 16, 1988, pp. 67-152.

Cuesta Domingo, Mariano, «Los viajes de Colón», en *Cristóbal Colón*, Carlos Martínez Shaw y Celia Parcero Torre, dirs., Junta de Castilla y León, Salamanca, 2006, pp. 139-159.

—, «Pinzón y las raíces hispánicas de Brasil», *Revista de Historia Militar*, n. 116, 2014, pp. 103-154.

Cuneo Vidal, Rómulo, «Los restos de Colón», *BRAH*, t. 82, 1923, pp. 478-486.

Cuño Bonito, Justo, «Un cuerpo navegante. ¿Dónde está Colón?», en *Lagrimas en la lluvia. Estudio sobre la muerte y los muertos*, José María Miura Andrades, dir., Aconcagua Libros, Sevilla, 2014, pp. 391-396.

Deive, Carlos Esteban, *Los restos de Colón*, Fundación García Arévalo, Santo Domingo, 1983.

—, «El chamanismo taíno», en *La Cultura taína*, Editorial Turner, Madrid, 1989.

Delgado Gómez, Ángel, «Visiones del indio americano de Colón a Vespucci», *Impacto y futuro de la civilización española en el Nuevo Mundo. Actas del Encuentro Internacional Quinto Centenario*, Sociedad Estatal Quinto Centenario, Madrid, 1991, pp. 49-54.

Demaría, Bernabé, *Colón, poemario histórico*, Ramón Espasa, Buenos Aires, 1887.

Denisova, Natalia K., *Filosofía de la Historia de América, los cronistas de Indias en el pensamiento español*, Fundación Universitaria Española, Madrid, 2017.

Díaz Blanco, José Manuel, «La empresa esclavista de don Pedro de la Barrera (1611), una aportación al estudio de la trata legal de indios en Chile», *Estudios Humanísticos. Historia*, n. 10, 2011, pp. 55-70.

Díaz-Trechuelo, Lourdes, *Cristóbal Colón*, Ediciones Palabra, Madrid, 1992.

Didiez Burgos, Ramón J., *Análisis del Diario de Colón. Guanahaní y Mayaguaín. Las primeras isletas descubiertas en el Nuevo Mundo*, Archivo General de la Nación, Santo Domingo, 2015.

D'Isard, Marcel, *Cristóbal Colón*, Bruguera, Barcelona, 1968.

Domínguez Ortiz, Antonio, «La vocación americana de Andalucía», *Estudios americanistas*, RAH, Madrid, 1998, pp. 239-274.

Dosse, François, *El arte de la biografía*, Universidad Iberoamericana, México, 2007.

Dussel, Enrique, *Historia de la Iglesia en América Latina*, Editorial Mundo Negro, Madrid, 1983.

—, *1492. El encubrimiento del otro*, Editorial Docencia, Buenos Aires, 1992.

Duzer, Chet van, «Un descubrimiento en la cartografía del cuarto viaje de Cristóbal Colón», *Boletín de la Real Sociedad Geográfica*, T. CXLIV, 2008, pp. 275-280.

Dyson, John, *Colón, un hombre que cambió el mundo*, Plaza & Janes Editores, Barcelona, 1991.

Elliott, John H., *La España Imperial, 1469-1716*, Círculo de Lectores, Barcelona, 1996.

Enkvist, Inger y Vicente Ribes Iborra, *La conquista de América. España y el Nuevo Mundo (1492-1580)*, Cátedra, Madrid, 2021.

Ensenat de Villalonga, Alfonso, *La vida de Cristoforo Colonne. Una biografía documentada*, Cuadernos Colombinos, Valladolid, 1999.

—, *El Cristóbal Colón histórico, de corsario genovés a Almirante Mayor de las Yndias*, Asociación de Diplomados en Genealogía, Heráldica y Nobiliaria, Madrid, 2003, pp. 1-16.

Errasti, Mariano O. F. M., *Los primeros franciscanos en América. La Española, 1493-1520*, Fundación García Arévalo, Santo Domingo, 1998.

Escamilla, T., *Historia de Cristóbal Colón y del Descubrimiento de América*, Imprenta de Tomás Minuesa, Madrid, 1892.

Eslava Galán, Juan, *El enigma de Colón y los descubrimientos de América*, Planeta, Barcelona, 1992.

España, Rafael de, *Las sombras del encuentro. España y América, cuatro siglos de historia a través del cine*, Diputación Provincial, Badajoz, 2002.

Esteve Barba, Francisco, *Historiografía indiana*, Fredos, Madrid, 1992.

Ezquerra Abadía, Ramón, «La nacionalidad de Colón. Estado del problema», *XXXVI Congreso Internacional de Americanistas*, Sevilla, 1977.

—, «Las principales colecciones documentales colombinas», en *Colección Documental del Descubrimiento (1470-1506)*, Juan Pérez de Tudela, dir., MAPFRE, T. I, Madrid, 1994, pp. 21-44.

Febvre, Lucien, *Combates por la historia*, Planeta-Agostini, Barcelona, 1986.

—, *El problema de la incredulidad en el siglo XVI. La religión de Rabelais*, Editorial Akal, Madrid, 2012.

Fernández Álvarez, Manuel, *Sombras y luces en la España Imperial*, Espasa Fórum, Madrid, 2004.

—, *La gran aventura de Cristóbal Colón*, Espasa Fórum, Madrid, 2006.

Fernández-Armesto, Felipe, *Colón*, Ediciones Folio, Barcelona, 2004.

Fernández de Navarrete, Martín, *Colección de los viajes y descubrimientos que hicieron por mar los españoles desde fines del siglo XV,* Imprenta real, Madrid, 1825.

—, *Viajes de Cristóbal Colón. Con una carta*, Espasa Calpe, Madrid, 1941.

—, *Colección de viajes y descubrimientos que hicieron por mar los españoles desde fines del siglo XV*, BAE, Madrid, 1954.

—, *Colección de viajes y descubrimientos que hicieron por mar los españoles desde fines del siglo XV*, Atlas, Madrid, 1964.

Fernández de Oviedo, Gonzalo, *Historia General y Natural de las Indias*, Editorial Atlas, Madrid, 1992.

Fernández Duro, Cesáreo, *Colón y Pinzón*, Real Academia de la Historia, Madrid, 1883.

—, *Colón y la historia póstuma*, Imprenta y Fundición de M. Tello, Madrid, 1885.

—, «Cuál es entre las Lucayas la isla que denominó Colón San Salvador», *BRAH*, t. 19, 1891, pp. 361-365.

—, «La tradición de Alonso Sánchez de Huelva, descubridor de tierras incógnitas», Boletín de la *RAH*, t. 21, 1892, pp. 33-53.

—, «Juan Cousin, verdadero descubridor de América, según el inglés Gambier», *BRAH*, t. 24, 1894, pp. 149-158.

—, «Los pleitos de Colón. Introducción», s/f, en <http://cervantesvirtual.com>.

—, *Armada española, desde la unión de los reinos de Castilla y Aragón*, Instituto de Historia y Cultura Naval, Madrid, 1972.

—, *Disquisiciones náuticas*, vol. VI, Instituto de Historia y Cultura Militar, Madrid, 1996.

Fernández Herrero, Beatriz, *La utopía de América. Teoría, leyes, experimentos*, Anthropos, Barcelona, 1992.

—, *La utopía de la aventura americana*, Anthropos, Barcelona, 1994.

Fernández Izquierdo, Francisco, «Las órdenes de caballería hispánicas y su proyección militar en los siglos XVI y XVII. Una aproximación a la orden de Santiago», en *Guerra y Sociedad en la Monarquía Hispánica*, T. II, Madrid, 2006, pp. 861-883.

Fernández Muñoz, Yolanda, «La imagen de América y de los protagonistas del encuentro de dos mundos», en *La construcción de imaginarios. Historia y cultura en Iberoamérica (1521-2021)*, Ester Prieto Ustio, ed., Ariadna Ediciones, Santiago de Chile, 2022, pp. 21-51.

Figueiras Fernández-Ojanguren, Alfredo, *Ciudades españolas en América*, Ediciones Lacre, Madrid, 2017.

Fita, Fidel, «Fray Bernal Boyl. Documentos inéditos», *BRAH*, t. 20, 1892, pp. 160-177.

—, «La naturaleza de Colón», *BRAH*, t. 70, 1917, pp. 574-575.

Floeck, Wilfried, «Cristóbal Colón en el teatro español desde el Romanticismo hasta la actualidad», en *Romanische Forschungen*, n. 123, pp. 331-351.

Floristán, Alfredo (coord.), *Historia de España en la Edad Moderna*, Editorial Ariel. Barcelona, 2011.

Formisano, Luciano, «Introducción», *Américo Vespucci, cartas de viaje*, Alianza Editorial, Madrid, 1986, pp. 9-50.

Franco y López, Luis, «Cristóbal Colón español, como nacido en territorio perteneciente al reino de Aragón», *BRAH*, t. 9, 1886, pp. 240-243.

Frey, Herbert, *La arqueología negada del Nuevo Mundo. Europa y América y el surgimiento de la modernidad*, Siglo XXI, México, 2002.

Friederici, Georg, *El carácter del descubrimiento y de la conquista de América*, Fondo de Cultura Económica, México, 1973.

Frutos, Pedro de, *El enigma de Colón*, Libro-Exprés, Barcelona, 1980.

Fukuyama, Francis, *El fin de la Historia y el último hombre*, Planeta, Barcelona, 1992,

Gallinari, Luciano, *Diego Álvarez Chanca. Medico di Cristoforo Colombo*, Consiglio Nazionalle delle Ricerche, Caligari, 1992.

Gámiz Sandoval, Alfonso, «Posible evolución en el pensamiento geográfico colombino (1492-1506», *Revista de Indias*, n. 81-82, 1960, pp. 31-63.

Gandía, Enrique de, *Historia crítica de los mitos de la conquista americana*, Juan Roldán y compañía Editores, Madrid, 1929.

—, Historia de Cristóbal Colón. *Análisis crítico de las fuentes documentales y de los problemas colombinos*, Claridad, Buenos Aires, 1942a.

—, *Los últimos cruzados*, Institución Cultural Española, Buenos Aires, 1942b.

—, *Nueva historia del descubrimiento de América*, Universidad del Museo Social Argentino, Buenos Aires, 1989.

García, Alejandro, *Civilización y salvajismo en la colonización del Nuevo Mundo. Un ensayo sobre la penetración de la cultura europea*, Universidad de Murcia, Murcia, 1986.

García, Sebastián O. F. M., *Guadalupe de Extremadura en América*, Gráficas Don Bosco, Madrid, 1991.

—, «Guadalupe de Extremadura, su proyección americana», en *Guadalupe de Extremadura, dimensión hispánica y proyección en el Nuevo Mundo*, Junta de Extremadura / S. E. Quinto Centenario/ Siruela, Madrid, 1993, pp. 362-375.

García Arévalo, Manuel A., *Santo Domingo en ocasión del Quinto Centenario*, Colección Quinto Centenario, Santo Domingo, 1992.

—, «El propósito de Colón de asentar La Isabela en Puerto Plata y las implicaciones geopolíticas que pudo haber tenido», en *Homenaje a Mario Hernández Sánchez-Barba*, Francisco Javier Gómez Díez y Almudena Hernández Ruigómez, coords., T. I, Universidad Francisco de Vitoria, Madrid, 2019, pp. 159-167.

García Arévalo, Manuel A. y Carlos Esteban Deive, «Los verdaderos restos de Colón están en Santo Domingo», *Cristóbal Colón y el Descubrimiento del Nuevo Mundo*, María Monserrat León Guerrero ed., Valladolid, 2006, T. I, pp. 305-320.

García-Arreciado Batanero, Auxiliadora, *La villa de Huelva en tiempos de los Reyes Católicos*, Ediciones Alfar, Sevilla, 1992.

García-Baquero, Antonio, *Andalucía y la Carrera de Indias (1492-1824)*, Editoriales Andaluzas Unidas, Sevilla, 1986.

García Barba, Federico, «Los puertos canarios en la época de los Austrias», *El oro y la plata de las Indias en la época de los Austrias*, Fundación ICO, Madrid, 1999, pp. 365-379.

García Bidó, Rafael, *Voces de bohío. Vocabulario de la cultura taína*, Archivo General de la Nación, Santo Domingo, 2010.

García Cárcel, Ricardo, «Cristóbal Colón y los historiadores», en *Cristóbal Colón*, Carlos Martínez Shaw y Celia Parcero Torre, dirs., Junta de Castilla y León, Salamanca, 2006, pp. 381-398.

García Cruzado, Eduardo, «Introducción: ¿Por qué la villa de Palos?", *Actas de las Jornadas de Historia sobre el Descubrimiento de América*, T. II, Eduardo García Cruzado, coord., Universidad Internacional de Andalucía, Palos de la Frontera, 2011, pp. 9-40.

García Gallo. Alfonso, *Estudios de Historia de Derecho Indiano*, Instituto Nacional de Estudios Jurídicos, Madrid, 1972.

García-Osuna y Rodríguez, José María Manuel, «Anales críticos sobre Cristóbal Colón, el gran Almirante de la Mar Océana», *Anuario Brigantino*, n. 36, 2013, pp. 109-146.

Garcilaso de la Vega, Inca, *Historia General del Perú*, viuda de Andrés Barrera, Córdoba, 1617.

—, *La Florida del Inca*, Historia 16, Madrid, 1986.

—, *Comentarios Reales* (ed. de Mercedes Serna), Castalia, Madrid, 2000.

Gargatagli, Anna, «La traducción en América en el siglo XVI», *TRANS*, n. 25, 2021, pp. 61-88.

Geraldini, Alessandro, *Itinerario por las regiones subequinociales*, Editora del Caribe, Santo Domingo, 1977.

Gil, Juan, «Marinos y mercaderes en Indias (1499-1504)», *Anuario de Estudios Americanos*, t. XLII, 1985, pp. 297-499.

—, «Noticia de Andrés Bernal, cura de los Palacios», en *Temas Colombinos*, Escuela de Estudios Hispanoamericanos, Sevilla, 1986a, pp. 1-5.

—, «El rol del Tercer Viaje Colombino», en *Temas Colombinos*, Escuela de Estudios Hispanoamericanos, Sevilla, 1986b, pp. 1-28.

—, «Las cuentas de Cristóbal Colón», en *Temas Colombinos*, Escuela de Estudios Hispanoamericanos, Sevilla, 1986c, pp. 1-75.

—, «Introducción», *Libro de Marco Polo anotado por Cristóbal Colón*, Alianza Editorial, Madrid, 1987a.

—, «Los primeros memoriales de agravios colombinos», *Historiografía y Bibliografía Americanista*, vol. XXXI, n. 1, 1987b, pp. 3-25.

—, «Libros, descubridores y sabios en la Sevilla del quinientos», en *El libro de Marco Polo anotado por Cristóbal Colón. El libro de Marco Polo de Rodrigo de Santaella*, Alianza Universidad, Madrid, 1988, pp. 1-69.

—, *Mitos y utopías del Descubrimiento. Colón y su tiempo*, Alianza Editorial, T. I, Madrid, 1989.

—, «Nuevos documentos sobre Vicentiáñez Pinzón y Cristóbal Guerra», *Congreso Internacional Cristóbal Colón, 1506-2006. Historia y Leyenda*, Consuelo Varela, coord., Palos de la Frontera, 2006a, pp. 183-213.

—, «Génesis y desarrollo del proyecto colombino», en *Cristóbal Colón*, Carlos Martínez Shaw y Celia Parcero Torre, dirs. Salamanca, Junta de Castilla y León, 2006b, pp. 83-113

—, *Columbiana. Estudios sobre Cristóbal Colón, 1984-2006*, Academia Dominicana de la Historia, Santo Domingo, 2007a.

—, «Marineros griegos en las naves de Cristóbal Colón», *Erytheia*, n. 28, 2007b, pp. 127-138.

Gil, Juan y Consuelo Varela, *Cartas de particulares a Colón y relaciones coetáneas*, Alianza Editorial, Madrid, 1984.

—, «La conquista y la implantación de los españoles», *Historia General del Pueblo Dominicano*, Genaro Rodríguez Morel, coord., T. I, Santo Domingo, 2013, pp. 243-313.

Giménez Fernández, Manuel, *La política religiosa de Fernando V en Indias*, CSIC, Madrid, 1943.

—, «Sevilla y los restos de Cristóbal Colón», en *Anales de la Universidad Hispalense*, n. 1, 1951, pp. 73-108.

—, *Bartolomé de Las Casas*, CSIC, T. I, Madrid, 1960 (hemos usado la reed. de 1984).

Ginzburg, Carlo, *El queso y los gusanos. El cosmos según un molinero del siglo XVI*, Ediciones Península, Barcelona, 2001.

Goitia Goitia, Alexandra, *Constructing the other, unveiling the exotic, barbaric and parodied archetypes in western discourse*, Illinois State University, Master of arts, 2024, en línea, <https://ir.library.illinoisstate.edu/cgi/viewcontent.cgi?article=2980&context=etd>.

Gómez Gómez, Juan Ramón, *Breve historia de Cristóbal Colón*, Nowtilus, Madrid, 2012.

Gómez-Navarro, José Luis, «En torno a la biografía histórica», *Historia y Política*, n. 13, 2005, pp. 7-26

González, Luis M., *Fascismo, Kitsch y cine histórico español (1939-1953)*, Universidad de Castilla-La Mancha, Cuenca, 2009.

—, «Imagología de Colón en la pantalla, una mirada transatlántica», *Filmhistoria Online*, vol. 32, n. 2, 2022, pp. 311-330, en línea, <https://doi.org/10.1344/fh.2022.32.2.311-330>.

González Arce, José Damián, *La casa y corte del príncipe Don Juan (1478-1497), economía y etiqueta en el palacio del hijo de los Reyes Católicos*, Sociedad Española de Estudios Medievales, Sevilla, 2016.

González Cruz, David, «El puerto de San Juan en tiempos del Descubrimiento de América y la expansión atlántica», *Descubridores de América. Colón, los marinos y los puertos*, David González Cruz, coord., Sílex, Madrid, 2012, pp. 201-243.

González Jiménez, Manuel (ed.), *Maese Rodrigo y su tiempo*, Universidad de Sevilla, Sevilla, 2005.

González Ochoa, José María, *Quién es quién en la América del Descubrimiento*, Acento Editorial, Madrid, 2003.

González Quintana, Marta, «Las llamativas irregularidades estructurales del diario de Colón», *Congreso de Historia del Descubrimiento*, RAH, T. I, Madrid, 1992, pp. 499-520.

Gould, Alicia B., «Documentos inéditos sobre hidalguía y genealogía de la familia Pinzón», *BRAH*, t. 91, 1927, pp. 319-375.

—, *Nueva lista documentada de los tripulantes de Colón en 1492*, RAH, Madrid, 1984.

Goytisolo, Juan, *España y los españoles*, Lumen, Barcelona, 2002.

Gracia Rivas, Manuel, *Diccionario de términos religiosos y litúrgicos*, Vol. II, Centro de Estudios Borjanos, Borja, 2020.

Gruzinski, Serge, *Las cuatro partes del mundo. Historia de una mundialización*, Fondo de Cultura Económica, México, 2010.

—, *La Guerra de las imágenes. De Cristóbal Colón a Blade Runner (1492-2019)*, Fondo de Cultura Económica, México, 2019.

Guerra, Francisco, «La epidemia americana de influenza en 1493» en *Los taínos en 1492. El debate demográfico*, Frank Moya Pons y Rosario Flores Paz (eds.), Academia Dominicana de la Historia, Santo Domingo, 2013, pp. 161-184.

Guerrero, José G., «Caribes y taínos, dos etnias aliadas y enemigas», *ECOS, Órgano del Instituto de Historia de la UASD*, n. 19, 2020, pp. 63-108.

Guitar, Lynne, «Documentando el mito de la extinción de la cultura taína», en *Kacike. Journal of Caribbean Amerindian History and Anthropology*, 2002, en *Kacike*. <http://www.kacike.org/Current.html>.

Gutiérrez, Gustavo, *Dios o el oro de las Indias*, Instituto Bartolomé de Las Casas, Lima, 1990.

Gutiérrez Meza, José Elías, «Secretos colombinos, Cristóbal Colón de Leonardo Balada y Antonio Gala», *Iberoamericana*, n. 63, 2016, pp. 205-224.

Hanke, Lewis, *El prejuicio racial en el Nuevo Mundo*, Editorial Universitaria, México, 1974.

Haring, Clarence H., *Comercio y navegación entre España y las Indias*, Fondo de Cultura Económica, México, 1979.

Harris, Marvin, *Bueno para comer*, Alianza Editorial, Madrid, 1999.

Harrisse, Henry, *Don Fernando Colón. Historiador de su padre. Ensayo crítico por el autor de la Biblioteca americana Vetustíssima*, Imprenta de Rafael Tarascó, Sevilla, 1871.

—, *Cristophe Colomb, ses origins, sa vie, ses voyages, sa famille et ses descendents d'après des documents inédits tires des archives de Gènes, de Savone, de Seville, de Madrid. Études d'histoire critique*, E. Leroux, París, 1884.

—, *The Discovery of North America*, H. Welter, Londres, 1892.

Hazañas y la Rúa, Joaquín, *Maese Rodrigo Fernández de Santaella, fundador de la Universidad de Sevilla*, Imprenta de Izquierdo y Compañía, Sevilla, 1900.

Headrick, Daniel R., *El poder y el imperio. La tecnología y el imperialismo, de 1400 a la actualidad*, Editorial Crítica, Barcelona, 2011.

Heers, Jacques, *Marco Polo*, Folio, Barcelona, 2004.

Hernández Díaz, José y Antonio Muro Orejón, *El testamento de don Hernando Colón*, Imprenta Editorial de la Gavidia, Sevilla, 1941.

Hernández Sánchez-Barba, Mario, «Tierra Firme de Acá, Paria, Brasil, tres fases del conocimiento del Nuevo Mundo en la primera etapa del Descubrimiento», *Congreso de Historia del Descubrimiento*, RAH, T. I, Madrid, 1992, pp. 643-663.

Herrera, Antonio de, *Historia General de los hechos de los castellanos en las Islas y Tierra Firme del Mar Océano*, Universidad Complutense de Madrid, Madrid, 1991.

Hobsbawm, Eric, *Sobre la Historia*, Editorial Crítica, Barcelona, 1998.

Höffner, Joseph, *La ética colonial española en el Siglo de Oro. Cristianismo y dignidad humana*, Ediciones de Cultura Hispánica, Madrid, 1957.

Horta y Pardo, Constantino de, *La verdadera cuna de Cristóbal Colón*, imprenta de John B. Jonathan, Nueva York, 1911.

Hubeñak, Florencio, «Mesianismo y escatología en el descubrimiento de América», *Prudentia Iuris*, n. 29, 1992, pp. 105-135.

Humboldt, Alejandro de, *Cristóbal Colón y el descubrimiento de América*, trad. de Luis Navarro y Calvo, Librería de la viuda de Hernando y Compañía, Madrid, 1892.

Huntington, Samuel P., *El choque de civilizaciones y la reconfiguración del orden mundial*, Paidós, Barcelona, 1997.

Incháustegui Cabral, Joaquín Marino, *Cristóbal Colón y la isla Española*, Editorial El Diario, Santo Domingo, 1942.

—, *Francisco de Bobadilla, tres homónimos, y un enigma colombino descifrado*, Ediciones de Cultura Hispánica, Madrid, 1964.

Irving, Washington, *Vida y viajes de Cristóbal Colón*, Gaspar y Roig, Madrid, 1851.

Izard, Miquel, *El rechazo de la civilización. Sobre quienes no se tragaron que las Indias fueran esa maravilla*, Península, Barcelona, 2000.

Izquierdo Labrado, Julio, *La esclavitud en la Baja Andalucía (I). Su proyección atlántico-africana (Huelva, Palos y Moguer. Siglos xv-xviii)*, Diputación Provincial, Huelva, 2004.

—, «Palos y la comunidad franciscana de la Rábida en la época del Descubrimiento de América», *Descubridores de América. Colón, los marinos y los puertos*, David González Cruz, coord., Sílex, Madrid, 2012, pp. 47-74.

—, «Martín Alonso Pinzón, Colón y la marinería palerma», *Descubridores de América. Colón, los marinos y los puertos*, David González Cruz, coord., Sílex, Madrid, 2012b, pp. 99-124.

—, «El puerto de Huelva y sus marinos», *Descubridores de América. Colón, los marinos y los puertos*, David González Cruz, coord., Sílex, Madrid, 2012c, pp. 165-199.

Jaén Morente, Antonio, *Nociones de Historia de América*, Ministerio de Instrucción Pública y Bellas Artes, Madrid, 1929.

Jiménez Moreno, Agustín, «Las Órdenes Militares y la defensa de la Monarquía Hispánica. Un proyecto de organización naval atlántica, el memorial de Ramón Ezquerra (1596)», en *Guerra y sociedad en la Monarquía Hispánica*, T. II, Madrid, 2006, pp. 691-708.

Jorrín, José Silverio, *Los autógrafos inéditos del primer virrey de las Indias*, Imprenta de Soler, Álvarez y Compañía, La Habana, 1888.

Jos, Emiliano, *El plan y génesis del Descubrimiento colombino*, Cuadernos colombinos, Valladolid, 1979-80.

Julián, Amadeo, «El Gobierno de Cristóbal Colón, la Rebelión de Roldán y la pesquisa de Bobadilla», *CLÍO, Órgano de la Academia Dominicana de la Historia*, n. 190, 2015, pp. 231-286.

—, «Cristóbal Colón y la elección del sitio donde fue fundada la ciudad de Santo Domingo», *Revista ECOS*, UASD, n. 27, 2024, pp. 13-26.

Junquera, Mercedes, «Los secretos de Colón», *Impacto y futuro de la civilización española en el Nuevo Mundo. Actas del Encuentro Internacional Quinto Centenario*, Sociedad Estatal Quinto Centenario, Madrid, 1991, pp. 87-97.

Kamen, Henry, *Imperio. La forja de España como potencia mundial*, Suma de Letras, Madrid, 2004.

—, *Carlos Emperador. Vida del rey césar*, La Esfera de los Libros, Madrid, 2017.

Kirkpatrick, F. A., *Los conquistadores españoles*, Austral, Madrid, 1986.

Konetzke, Richard, *Colección de Documentos para la Historia de la Formación Social de Hispanoamérica, 1493-1810*, CSIC, T. I, Madrid, 1953.

Ladero Quesada, Miguel Ángel, «El abastecimiento de las Indias a comienzos del siglo XVI, armadas y barcos, mercancías y precios (1495-1521)», *Boletín de la Real Academia de la Historia*, T. 203, cuaderno III, Madrid, 2006, pp. 285-380.

Lafuente Urién, Aranzazu, ed., «Dos cartas sobre Cristóbal Colón en el Archivo de la Nobleza», *Cuadernos de Historia Moderna*, n. 44, 2, 2019, pp. 697-701.

Laguarda Trías, Rolando A., *El enigma de las latitudes de Colón*, Casa-Museo de Colón, Valladolid, 1974.

Lamartine, Alfonso de, *Cristóbal Colón. Descubrimiento de las Américas*, Urbano Manini, editor, Madrid, 1870.

Lamb, Úrsula, *Frey Nicolás de Ovando, gobernador de las Indias (1501-1509)*, Sociedad de Bibliófilos, Santo Domingo, 1977.

Larrazábal Blanco, Carlos, *Los negros y la esclavitud en Santo Domingo*, Postigo e hijos editores, Santo Domingo, 1967.

—, *Manual de Historia de Santo Domingo y otros temas históricos*, Archivo General de la Nación, Santo Domingo, 2015.

Las Casas, fray Bartolomé de, *Historia de las Indias*, Fondo de Cultura Económica, México, 1951.

—, *Brevísima relación de la destruición de las Indias*, José Miguel Martínez Torrejón, ed., Galaxia Gutenberg, Barcelona, 2009.

Lazcano Sahagún, Carlos, *Hernán Cortés en California. Descubrimiento del Pacífico mexicano, 1521-1540*, Gobierno del Estado de Baja California, Baja California, 2021.

Leal, E. y R. Campillo, *Vida, viajes y descubrimientos de Cristóbal Colón, gran Almirante y Virrey de las Indias*, Establecimiento Tipográfico de El Liberal, Madrid, 1892.

Leguina, Enrique de, *Juan de la cosa, piloto* (compañero de Cristóbal Colón), Librería de M. Murillo, Madrid, 1877.

Lemús López, *Encarnación, Extremadura y América: la participación re-*

gional en la Exposición Ibero-Americana de 1929, Editora Regional de Extremadura, Mérida, 1991.

León, fray Luis de, *Escritos sobre América*, Tecnos, Madrid, 1999.

León Azcárate, Juan Luis de, «El Libro de las Profecías (1504) de Cristóbal Colón, la Biblia y el Descubrimiento de América», *Helmantica, Revista de filología clásica y hebrea*, t. 57, n. 172, 2006, pp. 77-123.

León Guerrero, María Montserrat, «Los pasajeros del Cuarto Viaje de Colón», *Revista de Estudios Colombinos*, n. 1, 2005a, pp. 19-32.

—, «Descubrimientos geográficos del segundo viaje colombino y su reflejo en la Cartografía», *Estudios sobre América, siglos XVI-XX*, Antonio Gutiérrez Escudero y María Luisa Laviana Cuetos, coords., Sevilla, 2005b, pp. 483-505.

—, (ed.), *Cristóbal Colón y el Descubrimiento del Nuevo Mundo. V centenario de la muerte del Almirante en Valladolid*, Universidad, Valladolid, 2006.

—, «Rebeliones y motines de los viajes colombinos», *Actas del XII Encuentro de Latinoamericanistas españoles*, Santander, 2007, pp. 1-12.

—, «Pasajeros del Segundo Viaje de Cristóbal Colón», *Revista de Estudios Colombinos*, n. 3, 2007, pp. 29-60.

—, «La Armada de Flandes y el viaje de la princesa Juana», *Revista de Estudios Colombinos*, n. 5, 2009, pp. 53-62.

—, «Mujeres que ayudaron al plan descubridor de Colón», *Revista de Estudios Colombinos*, n. 13, junio de 2017, pp. 29-38.

—, «Juan Rodríguez de Fonseca y la organización del primer viaje de asentamiento en tierras americanas», *Ciencia y Sociedad*, vol. 59 (4), 2024, pp. 9-24.

León-Portilla, Miguel, «Cristóbal Colón en la mira de cronistas amerindios», *Congreso Internacional Cristóbal Colón, 1506-2006. Historia y Leyenda*, Consuelo Varela, coord., Palos de la Frontera, 2006, pp. 275-284.

Levillier, Roberto, *América la bien llamada*, Edit. Guillermo Kraft, Buenos Aires, 1948.

Livi Bacci, Massimo, *Los estragos de la conquista. Quebranto y declive de los indios de América*, Crítica, Barcelona, 2006.

—, *El Dorado en el Pantano. Oro, esclavos y almas entre los Andes y la Amazonía*, Marcial Pons, Madrid, 2012

López, Roberto J., «Así pasan las glorias de este mundo, Baiona, villa y puerto del Descubrimiento en la época moderna», *Descubridores de América. Colón, los marinos y los puertos*, David González Cruz, coord., Sílex, Madrid, 2012, pp. 269-293.

López Belando, Adolfo José, «La villa de La Isabela, primera ciudad española en América», en *España y República Dominicana. Una historia compartida*, Embajada de España, 2023, Santo Domingo, pp. 47-57.

López de Gómara, Francisco, *Historia general de las indias*, Editorial Orbis, Barcelona, 1985.

López de Velasco, Juan, *Geografía y descripción universal de las Indias*, RAH, Madrid, 1894.

López Díaz, Juan Ángel, *Martín Alonso Pinzón. Un olvido injusto*, Almuzara, Madrid, 2023.

López Flores, Manuel, *El Piloto Anónimo o Alonso Sánchez de Huelva* (prólogo de Luis de Sosa), Editorial Clásica, Madrid, 1962.

—, *Colón no descubrió América*, Editorial Clásica, Madrid, 1964.

López Martínez, Celestino, *Descendientes de Cristóbal Colón y Hernán Cortés en Sevilla y el templo de Madre de Dios de la Piedad*, Imprenta Provincial, Sevilla, 1948.

López Medel, Tomás, *De los tres elementos. Tratado sobre la naturaleza y el hombre del Nuevo Mundo*, Berta Ares Queija, ed., Alianza Editorial, Madrid, 1990.

López Poza, Sagrario, «Moctezuma y Hernán Cortés en una relación manuscrita (Segovia, 1600)», *Siglo de Oro. Homenaje a Agustín Redondo*, Pierre Civil, coord., T. II, Castalia, Madrid, 2004, pp. 821-834.

Lorente Acosta, José Antonio, «La ciencia ante los enigmas de Cristóbal Colón», *ABC*, 7 de junio de 2003, p. 53.

—, «Cristóbal Colón. El ADN del Almirante», *Actas de las Jornadas de Historia sobre el Descubrimiento de América*, T. IV, Eduardo García Cruzado, coord., Universidad Internacional de Andalucía, Sevilla, 2019, pp. 29-42.

Lorenzo y Leal, Baldomero, *Cristóbal Colón y Alonso Sánchez de Huelva*, Imprenta de la viuda de Muñoz e hijos, Huelva, 1885.

Losada, Ángel, *Cristóbal Colón*, Editorial Auriga, Esplugues de Llobregat, 1984.

Losada Castro, Basilio, *Cristóbal Colón*, Ediciones Rialp, Madrid, 1990.

Luca de Tena, Torcuato, *Los mil y un descubrimientos de América y otros ensayos*, Ediciones de la Revista de Occidente, Madrid, 1968a.

—, *La incógnita de la primera isla descubierta y otras incógnitas* (conferencia pronunciada en el Ateneo de Madrid), Patronato Doce de Octubre, Madrid, 1968b.

Macdonald, Fiona y Mark Bergin, *En el Descubrimiento de América con Cristóbal Colón*, Anaya, Madrid, 1991.

Macías, Marcelo, «Biografía de Colón. Sacada de un libro escrito por un genovés, en vida del inmortal navegante», *Boletín de la Comisión Provincial de Monumentos Históricos y Artísticos de Orense*, n.º 47, Orense, 1922.

Madariaga, Salvador de, *Vida del muy magnífico señor don Cristóbal Colón*, Espasa Calpe, Madrid, 1975.

Magalhães Pitol, Ana Claudia, *O exótico cruzou o atlântico, o embarque e a presença de amerindios na Europa (séculos XV, XVI e XVII)*, tesis de maestría en línea, Curitiba, 2015.

Mann, Charles F., *1491, una nueva historia de las Américas antes de Colón*, Capitán Swing, Madrid, 2022.

—*1493, Cómo el descubrimiento de América transformó el resto del mundo*, Capitán Swing Libros, Madrid, 2025.

Manrique, Antonio María, *Investigaciones histórico-geográficas sobre el derrotero de Cristóbal Colón por las Bahamas y costa de Cuba*, Imprenta de Lanzarote, Arrecife, 1890.

Manso Porto, Carmen, «La Cosmografía de Ptolomeo de la Real Academia de la Historia y su relación con Cristóbal Colón», *Cartografía e Historia Natural del Nuevo Mundo. Libros, grabados y manuscritos en Italia y España entre los siglos xv y xvii*, Valladolid, 2006, pp. 1-10. Se puede consultar en línea en <https://www.cervantesvirtual.com/obra/la-cosmografa-de-ptolomeo-de-la-real-academia-de-la-historia-y-su-relacin-con-cristbal-coln-0/> (consulta del 16 de septiembre de 2024).

Manzano Manzano, Juan, *Cristóbal Colón. Siete años decisivos de su vida, 1485-1492*, Ediciones de Cultura Hispánica, Madrid, 1964.

—, *Los motines en el primer viaje colombino*, Cuadernos Colombinos, Valladolid, 1971.

—, *Los Pinzones y el descubrimiento de América*, Ediciones de Cultura Hispánica, Madrid, 1988,

—, *Colón y su secreto*, Ediciones de Cultura Hispánica, Madrid, 1989.

Maravall, José Antonio, *Estado Moderno y mentalidad social*, Alianza Editorial, Madrid, 1986.

Marlowe, Stephen, *Memorias de Cristóbal Colón*, Mondadori, Madrid, 1987.

Marte, Roberto, *Santo Domingo en los manuscritos de Juan Bautista Muñoz*, Fundación García Arévalo, Santo Domingo, 1981.

Martín Acosta, Emelina, «La muerte de Colón», en *Cristóbal Colón*, Carlos Martínez Shaw y Celia Parcero Torre, dirs., Junta de Castilla y León, Salamanca, 2006, pp. 311-325.

Martín Hernández, Inmaculada, «Los buscadores del paraíso terrenal, Cristóbal Colón e Isabel la Católica», *Cartaphilus, Revista de Investigación y Crítica Estética*, n. 5, 2009, pp. 99-105.

Martín Jiménez, Virginia, «El primer asentamiento castellano en América, el fuerte de Navidad», *Estudios sobre América, siglos xvi-xx*, Antonio Gutiérrez Escudero y María Luisa Laviana Cuetos, coords., Sevilla, 2005, pp. 463-482.

Martín López, José, *El viaje del Descubrimiento. Notas y comentarios al Diario de Colón*, CNIG, Madrid, 2019.

Martín-Merás, Luisa, «Los mapamundis que inspiraron a Colón», *Congreso Internacional Cristóbal Colón, 1506-2006. Historia y Leyenda*, Consuelo Varela, coord., Palos de la Frontera, 2006, pp. 51-76.

Martínez, José Luis, *Pasajeros de Indias. Viajes transatlánticos en el siglo XVI*, Alianza Universidad, Madrid, 1983.

Martínez Arzanz y Vela, Nicolás de, *Historia de la Villa Imperial de Potosí*, Biblioteca del Sesquicentenario de la República, La Paz, 1975.

Martínez de Salinas Alonso, María Luisa, «La organización del sistema defensivo en La Española en los primeros años del siglo XVI», *Congreso de Historia del Descubrimiento*, T. III, RAH, Madrid, 1992, pp. 99-129.

Martínez Llorente, Félix, «Las armerías del Almirante, fundamentación jurídica de un acrecentamiento heráldico», en *Cristóbal Colón*, Carlos Martínez Shaw y Celia Parcero Torre, dirs., Junta de Castilla y León, Salamanca, 2006, pp. 285-310.

Martínez Martínez, Faustino, «De bulas y pontífices. Prolegómenos de la cuestión indiana», *Liceo Franciscano*, n. 214, 2020, pp. 11-48.

Martínez Shaw, Carlos, «Cristóbal Colón en el Quinto Centenario de su muerte», en *Cristóbal Colón*, Carlos Martínez Shaw y Celia Parcero Torre, dirs., Junta de Castilla y León, Salamanca, 2006, pp. 9-22.

Martínez Velasco, Julio, *Paseo por la Sevilla del 98*, T. II, Biblioteca Hispalense, Sevilla, 2001.

Marull, T. B., *Colón y Américo Vespucio*, Editorial Dalmau Carles, Girona, 1961.

Méchoulan, Henry, *El honor de Dios. Indios, judíos y moriscos en el Siglo de Oro*, Editorial Argos Vergara, Barcelona, 1981.

Medina, José Toribio, *El veneciano Sebastián Caboto, al servicio de España, y especialmente de su proyectado viaje a Las Molucas por el Estrecho de Magallanes y al reconocimiento de la costa del continente hasta la Gobernación de Pedrarias Dávila*, T. II, Imprenta y Encuadernación Universitaria, Santiago de Chile, 1908.

Mejía-Ricard, Tirso, «La fundación de la ciudad de Santo Domingo», *Sobre la historia de la fundación de la ciudad de Santo Domingo y otros estudios de la época colonial*, Quinto Centenario de la Fundación, Santo Domingo, 2006, pp. 57-74.

Melero, Luis, *Colón, el impostor*, Ediciones Temas de Hoy, Barcelona, 2006.

Mena García, Carmen, «Lo privado y lo público en la explotación y conquista del Nuevo Mundo (hasta Felipe II)», *De la unión de Coronas al Imperio de Carlos V*, T. II, Sociedad Estatal, Madrid, 2001.

—, «Colón, por fin en Sevilla (crónica del regreso de los restos colombinos a la capital hispalense en 1899)», *Congreso Internacional Cristóbal Colón, 1506-2006. Historia y Leyenda*, Consuelo Varela, coord., Palos de la Frontera, 2006, pp. 13-26.

—, «El descubrimiento y la plataforma andaluza. La aportación onubense», *Actas de las Jornadas de Historia sobre el Descubrimiento de América*, T. II, Eduardo García Cruzado, coord., Universidad Internacional de Andalucía, Palos de la Frontera, 2011, pp. 44-72.

—, «Con Rodrigo de Bastidas y Cristóbal Colón se inicia la historia de Panamá», *Descubridores de América. Colón, los marinos y los puertos*, David González Cruz, coord., Sílex, Madrid, 2012, pp. 391-418.

—, «Fernando el Católico y las Indias. Santo Domingo, la nueva frontera atlántica de los reinos castellanos», *Estudis. Revista de Historia Moderna*, n. 43, 2017, pp. 97-126.

—, «Don Fernando el Católico, Dueño o Señor de las Indias del Mar Océano», *Revista de Indias*, t. LXXVIII, n. 272, 2018, pp. 9-47.

Méndez Alonzo, Manuel, «Esclavos Indios and the School of Salamanca after the New Laws of 1542», *Religions*, 2024, 15, 594, <https://doi.org/10.3390/rel15050594>, pp. 1-22.

Mendieta, fray Gerónimo de, *Historia eclesiástica indiana*, Editorial Porrúa, México, 1980.

Menéndez Pidal, Ramón, *La lengua de Cristóbal Colón*, Austral, Madrid, 1968.

Menéndez y Pelayo, Marcelino, *Estudios de crítica literaria. Segunda Serie*, Tipografía de la Revista de Archivos, Madrid, 1908.

Mignolo. Walter D., *The Darker Side of the Renaissance, Literacy, Territoriality and Colonization*, University Press, Michigan, 1995.

Milhou, Alain, *Colón y su mentalidad mesiánica en el ambiente franciscanista español*, Casa-Museo de Colón, Valladolid, 1983.

Mira Caballos, Esteban, «El pleito de Diego Colón-Francisco de Solís, el primer proceso por malos tratos a los indios de La Española (1509)», *Anuario de Estudios Americanos*, T. L, n. 2, 1993.

—, «Los prohibidos en la emigración a las Indias (1492-1550)», *Estudios de Historia Social y Económica de América*, n. 12, Alcalá de Henares, 1995a, pp. 37-53.

—, «En torno a las primeras construcciones defensivas antillanas (1492-1550)», *Anales, Museo de América*, n. 3, 1995b, pp. 111-118.

—, «Aproximación al estudio de una minoría étnica, indios en la España del siglo XVI», *Hispania, Revista Española de Historia*, n. 194, Madrid, 1996, pp. 945-964.

—, *El indio antillano, repartimiento, encomienda y esclavitud (1492-1542)*, Muñoz Moya Editor, Sevilla, 1997.

—, *Nicolás de Ovando y los orígenes del sistema colonial español*, Patronato de la Ciudad Colonial, Santo Domingo, 2000.

—, *Hernán Cortés. El fin de una leyenda*, Palacio Barrantes Cervantes, Badajoz, 2010.

—, «Exploración y espionaje en Terranova, la jornada del capitán Ares de Sea (1541)», en *Revista de Historia Naval*, n. 131, Madrid, 2015, pp. 39-52.

—, «Revisando el viejo debate del colapso de los taínos de La Española», *Clío, Órgano de la Academia Dominicana de la Historia*, n. 194, 2017, pp. 284-334.

—, *Las armadas del Imperio. Poder y hegemonía en tiempo de los Austrias*, La Esfera de los Libros, Madrid, 2019.

—, *Hernán Cortés. Una biografía para el siglo XXI*, Editorial Crítica, Barcelona, 2021.

—, *El descubrimiento de Europa. Indígenas y mestizos en el Viejo Mundo*, Editorial Crítica, Barcelona, 2023.

Mitre, Emilio, *Historia de la Edad Media*, Alhambra, T. I, Madrid, 1983.

Molina Martínez, Miguel. «Fray Hernando de Talavera y Colón», *Naveg@mérica. Revista electrónica de la Asociación Española de Americanistas* [en línea], vol. 1, n. 1, 2008. Disponible en <http://www.um.es/ojs/index.php/navegamerica> [Consulta: 5 de septiembre de 2024].

Mollá Ayuso, Ignacio, *Colón emprendedor. El Almirante como hombre de empresa*, Trévede Ediciones, Madrid, 2023.

Monardes, Nicolás, *Sevillana medicina que trata el modo conservativo y curativo de los que habitan en la muy Insigne ciudad de Sevilla, la cual sirve y aprovecha para cualquier otro lugar de estos reinos*, Imprenta de Enrique Rasco, Sevilla, 1885.

Monte y Tejada, Antonio del, *Historia de Santo Domingo*, Biblioteca Dominicana, T. I, Ciudad Trujillo, 1952.

Mora Mérida, José Luis, «Un hombre, una historia y una mentalidad, don Hernando Colón (1488-1539)», *Descripción y cosmografía de España*, T. I, Hernando Colón, Padilla Libros, Sevilla, 1988, pp. 9-52.

Morales Padrón, Francisco, *Jamaica española*, EEHA, Sevilla, 1952.

—, *Teoría y leyes de la conquista*, Ediciones de Cultura Hispánica, Madrid, 1979.

—, *Historia del Descubrimiento y Conquista de América*, Editorial Nacional, Madrid, 1981.

—, *Cristóbal Colón. Almirante de la Mar Océana*, Anaya, Madrid, 1988.

—, *Primeras cartas sobre América (1493-1503)*, Universidad de Sevilla, 1990a.

—, *Historia del Descubrimiento y la Conquista de América*, Gredos, Madrid, 1990b.

—, *Andalucía y América*, Editorial Arguval, Málaga, 1992.

Morales y Marín, José Luis, *Iconografía del Descubrimiento de América*, Consell Valencià de Cultura, Valencia, 1992.

Moreau de Saint-Méry, M. L., *Descripción de la parte española de Santo Domingo*, Editora de Santo Domingo, Santo Domingo, 1976.

Morella, marqués de, «Nuevo alegato sobre Colón español», *Alcántara*, n. XI, 1955, pp. 93-95.

Moreno Alonso, Manuel, «El mundo por descubrir en la historiografía del Descubrimiento. La gran conquista de Ultramar», *Congreso de Historia del Descubrimiento*, T. IV, RAH, Madrid, 1992, pp. 285-308.

Moreno Mengíbar, Andrés y Juan Martos Fernández, «Estudio preliminar», *Fray Luis de León. Escritos sobre América*, Tecnos, Madrid, 1999, pp. 9-46.

Moréu Curbera, José María, *Cristóbal Colón, el gran navegante*, Diputación Provincial, Pontevedra, 1997.

Morison, Samuel E., *El Almirante de la Mar Océano. Vida de Cristóbal Colón*, Fondo de Cultura Económica, México, 1991.

Moscoso, Francisco, *Tribu y clases en el Caribe Antiguo*, Ediciones de la Universidad Central del Este, San Pedro de Macorís, 1986.

—, *Repartimientos y encomiendas en Puerto Rico, 1509-1510*, Editorial Akelarre, Puerto Rico, 2024.

Mosqueira Manso, José M., *La cuna gallega de Cristóbal Colón*, Editorial Citania, Buenos Aires, 1961.

Moya Pons, Frank, *La Española en el siglo XVI, 1493-1520. Trabajo, sociedad y política en la economía del oro*, UCMM, Santo Domingo, 1978.

—, *Manual de Historia Dominicana*, UCMM, Santo Domingo, 1981.

—, *Después de Colón. Trabajo, sociedad y política en la economía del oro*, Alianza Editorial, Madrid, 1987.

—, *El oro en la historia dominicana*, Academia Dominicana de la Historia, Santo Domingo, 2016.

Muñoz Machado, Santiago, *Hablamos la misma lengua*, Editorial Crítica, Barcelona, 2017.

—, *Civilizar o exterminar a los bárbaros*, Editorial Crítica, Barcelona, 2019.

Muñoz Sanz, Agustín. «La gripe de Cristóbal Colón. Hipótesis sobre una catástrofe ecológica», *Enferm Infecc Microbiol Clin*, vol. 24, N. 5, 2006.

—, *Los hospitales docentes de Guadalupe. La respuesta hospitalaria a la epidemia de bubas del Renacimiento (siglos XV-XVI)*, Junta de Extremadura, Badajoz, 2008.

Muñoz y Gómez, Agustín, «Los jerezanos y el segundo viaje de Cristóbal Colón», *BRAH*, t. 12, 1888, pp. 425-432.

Murga Sanz, Vicente, *Juan Ponce de León, fundador y primer gobernador del pueblo puertorriqueño, descubridor de La Florida y del Estrecho de las Bahamas*, Editorial Universitaria, Puerto Rico, 1971.

Muro Orejón, Antonio, «Cristóbal Colón, el original de la capitulación de 1492 y sus copias contemporáneas», *Anuario de Estudios Americanos*, T. VII, Sevilla, 1951, pp. 505-515.

Naranjo Sanguino, Miguel Ángel, Juan Antonio Matador de Matos y Manuel Roso Díaz, *Agustín Cañizo. Un hidalgo liberal (época, familia, vida y obra)*, Diputación Provincial, Badajoz, 2023.

Narvaja, Benito R. y Luisa V. Pinotti, *Violencia, población e identidad en la colonización de la América Hispana*, Universidad de Buenos Aires, 1997.

Nishert, Robert y otros, *Cambio social*, Alianza Editorial, Madrid, 1988.

Noronha, Ibsen José Casas, *Aspectos do direito no Brasil quinhentista, consonâncias do espiritual e do temporal*, Almedina, Coímbra, 2005.

Núñez Jiménez, Antonio, *El Almirante en la tierra más hermosa. Los viajes de Colón a Cuba*, Diputación Provincial de Cádiz, Jerez de la Frontera, 1989.

O'Gorman, Edmundo, *La invención de América*, Fondo de Cultura Económica, México, 1977.

Olaechea Labayen, Juan Bautista, «De cómo, dónde y cuándo fueron bautizados los primeros indios», *Missionalia Hispánica*, n. 50, 1998b, pp. 611-636.

—, «Los indios que Colón trajo en el primer viaje, ¿esclavos o colaboradores voluntarios?», *Revista de Historia Naval*, n. 66, 1999, pp. 67-80.

Oliva de Coll, Josefina, *La resistencia indígena ante la conquista*, Siglo XXI, México, 1986.

Olmedo, Ildefonso, «El ADN del hermano de Colón», *El Mundo*, 8 de septiembre de 2002, pp. 12-13.

Olmo, D. del, *Colón*, Sopena, Barcelona, 1975.

Ortega, fray Ángel O. F. M., *La Rábida. Historia documental crítica*, Imprenta y Editorial de San Antonio, Sevilla, 1925-1926.

Ortega y Medina, Juan Antonio, *El conflicto anglo-español por el dominio oceánico (siglos XVI y XVII)*, Editorial Algazara, Málaga, 1992.

Ortiz de Zúñiga, Diego, *Anales eclesiásticos y seculares de la Muy Noble y Muy Leal Ciudad de Sevilla*, T. III, Imprenta Real, Madrid, 1796.

Ortuño Sánchez-Pedreño, José María, «El Adelantado en Indias de 1497 a 1518», *Anuario de Historia del Derecho Español*, t. LXII, 1992, pp. 551-564.

—, «La estancia de Cristóbal Colón en Murcia», *Anales de Derecho*, n. 16, 1998, pp. 251-260.

Ots Capdequí, José María, *Instituciones sociales de la América Española en el periodo colonial*, Biblioteca de Humanidades, La Plata, 1934.

Otte, Enrique, «La flota de Diego Colón. Españoles y genoveses en el comercio trasatlántico de 1509», *Revista de Indias*, n. 97-98. Madrid, 1965.

—, *Sevilla, siglo XVI, materiales para su historia económica*, Centro de Estudios Andaluces, Sevilla, 2008.

Ozuna, Ana, «Rebellion and anti-colonial struggle in Hispaniola, fron indigenous agitators to African rebels», *Africology, The Journal of Pan African Studies*, vol. 11, n. 7, 2018, pp. 77-95.

Pacini, Arturo, «La repubblica di Genova nel secolo XVI», Storia di Genova, Mediterraneo, *Europa, Atlántico*, Società Ligure di storia patria, Génova, 2003, pp. 325-390.

Pané, fray Ramón, *Relación acerca de las antigüedades de los indios*, FCE, México, 1974.

Paradinas Fuentes, Jesús L., «¿Era Cristóbal Colón un judío sefardí?», *Catharum, Revista de Ciencias Sociales y Humanidades del Instituto de Estudios Hispánicos de Canarias*, n. 19, 2022, 69-81.

Parcero Torre, Celia, «La historiografía colombina del siglo XIX», en *Cristóbal Colón*, Carlos Martínez Shaw y Celia Parcero Torre, dirs., Junta de Castilla y León, Salamanca, 2006, pp. 399-421.

Paredes, Vicente, «¿Colón extremeño?», *Revista de Extremadura*, vol. V, 1903, pp. 1-12 y 49-60.

Parry, John H., *Época de los Descubrimientos Geográficos*, Ediciones Guadarrama, Madrid, 1964.

Pasán García, María del Carmen y Gustavo Adolfo Luis Cedrés, «Colón en el cine español, tres miradas en el tiempo», *Revista Latente*, n. 3, 2005, pp. 73-90.

Passeron, Jean-Claude, *El razonamiento sociológico. El espacio comparativo de las pruebas históricas*, Siglo XXI, Madrid, 2011.

Payne, Stanley G., *En defensa de España. Desmontando mitos y leyendas negras*, Espasa Libros, Barcelona, 2017.

Peguero, Luis Joseph, *Historia de la conquista de la isla Española de Santo Domingo, trasumptada el año de 1762*, Museo de las Casas Reales, Santo Domingo, 1975.

Peña y Cámara, José de la, «Los dos restos de Cristóbal Colón», *Boletín de la Real Academia Sevillana de Buenas Letras*, 2.ª época, Vol. II, n. 2. Sevilla, 1974, pp. 79-95.

—, *De Sevilla y del Nuevo Mundo (siete estudios)*, Excmo. Ayuntamiento, Sevilla, 1990.

Perales Piqueres, Rosa, «Visión estética de la figura histórica de Hernán Cortés. Héroes y monarquía», en *Hernán Cortés y las Bellas Artes. Iniciativas artísticas e iconografía cortesiana*, Rosa Perales Piqueres, ed., Editorial Sindéresis, Madrid, 2023, pp. 45-71.

Pereña, Luciano, *Misión de España en América*, CSIC, Madrid, 1956.

Pérez, fray Juan O. P., *Estos ¿no son hombres?*, Fundación García Arévalo, Santo Domingo, 1984.

Pérez, Joseph, «Cristóbal Colón y los Reyes Católicos», en *Cristóbal Colón*, Carlos Martínez Shaw y Celia Parcero Torre, dirs., Junta de Castilla y León, Salamanca, 2006, pp. 129-138.

Pérez Bustamante, Ciriaco, «Las Indias y la Nueva España en la Relación de Gaspar Contarini (1525)», en *Estudios Cortesianos. IV Centenario de Hernán Cortés*, Consejo Superior de Investigaciones Científicas, Madrid, 1948, pp. 11-23.

—, *Libro de los Privilegios del Almirante Don Cristóbal Colón (1498)*, Real Academia de la Historia, Madrid, 1951.

Pérez de Barradas, José, *Los mestizos de América*, Espasa-Calpe, Madrid, 1976.

Pérez de Guzmán y Gallo, Juan, «Las cenizas y el retrato de Cristóbal Colón», *BRAH*, t. 73, 1918, pp. 443-446.

Pérez de Oliva, Fernán, *Historia de la invención de las Yndias. Historia de la conquista de la Nueva España* (ed. de Pedro Ruiz Pérez), Universidad de Córdoba, 1993.

Pérez de Tudela y Bueso, Juan, «La quiebra de la factoría y el nuevo poblamiento de La Española», *Revista de Indias*, n. 60, Madrid, 1955.

—, *Las Armadas de Indias y los orígenes de la política de colonización, 1492-1505*, CSIC, Madrid, 1956.

—, *«Mirabilis in altis». Estudio crítico sobre el origen y significado del proyecto descubridor de Cristóbal Colón*, CSIC , Madrid, 1983.

—, «Los Reyes Católicos y la oferta de Cristóbal Colón», *Cuadernos de Historia Moderna*, n. 13, 1992, pp. 9-46.

—, «El descubrimiento, entre nebulosas y luz documental», en *Colección Documental del Descubrimiento (1470-1506)*, Juan Pérez de Tudela, dir, MAPFRE, T. I, Madrid, 1994, pp. 47-242.

Pérez-Embid, Florentino, «El almirantazgo de Castilla, hasta las capitulaciones de Santa Fe», en *Anuario de Estudios Americanos*, Vol. I, Sevilla, 1944, pp. 1-170.

—, *Estudios de historia marítima*, Real Academia Sevillanas de Buenas Letras, Sevilla, 1979.

Pérez García, Rafael M., «La llegada del palo brasil americano a los mercados europeos, grupos mercantiles transnacionales y pretensiones monopolísticas, 1499-1530», *Revista de Indias*, n. 283, 2021, pp. 603-634.

Pericot, Luis, *África y América. El problema de sus posibles contactos precolombinos*, Institutos de Estudios Africanos, Madrid, 1963.

Pi Corrales, Magdalena de Pazzis, «La Armada de los Austrias», *Estudis*, N. 27, 2001.

Pietschmann, Horts, «Cristóbal Colón gobernador», en *Cristóbal Co-*

lón, Carlos Martínez Shaw y Celia Parcero Torre, dirs., Junta de Castilla y León, Salamanca, 2006, pp. 255-283.

Pino y de la Vega, Mario del, *Apuntes para la historia de los hospitales en Cuba (1523-1899)*, Ministerio de Salud Pública, La Habana, 1963.

Pleitos Colombinos, T. I, EEHA, Sevilla, 1967.

Pleitos Colombinos, T. II, EEHA, Sevilla, 1983.

Pleitos Colombinos, T. III, EEHA, Sevilla, 1984.

Plejanov, Jorge, *El papel del individuo en la historia*, Ediciones Grijalbo, Barcelona, 1974.

Plutarco, *Vidas paralelas*, ed. de Emilio Crespo, Cátedra, Madrid, 2007.

Poch Noguer, José, *Cristóbal Colón*, Editorial Juventud, Barcelona, 1942.

Polo, Marco, *El libro de Marco Polo anotado por Cristóbal Colón*, Juan Gil, ed., Alianza Editorial, Madrid, 1988.

Poma de Ayala, Felipe Guaman, *Nueva Corónica y buen gobierno*, ed. de Franklin Pease G. Y., Fondo de Cultura Económica, Lima, 2008.

Posada Simeón, José Carlos, «Precedentes cartográficos a la primera circunnavegación del mundo», *A 500 años de la Primera Vuelta al Mundo. Una mirada histórica a la expedición de Magallanes-Elcano*, Emilio Luque Azcona y José Miranda Bonilla, coords., Universidad de Sevilla, 2020, pp. 119-134.

Prescott, William H., *Historia de los Reyes Católicos don Fernando y doña Isabel*, Compañía General de Ediciones, México, 1952.

Puente y Olea, Manuel de la, *Los trabajos geográficos de la Casa de la Contratación*, Escuela Tipográfica y Librería Salesiana, Sevilla, 1900.

Puga, Vasco de, *Provisiones, cédulas, instrucciones para el gobierno de la Nueva España*, Ediciones de Cultura Hispánica, Madrid, 1945.

Rabasa, José, *De la invención de América. La historiografía española y la formación del eurocentrismo*, Universidad Iberoamericana, México, 2009.

Rada y Delgado, Juan de Dios de la, *Drama histórico en tres actos y en verso*, Impr. José Rodríguez, Madrid, 1863.

Rahn Phillips, Carla, «Guerra en el mar. Tecnología y armamento en el mundo atlántico», en *Historia Militar de España* (Hugo O' Donnell, dir.), T. III, vol. I, Ministerio de Defensa, Madrid, 2012.

Rajoy Feijóo, Enrique, *Docampo versus Colón*, Editorial Caligrama, Sevilla, 2021.

Ramírez de Arellano, Rafael, «Datos nuevos referentes a Beatriz Enríquez de Arana y los Aranas de Córdoba», *B.A.H.*, n. 37, 1900, pp. 461-484, y 1902, pp. 41-50.

Ramos Gómez, Luis J., «Los dos pactos sellados de Guacanagarí y Cristóbal Colón en diciembre de 1492», *Revista Española de Antropología Americana*, n. 20, Madrid, 1990, pp. 67-91.

—, «La construcción y destrucción del fuerte Navidad en 1493, un ejemplo de conquista y de resistencia», *Conquista y resistencia en la Historia de América*, Universidad de Barcelona, 1991a, pp. 45-60.

—, «Cristóbal Colón y la estructura sociopolítica indígena antillana durante el Primer Viajes del silenciamiento del pacto», *Revista Española de Antropología Americana*, n. 21, 1991b, pp. 221-241.

—, «El Libro Copiador de Cristóbal Colón como fuente para el conocimiento de las relaciones mantenidas entre españoles y taínos en la Navidad entre diciembre de 1492 y noviembre de 1493», *Congreso de Historia del Descubrimiento*, RAH, T. I, Madrid, 1992, pp. 521-566.

—, *Cristóbal Colón y los indios taínos (de octubre de 1492 a diciembre de 1494)*, Cuadernos Colombinos, Valladolid, 1993.

—, «Cristóbal Colón y los taínos», en *Cristóbal Colón*, Carlos Martínez Shaw y Celia Parcero Torre, dirs., Junta de Castilla y León, Salamanca, 2006, pp. 235-254

Ramos Pérez, Demetrio, «Los contactos trasatlánticos decisivos, como precedentes del viaje de Colón», *Anuario de Estudios Atlánticos*, n. 17, 1971, pp. 467-532. (Reed. Valladolid, Casa-Museo de Colón, 1972).

—, «Colón y el enfrentamiento de los caballeros. Un serio problema del segundo viaje que nuevos documentos ponen al descubierto», *Revista de Indias*, t. 39, 1979, pp. 9-87.

—, *Audacia, negocios y política en los viajes españoles de descubrimientos y rescate*, *Cuadernos Colombinos*, Valladolid, 1981.

—, *El conflicto de las lanzas jinetas. El primer alzamiento en tierra americana, durante el segundo viaje colombino*, Fundación García-Arévalo, Santo Domingo, 1982.

—, *Colón pudo no volver. La fundación de La Navidad*, Ediciones de Cultura Hispánica, Madrid, 1989.

—, «La primera estancia de Colón en Guadalupe», *Extremadura en la evangelización del Nuevo Mundo. Actas y estudios*, Sebastián García, ed., Turner Libros, Madrid, 1990, pp. 211-228.

—, «Influencia de los descubrimientos en la ideología europea. El origen de la Utopía, como fruto del descubrimiento colombino», *Anales de Historia Contemporánea*, n. 8, 1990-1991, pp. 27-43.

Real Díaz, Joaquín, «El sevillano Rodrigo de Bastidas. Algunas rectificaciones en torno a su figura», *Archivo Hispalense*, n. XXXVI, Sevilla, 1962.

Reding Blase, Sofía, «Cristóbal Colón y el Caribe, oro y desnudez», *EN-CLAVES del pensamiento*, n. 11, 2012, pp. 27-44.

—, *La mirada caníbal. Testimonios del Nuevo Mundo (1492-1512)*, UNAM, México, 2019.

Rendón del Río, Alfredo, *El golfo de Cádiz como encrucijada en el mundo*

Atlántico. Los ataques ingleses y la política defensiva de la Monarquía Hispánica durante los siglos XVI, XVII y XVIII, ACCI ediciones, Madrid, 2022.

Reséndez, Andrés, *La otra esclavitud. Historia oculta del esclavismo indígena*, Grano de Sal, Ciudad de México, 2019.

Restall, Matthew, *Los siete mitos de la conquista española*, Paidós, Barcelona, 2004.

Rey Pastor, Julio, *La ciencia y la técnica en el descubrimiento de América*, Espasa Calpe, Buenos Aires, 1951.

Reyero, Carlos, «La iconografía de Colón», en *Cristóbal Colón*, Carlos Martínez Shaw y Celia Parcero Torre, dirs., Junta de Castilla y León, Salamanca, 2006, pp. 423-441.

Reynolds, Winston A., *Hernán Cortés y la literatura del Siglo de Oro*, Editora Nacional, Madrid, 1978.

Ribot, Luis, *La Edad Moderna (siglos XV-XVIII)*, Marcial Pons, Madrid, 2021.

Ricard, Robert, *La conquista espiritual de México*, Fondo de Cultura Económica, México, 2014.

Rincón García, Wifredo, «Los Reyes Católicos en la pintura española del siglo XIX», *Arbor*, t. CLXXVIII, n. 701, 2004, pp. 129-161.

Río Moreno, Justo L. del, *Los inicios de la agricultura europea en el Nuevo Mundo*, ASAJA, Sevilla, 1991.

—, *Caballos y équidos españoles en la conquista y colonización de América (s. XVI)*, ASAJA, Sevilla, 1992.

—, *Ganadería, plantaciones y comercio azucarero antillano. Siglos XVI y XVII*, Academia Dominicana de la Historia, Santo Domingo, 2012.

Ríos y Ríos, Ángel de los, «El retrato y traje más auténticos de Cristóbal Colón», *BRAH*, t. 1, 1879, pp. 244-254.

Rivera, Miguel, Ed., *Chilam Balam de Chumayel*, Historia 16, Madrid, 1986.

Rivera Pagán, Luis N., *Evangelización y violencia, la conquista de América*, Ediciones Cemí, San Juan, 1992.

Robles Macías, Luis A., «La armada a Indias de Peralonso Niño en 1496», *Anuario de Estudios Americanos*, n. 75-1, 2018, pp. 15-41.

Rodríguez Alcaide, Iris, «La apropiación del Almirante o Cuando las estatuas de Colón hacían "furor" en medio mundo» en *El coloquio de los perros* (blog), 24/10/2017. (Consulta del 8 de septiembre de 2024).

Rodríguez Blanco, Daniel, «Viajes y viajeros medievales», *A 500 años de la Primera Vuelta al Mundo. Una mirada histórica a la expedición de Magallanes-Elcano*, Emilio José Luque Azcona y José Miranda Bonilla, coords., Sevilla, 2020, pp. 53-77.

Rodríguez Demorizi, Emilio, *Riqueza mineral y agrícola de Santo Domingo*, Editora del Caribe, Santo Domingo, 1965.

—, *Los dominicos y las encomiendas de indios en la isla Española*, Editora del Caribe, Santo Domingo, 1971.

—, *El pleito Ovando-Tapia, comienzos de la vida urbana en Santo Domingo*, Editora del Caribe, Santo Domingo, 1978.

Rodríguez Morel, Genaro, «Poder y luchas políticas en La Española, 1502-1514», en Ciencia económica y política en *Hispanoamérica colonial*, Antonio Gutiérrez Escudero y Ana Isabel Martínez Ortega, coords., CSIC, Madrid, 2000, pp. 269-290.

—, «Controles comerciales y alternativas de mercado en La Española», en *La Casa de la Contratación y la navegación entre España y las Indias*, Universidad de Sevilla, 2003, pp. 721-741.

—, (ed.), *Real Provisión que crea la Real Audiencia de Santo Domingo*, Editora Amigo del Hogar, Santo Domingo, 2011.

—, *Colección de documentos para el estudio de la historia colonial de Santo Domingo (1503-1560)*, Archivo General de la Nación, T. I, Santo Domingo, 2016.

—, «La Real Audiencia de Santo Domingo, primer tribunal de justicia del Nuevo Mundo», en *España y República Dominicana. Una historia compartida*, Embajada española en República Dominicana, Santo Domingo, 2023, pp. 131-147.

Rojo Vega, Anastasio, *Datos sobre América en los protocolos de Valladolid, siglos XVI-XVIII*, Excmo. Ayuntamiento, Valladolid, 2007.

Ropero Regidor, Diego, «La aportación de Moguer al Descubrimiento, sus hombres de mar, el monasterio de Santa Clara y la familia Niño», *Descubridores de América. Colón, los marinos y los puertos*, David González Cruz, coord., Sílex, Madrid, 2012, pp. 127-164.

Roselly de Lorgues, conde de, *Christophe Colon. Histoire de sa vie et de ses voyages d'apres des documents authéntiques tirés d'Espagne et d'Italie*, Morizot, Libraire-editeur, París, 1856.

—, *Historia de Cristóbal Colón y de sus viajes*, Eduardo Gautier Editor, Cádiz, 1858,

Rossell, Cayetano, «El retrato de Colón existente en la Biblioteca Nacional», *BRAH*, t. 1, 1879, pp. 326-333.

Rosset, Edward, *Cristóbal Colón, rumbo a Cipango*, Edhasa, Barcelona, 2002.

Rouse, Irwing, *The tainos, Rise and decline of the people who Greeted Columbus*, Yale University Press, New Haven y Londres, 1992.

Rubio, fray Vicente O. P. (comp.), *Cedulario de la isla de Santo Domingo*, Archivo General de la Nación, T. I, Santo Domingo, 2007.

—, *Indigenismo de ayer y de hoy*, Santo Domingo, Fundación García Arévalo, 2009.

—, *Cedulario de la isla de Santo Domingo*, T. II, Archivo General de la Nación, Santo Domingo, 2013.

Rubio Serrano, José Luis, *Arquitectura de las naos y galeones de las flotas de Indias (1492-1590)*, Ediciones Seyer, Málaga, 1991.

Ruiz Asensio, José Manuel, *La biblioteca de Hernando Colón, una aventura bibliográfica del siglo XVI*, Universidad de Valladolid, 2008.

Ruiz de Lira, Rafael, *Colón, El Caribe y las Antillas,* T. III de la *Historia de América Latina*, Editorial Hernando, Madrid, 1978.

Rumeu de Armas, Antonio, «Cristóbal Colón y Beatriz de Bobadilla en las antevísperas del Descubrimiento», *El Museo de América*, Año XXI, n. 75-76, T. II, Las Palmas de Gran Canaria, 1960, pp. 257-279.

—, *La Rábida y el Descubrimiento de América*, Ediciones de Cultura Hispánica, Madrid, 1968.

—, *La política indigenista de Isabel la Católica*, Instituto Isabel la Católica, Valladolid, 1969.

—, *Nueva luz sobre las Capitulaciones de Santa Fe de 1492*, CSIC, Madrid, 1985.

Saavedra Fernández, Pegerto, *La Galicia del Antiguo Régimen. Economía y sociedad*, Hércules de Ediciones, A Coruña, 1991.

Sagarra Gamazo, Adelaida, «La formación política de Juan Rodríguez Fonseca», *Congreso de Historia del Descubrimiento*, RAH, T. I, Madrid, 1992, pp. 611-641.

—, *La otra versión de la historia indiana, Colón y Fonseca*, Universidad de Valladolid, 1997.

—, «Diego Álvarez Chanca, primer espía de América», *Revista de Estudios Colombinos*, n. 5, 2009, pp. 19-40.

Saiz Virumbrales, Juan y Marcial Castro Sánchez, «La tumba del Almirante. Un enigma colombino», *La Aventura de la Historia*, n. 308, 2024, pp. 18-23.

Salafranca, Jesús F., «El tercer viaje de Colón y su incidencia en la conquista de Melilla», *El Reino de Granada y el Nuevo Mundo*, T. III, Granada, 1994, pp. 117-123.

Salvador Miguel, Nicasio, «Libros y lecturas de Cristóbal Colón», *Actas del XI Congreso Internacional de la Asociación Hispánica de Literatura Medieval*, Armando López Castro y María Luzdivina Cuesta Torre, eds., Universidad de León, 2007, pp. 123-140.

Sánchez, Otero, *España, patria de Colón*, Biblioteca Nueva, Madrid, 1922.

Sánchez Ferlosio, Rafael, *Esas Yndias equivocadas y malditas. Comentarios a la historia*, Destino, Barcelona, 1994.

Sánchez de Mora, Antonio, «La alimentación en La Isabela, ciudad fundada por Cristóbal Colón (1494-1498)», *Historia. Instituciones. Documentos*, n. 51, 2024, pp. 405-430.

Sánchez González, Antonio, «Colón y el duque de Medinaceli, la alternativa señorial de El Puerto de Santa María», *Descubridores de América. Colón, los marinos y los puertos*, David González Cruz, coord., Sílex, Madrid, 2012, pp. 307-348.

Sánchez Moguel, Antonio, *España y América. Estudios históricos y literarios*, Imprenta del Sagrado Corazón de Jesús, Madrid, 1895.

—, «Fray Hernando de Talavera y su intervención en las negociaciones de Colón con los Reyes Católicos», *BRAH*, t. 56, 1910, pp. 154-158.

Sancho Mayi, Hipólito, *Historia del Puerto de Santa María, desde su incorporación a los dominios cristianos en 1259 hasta el año mil ochocientos*, Editorial Esceliber, Cádiz, 1943.

San Miguel, Pedro L., «De la visión edénica al salvaje, Cristóbal Colón y los orígenes del dilema civilización o barbarie en América», *Clío, Órgano de la Academia Dominicana de la Historia*, n. 199, 2020, pp. 91-176.

Santaella, Maese Rodrigo de, *Libro del famoso Marco Polo veneciano*, ed. de Juan Miguel Valero Moreno, Cilengua, San Millán de la Cogolla, 2006.

Sanz, Carlos, *La carta de Colón anunciando el Descubrimiento del Nuevo Mundo*, Gráficas Yagues, Madrid, 1961.

Sanz, Ricardo, Emilio Cuenca y Margarita del Olmo, *Nacimiento y vida del noble castellano Cristóbal Colón*, Nueva Alcarria, Guadalajara, 1980.

Scortecci, Giuseppe, *Cristoforo Colombo*, Casa Editrice Adriano Salani, Florencia, 1940.

Segovia Azcárate, José María, «Cómo pudo ser la figura de Cristóbal Colón», *I Simposio Internacional Colombino*, Costitx, Mallorca, 2009, pp. 45-61.

Serrano y Sanz, Manuel, *Orígenes de la dominación española en América. Estudios históricos*, Casa Editorial Bailly Bailliere, T. I, Madrid, 1918.

—, «El Archivo Colombino de la Cartuja de las Cuevas. Estudio histórico y bibliográfico», *BRAH*, t. 97, 1930, pp. 145-256 y 534-637.

Serrato, Francisco, *Cristóbal Colón. Historia del Descubrimiento de América*, Est. Tip. de «El Progreso Editorial», Madrid, 1893.

Solorzano Pereira, Juan de, *De indiarum iure*, Lib. I, CSIC, Madrid, 2001, p. 139.

Spengler, Oswald, *La decadencia de Occidente. Bosquejo de una morfología de la historia universal*, Austral, Madrid, 2002.

Suárez Fernández, Luis, *Fundamentos de la unidad española ante la integración de América*, Universidad de Piura, Perú, 1984.

—, *Isabel la Católica*, ABC, Barcelona, 2003.

Suárez de Peralta, Juan, *Tratado del Descubrimiento de las Indias y su conquista* (edición de Giorgio Perissinotto), Alianza, Madrid, 1990.

Svet, Yácov, *Cristóbal Colón*, Progreso, Moscú, 1972.

Szászdi Nagy, Adam, *El mundo que descubrió Colón. Las rutas del comercio prehispánico de los metales*, Cuadernos Colombinos, Valladolid, 1984.

—, *Los guías de Guanahaní y la llegada de Pinzón a Puerto Rico*, Cuadernos Colombinos, Valladolid, 1995.

Szászdi León-Borja, Istvan, «Gobierno e inicio de la recaudación áurea en el Nuevo Mundo», *Anuario de Estudios Americanos*, n. 54, 1997, pp. 617-638.

—, *Los viajes de rescate de Ojeda y las rutas comerciales indias. El valor económico del señorío del mar de los Reyes Católicos*, Fundación García Arévalo, Santo Domingo, 2001.

—, «Colón, virrey. Una aproximación jurídica a la institución», *Congreso Internacional Cristóbal Colón, 1506-2006. Historia y Leyenda*, Consuelo Varela, coord., Palos de la Frontera, 2006, pp. 215-236.

Taboada, Hernán G. H., *La sombra del islam en la Conquista de América*, Fondo de Cultura Económica, México, 2004.

Tamames, Ramón, *La mitad del mundo que fue de España. Una historia verdadera, casi increíble*, Espasa, Barcelona, 2021.

Taviani, Paolo Emilio, *Cristóbal Colón. Génesis del Gran Descubrimiento*, Instituto Geográfico de Agostini, Barcelona, 1983.

—, *Los viajes de Colón*, Planeta-De Agostini, Barcelona, 1984.

—, *Cristoforo Colombo, genio del mar*, Ministerio de Bienes Culturales y Ambientales, Roma, 1990.

Taylor, William, *Cristóbal Colón*. Editorial Dalmau Socías, Barcelona, 1989.

Teglia, Vanina María, «Montaña del paraíso terrenal, la reescritura moral de Cristóbal Colón en fray Bartolomé de Las Casas», en *Viajes y ciudades míticas*, Álvaro Baraibar y Martina Vinatea Recoba, eds., Pamplona, 2015, pp. 159-170.

Tejera, Emiliano, *Palabras indígenas de la isla de Santo Domingo*, Editora del Caribe, Ciudad Trujillo, 1951.

Terukina Yamauchi, Jorge, «Una interpretación económica del Paraíso terrenal en la Sumaria Relación (C. 1604) de Dorantes de Carranza», *Revista Humanitas*, N. 47, Vol. III, 2020, pp. 39-85.

Thomas, Hugh, *El Imperio español. De Colón a Magallanes*, Planeta, Barcelona, 2003.

—, «Prólogo», en *Colón*, de Felipe Fernández-Armesto, Folio, Barcelona, 2004.

Thomazi, Augusto, *Las flotas del oro. Historia de los galeones de España*, Editorial Swan, Madrid, 1985.

Todorov, Tzvetan, *La Conquista de América. El problema del otro*, Siglo XXI, Madrid, 1999.

—, *El miedo a los bárbaros. Más allá del choque de civilizaciones*, Galaxia Gutenberg, Barcelona, 2008.

Tola de Habich, Fernando, *María de Toledo. La primera virreina de las Indias*, Factoría Ediciones, México, 2016.

—, *Bestiario Colombino. Primer viaje 1492-1493*, Factoría Ediciones, México, 2017.

Tornero Tinajero, Pablo, *Los pueblos de Huelva y América. La proyección atlántica onubense*, Energía Industrias Aragonesas, Madrid, 1990.

Torquemada, Blanca, «El hueso de Colón. Unos análisis de ADN intentarán desentrañar los secretos del descubridor de América», *ABC*, 29 de septiembre de 2002, pp. 11-13.

Torre y del Cerro, Antonio de la, «Los canarios de Gomera vendidos como esclavos en 1489», *Anuario de Estudios Americanos*, Vol. VII, art. 2. Sevilla, 1950.

Torre y del Cerro, José de la, *Beatriz Enríquez de Harana y Cristóbal Colón*, Caja Provincial de Ahorros de Córdoba, Córdoba, 1984.

Toynbee, Arnold J., *Estudio de la Historia*, T. III, Alianza Editorial, Madrid, 1975.

Ulloa, Lluis, *Cristòfor Colom fou catala. La veritable genesi del descobriment*, Librería Catalónia, Barcelona, 1927.

—, *Xristo-Ferens Colom, Fernando el Católico y la Cataluña española*, Maisonneuve Fréres, París, 1928.

Utrera, fray Cipriano, *Historia Militar de Santo Domingo (Documentos y noticias)*, Sociedad Dominicana de Bibliófilos, Santo Domingo, 2014.

Utrilla Muñoz, Raúl, «Juan de Soria y el segundo viaje de Colón. Un hidalgo de Ágreda al servicio de los Reyes Católicos», *CETAMS*, n. 22, 2024, pp. 68-81.

Valdivieso, Enrique, *Historia de la pintura sevillana*, Ediciones Guadalquivir, Sevilla, 1992.

Valencia, Carolina, *Colón, poema de Carolina Valencia*, Imprenta y Librería de Abundio Z. Menéndez, Palencia, 1892.

Valero de Bernabé, Antonio y Javier Montero Mejuto, (1927), *La patria del Almirante*, ediciones Prensa Nueva, Madrid, 1927.

Valle, José María del, *Bartolomé Colón*, Editorial Gran Capitán, Madrid, 1946.

Vallejo García-Hevia, José María, *Juicio a un conquistador. Pedro de Alvarado*, Marcial Pons, Madrid, 2008.

Varela Bueno, Consuelo, «El rol del Cuarto Viaje», *Anuario de Estudios Americanos*, vol. XII, 1985, pp. 243-295.

—, «Introducción», en *Cristóbal Colón. Los cuatro viajes. Testamento*, Alianza Editorial, Madrid, 1986a, pp. 9-42.

—, «Diego Álvarez Chanca, cronista del Segundo Viaje Colombino», en *Temas Colombinos*, Escuela de Estudios Americanos, Sevilla, 1986b, pp. 1-48.

—, *Colón y los florentinos*, Alianza Editorial, Madrid, 1988.

—, *Cristóbal Colón. Retrato de un hombre*, Alianza Editorial, Madrid, 1992.

—, «Colón y la Casa de la Contratación», *La Casa de la Contratación y la navegación entre España y las Indias*, Universidad de Sevilla, 2003, pp. 221-236.

—, «La vida en la colonia durante el virreinato colombino», *Congreso Internacional Cristóbal Colón, 1506-2006. Historia y Leyenda*, Consuelo Varela, coord., Palos de la Frontera, 2006a, pp. 257-273.

—, (dir.) *Colón desde Andalucía, 1492-1505*, Ministerio de Cultura, Madrid, 2007.

—, «La Isabela, la primera ciudad europea en el Nuevo Mundo», en *La ciudad americana, mitos, espacios y control social*, Salvador Bernabéu y Consuelo Varela, eds., Madrid, 2010a, pp. 67-82.

—, «Colón, un hombre enfermo», en *Actas de las Jornadas de Historia sobre el Descubrimiento de América*, García Cruzado, Eduardo, coord., 2010b, T. I, pp. 165-175.

—, «Cristóbal Colón en la isla Española», en *España y República Dominicana. Una historia compartida*, Embajada de España, Santo Domingo, 2023, pp. 35-45.

Varela, Consuelo e Isabel Aguirre, *La caída de Cristóbal Colón. El juicio de Bobadilla*, Marcial Pons, Madrid, 2006b.

Varela Marcos, Jesús, «La cartografía del segundo viaje de Colón y su decisiva influencia en el Tratado de Tordesillas», en *El Tratado de Tordesillas y la cartografía histórica*, Valladolid, 1994, pp. 85-108.

—, *El Tratado de Tordesillas en la política atlántica castellana*, Universidad de Valladolid, 1996.

—, *Colón y Pinzón, descubridores de América*, Universidad de Valladolid, 2005.

—, «El Tratado de Tordesillas», en *Cristóbal Colón*, Carlos Martínez Shaw y Celia Parcero Torre, dirs., Junta de Castilla y León, Salamanca, 2006a, pp. 213-233.

—, «El almirante Cristóbal Colón y la ciudad de Valladolid», *Encuentro de Latinoamericanistas Españoles. Viejas y nuevas alianzas entre América Latina y España*, s. l., 2006b, pp. 1118-1122.

—, «Martín Waldseemüller y su planisferio del año 1507, origen e influencias», *Revista de Estudios Colombinos*, n. 3, 2007, pp. 7-18.

—, «La cartografía de los puertos de partida hacia el Nuevo Mundo y su origen», *Descubridores de América. Colón, los marinos y los puertos*, David González Cruz, coord., Sílex, Madrid, 2012, pp. 17-30.

—, «Juan Rodríguez de Fonseca, artífice de la política descubridora de América», *Ciencia y Sociedad*, vol. 49 (4), 2024, pp. 25-41.

Varela Marcos, Jesús, María Carrera de la Red y María Montserrat León Guerrero, *Segundo Viaje de Colón. Nueva documentación. Análisis histórico y lingüístico*, Seminario Iberoamericano de Descubrimientos y Cartografía Hispanoluso de Literatura Medieval, Valladolid, 1998.

Varela Marcos, Jesús y María Montserrat León Guerrero, *El Itinerario de Cristóbal Colón (1451-1506)*, Diputación Provincial, Valladolid, 2003.

Vas Mingo, Marta Milagros del, *Las capitulaciones de Indias en el siglo XVI*, Instituto de Cooperación Iberoamericana, Madrid, 1986.

—, «Las bulas alejandrinas y su proyección histórica para Castilla y las Indias», en *Cristóbal Colón*, Carlos Martínez Shaw y Celia Parcero Torre, dirs., Junta de Castilla y León, Salamanca, 2006, pp. 183-212.

—, *Monumenta cartográfica Hispanoamericana. Atlas histórico de los descubrimientos españoles, siglos XV y XVI*, Casa Colón, Valladolid, 2021.

Vázquez Cienfuegos, Sigfrido, *Debates sobre Historia de América en España. Una aproximación a su evolución historiográfica*, Sociedad Extremeña de Historia, Llerena, 2018, 28 pp.

Veloz Maggiolo, Marcio, *Arqueología prehistórica de Santo Domingo*, Fundación de Crédito Educativo de la República Dominicana, Santo Domingo, 1972.

—, «Las sociedades arcaicas de la isla de Santo Domingo», en Genaro Rodríguez Morel (coord.), *Historia General del Pueblo Dominicano*, Academia Dominicana de la Historia, T. I, Santo Domingo, 2013a.

—, «Los taínos y otras culturas neolíticas», en Genaro Rodríguez Morel (coord.) *Historia General del Pueblo Dominicano*, Academia Dominicana de la Historia, T. I, Santo Domingo, 2013b.

Veloz Maggiolo, Marcio y Elpidio Ortega, «Nuevos Hallazgos arqueológicos de la costa norte de Santo Domingo», *Boletín del Museo del Hombre Dominicano*, n. 13, 1980, pp. 11-48.

—, *La fundación de la villa de Santo Domingo*, Colección Quinto Centenario, Santo Domingo, 1992.

Verd Martorell, Gabriel, *Cristóbal Colón era noble y de sangre real*, autoedición, Palma de Mallorca, 1989.

Verdrera, Nito, *Colón ibicenco. La verdad de un nacimiento*, Editorial Kaydeda, Madrid, 1988.

Verlinden, Charles y Florentino Pérez-Embid, *Cristóbal Colón y el descubrimiento de América*, Ediciones Rialp, Madrid, 1967.

Vespucci, Amerigo, *El Nuevo Mundo. Cartas relativas a sus viajes y descubrimientos*, Roberto Levillier, ed., Editorial Nova, Buenos Aires, 1951.

—, *Cartas de viaje*, Alianza Editorial, Madrid, 1986.

Viáfara, Antenor, «El indio entre la libertad formal y la servidumbre natural durante la conquista», *Tiempo y Espacio*, n. 61, 2014.

Vicente Maroto, María Isabel, «La revolución cosmográfica a partir de los viajes colombinos», *Congreso Internacional Cristóbal Colón, 1506-2006. Historia y Leyenda*, Consuelo Varela, coord., Palos de la Frontera, 2006, pp. 89-112.

Vicente Vela, V., comp., *Índice de la colección de documentos de Fernández de Navarrete que posee el Museo Naval*, Instituto Histórico de la Marina, Madrid, 1946.

Vieira, Alberto, «Cristóbal Colón en Portugal», en *Cristóbal Colón*, Carlos Martínez Shaw y Celia Parcero Torre, dirs., Junta de Castilla y León, Salamanca, 2006, pp. 63-82.

Vignaud, Henry, *Americ Vespuce, 1451-1512*, Ernest Leroux Éditeur, París, 1917.

Vigón, Jorge, *El ejército de los Reyes Católicos*, Editora Nacional, Madrid, 1968.

Vilar, Pierre, *Oro y moneda en la historia (1450-1920)*, Ariel Economía, Barcelona, 1982.

Villoro, Luis, «Lichtenberg en las islas del Nuevo Mundo», *Biblioteca de México*, n. 10, julio-agosto, 1992, pp. 4-68.

Voltes, Pedro, *Cristóbal Colón*, Salvat, Barcelona, 1987.

Wassermann, Jakob, *Cristóbal Colón, el Quijote de los océanos*, Ediciones Ultra, Santiago de Chile, 1935. (Reed, en Madrid, Editorial Funambulista, 2015).

Wehling, Arno y María José Wehling, «Fundamentos político-jurídicos da institucionalizaçâo do domínio portugués na América, 1494-1549», *Historias de las gobernaciones atlánticas en el Nuevo Mundo*, Istvan Szászdi, ed., Puerto Rico, 2011, pp. 121-141.

Wiesenthal, Simón, *Operación Nuevo Mundo. La misión secreta de Cristóbal Colón*, Ediciones Orbis, Barcelona, 1987.

Wilson-Lee, Edward, *Memorial de los libros naufragados. Hernando Colón y la búsqueda de una biblioteca universal*, Ariel, Barcelona, 2019.

VV. AA., *Cristóbal Colón. Documentos probando su origen genovés*, Edición Franco-Española, Bérgamo, 1932.

VV. AA., «Basílica catedral de Santo Domingo», Patronato de la Ciudad Colonial, Santo Domingo, 2011.

Yun Casalilla, Bartolomé, *Los imperios ibéricos y la globalización de Europa (siglos XV a XVII)*, Galaxia Gutenberg, Barcelona, 2019.

Zalama, Miguel Ángel, «Los viajes de Colón y el primer imaginario oceánico en las cortes del Viejo Mundo (1492-1521). Del brillo del oro al reconocimiento del otro», *Magallánica, Revista de Historia Moderna*, 8/15, julio-diciembre de 2021.

Zaragoza, Justo, *Códice diplomático-americano de Cristóbal Colón*, Imprenta y Librería El Iris, La Habana, 1867.

Zaragoza Ruvira, Gonzalo, *Colón y el descubrimiento*, Anaya, Madrid, 1988.

Zavala, Silvio, *Estudios Indianos*, Colegio Nacional, México, 1949.

—, *Las instituciones jurídicas en la conquista de América*, Editorial Porrúa, México, 1971.

—, *El descubrimiento colombino en el arte de los siglos XIX y XX*, Fomento Cultural Banamex, México, 1991.

—, *La filosofía política en la conquista de América*, Fondo de Cultura Económica, México, 1993.

—, *Filosofía de la Conquista y Otros Textos*, Ediciones Biblioteca Ayacucho, Caracas, 2005.

Zuazo, Alonso de, *Cartas y memorias (1511-1539)*, Rodrigo Martínez Baracs (ed.), Consejo Nacional para la Cultura y las Artes, México, 2000.

GLOSARIO BÁSICO

Amainar: aminorar la marcha de un velero, recogiendo sus velas.

Aparejar: preparar el buque para navegar, dotándolo de su arboladura, palos, vergas y jarcia.

Apretar: sinónimo de aparejar, es decir, preparar el buque para hacerse a la mar.

Arboladura: conjunto de palos y vergas de un buque.

Astrolabio: instrumento de navegación que servía para orientarse en el océano mediante la observación de los astros.

Babor: costado izquierdo de una embarcación, mirando de popa a proa.

Bauprés: palo horizontal o inclinado hacia arriba que se colocaba en la proa de los barcos.

Behique o buhitiho: sanador o curandero taíno que solía ser una persona muy respetada y que formaba parte del consejo de gobierno de sus respectivas comunidades.

Bitácora: caja en la que se colocaba la brújula.

Bizcocho: tortas de harina de trigo duras, doblemente cocidas y sin levadura, que duraban largo tiempo. El término procedía del francés biscuit, que etimológicamente significaba cocer dos veces. Por ello, se convirtieron en un alimento básico para las tripulaciones de los buques.

Bolinear: cuando había vientos contrarios, se decía que los barcos tenían que bolinear o navegar a la bolina, es decir, zigzagueando para avanzar.

Cabotaje: también llamada navegación de bajura. Se realiza sin perder de vista la costa.

Cacique: los taínos llamaban cacique al jefe indígena, tanto a los que ostentaban alguna de las cinco grandes jefaturas como a los líderes locales.

Caney: vivienda indígena, de planta rectangular, donde vivían los caciques y nitaínos.

Carenar: reparación en profundidad del casco del buque, a diferencia de lo que se llama dar de lado, que implica poco más que una limpieza del casco.

Cazabe o cazabi: torta de pan que se elaboraba con la harina de la raíz de la yuca previamente exprimida. Era el alimento básico de los taínos, de ahí que los españoles lo llamaran el pan de la tierra.

Cemí: ídolo taíno de diverso tamaño, confeccionado en madera, algodón, piedra, barro o hueso.

Conserva: navegación de varios buques en convoy. El término se sigue utilizando en la actualidad.

Contino: persona de sangre noble que estaba en la corte al servicio del rey.

Derrota: rumbo que siguen un navío o una escuadra.

En demanda: en los documentos de la época se usa mucho el término de navegar en demanda de, es decir, hacia un determinado lugar o puerto.

Eslora: longitud del buque.

Estribor: costado derecho de la nave, mirando desde popa.

Guatiao: vocablo indígena que designaba la amistad indisoluble entre dos personas que con frecuencia implicaba un intercambio de nombres entre ambos. Cuando se habla de pacto guatiao se entiende que era una alianza entre un jefe indígena, en nombre de su comunidad, y un capitán español.

Hamaca: cama indígena, usada por caciques y principales. Estaba tejida en algodón en forma de red, con una soga en cada uno de sus extremos que se unía a un poste, quedando suspendida en el aire.

Jarcia: aparejo y cabos de un buque.

Legua: el almirante se expresaba siempre en leguas, que eran equivalentes a tres millas náuticas.

Macana: garrote grueso de madera, usado por los taínos y por otros pueblos indígenas como arma ofensiva.

Maestre: era uno de los cargos más importantes de un navío, y con frecuencia correspondía al dueño del velero, responsable de todo lo relativo a su administración, desde el abasto, el apresto, los fletes o la contratación y control de la tripulación. Solía contar con la ayuda de un contramaestre, que era algo así como su sombra, la correa de transmisión entre el maestre y el resto de la marinería.

Manga: anchura del bajel.
Mesana: palo de popa.
Navegar a la bolina: consistía en avanzar zigzagueando, por tener los vientos en contra.
Paire: también se menciona como a la corda, y en ambos casos significaba arriar el velamen y echar el ancla para que la nave no avanzara.
Pertrechar: aprestar el navío con todo lo necesario para salir a la mar, incluyendo el velamen, la jarcia (cuerdas), el ancla, los mástiles, la artillería y las armas.
Popa: parte posterior de un navío.
Proa: parte de delante del buque.
Rescatar: etimológicamente significaba intercambiar o comerciar productos y esclavos con los nativos. En la práctica se convirtió con frecuencia en un eufemismo de robar y saquear a los naturales.
Terral: viento que sopla desde tierra.
Trinquete: palo de proa.

APÉNDICES

APÉNDICE I

Real Cédula al conde de Cifuentes prohibiendo el destierro de malhechores al Nuevo Mundo, Toro, 11 de abril de 1505.

Doña Juana por la gracia de Dios, reina de Castilla, de León, etcétera, a vos don Juan de Silva, conde de Cifuentes, mi alférez mayor y de mi consejo y mi asistente de la Noble Ciudad de Sevilla o a vuestro lugarteniente en el dicho oficio y a los alcaldes mayores y otras justicias cualesquiera de esa dicha ciudad y a cada uno de vos a quien esta mi carta fuere mostrada, salud y gracia, sepades que a mí es hecha relación que el rey mi señor y padre, y la reina mi señora madre, que santa gloria haya, vos hubieron mandado por sus cartas y provisiones que los delincuentes que hubiesen cometido y cometiesen ciertos delitos fuesen desterrados para las Indias del mar océano. Y que, por virtud de las dichas cartas, vosotros habéis desterrado (a) algunas personas para las dichas Indias. Y ahora yo he sido informada que de desterrarse los dichos delincuentes a las dichas islas se recrece mucho daño e inconveniente porque dicen que por experiencia ha pasado que muchas personas, sin ser condenadas para las dichas islas, se van a ellas por sus propios intereses y por el provecho que de ello se les sigue. Así que, habiéndose de dar por pena a los dichos malhechores el dicho destierro, recibirían en ello mucho provecho, y porque a mí pertenece proveer y remediar lo susodicho mande dar esta mi carta para vosotros en la dicha razón, por la cual vos mando que de aquí adelante no desterréis a ningunos delincuentes de los que por la dicha carta de los dichos rey y reina, mis señores, vos fue mandado que desterraseis para las dichas islas, salvo que cuando algunas personas cometieren los delitos por que fueron mandados desterrar para las dichas islas les deis la pena que merecieren(n), según las leyes de estos mis reinos que cerca de ello disponen, o los desterréis para las galeras, en los casos contenidos en las provisiones que sobre ello se han dado. Y contra el tenor y forma de lo en esta mi carta contenido, no vayáis ni paséis, ni consintáis ir ni pasar y los unos ni los otros vayan.

Dada en Toro, a once días de abril de mil quinientos cinco años, yo el rey, yo Miguel Pérez de Almazán. Firmada: licenciado Zapata, Fernando Tello licenciatus. Doctor Carvajal licenciatus de Santiago. Juan doctor. Licenciado Polanco. Castañeda.

(AHN, Diversos 41, n. 22).

Apéndice II

Datos inéditos sobre el alzamiento de Francisco Roldán, en el juicio de residencia de Lucas Vázquez de Ayllón, 1518.[1]

Diego López de Béjar, respondiendo a la pregunta ciento y veintidós, dijo que al tiempo que este testigo vino de Castilla con el almirante don Cristóbal Colón estaba esta isla revuelta y que un Francisco Roldán, con mucha gente, llamándose alcalde mayor andaba alzado contra el adelantado, hermano de dicho almirante, y que quedó en su lugar. Y que cuando este testigo vino con el dicho don Cristóbal Colón, almirante, como dicho tiene, aportaron a Xaragua, donde estaba el dicho Roldán con la dicha gente. Y luego salió la gente de los navíos y entraron por la tierra por donde estaban, toparon con el dicho Francisco Roldán y con algunos de los que consigo traía. Y el dicho Francisco Roldán y los que con él estaban tuvieron tal forma con la gente que así habían salido en tierra y los atrajeron a sí y se quedaron con ellos que no volvieron al navío de treinta o cuarenta hombres más de quince o dieciséis, y de allí alzaron velas y se vinieron a este puerto de Santo Domingo a donde hallaron al dicho almirante, porque se habían apartado de él dos de las Canarias, que es de la Isla del Hierro. Y que el dicho almirante tomó la derrota de las Perlas (fol. 154v), e iba este testigo con los que con él venían, tomaron una derrota a esta isla y, después de descubiertas las perlas por el dicho almirante, se vino a este puerto de Santo Domingo y cuando este testigo y los otros que con él llegaron le hallaron aquí muy fatigado y afligido, porque estaba el dicho Roldán y los otros que con él estaban, apartado del dicho su hermano y de su obediencia. Y que el dicho almirante envió a Carvajal[2] y a otras personas para que hablasen con el dicho Francisco Roldán y con los que estaban con él, y les dijese que viniesen a obediencia del dicho almirante y al servicio de su Alteza y respondieron que no querían venir, porque se temían que los trataría mal el dicho almirante por ser hermano del dicho adelantado. Más, antes dijeron que les diesen navío y que se irían a Castilla y que el dicho almirante se los envió y no lo quisieron. Y el dicho almirante les importunó todavía que viniesen a servir al rey y a comer los bastimentos que de Castilla traían, así como vino y tocino y trigo, y apaciguarían la tierra que estaba, con los indios de ella, alzada. Y respondieron que les placía con tal condición que de toda la gente que andaba el dicho Roldán fuese al dicho Roldán, alcalde mayor, y otra justicia no tuviese con ello qué hacer y que si alguna gente hubiera de ir a entrar de la que andaba con él que se dijese al dicho Francisco Roldán, y que él le diría que fuera capitán de ella a quien le pareciese en manera que no tuviese con ellos que hacer otra persona sino el dicho Roldán. Y que el dicho almirante le concedió todo como el dicho Roldán pedía.

Y así, venido el dicho Francisco Roldán con algunos de las suyos a esta ciudad de Santo Domingo, y vio este testigo que era juez de ellos y otro no tenía sobre ellos jurisdicción, y con este concierto el dicho almirante y Francisco Roldán, con algunas gentes, se fueron a la ciudad de Concepción y de allí el dicho (fol. 155r.) alguacil mayor y Adrián de Mújica, que era uno de los que andaba alzado con el dicho Roldán, y que sabe que, al tiempo que el dicho almirante había partido de esta isla, quedó el dicho Roldán por alcalde mayor por el dicho almirante, nombrado de su alteza, y que después el dicho almirante vino como dicho tiene, trajo confirmación de la dicha alcaldía mayor de su alteza para el dicho Francisco Roldán. Y que luego otra vez el dicho Francisco Roldán y el dicho alguacil mayor y otros se tornaron a alzar, le fue pedido si el dicho alzamiento o levantamiento del dicho Roldán y sus consortes fue por culpa y causa del dicho almirante. Dijo que no, porque a la sazón que los susodichos se levantaron, el dicho almirante estaba en los reinos de Castilla y este testigo le fue pedido si después de venido el dicho almirante y este testigo a la isla, si vio que el dicho almirante hiciese cosa que no debiese en deservicio de su alteza, o en otra manera de que fuese culpado y en los susodichos tuviesen causa y razón de alzarse, como se alzaron. Dijo que no le vio hacer cosa que no debiese, antes le vio hacer muchas cosas en servicio de su alteza, así como mucha labranza que a la sazón era menester, como los cuales aplicaba a boca llena para su alteza. Y que hizo coger oro y comenzó a hacer que sirviesen los indios, de lo cual todo fue muy servido a su alteza. Y que la causa para que, después de venido de Castilla, se levantaron Adrián de Mujica y otras personas que no le saben más de cuánto oyó decir que por el dicho levantamiento habían ahorcado al dicho Adrián de Mújica y a Alarcón y a Moyano. Y esto es lo que sabe. (155r)

Después le fue preguntado si fueron el dicho Francisco Roldán y allegados dados por libres en el Consejo. Dijo que no lo sabe...

(AGI, Justicia 43, n. 2, fols. 154v-155r, imags. 330-331)

Apéndice III

Minuta de propuesta por parte del almirante don Diego Colón al rey sobre el establecimiento de la Audiencia Real en Santo Domingo y gobernación de aquellas partes, 1510.

1.-Primeramente, sus altezas proveerán hasta en número de tres oidores que sean las personas que fueren servidos de nombrar, con tal que tengan algún grado en iure civil y que no pasen ni bajen de tres en número, los cuales hayan siempre de estar y residir en la ciudad de Santo Domingo para que todos los días de la semana se junten con el almirante, a saber: los lunes a entender y platicar las cosas tocantes a la gobernación de aquellas partes, y el sábado en las cosas de la hacienda, y todos los otros días en las cosas de la justicia.

2.-Item, todas las cosas que fueren propuestas y platicadas en las dichas juntas serán proveídas y despachadas según que los más votos acordaren, para lo cual cada oidor tendrá tan solamente un voto y el almirante, por el consiguiente, otro. Pero si por ventura se ofreciese cosa en que los votos estuviesen parejos, en tal caso se pondrá en efecto aquello de cuyo voto y parecer fuese el dicho almirante y fuera de las dichas juntas, y sin ser votado como dicho es, ninguna cosa se podrá determinar ni proveer de cualquier grado o calidad que sea.

3.-Item, que por los dichos votos se elija uno o dos secretarios de la audiencia que tengan tres libros: el uno para las cosas de gobernación, otro para la justicia y otro para la hacienda en que en suma escriba lo que en cada audiencia fuere propuesto. Y lo que sobre ello fuere determinado, al fin de lo cual firmarán aquellas personas por cuyo voto se determinó para que sus altezas puedan ser mejor informados de lo que se hiciere y para evitar particulares y falsas informaciones que se podrían hacer diciendo o negando haberse proveído por su voto la tal cosa mayormente que por esta vía in sempiternum habrá razón y memoria de lo que en aquellas partes fue consultado y proveído.

4.-Item, que para todos y cada cual de los oficios, así de gobernación y regimiento como de cualquier otra calidad y forma que sean que en aquellas partes ahora o en algún tiempo sea necesario proveer el dicho almirante y oidores elijan tres personas y sus altezas nombres y provean el uno de ellos que más fueren servidos que tenga el tal oficio, excepto que sus altezas podrán proveer libremente de obispados y dignidades eclesiásticas y los dichos oidores y jueces de residencia y fundidores y mercadores y alcaides y tesoreros y contadores y factores y veedores. Y el dicho almirante podrá asimismo libremente proveer y poner sus lugares tenientes y oficiales para la administración de la justicia civil y criminal así de la tierra, por razón de virrey y gobernador, como en las cosas tocantes a la mar, por razón de almirante, sin que haya ni pueda haber otra justicia alguna ordinaria ni de cualquier otra forma salvo el dicho almirante y oidores y los que como dicho es él así criare.

5.-Item, que los dichos almirante y oidores podrán repartir tierras y solares y aguas a los vecinos y gentes que en aquellas tierras estuvieren y, asimismo, si se hubiere de hacer repartimiento de indios los repartirán por la forma y modo que sus altezas lo enviaren a mandar y no otra persona alguna. Y si sus altezas por especial mandamiento y cédula quisieren hacer gracia o merced a algunas personas, así de tierras como de indios u oficios u otras cualesquier cosas, han de ir las tales mercedes dirigidas a los dichos almirante y oidores para que ellos, en su real nombre, pongan en posesión de la dicha merced a la tal persona. Y el secretario de la audiencia tomará razón y asentará en un libro todas las dichas cartas de merced y dará una provisión de los dichos almirante y oidores a la tal persona para que sea puesto en la posesión, incorporando en ella la dicha carta de merced que sus altezas hubieren hecho, la cual irá sellada con el sello de que el dicho almirante tiene hecha merced. Y si por caso sus altezas enviaren a otras islas y tierras o no estuviere la dicha audiencia algunos mandamientos y cartas de merced que en tal caso vayan dirigidas al dicho almirante y oidores o al lugarteniente de la tal isla o provincia y no a otra persona alguna, el cual obedecerá y cumplirá la tal merced o mandamiento. Y si fuere merced aquel a quien fuere hecha será obligado dentro de un año a ir a registrar y traer una provisión del dicho almirante y oidores, expedida por la forma que fue dicha. Y donde no la trajere el tal teniente le podrá quitar la posesión hasta tanto que la traiga. Y si fuere mandamiento, asimismo, el dicho teniente lo obedecerá y cumplirá y con el primer navío que de la tal tierra para Santo Domingo partiere enviará un traslado autorizado para que se ponga en el dicho libro de las mercedes y mandamientos y para que sobre ello el almirante y oidores provean lo que vieren ser servicio de sus Altezas.

6.-Item, que todas y cualesquiera personas que en las dichas Indias tienen acción o posesión y merced de algún solar o tierra o heredamiento u otra cualquier posesión o merced de oficio o beneficio sea obligado, dentro de un año después de la notificación de esta carta en la ciudad de Santo Domingo fecha, a sacar una carta de confirmación por la forma en el supra próximo capítulo contenida, so pena de perdimiento del tal oficio o heredamiento, que quedará a merced de Sus Altezas.

7.-Item, que si los dichos mandamientos y cartas y mercedes que sus altezas enviaren e hicieren pareciere al dicho almirante y oidores que deber ser obedecidas y no cumplidas hasta no consultar con sus altezas y hasta tanto que haya sobrecarta de ello dada en respuesta de las causas y razones que las movió a lo consultar con sus altezas que lo puedan hacer. Y por el consiguiente, los dichos tenientes de las otras islas y tierras podrán obedecer y no cumplir hasta haber enviado al dicho almirante y oidores las razones que a ello le mueven, lo cual ha de enviar con el primer navío que fuere a Santo Domingo para que le envíen a decir lo que cumple al servicio de sus altezas que se haga.

8.-Item, que si al dicho almirante e oidores pareciere que conviene al servicio de sus altezas ir el dicho almirante o algunos de ellos a visitar alguna isla o tierra fuera de la dicha isla Española que la tal persona que fuere haya de llevar una instrucción del dicho almirante y oidores por la cual se haya de regir. Y si viese que en algo cumple exceder o menguar de lo en ella contenido que lo pueda hacer con tanto que con el primer navío lo haga saber al dicho almirante y oidores para que sobre ello acuerden por sus votos y provean lo que más fuere servicio de sus altezas. Y lo mismo será y se entienda que han de hacer cualesquiera tenientes de gobernador que hubiere en todas aquellas islas y tierras.

9.-Item, que los oficiales de sus altezas, así como tesorero y contadores, factores y veedores se juntarán cada sábado con el dicho almirante y oidores para platicar y dar cuenta cada cual de los tocante a su oficio. Y pondrán en efecto aquello que por el dicho almirante y oidores les fuere dicho, y los otros oficiales que estuvieren en las otras islas y tierras fuera de La Española serán obligados a juntarse una vez cada semana con el teniente de la tal isla o tierra para entender y platicar en lo mismo. Y con cada navío que de la tal isla o tierra a La Española viniere serán obligados de, juntamente con el dicho teniente, escribir al dicho almirante e oidores todas las cosas que en la hacienda hubieren sucedido para que ellos envíen a proveer lo que vieren ser servicio de sus altezas. Y lo mismo del escribir hará el dicho teniente en lo tocante a su oficio de justicia y gobernación porque de todo el dicho almirante e oidores tengan entera noticia y puedan hacer relación a sus altezas.

10.-Item, que el dicho almirante y oidores no puedan oír de primera instancia salvo que las apelaciones que se interpusieren de los alcaldes vayan a los tenientes del dicho almirante y de aquellos vayan al dicho almirante e oidores, los cuales puedan llevar a debida ejecución lo que de justicia hallaren y determinaren, sin que haya apelación otra alguna por evitar dilación, excepto que si el condenado quisiere el traslado autentificado de su proceso que le sea dado para que se pueda presentar con él ante sus altezas y su real Consejo, por vía de denegada justicia para que sus altezas puedan ver si fue agraviado y mandarlo remediar como su servicio fuere.

11.-Item, que cada y cuando que a sus altezas pareciere ser necesario y cumplidero a su servicio puedan enviar a tomar residencia a los dichos oidores y tenientes y otros cualesquier oficiales del dicho almirante, excepto a su persona por la dignidad de su oficio de virrey, el cual no se podrá suspender la ejecución de su oficio y preeminencias excepto que le puedan poner demandas de cosas mal llevadas o de lo que sin acuerdo de los oidores hubiere hecho. Y durante la dicha residencia que a sus oficiales se tomare él podrá poner otros oficiales en lugar de los que hicieren la tal residencia por ser sus oficios perpetuos y el que la fuere a tomar no tendrá mano en las cosas de gobernación, ni jurisdicción ordinaria más de proceder contra las dichas personas a quien la toma y la ejecución de sus sentencias cometerlas a los otros oficiales que el almirante habrá puesto, pero si sus altezas fueren servidos que el dicho juez de residencia con otras dos personas sucedan en el lugar de los dichos oidores que hicieren residencia y que juntamente con el dicho almirante prosigan en las cosas de gobernación y administración de justicia que esto quede a voluntad y mandamiento de sus altezas con que las tales personas sean por la forma y calidad que en el primer capítulo fue dicho que habían de ser los oidores y procedan según que ellos habían de proceder.

12.-Item, que ninguno de los dichos oidores pueda tener el dicho cargo más de tres años ni pueda de él ser otra vez proveído hasta que pasen otros tres años después de haberlo dejado, salvo con expresa merced de sus altezas y con consentimiento del dicho almirante.

13.-Item, que todos los dichos ayuntamientos se hayan de hacer en casa del dicho almirante por la dignidad de virrey que, si él por ocupación o ausencia o enfermedad o cualquier otra causa que se le ofreciere por do no se pueda hallar presente con los oidores a los dichos ayuntamientos y consejos, que pueda poner y señalar una persona en su lugar la cual tenga aquel lugar y autoridad y voto y todas las otras preeminencias que tenía la persona del dicho almirante si presente fuese. Las cuales dichas gracias y preeminencias que al dicho almirante se han de guardar de más de las expresadas serán aquellas que tienen o tuvieren los virreyes de Castilla y presidentes del Real Consejo de sus altezas.

14.-Item, que si alguno o algunos de los dichos oidores enfermare de enfermedad que no puedan entender en negocios o muriere, que en tal caso el almirante pueda con el que quedare o quedaren proseguir en el negocio o negocios que en este asiento se concierta hasta que sus altezas provean otros en lugar de los muertos o los que estuviesen enfermos sanen.

15.-Item, que todas las provisiones y mandamientos que se despacharen por el dicho almirante y oidores digan «Yo, Don Diego Colón, Almirante, Virrey y Gobernador de las Indias por Sus Altezas con acuerdo y parecer de su Real Audiencia que en esta ciudad de Santo Domingo residen en el dicho nombre de sus altezas mando...», las cuales irán firmadas del dicho almirante y refrendadas del secretario de la audiencia y selladas con el sello de sus altezas que el dicho almirante tiene, siendo primero vistas y señaladas en las espaldas de uno de los oidores y del que tuviere el registro en que han de quedar asentadas todas. Y si el almirante estuviere ausente o enfermo firmarán todos los oidores y el teniente del dicho almirante. Y, asimismo, las provisiones y cédulas y cartas y mercedes que sus altezas a aquellas dichas partes enviasen dirán «A Don Diego Colón, nuestro Almirante, Virrey y Gobernador de las Indias y a los de la nuestra audiencia que residen en la ciudad de Santo Domingo».

16.-Item, que todo lo dicho y contenido en este pacto y sentencia no solo se entiende que ha de ser fecho y ejecutado en la isla Española y en las otras comarcanas, más en todas las islas y tierras que están al occidente de una raya que pasa cien leguas sobre las islas de las Azores y del Cabo Verde, septentrión exacto de polo a polo, la cual se limita y señala en un privilegio dado por los católicos reyes don Fernando y doña Isabel, que en gloria sean, al primero almirante, en la ciudad de Barcelona, año de noventa y tres, confirmado en Burgos año de noventa y siete.

17.-Item, que el dicho almirante haya y tome la décima parte de todo el oro y plata y joyas y mercaderías y especerías y rentas y otras cosas y provechos que sus altezas por cualquier vía y forma hubieren y en todas las dichas tierras dentro de los dichos límites contenidas les perteneciere, sin exceptuar ni sacar cosa alguna excepto de las penas de cámara y diezmos y primicias eclesiásticas.

18.-Item, asimismo, el dicho almirante haya de tomar y llevar la ochava parte que le pertenece por sus privilegios de todo el oro, plata y joyas y especierías y mercaderías y rentas y provechos y otras cosas que sus altezas por cualquier vía y forma hubieren y les pertenecieren en todas las dichas tierras, dentro de los dichos límites contenidos, sin exceptuar ni sacar cosa alguna, como dicho es en el superior capítulo.

19.-Item, que el dicho almirante pueda contribuir cada y cuando que quisiere en la ochava parte de todos los gastos, armazones y mercaderías y tratos que se le llevaren y contrataren e hicieren en las dichas Indias, así de las libres como de las reservadas a sus altezas cada y cuando que las mandaren cargar o hicieren merced que las carguen otras personas.

20.-Item, el dicho almirante pueda llevar y lleve todos los derechos y salarios que le pertenecen por su oficio de almirante dentro de los límites del dicho su almirantazgo por la forma y manera que lo han llevado y llevan los almirantes de Castilla, pues le pertenecen por sus privilegios.

21.-Item, que al dicho almirante se le hayan de señalar salarios para sus lugartenientes que en cada isla y provincia fueren necesario ponerse como en sus privilegios se contiene, los cuales dichos salarios les hayan de señalar el dicho almirante y oidores, habiendo consideración a las tierras donde estuvieren y a los gastos que en ellas hicieren porque no tengan causa de sobornar ni robar con los dichos oficios, los cuales dichos salarios les sean pagados por sus tercios de las rentas que sus altezas tuvieren en las islas o provincias o tierras donde residieren.

22.-Item, que al dicho almirante de más del salario que le está señalado para su persona le sean pagados por la forma y manera que hasta aquí se le pagaba la gente de caballo y de pie que él tenía para honra y compañía de su persona y autoridad de los oficios que por sus altezas tiene.

23.-Item, que le sean vueltos los indios que le estaban señalados y ahora le quitaron en las islas Española y Cuba y Jamaica y San Juan que para ayuda a los grandes gastos que en aquellas partes hay tenía y que si los indios no se le volvieren que se haya información en cada isla de lo que podrían rentar cada año los dichos indios y aquello le sea situado por sus tercios.

24.-Item, que los oficiales de la Casa de la Contratación de Sevilla o cualesquiera otros que en la dicha ciudad o en otro lugar de estos reinos de España entendieren en la negociación de las Indias y en lo tocante a los pleitos y causas por el tal comercio y trato emanadas no puedan entender en cosa de hacienda ni oír y librar pleito ni causa alguna ni llevar y poner en ejecución cosa de ello sin que esté juntamente con ellos una persona puesta por la mano y en nombre del dicho almirante, el cual tenga igual voto y parecer en todas las dichas cosas en que entendieren como cada cual de los dichos oficiales y como por mano de sus altezas fuese puesto y proveído.

25.-Item, por razón o fuerza del presente contrato y sentencia desde el día que en Santo Domingo fuese leída y pregonada, el dicho almirante y oidores podrán remover y quitar todos los oficios de que arriba es hecho mención y proveerlos por la forma que está dicha, y lo mismo harán sus altezas y el dicho almirante en los que particularmente les fueron reservados.

26.-Item, que si además de lo aquí contenido, expresado y declarado y sentenciado hubiere ocurrido alguna cosa que pertenezca a sus altezas o al dicho almirante por razón de sus privilegios, que quede el derecho de ambas las partes a salvo para poder pedir en todo tiempo y razón sin que se pueda decir ni alegar que ha prescrito por falta de posesión o diligencias de iure necesarias con tanto que no sea en perjuicio ni quebrantamiento de lo en esta sentencia contenido por cuanto todo ello y cada cosa y parte de ello ha de ser rato y válido in sempiternum y todos los descendientes y sucesores de sus altezas y del dicho almirante son y serán obligados a guardar y poner en efecto todo lo suso contenido para siempre jamás, sin que puedan ir ni decir ni alegar cosa contra ello ni parte de ello.

(AHN, Diversos 41, n. 26. Procede del archivo del duque de Veragua)

Apéndice IV

Ascendencia familiar de Cristóbal Colón

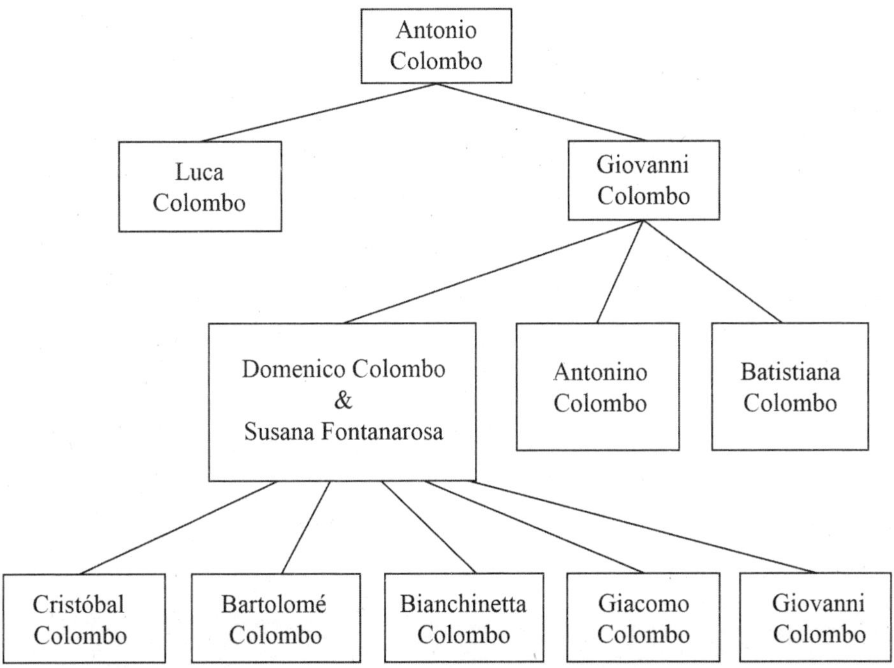

Fuente: Ballesteros Beretta, 1945. Taviani, 1990. Varela Marcos, 2003.

Apéndice V

Ascendencia familiar de Cristóbal Colón

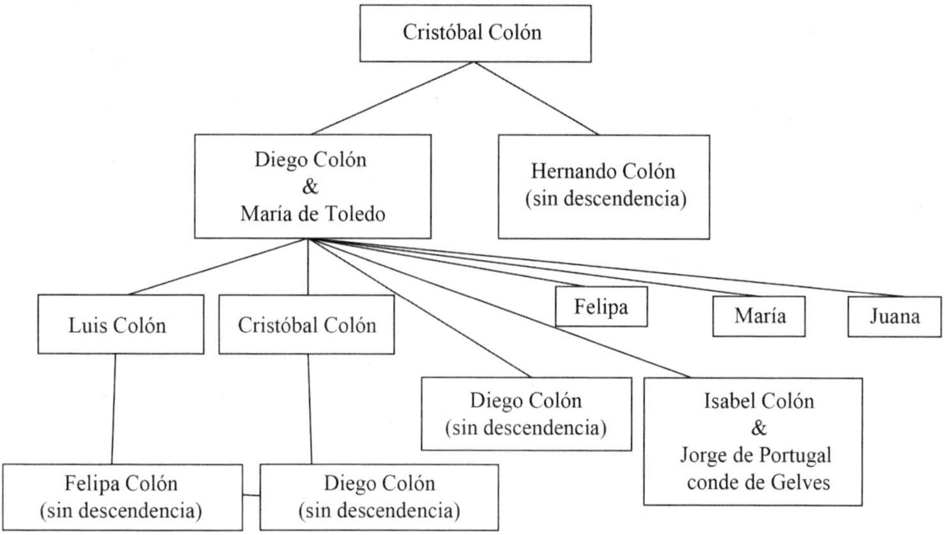

Fuente: Ballesteros Beretta, 1945. Morales Padrón, 1988. Colón de Carvajal, 1989: 167-175. Varela Marcos, 2003: 69.

CRONOLOGÍA

Fecha	Acontecimiento
1446	Nacimiento en Génova.
1469	Realiza su primer viaje por el Mediterráneo como grumete.
1472	Entra al servicio de Renato de Anjou y lucha contra Aragón en su reivindicación de Nápoles.
1474-1475	Realiza viajes comerciales a la isla de Chío.
VIII-1476	Tras ser atacada la embarcación en la que viajaba por corsarios franceses, llega a nado a la villa de Lagos y vive posteriormente en Lisboa.
1477	Viaja desde Lisboa a Inglaterra y probablemente después a Islandia.
1478	Viaja a las islas Madeiras a comprar azúcar en nombre de la casa Centurione.
1479	Se desposa con Felipa Moñiz de Perestrello.
1482	Nace su primer hijo, Diego Colón.
1484	Fallece Felipa Moñiz, se cree que en el parto de su segundo hijo.
1482-1485	Visita el castillo de San Jorge da Mina en la costa africana y presenta su proyecto a Juan II de Portugal.
1485	Llega al convento de La Rábida.
20-I-1486	Es recibido por los Reyes Católicos en Alcalá de Henares. Se manda formar una junta de cosmógrafos para examinar su proyecto.
24-VII-1486	Juan II de Portugal encarga a Fernâo Dulmo y Joâo Estreito una expedición a poniente en busca de la gran isla de las Siete Ciudades, otras islas o tierra firme.

1487	Los Reyes rechazan su proyecto por primera vez. Colón está en Córdoba, donde mantiene relaciones con Beatriz de Arana.
15-VIII-1488	Nace en Córdoba su segundo vástago, Hernando Colón.
1489	Se entrevista con Isabel la Católica en Jaén y esta le promete reconsiderar su negativa inicial.
1489-1491	Entra en contacto tanto con el duque de Medina Sidonia como con el de Medinaceli, que se ofrece a financiar su proyecto.
1491	Marcha a Huelva a dejar a su hijo Diego con su cuñada y se encamina a ofrecer su proyecto al rey de Francia.
17-IV-1492	Tras la intervención de fray Juan Pérez, se firman finalmente las Capitulaciones de Santa Fe.
12-V-1492	Sale de Granada en dirección a Palos, aunque se sospecha que pasó por Córdoba.
3-VIII-1492	Las tres naves colombinas parten del puerto de Palos.
8-IX-1492	Zarpan de la isla de El Hierro y se adentran en el océano.
12-X-1492	Tras treinta y cuatro días de navegación desde las Canarias, llegan a la isla de Guanahaní, en las Bahamas, que Colón bautizará como San Salvador.
28-X-1492	La expedición arriba a Cuba, que él bautizó como Juana.
6-XII-1492	Alcanza la costa noroeste de La Española.
24-25-XII-1492	Encalla la *Santa María* y con sus restos se construye el fuerte Navidad.
16-I-1493	Colón zarpa a bordo de la *Niña* rumbo a España.
15-II-1493	Escribe su famosa carta a Luis de Santángel.
16-II-1493	Fondea en la isla de Santa María, la más meridional de las Azores.
24-II-1493	Zarpa de las Azores, con destino a Palos.
28-II-1493	Llega a Bayona, en Galicia, Martín Pinzón, con la *Pinta*.
4-III-1493	Debido a una gran tempestad se ve obligado a fondear en el estuario del río Tajo, junto a Lisboa.
15-III-1493	Entra en el puerto de Palos.
21-IV-1493	El almirante entra solemnemente en Barcelona y es recibido por los Reyes Católicos.
3-V-1493	Se expide la primera bula *Inter caetera.*
28-V-1493	Se ratifican y amplían los privilegios del almirante.
25-IX-1493	Sale de Cádiz la segunda expedición colombina.
3-XI-1493	Llegan a las pequeñas Antillas.

27-XI-1493	Llegan a La Española y hallan muertos a todos los hombres.
6-I-1494	Fundación de La Isabela, en la costa norte de La Española.
15-II-1494	Despacha doce de los barcos de la escuadra a España al mando de Antonio de Torres.
24-IV-1494	Cristóbal Colón zarpa de La Isabela para explorar Cuba y Jamaica, y regresa a La Española el 29 de septiembre.
7-VI-1494	En su ausencia, se firma el Tratado de Tordesillas entre los reinos de Portugal y de Castilla y León.
28-VII-1494	Llega a La Isabela Bartolomé Colón, que previamente había sido llamado por su hermano.
X-1495	Llega a La Española Juan Aguado, enviado para investigar la situación en la isla.
10-III-1496	Colón sale de La Isabela con destino a España.
11-VI-1496	Llegada a Cádiz de la segunda expedición colombina.
29-VII-1496	Llega al monasterio de Guadalupe, donde se bautizan Cristóbal y Pedro, dos criados que traía consigo.
23-IV-1497	Confirmación de sus privilegios, equiparando sus privilegios de almirante con los de Castilla.
22-II-1498	Instituye su mayorazgo a favor de su primogénito Diego Colón.
30-V-1498	Parte desde Sanlúcar de Barrameda en su tercera aventura descubridora.
31-VII-1498	Descubre la isla Trinidad.
4-VIII-1498	Llega a la península de Paria.
30-VIII-1498	Entra en Santo Domingo, ciudad fundada por Bartolomé Colón durante su ausencia
21-V-1499	Nombramiento de Francisco Bobadilla como juez pesquisidor.
23-VIII-1500	Bobadilla llega a La Española, justo cuando Colón acababa de someter el alzamiento de Adrián de Mújica.
20-XI-1500	Desembarca en Cádiz, junto a su hermano Bartolomé, cargado de grilletes.
1501	Colón está en Granada, donde empieza a preparar su *Libro de las Profecías*.
1-IV-1502	Redacta su primer testamento —desaparecido—, otorgado en la Cartuja de las Cuevas.
9-V-1502	Zarpa de Cádiz en su cuarto y último viaje.
11-VI-1502	Llega a Martinica, desde donde aporta a Santo Domingo, empujado por una tormenta.

30-VII-1502	Llega a punta de Caxinas, en la actual Honduras.
2-XI-1502	Descubre Portobelo.
1-IV-1503	Funda la primera ciudad de tierra firme, Santa María de Belén.
24-VI-1503	Aporta a la isla de Jamaica con sus embarcaciones en mal estado.
7-VII-1503	Colón escribe la famosa carta de Jamaica, en la que narra a los Reyes Católicos todos los pormenores de este viaje.
29-VI-1504	Abandona Jamaica en el barco que le ha traído Diego Méndez y se dirige a La Española.
11-IX-1504	Zarpa de Santo Domingo en dirección a España.
7-XI-1504	Tras una penosa travesía, fondea en Sanlúcar de Barrameda.
1504-1505	Pasa el invierno en Sevilla.
V-1505	Va a Segovia al encuentro del rey.
25-IX-1505	Otorga su segundo testamento en Segovia.
10-XII-1505	Estando en Salamanca, otorga un poder a Francisco Bardi.
19-V-1506	Redacta su codicilo en Valladolid.
20-V-1506	Muere en la ciudad del Pisuerga y es inhumado en la iglesia del convento de San Francisco de Valladolid.
11-IV-1509	Sus restos son depositados en la Cartuja de las Cuevas de Sevilla.
9-VII-1544	La virreina María de Toledo lleva los restos de su marido Diego Colón y de su suegro Cristóbal Colón a Santo Domingo.
21-XII-1795	Son exhumados sus restos en Santo Domingo y trasladados a La Habana.
19-I-1796	Sus restos son inhumados en la catedral de La Habana.
10-IX-1877	En unas reformas del presbiterio de la catedral de Santo Domingo se encuentra una urna que dicen es la que contenía los restos del primer almirante.
13-XII-1898	Los restos depositados en la catedral de La Habana son embarcados rumbo a España.
19-I-1899	Se reciben los restos en Sevilla y son inhumados provisionalmente en la cripta de los arzobispos.
17-XI-1902	Los restos quedan depositados definitivamente en el monumento fúnebre de Arturo Mélida en la catedral de Sevilla.

NOTAS

Introducción

1. (Headrick, 2011: 12).
2. (Gruzinski, 2010: 54. Mira, 2023: 7-8).
3. (Parry, 1964: 124. Rendón, 2022: 18).
4. (Bernal, 2005: 17 y 121).
5. (Fernández Álvarez, 2004: 148. Cervantes, 2021: 157).
6. El hijo del Almirante dejó claro en su biografía que el apellido de sus ancestros era Colombo y que lo cambió por Colón cuando llegó *a la patria donde fue a morar y a comenzar nuevo estado*. (Colón, 1985: 48).
7. (Dussel, 1992: 75 y ss. Reding, 2012: 43-44).
8. (O'Gorman, 1977. Rabasa, 2009. Martínez Martínez, 2020: 25. Fernández Muñoz, 2022: 51).
9. Cit. en Todorov (2008: 37).

Capítulo 1. El personaje

1. No ignoraba los riesgos, pues, como dijo Hernando del Pulgar, muchos marinos portugueses que iban a San Jorge da Mina perdían la vida en esa travesía, pero los que escapaban quedaban con mucha fortuna. Cit. en (Tornero, 1990: 20).
2. (Ballesteros Beretta, 1945: I, 180. Colón, 1986: 44. Fernández-Armesto, 2004: 23).
3. (Ballesteros Beretta, 1945: II, 17. Las Casas, 1951: I. 29. Arranz, 1986: 107. Herrera, 1991: I, 476. Varela Bueno, 1992: 36-37). Es bien conocido su gusto por los collares, hasta tal punto que, en 1501, a través de Juan Antonio Colombo, adquirió uno de oro de cuarenta y siete eslabones por el que pagó noventa y cuatro reales. (Gil, 2007a: 238).

4. (Gil, 1984: 284).

5. (Las Casas, 1951: I, 282. Losada, 1984: 75. Herrera, 1991: I, 296. Comellas, 1991: 212. Varela, 1992: 34. Ramos Gómez, 1993: 151-152).

6. (Colón, 1989: II, 593).

7. (Las Casas, 1951: I, 31).

8. Y prueba de que no fue condenado es que la misma Corona, como indemnización por su pérdida, le concedió un transporte de trigo desde Jerez a Guipúzcoa, exento de impuestos. (Martín López, 2019: 180).

9. Carta de Simón Verde a Pietro Niccoli, 1494. (Morales Padrón, 1990a: 174).

10. Fragmento de una carta de Colón a Nicolás de Ovando, Jamaica, marzo de 1504. (CODODES, 1994: III, 1635-1636).

11. Como ha escrito Francis Fukuyama, desde nuestra óptica burguesa actual, cuesta entender cualquier motivación que no sea de índole económica, pero sí que existía en aquella época. (Fukuyama, 1992: 209-211).

12. (Todorov, 1999: 18-20).

13. En esa misiva le dice que no quiso fundir el grano de oro, pese a sus necesidades de efectivo, y que quería dárselo a la soberana para que ante tal joya viese «los milagros de nuestro Señor». Carta a don Diego Colón, Sevilla, 29 de abril de 1498. (Colón, 1992a: 363-364. Eslava, 1992: 119. Varela Bueno, 1992: 29. CODODES, 1994: II, 1072. Colón, 2024: 438).

14. (Poch, 1942: 11. Incháustegui, 1942: 88-89. Gil, 1989: I, 47. Pérez, 2006: 134).

15. Todavía en la armada de Nicolás de Ovando, que llegó a Santo Domingo en 1502, se embarcaron decenas de mineros que pretendían sacar oro, pensando «que no había más que llegar y tomar(lo), como fruta de los árboles...» (Herrera, 1991: I, 299 y 424).

16. (Gil, 1989: I, 63).

17. Carta de Colón a los Reyes Católicos, mayo de 1499. (CODODES, 1994: II, 1346-1151). En similares términos se expresa en otra carta fechada a finales de 1500. (CODODES, 1994: II, 1229-1239).

18. (Ballesteros Beretta, 1945: II, 328. Arranz, 1986: 107. Varela Bueno, 1992: 31. Varela Bueno, 2003: 230-231).

19. (Madariaga, 1975: 27. Kirkpatrick, 1986: 11. Arranz, 1986: 7. Morales Padrón, 1988: 22. Varela Bueno, 1992: 27).

20. (Moréu, 1997: 10. Denisova, 2017: I, 148).

21. (Pérez de Oliva, 1993: 141).

22. (CODODES, 1994: III, 1983. Gil, 2006b: 90).

23. (Jos, 1979-80: 74. Taviani, 1990: 51. Díaz-Trechuelo, 1991: 36).

24. (Colón, 1985: 54). El caso es que Bartolomé de Las Casas también ratifica que estudio en Pavía, pero solo primeras letras y latín. (Las Casas,

1951: I, 31). No existe el más mínimo indicio que pueda justificar su paso por la Universidad de Pavía, pero algunos autores, basándose en estas fuentes, lo han dado por bueno. (Roselly, 1858: I, 10. Serrato, 1893: 41). Alejandro de Humboldt incluso mencionó a algunos de sus posibles profesores de astronomía, como Antonio de Terrazgo y Esteban de Faenza. (Humboldt, 1892: II, 12). Sin embargo, ni consta en los archivos, ni tampoco lo citan profesores que en el último cuarto del siglo XV impartían docencia allí, como Nicola Scillacio, que, además, era un gran admirador del genovés, por lo que nunca hubiese desaprovechado la ocasión. (Madariaga, 1975: 63-64. Jos, 1979-80: 74-75. Manzano, 1989: 198. Moréu, 1997: 16. Díaz-Trechuelo, 1991: 36. Comellas, 1991: 99. Varela Bueno, 1992: 49. Fernández-Armesto, 2004: 27). Y, por supuesto, en el caso de haber estudiado allí no habría sido cosmografía, sino, como dice Bartolomé de Las Casas, humanidades y latín.

25. (Eslava, 1992: 121).

26. (Colón, 1986: 45. Arranz, 1986: 43. Boorstin, 1989: 227).

27. (Gil, 1988: VII. Gil, 2006b: 89).

28. La edición que manejó no se corresponde con el ejemplar, con su firma autógrafa, que se conserva en la Real Academia de la Historia. Leyó otra edición previa, pero es posible que en 1502 recibiese como regalo del cardenal Piccolomini el ejemplar autógrafo que se conserva en los repositorios de la citada Academia. (Manso, 2006: 1-10).

29. (Ruiz de Lira, 1978: 22-23. Boorstin, 1989: 157 y 231). Ptolomeo reducía la circunferencia de la tierra a veinticuatro mil kilómetros, cuando la cifra real es de cuarenta mil. (Posada, 2020: 121). El libro que manejó Colón no se ha conservado, o al menos no se encuentra en la Biblioteca Colombina ni tampoco parece ser el que se conserva en los fondos de la Academia Española de la Historia. (Salvador, 2007: 129).

30. (Irving, 1851: 8. Tornero, 1990: 27. Vicente, 2006: 93).

31. (Incháustegui, 1942: 66. Madariaga, 1975: 122. Thomas, 2003: 71).

32. (Verlinden, 1967: 46. Manzano, 1989: 209. Boorstin, 1989: 231. Moréu, 1997: 35. Fernández-Armesto, 2004: 55). Como es bien sabido, los libros de Cristóbal Colón los heredó su hijo Hernando quien formó una gran biblioteca, comprando libros por toda Europa. La biblioteca estuvo temporalmente en el convento de San Pablo de Sevilla, desde donde se trasladó a la catedral de Sevilla, en 1552, donde permaneció desde entonces. (Wilson-Lee, 2019: 367).

33. (Jos, 1979.-80: 42).

34. En los cuatros libros que más manejó, conservados en la Biblioteca Colombina de Sevilla, anotó a mano en total unas dos mil quinientas apostillas. Los que más anotaciones tienen son la *Imago mundi* con ochocientas noventa y ocho, seguida de la *Historia rerum ubique gestarum* que tiene

ochocientas sesenta y una y la obra de Plutarco con cuatrocientas treinta y siete apostillas. (Laguarda, 1974: 52. Ruiz de Lira, 1978: 22. Fernández-Armesto, 2004: 71 y 73). No obstante, no sabemos cuáles son suyas y cuáles de su hermano Bartolomé ya que tenían una letra muy similar, como ya advirtiera el padre Las Casas. (Jos, 1979-80: 122. Morales Padrón, 1988: 33. Varela Bueno, 1992: 65).

35. (Ballesteros, 1945: I, 351. Wiesenthal, 1987: 70. Boorstin, 1989: 232. Moréu, 1997: 17. Gil, 2007a: 74-76 y 239).

36. (Ramos Pérez, 1971: 472. Gil, 1988: VIII. CODODES, 1994: II, 1024-1025. Varela Marcos, 2003: 28. Gil, 2006b: 89 y 101. Salvador, 2007: 130).

37. Hay autores como Juan Manzano, siguiendo a Emiliano Jos, que sí que sostienen que conocía la obra desde 1492, antes de embarcarse en su primera travesía. (Manzano, 1989: 214).

38. (Gil, 1987a: VII-VIII. Varela Bueno, 1992: 66). Toscanelli hizo numerosas alusiones a la riqueza y a la civilización del reino del Gran Khan, así como de Quinsay, ciudad de la provincia de Mangui, en el Cathay, y de Cipango que había tomado precisamente del texto de Polo. (Irving, 1851: 9. Altolaguirre, 1908: 82. Ballesteros Beretta, 1945: I, 332. Gil, 1984: 140).

39. (Boorstin, 1989: 140. Rodríguez Blanco, 2020: 59). El viaje de Polo es el más conocido, pero hubo otros viajeros antes y después, desde Hasday ben Saprut, que estuvo en el siglo IX, enviado por Abderramán III, o los franciscanos Gian del Pian del Carpine o Guillermo de Rubruck, que, al igual que Polo, viajaron en el siglo XIII, buscando a los descendientes de las Tribus de Israel. (Moreno Mengíbar, 1999: XIII).

40. (Ruiz de Lira, 1978: 21. Polo, 1988: 17. Heers, 2004: 17 y 235).

41. Colón tiene en la cabeza nombres como el de Cipango, con el que Marco Polo bautizó Japón, y el dato que ofrece de que se encontraba a mil quinientas millas al este de Cathay, es decir, de la China del Gran Khan. (Poch, 1942: 12. Díaz- Trechuelo, 1991: 10).

42. (Ortega, 1925-1926: II. 33. Gandía, 1929: 25. Gil, 1988: II. Manzano, 1989: 213. Comellas, 1991: 63. Mola, 2021: 133-136. Goitia, 2024: 40-41).

43. (Gil, 1989: I, 23. Frey, 2002: 223).

44. (Heers, 2004: 279. Rodríguez Blanco, 2020: 68).

45. (Colón, 1985: 65-66).

46. (Boorstin, 1989: 231. Varela Bueno, 1992: 139. Moréu, 1997: 17. Fernández-Armesto, 2004: 51y 73). A este *Libro de las Profecías* le faltan, ya desde el mismo siglo XVI, las hojas 68 a la 76, que fueron seccionadas intencionadamente. (Varela Bueno, 1982: 262-263).

47. (Varela Bueno, 1992: 65. Salvador, 2007: 135).

48. Sabemos que a John Day no solo le pidió un ejemplar del libro de Marco Polo sino también otro de Nicolas de Lynn, la *Inventio Fortunata*, publicado en 1360, que su amigo no le pudo conseguir. (Salvador, 2007: 134).

49. Cit., en Rey Pastor (1951: 28).

50. (*Ibidem*: XXII-XXIII). Por citar el ejemplo de otro ilustre marino, Juan Sebastián Elcano, poco antes de su muerte, el 26 de julio de 1526, declaró poseer dos libros: el *Almanaque* en latín y un libro de Astrología. (Gil, 1988: LIII).

51. (León-Portilla, 2006: 277).

52. (Irving, 1851: 8. Poch, 1942: 19. Ballesteros Beretta, 1945: I, 348. Las Casas, 1951: I, 66-67. Olmo, 1975: 6. Morales Padrón, 1988: 33 y 43. Herrera, 1991: I, 262. Gil, 2006b: 85).

53. (Ortega, 1925-1926: II, 37. Madariaga, 1975: 117. Colón, 1985: 72. Kirkpatrick, 1986: 13. Tornero, 1990: 90. Bouza, 1990: 33. Herrera, 1991: I, 262. Eslava, 1992: 101. Gil, 2006b: 84-85).

54. (Irving, 1851: 9. Ortega, 1925-1926: II, 209. Ballesteros Beretta, 1945: I, 349. Las Casas, 1951: I, 67. Colón, 1985: 72-73. Colón, 1992a: 98-99. Colón, 2024: 137). Pérez de Tudela piensa que eran invenciones, pues le parece imposible que un cadáver en el mar no quedase desmembrado y saponificado en un corto espacio de tiempo. (Pérez de Tudela, 1994: I, LXXXIX).

55. (Colón, 1992a: 89. Moréu, 1997: 65. Gil, 2006b: 85. Pietschmann, 2006: 269. Colón, 2024: 125).

56. (Comellas, 1991: 242).

57. (Astrana, 1929: 124-125. Taviani, 1990: 41. Thomas, 2003: 66).

58. Algunos historiadores sostienen que en el Portugal de la segunda mitad del siglo XV la élite conocía el castellano, y que fue allí donde el genovés aprendió el castellano. (Madariaga, 1975: 73. Moréu, 1997: 16). Sin embargo, Consuelo Varela, citando a Juan Gil, afirma que es improbable que aprendiese el castellano en Portugal, más allá de algunas nociones, y que verdaderamente lo aprendió una vez que llegó a Castilla. (Varela Bueno, 1992: 19 y 67. Gil, 2007a: 212).

59. (Menéndez Pidal, 1968: 9-46. Morales Padrón, 1988: 23. Gil, 2007a: 49). Incluso cuando se dirigía a su familia, lo mismo a sus hijos que a sus hermanos, escribía siempre en castellano. (Madariaga, 1975: 72).

60. (Madariaga, 1975: 79. Morales Padrón, 1988: 23. Bouza, 1990: 12 y 17).

61. (Varela Bueno, 1992: 68).

62. (Gil, 2007a: 135).

63. (Dognée, 1891: 303-329). Por su parte, Samuel Eliot Morison interpretó esas iniciales así: *Señor/ Servus sum Altissimi Salvatoris/ Xristos, Mariae, Yesús*, que traducido sería *Soy siervo del Altísimo Salvador Cristo, hijo*

de María. (Eslava, 1992: 91). Simon Wiesenthal, en cambio, sostiene que son iniciales de palabras hebreas: Shaday/ Shaday *Adonai Shaday/ Chesed Moleh Yehova/* que significaría: *Señor/ Señor Dios, Señor/ Dios ten piedad/*. (Wiesenthal, 1987: 88). Inicialmente, hasta el 16 de febrero de 1502 le añadía la palabra almirante, y desde entonces, la de *Christo ferens*, es decir, el que lleva o conduce a Cristo. (Martínez Shaw, 2006: 19. Denisova, 2017: I, 149).

64. (Hubeñak, 1992: 121. Martínez Shaw, 2006: 19. Denisova, 2017: I, 149).

65. (Ballesteros Beretta, 1945: I, 413. López de Gómara, 1985: I, 46. López Flores, 1964: 108).

66. (Bernáldez, 1946: 222. Ballesteros Beretta, 1945: I, 214. Varela Marcos, 1996: 60. Fernández-Armesto, 2004: 27. Mena, 2011: II, 48). Por citar a un erudito contemporáneo, Marcelino Menéndez y Pelayo lo describió como una persona sin mucha formación científica, pero muy «plático y docto en las cosas de mar». (Menéndez y Pelayo, 1908: 218-219).

67. Sus palabras fueron elocuentes: «Que desde que Génova es Génova no ha nacido un hombre tan esforzado y sabedor del arte de navegar como el dicho señor almirante, porque en el curso de la navegación solamente con ver una nube o una estrella de noche juzgaba el cielo que debía venir y si había de hacer mal tiempo...» (Gil, 1984: 259. Gargatagli, 2021: 64).

68. (Pleitos, 1984: III, XXII).

69. (Castelar, 1892: 583).

70. (Colón, 1985: 142. Colón, 1992a: 206. Colón, 2024: 258). Carta de Cristóbal Colón a Luis de Santángel, la mar, 14 de marzo de 1493. (Morales Padrón, 1990a: 82). Los barriles de agua y vino hacían también de lastre del navío por lo que era frecuente que cuando se consumía, las barricas fuesen rellenadas con agua de mar. (Ruiz de Lira, 1978: 52).

71. (Colón, 1985: 337-338. López Flores, 1964: 471-472. Esteve, 1992: 36).

72. El relato procede de Girolamo Benzoni en su *Historia del Nuevo Mundo*, publicada en 1565 (1989: 81-82). El problema es que la misma anécdota la había aplicado Giorgio Vasari a Filippo di Brunelleschi en su obra *Vidas de pintores, escultores y arquitectos publicada en Florencia* quince años antes, en 1550. Es posible que fuese una confusión de Benzoni, que atribuyó a Colón una anécdota que, en realidad, protagonizó el arquitecto de la famosa cúpula de Santa María de las Flores de Florencia. Lo cierto es que Teodoro de Bry se hizo eco de la anécdota y, con posterioridad, otros autores han terminado de consolidar su atribución al genovés.

73. (Las Casas, 1951: I, 33).

74. (Boorstin, 1989: 221. Comellas, 1991: 26. Headrick, 2011: 25).

75. (Acosta, 1987: 105).

76. (Comellas, 1991: 23-25. Fernández Herrero, 1992: 33-34).

77. (Morales Padrón, 1988: 87. Comellas, 1991: 89. Didiez, 2015: 21). El 2 y el 21 de noviembre de 1492 el almirante usó el cuadrante para averiguar la latitud a la que se encontraba. (Colón, 1986: 88 y 102). Por su parte el padre Las Casas dice que midió la altura de la estrella polar con su cuadrante o astrolabio, por lo que se intuye que los daba como sinónimos. (Las Casas, 1951: I, 189). Según Samuel E. Morison, jamás utilizó ni la ballestilla, ni el astrolabio, sin embargo, otros autores, como Pablo Tornero, José María Moréu o Hugh Thomas dan por hecho que disponía de esos instrumentos y los usaba. (Tornero, 1990: 30-31. Moréu, 1997: 66. Thomas, 2003: 109). Incluso, Alfonso Enseñat afirma que aprendió a usar el astrolabio en Portugal, donde Behaim antes de 1484 había construido uno de ellos, siguiendo las indicaciones del físico del rey, maestre Rodrigo. (Enseñat, 1999: 225). Aunque Colón no lo cita expresamente, lo más probable es que dispusiese de ese instrumento, al igual que otros de los más destacados marinos de su tiempo. Por ejemplo, Américo Vespucio sí que citó en varias ocasiones el uso que él hacía tanto del astrolabio como del cuadrante. (Vespucci, 1986: 54 y 67).

78. (Headrick, 2011: 38-39).

79. (Laguarda, 1974: 14-17. Martín López, 2019: 44. Didiez, 2015: 77).

80. (Herrera, 1991: I, 305). Cuando había vientos contrarios y se navegaba a la bolina, cualquier medición longitudinal o latitudinal se complicaba y daba lugar a errores de bulto. (Headrick, 2011: 40).

81. (Las Casas, 1951: I, 162).

82. Por poner un ejemplo concreto, sabemos que Américo Vespucio pagó ciento treinta ducados de oro por un mapa cartográfico de Gabriel de Valseca, elaborado en 1459. (Leguina, 1877: 137).

83. (Las Casas, 1951: I, 62-63).

84. Carta de los Reyes Católicos a Cristóbal Colón, Barcelona, 5 de septiembre de 1493. (Zaragoza, 1867: 201-202. CODODES, 1994: I, 483-484).

85. (Colón, 1989: II, 451. CODODES, 1994: I, 523-538). Estaba cumplimentando un encargo que le habían hecho los Reyes Católicos, que querían saber las coordenadas exactas de las nuevas tierras para negociar con los portugueses.

86. Así lo declaró Pedro de Salcedo en 1512, en la pregunta décima de un interrogatorio. (Colón de Carvajal, 2015: IV, 2137). También Rodrigo Álvarez dijo no haber estado en Paria, pero haber visto las cartas de marear que se habían elaborado de esa tierra. (*Ibidem*: IV, 2232-2233). Por su parte, Alonso de Ojeda declaró que vio la figura que el almirante hizo de la zona de Paria. (*Ibidem*: IV, 2413). Según Diego de Alvarado, el almirante le reprochó al citado Pedro de Salcedo que le hubiese enseñado sus cartas de navegación a Juan de la Cosa. (*Ibidem*: IV, 2241). Sin embargo, otro testigo,

Juan Cerón, manifestó que el genovés había enseñado a Juan de la Cosa a hacer las cartas de marear. (*Ibidem*: IV, 2277). Y de su cuarta expedición, manifestó Arias Pérez Pinzón que vio la carta en la que traía dibujada la tierra de Veragua. (*Ibidem*: IV, 2580).

87. (Colón de Carvajal, 2015: IV, 2236).

88. (Ruiz de Lira, 1978: 40. Sanz, 1980: 32. Gil, 1988: XXIX. Moréu, 1997: 67). Históricamente se pensó que una carta náutica conservada en la Biblioteca Nacional de París era la que había entregado a los Reyes Católicos a su regreso del primer viaje junto a su diario. Sin embargo, un estudio de Ángel de Altolaguirre descartó totalmente su autoría. (Altolaguirre, 1926: 439-452).

89. (Colón, 1985: 85). El padre Las Casas destacó su faceta de cartógrafo cuando dijo, por ejemplo, que se presentó ante Enrique VII de Inglaterra con un mapamundi que había elaborado muy bien, donde figuraban las tierras que con su hermano pensaba descubrir. (Las Casas, 1951: I, 154). Tampoco se ha conservado su obra cartográfica más allá de un pequeño croquis, representando desde la costa de Brasil a Asia meridional, que se conserva en la biblioteca Ferrara de Florencia. (Ramos Pérez, 1981: 139. Varela Marcos, 2024: 34).

90. Carta del rey al adelantado Bartolomé Colón notificándole la recepción de la carta náutica y pidiéndole que fuese a la corte, Valladolid, 4 de julio de 1513. (Serrano, 1930: 241).

91. Cit. en Moréu (1997: 75).

92. (Colón de Carvajal, 2009: 19).

93. Por poner un solo ejemplo, Vicente Yáñez Pinzón, en julio de 1500, perdió en la costa norte de La Española dos de las cuatro carabelas que comandaba. (Manzano, 1988: I, 237).

94. (Febvre, 2012; 305).

95. (Colón, 1992b: 52). Carta de Cristóbal Colón a Luis de Santángel, la mar 14 de marzo de 1493. (Morales Padrón, 1990a: 78-79. CODODES, 1994: I, 249-257). También dice algo similar en la carta anunciadora dirigida a los Reyes Católicos, la mar, 4 de marzo de 1493. (Colón, 1989: II, 435-443. CODODES, 1994: I, 278).

96. (Gandía, 1929: 42-43. Colón, 1992a: 234. San Miguel, 2020: 117. Colón, 2024: 289). El mito de la existencia de amazonas estaba muy arraigado en Europa, y Colón lo había leído en la obra de Piccolomini, pero también los indígenas creían en la existencia de islas habitadas solo por mujeres, como recogió en sus escritos fray Ramón Pané. (Guerrero, 2020: 83).

97. (Humboldt, 1892: II, 78. Ballesteros Beretta, 1945: II, 385. Las Casas, 1951: II, 44. Carbonell, 1985: 425-432. Colón, 1986: 242. Colón, 1989: II, 560. Arranz, 1986: 109-110. Manzano, 1989: 780. Boorstin, 1989: 243. Díaz-Trechuelo, 1991: 152. Comellas, 1991: 248. Colón, 1992a: Esteve,

1992: 31. Hubeñak, 1992: 119. CODODES, 1994: II, 1113. Moréu, 1997: 213. Fernández-Armesto, 2004: 191. Cuesta, 2006: 152. Gil, 2006b: 102-103. Gil, 2007a: 111. Colón, 2024: 458).

98. (Irving, 1851: 126 y 247. Poch, 1942: 78. Arranz, 1986: 31. Manzano, 1989: 262. Herrera, 1991: I, 370. Comellas, 1991: 238).

99. Por la forma en la que describió la Tierra, los autores le atribuyen distintos nombres, periférica unos y pezonoidal otros. (Sanz, 1980: 33. Gil, 1984: 104. Tornero, 1990: 84. Avalle-Arce, 1991: 35. Fernández Herrero, 1992: 67-68. Todorov, 1999: 25. Varela Marcos, 2003: 41. Cuesta, 2006: 153. Teglia, 2015: 160. Varela Marcos, 2024: 27).

100. Muchos autores creyeron la ubicación de este paraíso, como Francisco López de Gómara, Antonio de Herrera o fray Antonio de la Calancha. Por su parte, Baltasar Dorantes de Carranza en su *Sumaria Relación*, fechada hacia 1604, decía que la Nueva España era un edén, por su clima, su fertilidad y su posición en relación con los astros. (Terukina, 2020: 60). En cambio, Antonio de León Pinelo, en 1656, situaba el Paraíso en Sudamérica. (Gil, 1984: 104).

101. (Humboldt, 1892: II, 80-81. Anglería, 1989: 60. Teglia, 2015: 166).

102. (Varela Marcos, 2024: 27).

103. (Altolaguirre, 1908: 37-39. Incháustegui, 1942: 49-50. Acosta, 1987: 67-72. Comellas, 1991: 59. Fernández Herrero, 1992: 30. Moréu, 1997: 34).

104. Bien es cierto que había excepciones, pues el respetado sabio san Isidoro de Sevilla afirmaba en el siglo VII que, a partir de Libia, el suelo se volvía tan inclinado que no se podía practicar la agricultura y sus habitantes corrían el riesgo de resbalarse y caer. Pero estos pensadores eran la excepción, no la norma, de ahí que en el siglo XV todas las personas medianamente cultas estuviesen convencidas de la esfericidad de la Tierra. Así, por ejemplo, Hanibal Zennaro escribió, el 9 de marzo de 1493, que el propósito de Colón fue llegar a Asia, porque «siendo el mundo redondo, debía forzosamente dar la vuelta y encontrar la parte oriental». Carta de Hanibal Zennaro a su hermano, Barcelona, 9 de marzo de 1493. (Morales Padrón, 1990a: 105. CODODES, 1994: I, 280). Asimismo, por citar otro ejemplo, Elio Antonio de Nebrija, en su *Isagoricum Cosmographiae*, escrita entre 1487 y 1490, señaló la esfericidad del planeta, así como su total habitabilidad. (Vicente, 2006: 95).

105. (Madariaga, 1975: 130. Manzano, 1989: 268. Moréu, 1997: 65).

106. (López de Gómara, 1985: I, 31). Como es bien sabido, será Copérnico, en su obra publicada en 1540, el que demostró que era la Tierra, al igual que los demás astros, la que giraba en torno al Sol. (Incháustegui, 1942: 67).

107. Lo mismo Plinio que Aristóteles defendieron esta idea. Véase por ejemplo a (López de Gómara, 1985: I, 32. Acosta, 1987: 82 y 86-88 y 128-129. Fernández de Oviedo, 1992: I, 14-15).

108. (Rey Pastor, 1951: 48-49. Geraldini, 1977: 148).

109. Era una idea muy extendida. De hecho, Girolamo Benzoni dice que los lusos habían desechado su proyecto al pensar que la zona equinoccial era inhabitable, debido al calor extremo. (Benzoni, 1989: 83). Evidentemente, era imposible que el rey de Portugal rechazase el proyecto por esa causa, ya que habían sido ellos los que habían demostrado empíricamente que la zona tropical era habitable.

110. (Ortega, 1925-1926: II, 36. Las Casas, 1951: I, 46-47 y 142. Verlinden, 1967: 21. Cioranescu, 1978: 15. Colón, 1992a: 90 y 285-286. Moréu, 1997: 65. Colón, 2024: 125 y 346).

111. (Poch, 1942: 13. Madariaga, 1975: 132. Jos, 1979-80: 38. Kirkpatrick, 1986: 14. Comellas, 1991: 59-61. Varela Bueno, 1992: 63. Moréu, 1997: 77-78. Martín-Merás, 2006: 55. Didiez, 2015: 82. Lazcano, 2021: 53).

112. (Fernández-Armesto, 2004: 58. Headrick, 2011: 43).

113. (Ortega, 1925-1926: II, 33. CODODES, 1994: III, 1524).

114. (Jos, 1979-80: 41. Morales Padrón, 1988: 38. Fernández-Armesto, 2004: 49).

115. (Altolaguirre, 1908: 81. Astrana, 1929: 20. Verlinden, 1967: 46. Olmo, 1975: 18-19. Arranz, 1986: 26. Díaz-Trechuelo, 1991: 42. Moréu, 1997: 78. Pérez, 2006: 131). Marino de Tiro, un geógrafo y matemático del siglo II d. C., fue el primero en asignar longitudes y latitudes a los todos los territorios conocidos en su tiempo. Su tratado de geografía se ha perdido, pero se conocen parcialmente sus datos a través de las citaciones de autores posteriores. (Incháustegui, 1942: 63).

116. (Pérez-Embid, 1979: 217. Boorstin, 1989: 231. Thomas, 2003: 72).

117. (Astrana, 1929: 20. Arranz, 1986: 26. Díaz-Trechuelo, 1991: 42. Moréu, 1997: 78). Alberti lo consideraba el primer matemático de Italia. (Altolaguirre, 1908: 2).

118. (Altolaguirre, 1908: 7. Ballesteros Beretta, 1945: I, 314. Ramos Pérez, 1971: 495. Ruiz de Lira, 1978: 36. Boorstin, 1989: 226. Tornero, 1990: 86. Arciniegas, 1990: 121. Cerezo, 1991: 212. Junquera, 1991: 89. Fernández Herrero, 1992: 57. Eslava, 1992: 107. Thomas, 2003: 71. Headrick, 2011: 43. Didiez, 2015: 69-70).

119. (Las Casas, 1951: 62-63). Se ha cuestionado la correspondencia de Toscanelli con Colón, defendida por el padre Las Casas y por Hernando Colón, y que autores como Emiliano Jos dicen que las redactó Bartolomé Colón para rebatir a los Pinzón en los Pleitos colombinos. (Tornero, 1990: 89). Sin embargo, la que aquel mantuvo con el canónigo portugués todo el mundo la considera auténtica. (Ballesteros Beretta, 1945: I, 316. Gil, 1984: 129-131. Varela Bueno, 1992: 61. Eslava, 1992: 111). Y se sabe que Colón se hizo con toda seguridad con una copia de la carta que el florentino le envió

al religioso luso. Incluso, según su hijo Hernando Colón, cuando su padre le solicitó información a Toscanelli este se limitó a mandarle una copia de la carta que envió al portugués, que, por cierto, reprodujo íntegra el padre Las Casas. (Altolaguirre, 1908: 185. Las Casas, 1951: 62-65. Arciniegas, 1990: 122 y 133).

120. Su hijo Hernando Colón reprodujo íntegramente una de esas cartas, fechada en Florencia el 25 de junio de 1474, y parcialmente otra posterior, mientras que el padre Las Casas la reprodujo en castellano. (Las Casas, 1951: 62-66. Colón, 1985: 67-71. CODODES, 1994: I, 13-22. Didier, 2015: 70-73). Se ha discutido mucho sobre la autenticidad de la correspondencia que mantuvo Toscanelli con Cristóbal Colón, desde principios del siglo pasado, cuando Henry Vignaud planteó el problema de su autenticidad. Por lo general, se admite como auténtica la carta remitida por Toscanelli al canónigo luso, pero se cuestiona las remitidas al genovés. En mi modesta opinión, tanto Hernando Colón como el padre Las Casas incluyeron íntegramente otros muchos documentos colombinos que se han demostrado auténticos, por lo que no hay razones para pensar que en este caso en concreto sean falsificaciones.

121. (Gil, 1984: 141. Colón, 1985: 68. Martín-Merás, 2006: 59).

122. Washington Irving habla de errores felices, Julio Rey Pastor de geniales, Carlos Martínez Shaw de fecundos y Juan Gil de fructíferos, todos ellos igual de válidos, pues permitieron la gesta del Descubrimiento (Irving, 1851: 10. Rey Pastor, 1951: 17. Martínez Shaw, 2006: 10. Gil, 2006b: 113. Gil 2007a: 103. Headrick, 2011: 43).

123. (Ballesteros Beretta, 1945: I, 342. Las Casas, 1951: I, 191. Verlinden, 1967: 47. Manzano, 1989: 228).

124. (Madariaga, 1975: 133. Colón, 1986: 244. Arranz, 1986: 26. Boorstin, 1989: 230. Tornero, 1990: 85. Fernández Herrero, 1992: 32 y 48. Varela Marcos, 1996: 61. Gil, 2006b: 96. Martín-Merás, 2006: 53. Gil, 2007a: 104). Al regreso del tercer viaje confirmó a los reyes que el mundo era pequeño y que solo la séptima parte estaba cubierta de agua (Ortega, 1925-1926: II, 33).

125. (Colón, 1985: 71. Varela Bueno, 1992: 63).

126. (Madariaga, 1975: 131).

127. (Ortega, 1925-1926: II, 225. Incháustegui, 1942: 75-76. Colón, 1986: 78-79. Morales Padrón, 1988: 39. Gil, 1989: I, 51. Díaz-Trechuelo, 1991: 44-45 y 62. Frey, 2002: 241). Más adelante, cuando los indígenas de La Española le hablen de las minas del Cibao que había en el interior de la isla, interpretó que se referían a Cipango —Japón—, por lo que Cuba tenía que ser tierra firme. (Colón, 1986: 152. Núñez, 1989: 51. Pérez de Tudela, 1994: I, LXXIX).

128. (Morales Padrón, 1988: 34. Díaz-Trechuelo, 1991: 101). Evidentemente, todas estas ubicaciones las va reorganizando a medida que descubre, ubicando, finalmente, las minas de Ofir en la zona de Veragua.

129. (Las Casas, 1951: 32. Esteve, 1992: 29. Errasti, 1998: 23. Pérez, 2006: 131).

130. (López Medel, 1990: 12).

131. (Todorov, 1999: 15).

132. (Arranz, 1986: 29. Díaz-Trechuelo, 1991: 101).

133. (Morales Padrón, 1988: 43. Manzano, 1989: 192).

134. La carta en cuestión se conserva en El AGA, n. 3569, fol. 136. Está reproducida en (Jos, 1979-80: 30).

135. (Kirkpatrick, 1986: 15. Taviani, 1990: 74).

136. (Manzano, 1989: 34). Se contradice, además, con el supuesto itinerario del piloto anónimo que, en teoría, entró por las Antillas Menores, sin acercarse a tierra continental, pasó a la costa norte de La Española y desde allí puso rumbo de vuelta hasta las islas Madeiras. (Manzano, 1989: lámina II).

137. (Rivera Pagán, 1992: 18).

138. (Altolaguirre, 1908: 120).

139. (Arciniegas, 1990: 250. Bergreen, 2011: 7).

140. (Avalle-Arce, 1991: 32-33).

141. En la tardía fecha de 1622 se publicó en Venecia un grabado de una persona de extrañas facciones que supuestamente habitaba en Brasil y que recordaba bastante al hombre perro al que aludiera Plinio. (Zavala, 1993: 18).

142. Sus palabras son elocuentes: «Creo que esta tierra que ahora mandaron descubrir Vuestras Altezas sea grandísima y haya otras muchas en el austro de que jamás se hubo noticia... Este río procede de tierra infinita...Vuestras Altezas tienen acá otro mundo». (Núñez, 1989: 34. Todorov, 1999: 23).

143. (Colón, 1986: 247. Manzano, 1988: I, 213).

144. (Morales Padrón, 1992: 42. Fernández-Armesto, 2004: 192).

145. (Morales Padrón, 1988: 43. Taviani, 1990: 74).

146. Carta de Simón Verde a Mateo Cini, 1499. (Morales Padrón, 1990a: 206).

147. (Sancho, 1943: 87. Posada, 2020: 124). Juan de Jerez declaró en 1512 que, ocho meses después de regresar Juan de la Cosa al Puerto de Santa María, acabó una carta náutica en la que se recogía lo que él había descubierto. (Colón de Carvajal, 2015: IV, 2472). En la propia carta venía la inscripción: *Juan de la Cosa la fizo en el Puerto de Santa María, en Anno de 1500*. (Leguina, 1877: 133). Su valor es excepcional, ya que recoge todos los descubrimientos hasta el año 1500, siendo el primer mapa cartográfico que se conserva de esos hallazgos. Además, como demostró Jesús Varela, influ-

yó en los mapas cartográfico posteriores, como el Caverio, Contino y Waldseemüller. (Varela Marcos, 2007: 7-18)

148. (Leguina, 1877: 122).

149. Este memorial se conserva en el Archivo Municipal de Zamora y fue publicado por Demetrio Ramos en 1981. (Gandía, 1989: 314-318. Comellas, 1992: 43. Sagarra, 1997: 49-50).

150. (Varela Marcos, 2012: 27).

151. El papa Julio II, en julio de 1505, autorizó la erección de ese Estudio General, bajo la advocación de Santa María de Jesús. Inicialmente, estaba pensado para la formación de clérigos pobres, pero un tiempo después se convirtió en el germen de la Universidad Hispalense. (Hazañas, 1900: 17-18. González Jiménez, 2005: 7 y 67).

152. (Altolaguirre, 1908: 121-122)

153. (Hazañas, 1900: 37. Comellas, 1991: 242. Comellas, 1992: 43). Esta idea de que el rey Salomón conoció las minas americanas se perpetuó en el tiempo, pues Nicolás de Martínez Arzanz, en 1705, escribió que era posible que Salomón tuviese noticia de aquellas ricas tierras. (Martínez Arzanz, 1975: 52).

154. (Colón, 1984: 63).

155. «En lo cual se ve cuán desvariadamente Maese Rodrigo, arcediano que fue de Reina, en Sevilla, y algunos secuaces suyos, reprendían al Almirante, diciendo que no debían llamarlas Indias porque no son Indias.» (Colón, 1985: 63. Las Casas, 1951: 38-39).

156. (Las Casas, 1951: I, 65).

157. (Olmo, 1975: 168. Wilson-Lee, 2019: 134).

158. (Luca de Tena, 1968b: 27). Ya cuando llegó a la isla que los naturales llamaban Haití o Bohío, el almirante le llamó La Española, por parecerle tan grande y fértil como España. Aunque hubo quien propuso el nombre de La Castellana, «pues en aquel descubrimiento solo tenían parte los reinos de la Corona de Castilla». (Herrera, 1991: I, 291).

159. (Herrera, 1991: I, 476).

160. (Ballesteros Beretta, 1945: I, 205 y II, 20. Las Casas, 1951: I, 29. Varela Bueno, 1992: 145).

161. Carta anunciadora a los Reyes Católicos, en la mar, 4 de marzo de 1493. (Colón, 1989: II, 435-443. CODODES, 1994: I, 273-279).

162. (Todorov, 1999: 19-20).

163. (Gil, 1989: I, 193-223. León Azcárate, 2006: 116. Gargatagli, 2021: 62).

164. (Pérez de Tudela, 1994: I, CCXL. CODODES, 1994: II, 1282-1283. Corzo, 2018: 38).

165. (Reding, 2012: 34-35. Brigham, 1990: 57).

166. (Irving, 1851: 162. Ballesteros Beretta, 1945: II, 20. Colón, 1992a: 232. Colón, 2024: 287). El padre Las Casas redujo el plazo, pues, según su testimonio, le dijo a los soberanos que antes de tres años habría oro suficiente para emprender la conquista de Jerusalén. (Las Casas, 1951: I, 283). Esta misma idea se la refirió al papa Alejandro VI en una carta redactada en febrero de 1502. (CODODES, 1994: III, 1431-1434).

167. (Gil, 1989: I, 208-211. Colón, 1989: II, 572. Taviani, 1990: 66. Díaz-Trechuelo, 1991: 169 y 201. Moreno Alonso, 1992: IV, 294).

168. Escritura de mayorazgo de Cristóbal Colón, Sevilla, 22 de febrero de 1498. El traslado original se conserva en AGI, Patronato 295 y otra copia en AGI, Patronato 8, r. 3. También existe un traslado parcial de la escritura y de la licencia de 1497 en AHN, Consejos Suprimidos 21.474, N. 34, fols. 4 y ss. Ha sido publicada reiteradas veces. (CODOIN, serie 1.ª, T. 30, pp. 481-500. CODOIN, serie 1.ª: 30, 435-445. Ortega, 1925-1926: II, 290. Madariaga, 1975: 28 y 48-49. Varela y Gil, 1992, 353-362. Moréu, 1997: 7. Rubio, 2007: I, 323-334.).

169. (Moreno Alonso, 1992: IV, 293).

170. Cit. en (Izard, 2000: 61 y 130). Una hipótesis compartida por el historiador mexicano Silvio Zavala, quien la juzgó como «la última aventura religiosa que cierra el cielo de las cruzadas medievales». Otros muchos historiadores, como William Prescott, Carlos Pereyra, A. Rubio y Muñoz-Bocanegra, Salvador de Madariaga o Francisco Morales Padrón, han defendido este mismo planteamiento de corte casticista según el cual el espíritu de cruzada impregnó todo el proceso. También Georg Friederici defendió este espíritu de cruzada de la conquista, incluyendo ahí tanto la ambición divina como la humana. (Friederici, 1973: 261).

171. (Jos, 1979-80: 66. Milhou, 1983).

172. (Denisova, 2017: I, 150).

173. (Ramos, 1990-1991: 27). Por ejemplo, en 1510, el Gran Maestre de los Caballeros de Rodas decía ser un elegido por el Altísimo para expandir la fe cristiana por África y reconquistar Jerusalén. (Kamen, 2004: 89). Incluso en el siglo XX, Ramón Menéndez Pidal interpretaba que los imperios eran instrumentos de la providencia para expandir la civilización. Cit. en (Sánchez Ferlosio, 1994: 18).

174. Hubo dos personajes que fueron vistos como profetas, como dos nuevos Moisés para abrir la cristiandad al Nuevo Mundo: primero, Cristóbal Colón y, poco después, Hernán Cortés. (Gruzinski, 2019: 42. Mira, 2021: 34).

175. (Las Casas, 1951: I, 33 y 321).

176. (Geraldini, 1977: 151. CODODES, 1994: III, 1984).

177. Entre ellos Juan Suárez de Peralta, fray Bernardino de Sahagún, Pedro Sarmiento de Gamboa, fray Gerónimo de Mendieta o Juan de Solór-

zano Pereira (Hubeñak, 1992: 107 y 122). Según Juan Suárez de Peralta, la guerra de conquista fue obra de Dios, pues pretendía salvar las almas de los paganos. (Suárez de Peralta, 1990: 67). En el siglo XVIII, Juan Bautista Muñoz también pensaba que fue un elegido por el Altísimo, igual que Enrique de Leguina en la siguiente centuria. (Leguina, 1877: 13-14).

178. (Castelar, 1892: 129. Vilar, 1982: 87. Moreno Alonso, 1992: IV, 293). Por poner un ejemplo cercano, Américo Vespucio escribió que en medio de una escaramuza con los naturales uno de los hombres animó a los demás, gritando: «Hijos, dar la cara a vuestros enemigos, que Dios os dará la victoria». (Vespucci, 1986: 60).

179. (Ballesteros Beretta, 1945: II, 20).

180. Carta de Jaime Ferrer a Cristóbal Colón, Burgos, 5 de agosto de 1495. (Gil, 1984: 231-234. Varela Bueno, 1992: 102. CODODES, 1994: II, 831-833).

181. (Dussel, 1983: 88. Gutiérrez, 1990: 118). La idea de que las riquezas indianas habían sido colocadas allí por la providencia para atraer a conquistadores y evangelizadores estuvo muy generalizada a lo largo de toda la época virreinal. (Méchoulan,1981: 39)

182. Todavía, en 1755, la II marquesa de las Amarillas, Luisa María del Rosario de Ahumada, que viajaba a Nueva España con su marido, el nuevo virrey, escribió en torno a la *bárbara ambición* que llevaba a muchos a depositar todas sus esperanzas en un frágil leño. (Amarillas, 2016: 24).

183. Por poner un ejemplo significativo, Hernán Cortés experimentó la misma evolución que el genovés, pues a medida que iba sufriendo reveses, se abrazaba más férreamente a su fe y a su esperanza en la justicia divina. (Ricard, 2014: 143).

184. Carta relación del almirante a los reyes, La Maguana, 15 de octubre de 1495. (CODODES, 1994: II, 840-852).

185. (CODODES, 1994: II, 1053).

186. Carta a fray Gaspar Gorricio, Sanlúcar de Barrameda, 12 de mayo de 1498. (CODODES, 1994: II, 1073).

187. Así reflejó el lance, cuando Dios le dijo: «Hombre de poca fe, no tengas miedo, yo soy. Y dispersó (a) mis enemigos y me mostró cómo él podía cumplir mi carta, triste de mí, pecador, el cual me estorbaba en esperanza del mundo». Carta de Cristóbal Colón a los reyes, La Española, 3 de febrero de 1500. (CODODES, 1994: II, 1176-1177). Carta de Colón al ama del príncipe don Juan, finales de 1500. (CODODES, 1994: II, 1229-1239).

188. (Colón, 1992a: 404. Colón, 2024: 484).

189. (Colón, 1986: 226-227 y 245. Colón, 1989: II, 546).

190. Carta de Colón a varios consejeros de los Reyes Católicos, finales de 1500. (CODODES, 1994: II, 1228-1229).

191. (Colón, 1986: 228 y 246. Colón, 1992a: 368. Colón, 2024: 444). Washington Irving afirma que los descubrimientos portugueses a lo largo del siglo XV fueron gloriosos pero muy caros, igual que los viajes colombinos. (Irving, 1851: 11). Y es que, inicialmente, los Reyes Católicos se limitaron a copiar el precedente portugués, cuyos soberanos habían venido practicando dicho estanco desde el siglo XV. (Bernal, 2003: 139).

192. De ahí las conversiones masivas de indígenas, que guardaban bastante relación con las que encabezó el cardenal Jiménez de Cisneros en la península Ibérica poco antes del Descubrimiento. (Bosch Gimpera, 1996: 116-117. Payne, 2017: 62-63).

193. (Colón, 1992a: 232-233.Chaparro, 2018: 237. Colón, 2024: 287).

194. (CODODES, 1994: III, 1985). El libro es una recopilación desordenada de citas bíblicas que nunca fue terminado de componer ni ordenar. (Corzo, 2018: 27).

195. (Castellanos, 1944: 14).

196. (Herrera, 1991: I, 202-293).

197. (Fernández de Oviedo, 1992: I, 22).

198. (Carande, 1989: I, 34. Kamen, 2004: 41).

199. (Huntington, 1997: 47).

200. (Méchoulan, 1981: 56. Wiesenthal, 1987: 146-147. Attali, 1992: 147 y 167. Muñiz-Huberman, 1993: 78-86. Reding, 2012: 32. Martín López, 2019: 72). Era una creencia bastante generalizada que algunas de estas tribus, encabezadas por cada uno de los doce hijos de Jacob, tras la invasión asiria habían terminado huyendo al Lejano Oriente (Wiesenthal, 1987: 45-46). Había una larga tradición que defendía que profetas hebreos ya habían predicado en América desde mucho antes de la llegada de Jesús a la Tierra, como escribió en el siglo XVIII Nicolás de Martínez Arzanz. (1975: 53). Y es que entroncar a los amerindios con las tribus perdidas de Israel equivalía a integrarlos dentro de la cristiandad, explicando que, en realidad, desde el punto de vista divino, no era visto como una conquista sino como una reconquista. (Hubeñak, 1992: 124). Y ello lo vieron muchos hebreos de aquel tiempo como el signo del inicio de una nueva era y la cercanía del advenimiento del fin de los tiempos.

201. (Taviani, 1990: 21).

202. Incluso se dice que el oficio de su padre, tejedor, estaba vinculado al judaísmo. Y para rizar el rizo, sostiene que se expresaba en castellano precisamente porque su familia era sefardita y la mantenían como lengua materna. (López Flores, 1964: 26, 29 y 34. Bouza, 1990: 38-42).

203. (Astrana, 1929: 307. Madariaga, 1975: 74 y 76. Wiesenthal, 1987: 84. Verd, 1989: 35. Eslava, 1992: 89).

204. (Gil, 1988: XXVIII. Gil, 1989: I, 211-212. León Azcárate, 2006: 102. Gil, 2007a: 48-49. Gil, 2013: 265. Paradinas, 2022: 69-81).

205. (Milhou, 1983: 293-294. Hubeñak, 1992: 121).

206. (*Ibidem*: 91, 95, 133).

207. (Ballesteros Beretta, 1945: I, 206. López Flores, 1964: 33. Díaz-Trechuelo, 1991: 34. Eslava, 1992: 89).

208. (Madariaga, 1975: 27. Ruiz de Lira, 1978: 37. Verd, 1989: 126).

209. (Azcona, 1960: 218-228).

210. (Taviani, 1990: 42).

211. (Todorov, 1999: 24).

Capítulo 2. Sus orígenes

1. (Madariaga, 1944, 43). En este mismo sentido, afirmaba Paolo Taviani que Colón acostumbró siempre a no contar toda la historia a una sola persona, a desvelar solo una parte del argumento, contribuyendo notablemente al misterio y a la confusión en torno a su persona. (Taviani,1983: I, 27).

2. (Serrato, 1893: 39-40 y 251-252. Menéndez Pidal, 1968: 13. Ensenat, 2003: 1-16).

3. Concretamente dijo que su padre escribió una carta al ama del príncipe don Juan en la que le dijo: «Yo no soy el primer almirante de mi familia...» (Colón, 1985: 53. Varela Bueno, 1992: 19).

4. De hecho, autores del siglo XVI, como Juan Suárez de Peralta, destacaron precisamente como un mérito añadido que personas de origen humilde, gracias a su valor, consiguiesen crear casas muy ilustres (Suárez de Peralta, 1990: 65).

5. (Baraibar, 2022: 38). Desconozco si el dato narrado por Sículo era cierto, y en caso de serlo, tampoco sé cómo pudo llegar allí la moneda. Pero es poco o nada plausible pensar que los romanos hubiesen estado en América, mil quinientos años antes que Colón.

6. Así lo defendió J. W. Gambier, aunque fue refutado por Cesáreo Fernández Duro. (Fernández Duro, 1894: 149-158).

7. (Boorstin, 1989: 112).

8. (Taviani, 1990: 5. Ballesteros Beretta, 1945: I, 98-103 y 112-127).

9. Asimismo, decían que el apellido Colomb estaba documentado en Francia desde 1530. (Ballesteros Beretta, 1945: I, 134. Morales Padrón, 1988: 9-10. Díaz-Trechuelo, 1991: 28).

10. (Sanz 1980; Madariaga 1944; Horta y Pardo, 1911; Valero de Bernabé, 1927; Frutos, 1980; Cerdá, 1968; Macías, 1922; Astrana, 1929; Arán Ferrer, 1962; Ezquerra, 1977 y Taviani, 1983 y 1990).

11. (Madariaga, 1975: 46). También el historiador belga Charles Verlinden escribió que se debía a «un nacionalismo exagerado» que ha llevado

a plantear «patrias imaginadas, sin base documental verdadera». (Verlinden, 1967: 15).

12. (Callejo, 1958: 22).

13. (Franco y López, 1886: 240-243. Ballesteros Beretta, 1945: I, 130-134).

14. (García Cárcel, 2006: 393).

15. (*ABC*, 12 de junio de 1988. Eslava, 1992: 86. Moréu, 1997: 14).

16. (García-Osuna, 2013: 110).

17. (Ballesteros Beretta, 1945: I, 103-112. Voltes, 1987: 16-17. Eslava, 1992: 83. García-Osuna, 2013: 112).

18. (Ballesteros Beretta, 1945: I, 110. Astrana, 1929: 57).

19. (Fita, 1917: 574-575. Serrano y Sanz, 1918: I, 244 y ss. Altolaguirre, 1918: 200-204. Altolaguirre, 1928b: 39-57. Astrana, 1929: 241-244. Ballesteros Beretta, 1945: I, 110-111. Morales Padrón, 1988: 10. Taviani, 1990: 38. Eslava, 1992: 83. García Cárcel, 2006: 392).

20. (Poch, 1942: 139). Entre los principales defensores se cuentan Antonio Jaén (1929), el marqués de Morella (1955), José M. Mosqueira (1961), Pedro de Frutos (1980) Alfonso Philippot (1994) y José María Moréu (1997). Este último volvió a insistir en que había una amplia familia Colón en Pontevedra, posibles familiares del almirante, y no los Colombo de Génova, mientras que Ángel Carracelas, en pleno siglo XXI, ha vuelto a rejuvenecer la tesis, identificando al marino con el gallego Pedro Madruga. (Moréu, 1997: 10-13). Este autor cita la inscripción que hay en una capilla de la basílica de Santa María la Mayor de Pontevedra en la que se dice que la capilla, construida en el primer cuarto del siglo XVI, fue mandada hacer por Juan Neto y Juan de Colón. (*Ibidem*: 12). Sobre la tesis de Ángel Carracelas, véase el artículo aparecido en *La Voz de Galicia* el 27 de abril de 2024.

21. (Ulloa, 1927: 28-29. Voltes, 1987: 17). ¡Se hizo llamar Cristóbal Colón para ocultar su pasado como corsario catalán, enemigo de Juan II de Aragón! (*Ibidem*: Ballesteros Beretta, 1945: I, 121).

22. (Ulloa, 1927: 69-79 y 112-113. Ballesteros Beretta, 1945: I, 117).

23. (Astrana, 1929: 319-324. Madariaga, 1975: 87. Jos, 1979-80: 73. Morales Padrón, 1988: 11. Díaz-Trechuelo, 1991: 26-27. Moréu, 1997: 13).

24. (Bayerri, 1961: 451-481. Eslava, 1992: 84-85).

25. (Astrana, 1929: 319).

26. El gran defensor de esta teoría es el acucioso y erudito escritor Gabriel Verd Martorell, que lleva décadas publicando libros y artículos, con escasa repercusión. (Verd, 1989: 9 y 104. Verd, 2009: 101-127). Citado también en: (Bouza, 1990: 127 y 197-198. Eslava, 1992: 84. Moréu, 1997: 13). Inicialmente también Alfonso Enseñat de Villalonga se posicionó a favor de la tesis mallorquina, aunque finalmente la desechó y se cambió a la genove-

sa. (Enseñat, 1999: 21). El proyecto de investigación genética encabezado por el doctor Lorente también ha exhumado los restos del Príncipe de Viana y parece que se ha descartado cualquier relación.

27. (Verd, 1989: 9).

28. (Eslava, 1992: 84. Enkvist, 2021: 49-54).

29. (Paredes, 1903: 1-12 y 49-60. Astrana, 1929: 292. Ballesteros Beretta, 1945: I, 98-103. García Cárcel, 2006: 392).

30. (Ballesteros Beretta, 1945: I, 103. Jos, 1979-80: 73. Voltes, 1987: 16. Díaz-Trechuelo, 1991: 24). Incluso llegó a decir públicamente que había localizado su partida de bautismo algo que no pudo demostrar cuando le fue requerido. (Lemús, 1991: 91).

31. (Moréu, 1997: 13). La tesis castellana lo hace natural de Espinosa (Guadalajara), hijo de Aldonza de Mendoza, duquesa de Arjona, y de Diego Gómez Manrique, conde de Triviño, nacido en 1435, y ¡nieto de Enrique II de Trastámara y tío de la reina Isabel! Para estos autores, solo teniendo sangre real se le pudieron conceder títulos como el almirantazgo. (Sanz, 1980: 42, 69 y 103).

32. (Varela Bueno, 1992: 140).

33. (Kamen, 2017: 312-313).

34. Sería imposible citar a los cientos de colombinistas y americanistas en general que han defendido o aceptado el origen genovés, por lo que citaré solo a algunos de los más representativos: Elliot Morison, Conde de Roselly de Lorgues, Emilio Castelar, F. A. Kirkpatrick, Salvador de Madariaga, Paolo Taviani, Rafael Ruiz de Lira, Guillermo Céspedes del Castillo, Daniel J. Boorstin, Felipe Fernández-Armesto, Consuelo Varela, Juan Gil, Antonio Rumeu de Armas, Francisco Morales Padrón, Lourdes Díaz-Trechuelo o Juan Manzano.

35. (VV. AA. 1932).

36. (Escamilla, 1892: 3. Ballesteros Beretta,1945: I, 173-174. Olmo, 1975: 12).

37. Véase por ejemplo a (Pérez de Oliva, 1993: 141).

38. (Roselly, 1858: I, 5-8. Incháustegui, 1942: 119. Ballesteros Beretta, 1945: I, 185. Verlinden, 1967: 15. Madariaga, 1975: 37. Tornero, 1990: 77. Díaz-Trechuelo, 1991: 32. Varela Bueno, 1992: 18). Antonio Gallo, cuya familia era vecina de los Colombo de Quinto, ofrece esta información, que parece fiable porque su autor lo sabía de primera mano. En cambio, Alfonso Ensenat afirma que los Colón no procedían de la familia Colombo sino de los Colonne, también genoveses. Según este autor, su progenitor se llamaba Domingo Scotto, era mercader y, cuando emigró a Portugal con el albergo de los Colonne, adoptó este apellido, lo cual era usual en la época. (Enseñat, 1999: 23 y ss.).

39. (Ballesteros Beretta, 1945: I, 188. García-Osuna, 2013: 109).

40. (Serrato, 1893: 40. Verlinden, 1967: 15-16. Madariaga, 1975: 39-40).

41. (Morales Padrón, 1988: 20).

42. Giovanni aparece en una escritura notarial junto a sus hermanos, el 8 de abril de 1500, pero en 1501 en otra escritura se especificaba que Domenico era finado, y que sus herederos eran los tres hijos varones que estaban ausentes, y no alude a Giovanni, por lo que sería finado igual que su padre. (Madariaga, 1975: 44. Arranz, 1986: 10. Taviani, 1990: 33-34).

43. (Madariaga, 1975: 58).

44. (Castelar, 1892: 471. Varela Bueno, 1992: 79. Fernández-Armesto, 2004: 24).

45. (Fernández-Armesto, 2004: 22).

46. Paolo Taviani hace una relación comentada de todos esos documentos. (Taviani, 1990: 25-34).

47. Compromiso de Domenico Colombo y su hijo Cristoforo con Girolamo del Porto, Génova, 22 de septiembre de 1470. (CODODES, 1994: I, 3-4. Taviani, 1990: 27).

48. (Ortega, 1925-1926: II, 356. Colón, 1986: 302. Taviani, 1990: 30-31. CODODES, 1994: III, 1821-1830. Martín Acosta, 2006: 322).

49. (Madariaga, 1975: 44. Arranz, 1986: 10. Morales Padrón, 1988: 14).

50. (Taviani, 1990: 33-34).

51. (Madariaga, 1875: 44. Arranz, 1986: 10).

52. Escritura de mayorazgo de Cristóbal Colón, Sevilla, 22 de febrero de 1498. El traslado original se conserva en AGI, Patronato 295, n. 101 (1) y otra copia en AGI, Patronato 8, r. 3. También existe un traslado parcial de la escritura y de la licencia de 1497 en AHN, Consejos Suprimidos 21.474, N. 34, fols. 4 y ss. Ha sido publicada reiteradas veces: (CODOIN, serie 1.ª, T. 30, pp. 481-500. CODOIN, serie 1.ª: 30, 435-445. Ortega, 1925-1926: II, 290. Altolaguirre, 1926: 330-335. Ballesteros Beretta, 1945: I, 159-160. Madariaga, 1975: 28 y 48-49. Varela y Gil, 1992, 353-362. CODODES, 1994: II, 1053-1064. Moréu, 1997: 7. Rubio, 2007: I, 323-334.). La formalización venía precedida de la autorización recibida por parte de los Reyes Católicos por una Real Provisión, dada en Burgos, el 23 de abril de 1497. (Zaragoza, 1867: 197-198. CODODES, 1994: II, 954-958. Colón de Carvajal, 2015: II, 110-114). El almirante conservaba un traslado de esta autorización en su archivo de la Cartuja de las Cuevas. (Serrano, 1930: 190). Algunos autores, entre ellos Salvador de Madariaga, han cuestionado su autenticidad, basándose en el hecho de que no se conserva el original sino diversas copias presentadas en los Pleitos colombinos. (Madariaga, 1975: 48-49. Moréu, 1997: 7). Sin embargo, si tuviésemos que dar por apócrifos todos los textos colombinos de los que no existe el original habría que rehacer toda su biografía.

53. (Enseñat, 1999: 27).

54. (Astrana, 1929: 65. Colón, 1986: 188-189. Colón, 1992a: 207. Colón, 2024: 259).

55. (CODODES, 1994: II, 1127-1128).

56. Textualmente dijo: «¿Quién creerá que un pobre extranjero se hubiese de alzar en tal lugar contra vuestras Altezas, sin causa, ni sin brazo de otro Príncipe, y estando solo entre sus vasallos y naturales y teniendo todos mis hijos en su Real corte?» (Ballesteros Beretta, 1945: I, 158. Colón, 1986: 295. CODODES, 1994: III, 1519-1545). En otra ocasión manifestó que se le había acusado falsamente por ser «un pobre extranjero envidiado». (Colón, 1992a: 409. Colón, 2024: 489).

57. (Las Casas, 1951: I, 451).

58. (Ortega, 1925-1926: II, 304-305). No tuvieron éxito, pues durante la primera mitad del siglo XVI la economía de la isla estuvo controlada por financieros genoveses como los Grimaldo, Centurione, Justinian o Vivaldo.

59. (Chocano, 2006: 121).

60. Las relaciones particulares del almirante quedan demostradas al analizar la correspondencia privada que se custodiaba en el Archivo de las Cuevas de Sevilla y cuyo inventario dio a conocer (Serrano 1930, 145-256 y 534-637).

61. (Ortega, 1925-1926: II, 352-356. Colón, 1986: 302-303. Varela Bueno 1992, 536. CODODES, 1994: III, 1821-1830).

62. (CODODES, 1994: III, 1447).

63. (Incháustegui, 1942: 132-135).

64. (Díaz-Trechuelo, 1991: 30. Enseñat, 1999: 27 y 39).

65. (Gil, 1984: 39-40. Anglería, 1989: 9. Enkvist, 2021: 39). También Fernán Pérez de Oliva, que siguió de cerca al propio Anglería, y Diego Méndez afirman que era genovés, natural de Saona, por Savona. (Pérez de Oliva, 1993: 141).

66. (Ballesteros Beretta, 1945: I, 145. Las Casas, 1951: I, 27. Madariaga, 1975: 26. Varela Bueno, 1992: 19).

67. (Ballesteros Beretta, 1945: I, 151. Geraldini, 1977: 147).

68. Sus palabras son bastante elocuentes: «Hubo un hombre de tierra de Génova, mercader de libros de estampa, que trataba en esta tierra del Andalucía, y principalmente en Sevilla, que llamaban Cristóbal Colón...» (Ballesteros Beretta, 1945: I, 142. Bernáldez, 1946: 222 y 287. Madariaga, 1975: 29). Al parecer, un hallazgo documental parece confirmar que el cura de los Palacios no se llamaba Andrés Bernáldez sino Andrés Bernal. (Gil, 1986a: 1-5). Pero, para evitar confusiones, he decidido mantener el apellido Bernáldez.

69. (Bernáldez, 1946: 283-285). También los franciscanos de la isla escribieron al cardenal Cisneros en estos términos, pues decían que el almiran-

te quería alzarse con la isla y entregársela a sus compatriotas genoveses, por lo que recomendaban que se prohibiese la llegada de más personas de esta nacionalidad. (Gil, 1984: 285-290).

70. (López de Velasco, 1894: 5. Suárez de Peralta, 1990: p. 65. Solorzano, 2001: 139). También del hermano del almirante, Diego Colón, se decía que era genovés y no obtuvo su naturaleza castellana hasta 1504. Carta de naturalización de Diego Colón, hermano del almirante, Medina del Campo, 8 de febrero de 1504. (CODOIN, serie 1.ª, T. 39, pp. 100-103. Verd, 1989: 29-31. CODODES, 1994: III, 1617-1618). Y por citar un último caso, mencionaré al escritor indígena, natural de Chalco, Francisco Chimalpahin que, en 1630, elaboró unas relaciones de su ciudad natal y afirmó taxativamente que Cristóbal Colón era original del poblado de Nervi, en la república de Génova. (Chimalpahin, 1965: 108). Una relación detallada de todos los cronistas y personajes históricos de su tiempo que aludieron a su origen genovés puede verse en (Taviani, 1990: 13-20).

71. (Díaz-Trechuelo, 1991: 29). Charles Verlinden dice por error que el monarca inglés era Enrique VIII. (Verlinden, 1967: 46).

72. La relación de Gaspar Contarini de 1525 está transcrita en: (Pérez Bustamante, 1948: 20-23).

73. (Benzoni, 1989: 84).

74. (*Ibidem*: 111).

75. (Taviani, 1990: 14).

76. (Ballesteros Beretta, 1945: I, 143. Morales Padrón, 1988: 14).

77. (Ballesteros Beretta, 1945: I, 143 y 151. Madariaga, 1975: 46. Colón, 1985: 51). Desde tiempos de Colón, toda la historiografía italiana, sin excepción, ha defendido su nacencia genovesa. (Ballesteros Beretta, 1945: I, 151). Y

78. (Ortega, 1925-1926: II, 12. Fernández Duro, 1972: I, 114. Ruiz de Lira, 1978: 41. Morales Padrón, 1988: 8. Varela Bueno, 1988: 20. Taviani, 1990: 75. Bergreen, 2011: 46).

79. (Airaldi, 2012: 35).

80. (Astrana, 1929: 107-121. Díaz-Trechuelo, 1991: 31). En Sevilla, desde el siglo xv, estaban representadas las principales casas mercantiles genovesas, como los Doria, Spínola, Negro, Grimaldi, Cattaneo o Pinello. (Enseñat, 1999: 235).

81. Por poner un solo ejemplo de esa estrecha amistad, poco antes de zarpar en su tercera jornada, le escribió encomendando su alma y pidiendo que le ayudase con sus oraciones. Carta a fray Gaspar Gorricio, Sanlúcar de Barrameda, 12 de mayo de 1498. (Colón, 1992a: 365. Colón, 2024: 439). Y en mayo de 1502, pidió a su hijo Diego Colón que todas las decisiones importantes las consensuase con *fray don Gaspar*. (Colón, 1992a: 477. Colón, 2024: 570). Al parecer, también tuvo cierta amistad con otro religioso de ese

mismo cenobio, fray Asensio de Paules, cuyo nombre aparece escrito en una de las páginas del *Libro de las Profecías*.

82. (Taviani, 1983: I, 13).

83. (Ballesteros Beretta, 1945: I, 197. Verlinden, 1967: 15. Madariaga, 1975: 41. Jos, 1979-80: 35. Arranz, 1986: 9. Voltes, 1987: 9. Morales Padrón, 1988: 8 y 11. Taviani, 1990: 28-29. Comellas, 1991: 98. Azcona, 2002: 485. Martínez Shaw, 2006: 13. Bergreen, 2011: 50). Incluso algunos han llegado a concretar esa fecha de nacimiento entre el 25 de agosto y el 31 de octubre de 1451. (Gandía, 1942a: 41-42. Incháustegui, 1942: 120. Ballesteros Beretta, 1945: I, 197. Verlinden, 1967: 15. Madariaga, 1975: 43 y 52. Varela Marcos, 2003: 75).

84. (Febvre, 2012: 274-275).

85. (Madariaga, 1975: 41-42. Sanz, 1980: 19. Varela Bueno, 1992: 21).

86. (Madariaga, 1975: 53. Colón, 1985: 57. Moréu, 1997: 11. Enseñat, 1999: 49-50. Didier, 2015: 281). Las Casas modifica un pequeño dato, al decir que llevaba no veintitrés años en la mar sino veinticinco. (Las Casas, 1951: I, 32).

87. (Poch, 1942: 20. Las Casas, 1951: I, 31. Ruiz de Lira, 1978: 40. Colón, 1985: 55. Núñez, 1989: 29. Varela Bueno, 1992: 49. CODODES, 1994: III, 1983. Enseñat, 1999: 127. Todorov, 1999: 26).

88. (Leguina, 1877: 14. Fernández Herrero, 1992: 56. Ensenat, 2003: 1-17). Andrés Bernáldez, el famoso cura de los Palacios que fue amigo personal suyo, afirma que murió en 1506 a la edad de setenta años, retrotrayendo su nacimiento hasta 1436. (Bernáldez, 1946: 288). Imagino que fue una errata del religioso, que quiso decir sesenta, pero escribió setenta. Lo cierto es que, siguiendo al famoso cura, numerosos autores, como Washington Irving, T. Escamilla o Francisco Serrato, fechan su venida al mundo en esos mismos años de 1435 o 1436. (Irving, 1851: 3. Roselly, 1858: I, 2. Escamilla, 1892: 3. Serrato, 1893: 40).

89. (Colón de Carvajal, 2015: IV, 2187).

90. (Ballesteros Beretta, 1945: I, 193. Enseñat, 1999: 51).

91. (Taviani, 1990: 13).

92. Un buen resumen de la biografía de los Colombo desde su abuelo Giovanni hasta el propio Cristóbal Colón puede verse en Madariaga (1944:47-56).

93. (1992, I, 15-16). La tesis que defiende Piacenza como su cuna natal ha tenido muchos adeptos no solamente en la historiografía contemporánea sino también en época histórica. Pedro María Campi, en su *Historia Eclesiástica de Piacenza*, declaró que era natural de esta ciudad y que, en 1471, se trasladó con su familia a Génova. Cit. en Ballesteros (1945, 135).

94. (López de Gómara, 1985, I, 46).

95. (Vieira, 2006: 69).

96. (Castellanos: 1944: 44. Ballesteros Beretta, 1945: I, 148. Wiesenthal, 1987: 81. Díaz Trechuelo, 1992, 23).

97. (Sánchez Moguel 1895, 102)

98. «Cristóbal Colón, natural de Cugureo, que es un lugar cerca de la ciudad de Génova, en Italia, varón de honestos parientes y vida, gran cosmógrafo cuyo origen es de la ciudad de Plasencia en Lombardía...» Apuntaciones para la historia del descubrimiento de la isla de Santo Domingo (1520-1586), s/f. AGI, Patronato 18, N. 1, R. 1.

99. (Astrana 1929, 92).

100. El grueso del pleito se encuentra en el Archivo Histórico Nacional, y se conservan varias minutas en el Archivo General de Indias y en la Real Academia de la Historia, mientras que la sentencia se guarda en la Biblioteca Nacional de Madrid. AHN, Consejos Suprimidos 21.474, Pieza 24. AGI, Patronato 14, N. 4, R. 29. B.N., manuscrito. R/36.360).

101. Entre esos aspirantes figuraban: uno, Francisca Colón de Toledo, hija de Cristóbal Colón de Toledo, cuyo proceso siguieron su hija Guiomar Colón de Toledo y su nieta Ana Francisca. Dos, Juana Colón de la Cueva, hija de Luis de las Cuevas y de María Colón y Toledo, y su hijo Carlos Colón de la Cueva y Bocanegra, marqués de Villamejor. Tres, Luisa de Carvajal, como madre de Cristóbal Colón, difunto. Cuatro, María Colón, monja profesa en el monasterio de San Quince. Cinco, Luis de Ávila Colón, hijo de Luis de Ávila y de María Colón de Toledo. Al fallecer Luis, quedó como pretendiente su hijo Diego Colón de Larreategui. Y seis, María Colón de Cardona, casada con Francisco de Mendoza, marqués de Guadalest y almirante de Aragón.

102. (Irwing, 1851: 213). Antonio Ballesteros Beretta afirmó rotundamente que el Domenico de Cúçaro no era el mismo que el padre del almirante. De hecho, Baltasar afirmó que Domenico de Cúçaro había muerto en 1456, mientras que tenemos constancia de que el padre de Colón vivía entre 1474 y 1481, pues su hijo Cristóbal Colón le mandaba regularmente socorros. (Ballesteros Beretta, 1945: I, 137 y ss.).

103. (Ballesteros Beretta, 1945: I, 137).

104. Probanza de Baltasar Colombo. AHN, Consejos Suprimidos 21.474, Pieza 24, fol. 1. Así, por ejemplo, un testigo presentado por Baltasar, llamado Cipión Cánova, declaró lo siguiente: «Que ha sido más de catorce años continuos abogado público en la dicha ciudad de Génova y en todo el dicho tiempo no ha visto, ni leído, ni oído decir que la familia, apellido y casa de los Colombo sea ni haya sido natural y propio de la dicha ciudad, aunque en ella, según ha leído y oído decir este testigo, nació el almirante don Cristóbal Colón que descubrió las Indias...» (*Ibidem*, fol. 18).

Otro de los testigos presentados en el juicio declaró que había vivido siempre en Génova y nunca escuchó que fuese de allí el apellido y si lo fuera, «lo hubiera sabido de alguna persona o visto señal en alguna parte por el mucho tiempo que ha morado en la dicha ciudad de Génova donde es natural este testigo». (*Ibidem*: fol. 26v.).

105. Uno de los testigos presentados en la probanza depuso: «Que a los extranjeros de estos reinos les suelen llamar genoveses aunque sean de otras naciones y a este testigo mismo le han llamado y tenido por genovés, siendo como es natural del Reino de Sicilia, como tiene dicho y así a este testigo le parecía y parece que los castellanos que no tienen mucha plática de las naciones de Italia llaman a todos los extranjeros genoveses por haber muchos de aquella nación y por esta razón cree y tiene por cierto este testigo que el dicho almirante don Cristóbal le llamarían genovés aunque fuese de otra nación». (*Ibidem*: fol. 38v).

106. Creemos que lo de *no nativo* de Génova no se refiere a Colón sino a su familia, ya que, como hemos mencionado, en ningún momento se dudó de su nacimiento en la ciudad del Tirreno. Carta del senado genovés al embajador en Madrid, Génova, 5 de noviembre de 1583. (Cerdá, 1968: 4-5).

107. Sentencia en el pleito por el mayorazgo de la familia Colón, 22 de diciembre de 1608. B.N., Manuscrito R/ 36.360.

108. Los réditos sobre el ducado de Veragua quedaron así: ciento treinta mil ducados para Francisca Colón de Toledo; treinta mil para Juana Colón de Carvajal; seis mil para Luisa de Carvajal, y, finalmente, dos mil para Baltasar Colombo. Sentencia del pleito de la familia Colón, 22 de diciembre de 1608. B. N. Manuscrito R/ 36.360.

109. La lectura de la documentación ha sido tan somera que algunos historiadores confunden a Bernardo con Baltasar, o usan uno u otro nombre como si fueran la misma persona. Véase, por ejemplo, (VV. AA. 1932, IX. Cerdá 1968, 3-4).

110. (Humboldt, 1892: II, 284-285).

111. Así, en un manuscrito redactado en 1642 por el padre Claudio Clemente, de la Compañía de Jesús, y dedicado expresamente a don Pedro Jacinto Colón y Portugal, almirante mayor perpetuo de las Indias, duque de Veragua y de la Vega y grande de España, se afirmaba lo siguiente: «Década 1ª: el incomparable don Cristóbal Colón (los italianos llaman esta casa Colombo), Genovés, rebisnieto de Ferrario Colombo, señor del castillo de Cusaro...». El documento en cuestión se titulaba: «Tabla cronológica de los Descubrimientos, Conquistas, fundaciones, poblaciones y otras cosas ilustres, así eclesiásticas como seglares de las Indias Occidentales, islas y Tierra Firme del mar océano, desde el año 1492 hasta el de 1642». B.N., Mans 11.205/2, fol. 118.

112. (Eslava, 1992: 101). Algunos autores cuestionan que llevase el apellido Perestrello, y sostienen que este fue añadido medio siglo después para darle más abolengo al linaje. (Castelar, 1892: 132-133). Algunos otros, por error, le cambian el nombre de Felipa por el de Isabel. (Kirkpatrick, 1986: 13).

Capítulo 3. Su vida antes del Descubrimiento

1. (Ballesteros Beretta, 1945: I, 198. Taviani, 1990: 28).
2. (Colón, 1985: 55. Peña y Cámara, 1990: 3. Taviani, 1990: 51. Bouza, 1990: 31. Díaz-Trechuelo, 1991: 35. Fernández-Armesto, 2004: 27).
3. (Ensenat, 2003: 2).
4. Son bien conocidas las actividades corsarias de los marinos andaluces, entre los que estaban los onubenses y los palermos. Por poner un solo ejemplo, en 1479 se produjo el asalto y captura de un barco cargado con trigo, en aguas de Ibiza, por parte de Martín Alonso Pinzón y Vicente Yáñez. (Manzano, 1988: I, 21 y III, 5-7).
5. (Irving, 1851: 4. Altolaguirre, 1892: 477. Serrato, 1893: 43. Ballesteros Beretta, 1945: I, 226-227. Madariaga, 1975: 62-63. Colón, 1985: 56. Morales Padrón, 1988: 18. Díaz-Trechuelo, 1991: 38. Moréu, 1997: 68. Ensenat, 2003: 1-16).
6. (Cadenas, 1977: 11. Pacini, 2003: 325 y 350).
7. (Madariaga, 1975: 63).
8. (Morales Padrón, 1988: 18. Díaz-Trechuelo, 1991: 37)
9. (Céspedes del Castillo, 1988: II, 436-437. Taviani, 1990: 52-53. Varela Marcos, 2003: 83). Aunque no hay constancia documental de su enrole, se deduce de sus textos ya que afirmó conocer bien la isla y el rico comercio de almástiga o resina que monopolizaban los comerciantes genoveses. De hecho, en su carta anunciadora del Descubrimiento, sostiene que en las Indias se podrá cargar almástiga que tendría un gran mercado en Europa porque no la hay, salvo en la isla de Chío. (Colón, 1992a: 232. Colón, 2024: 287).
10. (Ballesteros Beretta, 1945: I, 247-249. Verlinden, 1967: 17. Ruiz de Lira, 1978: 35. Varela Bueno, 1992: 50-51. Thomas, 2003: 66-67. Varela Marcos, 2003: 82. Fernández-Armesto, 2004: 28 y 35). En más de una ocasión el almirante aludió a esta isla, cuando habló de la almástiga de La Española que no se hallaba en Europa más que en la isla de Quíos, en Grecia. (Colón, 1989: II, 439). También la citan tanto su hijo Hernando como Bartolomé de Las Casas. (Las Casas, 1951: I, 235. Colón, 1985: 57).
11. (Verlinden, 1967: 17. Menéndez Pidal, 1968: 15. Madariaga, 1975: 67 y 109-110. Ruiz de Lira, 1978: 36. Comellas, 1991: 98. Taviani, 1990: 52. Junquera, 1991: 88. Varela Bueno, 1992: 52. Ensenat, 2003: 1-16).

12. El episodio aparece reflejado en varias crónicas. (Irving, 1851: 5. Serrato, 1893: 47-48. Ballesteros Beretta, 1945: I, 267-268. Las Casas, 1951: I, 35. Colón, 1985: 59. Varela Marcos, 2003: 84).

13. Pero tampoco era inusual que algunos marineros supiesen nadar, pues sabemos por el propio almirante que algunos, aprovechando las calmas chichas, se lanzaban al agua a relajarse braceando, como anotó en su diario el 25 de septiembre de 1492. (Colón, 1986: 55).

14. (Serrato, 1893: 36. Gandía, 1942a: 146-152. Ballesteros Beretta, 1945: I, 147. Colón, 1985: 56-59. Varela Marcos, 2003: 86. Martínez Shaw, 2006: 14).

15. De hecho, según Pierre Chaunu, todavía en 1530 Lisboa duplicaba en población a Sevilla, que era la ciudad más grande de España. (Chaunu, 1983: 19).

16. (Vieira, 2006: 63).

17. (Altolaguirre, 1892: 481-492. Verlinden, 1967: 17. Menéndez Pidal, 1968: 15. Svet, 1972: 22. Madariaga, 1975: 67 y 109-110. Taviani, 1990: 52. Varela Bueno, 1992: 54. Ensenat, 2003: 1-16. Reding, 2012: 29).

18. Hernando Colón, por error, afirma que el progenitor de la esposa de su padre se llamaba Pedro Moñiz Perestrello, dato que contradice Bartolomé de Las Casas. (Gil, 2007a: 149-150).

19. (Serrato, 1893: 49-41. Poch, 1942: 18. Arranz, 1986: 19. Díaz-Trechuelo, 1991: 41).

20. (Las Casas, 1951: I, 36).

21. (Salvador, 2007: 125-127).

22. (Altolaguirre, 1892: 484-485. Serrato, 1893: 55. Ballesteros Beretta, 1945: I, 363. Las Casas, 1951: I, 32. Bouza, 1990: 34. Varela Bueno, 1992: 55. Colón, 1985: 57. Colón, 1992a: 89-90. Moréu, 1997: 69. Thomas, 2003: 70. Colón, 2024: 125). El 15 de marzo de 1486 el monarca luso expidió una carta de fueros a favor de los pobladores de San Jorge da Mina para favorecer el poblamiento de tan importante enclave. (Ballesteros Beretta, 1945: I, 364).

23. (Verlinden, 1967: 21. Cioranescu, 1978: 11 y 25-26).

24. (Ballesteros Beretta, 1945: I, 378-379. Las Casas, 1951: I, 149-150). De las tres formas de caballería que existían, la de espuela dorada era la superior y solo se concedía a hidalgos. Antecedentes de caballeros armados con la espuela dorada los había muy célebres, como el mismísimo Cid Campeador, Ruy Díaz de Vivar.

25. (Irving, 1851: 66. Ballesteros Beretta, 1945: I, 377). Washington Irving afirma que los naturales ansiaban cascabeles con el mismo afán que los españoles oro. (Irving, 1851: 48).

26. (Irving, 1851: 13. Serrato, 1893: 59-60. Ortega, 1925-1926: II, 51. Las Casas, 1951: I, 150. Verlinden, 1967: 36. Madariaga, 1975: 149. Ruiz de

Lira, 1978: 41. Jos, 1979-80: 43 y 53. Colón, 1985: 84. Herrera, 1991: I, 271-272. Varela Bueno, 1992: 59. Moréu, 1997: 83. Thomas, 2003: 73. Headrick, 2011: 43. García-Osuna, 2013: 117).

27. (Colón, 1985: 84).

28. (Fernández-Armesto, 2004: 79)

29. (Las Casas, 1951: I, 151-152).

30. (Serrato, 1893: 61. Ballesteros Beretta, 1945: I, 376. Las Casas, 1951: I, 151. Herrera, 1991: I, 272. Enseñat, 1999: 237. Varela Marcos, 2003: 90).

31. (Morales Padrón, 1988: 28. Fernández-Armesto, 2004: 45).

32. (Las Casas, 1951: I, 153. Colón, 1985: 85).

33. Según Hernando Colón, pasó a Castilla a finales de 1484, mientras que Las Casas dice más vagamente que en 1484 o a principios de 1485. (Las Casas, 1951: I, 155. Colón, 1985: 87). El propio Cristóbal Colón escribió, a finales de 1500, que vino a servir a Castilla hacía diecisiete años, retrotrayendo su llegada a finales de 1483 o principios de 1484. (CODODES, 1994: II, 1228-1229). La llegada a principios de 1485 la defienden la mayoría de los historiadores, salvo Juan Manzano, que la sitúa en marzo de ese año, y Antonio Ballesteros Beretta, en diciembre. (Ortega, 1925-1926: II, 13. Ballesteros Beretta, 1945: I, 400. Manzano, 1964: 23. Tornero, 1990: 100. Ensenat, 2003: 1-16. Enseñat, 1999: 238). Nicasio Salvador defiende que no fue antes de marzo de 1485, pues en ese mes se encontraba en Lisboa, a juzgar por una apostilla en la obra de Eneas Silvio Piccolomini. (Salvador, 2007: 128).

34. (Colón, 1989: II. 441).

35. (Altolaguirre, 1908: 403. Ballesteros Beretta, 1945: I, 396-397. Las Casas, 1951: I, 155. Manzano, 1964: 26. Colón, 1985: 87. Varela Bueno, 1992: 60).

36. (Madariaga, 1975: 178. Arranz, 1986: 32).

37. (Irving, 1851: 14. Ballesteros Beretta, 1945: I, 398).

38. Desde el siglo XIV, Castilla poseía una aceptable potencia naval y también aspiraba a la expansión atlántica (Frey, 2002: 234).

39. El matrimonio había llegado a la zona atraído por las exenciones ofrecidas por la casa ducal de Medina Sidonia, con la intención de repoblar la zona. (Irving, 1851: 15. Ortega, 1925-1926: II, 18. Incháustegui, 1942: 145. Poch, 1942: 21. Ballesteros Beretta, 1945: I, 406 y 418. Manzano, 1964: 26 y 33. Rumeu de Armas, 1968: 35. Varela Bueno, 1988: 46-47. Varela Bueno, 1992: 85. Ensenat, 2003: 1-16. Gil, 2007a: 157. Sánchez González, 2012: 308. González Cruz, 2012: 212-214). Tanto Hernando Colón como Bartolomé de Las Casas sostuvieron que el primogénito del genovés fue dejado bajo la custodia de los religiosos de La Rábida, algo que descartan los principales colombinistas. (Las Casas, 1951: I, 155. Colón, 1985: 87). El esposo de Briolanja viajó en la segunda jornada colombina y falleció poco después de su

regreso, en 1495 o 1496. El almirante, siempre preocupado por el bienestar de su cuñada, hizo gestiones para facilitar su desposorio en segundas nupcias con su amigo, el mercader florentino Francisco Bardi, en 1504 o en 1505. (Gil, 1984: 204-205. Varela Bueno, 1992: 86. Gil, 2007a: 159. González Cruz, 2012: 215). En agradecimiento a sus servicios, el almirante, en marzo de 1502, le asignó una pensión vitalicia de diez mil maravedís anuales, que su hijo Diego duplicó en 1509. (Manzano, 1964: 34).

40. (Izquierdo, 2012a: 66). Había sido un antiguo santuario cristiano, bajo la advocación de Nuestra Señora de los Milagros, vinculado posteriormente a la orden de San Francisco. (Rumeu de Armas, 1968: 9-10).

41. (Ortega, 1925-1926: II, 68-69).

42. A fray Juan Pérez, otro de sus grandes apoyos en La Rábida, no lo conoció en esta visita sino en la que realizó en 1491. (Morales Padrón, 1988: 46. Díaz-Trechuelo, 1991: 54).

43. (Las Casas, 1951: I, 171. Rumeu de Armas, 1968: 13. Peña y Cámara, 1990: 4. Eslava, 1992: 115 Colón, 1992a: 407. Colón, 2024: 487).

44. Fray Ángel Ortega y Antonio Ballesteros sostienen que era guardián; sin embargo, Juan Manzano dice que era solo un fraile profeso, pues ningún testigo en los Pleitos colombinos le otorgó el rango de guardián. (Rumeu de Armas, 1968: 42. García Cruzado, 2011: II, 31). En una carta de Colón a los reyes, fechada en La Española el 3 de febrero de 1500, menciona que era finado. (Colón, 1992a: 427-428. CODODES, 1994: II, 1177-1178. Colón, 2024: 511-512). En la orden franciscana el guardián era algo así como el padre superior de cada convento, encargado de fomentar la fraternidad entre los hermanos, la obediencia y la disciplina religiosa (Gracia, 2020: II, 167).

45. (Fernández-Armesto, 2004: 240).

46. (Ensenat, 2003: 1-16).

47. (Fernández de Oviedo, 1992: I, 22).

48. (Ballesteros Beretta, 1945: I, 437. Ruiz de Lira, 1978: 42. Jos, 1979-80: 77-79. Herrera, 1991: I, 272-273Varela Marcos, 1996: 28-29. Moréu, 1997: 86. Suárez Fernández, 2003: 410. Thomas, 2003: 79. Varela Marcos, 2003: 94. Headrick, 2011: 43. Sánchez González, 2012: 310. Tamames, 2021: 53).

49. (Jos, 1979-80: 56. Rumeu de Armas, 1985: 49. Morales Padrón, 1988: 48. Díaz-Trechuelo, 1991: 58. Ensenat, 2003: 1-12. Sánchez González, 2012: 311).

50. (Varela Marcos, 1996: 31).

51. (Jos, 1979-80: 80. Ramos Pérez, 1990: 219).

52. (Irving, 1851: 18. Incháustegui, 1942: 146. Verlinden, 1967: 42. Jos, 1979-80: 59. Morales Padrón, 1988: 48. Núñez, 1989: 41. Molina, 2008: 4. Sánchez González, 2012: 312).

53. (Irving, 1851: 17. Serrano y Sanz, 1918: I, 15. Manzano, 1964: 70. Jos, 1979-80: 57. López de Gómara, 1985: I, 47-48. Fernández-Armesto, 2004: 88).

54. (Manzano, 1964: 87. Madariaga, 1975: 199. Arranz, 1986: 37).

55. Así lo declaró el propio Maldonado en 1515. (Ballesteros Beretta, 1945: I, 449. Jos, 1979-80: 23. Arranz, 1986: 38. Díaz-Trechuelo, 1991: 83. Colón de Carvajal, 2015: IV, 2370). El cura de los Palacios dice erróneamente que la citada junta de sabios, astrólogos, astrónomos y cosmógrafos emitió un informe favorable. (Bernáldez, 1946: 224).

56. (Pleitos, 1984: III, 275).

57. El acuerdo fue firmado por el doctor Rodrigo Maldonado, en nombre de la Corona de Castilla y León, y por don Juan de Silveira, barón de Alvito, por parte de la lusa. (Verlinden, 1967: 31. CODODES, 1994: I, 41-46. Suárez Fernández, 2003: 404).

58. (Serrano y Sanz, 1918: I, 119).

59. En cambio, Pedro Mártir de Anglería lo señaló como uno de sus principales apoyos. (Varela Bueno, 1992: 158).

60. Manuel Ballesteros Gaibrois y Roberto Ferrando, citando a Juan Manzano, dicen que Talavera había intervenido en las reuniones previas como coordinador y que su negativa al proyecto colombino no se debía a una decisión personal sino a la decisión de los sabios, que él se limitó a transmitir. Cuando apoyaron el proyecto personajes como Luis de Santángel, fray Diego de Deza o Juan Cabrero, él también se sumó. Véase también a: Manuel Ballesteros Gaibrois (1996: 210-211) y Miguel Molina (2008: 1-16).

61. AGS, Contaduría Mayor, Registro de la primera época, leg. 89. (Sánchez Moguel, 1910: 154-158. Sánchez González, 2012: 312). Pocos meses antes, el 5 de mayo de 1487, le habían mandado entregar tres mil maravedís por haberse encargado de cosas cumplideras al servicio de sus altezas. (Sánchez Moguel, 1910: 154-158. Bouza, 1990: 13. Rubio, 2007: I, 85).

62. Por ejemplo, el 15 de octubre de 1487, cuatro mil maravedís para su sustento y el 16 de junio de 1488, otros tres mil. (Ortega, 1925-1926: II, 97. Arranz, 1986: 39. Díaz-Trechuelo, 1991: 64. CODODES, 1994: I, 54-55. Varela Marcos, 2003: 100-102 y 106 Rubio, 2007: I, 85. Sánchez González, 2012: 313). Meses después, el 12 de mayo de 1489, se ordenó a las autoridades locales que le facilitasen alojamiento y manutención allí por donde pasara, dándole un tratamiento equivalente al de oficial real. (Manzano, 1964: 186-187),

63. (Ortega, 1925-1926: II, 96. Madariaga, 1975: 210). Incluso, Luis Joseph Peguero afirmó que el contador Quintanilla y el arzobispo de Toledo, Pedro González de Mendoza, fueron los que a la postre convencieron a la soberana para que capitulase con él. (Peguero, 1975: I, 19).

64. (Verlinden, 1967: 38). Este detalle ha dado lugar a muchas especulaciones sobre si había dejado deudas o si tenía algún asunto pendiente. Pero, en mi opinión, simplemente existía la posibilidad de que lo retuviese para evitar que un marino que había vivido varios años en Portugal se pasase al otro bando.

65. La carta se conserva en AGI, Patronato 295, r. 1, n. 1. (Ortega, 1925-1926: II, 97-98. Manzano, 1964: 149. Gil, 1984: 142-143. CODODES, 1994: I, 56-58). Algunos autores, como Henry Vignaud, dudaron de la autenticidad de este documento que hoy casi todos los colombinistas dan por legítimo. (Sánchez González, 2012: 314).

66. Consta documentalmente que entre el 1 y el 17 de mayo de 1488 estaba en Murcia, aunque, según Las Casas, había llegado el 26 de abril, buscando, como siempre, la corte. (Madariaga, 1975: 207. Ortuño, 1998: 251-260. Peña y Cámara, 1990: 5. Varela Marcos, 2003: 105).

67. (Altolaguirre, 1908: 405 y ss. Ruiz de Lira, 1978: 41. Colón, 1985: 85. Pérez de Tudela, 1994: I, CVIII. CODODES, 1994: I, 47-53. Thomas, 2003: 82. Didiez, 2015: 28).

68. (Colón, 1985: 85). Algunos autores han defendido que la expedición se internó en el océano y nunca más se supo de ellos. (Cioranescu, 1978: 27. Boorstin, 1989: 228).

69. (Gil, 1984: 142. Morales Padrón, 1988: 48. Ensenat, 2003: 1-16. Varela Marcos, 2003: 106-108).

70. (Ballesteros Beretta, 1945: I, 380. Díaz-Trechuelo, 1991: 50).

71. (Incháustegui, 1942: 106-107. Manzano, 1964: 145. Ruiz de Lira, 1978: 43. Gil, 1984: 142. Boorstin, 1989: 229. Colón, 1992a: 91. Suárez Fernández, 2003: 411. Thomas, 2003: 82. Colón, 2024: 128). Por error, el padre Las Casas sostiene que Bartolomeu Dias regresó a Lisboa en diciembre de 1487. (Las Casas, 1951: I, 147).

72. (Serrato, 1893: 101-102. Varela Bueno, 1992: 61).

73. En 1487, Bartolomeu Dias dobló el cabo de Buena Esperanza, abriendo la ruta directa al Índico, y Vasco de Gama, once años después, en mayo de 1498, alcanzó Calicut, el puerto más importante de la India, dando comienzo a un lucrativo comercio con la especiería. (Manzano, 1964: 160. Tornero, 1990: 53. Bernand, 2005: 165. Pérez, 2006: 129-130. Headrick, 2011: 35-37).

74. (Garcilaso de la Vega, 1617: 4. Leguina, 1877: 17 y 92. Castelar, 1892: 174. Incháustegui, 1942: 147. Las Casas, 1951: I, 154. Peguero, 1975: I, 18. Madariaga, 1975: 328. Ruiz de Lira, 1978: 43. López de Gómara, 1985: I, 47. Colón, 1985: 86. Benzoni, 1989: 82. Morales Padrón, 1988: 49. Herrera, 1991: I, 272).

75. (Las Casas, 1951: I, 153. Moréu, 1997: 87).

76. Solo Gonzalo Fernández de Oviedo afirma que se *burló de él y tuvo por vanas sus palabras.* (Fernández de Oviedo, 1992: I, 21). Sin embargo, el 5 de marzo de 1496 autorizó a Juan Caboto a llevar a cabo una expedición al oeste, que le llevó a recorrer las costas de Terranova.

77. (Manzano, 1964: 224. Varela Bueno, 1992: 76).

78. (Incháustegui, 1942: 147. Boorstin, 1989: 229. Moréu, 1997: 87).

79. Se enteró al mismo tiempo que toda Europa, en 1493, semanas después de su regreso triunfante, por lo que decidió volver a España para embarcarse junto a su hermano. Pero, dado que cuando llegó ya había zarpado, se embarcó meses después, llevando vituallas y correspondencia a la isla.

80. (Garcilaso de la Vega, 1617: 4. Irving, 1851: 21. Castelar, 1892: 186. Las Casas, 1951: I, 161. Manzano, 1964: 167-169. Verlinden, 1967: 45. Colón, 1985: 90. Herrera, 1991: I, 273. Fernández de Oviedo, 1992: I, 21. Eslava, 1992: 125. Varela Bueno, 1992: 98. Enseñat, 1999: 244). Todo parece indicar que ni siquiera se reunió personalmente con el duque sino solo con las personas de su entorno. (Ballesteros Beretta, 1945: I, 423-424).

81. (Irving, 1851: 21. Ballesteros Beretta, 1945: I, 424. Madariaga, 1975: 180-181. Eslava, 1992: 125-126. Thomas, 2003: 83. Sánchez González, 2012: 317).

82. (Ballesteros Beretta, 1945: I, 430. Las Casas, 1951: I, 162. Verlinden, 1967: 45. Morales Padrón, 1988: 48. Peña y Cámara, 1990: 5. Díaz-Trechuelo, 1991: 70-71. Fernández de Oviedo, 1992: I, 21. Pérez de Tudela, 1992: 19. Varela Bueno, 1992: 99. Thomas, 2003: 83. Varela Marcos, 2003: 109-111. Suárez Fernández, 2003: 413. Sánchez González, 2012: 307 y 326). Hipólito Sancho se equivoca cuando dice que la estancia se produjo entre 1483 y 1486, aunque es posible, como algunos sostienen, que con anterioridad hubiese vivido días puntuales, entre 1485 y 1486 y en abril de 1489. (Sancho, 1943: 84. Enseñat, 1999: 246. Varela Marcos, 2003: 92 y 108). Luis Joseph Peguero yerra al decir que el duque de Medinaceli rechazó su propuesta «riéndose de sus ofrecimientos». (Peguero, 1975: I, 18). Por desgracia, el palacio ducal no se conserva en la actualidad, aunque en la fachada de la casona que hay en su solar figura un escudo de los Medinaceli.

83. Carta del duque de Medinaceli al cardenal Mendoza, Cogolludo, 19 de marzo de 1493. AGS, Estado I, II, fol. 342. Ha sido reproducida por numerosos autores: (Ortega, 1925-1926: II, 95-96. Sancho, 1943: 84. Manzano, 1964: 173.176. Gil, 1984: 144-146. Arranz, 1986: 45. Herrera, 1991: I, 273. Comellas, 1992: 37. Pérez de Tudela, 1992: 19. CODODES, 1994: I, 281-282. Sánchez González, 2012: 324 y 331). Por poner un solo ejemplo, el duque de Medina Sidonia, en 1497, financió una empresa naval para tomar Melilla, gastando casi cuatro millones de maravedís, el doble del coste de la primera expedición colombina y un tercio más de lo que se invirtió en la tercera. (Salafranca, 1994: III, 120-121).

84. (López de Gómara, 1985: I, 47). Por su parte, Hernando Colón escribió que su padre no ignoraba que debía ser un príncipe quien financiase su empresa, pues solo así podría «realizarla y sustentarla». (Colón, 1985: 84).

85. (Manzano, 1964: 223. Boorstin, 1989: 228. Sánchez González, 2012: 327-328).

86. (Arranz, 1986: 45-46. Morales Padrón, 1988: 48. Eslava, 1992: 127).

87. (Pérez de Oliva, 1993: 142).

88. (Ballesteros Beretta, 1945: I, 428. Díaz-Trechuelo, 1991: 73-74. Pérez de Tudela, 1992: 21y 37. Ballesteros Gaibrois, 1996: 186).

89. (Pleitos, 1983: II, 55. Pleitos, 1984: III, 272. Colón de Carvajal, 2015: IV, 2299-2300 y 2348). En términos similares se expresaron otros testigos como Bartolomé Colín, Juan Moreno o Juan Rodríguez de Mafra, vecinos de Palos. (*Ibidem*: 312, 349 y 353).

90. (Serrato, 1893: 107. Las Casas, 1951: I 165. Manzano, 1964: 226). En cambio, Gonzalo Fernández de Oviedo afirmó que era un gran cosmógrafo. (Fernández de Oviedo, 1992: I, 23). Washington Irving adelanta este encuentro a 1485, cuando se encontró en La Rábida con fray Antonio de Marchena. (Irving, 1851: 15).

91. (Irving, 1851: 22. Poch, 1942: 34. Colón, 1985: 90. Varela Bueno, 1992: 150-151).

92. (Rumeu de Armas, 1968: 76).

93. (Castelar, 1892: 243. Rumeu de Armas, 1968: 28. Ortega, 1925-1926: II, 16. Las Casas, 1951: I, 166. Manzano, 1964: 227 y 236. Rumeu de Armas, 1985: 50. Manzano, 1988: I, 29-30. Morales Padrón, 1988: 49. Eslava, 1992: 129).

94. Según el propio Colón, tuvo cartas de ruego de tres príncipes que la reina que Dios haya vio y se las leyó el doctor Villalón. Fragmento de una carta del almirante al rey Fernando, mayo de 1505. (CODODES, 1994: III, 1769-1770).

95. AGI, Patronato 12, n. 2, r. 23, fol. 68v. (Serrato, 1893: 109. Ortega, 1925-1926: II, 16 y 125-126. Las Casas, 1951: I, 166. Manzano, 1964: 243. Madariaga, 1975: 220. Arranz, 1986: 47. Peña y Cámara, 1990: 5. Herrera, 1991: I, 274. Pérez de Tudela, 1992: 40. Moréu, 1997: 88. Varela Marcos, 2003: 112. Sánchez González, 2012: 329).

96. Así lo declaró en los Pleitos colombinos el propio Juan Rodríguez Cabezudo. (Serrato, 1893: 109. Rumeu de Armas, 1968: 71-72 y 103. Colón, 1989: II, 571. Varela Bueno, 1992: 151. Eslava, 1992: 130. Gil, 2007a: 417. Ropero, 2012: 129. Sánchez González, 2012: 329-330. Colón de Carvajal, 2015: III, 1199 y IV, 2299-2300). Tradicionalmente se ha dicho que dejó a su hijo en La Rábida, mientras que otros decían que lo colocó, una vez más, con su cuñada Briolanja Moñiz. Sin embargo, en los Pleitos colombinos se

asevera que lo dejó con sus amigos Juan Rodríguez y Martín Sánchez. (Pleitos, 1984: III, 271-272).

97. (Colón, 1986: 43. Arranz, 1986: 48. Varela Marcos, 2003: 113. Fernández-Armesto, 2004: 77. Colón de Carvajal, 2015: I, 50).

98. (Las Casas, 1951: I, 166. Arranz, 1986: 48).

99. (Ortega, 1925-1926: II, 131. Las Casas, 1951: I, 167. Morales Padrón, 1988: 55).

100. (Las Casas, 1951: I, 168. Colón, 1985: 87 y 93. Morales Padrón, 1979: 48. Céspedes del Castillo, 1985: 53. Morales Padrón, 1988: 55. Varela Bueno, 1992: 103. Pérez de Oliva, 1993: 143. Bernal, 2005: 117).

101. (Pérez de Tudela, 1992: 21-22).

Capítulo 4. Antecedentes del Descubrimiento

1. (Maravall, 1986: II, 291).

2. (Cervantes de Salazar,1971: I, 209. Suárez de Peralta,1990: 111.). Así lo entendió ya en el siglo xvi el cronista José de Acosta, quien vio el encuentro como la entrega esperanzada de su reino al retornado Quetzalcóatl. Cit. en López Poza (2004: 832).

3. Sus temores iniciales terminaron convirtiéndose en auténtico pánico. Este convencimiento provocó una parálisis de la cabeza visible de los mexicas que favoreció enormemente la caída de Tenochtitlán. (Mira, 2010: 212-213).

4. (Serrato, 1893: 9-10. Incháustegui, 1942: 115-116. Poch, 1942: 9-10. Boorstin, 1989: 212. Eslava, 1992: 47. Moréu, 1997: 28).

5. (Castelar, 1892: 555. Poch, 1942: 10. Díaz-Trechuelo, 1991: 8). Desde el siglo xiii entró en una rápida decadencia debido a varios factores: a una endogamia que los empobreció genéticamente, a las epidemias y a las malas cosechas y las consiguientes hambrunas. (Eslava, 1992: 47-48).

6. Se da por cierto que los vikingos estuvieron en Vinland, pese a que en 1974 se demostró que el famoso mapa que adquirió la Universidad de Yale, en 1965, y que causó mucho revuelo en medios académicos, era falso. Un estudio de los pigmentos usados en su elaboración identificó bióxido de titania que no se usó nunca antes de 1920. (Díaz Trechuelo, 1991: 8. Eslava, 1992: 57).

7. (Ramos Pérez, 1971: 468-469. Ramos Pérez, 1972: 2). Sobre los contactos precolombinos de origen africano puede verse la monografía de Luis Pericot (1963).

8. (Mena, 2011: 106-108).

9. (Ramos Pérez, 1972: 49).

10. (Izquierdo, 2012c: 197).

11. (Castelar, 1892: 555. Antequera, 1992: 20).

12. (Headrick, 2011: 26).

13. (Bonnet, 1944: 577-610. Fernández Herrero, 1992: 30).

14. (Díaz-Trechuelo, 1991: 11. Thomas, 2003: 74. Airaldi, 2012: 38. Mola, 2021: 133-136).

15. (Serrato, 1893: 2 y 58. Incháustegui, 1942: 102-103. Poch, 1942: 14. Olmo,1975: 5 y 9. Varela Bueno, 1988: 20. Boorstin, 1989: 163).

16. (Las Casas, 1951: I, 124. Tornero, 1990: 50).

17. El padre Las Casas no desaprovechó la ocasión para denunciar a los portugueses que este año cometieron la primera injusticia contra los naturales, por lo que, a su juicio, tenían justa razón para aborrecer a los cristianos como hicieron desde entonces. (Las Casas, 1951: I. 125-126).

18. (Gandía, 1929: 19. Incháustegui, 1942: 90. Boorstin, 1989: 112. Headrick, 2011: 42).

19. (Serrato, 1893: 37-38. Saavedra, 1991: 129. Fernández Duro, 1996: VI, 355-384). Sobre las pesquerías de gallegos en Terranova puede verse también el trabajo de Esteban Mira (2015: 39-52).

20. No solo aportaban agua y alimentos frescos sino también animales vivos (porcino, ovino, vacuno, caprino y aviar) a mejores precios que en la Península. (Chaunu, 1983: 44. Garcilaso de la Vega, 1986: 90. Céspedes del Castillo, 1988: II, 438. Elliott, 1996: 67. León Guerrero, 2024: 19). Sobre el papel de las islas Canarias como abastecedoras de productos frescos para las flotas y su importancia en el calafateo de los barcos véase a (García Barba, 1999: 365-379).

21. (Díaz-Trechuelo, 1991: 11. Moréu, 1997: 32 y 56).

22. (Mena, 2011: II, 47).

23. (Domínguez Ortiz, 1998: 240).

24. (Cappa, 1887).

25. (Céspedes del Castillo, 1988: II, 444. Comellas, 1991: 79. Díaz-Trechuelo, 1991: 14. Rubio Serrano, 1991: I, 75). En la segunda mitad del siglo XVI, estas pequeñas embarcaciones, que tan buenos servicios prestaron en la época de los descubrimientos, cayeron en desuso, debido a su ya citada escasa capacidad de carga, y fueron desplazadas por las naos en el comercio y por los galeones en la guerra. (Comellas, 1992: 178; Canales, 2010: 55).

26. (Fernández-Armesto, 2004: 49).

27. Entre esos autores: Juan Suárez de Peralta, fray Gerónimo de Mendieta, Antonio de Herrera, Juan de Solorzano Pereira, Juan de Castellanos, Fernando Pizarro y Orellana, Rodrigo Caro o Luis Zapata de Chaves y el padre Mariana. (Suárez de Peralta, 1990: 56-57. Benzoni, 1989: 78-81. Castellanos, 1944: 6. Ortega, 1925-1926: II, 45. Reynolds, 1978: 22). De los es-

critores del siglo XX solo señalamos a los más destacados: Bernardo Alderete, F. A. Kirkpatrick, Francisco Morales Padrón, Torcuato Luca de Tena, Jean Henry Vignaud, Carlos Pereira, Demetrio Ramos Pérez, Luis Ramos Gómez y, sobre todo, Manuel López Flores, Juan Manzano y Mercedes Junquera. Por su parte, Mario Hernández Sánchez-Barba era detractor hasta que leyó la obra de Juan Manzano, que, a su juicio, demostró de manera incontrovertible la existencia del protonauta. (Hernández Sánchez-Barba, 1992: I, 648).

28. Según Juan Pérez de Tudela, el propio genovés había llegado a la costa brasileña, entre 1482 y 1483, aunque la teoría no pasa de ser una hipótesis poco plausible. Cit. en Arranz (1986: 23-24).

29. (López Flores, 1964: 5). En esta versión coinciden la mayoría de los cronistas. (Mendieta, 1980: 13-14. Suárez de Peralta, 1990: 56-57. Garcilaso, 2000: 112-116).

30. (Ramos Pérez, 1971: 477-478).

31. (*Ibidem*: 470).

32. (Manzano, 1989: 6 y ss.).

33. (Ballesteros Beretta, 1945: I, 355. López de Gómara, 1985: I, 45-46. Ortega, 1925-1926: II, 42-43. Manzano, 1989: 95-97. Eslava, 1992: 103).

34. (*Ibidem*).

35. Asimismo, el dominico afirma dos veces que estaba tan seguro de que encontraría tierras «como si dentro de una cámara, con su propia llave lo tuviera». (Ortega, 1925-1926: II, 40-42. Ballesteros Beretta, 1945: I, 356-357. Las Casas, 1951, I, 167. Ramos Pérez, 1972: 10-11. Pérez de Tudela, 1983: 29. Manzano, 1989: 111-112. Tornero, 1990: 92. Eslava, 1992: 103).

36. Concretamente afirmó: «Quieren decir algunos que una carabela que desde España pasaba por Inglaterra... acaeció que le sobrevinieron tales y tan forzosos tiempos y tan contrarios que hubo de necesidad de correr al Poniente tantos días que reconoció una o más de las islas de estas partes e Indias... Este volvió muy enfermo a las islas Maderas, donde murió en casa de Colón tras confesarle la situación de las nuevas tierras... unos dicen que este maestre o piloto era andaluz, otros le hacen portugués, otros vizcaínos... que esto pasase así o no, ninguno con verdad lo puede afirmar, pero aquesta novela así anda entre la vulgar gente de la manera que es dicho. Para mí yo lo tengo por falso». (Leguina, 1877: 44-48. Fernández Duro, 1892: 33-53. Ortega, 1925-1926: II, 39-40. Ballesteros Beretta, 1945: 354. Manzano, 1989: 71-72. Tornero, 1990: 93-94. Fernández de Oviedo, 1992: I, 16. Izquierdo, 2012c: 191).

37. (Fernández de Oviedo, 1992: I, 15).

38. (Ballesteros Beretta, 1945: I, 354. Colón, 1985: 75. Manzano, 1989: 85-86 y 205. Fernández Herrero, 1992: 79).

39. Carta de Diego Álvarez Chanca al concejo de Sevilla, 1493. (Monte y Tejada, 1952: I, 215. Gil, 1984: 152-176. Morales Padrón, 1990a: 111-137).

40. (Luca de Tena, 1968a: 46-49).

41. (Peguero, 1975: I, 16. Cioranescu, 1978: 35. Didiez, 2015: 30).

42. (Chimalpahin, 1965: 108. 284. León-Portilla, 2006: 277-278. Poma, 2008: I,).

43. (Garcilaso, 2000: 116).

44. Poco después, Fernando Pizarro, en su obra *Varones ilustres del Nuevo Mundo*, recogió esta teoría del piloto onubense que en 1484 alcanzó la isla Española y regresó moribundo a casa de Colón, en las islas Madeiras, donde le entregó la documentación sobre su derrotero. (Garcilaso, 2000: 112-114. Astrana, 1929: 39-41. López Flores, 1964: 73-74. Eslava, 1992: 104. León-Portilla, 2006: 283).

45. (Poch, 1942: 100). Otros autores, como Bernardo de Alderete, Juan de Castellanos, Juan de Solórzano Pereira, Fernando Pizarro y Orellana, Lope de Vega y Simâo de Vasconcellos, entre otros, han continuado divulgando esta leyenda con ligeras variantes. (Ortega, 1925-1926: II, 43-45. Astrana, 1929: 39. Ballesteros Beretta, 1945: I, 358. López Flores, 1964: 110-111. Luca de Tena, 1968a: 37-38. Manzano, 1989: 168. Díaz-Trechuelo, 1991: 47). La teoría ha dado lugar a mucha literatura, con autores como José Ferrer de Couto (1857), Francisco Ferrazón Íñiguez (1883), Baldomero de Lorenzo (1885 y 1892), Cesáreo Fernández Duro (1892) y, más recientemente, Juan Manzano (1976).

46. (Rumeu de Armas, 1968: 78-84. Ramos Pérez, 1971: 491. Jos, 1979-80: 98-99. García Cruzado, 2011: II, 17). Las Casas llama de otra forma a este protonauta vecino de Palos, exactamente Pedro de Velasco. (Las Casas, 1951: I, 68). Tanto Juan Manzano como Antonio Rumeu y Demetrio Ramos piensan que se trata de la misma persona, y, según este último, Pedro Vázquez latinizó su nombre Pietrus Velascus, que terminó derivando en Pedro Velasco. (Manzano, 1964: 28-29. Rumeu de Armas, 1968: 80. Ramos Pérez, 1971: 484).

47. (Gandía, 1929: 14. Incháustegui, 1942: 147-148. Ballesteros Beretta, 1945: I, 415. Manzano, 1964: 237. Rumeu de Armas, 1968: 784. Ramos, 1971: 484 y 531. Jos, 1979-80: 98-99).

48. (Ballesteros Beretta, 1945: I, 349. Peguero, 1975: I, 15).

49. (Peguero, 1975: I, 16).

50. (Las Casas, 1951: I, 69).

51. Véase la obra de Rafael Ballester (1964).

52. (Pérez de Tudela, 1983: 30-31. Gil, 2007a: 53).

53. (*Ibidem*: 39-58).

54. La mayoría de los defensores de la existencia del protonauta defienden su naturaleza onubense, frente a una minoría que sostienen que fue portugués y a algún caso más esporádico, como el de Étienne Cleirac, que afirman que era vasco. (López Flores, 1964: 120).

55. (Benzoni, 1989: 81. Astrana, 1929: 35. López Flores, 1964: 125).

56. (López Flores, 1964: 125).

57. Por citar solo a los más destacados mencionaremos a Washington Irving, Samuel E. Morison, Emilio Castelar, Louis Gallois, Francisco Ballesteros Beretta, Salvador de Madariaga, José María Moréu y Felipe Fernández-Armesto.

58. (López Medel, 1990: 22).

59. (Bouza, 1990: 55. Gil, 2007a: 100).

60. (Martínez Shaw, 2006: 15).

61. (Taviani, 1983: 185-187. Tornero, 1990: 95).

62. (CODODES, 1994: III, 1983).

63. (Didiez, 2015: 41).

64. (Gandía, 1929: 16. Ramos Pérez, 1972: 34. Jos, 1979-80: 16. Boorstin, 1989: 227).

65. (Incháustegui, 1942: 75. Las Casas, 1951: I, 51-54).

66. Sus palabras textuales que incluye en su obra Medea decían así: «Llegará el tiempo, en un porvenir lejano, en el que la Mar Océana romperá sus cadenas y una vasta tierra será revelada a los hombres, cuando un marino audaz, como aquel llamado Tiphi y que fue guía de Jasón, descubrirá un nuevo mundo, y entonces Thule no será más que la última de las tierras». Con pequeñas variantes transcribieron la cita cronistas como Hernando Colón, Bartolomé de Las Casas o Francisco López de Gómara. (Gandía, 1929: 16. Incháustegui, 1942: 78. Las Casas, 1951: I, 57-60. Luca de Tena, 1968a: 26. López de Gómara, 1985: I, 307. Colón, 1985: 64-65. Acosta, 1987: 91-92. Boorstin, 1989: 232. Núñez, 1989: 31. Herrera, 1991: I, 259. Díaz-Trechuelo, 1991: 7. Comellas, 1991: 103. Colón, 1992a: 454. Fernández Herrero, 1992: 49. León Azcárate, 2006: 113. García-Osuna, 2013: 119. Gargatagli, 2021: 64. Colón, 2024: 542).

67. (Jos, 1979-80: 40).

68. (Martín López, 2019: 61).

69. (Irving, 1851: 8. Ortega, 1925-1926: II, 37-38. Poch, 1942: 9. Incháustegui, 1942: 79-80. Madariaga, 1975: 105y 117-118. Olmo, 1975: 17. Benito, 1978: 1-100. Boorstin, 1989: 112. Comellas, 1991: 61. Eslava, 1992: 38-39. Fernández Herrero, 1992: 53. Pérez de Tudela, 1994: I, LXXXVI. Gil, 2007a: 86). Contaba Anglería que las islas Canarias se conocieron desde la antigüedad como islas Afortunadas, «por la templanza de su cielo, pues ni las abruma el crudo invierno ni el atroz verano, ya que están situadas al

mediodía, fuera de todo el clima de Europa». (Gil, 1984: 40). Las Casas utiliza expresiones parecidas, y dice que se conocían así por la felicidad de esa tierra. (Las Casas, 1951: I, 52).

70. (Incháustegui, 1942: 80. Las Casas, 1951: I, 68. Olmo, 1975: 9. Colón, 1985: 74. Herrera, 1991: I, 263. Díaz-Trechuelo, 1991: 12-13. Fernández Herrero, 1992: 53. Pérez de Tudela, 1994: I, XCIX).

71. (Fernández Herrero, 1992: 53. Fernández-Armesto, 2004: 59).

72. (López de Gómara, 1985: I, 307. Fernández Herrero, 1992: 46-47).

73. (Ortega, 1925-1926: III, 22. Gandía, 1929: 16. Céspedes del Castillo, 1988: II, 436. Comellas, 1991: 61. Didiez, 2015: 73).

74. (Pleitos, 1984: III, XXIII).

Capítulo 5. La empresa descubridora

1. (Pietschmann, 2006: 274).

2. (Roselly, 1858: I, 120. Madariaga, 1975: 235. Sanz, 1980. Arranz, 1986: 48. Varela Bueno, 1992: 151-152. Varela Marcos, 2003: 113. Suárez Fernández, 2003: 413. Thomas, 2003: 92).

3. De hecho, en los Pleitos colombinos, el fiscal preguntó, en 1535, si sabían que de haberse guardado los privilegios de Santa Fe la Corona hubiese recibido «enormísima lesión y daño y quedaría casi inútil la preeminencia real...». (Colón de Carvajal, 2015: III, 1589).

4. (Colón, 1985: 94. Fernández Herrero, 1992: 60. Moréu, 1997: 89).

5. (Madariaga, 1975: 235. Rumeu de Armas, 1985: 25-29).

6. (Serrano y Sanz, 1918: I, 201).

7. (Arranz, 1981: 50). Hubo varios aragoneses implicados en la gestación del Descubrimiento que lo apoyaron desde el primer momento, como Juan de Coloma, Juan Cabrero y Gabriel Sánchez, Tesorero General de Aragón, a los que se uniría luego Luis de Santángel. Tanta relación tuvo con el camarero del rey Juan Cabrero, que fue uno de los tres destinatarios de la carta anunciadora. (Varela Bueno, 1992: 101. Pérez de Tudela, 1992: 41. Pérez de Tudela, 1994: I, LXIX).

8. El documento se conserva en el AGI, Patronato 295, N. 3, aunque hay numerosas copias realizadas en distintos siglos. AGI, Patronato 8, r. 1; Patronato 8, r. 8; Indiferente General 418, L. 1, fols. 1r-2v. El padre Las Casas lo reprodujo íntegro. (Las Casas, 1951: I, 172-174). Desde el siglo XIX, el original ha sido publicado hasta la saciedad en muy diversas obras: Altolaguirre (1901: 279-294), Fernández Navarrete (1954: LXXV, 302), Ruiz de Lira (1978: 168-169), Morales Padrón (1979: 54-55), CODODES (1994: I, 64-65), Colón de Carvajal (2015: II, 75-77).

9. Se conoce un interesantísimo inventario de los documentos referidos a la familia Colón que se conservaban en el Archivo de las Cuevas, publicado por Serrano y Sanz. (Serrano y Sanz, 1930: 145-256 y 534-637).

10. (Las Casas, 1951: I, 471-472. CODODES, 1994: II, 932-942). Además, ese mismo día se ordenó a Francisco de Soria que enviase a Colón un traslado de los privilegios de los almirantes de Castilla, para que también los gozase. (CODODES, 1994: II, 916-932

11. (Pérez de Tudela, 1985: 155).

12. (Las Casas, 1951: I, 172. Herrera, 1991: I, 275). Otros autores posteriores, como Alonso de Santa Cruz o Martín Fernández de Navarrete alteraron asimismo el tiempo verbal para darle sentido al documento. (Junquera, 1991: 93).

13. (Rumeu de Armas, 1985: 52).

14. Un traslado del original, se conserva en ADA, Cap. 101, leg. 2, doc. 3-2 y Carp. 247, leg. 27 y Carp. 247, leg. 54, doc. 1. (Rumeu de Armas, 1985: 239-241. CODODES, 1994: I, 74-77). También lo reproducen tanto el padre Las Casas (1951: I, 174) como Hernando Colón (1985: 154-157).

15. (García Gallo, 1972: 615). Eso cambió desde la llegada del pesquisidor Bobadilla y durante la gobernación de Ovando pues serán ellos los que ejerzan la justicia.

16. (Pérez de Tudela, 1994: I, CLII).

17. (Altolaguirre, 1901: 279-293. Thomas, 2003: 95. Fernández-Armesto, 2004: 108).

18. (Pérez Embid, 1944: 157. Aznar, 2012: 112-113). A partir de mediados del siglo XVI se retomó dicho rango para designar al lugarteniente de las flotas que se despachaban para América. Era el segundo del convoy después del capitán general, y viajaba en la retaguardia en un velero que se conocía como la *almiranta*, siendo su principal cometido la protección de los navíos más lentos. (Mira, 2019: 65).

19. (Arranz, 1986: 51. Gil, 1987b: 7. Moréu, 1997: 91). Los extraordinarios derechos del almirante de Castilla los enumera Juan Gil en un apéndice. (Gil, 1987b: 19-25. Colón de Carvajal, 2015: 117-130). Lo cierto es que consiguió que, el 28 de mayo de 1493, le confirmasen la posibilidad de nombrar lugartenientes, alcaldes, alguaciles y otros oficios. (*Ibidem*: 8).

20. (Ballesteros Beretta, 1945: II, 141. Colón de Carvajal, 2015: II, 77-80).

21. (Arranz, 1986: 51. Gil, 1987b: 5. Cerezo, 1991: 216. Varela Bueno, 1992: 152. Cassá, 1993: I, 32. Tamames, 2021: 55).

22. (Pérez de Tudela, 1992: 12).

23. Carta del rey Fernando a los oficiales de La Española, Burgos, 23 de febrero de 1512. (Murga, 1971: 298-299. Szászdi, 2006: 220).

24. (Rumeu de Armas, 1985: 13). Más adelante también la denomina con la no menos expresiva expresión de *carta magna del descubrimiento*. (*Ibidem*: 54). Gonzalo Fernández de Oviedo, por error, las fechó el 18 de abril de 1492. (Fernández de Oviedo, 1992: I, 23).

25. (Irving, 1851: 23. Serrato, 1893: 115. Las Casas, 1951: I, 168. Colón, 1985: 94. Arciniegas, 1990: 153. Herrera, 1991: I, 274. Varela Bueno, 1992: 104. Eslava, 1992: 134)

26. (Prescott, 1952: 159. Bernal, 2005: 115).

27. (Andrés, 1987: 12).

28. Aunque el propio interesado se quejó de la racanería de la Corona, que solo contribuyó con un millón de maravedís, dato que ratifica el padre Las Casas, en realidad, la soberana le entregó un total de un millón ciento cuarenta mil maravedís. (Serrano y Sanz, 1918: I, 133-134. Ortega, 1925-1926: II, 132. Las Casas, 1951: I, 170. Zavala, 1971: 511. Olmo, 1975: 34. Jos, 1979-80: 20. Moya, 1981: 21. Andrés, 1987: 4 y 9. Varela Bueno, 1988: 49-51. Morales Padrón, 1988: 55. Díaz-Trechuelo, 1991: 77. Antequera, 1992: 26).

29. Concretamente Alonso de Cabezas, tesorero de la bula de cruzada de la diócesis de Badajoz, libró, el 5 de mayo de 1492, un millón ciento cuarenta mil maravedís a favor de Luis de Santángel del dinero que prestó a la reina para «la paga de las tres carabelas que sus altezas mandaron ir de armada a las Indias, y para pagar a Cristóbal Colón que va en la dicha armada...». El documento o el extracto lo reproducen con algunas variantes numerosos autores. (Jos, 1979-80: 26-27. Andrés, 1987: 33-41. Varela Bueno, 1988: 49-50. Manzano, 1989: 189. CODODES, 1994: I, 89-91. Ballesteros Gaibrois, 1996: 215. Rubio, 2007: I, 86). No fue el único peculio que prestó, pues otro millón y medio de maravedís le entregó, a petición de los reyes, a don Isaq Abrabanel y le fue devuelto el 19 de agosto de 1494. (Rubio, 2007: I, 242-243).

30. (Varela Bueno, 1988: 50. Varela Bueno, 1992: 104).

31. (García Cruzado, 2011: II, 12).

32. (García-Baquero, 1986: 27-28).

33. En 1499, Vicente Yáñez Pinzón mandó construir en Palos las cuatro carabelas con las que zarparía tras firmar su capitulación. (Gil, 1985: 310).

34. Apenas conocemos algunas referencias de estos dos religiosos que jugaron un papel tan decisivo en la consumación del apoyo de la Corona. Históricamente ha habido cierta confusión a la hora de distinguir a ambos personajes porque Francisco López de Gómara los convirtió en uno solo: fray Juan Pérez de Marchena. (López de Gómara, 1985: I, 46). El error de Gómara indujo a otros. (Garcilaso de la Vega, 1617: 4. Ortiz de Zúñiga, 1796: III, 144. Irving, 1851: 15. Roselly, 1858: I, 73. Mendieta, 1980: 14.

Herrera, 1991: I, 272). Otra fuente de error la constituyó el obispo Alessandro Geraldini, que lo llamó fray Juan de Marchena, y este dato también ha generado cierta confusión en la historiografía posterior. (Ortega, 1925-1926: II, 82. Rumeu de Armas, 1968: 19). Carlos Esteban Deive, lo llama, seguramente por un simple despiste, fray Pedro de Marchena. (Deive, 1983: 25). Desde finales del siglo XIX sabemos que eran dos personas distintas, pese a lo cual tenemos muy pocos datos de sus respectivas biografías. (Serrato, 1893: 106-107. Madariaga, 1975: 217).

35. En la capital hispalense, desde el siglo XIII, había una colonia estable de genoveses, algunos de cuyos miembros incluso entroncaron con la nobleza local. (Thomas, 2003: 62).

36. La construcción de carabelas se extendía por todos los puertos de Huelva, no solo Palos sino también Moguer, San Juan del Puerto, Gibraleón o Cartaya. (García-Arreciado, 1992: 179. Moréu, 1997: 93). A partir del Descubrimiento comenzó un proceso progresivo de decadencia, debido a varios factores: primero, a que muchos de sus marinos atravesaron los océanos, perecieron o se trasladaron a vivir a otros puertos. Y segundo, porque el hecho de que la villa pasase a ser mitad señorial y mitad real provocó un aumento de los impuestos. (Izquierdo, 2012a: 71). Entre 1480 y 1533 Palos perdió poco más de la tercera parte de su población, al pasar de seiscientos vecinos a cuatrocientos cuatro. (García-Arreciado, 1992: 209). Pese a ello, la costa onubense siguió proporcionando mucha marinería a las flotas de Indias durante toda la Edad Moderna.

37. (Tornero, 1990: 63. Izquierdo, 2004: 59 y ss.). A partir de la firma del Tratado de Tordesillas, la presencia castellana en el norte de África fue disminuyendo, y a la par, la de los armadores palermos, onubenses y moguereños.

38. (Otte, 2008: 136). La presencia sureña en estos pioneros viajes fue abrumadora, por lo que no extraña que se usasen topónimos en los primeros años como Chipiona, Rotilla, Sanlúcar, Sevilla o Cádiz. (Núñez, 1989: 9. Mira, 1997: 432).

39. (García-Baquero, 1986: 23-30. Rendón, 2022: 31).

40. (Boorstin, 1989: 232-233. Comellas, 1992: 37). A partir de su segunda travesía, Cádiz se convirtió en la cabecera de la navegación a las Indias, que duró desde 1493 hasta enero de 1503, en que se estableció en Sevilla la Casa de la Contratación. Real Provisión de los reyes para que todos los navíos que vayan a las Indias, tanto a la ida como a la vuelta, recalen en Cádiz, Segovia, 27 de agosto de 1494. AGI, Patronato 9, r. 1, fol. 70r-70v. (Rubio, 2007: I, 243-244). En todas las capitulaciones de los viajes andaluces se les pedía a los armadores que regresasen a Cádiz, ya que allí había un funcionario para tomar cuenta de lo que traían y cobrar el

preceptivo quinto real. Véase, por ejemplo, el asiento firmado con Rodrigo de Bastidas, Sevilla, 5 de junio de 1500. AGI, Patronato 26, r. 1. (CODOIN, serie 1.ª: 38, 435-438. Ramos Pérez, 1981: 440-443. Rubio, 2007: I, 381-383). Desde 1503, el monopolio lo tuvo Sevilla, que era una ciudad más próspera, mejor comunicada con el interior de Castilla y mejor protegida de los ataques enemigos que la ciudad de Cádiz, que en esos momentos no pasaba de ser una ciudad pequeña, pobre y expuesta. (Céspedes del Castillo, 1988: II, 441).

41. En concreto, el 24 de junio de 1492 la adquirieron los Reyes Católicos por un total de dieciséis millones cuatrocientos mil maravedís. La otra mitad la compartían el duque de Medina Sidonia y el conde de Miranda. (Manzano, 1964: 351. Izquierdo, 2012a: 55. Izquierdo, 2012b: 101).

42. (Manzano, 1964: 341. García-Baquero, 1986: 23. Izquierdo, 2012a: 47 y 57).

43. (Ballesteros Beretta, 1945: I, 526. Manzano, 1964: 323. Andrés, 1987: 9. Morales Padrón, 1988: 82. Bernal, 2005: 201). Esa es la cantidad exacta, aunque el almirante en su codicilo otorgado en Valladolid, el 19 de mayo de 1506, afirmó que los soberanos solo aportaron un millón. (CODODES, 1994: III, 1821-1830). Por establecer una comparativa, la boda de la infanta Catalina en Londres con el príncipe Arturo tuvo un coste de sesenta millones de maravedís. (Thomas, 2003: 94).

44. (Manzano, 1964: 324. Rumeu de Armas, 1968: 100. Arciniegas, 1990: 153. Varela Marcos, 1996: 39. Arranz, 1986: 54-55. Eslava, 1992: 134. Mena, 2011: 53). De hecho, Juanoto Berardi, en su testamento de 1495, manifestó que el almirante le seguía debiendo ciento ochenta mil maravedís, además del trabajo que había desempeñado en su servicio en los últimos tres años. (Poch, 1942: 39. Gil, 1984: 226-230).

45. (García-Baquero, 1986: 25. Izquierdo, 2012b: 101. Ropero, 2012: 127. Corzo, 2018: 157).

46. Real Provisión a los vecinos de Palos, Santa Fe, 30 de abril de 1492. AGI, Patronato 295, n. 3. Un traslado original quedó en poder de Cristóbal Colón, quien lo depositó en su archivo de la Cartuja de las Cuevas. (Serrano, 1930: 186). El documento está transcrito en varios corpus documentales. (Ruiz de Lira, 1978: 169-170. Rubio, 2007: I, 93-94). Después de la primera travesía colombina, la Corona se mostró aún más intransigente en lo relativo a las incursiones castellanas al sur de las Canarias para no encrespar más los ánimos del soberano luso. (CODODES, 1994: I, 500; II, 711-712).

47. (Rubio, 2007: I, 91-93).

48. Real Cédula dirigida a Cristóbal Colón, Santa Fe, 30 de abril de 1492. AGS, Registro General de Sello, año 1492. Reproducida por fray Vicente Rubio (2007: I, 90-91).

49. (Ortega, 1925-1926: II, 139140. Rumeu de Armas, 1985: 241-243. CODODES, 1994: I, 78-79. Rubio, 2007: I, 93-95).

50. Real Cédula a las autoridades de las ciudades costeras de Andalucía, Santa Fe, 30 de abril de 1492. AGI, Patronato 295, n. 4. Ha sido reproducida en numerosos regestos: CODOIN (Serie 1.ª, T. 38, pp. 115-116), CODODES (1994: I, 81-82) y Rubio (2007: I, 95-96).

51. Real Cédula a los arrendadores y recaudadores de impuestos de Andalucía, Santa Fe, 30 de abril de 1492. AGI, Patronato 295, n. 6. Reproducido en Rubio (2007: I, 98).

52. Hay unanimidad en las fuentes sobre la fecha de la partida desde Granada el 12 de mayo. (Colón, 1985: 95. Colón, 1986: 44. Arranz, 1986: 54). Históricamente se sospechaba que en el trayecto pasó por Córdoba, pernoctando allí dos o tres días, para despedirse de Beatriz de Arana y de su hijo Hernando, que contaba con tres años de edad, y de paso reclutar a algunas personas de su confianza, como Diego de Arana, primo de su mujer. Sin embargo, está documentado que el 15 de mayo, es decir, tres días después de salir de Granada, estaba en Palos, por lo que parece que debemos descartar esa escala. (Varela Marcos, 2003: 114).

53. (Monte y Tejada, 1952: I, 35. Arranz, 1986: 56. Díaz-Trechuelo, 1991: 81).

54. Algunos autores dicen que el pregón se hizo desde el púlpito de la iglesia de San Jorge, pero lo más plausible es que se leyese fuera del templo, en la plaza, por el pregonero o peón del concejo. (Peña y Cámara, 1990: 6).

55. Poder otorgado a Juan de Peñalosa, 20 de junio de 1492. AGS, RGS, leg. 1492-206, n. 25.

56. Así lo declaró el propio Alonso Pardo. (Pleitos, 1984: III, 282).

57. Se conservan dos Reales Provisiones dadas al contino Juan de Peñalosa para que hiciese cumplir a las villas de Palos y Moguer lo dispuesto el 20 de abril de 1492. Real Provisión dada en Guadalupe, el 20 de junio de 1492. AGS, Registro General del Sello 1492-IX, fols. 1r y 25r. (Fernández de Navarrete, 1964: II, 282-293. CODODES, 1994: I, 94-98. Rubio, 2007: I, 100-102).

58. (Morales Padrón, 1992: 48. Enkvist, 2021: 43).

59. (Rumeu de Armas, 1968: 107. Arranz, 1986: 57. Eslava, 1992: 137). Sobre el personaje puede verse la reciente monografía de (López Díaz, 2023).

60. (Las Casas, 1951: I, 175).

61. (Madariaga, 1975: 218-219. Manzano, 1988: I, 7. Peña y Cámara, 1990: 6).

62. (Izquierdo, 2012b: 101).

63. (Irving, 1851: 158. Manzano, 1988: I, 5-6. Moréu, 1997: 102. Izquierdo, 2012b: 102).

64. (Manzano, 1988: I, 147. Varela Marcos, 2012: 26). La primera carta anunciadora del descubrimiento fue la de Pinzón, aunque, por desgracia, no se ha conservado, privándonos de otra versión diferente del descubrimiento.

65. (Castelar, 1892: 278. Manzano, 1964: 358-360. Núñez, 1989: 41).

66. (Serrato, 1893: 121. Manzano, 1964: 370-371. López Flores, 1964. 194. Arranz, 1986: 57. Gil, 1989: I, 46. Moréu, 1997: 103).

67. (Las Pleitos, 1983: II, 107. Izquierdo, 2012b: 103. Colón de Carvajal, 2015: IV, 2092).

68. (Las Casas, 1951: I, 175-176). Incluso su hijo declaró en los Pleitos colombinos que Colón le ofreció a su padre «la mitad de las mercedes que el rey le hacía». (Las Casas, 1951: I, 177-178. Varela Marcos, 1996: 43-44).

69. (Restall, 2004: 35).

70. (Moréu, 1997: 103).

71. (Irving, 1851: 27. Leguina, 1877: 95. Rumeu de Armas, 1968: 108. Madariaga, 1975: 245. Ruiz de Lira, 1978: 49. Pleitos, 1984: III, 308. Kirkpatrick, 1986: 20. Díaz-Trechuelo, 1991: 84. Martínez Shaw, 2006: 16).

72. (Roselly, 1858: I, 139. Las Casas, 1951: I, 178. Manzano, 1988: I, 38-39. Eslava, 1992: 137. Izquierdo, 2012b: 105. Didiez, 2015: 39).

73. (Manzano, 1988: I, 50).

74. (Colón de Carvajal, 2015: III, 1555).

75. (López de Gómara, 1985: I, 60).

76. (Serrato, 1893: 168. Colón, 1985: 152). En los Pleitos, distintas personas que fueron testigos de vista ratificaron lo mismo. (Ortega, 1925-1926: III, 103-104 y 108). Juan Manzano piensa que su traslado al cenobio no se hizo por motivos sanitarios sino buscando su protección, frente a la intención de Colón de arrestarlo y de llevarlo consigo a la corte. (Manzano, 1988: I, 163). Sin embargo, esta hipótesis no parece plausible, teniendo en cuenta que estaba muy enfermo, aunque Colón creía que solo disimulaba su dolencia.

77. Algunos autores, defensores de la gesta colombina, fantasearon diciendo que falleció debido a sus remordimientos y a su envidia por la traición que había perpetrado. (Irving, 1851: 59. Serrato, 1893: 168). Sin embargo, en realidad, Pinzón fue uno de los primeros europeos que enfermó de sífilis, aunque semanas después llegó hasta Barcelona, donde ya hubo contagiados tras la visita de Colón. (Ballesteros Beretta, 1945: II, 106-107 y 395. Ruiz de Lira, 1978: 63. Junquera, 1991: 94). Se ha comparado las consecuencias de la cepa virulenta de la sífilis con las que en el siglo XX causó el sida. Desde principios del siglo XVI se crearon grandes hospitales para sifilíticos en numerosas localidades como Sevilla, Lisboa o Guadalupe. (Muñoz Sanz, 2008: 13-20). Al parecer, el ejército del Gran Capitán extendió la enfermedad por Nápoles, de ahí que los franceses lo conociesen como la do-

lencia de Nápoles y los napolitanos como el mal francés, pensando que habían sido ellos los que los habían contagiado. (Ballesteros Beretta, 1945: II, 395. Gil, 2013: 253). No tardó en extenderse por otros continentes interconectados con Europa, como África y Asia. (Bernand, 2005: 172).

78. (Ortega, 1925-1930: III, 104).

79. (Verlinde, 1967: 81. Izquierdo, 2012b: 102-103. Colón de Carvajal, 2015: III, 1481 y ss.).

80. (Varela Bueno, 1992: 112).

81. (Gil, 2006a: 183-213).

82. (Ramos Pérez, 1981: 429-431. Manzano, 1988: III, 22-24).

83. Capitulación firmada por Vicente Yáñez Pinzón, Granada, 5 de septiembre de 1501. (Gould, 1927: 319-375. Ramos Pérez, 1981: 448-453. CODODES, 1994: II, 1270-1274. Izquierdo, 2012b: 110-111).

84. Real Cédula al tesorero Alonso de Morales, Toro, 28 de febrero de 1505. (CODODES, 1994: III, 1731). Carta merced a Vicente Yáñez Pinzón, Toro, 24 de marzo de 1505. (CODODES, 1994: III, 1745-1746). Título de capitán y gobernador de la isla de San Juan a Vicente Yáñez, Toro, 24 de abril de 1505. (CODODES, 1994: III, 1760-1762). Sería, Juan Ponce de León el que arribaría a la isla de San Juan, el 12 de agosto de 1508, trayendo consigo medio centenar de españoles procedentes de La Española, dando comienzo así la colonización de la isla.

85. (Gil, 2006a: 184. Izquierdo, 2012b: 114-115).

86. (Morales Padrón, 1988: 58-60. Cortizo, 2023: I, 167).

87. (Thomas, 2003: 107).

88. El propio hijo del palermo, Juan Martín Pinzón, declaró que cuando su padre lo conoció ya pensaba en descubrir tierras al oeste, y que había traído de Roma «cierta bula que tocaba a las dichas Indias». Incluso añadió que ambos marinos pactaron repartirse los beneficios al cincuenta por ciento. (Irwing, 1851: 222. Serrato, 1893: 108. Pleitos, 1983: II, 104. Manzano, 1988: I, 61. Colón de Carvajal, 2015: III, 1455-1456 y IV, 2090). Otros testigos también ratificaron que ya antes de su entrevista con Colón tenía en mente armar dos embarcaciones e ir a descubrir tierras al oeste. (Ortega, 1925-1926: III, 41-44). En cambio, Gil Romero, vecino de Palos, dijo que, antes de que Colón llegase a Palos, jamás oyó decir a Pinzón que quisiese ir a descubrir tierras al oeste. (*Ibidem*: 45).

89. Por ejemplo, Francisco Medel declaró en los Pleitos que había ido a Roma una o dos veces con sardinas. (Colón de Carvajal, 2015: III, 1554).

90. Otros testimonios modifican ligeramente la frase del palermo: «Adelante, adelante, que esta es armada y embajada de tan altos príncipes como los reyes nuestros señores de España... Yo determino de andar hasta hallar la tierra o nunca volver en España». No menos claro se mostró su

hermano Vicente, cuando le dijo «Andemos, señor, hasta dos mil leguas, y si no encontramos tierra, entonces daremos media vuelta». Asimismo, Francisco Medel declaró que, tras andar ochocientas o novecientas leguas, «el almirante había desmayado y había dicho: Martín Alonso, perdidos vamos, qué haremos que quien nos vio venir nunca nos verá volver a Palos, volvámonos», convenciéndolo el palermo de seguir adelante. (Ballesteros Beretta, 1945: II, 59. Colón de Carvajal, 2015: III, 1555-1556. IV, 2090-2091. Didiez, 2015: 121).

91. (Fernández de Oviedo, 1992: I, 26).

92. (Bernabéu, 2006: 311).

93. (Serrato, 1893: 170 Manzano, 1988: I, 43. Varela Marcos, 2005. González Cruz, 2012: 218).

94. (Casado, 2006: 164).

95. (Toynbee, 1975: III, 44). La citada hegemonía implicaba la existencia de una o varias innovaciones técnicas que permitían a un Estado dominar a los demás, sin que estos estuviesen en condiciones de disputarle esa condición hegemónica. (Anderson, 2018: 205).

96. (Martínez, 1983: 68-69).

97. (Apestegui, 1996: 32).

98. (Pi Corrales, 2001: 27. Rahn, 2012: III, I, 257. Ribot, 2021: 122).

99. En un reciente estudio sobre la compraventa de barcos en Sevilla entre 1560 y 1622, quedó de manifiesto que aproximadamente la mitad de los barcos mercantes adquiridos en la ciudad del Guadalquivir eran naos. Los galeones, sorprendentemente, supusieron tan solo el 3,85 por ciento. (Rodríguez Lorenzo, 2016b: 77).

100. (Ortega, 1925-1926: II, 168. Arranz, 1986. 58. Morales Padrón, 1988: 71. Fernández de Oviedo, 1992: I, 23. Headrick, 2011: 25). Pero las había mucho mayores, aunque Escalante de Mendoza en 1575 recomendaba que las utilizadas en la navegación atlántica no superasen las quinientas toneladas. Cit. en (García del Valle, 2013: 309). Lo cierto es que, desde 1552, una nao como la Victoria de Juan Sebastián Elcano, no hubiesen podido realizar viajes ultramarinos, pues se estableció las cien toneladas como el porte mínimo. (Veitia, 1672: I, 180).

101. (López Flores, 1964: 224. Martínez, 1983: 69. Cerezo, 1991: 217. Casado, 2006: 168). Y en otra ocasión dijo más aún: que por ser *grande se perdió en el puerto de Navidad*. (Martín López, 2019: 24).

102. (Verlinden, 1967: 61. Varela Bueno, 1986a: 11). El apodo de *El Negro* procedía del comercio con esclavos africanos al que probablemente se dedicaba. (Ropero, 2012: 152). Sobre la vida de Juan de la Cosa sigue sin estar superado el clásico trabajo de Enrique de Leguina (1877).

103. (Incháustegui, 1942: 153. Manzano, 1964: 383).

104. (Manzano, 1964: 282). En los Pleitos colombinos, Fernán Pérez Camacho declaró que la apodaban la Capitana. (Ballesteros Beretta, 1945: II, 7).

105. (Comellas, 1991: 81. Casado, 2006: 167. Rahn, 2012: III, I, 256).

106. (Madariaga, 1975: 246 y 259. Arranz, 1986: 58. Morales Padrón, 1988: 71. Didiez, 2015: 74). En otras ocasiones fue la *Niña* la que navegó en vanguardia, pues, de hecho, el propio Colón anotó que el 7 de octubre iba delante por ser velera y dispararon la lombarda porque creyeron ver tierra, aunque después se demostrase que fue un espejismo. (Colón, 1986: 58-59).

107. (Ortega, 1925: II, 170. Ballesteros Beretta, 1945: II, 7. Verlinden, 1967: 61. Colón, 1985: 95. Arranz, 1986: 58. Varela Bueno, 1986a: 11. Headrick, 2011: 44. Ropero, 2012: 150-151. Martín López, 2019: 29).

108. (Manzano, 1964: 381. Casado, 2006: 167).

109. (Monte y Tejada, 1952: I, 154). Tanto confiaba en la carabela que, en su segunda travesía, doce de las diecisiete embarcaciones lo eran, entre ellas la propia *Niña*. (Incháustegui, 1942: 153. Varela Bueno, 1986a: 17).

110. (Martín López, 2019: 29).

111. (Roselly, 1858: I, 139).

112. En general, la dieta contenía dos alimentos claves: uno, el bizcocho, unas tortas duras de harina de trigo, doblemente cocidas y sin levadura, que duraban largo tiempo, por lo que se convirtieron en la base de la alimentación de las tripulaciones. Y el otro, el vino, cuya ración por tripulante y día en condiciones normales se movía entre un litro y un cuartillo —poco más de medio litro—. También se repartían raciones mucho más escasas de vinagre —sobre tres litros al mes— y de aceite de oliva. Por lo demás, solían comer carne al menos dos veces por semana y los cinco días restantes consumían habas, arroz y pescado. El queso también era un componente básico de las dietas, así como los frutos secos. El fogón se encendía una vez al día, cuando las circunstancias lo permitían, siendo la única posibilidad que tenían de consumir al menos una comida caliente. (Mira Caballos, 2019: 98-102).

113. (Ballesteros Beretta, 1945: II, 8. López de Gómara, 1985: I, 48. Fernández de Oviedo, 1992: I, 23).

114. Cristóbal Colón mencionó en su diario a dieciséis de ellos, mientras que la duquesa de Berwick identificó a unos cuarenta y Cesáreo Fernández Duro veinte más, es decir, unos sesenta. (Berwick, 1902: 7-10. Ortega, 1925-1926: 172-176. Ballesteros Beretta, 1945: II, 10). Finalmente, Alice Gould identificó a ochenta y siete. (Gould, 1984: 53. CODODES, 1994: I, 105-108). Más recientemente, Juan Gil identificó a uno más, un hombre de color llamado Juan Portugués. (Gil, 2007a: 54). Por lo general, se suele redondear la cifra en unos noventa. (Azcona, 2002: 495. Thomas, 2003: 108).

115. Y se recuperó, pues viajó en la segunda jornada colombina. (Colón de Carvajal, 2015: IV, 2341-2342).

116. Real Provisión a las justicias, Santa Fe, 30 de abril de 1492. AGI, Patronato 295, n. 5. Reproducida en: (Ortega, 1925-1926: II, 138-139. Kirkpatrick, 1986: 27. CODODES, 1994: I, 83-84. Rubio, 2007: I, 96-97).

117. Al regreso, en su ausencia, había sido condenado a pena de muerte, pero, esgrimiendo los servicios prestados en la pionera travesía, obtuvo el perdón. Carta de perdón concedida a Bartolomé de Torres, vecino de Palos, Barcelona, 26 de mayo de 1493. (CODODES, 1994: I, 387-388).

118. A la postre fueron condenados a la pena capital, aunque finalmente se les perdonó. (Manzano, 1964: 263. Arranz, 1986: 56. Díaz-Trechuelo, 1991: 86. Morales Padrón, 1992: 38. CODODES, 1994: I, 388-389. Thomas, 2003: 107. Didiez, 2015: 39-40).

119. Tras el fracaso de la segunda expedición colombina, y ante la falta de voluntarios, se volvió a ofrecer a varios homicidas la cancelación de su condena a cambio de su embarque. La primera disposición que conocemos en este sentido fue una Real Provisión, dada por los Reyes Católicos en Medina del Campo, el 22 de junio de 1497, en la que se pidió que todos los desterrados se mandasen a Sevilla para su embarque con destino a La Española, con la idea de favorecer su poblamiento. Aunque se insistía en que en ningún caso fuesen personas merecedoras de la pena capital, como lesa majestad o herejía. AGI, Patronato 11, n. 1, r. 3, fols. 110v-112r. AGI, Patronato 295, n. 35. (Zaragoza, 1867: 160-162. CODOIN, serie 1.ª: 38, 386-391. *Índice de la colección de documentos de Fernández Navarrete*, 1946: docs. 1583 y 1584. Rubio, 2007: I, 348-350. Colón de Carvajal, 2015: II, 181-183. Bueno, 2024b: 65). Pero hay que insistir en que esta política no tuvo continuidad y se limitó a casos muy concretos y aislados, a diferencia de lo que hicieron los franceses e ingleses que enviaron grupos muy numerosos de delincuentes a sus respectivas colonias. (Bernal, 2005: 214).

120. Por poner un solo ejemplo, sabemos que en su viaje a Brasil, Pedro Alvares Cabral, que zarpó de Lisboa el 9 de marzo de 1500, llevó consigo un grupo de desterrados, algunos de los cuales se quedaron allí entre los indígenas. (Morales Padrón, 1990a: 255).

121. Así lo declaró en 1516 el propio Juan Portugués, que viajó en la nao *Santa María*. (Colón de Carvajal, 2015: IV, 2594-2596).

122. (Olmo, 1975: 37. Díaz-Trechuelo, 1991: 86. Didiez, 2015: 81). El mando de cada navío lo tenía el capitán, mientras que el maestre, que solía ser el dueño de la misma, mandaba a la marinería. El piloto, en cambio, tomaba las decisiones en cuestiones relacionadas con la navegación, mientras que el contramaestre estaba a las órdenes del maestre y distribuía las tareas a bordo.

123. (Ortega, 192-1926: III, 15. Morales Padrón, 1988: 76. Eslava, 1992: 141. Ropero, 2012: 139. Enkvist, 2021: 46). El propio Colón dijo de Luis de Torres que había sido judío. (Colón, 1986: 87).

124. (Gould, 1984: 50-51. Eslava, 1992: 141).

125. Hernando Colón escribió que cuando al regreso del viaje estuvo a punto de zozobrar, su padre se acordó de sus dos hijos, que había dejado en Córdoba. (Colón, 1985: 142. Arranz, 1986: 60). Este es el principal testimonio que tenemos para pensar que se quedaron al cuidado de Beatriz Enríquez.

126. Albalá de la reina nombrando a Diego Colón, paje del príncipe don Juan, 8 de mayo de 1492. (CODODES, 1994: I, 91-92). A la muerte del príncipe heredero siguieron como pajes de la soberana. (CODODES, 1994: II, 1047-1049).

127. (Rumeu de Armas, 1968: 117. Bouza, 1990: 42. Izquierdo, 2012a: 68).

128. (Ortiz de Zúñiga, 1796: III, 163. Irving, 1851: 27. Roselly, 1858: I, 147. Leguina, 1877: 18-19. Incháustegui, 1942: 159. Verlinden, 1967: 65. Rumeu de Armas, 1968: 121. Olmo, 1975: 38. Colón, 1985: 95. Manzano, 1988: 47-48. Cerezo, 1991: 224. Díaz-Trechuelo, 1991: 87. Fernández de Oviedo, 1992: I, 23. Colón, 1992a: 97. Varela Marcos, 2003: 121. Fernández-Armesto, 2004: 110. Pérez, 2006: 132. Colón, 2024: 135). El padre Las Casas, en cambio, afirma que se embarcaron el jueves 2 de agosto y que permanecieron en las naves hasta media hora antes de salir el sol del día siguiente, en que soltaron amarras. (Las Casas, 1951: I, 179). Esto ha llevado a pensar a Simón Wiesenthal que lo hizo porque el 2 de agosto acababa el plazo para la salida de los judíos de España y temía que algunos de los tripulantes fuesen perseguidos por la Santa Hermandad o por la Inquisición. (1987: 12-13 y 123).

129. (Comellas, 1991: 17).

130. (Colón, 1986: 45. Comellas, 1991: 143. Varela Marcos, 2003: 122. Fernández-Armesto, 2004: 113).

131. (Colón, 1985: 96, Eslava, 1992: 152). El padre Las Casas puso nombre y apellidos a los posibles saboteadores: Gómez Rascón y Cristóbal Quintero, porque era suya la carabela y viajaban contra su voluntad. (Ballesteros Beretta, 1945: II, 28-29. Las Casas, 1951: I, 181. Ruiz de Lira, 1978: 51. Herrera, 1991: I, 276-277. Didiez, 2015: 38).

132. (Irving, 1851: 28-29. Castelar, 1892: 309. Ballesteros Beretta, 1945: II, 34. Verlinden, 1967: 67. Peguero, 1975: I, 21. Madariaga, 1975: 252.Cioranescu, 1978: 55, 68 y 77. Colón, 1986: 47. Fernández-Armesto, 2004: 113. Enkvist, 2021: 47).

133. (Colón, 1985: 98. Moréu, 1997: 94. Didiez, 2015: 41).

134. (López Flores, 1964: 229. Cioranescu, 1978: 55. Colón, 1986: 47. Benzoni, 1989: 84. Morales Padrón, 1988: 90. Fernández de Oviedo, 1992: I, 24).

135. (Chaunu, 1983: 45). Una de las actividades comerciales más importantes de las Canarias será el abastecimiento de víveres para las flotas, además del comercio con América, especialmente con las islas antillanas.

136. (Colón, 1985: 99). La contabilidad de las distancias y de los tiempos en el camino de ida se hacía siempre a partir de la isla de El Hierro, que era la situada más al oeste. (Ballesteros Beretta, 1945: II; 197).

137. El propio almirante lo dijo con toda claridad: «La gente que llevaba era temerosa de hallar la mar brava y dudosos del viaje, y había y ha habido contrariedades y se atrevía cualquiera a contradecir este camino y poner en ello mil peligros sin alguna razón que a ello pudiesen darme, hicieron negar mi voluntad y hacer todo lo que aquellos, que conmigo habían de ir, querían...». (Colón, 1989: II, 439).

138. (Colón, 1986: 51 y 53).

139. (Monte y Tejada, 1952: I, 38. Peguero, 1975: I, 23. Herrera, 1991: I, 278). Según José Luis Comellas, es en el mes de septiembre cuando se registra un mayor número de ramos de fuego como el que observó Colón. (Comellas, 1991: 153). Hay que recordar que la legua usada por Colón era la náutica, que equivale a 7,408 kilómetros.

140. (Irving, 1851: 29. Ballesteros Beretta, 1945: II, 36. Colón, 1986: 56. Arranz, 1986: 62. Herrera, 1991: I, 277. Esteve, 1992: 30).

141. (Las Casas, 1951: I, 32. CODODES, 1994: II, 710-711. Martín López, 2019: 65).

142. (Humboldt, 1892: 21-39. Rey Pastor, 1951: 40. Sanz, 1980: 31. Cerezo, 1991: 225. Comellas, 1991: 27, 159-161 y 236). También se percató de que no solo se movía la aguja sino también la estrella polar. (Comellas, 1991: 161).

143. (Comellas, 1991: 155-156. Varela Marcos, 2003: 128).

144. (Ballesteros Beretta, 1945: II, 39).

145. Con alivio escribe: «Mucho me fue necesario este viento contrario, porque mi gente andaba muy estimulada, que pensaban que no ventaban en estos mares vientos para volver a España». (Ortega, 1925-1926: III, 25. Ballesteros Beretta, 1945: II, 47. Las Casas, 1951: I, 188-189. Monte y Tejada, 1952: I, 40. Madariaga, 1975: 261. Ruiz de Lira, 1978: 56. Pleitos, 1984: III, XLIV. Colón, 1985: 102. Colón, 1986: 53. Arranz, 1986: 63. Boorstin, 1989: 233. Núñez, 1989: 43. Colón, 1992a: 103. Fernández-Armesto, 2004: 121. Martín López, 2019: 72. Colón, 2024: 142).

146. (Colón, 1985: 88). Pero, incluso, los marinos portugueses siempre temieron en su navegación por las costas africanas que los vientos solo soplasen del norte y que, más allá del cabo Chaunar, al sur del actual Marruecos, no pudiesen nunca retornar. (Eslava, 1992: 73).

147. (Colón, 1985: 102. Colón, 1992a: 103. Colón, 2024: 142).

148. (Serrato, 1893: 128. Ortega, 1925-1926: II, 189-190 y 211. Ballesteros Beretta, 1945: II, 53. Las Casas, 1951: I, 191. Verlinden, 1967: 69. Colón, 1985: 104. Colón, 1986: 54-55. Colón, 1992a: 104-105. Colón, 2024: 143).

149. (Ballesteros Beretta, 1945: II, 54. Las Casas, 1951: I, 181. Colón, 1986: 49. Arranz, 1986: 62. Boorstin, 1989: 235. Herrera, 1991: I, 277. Colón, 1992a: 100. Moréu, 1997: 79. Colón, 2024: 138). Una relación pormenorizada, por días, de las dos contabilidades, la verdadera y la falsa, puede verse en la obra de José Luis Comellas (1991: 133).

150. (Olmo, 1975: 43. Cerezo, 1991: 225. Colón, 1992a: 106. Colón, 2024: 145). Incluso algunos autores han calculado el porcentaje entre la distancia que decía haber recorrido y la que estimaba real en un 9 o 10 por ciento. (Didiez, 2015: 75-76).

151. Algunos días se excedió, pues el 10 de septiembre de 1492 redujo la distancia recorrida en doce leguas, lo que podía levantar sospechas, mientras que otros, en cambio, apenas restó una o dos. (Colón, 1986: 49. Colón, 1992a: 100. Colón, 2024: 138).

152. (Ortega, 1925: II, 211. Poch, 1942: 48. Monte y Tejada, 1952: I, 45. Verlinden, 1967: 69. Madariaga, 1975: 263. Colón, 1986: 58-59. Arranz, 1986: 61. León Guerrero, 2007: 2. Didiez, 2015: 117).

153. (Manzano, 1971: 1-44. Arranz, 1986: 64. Manzano, 1988: I, 80-81. Morales Padrón, 1988: 91. Fernández de Oviedo, 1992: I, 24. Martín López, 2019: 78).

154. (Jos, 1979-80: 44. Manzano, 1988: I, 55). Juan Manzano estima que para esa fecha habían recorrido casi ochocientas leguas. (Manzano, 1988: I, 77).

155. (Irving, 1851: 32. Verlinden, 1967: 69. Colón, 1986: 58-59. Colón, 1992a: 107-108. Colón, 2024: 146-147).

156. Hernando Colón omite todo lo relacionado con el motín, y tan solo apunta este detalle. (Colón, 1985: 107).

157. (Colón, 1985: 109).

158. (Colón, 1986: 60. Manzano, 1988: I, 86).

159. Cronistas como Pedro Mártir de Anglería o el padre Las Casas sostuvieron que llegaron a plantearse tomar el control de la capitana y arrojar al genovés por la borda. (Ortega, 1925-1926: II, 212. Las Casas, 1951: I, 189. Díaz-Trechuelo, 1991: 90-91. Chocano, 2006: 118-119).

160. (Pleitos, 1984: III, XXV y 220. Fernández-Armesto, 2004: 119).

161. (Serrato, 1893: 131-132. Ortega, 1925-1926: II, 212. Pleitos, 1984: III, XXV-XXVI. Arranz, 1986: 65. Manzano, 1988: I, 88. Benzoni, 1989: 84-85. Cerezo, 1991: 227. Fernández de Oviedo, 1992: I, 25. Thomas, 2003: 114. León Guerrero, 2007: 2). Numerosos testigos manifestaron que el plazo fue de tres o cuatro días, salvo Juan Moreno, vecino de Palos, que es el

único que dijo que el plazo se redujo a tan solo un día, algo que no parece plausible porque de ser cierto se hubiese malogrado la expedición. Bien es cierto que no parecía estar bien informado, porque dice que no sabe si la tierra que avistaron era La Española o Guadalupe. (Pleitos, 1984: III, 349. Colón de Carvajal, 2015: IV, 2272). Por su parte, Washington Irving niega este ultimátum de tres días, y lo atribuye a un invento de Gonzalo Fernández de Oviedo, porque ni Anglería ni Bernáldez lo citan. (Irving, 1851: 33). Obviamente, en esos momentos desconocía otras muchas fuentes que aparecieron después y que prueban su veracidad.

162. (Roselly, 1858: I, 174. Serrato, 1893: 133-134. Poch, 1942: 48. Ballesteros Beretta, 1945: II, 65. Las Casas, 1951: I, 198. Luca de Tena, 1968b: 18-19. Ruiz de Lira, 1978: 57. Colón, 1986: 60-61. Voltes, 1987: 94. Manzano, 1988: I, 97. Núñez, 1989: 44. Herrera, 1991: I, 283. Fernández de Oviedo, 1992: I, 25. Colón, 1992a:108-110. CODODES, 1994: II, 740. Didier, 2015: 121. Martín López, 2019: 80. Colón, 2024: 148-150).

163. Según algunos cronistas, a este marinero le sentó muy mal la respuesta y, al regreso, renegó del cristianismo y se marchó a Berbería. (Irving, 1851: 62. Ortega, 1925-1926: II, 218. Peguero, 1975: I, 26. Benzoni, 1989: 84-85). Gonzalo Fernández de Oviedo, quizá por error, atribuye este lance no a este marinero de Lepe sino a Rodrigo de Triana, que supuestamente fue el que, despechado, renegó de la fe y se exilió a África. (Fernández de Oviedo, 1992: I, 26).

164. (Las Casas, 1951: I, 198).

165. (Irving, 1851: 33. Serrato, 1893: 134. Las Casas, 1951: I, 199. Marull, 1961: 17. Luca de Tena, 1968a: 122-123. Rumeu de Armas, 1968: 122. Olmo, 1975: 47. Colón, 1985: 110. Colón, 1986: 61. Bennassar, 1987: 48. Voltes, 1987: 94. Herrera, 1991: I, 283. Díaz-Trechuelo, 1991: 92. Fernández de Oviedo, 1992: I, 25. Eslava, 1992: 159. Colón, 1992a: 108-111. Fernández Herrero, 1992: 63. Varela Marcos, 2003: 133. Thomas, 2003: 114. Didier, 2015: 122. Martín López, 2019: 29. Enkvist, 2021: 47. Colón, 2024: 148-151).

166. (Castelar, 1892: 347. Colón, 1985: 110. Colón, 1986: 61. Colón, 1992a: 108-111. Colón, 2024: 148-151).

167. (Irving, 1851: 34. Ballesteros Beretta, 1945: II; 70. Las Casas, 1951: I, 201. Olmo, 1975: 48).

168. (Roselly, 1858: I, 174. Serrano y Sanz, 1918: I, 247. Ortega, 1925-1926: II, 218-219. Poch, 1942: 49. Verlinden, 1967: 70. Madariaga, 1975: 264. Gould, 1984: 201. Arranz, 1986: 65. Manzano, 1988: I, 99. Fernández-Armesto, 2004: 122). No se ha podido localizar ese lugar de Los Molinos, aunque se especula que podría ubicarse en el área de Triana, Sevilla. Gonzalo Fernández de Oviedo, en cambio, lo hace natural de la villa onubense de Lepe. Cit. en (Ruiz de Lira, 1978: 58).

169. (López Flores, 1964: 64). El historiador Samuel Eliot Morison afirma directamente que el genovés se inventó el avistamiento, pues estaba aún demasiado lejos como para ver esas luces, y lo hizo para atribuirse luego el mérito de haber sido él el primero en avistar tierra. (Luca de Tena, 1968b: 33-34). Estudios más recientes han calculado la distancia que aún faltaba para divisar la isla de Guanahaní y certifican que era imposible que pudiese emanar de algún punto de ella. Concretamente, según José Martín, a la distancia que se situaba la isla debía haber estado a quinientos metros sobre el nivel del mar para poderla avistar, algo que resulta del todo imposible. (Martín López, 2019: 81).

170. (*Ibidem*: 64-65). Salvador de Madariaga sostiene que no había visto tierra y él lo sabía, de ahí que no ordenase disparar la lombarda e izar la bandera. (Didier, 2015: 143).

171. (Peguero, 1975: I, 26. Manzano, 1988: I, 97).

172. (Serrato, 1893: 177. Ballesteros Beretta, 1945: II, 67-68. Colón, 1985: 111. CODODES, 1994: I, 363-365 y III, 1445. Rubio, 2007: I, 109-111). Y, además, desde ese año la tesorería castellana se los pagó anualmente, consignados a Beatriz de Arana. (Ramírez de Arellano, 1900-1902: 461-484 y 41-50). El padre Las Casas y, siguiéndole a él, Antonio de Herrera, afirman que la cantidad estaba situada sobre la renta de la alcabala de las carnicerías de la ciudad de Sevilla. (Las Casas, 1951: I, 199. Herrera, 1991: I, 283). Pero en la confirmación del privilegio está claro que se situó sobre esa misma renta de la ciudad de Córdoba. Confirmación de la merced hecha a Colón, Valladolid, 18 de noviembre de 1493. (CODODES, 1994: I, 494-497).

173. (Gil, 1986c: 8). Como no podía ser de otra forma, su gran admirador, el padre Las Casas, lo justificó diciendo que los merecía por haber llevado «lo más trabajoso y angustioso de todo el viaje...». (Las Casas, 1951: I, 199).

174. (Ortega, 1925-1926: II, 220).

175. (López de Gómara, 1985: I, 48. Fernández de Oviedo, 1992: I, 25 y 26). Algunos historiadores modernos también citaron el 11 como el día del descubrimiento, como Nicolás de Martínez Arzanz, que escribió su obra en 1705. (Martínez Arzanz, 1975: 55).

176. (Gil, 2007a: 55 y 252). Muy recientemente, en una entrevista realizada a Juan Gil y Consuelo Varela, han afirmado con rotundidad que el Descubrimiento fue el 11 de octubre, algo que, a mi juicio, es bastante plausible. Entrevista publicada por Luis Sánchez-Moliní en el *Diario de Sevilla*, 1 de septiembre de 2024. <https://www.diariodesevilla.es/rastrodelafama/diciendo-tonterias-america-colonial_0_2002317312.html>(Consulta del 1 de septiembre de 2024).

177. (Ortega, 1925-1926: II, 223. Monte y Tejada, 1952: I, 46. Colón, 1985: 52 y 111. Arranz, 1986: 65. Morales Padrón, 1988: 92. Fernández de Oviedo, 1992: I, 27. Colón, 1992b: 43.).

178. Juan Bautista Muñoz, en el siglo XVIII, señaló la isla de Watling como la primera a la que arribaron, una idea que después hizo suya y confirmó Samuel Morison en sus viajes. Desde entonces la mayor parte de la historiografía lo ha aceptado sin discusión, aunque no pasa de ser una hipótesis que nunca se ha podido demostrar. (Fernández Duro, 1891: 361-365. Serrato, 1893: 135-136. Ballesteros Beretta, 1945: II, 68. Fernández-Armesto, 2004: 123. Gil, 2007a: 55-56). Lo cierto es que Colón mencionó que en la isla había una laguna central, y la de Watling es la única que la tiene, lo que confirmaría que esa fue la primera isla de arribada. (Cerezo, 1991: 227. Martín López, 2019: 81). Otros autores, siguiendo cálculos de Marden, se inclinan por pensar que la isla a la que aportaron fue la de Managúa, actualmente conocida como Samaná. (López Flores, 1964: 250. Zaragoza, 1988). Y esta última isla ha sido ratificada por National Geographic, tras financiar un viaje exploratorio. (*El País*, 9 de octubre de 1986). Por su parte, Ramón J. Didiez defendió que la primera isla avistada fue Mayaguaín, es decir, la Isla Plana del Este, mientras que Martín Fernández de Navarrete siempre defendió que fue la Gran Turca y Alexander von Humboldt, Washington Irving, y siguiendo a este último Torcuato Luca de Tena, que fue la llamada isla del Gato. (Didiez, 2015: 15-16, 155 y ss., y 411).

179. (Irving, 1851: 34. Serrato, 1893: 135. Poch, 1942: 49. Ballesteros Beretta, 1945: II, 69. Las Casas, 1951: I, 201-202. Monte y Tejada, 1952: I, 51. Olmo, 1975: 49. Ruiz de Lira, 1978: 58. Morales Padrón, 1979: 133. Pleitos, 1984: III: XXVIII. Colón, 1986: 62. Arranz, 1986: 65. Voltes, 1987: 95. Morales Padrón, 1990: 71. Herrera, 1991: I, 284. Colón, 1992a: 110. Thomas, 2003: 114-115. Didiez, 2015: 134. Colón, 2024: 149).

180. (Ortega, 1925-1926: II, 217. Poch, 1942: 49. Monte y Tejada, 1952: I, 51. Colón, 1986: 62. Pleitos, 1984: III: XXVIII. Arranz, 1986: 65. Morales Padrón, 1990: 71).

181. (Colón, 1986: 62. Colón, 1992a: 110-111. Colón, 2024: 150-151). El genovés siempre remitía papagayos de vistosos colores con la idea de impresionar, aunque en la corte había más interés por los halcones y le pidieron que les mandara todos los ejemplares que localizase. (CODODES, 1994: II, 659). Y poco después solicitaron a Fonseca que enviara un redero en la flota de Antonio de Torres, para que capturase todos los ejemplares halcones que pudiese. Real Cédula a Juan Rodríguez de Fonseca, Segovia, 16 de agosto de 1494. (CODODES, 1994: II, 668).

182. Concretamente escribió que «tomada posesión de una, se puede decir de todas». (Colón, 1986: 67. Ortega, 1925-1926: II, 225).

183. En su segunda travesía, tomó posesión al menos en tres ocasiones, en la isla de Marigalante, en la de Guadalupe y en la de San Juan, desplegando la bandera real, cortando ramas de árboles y colocando cruces. Declaración de Gonzalo de Sevilla y de Francisco de Morales. (Pleitos, 1984: III, 229. Colón de Carvajal, 2015: IV, 2270-2271). En la tercera expedición, enfermo de reuma y artritis, mandó a uno de sus capitanes para que tomase posesión de la tierra. (Pleitos, 1984: III, XLV). Y finalmente, en la cuarta travesía, fue su hermano Bartolomé Colón el que se encargó de dicho ceremonial en Veragua, *con trompetas y bandera tendida*, ya que el almirante se encontraba *mal dispuesto*, como dijo el propio Bartolomé en los Pleitos colombinos. (Colón de Carvajal, 2015: IV, 2188). Según Diego Méndez, tras saltar en tierra con la bandera real de Castilla, tomó posesión de la tierra, «cortó ramos de árboles y cavó con una azada en la tierra en nombre de posesión de toda ella para sus altezas...». (Pleitos, 1984: III, XLIX. Colón de Carvajal, 2015: III; 1209 y 1630).

184. (Benzoni, 1989: 104. Colón, 1992a: 222. Tamos Gómez, 1993: 99). Carta de Hanibal Zennaro a su hermano, Barcelona, 9 de marzo de 1493. (Morales Padrón, 1990a: 106. Cassá, 2002: 189). En este sentido describió el padre Las Casas el primer encuentro de los españoles con los indios de la isla de Cuba: «Porque iba muy cerca de tierra, eran sin número los indios de la isla que venían con sus canoas a los navíos, creyendo que habían descendido del cielo, trayéndoles del pan cazabi suyo y agua y pescado y de lo que tenían, ofreciéndoselo a los cristianos con tanta alegría y regocijo, sin pedir cosa por ello, como si por cada cosa hubieran de salvar las ánimas, puesto que el almirante mandaba que todo se lo pagasen dándoles cuentas de vidrio y cascabeles y otras cosas de poco valor, de lo cual iban contentísimos, pensando que llevaban cosas del cielo...». (Las Casas, 1951: I, 384). Su carácter divino quedaba reforzado por el uso del cobre, un metal al que los taínos atribuían un valor celestial. (Colón, 1992a: 222).

185. (Ramos Gómez, 1993: 99).

186. (Colón, 1992a: 112. Colón, 2024: 152).

187. (Colón, 1986: 65-66. Ramos Gómez, 2006: 236). Más adelante tomaría más indígenas, incluyendo a siete mujeres y tres niños, porque estando ellas, decía, los varones aguantaban mejor el cautiverio. El marido de una de ellas se presentó a bordo suplicando que lo dejasen incorporarse al grupo. (Colón, 1986: 95-96). La mayoría quería huir a la primera oportunidad y el almirante los tranquilizaba diciéndoles que en cuanto encontrase a otros candidatos los liberaría. (Colón, 1986: 101)

188. Desde tiempos colombinos se vio que el castellano no solo serviría para comunicarse, sino para implantar un nuevo orden. (Mignolo, 1995: 42).

189. El dominico, que fue implacable con otros por el trato a los naturales, con el almirante se muestra mucho más suave, al decir que se mostró desconsiderado cuando los detuvo por la fuerza, «aunque en otras cosas era prudente». (Las Casas, 1951: I, 222-223).

190. (Colón, 1986: 91. Ramos Gómez, 2006: 236).

191. (Anglería, 1989: 34).

192. Como es bien sabido, uno de los grandes problemas a los que se enfrentaron fue el de la incomunicación, que llevaría al fracaso a muchas expediciones posteriores. Todorov aludió ampliamente a este problema y en relación con los primeros contactos de Colón, cita a Bartolomé de Las Casas, quien señaló que «al revés entendían lo que los indios por señas les hablaban». (Todorov,1999: 39). Deberían pasar algunos años para superar totalmente este problema, cuando aparecieron los primeros españoles que aprendieron la lengua indígena. Algunos se integraron en la sociedad indígena, como fray Ramón Pané y, posteriormente, Cristóbal Rodríguez, que aprendió la lengua de los indígenas, siendo de gran utilidad a frey Nicolás de Ovando. En 1505 se ordenó a Ovando que favoreciese a Cristóbal Rodríguez «que ha de hablar con los indios para que contribuyan a Su Alteza como vasallos». Real Cédula a frey Nicolás de Ovando, Toro, 4 de febrero de 1505. AHN, Consejos Suprimidos 21.474, n.34, f. 27. Un original de esta carta se conservaba en el archivo de los Colón en el Monasterio de las Cuevas de Sevilla. (Serrano, 1930: 246).

193. (Gil, 1984: 79. Colón, 1989: II, 526).

194. Adam Szászdi trató de demostrar la importancia como guías de los indígenas apresados en Guanahaní, entre ellos el famoso Diego Colón, quien, a su juicio, los encaminó hasta Cuba. (Szászdi, 1984: 39-40. Szászdi, 1995: 45 y 51). En cambio, Luis J. Ramos explicó que el itinerario seguido respondió siempre a su intuición personal, evidenciando que esos nativos no ejercieron de guías. (Ramos Gómez, 1993: 10. Ramos Gómez, 2006: 237). Y ello a pesar de ser grandes navegantes, pues Gonzalo Fernández de Oviedo nos describió las canoas utilizadas, algunas de ellas de gran tamaño, suficientes para realizar una travesía en mar abierto. Incluso el propio Colón llegó a decir que eran como las carabelas de los naturales, equiparando ambas embarcaciones. El padre Las Casas, en su *Historia de las Indias*, escribió que el almirante, en su segunda travesía, se encontró con unos nativos en una canoa que iban de la isla de San Salvador a la de Cuba *a dar nueva de los cristianos.*

195. Siempre sintió una especial devoción por la Inmaculada Concepción, pues, de hecho, en su codicilo, fechado en Valladolid, el 19 de mayo de 1506, mandó fundar tres capellanías en una iglesia de la villa de Concepción de la Vega, una de ellas dedicada a rezar una misa diaria en honor a la Inmaculada. AGI, Patronato 295, n. 61. (CODODES, 1994: III, 1827).

196. (Colón, 1985: 115-117. Colón, 1992a: 113-116. Colón, 2024: 153-156).

197. La mayoría se inclina a pensar que fue en algún punto de la desembocadura del río Máximo, aunque autores como Washington Irving sostuvieron que fue al oeste del Pueblo Viejo de Nuevitas del Príncipe y otros autores se inclinan por Gibara. (Monte y Tejada, 1952: I, 63).

198. (Colón, 1986: 69. Benzoni, 1989: 86. Herrera, 1991: I, 142. Pérez de Oliva, 1993: 161). Curiosamente, pese a que fue él quien la rebautizó oficialmente, en sus textos la cita indistintamente como Cuba o como Juana.

199. (Colón, 1992a: 129. Colón, 2024: 171).

200. Estas últimas nunca pensando en defenderse de los indígenas, que en un primer momento les parecieron inofensivos, sino de otras naciones europeas que pretendiesen ocupar el territorio. (Colón, 1986: 90).

201. (Irving, 1851: 41. Serrato, 1893: 141. Olmo, 1975: 56. Ruiz de Lira, 1978: 59. Núñez, 1989: 81. Herrera, 1991: I, 288. Comellas, 1991: 207. Colón, 1992a: 130. Ropero, 2012. 139. Colón, 2024: 172). La carta, redactada en latín, puede verse en: (CODODES, 1994: I, 89). Se cree que Luis de Torres había nacido en Murcia, aunque estaba avecindado en Moguer, mientras que de Rodrigo de Jerez sabemos que era natural de Ayamonte. (Thomas, 2003: 117).

202. (Ortega, 1925-1926: II, 226-227. Madariaga, 1975: 279. Ramos Gómez, 1993: 123). El propio Colón dijo que «hallaron muchas poblaciones y gente sin número, más no cosa de gran regimiento». (Colón, 1989: II, 436).

203. (Colón, 1992a: 136. Colón, 2024: 178-179). Y, por cierto, por primera vez señalaron que hacían grandes sahumerios de tabaco, que consumían con un tizón. (Núñez, 1989: 81-82).

204. (Colón, 1992a: 139. Colón, 2024: 182).

205. (Monte y Tejada, 1952: I, 91. Colón, 1992a: 149. Colón, 2024: 194).

206. (García Bidó, 210: 79). La isla posee una extensión de 75.980 km^2, pero solo en un 37 por ciento se podía practicar la agricultura, es decir, en unos 28.112 km^2 aproximadamente. (Livi Bacci, 2003: 125).

207. (Monte y Tejada, 1952: I, 99. López de Gómara, 1985: I, 60. Colón, 1992b: 44-45). Carta de Diego Álvarez Chanca al concejo de Sevilla, 1493. (Monte y Tejada, 1952: I, 215. Gil, 1984: 152-176. Morales Padrón, 1990a: 111-137. CODODES, 1994: I, 504-521). Curiosamente, todavía el 4 de agosto de 1493 los Reyes Católicos, aludían a ella como isla de la Navidad. (Rubio, 2007: I, 190).

208. Sin embargo, en la segunda década del siglo XVI, el ciclo del oro acabó drásticamente, debido a tres motivos: uno, al agotamiento del metal acumulado durante siglos; dos, al descenso dramático de la mano de obra

indígena, empleada en estas labores, y tres, a la fuga de mineros al continente. Se localizó menos oro del esperado y, además, hubo dificultades para extraerlo con las técnicas y la mano de obra de aquel tiempo. Sin embargo, en pleno siglo XXI este apreciado metal se sigue explotando en República Dominicana. Todavía en el año 2015, el geólogo Steward Redwood destacó la importancia de la explotación minera para la economía de la isla, tanto por el notable yacimiento de Pueblo Viejo como por otros veneros que se explotan en la actualidad. Véase el libro monográfico de Frank Moya Pons (2016).

209. (Colón, 1992a: 161. Colón, 2024: 207

210. (Irving, 1851: 43. Monte y Tejada, 1952: I, 96-97).

211. (Manzano, 1988: I, 118). Una vez que escuche hablar de las minas de Cibao, a partir del 23 de diciembre, sí que terminará pensando que era Cipango, pese a la incongruencia de la distancia. (*Ibidem*: I, 121).

212. (Ramos Gómez, 2006: 240). En cuanto al concepto de guatiao, el afamado lingüista José Arrom escribió que el vocablo guatiao equivalía al compadrazgo castellano, pues «mediante el sacramento del bautismo, padres y padrinos quedan unidos en indisoluble relación...». (Arrom, 1974: 16). Por su parte, el filólogo Emiliano Tejera definió el concepto como un «cambio de nombre entre dos personas, como prenda de amistad». (Tejera, 1951: 245). En general, llamamos pactos guatiaos a las alianzas que se sellaron entre los españoles y los jefes indígenas. Guardaban muchos paralelismos con los alcanzados años atrás con los jefes indígenas canarios.

213. (Colón, 1992a: 166. Colón, 2024: 212).

214. (Benzoni, 1989: 87). Los productos intercambiados tienen algunas variaciones de un autor a otro. Según Juan de Castellanos el almirante les entregó varias cuentas de vidrio, unos espejuelos, una camisa, un sayo y una gorra colorada. (Castellanos, 1944: 17). Las cuentas de vidrio eran muy apreciadas y las denominaban diamantes. (CODODES, 1994: II, 1204-1205).

215. (Cerezo, 1991: 229. Fernández de Oviedo, 1992: I, 27. Colón, 1992a: 172-173. Colón, 2024: 220).

216. (Arranz, 1986: 69. Pérez de Oliva, 1993: 144. Varela Marcos, 2003: 142. Thomas, 2003: 119).

217. (Irving, 1851: 46. Serrato, 1893: 150. Ballesteros Beretta, 1945: II, 94. Madariaga, 1975: 283-284. Olmo, 1975: 61. Colón, 1985: 132. Colón, 1986: 149. Ramos Pérez, 1989: 28-31. Herrera, 1991: I, 295. Comellas, 1991: 211. Colón, 1992a: 177. Moréu, 1997: 151. Colón de Carvajal, 2009: 34. Colón, 2024: 225). Algunos cronistas, como Luis Joseph Peguero, excluyen de toda responsabilidad a Juan de la Cosa y solo citan a Colón, quien delegó en un marinero y este, sin autorización, en un grumete. Para este cronista el supuesto responsable sería ese marinero, del que no se cita el nombre. (Peguero, 1975: I, 44).

218. (Colón de Carvajal, 2009: 27. Didier, 2015: 295).

219. (*Ibidem*: 31). Hay algunos autores que afirman que encallaron en un banco de arena. (Irving, 1851: 46).

220. (Irving, 1851: 46. Ortega, 1925-1926: II, 233. Colón, 1985: 132. Cerezo, 1991: 230. Colón, 1992a: 177. Didier, 2015: 296-297. Martín López, 2019: 177. Colón, 2024: 225).

221. Según Gonzalo Fernández de Oviedo, muchos pensaron que el accidente fue provocado por algunos, quizá por el propio Colón, para forzar el poblamiento de la tierra. (Fernández de Oviedo, 1992: I, 27. Martín Jiménez, 2005: 466). Pero no hay ningún indicio que apunte a esta posibilidad, teniendo en cuenta que el contratiempo resultó ser un desastre y que Colón trató en todo momento de salvar el navío. Bien es cierto que, una vez sucedido, se mostró muy decidido a dejar allí a parte de la tripulación, pese a que algunos se lo contradijeron.

222. (Ramos Gómez, 1991a: 46).

223. (Irving, 1851: 46. Monte y Tejada, 1952: I,124. Herrera, 1991: I, 296).

224. (Ramos Pérez, 1989: 48)

225. (Peguero, 1975: I, 44). Según Las Casas, de lo que había en la nao «no se perdió una agujeta, ni tabla, ni clavo...». (Las Casas, 1951: I, 282).

226. (Didier, 2015: 296-297).

227. No hace mucho se encontró una pieza de artillería en la zona y la prensa se apresuró a decir que podía ser de la *Santa María*. Pero es del todo improbable que no la rescatase de la nao tratándose de un arma tan necesaria y poderosa.

228. (Peguero, 1975: I, 44).

229. (Serrato, 1893: 152. Poch, 1942: 52. Ruiz de Lira, 1978: 61. García Arévalo, 1992: 141). Nunca se ha localizado el lugar exacto por los pocos restos que debió de dejar una construcción con materiales vernáculos que, además, fue calcinada. Por su ubicación junto a la costa es posible que haya quedado oculta bajo los sedimentos marinos y lacustres. En cambio, sí que se tiene localizado el poblado del cacique Guacanagarí, en la actual costa norte de Haití. (Campos Carrasco, 2012: 373-374).

230. Carta de Cristóbal Colón a Luis de Santángel, la mar, 14 de marzo de 1493. (Morales Padrón, 1990a: 77-78).

231. (Bayle, 1952: 15).

232. (Serrato, 1893: 152. Monte y Tejada, 1952: I, 226). Memorial sobre el descubrimiento y conquista de la isla de Santo Domingo (1520-1586). AGI, Patronato 18, N. 1, R. 1. Gonzalo Fernández de Oviedo dice que era un castillo cuadrado a manera de palenque. (Fernández de Oviedo, 1992: I, 27).

233. (Mira Caballos, 1995b: 113).

234. (Las Casas, 1951: I, 282. Herrera, 1991: I, 296-297).

235. (Ramos Pérez, 1989: 99-100).

236. (Varela Marcos, 2003: 142).

237. (López de Gómara, 1985: I, 49. Fernández de Oviedo, 1992: I, 28).

238. (Fernández Duro, 1885: 157. Las Casas, 1951: I, 289. Madariaga, 1975: 284-285. Kirkpatrick, 1986: 23. Ramos Gómez, 1993: 152, Martín Jiménez, 2005: 471. Colón de Carvajal, 2015: I, 60). Por error, Gonzalo Fernández de Oviedo denomina al capitán Rodrigo de Arana, en vez de Diego. (Fernández de Oviedo, 1992: I, 27). Conocemos los nombres de casi la mitad de ellos, entre los que se encontraban personas de gran relevancia como Pero Gutiérrez, repostero del rey, segunda autoridad tras Arana, o el segoviano Rodrigo de Escobedo. (Las Casas, 1951: I, 290. Monte y Tejada, 1952: I, 135. Madariaga, 1975: 264. Colón, 1986: 160. Ramos Pérez, 1989: 65-66). Por cierto, Rodrigo de Escobedo fue el escribano que levantó el acta de toma de posesión en la isla de Guanahaní.

239. Existe un listado de las personas que murieron en el fuerte Navidad, una copia de 1819 de una supuesta carta requisitoria de la época conservado en el Archivo Histórico Nacional (Diversos 18). Me puso en alerta sobre la existencia de este documento mi amigo el doctor Sigfrido Vázquez Cienfuegos. Se listan cuarenta fallecidos, pero se omiten nombres que sabemos que se contaron entre los finados, como Diego de Arana, Antonio de Cuéllar, Diego Lorenzo, Diego Pérez, Domingo Tonelero, Domingo de Lequeitio, Francisco de Huelva, Gonzalo Franco, Jácome el Rico, el cirujano Juan Maestre, Lope calafate, Luis de Torres, Martín de Urtubia, Pedro Gutiérrez y Rodrigo de Escobedo. Y se incluyen nombres que también sabemos que no estuvieron y que, por tanto, no se contaron entre los asesinados, como Alonso Vélez de Mendoza o Juan del Barco. El documento ofrece demasiadas dudas como para aceptar su contenido, pero no podemos descartar que el número de personas que se quedaron y murieron sea sensiblemente superior a los treinta y ocho.

240. (Colón, 1989: II. 439. Cerezo, 1991: 232. Herrera, 1991: I, 300. Fernández de Oviedo, 1992: I, 27-28). Carta de Cristóbal Colón a Luis de Santángel, la mar, 14 de marzo de 1493. (Morales Padrón, 1990a: 78).

241. (Colón, 1992b: 48-51. Oliva de Coll, 1986: 18). Concretamente escribió que «creyeron que yo, con estos navíos y gente, venía del cielo; y con este acatamiento me recibían... Y luego, en llegando a cualquiera población, los hombres y mujeres y niños andan dando voces por las casas: venid, venid a ver la gente del cielo». (Colón, 1989: II, 437).

242. (Las Casas, 1951: I, 293. Colón, 1985: 135. Colón, 1986: 159. Colón, 1992a: 184-185. Ramos Gómez, 1992: I, 522-523. Moya, 2016: 28. Colón, 2024: 233-234).

243. Luis J. Ramos cree que el episodio del disparo de la pieza de artillería fue un invento de Colón para hacer creer a los reyes que tenía sometidos a los naturales. En cambio, según él, no hubo un pacto de sometimiento sino una alianza entre Guacanagarí y los Reyes Católicos, por mediación suya, para garantizar la seguridad de los españoles que se quedaban. (Ramos Gómez, 1991b: 235-237). Pero lo cierto es que, con disparos de artillería o sin ellos, se alcanzó un pacto entre las partes.

Capítulo 6. El regreso triunfal

1. (Manzano, 1988: I, 140).
2. (Ballesteros Beretta, 1945: II, 97. Arranz, 1986: 70. Herrera, 1991: I, 303. Ramos Gómez, 1993: 65). El 27 de diciembre ya les habían comunicado el avistamiento de la carabela del palermo en un puerto cercano, pero cuando acudieron a su encuentro ya había soltado amarras. (Ramos Gómez, 1993: 59-60).
3. (Irving, 1851: 51. Colón, 1986: 164).
4. (Ramos Gómez, 1993: 65).
5. (Irving, 1851: 42. Ortega, 1925-1926: II, 229. Poch, 1942: 52. Monte y Tejada, 1952: I, 82. Marull, 1961: 23. Verlinden, 1967: 62. Ruiz de Lira, 1978: 60. Colón, 1985: 124 y 137. Díaz-Trechuelo, 1991: 103 y 106-107. Colón, 1992a: 140-141. Moréu, 1997: 148. Manzano, 1988: I, 114-115. Fernández-Armesto, 2004: 129. Colón, 2024: 184-185).
6. (Ortega, 1925-1930: III, 93).
7. (Serrato, 1893: 156. Las Casas, 1951: I, 296. Monte y Tejada, 1952: II, 82. Olmo, 1975: 57. Colón, 1985: 124. Colón, 1986: 164. Arranz, 1986: 70. Colón, 1992a: 141. Colón, 2024: 185.). Las Casas tomó partido a favor de su admirado Colón, para que «nadie usurpe la honra y gloria que se le debe a quien Dios había elegido», para descubrir el Nuevo Mundo. (Las Casas, 1951: I, 299).
8. (Colón, 1989: II, 594).
9. (Ruiz de Lira, 1978: 61. Colón, 1985: 139. Ramos Gómez, 1993: 72-73. Gómez Thomas, 2003: 121. Moya, 2016: 33. Guerrero, 2020: 85-87). Junto a la sociedad taína, pervivían grupos de ciguayos y macorixes residuales, quizá descendientes de los siboneyes, que mantenían formas de organización más primitivas y arcaicas, así como una lengua distinta. Estos grupos arcaicos habían llegado a la isla saltando desde la costa oriental de Venezuela a la isla Trinidad y desde las Antillas Menores a las Mayores. En República Dominicana están documentados arqueológicamente al menos desde el tercer milenio a. C.. Se ubicaban en zonas cercanas a la costa porque se

dedicaban básicamente al marisqueo, que constituía la base de su alimentación. (Veloz, 2013a: 193).

10. (Serrato, 1893: 156-157. Monte y Tejada, 1952: I, 146-147. Colón, 1992a: 198. Moya, 2016: 33. Colón, 2024: 249).

11. (Las Casas, 1951: I, 314).

12. (Herrera, 1991: I, 304).

13. (Colón, 1992a: 201-202. Colón, 2024: 252).

14. (Cuesta, 2006: 145).

15. (Monte y Tejada, 1952: I, 151. Colón, 1986: 180).

16. (Serrato, 1893: 167. Ruiz de Lira, 1978: 63. Cerezo, 1991: 233. Fernández de Oviedo, 1992: I, 29). Se debate si lo hizo el 28 de febrero o el 1 de marzo. (López, 2012: 279). Se trataba de un enclave de realengo, situado en el margen izquierdo de la desembocadura de la ría de Vigo. (*Ibidem*: 269).

17. Otros, en cambio, atribuyen a sus mayores conocimientos náuticos el hecho de que Colón se mantuviese en la latitud correcta frente a Pinzón, que arribo mucho más al norte. (Pérez de Oliva, 1993: 148). Sin embargo, más bien hay que pensar que fue la tormenta la que los empujó a esas latitudes tan septentrionales.

18. (Colón, 1992a: 205. Colón, 2024: 257).

19. (Roselly, 1858: I, 234. Serrato, 1893: 161. Ortega, 1925-1926: II, 239. Las Casas, 1951: I, 311-312. Madariaga, 1975: 291. Colón, 1985: 141. Colón, 1986: 187. Arranz, 1986: 72. Manzano, 1988: I, 141. Herrera, 1991: I, 305. Colón, 1992a: 206-207. Fernández Duro, 1996: II, 28, Didier, 2015: 354. Colón, 2024: 257-258). Demetrio Ramos afirma que solo estuvo en abril de 1486 y que no hay pruebas que verifiquen que lo hizo en 1493, pese a su supuesta obligación a peregrinar como romero. (Ramos Pérez, 1990: 211-222). Sin embargo, en el viaje de ida a Barcelona no pasó por allí, aunque sí en el de vuelta. De hecho, el mismo afirmó en su segundo viaje que le puso por nombre a una isla Santa María de Guadalupe porque se lo encomendó el prior —fray Nuño de Arévalo— cuando pasó por el cenobio antes de zarpar en 1493. (Colón, 1989: II, 448. Colón, 1992a: 237. Colón, 2024: 293).

20. (Ortega, 1925-1926: II, 239. Ballesteros Beretta, 1945: II, 103. Las Casas, 1951: I, 313. Herrera, 1991: I, 306. Comellas, 1991: 217. Varela Bueno, 1992: 167. Esteve, 1992: 23. Thomas, 2003: 122. Vieira, 2006: 74. Didier, 2015: 355). Carta de Cristóbal Colón a Luis de Santángel, la mar, 14 de marzo de 1493. (Morales Padrón, 1990a: 81). Este tipo de situaciones extremas no las vivieron solo las travesías colombinas. Por poner un ejemplo, en 1497, viniendo en una armada desde Flandes a Castilla con la infanta Margarita de Austria a bordo, sufrieron tal temporal que ella, para que reconocieran sus restos, escribió en una tablilla: *Aquí yace Margarita, gentil dami-*

sela, dos veces casada y muerta doncella. Finalmente, la armada llegó a buen puerto. (León Guerrero, 2007: 62).

21. (Las Casas, 1951: 313).

22. El donatario de la isla era Joâo Soares de Albergaria, pero en esos momentos se encontraba en Lisboa, donde iba a contraer matrimonio en segundas nupcias con doña Branca de Sousa. (Vieira, 2006: 74).

23. (Irving, 1851: 56. Roselly, 1858: I, 238. Ballesteros Beretta, 1945: II, 104. Monte y tejada, 1952: I, 157-158. Colón, 1985: 144-145. Colón, 1992a: 210. Thomas, 2003: 123. Didier, 2015: 360-361. Colón, 2024: 262).

24. (Serrato, 1893: 162-163. Madariaga, 1975: 294-295. Ruiz de Lira, 1978: 63. Colón, 1992a: 212. Varela Marcos, 1886: 53. Colón, 2024: 264)

25. (Las Casas, 1951: I, 318). Antonio de Herrera reproduce la frase con muy pocas variantes. (Herrera, 1991: I, 306).

26. (Las Casas, 1951: I, 182 y 316. Colón, 1985: 148. Herrera, 1991: I, 306. Colón, 1992a: 212. Martín López, 2019: 226. Colón, 2024: 264).

27. (Ortega, 1925-1926: II, 240. Colón, 1985: 148).

28. (Monte y Tejada, 1952: I, 162).

29. (Las Casas, 1951: I, 321. Madariaga, 1975: 296. Colón, 1985: 141. Arranz, 1986: 72. Herrera, 1991: I, 307. Comellas, 1991: 218. Colón, 1992a: 214. Didier, 2015: 363. Colón, 2024: 266).

30. (Serrato, 1893: 163-164. Ortega, 1925-1926: II, 241. Ballesteros Beretta, 1945: II, 105. Verlinden, 1967: 78. Olmo, 1975: 70. Varela Bueno, 1986a: 13. Varela Marcos, 2003: 154. Sánchez González, 2012: 333. Muñoz Machado, 2017: 88 y 100. Martín López, 2019: 229).

31. (Irving, 1851: 56. Las Casas, 1951: I, 322. Didiez, 2015: 31).

32. (Roselly, 1858: I, 244. Colón, 1985: 149-150). Herrera dice que cuando se enteraron de la noticia los lisboetas acudieron masivamente a verlo a él y a los indígenas que traía «que fue cosa de admiración...». (Herrera, 1991: I, 307).

33. (Irving, 1851: 57. Verlinden, 1967: 79. Madariaga, 1975: 297. Colón, 1992a: 216. Thomas, 2003: 123. Colón, 2024: 268).

34. (Monte y Tejada, 1952: I, 166. Colón, 1985: 151).

35. Memorial atribuido a Cristóbal Colón, h. 1497. (CODODES, 1994: II, 1015-1022).

36. (Irving, 1851: 64-65. Manzano, 1988: I, 173. Varela Marcos, 1996: 55. Varela Marcos, 2006a: 216). Había referencias sobre esas cartas, pero no fueron puestas en valor y publicadas hasta el año 2019. Carta misiva de Juan II a Fernando el Católico, Torres Vedras, 3 de mayo de 1493. AHNO, Villagonzalo, Cp. 553, doc. 10. Carta misiva de Juan II al rey Fernando de Aragón, Torres Vedras, 23 de mayo de 1493. AHNO, Villagonzalo, Cp. 553, doc. 11. Han sido transcritas en Lafuente (2019: 697-701). Curiosamen-

te, el monarca luso dirigió su misiva a Fernando, al que cita como rey de Castilla, de Aragón, de Sicilia y de Granada. Dos semanas después, en una nueva carta, se comprometió a no enviar barcos a descubrir donde había estado el genovés, hasta que se dialogase sobre la cuestión. Carta de Juan II al rey Fernando, Torres Vedrás, 25 de mayo de 1493. AHNO, Villagonzalo, cp. 553, doc. 8.

37. (Castelar, 1892: 418. Ortega, 1925-1926: II, 243. Marull, 1961: 27. Varela Bueno, 1982: 136. Bouza, 1990: 57).

38. (Colón, 1985: 151). Algunos alegan que le pudo favorecer la llegada de Martín Alonso Pinzón a Bayona, rindiéndole, dice Juan Gil, un *postrer y singular servicio*. (Gil, 1989: I, 58). Sin embargo, el episodio no debió de influir, pues el palermo llegó a Bayona después de esta entrevista.

39. (Las Casas, 1951: I, 325).

40. (Castelar, 1892: 424. Serrato, 1893: 166. Varela Bueno, 1986a: 11. Ortega, 1925-1926: II, 243. Colón, 1985: 151. Morales Padrón, 1988: 100. Herrera, 1991: I, 308. Colón, 1992a: 217. Varela Marcos, 2003: 156. Colón, 2024: 269-270).

41. (Leguina, 1877: 42. López Flores, 1964: 307. Ruiz de Lira, 1978: 63).

42. (Ortega, 1925-1926: II, 245. Las Casas, 1951: I, 327. Colón, 1985: 152. Herrera, 1991: I, 308).

43. Sabíamos de la gran relación que tuvo con Luis de Santángel, pero es menos conocida la que mantuvo con Gabriel Sánchez, tesorero de Aragón, como evidencia el hecho que fuese uno de los tres destinarios de su carta anunciadora. (Serrano y Sanz, 1918: I, 152. Ballesteros Beretta, 1945: II, 107. Colón, 1992a: 219-226. Colón, 2024: 273-280). La más conocida es la de Luis de Santángel, que fue la que se editó y reeditó por toda Europa, aunque también disponíamos de la remitida a Gabriel Sánchez. En el Libro Copiador, aparecido en el siglo pasado y publicado por Antonio Rumeu de Armas en 1989, se dio a conocer la tercera de las Cartas anunciadoras, la remitida a los Reyes Católicos, que debió de retocar en su trayecto desde Lisboa a Palos ya que contenía datos de su entrevista con Juan II. (Manzano, 1988: I, 157. Colón, 1989: II, 435-443. CODODES, 1994: I, 273-279). La dirigida al concejo cordobés no se conserva, pero sí un asiento en las Actas Capitulares, fechado el 22 de marzo de 1493, en el que se anotaba la noticia de la recepción de la misiva, relatando sus descubrimientos, al tiempo que se le abonaban mil maravedís al mensajero. (CODODES, 1994: I, 282-283).

44. (Ortega, 1925-1926: II, 243. Arranz, 1986: 75). Curiosamente, le dice a Niccolo Oderigo que de su cuarto viaje envió un relato a sus altezas por tres o cuatro vías y que una de ellas regresó a sus manos sin haber sido abierta, por lo que procedía a enviársela. Carta de Colón a Niccolo Oderigo, Sevilla, 27 de diciembre de 1504. (CODODES, 1994: III, 1687-1688).

45. (Verlinden, 1967: 91. Morales Padrón, 1979: 145. Manzano, 1989: 54-55. Colón, 1992a: 219-235. CODODES, 1994: I, 249-281. Colón, 2024: 273-290).

46. (Losada, 1984: 73-74).

47. (Boorstin, 1989: 236. Ramos, 1990-1991: 29. Cerezo, 1991: 234. García, Osuna, 2013: 24). La influencia del descubrimiento en Europa no llegó a través del diario de Colón, que nunca se publicó, sino de esta carta anunciadora, que experimentó un sinfín de ediciones. Es verdaderamente sorprendente la rapidez con la que fue editada, y reeditada, extendiendo la noticia del descubrimiento por toda Europa.

48. De hecho, Pedro Enríquez declaró, en 1515, que vio llegar a Martín Alonso Pinzón a Bayona, trayendo consigo a varias personas originarias de la isla de Guanahaní. (Pleitos, 1984: III, 308. Colón de Carvajal, 2015: IV, 2318-2319). De esos naturales que trajo Pinzón, uno pereció en el mar y otro murió en Bayona y fue inhumado al pie de las murallas de esa localidad.

49. En el caso de Juan Bermúdez, sabemos que se embarcó con Colón de nuevo en su segunda travesía, sin que llevase consigo a los naturales que inicialmente trajo a la Península. (Pleitos colombinos, 1984: III, XXVI).

50. (López de Gómara, 1985: I, 50. Varela Bueno, 1988: 52. Gil, 2013: 244. Rajoy, 2023: 198). Asimismo, Gonzalo Fernández de Oviedo afirmó que fueron nueve o diez los naturales que trajo Cristóbal Colón, de los cuales uno falleció en la mar y otros dos o tres se quedaron enfermos en el monasterio de La Rábida, siendo los seis restantes los que viajaron a Barcelona. (Fernández de Oviedo, 1992: I, 29). Por su parte, Girolamo Benzoni asevera que fueron dos los que perdieron la vida en la travesía. (Benzoni, 1989: 88). Luis Joseph Peguero afirma que los que dejó en la capital hispalense murieron todos, pero que los demás sobrevivieron, pues, según Álvarez Chanca, en la segunda expedición se embarcaron siete de ellos, de los que cinco murieron durante el trayecto y solo dos pisaron tierra. (Peguero, 1975: I, 59. Gil, 1984: 171).

51. (Fernández de Oviedo, 1992: I, 28). Carta de Hanibal Zennaro a su hermano, Barcelona, 9 de marzo de 1493. (Morales padrón, 1990a: 105-106).

52. (Pleitos, 1984: III, 171. Arciniegas, 1990: 156). No menos gráfico se mostró el padre Las Casas, testigo presencial de su entrada en Sevilla: «Traía papagayos verdes, muy hermosos y coloreados, y guaycas, que eran unas carátulas hechas de pedrerías de huesos de pescado, a manera puesto de aljófar, y unos cintos de lo mismo, fabricado por artificio admirable, con mucha cantidad y muestra de oro finísimo, y otras muchas cosas, nunca antes vistas en España, ni oídas». (Las Casas, 1951: I, 332. Comellas, 1992: 38).

53. Carta de los Reyes Católicos a Colón, Barcelona, 30 de marzo de 1493. AGI, Patronato 11, n. 1. R. 3, fol. 120v. Ha sido reproducida en numerosas obras y regestos documentales. (Zaragoza, 1867: 199-200. Ortega,

1925-1926: II, 247-258. Las Casas, 1951: 331-332. CODODES, 1994: I, 283-284. Rubio, 2007: I, 102-103. Colón de Carvajal, 2015: II, 80-81). Rumeu de Armas sostiene que recibió la carta en Sevilla días después, cuando el genovés iba ya de camino a Barcelona. (Rumeu de Armas, 1968: 128).

54. (Madariaga, 1975: 303. Moréu, 1997: 179).

55. (Sánchez González, 2012: 334).

56. (Varela Marcos, 2003: 157). Algunos autores incluyen también a Murcia en su trayecto. (Serrato, 1893: 172. Díaz-Trechuelo, 1991: 110-111. Thomas, 2003: 127. Cuesta, 2006: 146).

57. (Manzano, 1988: I, 172-173).

58. (Monte y Tejada, 1952: I, 183. López de Gómara, 1985: I, 50. Arranz, 1986: 76. Fernández Herrero, 1992: 64). Asimismo, Antonio de Herrera narró que, a su paso, «salían gentes por los caminos a ver los indios». (Herrera 1991, I: 309).

59. (Ramos Pérez, 1990: 218-219).

60. (Las Casas, 1951: I, 333. Herrera, 1991: I, 309. Thomas, 2003: 127. Mira, 2023: 112).

61. (Mendieta, 1980: 19. Olmo, 1975: 73). El orden del cortejo varía de unos autores a otros; por ejemplo, Washington Irving afirma que delante iban los naturales, después los objetos exóticos y cerraba el desfile Colón a caballo y su amplio séquito de nobles. (Irving, 1851: 59).

62. (Ortiz de Zúñiga, 1797: III, 167. Irving, 1851: 60. Serrato, 1893: 173. Scortecci, 1940: 195. Las Casas, 1951: I, 333. López de Gómara, 1985: I, 50. Gil, 1984: 47. Colón, 1985: 153. Anglería, 1989: 14. Herrera, 1991: I, 309. Suárez Fernández, 2003: 416. Thomas, 2003: 127).

63. (Las Casas, 1951: I, 334. Colón, 1985: 153).

64. (Monte y Tejada, 1951: I, 184. Madariaga, 1975: 305-307).

65. (Colón, 1989: II, 439-440).

66. (Olaechea 1998: 623 y 627).

67. (Peguero, 1975, I: 58)

68. (Humboldt, 1892: II, 181. Ballesteros Beretta, 1945: II, 126-1278. Olaechea, 1998: 624-625). Don Juan se quedó en Barcelona porque el joven príncipe se encaprichó con él. Decía Fernández de Oviedo que allí fue tratado como si fuera el hijo de un noble principal, estando a cargo del mayordomo Patiño. Llegó a hablar muy bien la lengua castellana, pero murió de muerte natural a los dos años. (Fernández de Oviedo, 1992: I, 31).

69. (Dorantes de Carranza, 1902: 41. Olaechea, 1998b: 623. Errasti, 1998: 24). Gonzalo Fernández de Oviedo describió los hechos con sumo detalle: «Y ellos de su propia voluntad y (a)consejados, pidieron el bautismo; y los católicos reyes, por su clemencia, se lo mandaron dar; y juntamente con sus altezas, el serenísimo príncipe don Juan, su primogénito y herede-

ro, fueron padrinos. Y a un indio que era el más principal de ellos llamaron don Fernando de Aragón, el cual era natural de esta isla Española y pariente del rey o cacique Guacanagarí; y otro llamaron don Juan de Castilla; y los demás se le dieron otros nombres, como ellos los pidieron o sus padrinos acordaron que se les diese, conforme a la iglesia católica». (Fernández de Oviedo, 1992: I, 31. Mira Caballos, 2000: 67).

70. Instrucciones a Cristóbal Colón, Medina del Campo, 15 de junio de 1497. (Morales Padrón, 1979: 77-79).

71. (Anglería, 1989: 5).

72. (Pérez de Tudela, 1992: 27. Pérez de Tudela, 1994: I, CXC. León Guerrero, 2024: 20).

73. (Martínez Martínez, 2020: 28).

74. (Mitre, 1983: 225).

75. (Zavala, 1993: 25-26).

76. (Morales Padrón, 1979: 160-161. Fernández Herrero, 1992: 114. Moréu, 1997: 181).

77. (Castañeda, 1968: 150 y ss. Rivera Pagán, 1992: 46. Cassá, 1993: I, 31. Bejarano Almada, 2016: 236. Vas Mingo, 2006: 184).

78. (CODODES, 1994: I, 290-303).

79. Una copia del original se conserva en AGI, Patronato 8, r. 9, y existe otra en el Archivo Vaticano. (Zaragoza, 1867: 216-232. Leguina, 1877: 153-165. Serrato, 1893: 176. Ortega, 1925-1926: II, 251-252. Ballesteros Beretta, 1945: II, 138. Monte y Tejada, 1952: I, 186-189. Fernández Duro, 1972: I, 106. Ruiz de Lira, 1978: 192-193. Morales Padrón, 1979: 159-186. Mendieta, 1980: 20-22. Pleitos, 1983: II, 147-152. Cerezo, 1991: 235-236. Herrera, 1991: I, 313. Fernández de Oviedo, 1992: I, 33. Fernández Herrero, 1992: 115-118. CODODES, 1994: I, 304-307. Cerezo, 1994: 511. Varela Marcos, 1996: 57-59. Suárez Fernández, 2003: 417. Martínez Shaw, 2006: 17. Varela Marcos, 2006a: 218. Vas Mingo, 2006: 192. Gil, 2007a: 335. Colón de Carvajal, 2015: II, 142-146).

80. (Fernández Herrero, 1992: 119-120. CODODES, 1994: I, 491-492. Vas Mingo, 2006: 192).

81. (Rivera Pagán, 1992: 47).

82. (Mena, 2018: 13).

83. (Colón, 1992a: 334-335. Colón, 2024: 402).

84. Gonzalo Jiménez de Quesada, conquistador de Nueva Granada, escribió esta curiosa argumentación, un título auténticamente talasocrático. Cit. en (Ortega y Medina, 1992: 38).

85. (CODODES, 1994: I, 287-288).

86. (Oliva de Coll, 1986; 17). Francisco López de Gómara lo expresó con gran elocuencia: «En acabándose la conquista de los moros, que había

durado más de ochocientos años, se comenzó la de los indios para que siempre peleasen los españoles con infieles». Cit. en (Ruiz de Lira, 1978: 5).

87. (Zavala, 1993: 34-36).

88. (Varela Marcos, 1995: 20. Varela Marcos, 2006a: 215).

89. (Ballesteros Beretta, 1945: II, 129. Jos, 1979-80: 18. Morales Padrón, 1979: 190. Arranz, 1986: 78. Fernández Herrero, 1992: 112).

90. (Varela Marcos, 1996: 9).

91. Instrucción dada a Pedro de Ayala y Garci López de Carvajal, Barcelona, 3 de noviembre de 1493. (CODODES, 1994: I, 498-501).

92. La carta náutica la empezó a elaborar en La Isabela desde finales de 1493 y ya el 20 de enero de 1494 dijo que la tenía bastante avanzada. (Colón, 1989: II, 451. CODODES, 1994: I, 523-538. Varela Marcos, 2006a: 217).

93. (Cerezo, 1994: 515. Gil, 2007a: 342).

94. (Ballesteros Beretta, 1945: II, 248-249. Gil, 2007a: 338). Sospecha Juan Pérez de Tudela que, en 1493, alguna expedición lusa alcanzó la costa de Sudamérica, por lo que tenían una idea aproximada de en qué latitud se encontraba y más vagamente de la longitud. (Pérez de Tudela, 1994: I, CXCVIII). Algunos historiadores lusos dan por hecho el descubrimiento de Brasil por alguna expedición extraoficial, pero, en cambio, otros autores, como Ricardo Cerezo, niegan esta posibilidad porque, a su juicio, de haber sido así lo hubiesen esgrimido y habrían intentado extender la línea divisoria más al oeste. (Cerezo, 1991: 247-248).

95. La expedición de Cabral estuvo compuesta nada menos que de trece embarcaciones, y salieron de Lisboa el 9 de marzo de 1500. Con posterioridad, desde 1503, llegaron otros exploradores que revelaron la abundancia del palo brasil, de ahí que se le quedara ese nombre a la tierra. (Verlinden, 1967: 150-151. Bennassar, 1987: 51. CODODES, 1994: III, 1856-1861. Moréu, 1997: 182).

96. (Ballesteros Beretta, 1945: II, 246. Verlinden, 1967: 90. Morales Padrón, 1979: 194. Fernández Herrero, 1992: 122. Tamames, 2021: 59).

97. El texto del acuerdo en portugués y en castellano puede verse, por ejemplo, en: (CODODES, 1994: I, 595-619).

98. (CODOIN, Serie 1.ª, T. 30, pp. 228-257. CODOIN, serie 1.ª, T. 36, pp. 67-74. Cerezo, 1994: 520). Del tratado original se conservan dos copias, una en el Archivo de Indias y otra en la Torre do Tombo de Lisboa, y ha sido publicado en infinidad de ocasiones, por lo que me limito a enumerar solo algunas: (CODOIN, Serie 1.ª, T. 36, pp. 59-67. Levillier, 1948: I, 248-252. Fernández Navarrete, 1954: I, 269-386. Morales Padrón, 1979: 199-211. Varela Marcos, 1996: 115-125).

99. (Leguina, 1877: 54. Zavala, 1971: 347. Fernández Herrero, 1992: 126. Calvo Poyato, 2019: 30. Tamames, 2021: 60).

100. Esta vez se eligieron las islas de Cabo Verde en vez de las Azores de la bula *Inter caetera*, pero no hay que olvidar que en aquella época se creía que ambos archipiélagos estaban en el mismo meridiano. (Serrato, 1893: 176-177. Ballesteros Beretta, 1945: II, 247. Las Casas, 1951: I, 360. Verlinden, 1967: 90. Fernández Duro, 1972: I, 107. Rey Pastor, 1051: 92. Morales Padrón, 1988: 102. Herrera, 1991: I, 323. Fernández de Oviedo, 1992: I, 33. Pérez de Tudela, 1992: 27. Cerezo, 1994: 519. Martínez Shaw, 2006: 17. Wehling, 2011: 124).

101. Real Provisión prorrogando el plazo para la reunión de expertos para fijar la línea establecida, Madrid, 15 de abril de 1495. (CODODES, 1994: II, 786-789). Carta al obispo Fonseca sobre las personas que se debe designar para que se junten em Badajoz para fijar la frontera de Tordesillas, 16 de julio de 1495. (CODODES, 1994: II, 816).

102. (Morales Padrón, 1979: 195. Arranz, 1986: 81. Fernández Herrero, 1992: 124).

103. (Colón, 1992a: 335. Varela Marcos, 1996: 104-105. Colón, 2024: 403).

104. Esta fue la respuesta del soberano galo al embajador español en 1540 y cuya referencia recogió Pablo Jovio en su *Historia*. (Ortega y Medina, 1992: 42. Rivera Pagán, 1992: 49). Esta misma cita fue incorporada también por el cronista Bernal Díaz del Castillo y ha sido repetida hasta la saciedad por la historiografía.

105. Vitoria creía que ni el papa ni el emperador tenían el dominio del orbe y que los indígenas eran los dueños de las tierras que habitaban. Eso sí, legitimaba la ocupación en base al tutelaje que necesitaban y a la posibilidad de hacerles una guerra justa. (Anaya, 2005: 42-43).

106. (Thomazi, 1985: 47. Céspedes del Castillo, 1985: 256).

107. (Haring, 1979: 123). Así, el 17 de noviembre de 1504 se le otorgó permiso al aragonés Juan Sánchez de la Tesorería para ir a La Española a comerciar, pese a «no ser de estos reinos». (CODODES, 1994: III, 1669. Mira Caballos, 1995a: 39-41).

108. (Fernández de Oviedo, 1992: I, 69).

109. La prohibición al paso de aragoneses estuvo vigente hasta el 10 de noviembre de 1525, fecha en la que, por una Real Cédula, se reconoció que hasta ese justo momento la legislación solo había permitido ir a las Indias a los castellanos, ordenando asimismo un aperturismo para que los vecinos de otros reinos pudiesen ir a las Indias como lo hacían los propios vasallos de Castilla. Real Cédula a los oficiales de la Casa de la Contratación, Toledo, 10 de noviembre de 1525. AGI, Indiferente General 420, L. 10, fols. 189v-191. Al año siguiente fue ratificada esta apertura a los súbditos del Imperio, incluidos los genoveses, por una Real Cédula fechada en Granada el 17 de noviembre de 1526. AGI, Indiferente General 421, L. 11, fols. 336v-337v.

CAPÍTULO 7. LA GRAN ARMADA COLONIZADORA

1. (Castelar, 1892: 439 y 441. Herrera, 1991: I, 315). El propio almirante escribiría al papa Alejandro VI, en febrero de 1502, diciéndole que él pretendía haber ido a su encuentro al regreso de su primera travesía, pero que las prisas «por descubrir y ganar todo» impidieron ese viaje, aprovechando la ocasión para solicitarle religiosos. AGI, Patronato 295, n. 4. (Colón, 1992a: 479-481. Colón, 2024: 572-574).

2. Carta de los reyes a Colón, Barcelona, 5 de septiembre de 1493. (CODODES, 1994: I, 488-490).

3. Instrucciones dadas a Cristóbal Colón, Barcelona, 29 de mayo de 1493. AGI, Patronato 295, n. 14. (CODOIN, serie 1.ª: 130, 145-147. CODOIN, serie 1.ª, Vol. 30, pp. 317-324. Morales Padrón, 1979: 67-72. CODODE$, 1994: I, 412-417. Rubio, 2007: I, 162-167).

4. (León Guerrero, 2024: 12).

5. Real Provisión dada en Barcelona el 28 de mayo de 1493. AGI, Patronato 295, n. 10. (CODOIN, serie 1.ª: 30, 132-143. Monte y Tejada, 1952: I, 189-193. Colón, 1985: 154. CODODES, 1994: I, 393-400. Rubio, 2007: I, 152-158. Colón de Carvajal, 2015: II, 81-87). También la reproducen íntegra tanto Hernando Colón como el padre Las Casas. (Las Casas, 1951: I, 340-341. Colón, 1985: 157-161).

6. Real Cédula a Cristóbal Colón, Barcelona, 28 de mayo de 1493. AGI, Patronato 295, n. 12. (CODOIN, serie 1.ª: 30, 123-124. Pleitos, 1983: II, 79-80. CODODES, 1994: I, 403-404. Rubio, 2007: I, 160-161. Colón de Carvajal, 2015: 88-89). Y, además, esta persona podía expedir cartas y provisiones al igual que él. (CODODES, 1994: I, 405-406. Colón de Carvajal, 2015: II, 87-88).

7. Concretamente se le concedió el escudo con las siguientes insignias: «El castillo de color dorado en campo verde, en el cuadro del escudo de vuestras armas en lo alto, a la mano derecha, y en el otro cuadro alto a la mano izquierda un león de púrpura en campo blanco rampando, de verde... Y en el otro cuadro bajo, a la mano derecha, unas islas doradas en ondas de mar, y en el otro cuadro bajo, a la mano izquierda, las armas vuestras que soliáis tener». Real Provisión a Cristóbal Colón, Barcelona, 20 de mayo de 1493. AGI, Patronato 9, r. 1, fol. 30v. (Irving, 1851: 61-62. Poch, 1942: 62. Ballesteros Beretta, 1945: II, 143-144. CODODES, 1994: I, 312-313. Enseñat, 1999: 297. Martínez Llorente, 2006: 288. Rubio, 2007: I, 105). Y, al parecer, alrededor del escudo podía poner la famosa frase: *Por Castilla y por León Nuevo mundo halló Colón*. (Peguero, 1975: I, 55. López de Gómara, 1985: I, 50-51).

8. Traslado de la Real Provisión dirigida a Colón y Fonseca, Barcelona, 24 de mayo de 1493. (Zaragoza, 1867: 209-212. Fernández Duro, 1885: 41.

Serrato, 1893: 180. Las Casas, 1951: I, 346. Olmo, 1975: 83. Pleitos, 1983: II, 81-84. Anglería, 1989: 15. Herrera, 1991: I, 309. Díaz-Trechuelo, 1991: 116. Morales Padrón, 1992: 39. Comellas, 1992: 39. Sagarra, 1997: 29. Varela Bueno, 2003: 222. Suárez Fernández, 2003: 419. Colón de Carvajal, 2015: II, 149-151). Con posterioridad, sería obispo de cuatro sedes episcopales, concretamente Badajoz, Córdoba, Palencia y Burgos, y desempeñó otros cargos dentro de la Iglesia.

9. (Irving, 1851: 63. Madariaga, 1975: 310. Ruiz de Lira, 1978: 72. Haring, 1979: 27. Sagarra, 1997: 30. Mena, 2017: 102).

10. (López de Gómara, 1985: I, 305).

11. La inversión en este convoy ascendió a más de diecisiete millones y medio de maravedís, a los que habría que sumar los más de cinco millones que costó la armada de Vizcaya para proteger el suroeste peninsular. Un gran esfuerzo económico diez veces superior al desembolsado en la primera jornada. (Las Casas, 1951: I, 346. Fernández de Oviedo, 1992: I, 34. Morales Padrón, 1992: 39. Sagarra, 1992: I, 630. León Guerrero, 2024: 19 y 23). Y dado que el negocio indiano no paraba de crecer, desde 1503 se instaló en Sevilla la Casa de la Contratación, encargada del comercio y la navegación con las Indias, imitando el modelo portugués, que ya poseía una casa similar en Lagos (1455) y otra en Lisboa (1463).

12. (Castelar, 1892: 443. Morales Padrón, 1992: 39). Algunos han ido más allá, tildando al religioso de soberbio, cínico e intrigante, alguien que siempre vio al almirante como a un enemigo al que había que desplazar del centro del poder. (Colón de Carvajal, 2015: I, 266).

13. Finalmente, se le permitió llevar un séquito de treinta personas, diez de ellos escuderos. Real Cédula a Juan Rodríguez de Fonseca, Barcelona, 18 de agosto de 1493. AGI, Patronato 9, r. 1, fol. 84r. AGI, Patronato 9, r. 1, fol. 54r. (CODOIN, serie 1.ª: 30, 206-209. Rubio, 2007: I, 194-195. León Guerrero, 2024: 15). Real Cédula a Juan de Soria, 18 de agosto de 1493. AGI, Patronato 9, r. 1, fol. 54v. (CODOIN, serie 1.ª: 21, 397-398. Rubio, 2007: I, 195).

14. (Altolaguirre, 1908: 229-230).

15. Real Cédula a Francisco Pinelo, Barcelona, 23 de mayo de 1493. AGI, Patronato 9, r. 1, fol. 3r. (CODOIN, serie 1.ª, T. 121, 312-313. Rubio, 2007: I, 112-113). Instrucciones de los Reyes Católicos a Fonseca, Barcelona, 4 de agosto de 1493. AGI, Patronato 9, r. 1, fol. 48r-48v. (CODOIN, serie 1.ª: 21, 377-380. Rubio, 2007: I, 191-192).

16. Carta de los Reyes Católicos a Cristóbal Colón, Barcelona, 4 de agosto de 1493. AGI, Patronato 9, r. 11, fol. 49r-49v. (CODOIN, serie 1.ª, 21, 381-384. Rubio, 2007: I, 189-190). Carta a Juan de Soria, Barcelona, 5 de agosto de 1493. AGI, Patronato 9, r. 1, fol. 53r. (CODOIN, serie 1.ª: 21, 391. CODO-

DES, 1993: I, 473. Rubio, 2007: I, 193). Carta de los reyes a Juan de Soria, Barcelona, 18 de agosto de 1493. (CODODES, 1994: I, 481). Sobre la vida y trayectoria del soriano, véase el trabajo de Raúl Utrilla (2024: 66-81).

17. (Verlinden, 1967: 98. Colón, 1989: II, 448).

18. (Manzano, 1964: 152-153. Varela Marcos, 2003: 159-160).

19. El Dorado fue ubicado sucesivamente en la llamada isla del oro, La Española, luego en Castilla del Oro, para terminar en las tierras pantanosas de los Mojos, en Bolivia, donde se mantuvo el mito hasta muy avanzado el siglo XVIII. (Livi-Bacci, 2012: 79).

20. De hecho, con frecuencia comparaban a los amerindios con los musulmanes. Son varios los cronistas que afirman que los naturales pertenecían a la secta de Mahoma, mientras que Manuel de Nobrega señaló que los brasileños eran «tan bestiales como los moros». (Taboada, 2004: 223).

21. Los reyes pusieron cinco millones seiscientos mil maravedís, los bienes de los judíos sumaron otros cinco millones y medio, el duque de Medina Sidonia prestó otros cinco, Hernando de Talavera un millón ciento cuarenta mil maravedís y, finalmente, Juanoto Berardi sesenta y cinco mil. (Ortega, 1925-1926: II, 256. Kirkpatrick, 1986: 18. CODODES, 1994: I, 467. Sagarra, 1997: 33. López Belardo, 2023: 47). Real Cédula a Hernán Núñez Coronel, Barcelona, 23 de mayo de 1493. AGI, Patronato 9, r. 1, fol. 10v. (CODOIN, Serie 1.ª: 121, 418-419. Rubio, 2007: I, 126-127). Real Cédula a García de Cotes, Barcelona, 24 de mayo de 1493. AGI, Patronato 9, r. 1, fol. 25v. (CODOIN, serie 1.ª: 121, 471-472. Rubio, 2007: I, 141-142). Hay mucha documentación sobre los caudales obtenidos de los bienes dejados por los judíos en CODODES (1994: I, 332-353).

22. Se conocen numerosos poderes otorgados en 1497 para cobrar del obispo Fonseca los salarios que les debían de su enrole en la segunda armada colombina. (Bono, 1986: 146-147). Con respecto al trigo de Jerez, véase a Muñoz y Gómez (1888: 425-432).

23. Hay acuerdo entre todas las fuentes en el número de embarcaciones, pero no en su distribución entre naos y carabelas. Mientras que Andrés Bernáldez decía que eran trece carabelas y cuatro naos, el padre Las Casas sostenía que fueron quince carabelas y dos naos. (León Guerrero, 2007: 31). Sin embargo, Girolamo Benzoni asevera que eran tres naos y catorce carabelas. (Benzoni, 1989: 89). Véase también a (Leguina, 1877: 55. Verlinden, 1967: 97. Fernández Duro, 1972: I, 106. Madariaga, 1975: 311. Pleitos, 1983: II, 56. Kirkpatrick, 1986: 24. Morales Padrón, 1990: 141. Fernández-Armesto, 20T04: 150. Enkvist, 2021: 45). Conocemos los nombres de dieciséis de las embarcaciones, entre ella de tres de las naos: la *Marigalante* o *Santa María*, la *Gallega* y la *Colina*, propiedad de Bartolomé Colín. Y entre las carabelas figuraban la *Pinta* y la *Niña* —sí, las del primer viaje—, la *Car-*

dera y San Juan, la *Gutierra* —de Alonso Gutiérrez—, la *Prieta*, la *Gallarda* y la *Triana*, entre otras. (Varela Marcos, 1998: 28-29. Casado, 2006: 168). Autores como Antonio Ballesteros Beretta y, posteriormente, Carlos Etayo piensan que la Niña no era la del primer viaje, sino otra perteneciente a la misma familia moguereña. (Ballesteros Beretta, 1945: II, 161. Gil, 2007a: 56). Sin embargo, es muy raro que el tonelaje tanto de la *Pinta* como de la *Niña* fuese el mismo y también sus dueños, por lo que me inclino a pensar que se trataba de los mismos navíos. Y, por cierto, la *Niña* también estuvo en la tercera jornada colombina.

24. Real Provisión dada a Cristóbal Colón, Barcelona, 28 de mayo de 1493. AGI, Patronato 295, n. 11. (CODOIN, serie 1.ª: 30, 120-122. Monte y Tejada, 1952: I, 193. Fernández de Navarrete, 1964: II, 284. Herrera, 1991: I, 314. Rubio, 2007: I, 159-160).

25. Traslado de la Real Provisión dirigida a Colón y Fonseca, Barcelona, 24 de mayo de 1493. (Fernández Duro, 1885: 41. Bayle, 1952: 102. Olmo, 1975: 83. Pleitos, 1983: II, 81-84. Anglería, 1989: 15. Díaz-Trechuelo, 1991: 116. Sagarra, 1997: 29). Instrucciones dadas a Cristóbal Colón, Barcelona, 29 de mayo de 1493. AGI, Patronato 295, n. 14. (CODOIN, serie 1.ª: 130, 145-147. CODOIN, serie 1.ª, Vol. 30, pp. 317-324. Morales Padrón, 1979: 67-72. CODODE$, 1994: I, 412-417. Rubio, 2007: I, 162-167. Colón de Carvajal, 2015: II, 153-160).

26. (León Guerrero, 2007: 32-34. León Guerrero, 2024: 11). Los cronistas fluctúan entre los mil doscientos que señalan Anglería o Andrés Bernáldez y los mil quinientos que menciona Gonzalo Fernández de Oviedo. (Leguina, 1877: 105. Ballesteros Beretta, 1945: II, 162. Gil, 2007a: 271).

27. (Varela Marcos, 1998: 18. León Guerrero, 2007: 35).

28. Instrucciones dadas a Cristóbal Colón, Barcelona, 29 de mayo de 1493. AGI, Patronato 295, n. 14. (CODOIN, serie 1ª: 130, 145-147. CODOIN, serie 1ª, Vol. 30, pp. 317-324. Morales Padrón, 1979: 67-72. CODODE$, 1994: I, 412-417. Rubio, 2007: I, 162-167).

29. Por una orden de 1505, la reina Juana prohibió el destierro a América de delincuentes por el daño que esto producía. Real Cédula al conde de Cifuentes, Toro, 11 de abril de 1505. AHN, Diversos 41, n. 22. Véase el apéndice I.

30. (Colón, 1985: 162.Varela Bueno, 1986a: 19. Sagarra, 1997: 36. Gil, 2007b: 127-138. Gil, 2013: 247).

31. (Ballesteros Beretta, 1945: II, 217. Peguero, 1975: I, 60. Thomas, 2003: 152. Rubio, 2007: I, 172-175. Gil, 2013: 246).

32. Instrucciones a Bernal Díaz de Pisa, Barcelona, 7 de junio de 1493. AGI, Patronato 9, r. 1, fol. 42v-43r. (CODOIN, serie 1.ª: 21, 366-371. Rubio, 2007: I, 173-175).

33. Carta a Cristóbal Colón, Barcelona, 30 de junio de 1493. AGI, Patronato 9, r. 1, fol. 46v. (CODOIN, serie 1.ª: 21, 373-374. Rubio, 2007: I, 176).

34. Carta de los Reyes Católicos a Diego Álvarez Chanca, Barcelona, 23 de mayo de 1493. AGI, Patronato 9, r. 1, fol. 28r. (CODOIN, serie 1.ª, 121, 332. Rubio, 2007: I, 134). Algunos autores, incluso, lo califican explícitamente como espía al servicio de Fonseca, a quien debía informar de las rutas recorridas y descubiertas por el genovés. (Varela Marcos, 2024: 27).

35. (Castelar, 1892: 445. Varela Bueno, 1986a: 20. Díaz-Trechuelo, 1991: 119. Sagarra, 2009: 19-40. Criado, 2017: 211). Sobre el doctor Chanca puede verse la biografía de Luciano Gallinari (1992).

36. (León Guerrero, 2007: 36. León Guerrero, 2024: 12).

37. (Río Moreno, 1991: 49). No existe la certeza de que se plantasen olivos, pero, en 1509, se aludió a los que había en Santo Domingo, que eran grandes y hermosos, aunque estériles. (*Ibidem*: 146). Desde muy temprano hubo un intento de aclimatación de las plantas europeas, aunque no siempre fue exitoso, al menos a corto o medio plazo. (Crosby, 1991: 69-127). De hecho, la aclimatación del trigo fue un fracaso, y solo se logró a partir de 1521 en Nueva España. Real Cédula a Hernando de Zafra, Barcelona, 23 de mayo de 1493. AGI, Patronato 9, r. 1, fol. 4r. (CODOIN, serie 1.ª: 121, 316-317. CODODES, 1994: I, 355. Rubio, 2007: I, 117).

38. Parece ser que el almirante no repartió tierras, pese a que, desde 1495, la Corona le incentivó a que lo hiciera con aquellos que quisiesen hacer plantaciones. Prueba de que no lo hizo es que, desde 1498, fue una de las reivindicaciones de los alzados que estaban junto a Francisco Roldán. (Lamb, 1977: 174. Río Moreno, 1991: 119 y 213).

39. Las personas en cuestión eran: Cristóbal Caro, platero, Juan de Toledo, platero, y Fermín Formizedo, minero. (León Guerrero, 2007: 45,48 y 58). Un año después se mandará buscar varios mineros de Almadén para que viajen a La Española. Carta de los Reyes Católicos al comendador de Málaga, Segovia, 17 de agosto de 1494. AGI, Patronato 9, r. 1. (CODOIN, serie 1.ª: 21, 534. CODODES, 1994: II, 670. Rubio, 2007: I, 241). Más adelante, el 26 de marzo de 1495, se tomó un asiento con el maestre Pablo Belvis, vecino de Valencia, junto a cuatro oficiales, todos asalariados, para que fuesen a lavar oro a la isla. (CODOIN, serie 1.ª: 21, 535-537. Rubio, 2007: I, 257-259). La empresa del oro era esencial para el mantenimiento de la aventura comercial.

40. (León Guerrero, 2007: 36).

41. (Humboldt, 1892: 183. Mendieta, 1980: 32. Fernández de Oviedo, 1992: I, 33. Bernal, 2005: 119. León Guerrero, 2007: 38-39). Fue designado por el papa para predicar el Evangelio al otro lado del océano, por bula

otorgada en Roma el 25 de junio de 1493. (CODODES, 1994: I, 432-434). Tradicionalmente se pensaba que Boyl era benedictino, pero ya demostró el padre Fidel Fita que, en realidad, era un sacerdote de la orden de los Mínimos de San Francisco de Paula. (Fita, 1892: 160-177). Algunos autores afirman que fray Juan Pérez, el franciscano de La Rábida amigo de Colón, viajó en la armada, incluso, según Bartolomé de Las Casas, ofició la primera misa en el continente americano. Sin embargo, tanto fray Ángel Ortega como Antonio Rumeu lo niegan rotundamente, tanto en el caso de la primera travesía como de la segunda. (Ortega, 1925-1926: II, 265. Rumeu de Armas, 1968: 133). Lo que sí sabemos porque lo afirma Colón en la carta que escribió desde La Española el 3 de febrero de 1500 es que para esa fecha era finado. (Colón, 1989: II, 571).

42. (Ortega, 1925-1926: II, 261-264. Las Casas, 1951: I, 344. Sagarra, 1997: 37. León Guerrero, 2007: 40. Gil, 2013: 284).

43. (Colón, 1985: 205-229. Morales Padrón, 1988: 102. García Arévalo, 1992: 207).

44. Carta a Juan Rodríguez de Fonseca, Barcelona, 12 de julio de 1493. AGI, Patronato 9, r. 1, fol. 47v. (CODOIN, serie 1.ª: 121, 377. Rubio, 2007: I, 180). Gonzalo Fernández de Oviedo dice que se le entregaron «ornamentos y cruces y cálices, e imágenes, y todo lo que era necesario para las iglesias y templos que se hiciesen». (Fernández de Oviedo, 1992: I, 33).

45. Manuel Giménez Fernández incluso aseveró que el envío del padre Boyl no se debió tanto a un deseo de evangelizar como de controlar al genovés. (Giménez, 1943: 29).

46. (Mendieta, 1980: 35).

47. (Las Casas, 1951: II, 479).

48. Real Cédula al alcaide de Málaga, Barcelona, 23 de mayo de 1493. AGI, Patronato 9, r. 1, fol. 4v. (Rubio, 2007: I, 113).

49. Real Cédula a Hernando de Zafra, Barcelona, 23 de mayo de 1493. AGI, Patronato 9, r. 1, fol. 3r. (CODOIN, serie 1.ª: 121, 310-311. Río Moreno, 1992: 35. CODODES, 1994: I, 355-356. Thomas, 2003: 153. Gil, 2007a: 273. Rubio, 2007: I, 116-117). Además de las veinte cabalgaduras debían llevar cinco dobladuras, es decir, cinco ejemplares más de reemplazo, por si algunos morían poder mantener la veintena de lanzas jinetas. Lo novedoso era que todos los équidos fuesen hembras reproductoras y no caballos, sin duda pensando ya en el futuro aumento de la cabaña equina. (Río Moreno, 2012: 77-78). Las lanzas jinetas constituían una caballería popular que usaba estribos cortos, lanzas recortadas, adarga y puñal. (León Guerrero, 2024: 13).

50. (Ortega, 1925-1926: II, 236).

51. (Varela Bueno, 1986a: 20. Arranz, 1986: 82).

52. Al parecer, a Cádiz llegaron cinco, pero uno de ellos falleció pocos días antes de zarpar, algo que pesó mucho a los soberanos. Carta de los Reyes Católicos a Cristóbal Colón, Barcelona, 18 de agosto de 1493. AGI, Patronato 295, n. 19. (CODOIN, serie 1.ª: 30, 202-204. CODODES, 1994: I, 477-478. Rubio, 2007: I, 196-197). El doctor Chanca, en cambio, afirma que se embarcaron siete y que cinco murieron en la travesía, arribando solo dos a La Española. (Monte y Tejada, 1952: I, 215. Gil, 1984: 152-176. Morales Padrón, 1990a: 111-137. CODODES, 1994: I, 504-521).

53. Hasta hace poco se pensaba que la gran epidemia desatada en La Española a raíz de la arribada de Colón en su segunda travesía había sido la influenza suina, transmitida por un cerdo de La Gomera. (Guerra, 2013: 161-184). Tampoco resulta convincente la hipótesis de Massimo Livi Bacci, quien ha defendido que la mortalidad se debió al trastorno que experimentaron las estructuras socio-económicas indígenas y que no hubo epidemias antes de 1518. (Livi, 2007: 144). También se ha sugerido la posibilidad de que no se tratase de gripe porcina sino aviar, o al menos de las aves de corral que también viajaron junto a los españoles. (Muñoz-Sanz, 2006: 329). Noble David Cook defiende, en cambio, que la epidemia fue de viruela, basándose en un testimonio del propio Colón, que la atribuye a esta enfermedad. (Cook, 2005: 57. Cook, 2013: 313-333).

54. La Corona se pronunció finalmente en 1501, fecha en la que permitió oficialmente el paso de esclavos a las Indias descubiertas Instrucciones a frey Nicolás de Ovando, Granada 16 de noviembre de 1501. (CODOIN, Serie 1.ª, T. 31, pp. 13-25). No obstante, entre 1503 y 1505, se produjo un paréntesis durante el cual el Comendador de Lares pidió al monarca que no se llevasen esclavos de color a la isla por los continuos alzamientos que protagonizaban algunos de ellos, afirmación de la que se retractó en este último año, al solicitar de los Reyes Católicos la reapertura del tráfico negrero. (Larrazábal, 1967: 14).

55. Real Cédula ordenando comprar ciertas cosas necesarias en la feria de Medina del Campo, Barcelona, 24 de mayo de 1493. (CODODES, 1994: I, 379).

56. (Monte y Tejada, 1951: I, 204. Varela Bueno, 2003: 228-229). De hecho, en su relación del segundo viaje pidió a la Corona que los castigaran por el engaño que habían hecho estos toneleros sevillanos y a otros que habían hurtado vituallas. (Colón, 1989: II, 465. CODODES, 1994: I, 523-538.). También lo cuenta en el memorial que envió a los Reyes Católicos con Antonio de Torres, firmado en La Isabela el 30 de enero de 1494. AGI, Patronato 9, r. 1. (Monte y Tejada, 1952: I, 201-212. Fernández Duro, 1972: I, 106. Morales Padrón, 1990: 136. Colón, 1992a: 254-269. CODODES, 1994: I, 539-555. Rubio, 2007: I, 203-214. Colón, 2024: 312-327).

57. Dice Cuneo que lo primero que hicieron nada más llegar fue plantar todas estas semillas, aunque tuvieron resultados muy dispares. Cereales y legumbres sin éxito —aunque Colón dice que vio brotar grandes espigas muy granadas—, y otras como los melones, las sandías o los rábanos fueron bien. Carta de Michele Cuneo a Gerónimo Annari, Savona, 28 de octubre de 1495. (Morales Padrón, 1990a: 150. CODODES, 1994: II, 853-869. Sánchez de Mora, 20024: 412). También la caña de azúcar prosperó extraordinariamente hasta tal punto que, pocos lustros después, el dulce se convirtió en la gran industria de la isla. No en vano, La Española fue el mayor productor de dulce de todo el continente americano, por delante de Puerto Rico, Cuba y Nueva España.

58. (Río Moreno, 2012: 45).

59. (Ortega, 1925-1926: II, 273. Peguero, 1975: I, 60. López de Gómara, 1985: I, 55. Morales Padrón, 1988: 102. Boorstin, 1989: 240. Anglería, 1989: 15. Herrera, 1991: I, 317. Varela Marcos, 1996: 70). Otras muchas expediciones en los primeros años del Descubrimiento se aprovisionaron de ganados en La Gomera. Por ejemplo, la flota de Peralonso Niño de 1496 adquirió en la isla cien cabezas de ganado ovino y caprino. (Robles, 2018: 25). Por cierto, que alguna o todas las hembras porcinas que se embarcaron en La Gomera padecían influenza y provocaron la primera gran pandemia de la isla.

60. En la segunda travesía iban una treintena, pues además de las veinte yeguas de las lanzas jinetas, y sus cinco dobladuras, hubo algunos pasajeros, como Alonso de Ojeda, que también llevaron su cabalgadura. (Río Moreno, 2012: 79). Sin embargo, apenas sobrevivieron dieciséis, pues este tipo de ganado hacía mal la travesía y morían tantos en el trayecto de Andalucía a Canarias que por los muchos animales muertos la zona se conoció como el golfo de las yeguas. Aunque Oviedo dice que también moría mucho ganado vacuno, por lo que también se pudo haber bautizado como golfo de las vacas. (*Ibidem*: 88-89). Además, cuando el agua dulce escaseaba lo primero que hacían era de deshacerse de esos animales, que eran los que más líquido consumían. (Headrick, 2011: 96).

61. Carta de los Reyes Católicos a Colón, Barcelona, 18 de agosto de 1493. AGI, Patronato 295, n. 19. (CODOIN, serie 1.ª: 30, 202-204. Rubio, 2007: I, 196-197). Carta de los Reyes Católicos a Cristóbal Colón, Barcelona, 5 de septiembre de 1493. AGI, Patronato 295, n. 21. (Rubio, 2007: I, 198-200).

62. Carta a Cristóbal Colón y a Juan Rodríguez de Fonseca, 27 de julio de 1493. AGI, Patronato 9, r. 1, fol. 46v. (CODOIN, serie 1.ª: 121, 374-376. Rubio, 2007: I, 181-182). Por si acaso, se estaba aprestando también una armada vizcaína, de cinco naos y carracas, al mando de Íñigo de Artieta, por si fuese necesaria su intervención. (CODODES, 1994: I, 446-449).

63. Carta a Juan Rodríguez de Fonseca, Barcelona, 25 de julio de 1493. AGI, Patronato 9, r. 1, fol. 47r. (CODOIN, serie 1.ª, 38, 199-200. Rubio, 2007: I, 181). Carta a Cristóbal Colón y a Juan Rodríguez de Fonseca, 27 de julio de 1493. AGI, Patronato 9, r. 1, fol. 46v. (CODOIN, serie 1.ª: 121, 374-376. Rubio, 2007: I, 181-182).

64. Real Cédula a Juan Rodríguez de Fonseca, Barcelona, 18 de agosto de 11493. AGI, Patronato 9, r. 1, fol. 54r. (CODOIN, serie 1.ª: 30, 206-209. CODODES, 1994: I, 475-476. Rubio, 2007: I, 194-195).

65. Hay división de opiniones sobre la fecha exacta de la partida; Cristóbal Colón la fija el jueves 26 de septiembre, mientras que su hijo Hernando y Anglería dicen que fue el día antes, es decir, el miércoles 25. Andrés Bernáldez afirma, por error, que zarpó el 22 de septiembre y Juan de Bardi la sitúa en 24 de ese mismo mes. (Bernáldez, 1946: 230. Gil, 1984: 48. Varela Bueno, 1986b: 22). Algunos autores se inclinan por el 23 de septiembre (Olmo, 1975: 85) y otros por el 24 (Serrato, 1893: 181). Sin embargo, la mayoría de los autores la fechan el 25, entre ellos varios testigos presenciales, como el doctor Chanca o Michele Cuneo, por lo que nos inclinamos por ella. (Irving, 1851: 67. Leguina, 1877: 55. Poch, 1942: 63. Monte y Tejada, 1952: I, 194 y 214. Verlinden, 1967: 99. Gil, 1984: 48, 155 y 235-260. Colón, 1985: 162. Varela Bueno, 1986b: 22. Bennassar, 1987: 49. Colón, 1989: II, 487. Anglería, 1989: 15. Morales Padrón, 1990: 111-137. Cerezo, 1991: 238. Comellas, 1992: 41. CODODES, 1994: II, 853-869. Moréu, 1997: 190. Varela Marcos, 2003: 165. Cuesta, 2006: 149. Gil, 2007a: 271).

66. (Colón, 1985: 163).

67. Según su relato: «Se habían celebrado las ceremonias sagradas de los marineros, se habían recibido los besos de quienes partían, se habían cubierto las naves de colgaduras, y, mientras flameaban los gallardetes en los trenzados cables, la enseña real coloreaba toda la popa..., mientras retumbaba la costa con el son de las trompetas y el estruendo de los clarines, y el fondo del mar devolvía el eco de los tiros de las bombardas...». Relación de Guillermo Coma, traducida por Nicolás Esquilache, 1493. (Gil, 1984: 182-183).

68. La llegada a La Gomera se produjo el 5 de octubre según Cuneo, pero no hay acuerdo exacto sobre la fecha en la que salieron de esta isla, pues tanto Hernando Colón como Bartolomé de Las Casas dicen que fue el 7 de octubre, permaneciendo, pues, dos días. En cambio, Michele Cuneo sostiene que zarparon el 10 por lo que prolonga su estancia en la isla cinco días, mientras que Guillermo Coma dice que se detuvieron casi seis días para abastecerse de alimentos y agua. (Gil, 1984: 155, 185 y 235-260. Varela Bueno, 1986b: 22. Morales Padrón, 1990: 112. CODODES, 1994: II, 853-869.).

69. (Moréu, 1997: 190. León Guerrero, 2005b: 483-484).

70. Esta tormenta la describe en su relación Guillermo Coma. (Gil, 1984: 186).

71. Concretamente partieron de El Hierro el 13 de octubre y fondearon en la Dominica el 3 de noviembre. (Colón, 1985: 164. Arranz, 1986: 83. Varela Bueno, 1986b: 22. Varela Marcos, 2003: 167-169). Desde Cádiz a la Dominica, el trayecto duró veintiún días, todo un récord que por cierto Colón volvió a repetir en su cuarto viaje.

72. (Colón, 1989: II, 447).

73. Carta de Diego Álvarez Chanca al concejo de Sevilla, 1493. (Monte y Tejada, 1952: I, 215. Gil, 1984: 152-176. Morales Padrón, 1990a: 111-137. CODODES, 1994: I, 504-521). Al parecer, según el *Libro Copiador*, a un tal Camareco, que fue el primero en avistar tierra, el almirante le concedió el título de piloto mayor, para que sirviese de ejemplo, y diez mil maravedís, copiando el ofrecimiento de la reina con motivo del primer viaje. (Varela Marcos, 1996: 75).

74. (Colón, 1985: 164).

75. Carta de Michele Cuneo a Gerónimo Annari, Savona, 28 de octubre de 1495. (Morales Padrón, 1990a: 142. CODODES, 1994: II, 853-869). También Hernando Colón sostiene la misma idea. (Colón, 1985: 164).

76. (Colón, 1985: 164. Colón, 1989: II, 447. Moréu, 1997: 193).

77. Carta de Diego Álvarez Chanca al concejo de Sevilla, 1493. (Monte y Tejada, 1952: I, 215. Gil, 1984: 152-176. Morales Padrón, 1990a: 111-137. CODODES, 1994: I, 504-521).

78. (Ballesteros Beretta, 1945: II, 198). Es el primero de una larga lista de topónimos dedicados a la Virgen extremeña que suma más de doscientos a lo largo y ancho del continente americano. (García, 1993: 373-375).

79. Carta de Michele Cuneo a Gerónimo Annari, Savona, 28 de octubre de 1495. (Morales Padrón, 1990a: 143-144. CODODES, 1994: II, 853-869).

80. (Colón, 1985: 167-168).

81. (Irving, 1851: 69. García Arévalo, 1992: 142, Moréu, 1997: 193. León Guerrero, 2007: 2).

82. (Las Casas, 1951: I, 354. Colón, 1985: 168. Anglería, 1989: 20. Herrera, 1991: I, 318. Colón, 1992a: 238. Thomas, 2003: 159-160. Colón, 2024: 294).

83. (Olmo, 1975: 87. Varela Bueno, 1986b: 25).

84. (Serrato, 1893: 186. Ballesteros Beretta, 1945: II, 200. Monte y Tejada, 1952: I, 221. Geraldini, 1977: 143-144. Colón, 1989: II, 451. León Guerrero, 2005b: 485). Hernando Colón aumenta la cifra a más de medio millar, mientras que Herrera dice vagamente que eran innumerables. (Colón, 1985: 169. Herrera, 1991: I, 319).

85. Relación de Michele Cuneo a Gerónimo Annari, Savona, 15 de octubre de 1493. (CODODES, 1994: II, 853-869).

86. (Verlinden, 1967: 101. Fernández Duro, 1972: I, 106. Gil, 1984: 242-243. Pleitos, 1984: III, 308. Kirkpatrick, 1986: 24. Varela Bueno, 1986b: 25. Cerezo, 1991: 240. Varela Marcos, 2003: 172. León Guerrero, 2005b: 485-486). Carta de Michele Cuneo a Gerónimo Annari, Savona, 28 de octubre de 1495. (Morales Padrón, 1990a: 141-162. CODODES, 1994: II, 853-869). Hay que recordar que la isla ya había sido descubierta en el primer viaje por Martín Alonso Pinzón.

87. Carta de Diego Álvarez Chanca al concejo de Sevilla, 1493. (Monte y Tejada, 1952: I, 215. Gil, 1984: 152-176. Morales Padrón, 1990a: 111-137. CODODES, 1994: I, 504-521).

88. (Monte y Tejada, 1951: I, 224. Morales Padrón, 1990a: 124 y 132. Varela Marcos, 2003: 173. Martín Jiménez, 2005: 474-475).

89. Carta de Diego Álvarez Chanca al concejo de Sevilla, 1493. (Monte y Tejada, 1952: I, 215. Gil, 1984: 152-176. Morales Padrón, 1990a: 111-137. CODODES, 1994: I, 504-521).

90. (Monte y Tejada, 1952: I, 225. Gil, 1984: 166. Morales Padrón, 1990: 125 y 173. Pérez de Oliva, 1993: 155).

91. Y según su propio testimonio, esperaba encontrar a su regreso un tonel de oro con el que comenzar a proveer fondos para la recuperación de Jerusalén. (Irving, 1851: 74. Ballesteros Beretta, 1945: II, 95. Colón, 1985: 171. Colón, 1989: II, 456. Carta de Diego Álvarez Chanca al concejo de Sevilla, 1493. (Monte y Tejada, 1952: I, 215. Gil, 1984: 152-176. Morales Padrón, 1990a: 111-137. CODODES, 1994: I, 504-521).

92. (Colón, 1985: 171. Herrera, 1991: I, 322). Hay dudas sobre quién era este mensajero, pues unos afirman que era un hermano del cacique y otros que un primo. (Irving, 1851: 73. Verlinden, 1967: 102. Herrera, 1991: I, 322).

93. (Ballesteros Beretta, 1945: II, 203. Las Casas, 1951: I, 358. Monte y Tejada, 1952: I, 197. Gil, 1984: 57. Colón, 1985: 172. Colón, 1989: II, 454-456 y 487. Herrera, 1991: I, 321. Colón, 1992a: 243. Moréu, 1997: 194. Bergreen, 2011: 149. Colón, 2024: 299). Michele Cuneo, en cambio, estimó que la matanza había ocurrido quince o veinte días antes de que ellos llegaran. Carta de Michele Cuneo a Gerónimo Annari, Savona, 28 de octubre de 1495. (Gil, 1984: 235-260. Morales Padrón, 1990a: 145. CODODES, 1994: II, 853-869).

94. (Fernández de Oviedo, 1992: I, 46-47. Colón de Carvajal, 2015: 2376). Por cierto, a bordo viajaban dos personas llamadas Diego Colón, el hermano del almirante y el indígena de Guanahaní. Pronto se incorporaría al clan Bartolomé Colón.

95. (Irving, 1851: 75. Poch, 1942: 64. Monte y Tejada, 1952: I, 229. López Flores, 1964: 326. Madariaga, 1975: 340. Anglería, 1989: 23. Ramos Gómez, 1991a: 56). Carta de Diego Álvarez Chanca al concejo de Sevilla, 1493. (Monte y Tejada, 1952: I, 215. Gil, 1984: 152-176. Morales Padrón, 1990a: 111-137. CODODES, 1994: I, 504-521). Solo un cronista, Guillermo Coma, sostuvo —quizá por error— que la herida no fue en una pierna sino en un brazo. Relación de Guillermo Coma. (Gil, 1984: 196-197. Martín Jiménez, 2005: 477).

96. (Bernáldez, 1946: 238).

97. (Ruiz de Lira, 1978: 74. Ramos Gómez, 1992: I, 563. Ramos Gómez, 1993: 200-201).

98. Relación de Guillermo Coma. (Gil, 1984: 196-197).

99. Así sucedió, pues este fingió creerlo, como dice Girolamo Benzoni, aplazando el castigo para otra ocasión más propicia, una actitud que le fue reprochada por el padre Boyl, pese a que, por su condición de religioso, se le presuponía una caridad cristiana. (Irving, 1851: 76. Serrato, 1893: 190. Las Casas, 1951: I, 359. Olmo, 1975: 91. Benzoni, 1989: 90-91. Ramos Gómez, 1992: I, 542. Pérez de Oliva, 1993: 156. Fernández-Armesto, 2004: 154. Martín Jiménez, 2005: 480). Bien es cierto que oficialmente siempre se culpó de la matanza a Caonabo, que, de hecho, estuvo preso en La Isabela varios meses y en 1500 fue enviado a España para ser juzgado, aunque pereció ahogado en el huracán que hundió a casi toda la escuadra.

100. (García Bidó, 2010: 62-63).

101. Así lo declaró en 1514. (Pleitos, 1984: III, 215. Colón de Carvajal, 2015: IV, 2266-2268).

102. (Colón, 1985: 174. García Arévalo, 2019: I, 159. Morales Padrón, 1990: 132).

103. (Monte y Tejada, 1952: I, 231. Colón, 1989: II, 460. León Guerrero, 2005b: 487).

104. (Ballesteros Beretta, 1945: II, 206. Peguero, 1975: I, 66. Morales Padrón, 1988: 106. García Arévalo, 1992: 142. Varela Marcos, 2003: 176. Gil, 2013: 251. López Belando, 2023: 53-54).

105. Según Manuel A. García Arévalo, la decisión de no asentar la primera ciudad y capital de la isla en la zona de Puerto Plata cambió el rumbo de la historia. De haberse fundado allí, es posible que la capitalidad se hubiese quedado en el norte, se hubiera controlado mucho mejor la zona y se hubiesen evitado las devastaciones de Osorio y la futura secesión de la isla entre Haití y República Dominicana. (García Arévalo, 2019: I, 164-165). Bien es cierto que la villa de Puerto Plata la fundó poco después Nicolás de Ovando, en 1502, lo que no impidió que los contrabandistas campasen a sus anchas por la zona norte.

106. (Colón, 1985: 174. Colón, 1989: II, 460 y 487. Colón, 1992a: 247. CODODES; 1994: II, 721. Gil, 2013: 251. Colón, 2024: 304 y 505). Estos mismos elogios sobre la buena elección del sitio los repitieron Pedro Mártir de Anglería y el doctor Chanca, quien afirmó que era el mejor sitio que encontraron con un buen puerto, grandes pesquerías y tierras fértiles. (Monte y Tejada, 1952: I, 215. Gil, 1984: 152-176. Anglería, 1989: 29-30. Morales Padrón, 1990a: 111-137). También Guillermo Coma sostuvo que el río traía agua cristalina y señoreaba una gran llanura, con algunas colinas. (Gil, 1984: 197).

107. (Bueno, 2024a: 1-24).

108. (Ballesteros Beretta, 1945: II, 207. Gil, 1984: 199. Arranz, 1986: 85. Herrera, 1991: I, 324). Ni que decir tiene que La Navidad no pasó de ser un fortín para albergar a los que no se pudieron embarcar en las carabelas *Pinta* y *Niña*.

109. (Ladero, 2006: 344). El extenso listado de las plantas, ungüentos, polvos, especias y píldoras embarcadas está publicado en: (CODODES, 1994: II, 823-826).

110. Ya en marzo de 1494 sufrió un incendió que devastó dos terceras partes de las viviendas, y posteriormente sufrió los efectos de un potente huracán. (Sánchez de Mora, 2024: 410. Bueno, 2024b: 45).

111. (Pérez de Tudela, 1994: I, CCVI. Varela Bueno, 2010a: 67-82).

112. Carta de Michele Cuneo a Gerónimo Annari, Savona, 28 de octubre de 1495. (Morales Padrón, 1990: 146-167. CODODES, 1994: II, 853-869).

113. AGI, Patronato 9, r. 1. (Ballesteros Beretta, 1945: II, 207-208. Monte y Tejada, 1952: I, 201-212. Fernández Duro, 1972: I, 106. Gil, 1984: 257. Colón, 1985: 174-175. Céspedes del Castillo, 1988: II, 468. Morales Padrón, 1990: 136. Rubio, 2007: I, 203-214).

114. Memorial de Colón a los Reyes Católicos, La Isabela, 30 de enero de 1494. AGI, Patronato 9, r. 1. (Monte y Tejada, 1952: I, 201-212. Fernández Duro, 1972: I, 106. Gil, 1984: 257. Morales Padrón, 1990: 136. Rubio, 2007: I, 203-214). Pedro Mártir de Anglería los pudo ver personalmente en Medina del Campo, quedando traspuesto por su terrible apariencia, aunque es posible que estuviese sugestionado. Lo cierto es que, durante todo el siglo XVI, se creó el mito del Caribe equiparado con caníbal y bárbaro, por lo que se le podía hacer la guerra justa y esclavizar. Bastaba con declarar Caribe a un grupo humano para atacarlo cruelmente y someterlo a servidumbre, siendo el agujero legal por el que pervivió la esclavitud de los naturales. (Rivera Pagán, 1992: 164-165). Nada nuevo, pues la antropofagia fue una de las excusas clásicas para esclavizar poblaciones, lo mismo africanas que asiáticas. (Arens, 1981: 82-85).

115. (Mendieta, 1980: 19).

116. Nueve de estos indígenas fueron mandados entregar el 2 de junio de 1495 a Juanoto Berardi para que los embarcara de regreso a La Española. (Rubio, 2007: I, 288-289).

117. (Comellas, 1992: 41).

118. (Ballesteros Beretta, 1945: II, 210. Monte y Tejada, 1952: I, 203).

119. (León Guerrero, 2005b: 488-489).

120. (Colón, 1985: 174. Ramos Pérez, 1982: 19. Fernández-Armesto, 2004: 159).

121. (Colón, 1985: 176).

122. (Ballesteros Beretta, 1945: II, 224. Rodríguez Demorizi, 1965: 376. Gil, 1984: 244. Colón, 1985: 179. Anglería, 1989: 30).

123. (Ramos Pérez, 1982: 15. Chez, 2023: 175. Gil, 2013: 255. Utrera, 2014: I, 58. López Belando, 2023: 55).

124. (Monte y Tejada, 1952: I, 249-254. Pleitos, 1984: III, 172. León Guerrero, 2005b: 494).

125. (Colón, 1985: 184-185).

126. (Arranz, 1986: 87. Díaz-Trechuelo, 1991: 129).

127. (Colón, 1989: II, 438 y 492-498. Morales Padrón, 1990: 98).

128. (Colón, 1989: II, 498).

129. (Serrato, 1893: 204. Gil, 2006b: 97. Gil, 2007a: 105).

130. Probanza realizada en la carabela *Niña*, también llamada *Santa Clara*, 12 de abril de 1494. AGI, Patronato 8, r. 11 (1). (Ortega, 1925-1926: II, 205 y 224. Ballesteros Beretta, 1945: II, 240-241. Monte y Tejada, 1952: I, 249-254. Friederici, 1973: 269. Madariaga, 1975: 353.Moréu, 1997: 199. Gil, 1984: 216-223. Fernández-Armesto, 2004: 127).

131. Ya en 1500, Juan de la Cosa la representó como una isla, pero fue Sebastián de Ocampo, enviado por el gobernador Nicolás de Ovando, quien la bojeó por primera vez, tras zarpar de La Española a mediados de 1506, desde Puerto Plata, para regresar en enero de 1507. Cuentas del tesorero Alonso de Santa Clara, desde el 15 de noviembre de 1505 hasta 1508. AGI, Justicia 990, n. 1, pieza 2.ª.

132. (Morales Padrón, 1952: 3. Gil, 2007a: 115).

133. El cazabe y el maíz de Jamaica eran utilizados por todas las expediciones importantes, que se nutrían de su excedente. Por poner un ejemplo concreto, para la expedición que planeó Lucas Vázquez de Ayllón para ir a La Florida Colón declaró tener cazabe y otros alimentos procedentes de Jamaica y de la isla de la Mona. Información realizada a petición de Lucas Vázquez de Ayllón, Santo Domingo, 5 de junio de 1526. AGI, Patronato 172, R. 25.

134. (Julián, 2024: 16. Bueno, 2024b: 48).

135. Información testifical de Bartolomé Colón, Sevilla, 17 de marzo de 1505. (CODODES, 1994: III, 1737).

136. (Varela Bueno, 1992: 76).

137. Había sido nombrado capitán de esa pequeña expedición por una Real Cédula dada en Medina del Campo, el 14 de abril de 1494. AGS, Estado, leg. 1, r. 2. Rubio, 2007: I, 220-221). En el archivo de la familia Colón en la Cartuja de las Cuevas se conservaba un traslado autorizado. (Serrano, 1930: 222).

138. (Irving, 1851: 98-99. Las Casas, 1951: I, 153).

139. Hernando Colón carga las principales culpas sobre Margarit, que no había cumplido con su cometido de *pacificar* la isla como le había pedido su padre. (Colón, 1985: 198).

140. (Monte y Tejada, 1951: I, 209. CODODES, 1994: I, 549. Río Moreno, 2012: 78). Finalmente, se acordó pagárselos como si estuviesen muertos, al precio que, según las ordenanzas, se debía pagar. Carta de los reyes a Hernando de Zafra, Madrid, 23 de febrero de 1495. (CODODES, 1994: II, 716-717).

141. Instrucciones a Pedro Margarit, La Isabela, 9 de abril de 1494. AGI, Patronato, 8, r. 10. (Monte y Tejada, 1952: I, 245. Colón, 1992a: 269-273. Rubio, 2007: I, 215-219. Colón, 2024: 328-332).

142. ((Serrano y Sanz, 1918: I, 241. Ballesteros Beretta, 1945: II, 254. Ramos Pérez, 1982: 105-107).

143. (Ballesteros Beretta, 1945: II, 20. Ramos Pérez, 1982: 78-79 y 110-112. CODODES, 1994: II, 716-718).

144. (Ramos Pérez, 1979: 58. Río Moreno, 1992: 35).

145. (Irving, 1851: 87. Ballesteros Beretta, 1945: II, 255. Herrera, 1991: I, 324 y 340).

146. (Colón, 1985: 175).

147. Carta de Michele Cuneo a Gerónimo Annari, Savona, 28 de octubre de 1495. (Morales Padrón, 1990a: 259. CODODES, 1994: II, 853-869).

148. (Las Casas, 1951: I, 410. Monte y Tejada, 1952: I, 259).

149. (Varela Bueno, 1992: 24. Pérez de Tudela, 1994: I, CCI. Bueno, 2023: 178. Sánchez de Mora, 2024: 408).

150. (Arranz, 1986: 90. Cerezo, 1991: 245. Gil, 2007a: 58). Autores como Mario Hernández Sánchez-Barba creen en ese temprano descubrimiento de Sudamérica, al entender que los trabajos de Juan Manzano son de una gran solidez. (Hernández Sánchez-Barba, 1992: I, 653).

151. Carta-relación del almirante a los Reyes Católicos, La Isabela, 26 de febrero de 1495. (CODODES, 1994: II, 721-746).

152. Muchos testigos, como Francisco Hernández, declararon que lo vieron traer perlas a Santo Domingo, cuando llegó en su tercera jornada descubridora. (Colón de Carvajal, 2015: IV, 2390-2391).

153. Entre ellos, Cristóbal de Triana, quien confirmó que habían recorrido esas islas, además de la Anegada y otros islotes. (Pleitos, 1984: III, 279. Colón de Carvajal, 2015: IV, 2305). Otros testigos que habían viajado en la segunda jornada, aunque permanecieron en La Española cuando el almirante fue a descubrir, manifestaron que, a su regreso, supieron que habían recorrido Jamaica, Cuba y otras islas que estaban a la redonda de esta última. Entre ellos, Pedro de Tudela, Rafael Catano, Lorenzo de Armada, Gil Vázquez Delgado, Diego de Alvarado o Gonzalo de Sevilla. (Pleitos, 1984: III, 171, 174, 224-225 y 229. Colón de Carvajal, 2015: IV, 2259, 2266, 2275).

154. (Colón de Carvajal, 2015: IV, 2138, 2140). Rodrigo de Escobar declaró que los naturales le preguntaban si venían del cielo, y les interrogó si habían visto otros cristianos y dijeron que no. (*Ibidem*: IV, 2154).

155. Muchos autores han sostenido que el padre Boyl y los demás huyeron furtivamente en las carabelas que trajo Bartolomé Colón. (Serrano y Sanz, 1918: I, 241. Ortega, 1925-1926: II, 277. Monte y Tejada, 1952: 260-261. Verlinden, 1967: 113. Moya, 1978: 18). Pero es imposible que pudiesen hacer todo esto sin el consentimiento del almirante.

156. Carta de los reyes a fray Bernardo Boyl, Segovia, 16 de agosto de 1494. (CODODES, 1994: II, 662-663). Carta de los reyes a Garcilaso de la Vega, Madrid, 16 de febrero de 1495. (CODODES, 1994: II; 714).

157. Carta de los Reyes Católicos a Juan Rodríguez de Fonseca, Madrid, 3 de diciembre de 1494. (CODOIN, serie 1.ª: 38, 313-314. Rubio, 2007: I, 255)

158. Inicialmente, dado el estado de los équidos, solo se le abonaron cincuenta mil maravedís por todos ellos. Sin embargo, sus quejas fueron escuchadas y finalmente obtuvieron una generosa indemnización. (Ramos Pérez, 1982: 146). Real Cédula a Hernando de Zafra, Madrid, 23 de febrero de 1495. (Rubio, 2007: I, 256-257).

159. Mientras tanto, el 24 de febrero de 1495 se despacharon desde La Española otras cuatro embarcaciones, al mando de Luis de Torres, donde viajaba Michele Cuneo. Este narró que el regreso lo hicieron incomprensiblemente por las Antillas Menores, donde estuvieron un mes entero luchando con vientos contrarios y consumiendo los víveres. Carta de Michele Cuneo a Gerónimo Annari, Savona, 28 de octubre de 1495. (Morales Padrón, 1990a: 160-161. CODODES, 1994: II, 853-869). Véase también a Bartolomé de Las Casas (1951: I, 405).

160. Previamente, el 9 de abril de 1495, se había informado a Colón del envío del citado repostero. (CODODES, 1994: II, 770-771).

161. (Fernández Duro, 1885: 49. Ortega, 1925-1926: II, 287. Varela Bueno, 1986a: 19. Cerezo, 1991: 256).

162. (Las Casas, 1951: I, 425).

163. Título de teniente de gobernador otorgado por Cristóbal Colón a su hermano, La Isabela, 17 de febrero de 1496. (Colón, 1992a: 331-333. CODODES, 1994: II, 889-891. Rubio, 2007: 298-300. Colón, 2024: 398-400). Pese a todo, para evitar un conflicto, los reyes nombraron a Bartolomé Colón adelantado de las Indias, por Real Provisión otorgada en Medina del Campo, el 22 de julio de 1497. AGI, Patronato 295, n. 39. (Zaragoza, 1867: 179-181. Serrato, 1893: 252. Ballesteros Beretta, 1945: II, 251. Ortuño, 1992: 551-564. CODODES, 1994: II, 999- 1001.Moréu, 1997: 217. Varela Bueno, 2003: 225. Rubio, 2007: I, 358-360. Colón de Carvajal, 2015: II, 138-140). En el archivo de la familia Colón en la Cartuja de las Cuevas se conservaba un traslado simple de este documento. (Serrano, 1930: 222).

164. (Colón, 1985: 181).

165. (Ballesteros Beretta, 1945: II, 231). No sabemos mucho de la biografía del hermano pequeño del almirante. Se hizo religioso y su hermano pidió a su hijo Diego, en marzo de 1502, que solicitase a la Corona alguna canonjía o un cargo similar para su tío, algo que nunca llegó a suceder. (Colón, 1992a: 478. CODODES, 1994: III, 1445. Colón, 2024: 570). Murió en 1515, siendo inhumado en la bóveda de entierro que la familia poseía en una capilla de la iglesia de Santa María de las Cuevas de Sevilla.

166. (Colón, 1985: 183).

167. Esta última carabela la apodaban *la India* porque había sido construida en La Española, siendo la primera salida de un astillero americano. Probablemente, en su construcción usaron los aparejos y las maderas de algunas de las naves que había traído el propio Aguado y que habían resultado muy dañadas en un temporal.

168. (Bernáldez, 1946: 282-283. Arranz, 1986: 100. Cerezo, 1991: 244. Moréu, 1997: 207).

169. En general, los españoles sentían repulsión por las prácticas antropófagas, incluso en situaciones de hambrunas extremas. No obstante, no faltan casos dramáticos en los que el hambre les obligó a practicar, con desagrado, la antropofagia. Pero se trató siempre de lo que Marvin Harris ha denominado *antropofagia de emergencia* y que ha estado presente a lo largo de la historia cada vez que se presentaban situaciones extremas (1999: 250). Desde los numantinos en el siglo II a. C., que, según Apiano, se vieron obligados a comerse primero las pieles y luego la carne cocida de los muertos, a los supervivientes del accidente aéreo de los Andes en pleno siglo XX.

170. (Ballesteros Beretta, 1945: II, 295. Las Casas, 1951: I, 434. Colón, 1985: 229 y 233. Varela Bueno, 1986a: 19. Arciniegas, 1990: 173. Cerezo, 1991: 256. Moréu, 1997: 207. Varela Marcos, 2003: 21 y 211).

171. Se ha dicho que esta forma de vestir formaba parte de una estrategia para victimizarse ante todos, pero esto se contradice con la compra de

ropa en Valladolid, antes de llegar a la corte. (Varela, 2003: 21 y 24-25). En mi opinión, llegó de La Isabela como todos los demás, es decir, con lo puesto, y así estuvo hasta su llegada a Valladolid.

172. (Boorstin, 1989: 241 Varela Marcos, 2003: 22. Robles, 2018: 24).

173. A principios de julio de 1496 llegó a la isla, aliviando en parte la carestía que se vivía. Por cierto, fue el último convoy que llegó a La Isabela, en adelante, todos los barcos arribarían a Santo Domingo. (Bueno, 2024b: 49).

174. (Ballesteros Beretta, 1945: II, 295. Pleitos, 1983: II, 56. Colón, 1985: 234. Díaz-Trechuelo, 1991: 139). El citado enlace se celebraría en Burgos, el 19 de marzo de 1497, pero el contrayente murió prematuramente el 4 de octubre de 1497, lo que constituyó un varapalo para los Reyes Católicos.

175. Carta de los Reyes Católicos al almirante, Almazán, 12 de julio de 1496. AGI, Patronato 295, n. 27. (Rubio, 2007: I, 303).

176. Se trata de la partida de bautismo de indígenas más antigua que se conoce, por lo que, pese a que ha sido publicada muchas veces, la extracto a continuación: «Viernes, XXIX de este dicho mes, se bautizaron Cristóbal y Pedro, criados del señor almirante don Cristóbal Colón. Fueron sus padrinos, de Cristóbal, Antonio de Torres y Andrés Blázquez. De Pedro, fueron padrinos el señor Coronel y Señor Comendador Varela, y bautizolos Lorenzo Fernández, capellán». (García, 1991: 67. CODODES, 1994: II, 909. Mira, 2023: 64). Al parecer, Colón aprovechó la ocasión para ofrendar a la Virgen una lámpara de plata y algunas alhajas, cumpliendo así con los votos que juró cuando estuvo al borde del naufragio. (Varela, 2003: 23).

177. (Varela Marcos, 2006b: 1120-1121).

178. (Varela Marcos, 2003: 220-227).

179. (Irving, 1851: 115. Ballesteros Beretta, 1945: II, 300. Bernáldez, 1946: 282-283. Peguero, 1975: I, 94. Colón, 1985: 234. López de Gómara, 1985: I, 56. Herrera, 1991: I, 344).

180. (Ballesteros Beretta, 1945: II, 299).

Capítulo 8. Sus últimas expediciones

1. (Ortega, 1925-1926: II, 289. Rumeu de Armas, 1985: 73. Díaz-Trechuelo, 1991: 140). El almirante conservó un traslado de esta confirmación de privilegios en su archivo de la Cartuja de las Cuevas. (Serrano, 1920: 191).

2. Escritura de mayorazgo de Cristóbal Colón, Sevilla, 22 de febrero de 1498. El traslado original se conserva en AGI, Patronato 295, n. 101 (1) y otra copia en AGI, Patronato 8, r. 3. También existe un traslado parcial de la escritura y de la licencia de 1497 en AHN, Consejos Suprimidos 21.474, N. 34, fols. 4 y ss. Ha sido publicada reiteradas veces. (CODOIN, serie 1.ª,

T. 30, pp. 481-500. CODOIN, serie 1.ª: 30, 435-445. Ortega, 1925-1926: II, 290. Madariaga, 1975: 28 y 48-49. Colón, 1986: 298-299. Colón, 1992a: 353-362. Varela y Gil, 1992, 353-362. Moréu, 1997: 7. Rubio, 2007: I, 323-334. Colón, 2024: 427-436). El 28 de septiembre de 1501 consiguió que los reyes le confirmaran su mayorazgo. (CODODES, 1994: II, 1321-1324. Varela Marcos, 2003: 273). El mayorazgo vinculaba unas propiedades a un heredero y a sus sucesores que podían disponer de las rentas, pero no beneficiarse de su posible venta. (Clavero, 1989: 21).

3. (Ballesteros Beretta, 1945: II, 303-304. Las Casas, 1951: I, 473). Y eso que los oficiales reales jamás le respetaron ese privilegio del ochavo de las mercaderías.

4. Petición al escribano Martín Rodríguez para hacer un traslado autorizado de sus documentos, Sevilla, 15 de marzo de 1498. (CODODES, 1994: II, 1069-1070). De ahí, los citados privilegios pasarían al archivo de los duques de Veragua y, desde 1929, al Archivo General de Indias. (Rumeu de Armas, 1985: 76). Han sido publicados por Ciriaco Pérez Bustamante (1951).

5. Son bien conocidas las andanzas de Juan Caboto, un veneciano al servicio del rey de Inglaterra que, el 5 de marzo de 1496, fue autorizado a emprender una expedición al oeste y recorrió las costas de Terranova en busca de un estrecho que cruzase hasta el Pacífico. La expedición se consideró un fracaso porque no encontró el ansiado paso. Sin embargo, fue este navegante quien bautizo la isla como Tierra Nueva, Terranova, como se sigue denominando en la actualidad. El único documento en el que se habla de este viaje de 1497 es en la carta de John Day a Colón. (Gil, 1984: 266-269. CODODES, 1994: II, 1024-1027. Cuesta, 2006: 155. Muñoz Machado, 2019: 127). En 1498 preparó una segunda escuadra con un final mucho más trágico, pues nunca retornó, perdiéndose en algún momento de la larga travesía. (Morales Padrón, 1990b: 138). Le siguieron en el tiempo los hermanos Gaspar y Miguel Corte Real, quienes, al servicio de Portugal, navegaron por las costas de Terranova y Groenlandia entre 1500 y 1502, aunque el resultado fue funesto, ya que perdió la vida toda la expedición. (Harrisse, 1892: 59-76. Las Casas, 1951: I, 69. Eslava, 1992: 67).

6. (Colón, 1985: 235). Por su parte, Diego Ortiz de Zúñiga sostuvo que el obispo de Badajoz, «la retardó con embarazos». (Ortiz de Zúñiga, 1796: III, 171).

7. Presuponemos, aunque no está documentado, que pasó por Coca, Segovia, Guadalupe, Mérida, Almendralejo, Los Santos de Maimona, Monesterio, Cala, El Ronquillo y las Pajanosas. (Varela Marcos, 2003: 30 y 229).

8. Nos consta al menos el libramiento de 2.824.336 maravedís para los gastos de la armada. (Serrano, 1930: 189. Gil, 1986b: 1. Herrera, 1991: I, 346).

9. (Gil, 1986b: 2. Varela Bueno, 1986a: 21-22. Gil, 2007a: 353-354). Inicialmente había pedido a los soberanos seis navíos donde se embarcasen cuatrocientos o quinientos hombres y el avituallamiento necesario. (Colón, 2024: 417-418). Asimismo, en una carta a fray Gaspar Gorricio le dijo que los navíos iban tan sobrecargados que eran ingobernables, de ahí que comprase una carabela de Palos. (CODODES, 1994: II, 1074).

10. Pero, no conseguía suficientes tripulantes, pues, como él mismo confesó al obispo Fonseca, sus negocios estaban muy difamados, por lo que, si no se les adelantaba el sueldo de seis meses, nadie se enrolaría. (Colón, 1992a: 351. Colón, 2024: 424).

11. Real Provisión a las autoridades judiciales, Medina del Campo, 22 de junio de 1497. (CODOIN, serie 1.ª, T. 36, pp. 158-161. Ortega, 1925-1926: II, 289. Las Casas, 1951: I, 437-438. Gil, 1986b: 3. Herrera, 1991: I, 345. Fernández Herrero, 1992: 66. CODODES, 1994: II, 985-988). Ese mismo día se expidió una carta patente para que los delincuentes pendientes de destierro se enviasen a La Española. (CODODES, 1994: II, 989-991).

12. Entre ellas se pregonó en diversos lugares de Guadalajara, Toledo, Burgos y Vizcaya. (Gil, 1996b: 3).

13. (Herrera, 1991: I, 345). Incluso se le dijo que el total de personas asalariadas en La Española no podía superar los trescientos treinta, que tendrían remuneración y mantenimientos solo por espacio de seis meses. Real Cédula a Cristóbal Colón, Burgos, 23 de abril de 1497. AGI, Patronato 11, n. 1, r. 3, fol. 114r. (Colón de Carvajal, 2015: II, 167). Ese mismo día se amplió el número de los asalariados hasta el medio millar. AGI, Patronato 11, n. 1, r. 3, fols. 114v-115r. AGI, Patronato 295, n. 28. (Zaragoza, 1867: 171. CODOIN, serie 1.ª: 38, 358-364. Rubio, 2007: I, 311-314. Cassá, 1993: I, 36. Colón de Carvajal, 2015: II, 169).

14. (Gil, 1986b: 9. Varela Bueno, 1986a: 24-25. Rubio, 2007: I, 314-317 Gil, 2007a: 361-362).

15. (Díaz-Trechuelo, 1991: 145).

16. (Gil, 1986b: 8).

17. (Herrera, 1991: I, 345).

18. (Colón, 1992a: 342-344. CODODES, 1994: II, 1005-1007. Colón, 2024: 411-413)

19. (Gil, 1984: 97. Colón, 1985: 235. Gil, 1986b: 6. Cerezo, 1991: 260. Varela Marcos, 2003: 233).

20. (Herrera, 1991: I, 351).

21. (Serrato, 1893: 256. Las Casas, 1951: I, 496-497 y II, 36. Verlinden, 1967: 121. Olmo, 1975: 116. Chaunu, 1983: 222. Colón, 1989: II, 547. Cerezo, 1991: 260. Colón, 1992a: 369. Varela Marcos, 2003: 33. Varela Marcos, 2003: 237. Thomas, 2003: 203. Colón, 2024: 444).

22. (Ballesteros Beretta, 1945: II, 363. López Flores, 1964: 369. Fernández Duro, 1972: I, 108. Cioranescu, 1978: 88-89. Varela Bueno, 1986a: 25. Morales Padrón, 1988: 107. Colón, 1989: II, 547. Benzoni, 1989: 96. Varela Marcos, 2003: 239).

23. (Peguero, 1975: I, 96. Pleitos, 1983: II, 57. Colón, 1985: 237. Colón, 1986: 248. Cerezo, 1991: 261. Colón, 1992a: 369. Colón, 2024: 445 y 463). Uno de los barcos lo capitaneaba el ya citado Alfonso Sánchez de Carvajal, otro el cordobés Pedro de Arana, hermano de Beatriz Enríquez de Arana, y el otro, Juan Antonio Colombo, sobrino del almirante. (*Ibidem*). Por cierto, las corrientes los empujaron hasta la costa de Xaragua, donde se encontraban los rebeldes capitaneados por Roldán, que consiguió que una parte de la dotación desertase. Y peor aún, confiscó los bastimentos que iban dirigidos a Santo Domingo. Véase el apéndice II.

24. (Olmo, 1975: 117. Gil, 1984: 231-234. Cerezo, 1991: 258-259. Varela Bueno, 1992: 102. CODODES, 1994: II, 831-833. Fernández-Armesto, 2004: 186). Este cosmógrafo se mostró muy activo y desde 1493 andaba analizando tratados clásicos para tratar de conciliar lo ya sabido con las noticias que llegaban de los nuevos descubrimientos. (Fernández de Navarrete, 1964: 324).

25. (Arranz, 1986: 108).

26. (Verlinden, 1967: 121. Manzano, 1979: 743).

27. Así, por ejemplo, Rodrigo Álvarez, natural de Palos, declaró que se quedó convaleciente en la isla de Cabo Verde y que regresó un tiempo después a su villa natal. (Pleitos, 1984: III, 162-163. Colón de Carvajal, 2015: IV, 2232).

28. (Madariaga, 1975: 398. Colón, 1989: II, 547. Colón, 1992a: 369. Fernández-Armesto, 2004: 188. Colón, 2024: 445).

29. (Serrato, 1893: 257. Ruiz de Lira, 1978: 88. Gil, 1984: 98. Colón, 1989: II, 548. Colón, 1992a: 369. Anglería, 1989: 56. Thomas, 2003: 206. Fernández-Armesto, 2004: 188. Colón, 2024: 445).

30. (Colón, 1985: 237. Morales Padrón, 1988: 108).

31. (Arranz, 1986: 108. Pérez de Oliva, 1993: 174-175. Varela Marcos, 2003: 243).

32. (Colón, 1985: 242).

33. (Olmo, 1975: 118. Colón, 1985: 242. Colón, 1989: II, 548-549. Colón, 1992a: 370. Fernández-Armesto, 2004: 190. Colón, 2024: 446).

34. (Serrato, 1893: 261. Ballesteros Beretta, 1945: II, 374).

35. (Las Casas, 1951: II, 30. Verlinden, 1967: 123. Gil, 1984: 100. Anglería, 1989: 57).

36. Así lo declaró Diego Prieto, vecino de Palos, quien a su vez lo había oído de Diego Martín Pinzón, que estuvo con el almirante en su tercera

travesía. (Pleitos, 1984: III, 306). Aunque parece que a La Española solo llegaron dos de ellos, ya que varios testigos depusieron que vieron llegar al almirante a la isla con esas perlas y dos indígenas que dijeron ser de Paria. (Pleitos, 1984: III, 170 y 229). Por su parte, Martín González, que viajaba en la expedición con Colón, manifestó haber visto al almirante recoger muchas perlas en Paria. (Pleitos, 1984: III, 274).

37. Bartolomé de Caso depuso, en 1514, que viajó en la expedición de Ojeda y se encontraron un navío de costado en un puerto llamado de Belén, abandonado por el almirante en su tercera travesía. (Pleitos, 1984: III, 223).

38. (Benzoni, 1989: 96-97).

39. (Colón, 1992a: 404. Colón, 2024: 484).

40. (Colón, 1985: 251. Varela Marcos, 2003: 247).

41. (Ballesteros Beretta, 1945: II, 394. Colón, 1985: 252. Chocano, 2006: 119). Se estima que, en 1498, llegó a afectar a un 30 por ciento de los españoles. (Gil, 1984: 270).

42. Ya en las Partidas de Alfonso X se decía que un adelantado era un hombre *metido adelante* en algún acontecimiento señalado, por mandado del rey. En la Castilla bajomedieval venía a ser una persona que ostentaba el mando en una zona fronteriza o recién conquistada y que tenía poderes civiles y militares. (Vigón, 1968: 151). En América, los adelantados solían firmar una capitulación con el rey por la que se comprometían a descubrir o conquistar un determinado territorio a cambio de varias prerrogativas, entre ellas las inherentes al propio título.

43. (Castelar, 1892: 511. Moréu, 1997: 217).

44. (Pérez de Tudela, 1955: 469). El brasil era abundante en algunas zonas de la isla, así como en otras áreas tropicales y subtropicales, y se usaba para teñir de encarnado. Se estimaba que fácilmente se podrían recoger cuatro mil quintales de brasil anuales, por los que se podrían obtener veinte millones de maravedís. (Gil, 1986c: 26). Según Fernández de Oviedo, abundaba en las sierras del Bahoruco y si los españoles no lo explotaban se debía al hecho de que, habiendo medios más sencillos de ganar dinero, «no curan de ello por no trabajar en ir a lo sacar e cortar...». (Fernández de Oviedo, 1992: I, 79). Pequeñas partidas de brasil salieron de la isla con destino a la Península desde la última década del siglo XV. En abril de 1500, la Corona firmó un asiento con Francisco Riberol y Francisco Sánchez de la Tesorería para que pudiesen traer, durante un plazo de siete años, mil quintales anuales de palo brasil. (Pérez García, 2921: 608). Asimismo, el 10 de marzo de 1501 se autorizó a Alonso de Ojeda a traer treinta quintales de brasil desde La Española. (CODOIN, Serie 1.ª, T. 38, pp. 466 y ss.). Y unos meses después, el 15 de septiembre de 1501, se le dio licencia a Juan Cerón para traer diez quintales del mismo palo tintóreo. (CODOIN, Serie 1.ª, T. 32, pp. 167-168).

45. (Colón, 1989: II, 567).

46. Así lo relató, por ejemplo, fray Juan de Deule en una carta dirigida al cardenal Cisneros y fechada el 12 de octubre de 1500. (Ortega, 1925-1926: II, 303). Véase también a Pedro Mártir de Anglería (1989: 63) y a Girolamo Benzoni (1989: 98).

47. (Colón, 1989: II, 593. CODODES, 1994: III, 1519-1545).

48. (Serrato, 11893: 316. Fernández de Oviedo, 1992: I, 65. Díaz-Trechuelo, 1991: 160. Moréu, 1997: 218). También el padre Las Casas tuvo calificativos de humilde y honesto para este personaje. (Las Casas, 1951. II, 172). Para una biografía de este personaje puede verse a (Incháustegui, 1964).

49. Real Provisión a Francisco de Bobadilla, 21 de mayo de 1499. (CODOIN serie 1.ª: 38, 412-415. Irving, 1851: 153. Altolaguirre, 1908: 320. Ortega, 1925-1926: II, 297. Las Casas, 1951: II, 178-180. Peguero, 1975: I, 124. Arranz, 1986: 119. CODODES, 1994: II, 1141-1143. Varela Marcos, 2003: 253. Rubio, 2007: I, 372-373).

50. Real Provisión a Cristóbal Colón, Madrid, 21 de mayo de 1499. AHN, Consejos Suprimidos 21.474, N. 39, fol. 4r-4v. (CODODES, 1994: II, 1144-1145. Rubio, 2007: I, 377-378). Un traslado simple de esta orden quedó en poder de Cristóbal Colón, quien lo depositó en su archivo de la Cartuja de las Cuevas. (Serrano, 1930: 188).

51. Los demás se quedaron porque habían muerto o estaban enfermos, salvo una niña que quiso permanecer en casa de Diego de Escobar. Nómina de pagos hechos por la Corona, Sevilla, 6 de junio de 1500. AGS, Casas y Sitios Reales 44, 26. (Ortega, 1925-1926: II, 300. Rubio, 2007: I, 384-385). Real Cédula a Pedro de Torres, Sevilla, 20 de junio de 1500. AGI, Contratación 3.249. (CODOIN, serie 1.ª: 38, 439-440. Rubio, 2007: I, 386).

52. (Irving, 1851: 156. Monte y Tejada, 1952: I, 380. Madariaga, 1975: 433. Herrera, 1991: I, 409. Gil, 2007a: 333. Didiez, 2015: 53-57).

53. (Escamilla, 1892: 28-30. Ortega, 1925-1926: III, 29. Las Casas, 1951: II, 191. Ruiz de Lira, 1978: 91. Varela Bueno, 1986a: 26. Varela Bueno, 1992: 78. Moréu, 1997: 218. Varela Marcos, 2003: 42 y 269. Fernández-Armesto, 2004: 221. Gil, 2007a: 437).

54. (Irving, 1851: 157. Serrato, 1893: 326-327. Las Casas, 1951: II; 191. Colón, 1985: 285-286. Verlinden, 1987: 128. Arranz, 1986: 123. Herrera, 1991: I, 409. Díaz-Trechuelo, 1991: 163. Bergreen, 2011: 286. Gil, 2013: 293. Didiez, 2015: 53).

55. Incluso sabemos que conservó esas mismas cadenas hasta su muerte, como si de unas reliquias se tratase. (Humboldt, 1892: II, ,245-246. Rodríguez Demorizi, 1965: 167. León Azcárate, 2006: 82).

56. (Varela Bueno, 1986a: 26. Díaz-Trechuelo, 1991: 162).

57. (Varela Marcos, 2003: 44).

58. (López de Gómara, 1985: I, 58. Colón, 1985: 284. Colón, 1989: II, 568. Benzoni, 1989: 102. Díaz-Trechuelo, 1991: 165). En una carta de los reyes a Colón, fechada en Valencia de las Torres, el 14 de marzo de 1502, le insistieron en que les pesó mucho su apresamiento y que en cuanto lo supieron lo remediaron porque siempre habían tratado de favorecerlo y honrarlo. AGS, Estado 1, fols. 162r-162v. (Ortega, 1925-1926: II, 332-333. Bernáldez, 1946: 286. Colón, 1985: 286-287. Díaz-Trechuelo, 1991: 170-171. CODODES, 1994: III, 1438-1439).

59. (Giménez, 1984: I, 32).

60. Real Cédula a Diego Colón, Burgos, 23 de febrero de 1512. AGI, Indiferente General 418, L. 3, fols. 249v-252r. (Arranz, 1982: I, 388-392).

61. (Varela Bueno, 2003: 227. Gil, 2007a: 510-513).

62. (Mira Caballos, 1999: 181). Real Cédula a Fernando de Monroy, Écija, 9 de diciembre de 1501. AGI, Indiferente General 418, L. 1, fol. 73v. (CODOIN, Serie 1.ª: 31, 113-114). El 12 de enero de 1502, Fernando de Monroy recibió la orden de permitir el embarque de mercancías del almirante hasta cumplimentar su ochavo. AGI, Indiferente General 418, L. 1, fol. 74v. (Rubio, 2013: II, 115).

63. Real Cédula a la ciudad de Baeza, Granada, 27 de septiembre de 1501. (CODOIN, Serie 1.ª, T. 39, p. 5. CODODES, 1994: II, 1318).

64. (Gil, 2007a: 520).

65. Incluso cuando a partir de 1503 regresó a la Península Alonso Sánchez de Carvajal, los oficiales de la isla, con el respaldo del gobernador, se negaron una vez más a acudir con el diezmo a los tres criados que había dejado el citado contino. El factor de Colón reclamó el diezmo del brasil enviado por el aragonés Juan Sánchez de la Tesorería ya que los oficiales de la Casa de la Contratación interpretaban que se le había hecho merced al remitente de la explotación del palo tintóreo. No obstante, la Corona cedió y ordenó pagarle por esta vez el diezmo de su valor de venta. Real Cédula a los oficiales de la Casa de la Contratación. AGI, Indiferente General 418, L. 1, fols. 129r-130v. (CODODES, 1994: III, 1630). Asimismo, el 18 de junio de 1504, tras los memoriales enviados por el almirante y por su hijo, consiguieron que se ordenase a los oficiales la entrega del diezmo de lo que había llegado de la isla. Real Cédula a los oficiales de la Casa de la Contratación, Medina del Campo, 18 de junio de 1504. AGI, Indiferente General 418, L. 1, fol. 132r. (CODODES, 1994: III, 1640-1641).

66. (Manzano, 1976: 300).

67. (Rubio, 2013: II, 9294).

68. Carta de Colón al pontífice Alejandro VI, febrero de 1502. (CODODES, 1994: III, 1431-1434). No será la última vez que escriba al Pontífice,

tratando de preservar sus privilegios e insistiendo en el carácter sagrado de su empresa.

69. En su ruta hasta la localidad extremeña pasó por Cantillana, El Pedroso Cazalla de la Sierra, Guadalcanal, Fuente del Arco y Llerena. Y parece ser que el regreso hasta Sevilla lo hizo siguiendo la misma ruta. (Varela Marcos, 2003: 277-279).

70. Instrucciones dadas a Cristóbal Colón, Valencia de las Torres, 14 de marzo de 1502. AGS, Estado 1, fols. 162r-162v. CODOIN, Serie 1.ª: 36, 186-189. Véase también a: (Ortega, 1925-1926: II, 332-333. Bernáldez, 1946: 286. Colón, 1985: 286-287. Díaz-Trechuelo, 1991: 170-171. Varela Marcos, 2003: 46-49. Varela Marcos, 2024: 36). En el archivo de la familia Colón en el convento de las Cuevas de Sevilla se conservaba un traslado simple de estas instrucciones. (Serrano, 1930: 190 y 245).

71. (Colón de Carvajal, 1989: 167-175). Este ha sido uno de los documentos colombinos más buscados, no solo por los historiadores, sino también por miembros de la familia desde el mismo siglo XVI. Sabemos por ciertos extractos que le encargó a su hijo que socorriese con otros diez mil maravedís de renta anual a Beatriz de Arana, además de los que ya tenía sobre las rentas de Córdoba, e idéntica cantidad a Briolanja Moñiz, hermana de su difunta esposa. (Morales Padrón, 1988: 22. Díaz-Trechuelo, 1991: 172-173. Colón, 1992a: 477. Colón, 2024: 569-570). Se trataba de cantidades muy modestas que apenas le podían solucionar la vida a ninguna de las dos, y, además, parece que esas cantidades no se les abonaron con regularidad.

72. (Serrato, 1893: 344. Olmo, 1975: 140. Cioranescu, 1978: 92. Colón, 1985: 288. Varela Bueno, 1986a: 29. CODODES, 1994: III, 1714. Varela Marcos, 2003: 52. León Guerrero, 2005: 22. Gil, 2007a: 399. Mena, 2012: 409. Rubio, 2013: II, 279-289). José Luis Casado difiere en algunos de los tonelajes, a la capitana le atribuye sesenta toneles y no setenta, y a la *Gallega* solo cincuenta. (Casado, 2006: 174).

73. Se ha publicado el rol del cuarto viaje por Consuelo Varela (1985: 243-295), completado años después por María Montserrat León Guerrero (2005: 19-32). Esta última ofreció un listado de ciento cuarenta y seis nombres.

74. (Ortega, 1925-1926: II, 333. Pleitos, 1984: III, 284. Varela Bueno, 1986a: 29-30. Díaz-Trechuelo, 1991: 174. CODODES, 1994: III, 1704-1715).

75. Los salarios detallados eran los siguientes: Bartolomé Colón: cien mil maravedís; Hernando Colón: sesenta mil; capitán: cuarenta y ocho mil; escribano: treinta y cuatro mil; maestre y piloto mayor: veinticuatro mil; contramaestre: dieciocho mil; marinero o escudero: doce mil, y grumete: ocho mil. (León Guerrero, 2005a: 24).

76. (Colón, 1985: 289).

77. (Las Casas, 1951: II, 221. López Flores, 1964: 447. Olmo, 1975: 140. Cioranescu, 1978: 93. Varela Bueno, 1986a: 30. Colón, 1989: II, 575. Varela Marcos, 2003: 282). Francisco de Porras, que iba en la armada, dijo que salieron de Cádiz el 11 de mayo. (Gil, 1984: 301).

78. El trayecto desde Arcila a Gran Canaria apenas duró cuatro días, aunque en total, teniendo en cuenta la estancia en Arcila, se dilató once días. Carta de Cristóbal Colón, Jamaica del 7 de julio de 1503. (Colón, 1986: 279. Cerezo, 1991: 286-287. CODODES, 1994: III, 1519-1545. Varela Marcos, 2003: 282. Corzo, 2018: 174).

79. (Colón, 1985: 288. Colón, 1986: 279. Varela Marcos, 2003: 53. Fernández-Armesto, 2004: 236).

80. (Colón, 1985: 289). Demetrio Ramos defiende que lo del cambio de barco fue solo un pretexto para desembarcar en Santo Domingo y enterarse de lo que había descubierto Rodrigo de Bastidas. (Ramos Pérez, 1981:192-194).

81. (Cerezo, 1991: 288. Varela Marcos, 2003: 284-285).

82. (Las Casas, 1951: II, 222. Colón, 1989: II, 575. CODODES, 1994: III, 1520).

83. (Irving, 1851: 165. Scortecci, 1940: 355. Rodríguez Demorizi, 1965: 33. Olmo, 1975: 141. Colón, 1986: 279. Arranz, 1986: 130. Moréu, 1997: 68 y 224. Fernández-Armesto, 2004: 238. Varela Bueno, 2006b: 17). En la flota naufragada perecieron personajes como Francisco de Bobadilla, el propio Antonio de Torres y Guarionex, cacique de La Vega. Entre los que se salvaron figuraron dos personajes muy relevantes en viajes descubridores posteriores, Rodrigo de Bastidas y Juan de la Cosa. (Monte y Tejada, 1952: I, 410. Ramos Pérez, 1981: 166. Díaz-Trechuelo, 1991: 177).

84. (Colón, 1985: 291).

85. (Olmo, 1975: 142. Benzoni, 1989: 93).

86. (Benzoni, 1989: 103. Castelar, 1892: 525).

87. (Colón, 1985: 291).

88. (Colón, 1985: 290). Hernando Colón no desaprovecha la ocasión para elogiar la pericia náutica de su progenitor, pues dice que su carabela no corrió riesgo porque, como sabio astrólogo, se alejó de la costa y evitó las zonas donde podía naufragar. (*Ibidem*: 291).

89. Así lo declaró Ambrosio Sánchez, testigo presencial, en 1512, en el marco de los Pleitos colombinos. (Gil, 1984: 302. Colón, 1985: 292. Varela Marcos, 2003: 289. Colón de Carvajal, 2015: 2128).

90. (Colón, 1985: 294-295).

91. (Colón, 1985: 296. Fernández-Armesto, 2004: 239. Gil, 2007a: 116).

92. (Fernández Duro, 1972: I, 112. Arranz, 1986: 129).

93. (Boorstin, 1989: 244).

94. (Colón, 1985: 305). Con el paso del tiempo se fundaría una ciudad con ese nombre que se convirtió en uno de los enclaves más importantes de la Carrera de Indias. (Verlinden, 1967: 171. Mena, 2012: 409-410).

95. En su carta firmada en Jamaica el 7 de julio de 1503 afirma que tenía el pelo cano y que estaba enfermo y desmoralizado. (Colón, 1986: 295. CODODES, 1994: III, 1519-1545. Fernández-Armesto, 2004: 255).

96. (Irving, 11851: 171. Serrato, 1893: 357. Gil, 1984: 303. Colón, 1985: 306).

97. (Ruiz de Lira, 1978: 95. Colón, 1985: 312. Díaz-Trechuelo, 1991: 183. Varela Marcos, 2003: 56. García-Osuna, 2013: 140).

98. Testamento de Diego Méndez, 19 de junio de 1936. (Gil, 1984: 337. CODODES, 1994: III, 1694-1703).

99. (Gil, 1984: 337. Colón, 1985: 328).

100. (Colón, 1989: II, 576. Colón, 1992ª: 486. CODODES, 1994: III, 1521. Colón, 2024: 581).

101. (Colón, 1985: 328). Nueva Sevilla sería la capital de la isla durante toda la época hispánica. La isla fue explorada y poblada por Juan de Esquivel a partir de 1510, con la intención de desarrollar la producción agrícola y ganadera para abastecer a las islas perlíferas y Tierra Firme. No en vano el cura de los Palacios, Andrés Bernáldez, dijo a este respecto «que no había en ella oro, ni metal alguno, aunque de lo otro era como un paraíso...». (Morales Padrón, 1952: 295).

102. (Colón, 1989: II, 576).

103. Testamento de Diego Méndez, 19 de junio de 1936. (Gil, 1984: 337. CODODES, 1994: III, 1698).

104. (*Ibidem*: Esteve, 1992: 34).

105. (CODODES: II, 577).

106. Carta de Colón desde Jamaica, 7 de julio de 1503. (CODODES, 1994: III, 1526).

107. El fragmento procedente del testamento de Diego Méndez lo reproducen varios cronistas e historiadores con sensibles variantes. (Irving, 1851: 181. Ortega, 1925-1926: II, 337. Ballesteros Beretta, 1945: II, 605. Gil, 1984: 340. CODODES, 1994: III, 1699). Nunca fue recompensado por tales esfuerzos; sabemos que le pidió al almirante que, por sus servicios, le concediese el alguacilazgo mayor de La Española, a lo que este accedió, diciendo que lo que pedía era poco para lo mucho que le había servido. (CODODES, 1994: III, 1701). Pero su hijo Diego nunca llegó a cumplir la promesa de su padre y, como dijo el propio interesado, «yo quedé cargado de servicios sin ningún galardón». (Ortega, 1925-1926: II, 338-339). En su testamento dispuso que al menos se le concediese a su sucesor el citado oficio de alguacil mayor.

108. (Ruiz de Lira, 1978: 96. Gil, 1984: 340. Herrera, 1991: I, 457). El principal testimonio que tenemos de esta jornada es el que nos ofreció el propio Diego Méndez en su testamento y que no cita la segunda canoa, ni a Fieschi. (CODODES, 1994: III, 1694-1703).

109. (Serrato, 1893: 373. Morales Padrón, 1952: 20. López Flores, 1964: 458-460. Gil, 1984: 341. Varela Marcos, 2003: 310-311). Adam Szászdi ha calculado que, dependiendo del estado de la mar, una canoa podía llegar a recorrer hasta veinte leguas diarias, por lo que los datos de Méndez son totalmente factibles. (Szászdi, 1984: 39-40).

110. (Cerezo, 1991: 294. Díaz-Trechuelo, 1991: 186).

111. (Verlinden, 1967: 176. Colón, 1985: 338).

112. (Ballesteros Beretta, 1945: II, 616-617. Poch, 1942: 92. Colón, 1985: 339. Arranz, 1986: 138. Herrera, 1991: I, 462).

113. Hernando Colón lo atribuye a que tenía miedo de que su padre regresase a España porque podría recuperar su virreinato y él sería cesado. (Colón, 1985: 339).

114. (Morales Padrón, 1952: 11).

115. (Irving, 1851: 183-184. Ballesteros Beretta, 1945: II, 609-612. Colón, 1985: 333. Herrera, 1991: 458).

116. (Irving, 1851: 185. Ballesteros Beretta, 1945: II, 612. Morales Padrón, 1952: 22. Sanz, 1980: 33. López de Gómara, 1985: I, 59. Benzoni, 1989: 108. Herrera, 1991: I, 460. Díaz-Trechuelo, 1991: 188. Eslava, 1992: 215. Esteve, 1992: 36. CODODES, 1994: III, 1700-1701). Se trataba del *Almanach Perpetuum* de Abraham Zacuto, que ofrecía las fechas de los eclipses. (Moréu, 1997: 66).

117. (Peguero, 1975: I, 151. Benzoni, 1989: 108).

118. (López de Gómara, 1985: I, 59).

119. Carta de Colón a Ovando, isla Beata, 3 de agosto de 1504. (CODODES, 1994: III, 1641-1642).

120. (Irving, 1851: 187-188. Morales Padrón, 1952: 25. Arranz, 1986: 141. Cerezo, 1991: 295. Herrera, 1991: I, 471).

121. (Varela Marcos, 2003: 324-325).

122. (Herrera, 1991: I, 471).

123. (Bergreen, 2011: 353-354. Wilson-Lee, 2019: 133).

124. Los que decidieron quedarse, treinta y cinco, suponían cerca de la cuarta parte de los expedicionarios. El listado completo lo ofrece María Montserrat León. (2005: 19-32).

125. Sobre la marcha, para salir del paso, con un mástil improvisaron un palo mayor, aunque de mucha menor arboladura. (Colón, 1985: 348).

126. (Verlinden, 1967: 177. Olmo, 1975: 164. Colón, 1985: 348. Varela Bueno, 1986a: 32. Manzano, 1988: II, 11. Esteve, 1992: 37. Corzo, 2018: 178).

127. (Madariaga, 1975: 462). Pese a la petición, el cobro de los salarios se demoró un año. (Ortega, 1925-1926: II, 335).

128. Dada la novedad del documento lo extractamos a continuación: «El 21 de febrero de 1497, María Fernández, criada del Almirante don Cristóbal Colón, estante en Sevilla, declara deber a María de Alarcón, vecina de Sevilla, en la collación de Santa María Magdalena, mil seiscientos maravedís de un mantillo negro de contray que le compró. Se obliga a pagárselo en Sevilla cuando llegue el libramiento del dinero que su Majestad dio de sueldo a las personas que le sirvieron en las Indias». APS, Protocolos de Sevilla, leg. 3216, fol. 20r. Microfilm 77M.

129. (Varela Bueno, 2006a: 261. León Guerrero, 2007: 37. León Guerrero, 2024: 12).

130. (Varela Bueno, 2006a: 262. Gil, 2013: 248).

131. (CODODES, 1994: II, 1042. Gil, 1996b: 7. Varela Bueno, 2006a: 261. Gil, 2013: 276).

132. (Varela Bueno, 1986a: 24-25. Rubio, 2007: I, 314-317).

133. La pérdida del libro de armada hizo el resto, de ahí que no dispongamos de datos sobre el número exacto de familias que obtuvieron pasaje.

134. Concretamente Teresa de Ayamonte (Ayamonte, Huelva), que viajaba con su esposo Gonzalo Velázquez y su hijo; Isabel Fernández, de Ariza (Zaragoza), con su marido Alonso Mariana; Juana de Godoy, de Córdoba, con su marido Francisco Ramírez; Mencía de Matos, de Barcarrota (Badajoz), con su consorte Alonso Jaramillo, su hijo y un hermano del marido, y, finalmente, Teresa Rodríguez de Jerez, de Sevilla, con su esposo Antonio Miguel.

Capítulo 9. La factoría

1. (Colón, 1992a: 285-286. Colón, 2024: 346).

2. (Cassá, 1993: I, 29. Bernand, 2005: 168. Cassá, 2006: 14).

3. La casa gaditana estaría regida por el contador mayor Juan de Soria y la de Santo Domingo por Bernal Díaz de Pisa. Instrucciones dadas a Cristóbal Colón, Barcelona, 29 de mayo de 1493. AGI, Patronato 295, n. 14. (CODOIN, serie 1.ª: 130, 145-147. CODOIN, serie 1.ª, Vol. 30, pp. 317-324. Morales Padrón, 1979: 67-72. Cerezo, 1991: 252-253. CODODES, 1994: I, 412-417. Rubio, 2007: I, 162-167).

4. (Herrera, 1991: I, 322). Boyl siempre le tuvo un gran odio debido, según algunos, a que les daba a los religiosos las mismas pequeñas raciones de alimentos que a los demás. (Herrera, 1991: I, 327). Es cierto que el religioso tenía bajo el brazo una Real Cédula por la que se ordenaba que se los

mantuviese adecuadamente mientras permaneciesen en Indias. (CODODES, 1994: I, 439-440). Pero no es menos cierto que ante las duras estrecheces que se vivían todos debían apechugar, algo que no parece que entendiera o que aceptara el religioso.

5. (Irving, 1851: 79- 80. Poch, 1942: 67. Ballesteros Beretta, 1945: II, 217 y 254. Díaz-Trechuelo, 1991: 127. Cassá, 1993: I, 35. León Guerrero, 2007: 5-6. Gil, 2013: 257). Antonio Ballesteros afirma que intentó apresar las cinco carabelas, algo bastante improbable porque no disponía en esos momentos de tantos apoyos como para necesitar y tripular tantas embarcaciones.

6. Todos los naturales en edades comprendidas entre los catorce y los setenta que viviesen en el entorno del Cibao debían entregar un cascabel de Flandes lleno de oro cada tres meses. En cambio, los que viviesen alejados de las minas tributarían una arroba de algodón. Asimismo, los caciques pagarían aún más, una calabaza llena del mismo metal cada dos meses. (Moya Pons, 1987: 15-16. Arranz, 1991: 31. Mena, 2017: 107-108). En caso de no tener oro, se les admitían como pago veinticinco libras de algodón hilado. (Verlinden, 1967: 114. Moya, 1978: 13. Colón, 1985: 201. Díaz-Trechuelo, 1991: 134). El doctor Chanca decía que las mantas de algodón que hilaban eran de tanta calidad que «no deben nada a las de nuestra patria». (Varela Bueno, 1986b: 36. CODODES, 1994: I, 504-521).

7. (Herrera, 1991: I, 338. Moya, 2016: 39-44). El inventario fue estudiado y publicado por el profesor Ricardo Alegría. (1989: 117-136). Ha sido reeditado en varios regestos. (Gil, 1989: 115-117. Rubio, 2007: 300-302).

8. En 1550 se encontraba un traslado de este cuaderno en el Archivo de las Cuevas de Sevilla, que, sin embargo, no ha llegado a la actualidad. AHN, Consejos Suprimidos 21.474, N 34 f 33v. El inventario de los documentos referidos a la familia Colón que se conservaban en el Archivo de las Cuevas fue publicado por Serrano y Sanz, pero con omisiones en la transcripción. (Serrano y Sanz, 1930: 145-256 y 534-637).

9. (Anglería, 1989: 43).

10. (Ots Capdequí, 1934: 99. CODODES, 1994: II, 975).

11. (Gil, 2013: 271).

12. (Anglería, 1989: 43).

13. (Río Moreno, 1991: 117-119).

14. (Arranz, 1986: 96. Varela Bueno, 2006a: 263).

15. Contrato de los reyes con el maestro Pablo Belvis, Madrid, 22 de marzo de 1495. (Céspedes del Castillo, 1988: II, 489. CODODES, 1994: II, 751-753).

16. (Veloz, 1992: 34).

17. (Pérez de Barradas, 1976: 83-84. Utrera, 2014: I, 87-88). En 1496 había nacido Miguelito, del que sabemos que aún vivía en 1504, cuando

contaba ocho años de edad. Su padre quiso que fuera sacerdote, pero él optó por la carrera militar. (Peguero, 1975: I, 75-76. Madariaga, 1975: 384. Olmo, 1975: 111-112. Rubio, 2009: 139-146).

18. En las Instrucciones dadas por los Reyes Católicos a Cristóbal Colón en Medina del Campo el 17 de junio de 1497, se le autorizó a fundar otra población o fortaleza en la otra parte de la isla, cerca de las nuevas minas de oro. (CODODES, 1994: II, 972-976). Pero su hermano Bartolomé se encargó en su ausencia de dicha fundación, aunque no hay certeza sobre la fecha exacta. Históricamente, siguiendo un error de Bartolomé de Las Casas, muchos historiadores la fecharon en 1496, algunos incluso concretando el día y el mes, es decir, el 5 de agosto. Véase por ejemplo a Rodríguez Demorizi (1965: 96-97 y 118) y a Mejía-Ricart (1996: 57-74). Antonio de Herrera, por confusión con La Isabela, sostiene la fecha de 1494, mientras que Amadeo Julián afirma que se erigió entre el 10 de marzo de 1496 y el 28 de agosto de 1598. (Herrera, 1991: I, 140. Julián, 2024: 17). Actualmente existen evidencias históricas y arqueológicas para situar su verdadera fundación en algún momento de 1498. Según declararon testigos como Fernando Pacheco o Francisco de Barrasa, en marzo de 1505, inmediatamente después de la fundación, Bartolomé Colón erigió una fortaleza. Información testifical de Bartolomé Colón, Sevilla, 17 de marzo de 1505. (CODODES, 1994: III, 1739 y 1741). Todavía en la actualidad se conservan los restos de esa torre fortaleza mandada construir por el hermano del almirante.

19. Esta idea la recogieron otros muchos autores posteriores. (López de Velasco, 1894: 101. Peguero, 1975: I, 90. García Arévalo, 1992: 146. Utrera, 2014: I, 111. Figueiras, 2017: 17-18. Julián, 2024: 16-17).

20. (Veloz, 1992: 37-38. Utrera, 2014: I, 113-114).

21. El mismo, en su escritura de mayorazgo, del 22 de febrero de 1498, ordenó la fundación en la ciudad del Ozama de un hospital como los que existían en Castilla o Italia, el segundo fundado en América, tras el primero establecido en La Isabela. Traslado de la escritura de mayorazgo, (CODOIN, serie 1.ª, T. 30, pp. 481-500. CODOIN, serie 1.ª: 30, 435-445. Ortega, 1925-1926: II, 290. Ballesteros Beretta, 1945: II, 317. Madariaga, 1975: 28 y 48-49. Colón, 1986: 298-299. Colón, 1992a: 353-362. Varela y Gil, 1992, 353-362. Moréu, 1997: 7. Rubio, 2007: I, 323-334. Colón, 2024: 427-436).

22. La ciudad sería refundada por Nicolás de Ovando, tras el gran huracán de 1502, en el lado derecho del citado río, que era más salobre. Realmente no se trató de un traslado sino más bien de un reasentamiento, porque, después del temporal, poco quedó para ser trasladado. Al parecer, el huracán hizo un gran destrozo en los apenas cuarenta y cinco bohíos y unas pocas construcciones de piedra mandadas edificar por Bartolomé Colón. (Mira Caballos, 2000: 60). Pese al traslado, está demostrado arqueológica-

mente que una parte de la población continuó viviendo en el margen izquierdo. (Veloz, 1980: 15).

23. (López de Gómara, 1985: I, 57. Varela Bueno, 1986a: 25. Arranz, 1986: 115. Cassá, 1993: I, 35. Varela Marcos, 2003: 31).

24. Ostentaba el cargo de alcalde mayor desde marzo de 1496 y se mantuvo como tal hasta mediados del año siguiente. Desde 1497 apenas quedaron allí los enfermos y un grupo de oficiales de ribera empleados en la construcción de dos carabelas, y para colmo los pocos barcos que llegaban con provisiones se dirigían a Santo Domingo. (Bueno, 2024b: 48-49).

25. (Olmo, 1975: 122-123. Moya, 1981: 23. Pérez de Oliva, 1993: 180. Arranz, 1986: 115. Moréu, 1997: 217). De hecho, cuando se firmó la paz, Roldán presentó un memorial con sus hombres y sabemos que listó a un total de ciento dos españoles, aunque no conocemos sus nombres concretos. (Bueno, 2024b: 65).

26. (Gil, 1984: 95 y 105).

27. De hecho, según declaró Diego López de Béjar, de treinta o cuarenta hombres que desembarcaron no regresaron más que quince o dieciséis. Véase el apéndice II.

28. (Gil, 1984: 271. Arranz, 1991: 72-73). Huelga decir que Roldán no era ningún indigenista, y, de hecho, cometió grandes abusos sobre los naturales, arrebatándoles alimentos y tomando a muchas mujeres como asistentas. El trato no fue mucho mejor que el que les dio la familia Colón, y las adhesiones respondían a la política de alianzas.

29. (CODODES, 1994: II, 1121-1122. Gil, 2013: 280-281. Bueno, 2024b: 61). Las negociaciones se prolongaron un tiempo en El Bonao, actuando por parte del almirante primero Miguel Ballester y luego Diego de Salamanca.

30. Carta de Colón a los reyes, 28 de septiembre de 1499. (CODODES, 1994: II, 1160-1161).

31. (Fernández-Armesto, 2004: 200). Diego López de Béjar, testigo presencial, afirmó que se les mandó la embarcación pero que, finalmente, no la quisieron. Véase el apéndice II.

32. (Scortecci, 1940: 327. Ballesteros Beretta, 1945: II, 403-404. Colón, 1985: 263).

33. Carta del almirante a Francisco Roldán, Santo Domingo, 20 de octubre de 1498. (CODOIN, serie 1.ª, T. 38, pp. 405-407. Monte y Tejada, 1952: I, 359. Fernández de Navarrete, 1964: II, 301-302. Rubio, 2007: I, 367. Colón, 1992a: 412-413. CODODES, 1994: II, 1131-1132. Colón, 2024: 493-494). Y salvoconducto del almirante a los alzados, pidiéndoles que se presentasen ante él. Santo Domingo, 26 de octubre de 1498. (CODOIN, serie 1.ª, T. 38, pp. 407-408. Colón, 1992a: 413-414. CODODES, 1994: II, 1132-1133. Colón, 2024: 495)

34. (Colón, 1985: 269-271. Bueno, 2024b: 62).

35. (Anglería, 1989: 44. Cassá, 1993: I, 37).

36. (Las Casas, 1951: II, 225. Pérez de Tudela, 1994: I, CCXIX).

37. (Moya, 1978: 31. Didiez, 2015: 62-64).

38. Véase por ejemplo a: (Pérez de Barradas, 1976: 87 y 93. Didiez, 2015: 121).

39. Carta de Colón a los reyes, mayo de 1499. (CODODES, 1994: II, 1146-1151). En un memorial que dirigió a los soberanos, en 1501, pidió que solo se autorizara a buscar oro a los que tuviesen vecindad y casa, para evitar el despoblamiento de la isla. (CODODES, 1994: III, 1371).

40. (Ballesteros Beretta, 1945: II, 218. Colón, 1992a: 421. Colón, 2024: 503).

41. Un testigo presencial como Diego López de Béjar fue interrogado sobre si el almirante tuvo alguna responsabilidad en los alzamientos o si actuó en deservicio de la Corona, y su respuesta fue contundente: «Dijo que no le vio hacer cosa que no debiese, antes le vio hacer muchas cosas en servicio de su alteza, así como mucha labranza que a la sazón eran menester, como los cuales aplicaba a boca llena para su alteza. Y que hizo coger oro y comenzó a hacer que sirviesen los indios, de lo cual todo fue muy servida su alteza». Véase el apéndice II.

42. (Pietschmann, 2006: 277-283).

43. De hecho, ha escrito Marcio Veloz que la idea de una cultura taína dominando el área antillana le parecía desacertada. Cit. en Guerrero (2020: 81).

44. (Cassá, 2006: 25).

45. (Veloz, 2013b: 225).

46. (Veloz, 2013a: 193. Veloz, 2013b: 219).

47. (Cassá, 1992: 92)

48. (Ardrey, 1990: 109). En este sentido, y por citar un ejemplo concreto, el padre Las Casas afirmó muy significativamente que «los señores tenían muchas (mujeres se entiende), pero los súbditos y particulares se contentaban con una sola». Cit. en Rodríguez (1978: 143). Sin embargo, es posible que, sin dejar de ser cierto lo dicho anteriormente, la sociedad fuese bastante tolerante con las relaciones sexuales de los miembros de su comunidad. Solo así se explica la disposición que estableció frey Nicolás de Ovando referente a «que quien dormía con dos hermanas lo habían de quemar». (Mira, 1993: 341). Es curioso, porque el matrimonio entre hermanos estaba totalmente prohibido en las comunidades prehispánicas de la isla; sin embargo, la disposición de Ovando indica que la práctica existía.

49. (Delgado, 1991: 50).

50. (Veloz, 1972: 237). La práctica más común debió de ser el abandono de los cuerpos de sus difuntos en el campo, sin enterrar, como hicieron con Gua-

yabax en 1508: pese a que fue mandado sepultar por los españoles, los indígenas se limitaron exclusivamente a «echarlo en la sabana». (Mira, 1993: 325).

51. Así, Pedro Mártir de Anglería afirmó, refiriéndose a los curanderos indios, lo siguiente: «Las calenturas se las curan fácilmente con jugo de hierbas, y con igual facilidad las heridas con tal que sean curables. Tienen y conocen mucha clase de hierbas salutíferas... Y no usan ningún otro género de medicinas, ni quieren más médico que a los viejos de experiencia o a los sacerdotes conocedores de las ocultas virtudes de las hierbas...». (Anglería, 1989: 433-434). Por su parte, Gonzalo Fernández de Oviedo pudo comprobar personalmente en La Española los grandes conocimientos de estos chamanes indígenas: «Estos, por la mayor parte, eran grandes herbolarios y tenían conocidas las propiedades de muchos árboles y plantas e hierbas; y como sanaban a muchos con tal arte, teníanlos en gran veneración y acatamiento como a Santos...». (Fernández de Oviedo, 1992: I, 112).

52. (Veloz, 1972: 194-195. Benzoni, 1989: 149).

53. (Fernández de Oviedo, 1992: 255 y ss.).

54. (Las Casas, 1951: II, 122. Peguero, 1975: I, 257-260).

55. (Fernández de Oviedo, 1992: II, 9).

56. «El behique sale corriendo a la puerta, que está abierta, y abriendo las manos las sacude y persuade que ha quitado la enfermedad y que pronto quedará bueno el enfermo. Pero, acercándose por la espalda, le quita de la boca el pedacito de carne como un prestidigitador y le grita al enfermo diciendo: Mira lo que habías comido sobre lo necesario, te pondrás bueno porque te lo he quitado.» (Anglería, 1989: 83). La capacidad de sanación de una mente positiva ya la destacó Nicolás Monardes en el siglo XVI, porque, a su juicio, «la imaginación es muy gran obradera en el cuerpo, y estando lejos no imaginará en ello ni adolecerá por imaginación...». (Monardes, 1885: 334).

57. (Las Casas, 1951: II, 122).

58. (Morales Padrón, 1988: 96. Morales Padrón, 1990: 74. Colón, 1992a: 221-226. Colón, 1992b: 46-47. Colón, 2024: 275). Bien es cierto que en esa misiva lo exageró todo, señalando incluso la existencia de yacimientos de oro, algo que solo intuía pero que no había verificado. Eso sí, también tenían algún defecto vinculado a ese salvajismo, es decir, eran perezosos, porque tenían muchos recursos que no aprovechaban. Incluso cita que, pese a que tenían mucho algodón, no tejían ropa suficiente ni para cubrirse en los meses más fríos. (Colón, 1989: II, 491).

59. Carta de Cristóbal Colón a Luis de Santángel, la mar, 14 de marzo de 1493. (Morales Padrón, 1990a: 74).

60. (Gil, 1984: 36. Hubeñak, 1992: 120). Coma los describía así: «Sus cuerpos, de color rojizo, guardan armonía y belleza de miembros. Sus uñas

son hermosas y pulidas; sus dientes, blancos como el marfil; sus ojos, garzos como motas de colores; su pelo negruzco, suelto y largo; su cabeza, achatada, y su frente, ancha. No les crece la barba por tener el pelo ralo. Viven hasta una edad muy avanzada y en los viejos rara vez se encuentran canas». (Gil, 1984: 202).

61. En el área antillana, incluso hasta la actualidad, hay quien ha sostenido la existencia de cacicas como Anacaona. Hoy está demostrado que estas cacicas de las que hablaron los cronistas recibieron el nombre por ser esposas o madres de caciques. Pudo haber cacicazgos matrilineales, pero en ningún caso matriarcados. Véase por ejemplo los trabajos de Francisco Moscoso (1986: 141-152. 2024: 10).

62. (Colón, 1986: 64. Herrera, 1991: I, 296. Colón, 1992b: 47).

63. (Pleitos, 1984: III, XLIV).

64. Sobre este particular véase la reciente obra de Charles F. Mann (2022).

65. (Brendecke, 2016: 30). También se mantuvo en la propia *Visión de los Vencidos*, que aporta testimonios, casi todos ya de época hispánica, que muestran al mundo indígena como un edén, marchitado tras la llegada de los extranjeros. En el *Chilam Balam de Chumayel* se señalaba la llegada de los cristianos como el punto de partida de todas sus desgracias: «Solamente por el tiempo loco, por los sacerdotes, fue que entró a nosotros la tristeza, que entró a nosotros el cristianismo. Porque los muy cristianos llegaron aquí con el verdadero Dios; pero ese fue el principio de la miseria nuestra, el principio del tributo, el principio de la limosna, la causa de que saliera la discordia oculta, el principio de las peleas con armas de fuego, el principio de los atropellos, el principio de los despojos de todo...». (*Chilam Balam*, 1986: 68).

66. (Zalama, 2021: 21. Fernández Herrero, 1994: 25).

67. Carta de Colón al ama del príncipe don Juan, finales de 1500. (CODODES, 1994: II, 1229-1239),

68. (Abellán, 1979: II, 461).

69. (Zavala, 2005: 111. Viáfara, 2014: 446).

70. En Chile se mantuvo la esclavitud del aborigen por guerra justa durante buena parte de la época colonial. Tras la rebelión de 1599 en la periferia chilota, llegaron a los mercados esclavistas chilenos varios cientos de naturales, capturados en buena guerra. El caso ha sido estudiado por Díaz Blanco (2011: 55-70).

71. Instrucciones dadas a Cristóbal Colón, Barcelona, 29 de mayo de 1493. AGI, Patronato 295, n. 14. (CODOIN, serie 1.ª: 130, 145-147. CODOIN, serie 1.ª, Vol. 30, pp. 317-324. Morales Padrón, 1979: 67-72. CODODES, 1994: I, 412-417. Rubio, 2007: I, 162-167).

72. (Reding, 2012: 39. Guerrero, 2020: 81. San Miguel, 2020: 126).

73. (Ballesteros Beretta, 1945: II, 203. Fernández de Oviedo, 1992: I, 35. García Arévalo, 1992: 142. Rouse, 1992, p. 151Ozuna, 2018: 79. Larrazábal, 2015: 133).

74. (Bénot, 2005: 51-54).

75. Cit. en Gil (1984: 78.

76. (Hanke, 1974: 37).

77. (Ramos Pérez, 1989: 93 y ss. Ramos Gómez, 1990: 68 y 1991: 222. Ramos Gómez, 1993: 25).

78. Carta de Diego Álvarez Chanca al concejo de Sevilla, 1493. (Monte y Tejada, 1952: I, 215. Gil, 1984: 152-176. Morales Padrón, 1990a: 111-137. CODODES, 1994: I, 504-521).

79. (Arranz, 1991: 29. Martínez de Salinas, 1992: III, 101-105, Cassá, 1993: I, 32). Además de estas seis fortalezas, tras la marcha de Cristóbal Colón, su hermano Bartolomé erigió otras dos, una en el Bonao y otra en Santo Domingo. (Martínez de Salinas, 1992: III, 102-106).

80. Carta de la Audiencia de Santo Domingo a Su Majestad, Santo Domingo, 3 de enero de 1541. AGI, Santo Domingo 49, R. 12, N. 82.

81. (Cassá, 1993: I, 33).

82. (Bernáldez, 1946: 243. García Arévalo, 1992: 143).

83. (Poch, 1942: 68. López de Gómara, 1985: I, 57. Colón, 1989: II, 527).

84. (Irving, 1851: 105. Herrera, 1991: I, 338. Bueno, 2023: 172-176).

85. (Ballesteros Beretta, 1945: II, 267. Colón, 1985: 200. Arranz, 1991: 29. García-Osuna, 2013: 136. Bueno, 2023: 179-183). Los perros que había en la isla eran en su mayoría mastines, pues se habían llevado para controlar el ganado, y no como arma de guerra. (CODODES, 1994: II, 772). En el segundo viaje, según Hernando Colón, el almirante llevó consigo un perro canario muy valiente y veloz. Cit. en Pérez de Barradas (1976: 80).

86. Por ejemplo, Antonio de Herrera dice que los caciques rebeldes consiguieron reunir a unos cien mil hombres armados. (Herrera, 1991: I, 338).

87. (Fernández Duro, 1885: 51. Varela Bueno, 1986a: 19. Morales Padrón, 1990a: 160-161. Bueno, 2023: 175).

88. (Fernández-Armesto, 2004: 165). Su hijo Hernando Colón escribió que después de la batalla de la Vega toda la tierra quedó sometida. (Ballesteros Beretta, 1945: II, 267). Pero solo fue temporalmente, porque ya en la primera década del siglo siguiente se produjeron los alzamientos de Higüey y Xaragua.

89. (Las Casas, 1951: I, 406. Fernández de Navarrete, 1964: II, 109. Colón, 1989: II, 477-479. Herrera, 1991: I, 336. García Arévalo, 1992: 144).

90. (Bernáldez, 1946: 282-283). Tanto Bartolomé de Las Casas como Pedro Mártir de Anglería dicen erróneamente que murió ahogado en una

flota de seis navíos que se fue a pique en el puerto de La Isabela. (Anglería, 1989: 46. Las Casas, 2009: 20).

91. Información testifical de Bartolomé Colón, Sevilla, 17 de marzo de 1505. (CODODES, 1994: III, 1739).

92. (Anglería, 1989: 64. Cassá, 1993: I, 33. Bueno, 2023: 186).

93. (Serrano, 1930. 186). Por motivos de seguridad, se terminó prohibiendo a todos los naturales la posesión de armas europeas —espadas, ballestas y arcabuces—, algo que no solo ocurría en la América española sino también en la portuguesa. (Noronha, 2005: 133-134). Por ejemplo, en las instrucciones dadas a Nuño de Guzmán, gobernador de Pánuco, dadas en Madrid, el 5 de abril de 1528, se insistía en que nadie vendiese a los naturales armas, caballos, ni mulas, bajo pena de muerte y de pérdida de sus bienes. (Puga, 1945: 23r-23v). Asimismo, el 20 de septiembre de 1534 se volvió a insistir a la Audiencia de México que no se les vendiesen armas a los indígenas, ni se les enseñase a fabricarlas. (CODOIN, serie 2.ª: 10, 234-235).

94. Relación del almirante a los Reyes Católicos, La Maguana, 15 de octubre de 1495. (CODODES, 1994: II, 840-852. Véase también lo que dicen al respecto Bartolomé de Las Casas y Antonio de Herrera. (Las Casas, 1951: I, 419. Herrera, 1991: I, 338). Asimismo, en una carta de los dominicos de La Española al señor Chiebres, le decían lo siguiente: «Viéndose los indios por estas maneras afligidos de los castellanos quisiéronlos echar de la isla, y tomaron por medio no sembrar para comer porque faltando los mantenimientos, ellos tuviesen por bien de irse; pero los castellanos gastaron las labranzas que ellos tenían para sí, comiendo y destruyendo, de forma que les fue forzado a los indios morir de hambre, de la cual murieron tantos que no había quien anduviese por los campos de hedor...». Carta de los dominicos al Señor de Chiebres, Santo Domingo, 4 de junio de 1516. (Marte, 1981: 160-180).

95. (Las Casas, 1951: I, 425). La carestía de los alimentos lo evidencia el hecho de que la yuca alcanzara un precio exorbitante para estos años. Según el padre Las Casas, cuatro mil o cinco mil montones de yuca valían aproximadamente unos trescientos castellanos o pesos. (Las Casas, 1951: II, 225). El dominico dudó entre cifrar las cantidades en castellanos o en pesos; sin embargo, es evidente que se trata de pesos y no de castellanos, ya que, según un descargo del tesorero Santa Clara, se le pagaron, por mandato de Bobadilla, sesenta pesos de oro a un vecino llamado Pedro de Fuentes por un millar de montones de yuca. Cuentas del tesorero Cristóbal de Santa Clara (1505-1509). AGI, Justicia 990, N. 1, pieza 2.ª. Estos altos precios indican una extrema escasez que debió de afectar no solo a los españoles sino también a los aborígenes.

96. Fragmento de una carta de Colón a los reyes, octubre de 1498. (CODODES, 1994: II, 1128-1129). También los perros se multiplicaron, lo que

llevó incluso a causar muchos daños sobre cultivos y sobre el ganado doméstico. Real Cédula a Luis de Arriaga, Segovia, 27 de septiembre de 1503. AGI, Indiferente General 418, L. 1, fol. 119v. (CODODES, 1994: III, 1575-1576). Más adelante, en tiempos de Ovando, la multiplicación de estos animales montaraces fue mayor incluso, tanto que provocaban daños en los cultivos, por lo que hubo que organizar monterías, arrendándose a través de pujas. (Río Moreno, 2012: 64). En adelante, estos animales fueron esenciales en todo el proceso de conquista porque las huestes viajaban siempre con sus piaras.

97. (Río Moreno, 2012: 48. Sánchez de Mora, 2024: 421-422).

98. Carta de Cristóbal Colón a Luis de Santángel, la mar, 14 de marzo de 1493. (Morales Padrón, 1990a: 75). Hanibal Zennaro, que vio la carta anunciadora que Colón escribió a su regreso, dijo que los nativos encontrados al otro lado de océano no tenían ninguna ley ni religión. (Morales Padrón, 1990a: 106).

99. Sobre esta cuestión puede verse el trabajo de Esteban Mira (1997: 96-100).

100. Real Provisión autorizando a Cristóbal Colón a repartir tierras, Medina del Campo, 22 de junio de 1497. (CODODES, 1994: II, 996-998).

101. Este origen de los repartimientos queda ratificado en un manuscrito de mediados del siglo XVII, en el cual se mencionaba lo siguiente, refiriéndose a los primeros repartimientos: «principio de los repartimientos y encomiendas por don Cristóbal Colón, en la isla de Santo Domingo 1499, si bien el año 1496 ya hubo algo de esto...». Tabla cronológica desde el año 1492 a 1653. BN, Manuscrito 11.205/2. (fols. 118-130), f. 119. La concesión de la caballería aparece en el inventario de los papeles de Colón que había en las Cuevas de Sevilla. AHN, Consejos Suprimidos 21.474, N. 34. Árbol Gordo se situaba a legua y media de donde después se ubicaría la villa de la Buenaventura, que posteriormente perteneció al licenciado Lebrón. AGI, Justicia 12, N. 1, R. 2. La concesión de esta caballería por el almirante prueba que este repartió tierras antes de recibir la patente de los Reyes Católicos para hacerlo, lo cual no ocurrió hasta el 22 de julio de 1497. (Rodríguez Demorizi, 1978: 48). No en vano, en una respuesta a Nicolás de Ovando, en 1503, se le ordenó que erigiese dos casas de fundición, una «donde dicen Árbol Gordo, que es a una legua de las minas de San Cristóbal» y otra a seis leguas de las minas del Cibao. Respuesta al gobernador frey Nicolás de Ovando, Alcalá de Henares 10 de abril de 1503. AGI, Indiferente General 418, L. 1, fols. 202v-203.

102. (Charlevoix, 1979: 153).

103. (Moya, 1978: 27).

104. AHN, Consejos Suprimidos 21.474, N. 39. (Peguero, 1975: I, 127. Arranz, 1991: 81. Utrera, 2014: I, 58).

105. (Arranz, 1991: 82. Didiez, 2015: 65).

106. (Fernández de Navarrete, 1825: I, 465). La franquicia del onceno, como se la denominó en la época, no era otra cosa que la obligación de pagar tan solo una undécima parte del oro obtenido en las minas.

107. Solo así se explica que en los libros de cuentas del tesorero Santa Clara aparezcan citadas varias cantidades abonadas por vecinos de lo que quedaban debiendo de la tercera parte que pertenecía a Su Majestad, «del oro que cogieron en la época del Comendador Bobadilla». Por citar un ejemplo concreto, Juan Ponce, vecino de Santo Domingo, abonó tres pesos y dos tomines a cuenta «de lo que quedaba debiendo del tercio de Su Majestad que debía del oro que cogió en la época del Comendador Bobadilla». Cuentas del tesorero Cristóbal de Santa Clara (1505-1508). AGI, Justicia 990, N. 1, pieza 2.ª.

108. (Arranz, 1991: 85. Mira, 1997: 102-103).

109. (Reding, 2019: 177-179).

110. Véase a este respecto a Rumeu de Armas (1969: 127 y ss.) y a Mira Caballos (1996: 946).

111. Solo consta la huida de cinco de ellos, el 17 de noviembre de 1492. (Olaechea, 1999: 73).

112. En las líneas siguientes mostramos textualmente las palabras del fraile dominico: «Y los reyes le respondieron que todos los que hallase culpados los enviase a Castilla, creo yo que por esclavos como en buena guerra cautivos, no considerando los reyes ni su Consejo con qué justicia las guerras y males el almirante había hecho contra estas gentes pacíficas, que vivían en sus tierras sin ofensa de nadie, y de quien el mismo almirante a sus altezas, pocos días había, en su primer viaje, tanta calidad de bondad, paz, simplicidad y mansedumbre había predicado. Al menos parece que debiera de aquella justicia o injusticia dudar, pero creyeron solamente al almirante y como no hubiese quien hablase por los indios ni su derecho y justicia propusiese, defendiese y alegase (como abajo parecerá más largo y claro), quedaron juzgados y olvidados por delincuentes...». (Las Casas, 1951: I, 439).

113. (Mira, 1996: 946). Incluso, en la segunda década del siglo XVI, se planteó la posibilidad de deportar masivamente a la península a los guanches rebeldes, idea que no prosperó. (Castro Alfin, 1983: 212).

114. El almirante estableció un mito que terminó perpetuando la dicotomía entre el caribe antropófago, al que había que combatir, frente a los indígenas pacíficos y amigos, a los que se les llamaba guatiaos. Estos mitos de caníbales y amazonas los había leído en la obra de Eneas Silvio Piccolomini, por lo que iba con la mente predispuesta a encontrarlos. Sobre el caribe, equivalente a antropófago, se creó un mito similar al de las Amazonas, que repitieron otros en su época, como Michele Cuneo, o ávi-

dos lectores como Pedro Mártir de Anglería. Véase sobre el particular a Guerrero (2020: 63-108).

115. También Hernán Cortés dijo a los naturales del valle de México que llegó allí para erradicar la antropofagia ritual. (Díaz del Castillo, 2011: 211 y 213. Herrera, 1991: I, 809). Y aunque es innegable que aborrecía la religión de los mexicas, no era exactamente cierta su afirmación, pues cuando llegó a las costas de San Juan de Ulúa apenas tenía vagas noticias de estos actos, desconociendo su magnitud. Pero el argumento tenía su utilidad, pues servía para justificar sus actos y, de paso, reforzar la moral del grupo.

116. (Giménez Fernández, 1953: II, 460. Colón, 1985: 94. Arciniegas, 1990: 199. Colón, 1992a: 232. Colón, 1992b: 53. Ramos Gómez, 2006: 249. Colón, 2024: 87). Tan solo entre febrero de marzo de 1495 se embarcaron como esclavos unos ochocientos indígenas, sumando varios millares hasta el año 1500. (Zavala, 1949: 100).

117. En su carta a Luis de Santángel, del 15 de febrero de 1493, les explicaba que había tantos esclavos en las nuevas tierras descubiertas «que no hay número y serán de los idolatras». (Julián, 1997: 18. Colón, 1992a: 225. CODODES, 1994: I, 256. Colón, 2024: 279).

118. (Fernández Duro, 1885: 51. Humboldt, 1892: II, 186. Las Casas, 1951: I, 405. Moya, 1978: 11. Gil, 1984: 256. Varela Bueno, 1986a: 19. Morales Padrón, 1990a: 160-161. Trueba, 1990: 232. Arranz, 1991: 29. Magalhães, 2015: 33. Bueno, 2023: 175). Según Cuneo, que viajó a bordo, acercándose a España murieron dos centenares de ellos debido al cambio de clima, pues era mucho más frío que el que tenían en La Española. Carta de Michele Cuneo a Gerónimo Annari, Savona, 28 de octubre de 1495. (Morales Padrón, 1990a: 160. Gil, 1984: 258. CODODES, 1994: II, 853-869. Bueno, 2023: 175). El genovés vio en el tráfico de esclavos una posibilidad de compensar la falta de oro del virreinato y rentabilizar la factoría.

119. Carta al obispo Fonseca, Madrid, 12 de abril de 1495. AGI, Patronato 9, fol. 83r. (CODODES, 1994: II, 783). Real Cédula dirigida a Fonseca, Madrid, 16 de abril de 1495. AGI, Patronato 9, fol. 85v. A.G.I., Patronato 9, R. 1. fol. 85v. (Konetzke, 1953: 2-3. Fernández de Navarrete, 1954: I, 402. CODODES, 1994: II, 789-790).

120. Real Cédula a Juan Rodríguez de Fonseca, Tortosa, 13 de enero de 1496. (CODOIN, serie 1.ª: 38, 352-353. Fernández de Navarrete, 1964: II, 297-298. CODODES, 1994: II, 888. Rubio, 2007: I, 296-297).

121. El plan lo explicó en los siguientes términos: «De acá se pueden, con nombre de la Santa Trinidad, enviar todos los esclavos que se pudieren vender y brasil; de los cuales, si la información que yo tengo es cierta, me dicen que se podrán vender cuatro mil que, a poco valer, valdrán veinte cuentos...». Cit. en (Saco, 1932: I, 106-107. Cortés López, 1989: 52. Arranz,

1991: 30. Colón, 1992a: 407-408. CODODES, 1994: II, 1122-1124. Mira Caballos, 2000: 46-48. Reséndez, 2019: 32. Colón, 2024: 487-488).

122. (Las Casas, 1951: II, 327. Oliva de Coll, 1986: 21).

123. (Thomas, 1997: 88). Así, Antón Mariño, que había estado en el tercer viaje de Colón, transfirió una india de veinte años, llamada Ana, y un indio de siete, llamado Juan, a Fernando de Toledo, mercader de Jerez de la Frontera, por el módico precio de siete mil maravedís los dos. Carta de venta, Sevilla, 7 de julio de 1501. APS, Oficio XV, Bernal González Vallecillo 1501, fols. 417v-418r. En 1501 se publicó una información sobre nueve indios herrados por el almirante y vendidos en diversas localidades andaluzas, verificándose que habían sido transferidos a precio de saldo, a una media de menos de seis mil maravedís, y que además habían fallecido prematuramente tres de ellos. (CODODES, 1994: III, 1367-1369).

124. Carta de Simón Verde a Mateo Cini, 1499. (Morales Padrón, 1990a: 205). El brasil se vendió en Andalucía a cinco con setenta y cinco ducados el quintal. (Pérez García, 2021: 608).

125. El 12 de diciembre de 1501 se ordenó al corregidor de Córdoba que los seis indígenas que adquirió Pedro Hernández de Córdoba de Cristóbal Guerra se entregasen al Comendador Mayor Nicolás de Ovando, para que los llevase de vuelta a sus naturalezas. (CODODES, 1994: III, 1364).

126. (Vespucio, 1985:24. Vespucio, 1986: 63. Arciniegas, 1990: 195-196. Thomas, 1997: 89).

127. Desconocemos el destino de este aborigen. El 1 de agosto de 1503 se vendió en Sevilla un indígena de siete años, llamado Juanito, por dos mil seiscientos maravedís, pero no sabemos si se trata de la misma persona. Más improbable es que sea otro homónimo, al que, el 15 de octubre de 1513, se le autorizó a embarcar hacia La Española como criado de Hernando de Berrío.

128. La razón que alegó para justificar tal determinación fue la siguiente: «Que nos queríamos informar de letrados, teólogos y canonistas, si con buena conciencia se pueden vender estos por esclavos o no; y esto no se puede hacer hasta que veamos las cartas que nos escribe para saber la causa por que los envía acá por cautivos...». (Saco, 1932: 102; Giménez Fernández, 1953: II, 461). La decisión tenía un antecedente, pues ya Isabel la Católica, en 1478, a instancias del obispo Juan de Frías, dispuso que se liberase a todos los naturales de La Gomera, pues no debían ser tratados como musulmanes.

129. (Humboldt, 1892: 195. Deive, 1995: 69. Pérez, 2006: 135).

130. En su testamento volvió a pedir que se tratase bien a los indígenas, como vasallos que eran de la Corona de Castilla. (Pérez, 2006: 136-137).

131. (Gil, 1989: I, 103-104). Instrucciones a Cristóbal Colón, Valencia de las Torres, 14 de marzo de 1502. AGS, Estado 1, fols. 162r-162v. (Ortega,

1925-1926: II, 332-333. Bernáldez, 1946: 286. Colón, 1985: 286-287. Díaz-Trechuelo, 1991: 170-171. CODODES, 1994: III, 1438-1443). Y, por supuesto, en el archiconocido codicilo de la reina Isabel, otorgado en Medina del Campo el 23 de noviembre de 1504, dejó dispuesto a sus sucesores que no consintiesen que se les infligieran malos tratos, ni agravios. (Azcona, 1986: II, 306. CODODES; 1994: III, 1673-1674).

132. Real Cédula al obispo de Badajoz, Madrid, 16 de abril de 1495. A.G.I., Patronato 9, R. 1. fol. 85v. A.G.I., Patronato 9, R. 1. fol. 85v. (Konetzke, 1953: 2-3. Fernández de Navarrete, 1954: I, 402. CODODES, 1994: II, 789-790).

133. También se disponía que los que fuesen considerados libres se devolviesen a sus naturalezas en el continente americano. (Fernández de Navarrete, 1954: I, 405. Konetzke, 1953: 3. Rumeu de Armas, 1975: 66-67. Deive, 1995: 69).

134. (CODOIN, Serie II, T. 38, p. 439. Zavala, 1938: 33. Konetzke, 1953: 4. Fernández de Navarrete, 1954: I, 246. Azcona, 1986: 269-270. CODODES, 1994: II, 1192-1193. Méndez, 2024: 2).

135. El padre Las Casas relató así estos acontecimientos: «Mandó luego pregonar en Granada y en Sevilla, donde ya estaba la corte, que todos los que hubiesen llevado indios a Castilla, que les hubiese dado el almirante, los volviesen luego acá, so pena de muerte, en los primeros navíos, o los enviasen...». Cit. en (Julián, 1997: 43).

136. (Zavala, 1938: III, 33. Julián, 1997: 43. El documento tan solo aludía a los vendidos en Andalucía, aunque en la praxis afectó a todos los que estaban en España. (Las Casas, 1951: I, 173). Según Carlos Esteban Deive, veintiuno de ellos los tenía depositados Alonso de Torres en Sanlúcar de Barrameda, de los que tan solo se embarcaron diecinueve, pues uno estaba enfermo y otra decidió quedarse por su propia voluntad. Continúa diciendo este mismo historiador que otros indígenas fueron entregados a fray Francisco Ruiz para su devolución a las Indias. Y finalmente, otros diecisiete fueron depositados en poder del tesorero de Granada Lope de León, el 28 de mayo de 1501, a la espera de su reembarque. (CODODES, 1994: II, 1212-1214. Deive, 1995: 70).

137. (Giménez Fernández, 1953: II, 464). El 2 de diciembre de 1501 se dispuso el apresamiento de Cristóbal Guerra, la liberación de los indígenas que había vendido y el reembarque de todos ellos en la flota de Nicolás de Ovando. (CODOIN, serie 1.ª: XXXI, 104-107).

138. Capitulación otorgada a Juan de Escalante, Granada, 5 de octubre de 1501. Capitulación otorgada a Alonso de Ojeda, Medina del Campo, 30 de septiembre de 1504. Capitulación otorgada a Juan de la Cosa, alguacil mayor del golfo de Urabá, Medina del Campo, 14 de febrero de 1504. Capi-

tulación otorgada a favor de Diego de Nicuesa, Burgos, 8 de junio de 1508. (Ramos Pérez, 1981: 459-460, 474-479, 480-487 y 500-501. Vas Mingo, 1986: 138-139 y 144-145. CODODES, 1994: II).

139. Más exactamente en la cláusula novena se especificaba lo siguiente: «Y porque la intención de la Católica Reina, mi Señora y mía, es que los indios naturales de las Indias sean como lo son libres y tratados e instruidos como nuestros súbditos naturales y vasallos, por la presente vos encargamos y mandamos que los indios que al presente hay o hubiere de aquí adelante en la dicha isla de gente tengáis mucho cuidado que sean tratados como nuestros vasallos e industriados en las cosas de nuestra fe, sobre lo cual vos encargo la conciencia». Capitulación con el licenciado Serrano para poblar la isla Guadalupe, Valladolid, 9 de julio de 1520. (Vas Mingo, 1986: 177).

140. (Giménez Fernández, 1953: II 464).

141. (Varela Bueno, 2023: 37).

142. (Mira, 2017: 284-334).

143. (Cook, 2005: 19). Sobre todo, porque muchas de las grandes enfermedades europeas fueron transferidas por animales: viruela de las vacas, tuberculosis de los bueyes o malaria de las aves, y los amerindios tuvieron un menor contacto con rebaños de animales, dada su inexistencia. (Livi, 2006: 69).

144. (Rumeu de Armas, 1969: 131).

145. (Bernal, 2015: 115-116).

146. (López de Gómara, 1985: I, 25).

147. (Pereña, 1956: 159).

148. (León, 1999: 4).

149. (Torre, 1950: 49. Artola, 1999: 27).

150. (Goytisolo, 2002: 23).

151. (Höffner, 1957: 111).

152. De hecho, ya en 1503 se destinaron a este fin los fondos no reclamados de los bienes de difuntos. Y desde 1511 se empezó a predicar la citada bula en las Indias, aunque, eso sí, los fondos irían destinados a combatir la guerra contra los turcos y los moros, y no la de los indígenas. Y es que si algún espíritu de cruzada inspiraba a los españoles, este consistía en encontrar riquezas con las que después poder contribuir a la financiación de una nueva cruzada sobre la ciudad sagrada de Jerusalén.

153. Cit. en (Rivera Pagán, 1992: 15).

154. Instrucciones a Pedro Margarit, La Isabela, 9 de abril de 1494. AGI, Patronato, 8, r. 10. (Monte y Tejada, 1952: I, 245. Colón, 1992a: 269-273. Rubio, 2007: I, 215-219. Colón, 2024: 328-332).

155. (Peguero, 1975: I, 170 y ss. Pérez, 1984: 15. Fernández de Oviedo, 1992: I, 64-68).

156. (Burckhardt, 1945: 64).
157. (Nishert, 1988: 54).
158. (Mendieta, 1980: 35).
159. (Las Casas, 1951: II, 479).
160. (Mendieta, 1980: 33).
161. Curiosamente fray Juan de Robles dice que fueron tres mil los bautizados y de Deule que solo dos mil. (CODODES, 1994: II, 1222-1224).
162. (Bayle, 1944: 14).
163. (Gil y Varela, 1984: 173-174).

Capítulo 10. El ocaso del proyecto colombino

1. Así, por ejemplo, en la cuarta jornada viajaron ciento cuarenta tripulantes asalariados, disponiendo de un presupuesto para el apresto de los barcos de tres millones de maravedís. (Pérez de Tudela, 1956: 132. Mena, 2001: II, 411. Bernal, 2003: 139 y 202). También las expediciones a la Especiería, la armada de Francisco de Bobadilla del año 1500 y la de Pedrarias Dávila de 1513 estuvieron financiadas casi íntegramente de los fondos reales.
2. Según la contaduría mayor de rentas, en 1504 los ingresos eran de poco más de trescientos cuarenta y un millones de maravedís. (Suárez Fernández, 1984: 145)
3. (Pérez de Tudela, 1956: 193. Carrasco, 1985: 291. Rodríguez Morel, 2003: 722. Thomas, 2003: 111. Yun, 2019: 48).
4. (Berwick, 1902: 25-28).
5. (Madariaga, 1975: 466. CODODES, 1994: III, 1519-1545).
6. Real Cédula dada en Madrid, 9 de abril de 1494. AGI, Patronato 9, N. 1, fols. 76r-77v. (Ramos Pérez, 1981: 17). El 27 de agosto de 1494 se dispuso que todo barco que quisiese comerciar con las Indias debía hacerlo desde Cádiz y regresar a la misma ciudad, para registrar lo que llevaba y lo que traía y así poder cobrar lo que perteneciese a las arcas de la Corona. AGI, Patronato 9, L. 1, fol. 70r. (CODODES; 1994: II, 676-677). Real Provisión dada en Arévalo, 30 de mayo de 1495. (CODOIN, serie 2.ª: XV, 9-18. Rubio, 2007: I, 281-284). El almirante conservó en su archivo un traslado de este documento. (Serrano, 1930: 107).
7. Real Cédula al almirante, Arévalo, 1 de junio de 1495. AGI, Patronato 9, r. 1, fol. 91v. (CODOIN, serie 1.ª: XXIV, 39-40. Rubio, 2007: I, 286-287). Instrucciones al obispo Fonseca, Arévalo, 1 de junio de 1495. (CODODES, 1994: II, 801-805). Real Cédula a Cristóbal Colón, Arévalo, 1 de junio de 1495. (CODODES, 1994: II, 807).

8. (Las Casas, 1951: I, 423-424. Fernández de Navarrete, 1964: II, 2. Ramos Pérez, 1981: 13. CODODES, 1994: II, 779-782). Un traslado de esta patente la conservó Cristóbal Colón en su archivo privado de la Cartuja de las Cuevas. (Serrano, 1930: 190). Véase también la carta de Miguel Cuneo a Gerónimo Annari, Savona, 28 de octubre de 1495. (Morales Padrón, 1990a: 161. CODODES, 1994: II, 853-869).

9. (Rubio, 2007: I, 280-281).

10. AGI, Patronato 295, r. 40. (CODOIN, serie 1.ª: XXXVIII, 420-423. CODODES, 1994: II, 1153-1156. Rubio, 2009: I, 378-379).

11. Provisión dada en Medina del Campo, 2 de junio de 1497. (CODODES, 1994: II, 965-969).

12. Carta de los Reyes Católicos a Cristóbal Colón, Segovia, 16 de agosto de 1494. (Las Casas, 1951: I, 411-412. CODODES, 1994: II, 658-660).

13. Asiento firmado con Juanoto Berardi, Valladolid, 9 de abril de 1495. AGI, Patronato 9, r. 1, fol. 126r-127r. (CODOIN, serie 1.ª: XXXVIII, 323-324. Fernández de Navarrete, 1964: II, 190. Gil, 1984: 226-230. Cerezo, 1991: 313. Comellas, 1992: 42. Rubio, 2007: I, 269-271). Tres días después fue confirmado el asiento, exactamente en Madrid, el 12 de abril de 1495. (CODODES, 1994: II, 784-785).

14. (Ortega, 1925-1926: II, 286. Ramos Pérez, 1981: 21. Gil, 1989: 99-100. Varela Bueno, 1992: 129. Robles, 2018: 16). No mucho mejor le había ido a otra escuadra de cuatro carabelas que zarparon del puerto de Sevilla el 5 de agosto de 1495 y que naufragaron en las inmediaciones de La Isabela. AGI, Contratación 3249, fol. 103. (Varela Bueno, 1988: 59).

15. (Robles, 2018: 24 y ss.). Conocemos a algunos de los tripulantes, entre ellos los tres pilotos, los moguereños Peralonso Niño y Juan de Umbría, y el sevillano Pedro Sánchez de la Puebla. (*Ibidem*: 21).

16. Real Cédula a los vecinos de La Española, Medina del Campo, 5 de febrero de 1504. Real Cédula a los vecinos de La Española, Medina del Campo, 15 de febrero de 1504. (CODODES, 1994: III, 1615-1616 y 16251627).

17. La liberalización de los descubrimientos se daría de facto en 1499, cuando se comenzó a capitular con numerosos marinos y armadores. Sin embargo, la liberalización no se hizo oficial hasta el 8 de enero de 1504 por una orden dada en Medina del Campo en la que se autorizó a cualquier armador o empresario privado a ir a descubrir, pidiendo previamente una licencia. (CODODES, 1994: III, 1594-1595).

18. Las expediciones colombinas estuvieron mayoritariamente sufragadas por la monarquía, con una pequeña participación privada por parte del almirante y de sus socios. En el caso del primer viaje, la Corona invirtió el

cincuenta y siete por ciento; sin embargo, en las otras tres travesías la participación estatal fue mucho mayor. (Mena, 2001: II, 411). Por ejemplo, en la cuarta jornada colombina todos iban asalariados, disponiendo de un presupuesto para el apresto de los barcos de tres millones de maravedís. (Pérez de Tudela, 1956: 132). Por tanto, queda claro que en los viajes colombinos hubo alguna participación privada, pero en porcentajes muy bajos y variables. (Bernal, 2003: 139). También las expediciones a la Especiería, la armada de Francisco de Bobadilla del año 1500 y la de Pedrarias Dávila de 1513, estuvieron sufragadas casi íntegramente de los fondos reales. Sin embargo, las demás expediciones casi todas fueron privadas, incluyendo estos Viajes Andaluces.

19. (Verlinden, 1967: 133. Fernández de Oviedo, 1992: III, 362). Con capital privado se financiaron la mayor parte de las expediciones posteriores, con las excepciones de las armadas de Nicolás de Ovando (1502), Pedrarias Dávila (1514) o la de Magallanes- Elcano (1519). Sobre la cuestión puede verse el interesante trabajo de Mena (2001: II, 399-439).

20. Real Provisión a los almojarifes, recaudadores y arrendatarios, Burgos, 23 de abril de 1497. AGI, Patronato 11, n. 1, r. 3, fols. 108v-109r. (Colón de Carvajal, 2015: II, 160-161). Carta a los recaudadores de impuestos de Andalucía, Madrid, 16 de septiembre de 1494. (CODOIN: XXXVIII, 294. CODODES, 1994: II, 679). En adelante, se sufrirá el problema de la revolución de los precios de todos los productos, especialmente en Andalucía, a la que ya intenta poner límite una Real Cédula otorgada en Burgos, el 23 de abril de 1497. (CODODES, 1994: II, 946-947. Colón de Carvajal, 29015: II, 165-167).

21. (Varela Marcos, 2024: 26-27).

22. (Fernández Duro, 1972: I, 109. Pleitos, 1984: III, XXXIII).

23. (Las Casas, 1951: II, 115. Friederici, 1973: 272. Ramos Pérez, 1981: 24).

24. Fueron muchos los declarantes, aunque eran testigos de parte, que aseveraron que este compartía mucha información de sus descubrimientos y elaboraba cartas de navegación, lo que hizo que otros muchos marinos cobrasen mucho atrevimiento y capitulasen para descubrir por su cuenta. (Pleitos, 1983: II,57. Pleitos, 1984: III, 275 y 283).

25. (López de Gómara, 1985: I, 70).

26. (Las Casas, 1951: II, 37. Varela Bueno, 1986a: 27. Cerezo, 1991: 270).

27. (Monte y Tejada, 1952: I, 368. Verlinden, 1967: 135).

28. Carta de Américo Vespucio a Lorenzo di Pier Francesco de Medici, 18 de julio de 1500. (Ramos Pérez, 1981: 45. Vespucci, 1986: 53. Morales Padrón, 1990: 211-226. CODODES, 1994: III, 1920-1934).

29. (Serrato, 1893: 303. Cuesta, 2006: 154).

30. Carta de Américo Vespucio a Lorenzo di Pier Francesco de Medici,

18 de julio de 1500. (Vespucci, 1986: 53. Morales Padrón, 1990: 211-226. CODODES, 1994: III, 1920-1934).

31. (Verlinden, 1967: 136. Moréu, 1997: 234).

32. Carta de Américo Vespucio a Lorenzo di Pier Francesco de Medici, 18 de julio de 1500. (Ortega, 1925-1926: II, 321-322. Vespucci, 1986: 52-53 y 64. Morales Padrón, 1990: 222-223.).

33. (Ortega, 1925-1926: II, 322. Pleitos, 1984: III, 216. Boorstin, 1989: 246. Varela Marcos, 2024: 28).

34. Declaración de Rodrigo de Bastidas, 1512. (Colón de Carvajal, 2015: IV, 2420).

35. Los propios pilotos de la expedición siguieron la ruta que conocían por Colón. (Monte y Tejada, 1952: I, 368. Pleitos, 1984: III, 181.Manzano: 1988: I, 181-182).

36. (Verlinden, 1967: 139. Fernández Duro, 1972: I, 110. Kirkpatrick, 1986: 30).

37. Real Cédula para proceder contra Cristóbal Guerra y sus hombres, Sevilla, 20 de mayo de 1500. (Fernández de Navarrete, 1964: II, 55-57. CODODES, 1994: II, 1200-1202). Véase también a Cerezo (1991: 273).

38. Arias Pérez Pinzón declaró en 1512 que los vio llegar con mucha cantidad de perlas, dando cuenta de ello al obispo Fonseca. (Colón de Carvajal, 2015: IV, 2578).

39. (Las Casas, 1951: II, 153. Gil, 2006a: 197).

40. Real Cédula a Gonzalo Gómez de Cervantes, Écija, 11 de noviembre de 1501. AGI, Indiferente General 418, L. 1, fol. 68r. Real Cédula a Cristóbal Guerra, Écija, 11 de noviembre de 1501. AGI, Indiferente General 418, L. 1, fol. 68r. Real Cédula a Gonzalo Gómez de Cervantes, Écija, 22 de diciembre de 1501. AGI, Indiferente General 418, L. 1, fols. 70r-70v. Este último documento ha sido publicado en (CODOIN, serie I: XXXI, 104-107. Konetzke, 1953: I, 7-8). Las indemnizaciones a sus propietarios comenzaron el 28 de mayo de 1501, variando las cuantías dependiendo del precio de compra, que osciló entre los tres mil y los nueve mil maravedís. (Rumeu, 1969: 366-371).

41. Dado que algunos estaban enfermos, los oficiales sevillanos propusieron que solamente subiesen a bordo aquellos que se encontrasen mejor dispuestos, ante la posibilidad de que el resto no superase la dura travesía. Sin embargo, la respuesta de la Corona no pudo ser más contundente: debían embarcarse todos, pues tan arriesgado para sus vidas era la travesía como quedarse en Castilla, y los supervivientes apreciarían la determinación de los reyes por evitarles el cautiverio y la esclavitud. Real Cédula a Gonzalo Gómez, Palma del Río, 12 de diciembre de 1501. AGI, Indiferente General 418, L. 1, fols. 74r-74v. (Rubio, 2013: II, 106).

Pese a que las piezas traídas por Guerra y por el almirante fueron más de medio millar, muchos de ellos perdieron la vida en breve plazo y otros no se pudieron localizar, por lo que finalmente solo se embarcaron varias decenas.

42. Capitulación con Cristóbal Guerra, Alcalá de Henares, 12 de julio de 1503. (Ramos Pérez, 1981: 469-473. CODODES, 1994: III, 1558-1561).

43. (Pleitos, 1984: III, XLVII, 163 y 308. Bono, 1986: 157).

44. (Verlinden, 1967: 139. Cerezo, 1991: 273-274. CODODES, 1994: II, 1151-1153. Izquierdo, 2012b: 105).

45. (Manzano, 1988: I, 257-259).

46. (Verlinden, 1967: 139. Fernández Duro, 1972: I, 110. Moréu, 1997: 235. Izquierdo, 2012b: 107).

47. (Cuesta, 2014: 103-104).

48. (Izquierdo, 2012b: 106).

49. (Monte y Tejada, 1952: I, 369. Verlinden, 1967: 139-140). Y trajeron palo brasil, pese a que en la capitulación del 6 de junio de 1499 se prohibía expresamente. (Manzano, 1988: III, 23. Cuesta, 2014: 109).

50. Real Provisión para que hagan justicia a Vicente Yáñez Pinzón y a sus sobrinos, Arias Pérez y Diego Fernández, Granada, 5 de diciembre de 1500. (Manzano, 1988: III, 32-33. CODODES, 1994: II, 1226-1227).

51. (Colón de Carvajal, 2015: IV, 2200-2201)

52. (Fernández de Navarrete, 1964: II, 27. Cerezo, 1991: 274. Moréu, 1997: 237. Varela Marcos, 2024: 32).

53. (Varela Marcos, 2024: 32).

54. (Las Casas, 1951: II, 158-159. Verlinden, 1967: 140. Pleitos, 1984: III, XXXV. Manzano, 1988: I, 393. Cerezo, 1991: 274).

55. (Fernández de Navarrete, 1964: II, 57-58. Verlinden, 1967: 141). Capitulación con Diego de Lepe, Granada, 14 de septiembre de 1501. (Ramos Pérez, 1981: 454-458. CODODES, 1994: II, 1285-1288). Cristóbal Colón no desaprovechó la ocasión para criticar que se quedasen con quinta sextas partes de lo que encontrasen, cuando a él solo le daban el diezmo. Minuta de súplicas y agravios de Cristóbal Colón, 1501-1502. (CODODES, 1994: III, 1381).

56. (Monte y Tejada, 1952: I, 369. Cerezo, 1991: 274).

57. (Las Casas, 1951: II; 208). Compañía firmada por Rodrigo de Bastidas con el jurado Pedro de Valladolid y otros, Sevilla, 9 de septiembre de 1500. APS, protocolos de Sevilla, leg. 2158, fols. 466r-469.

58. (Pleitos, 1984: III, XXXIV). Rafael Catano, que había viajado con el almirante en su tercera expedición descubridora, declaró que Colón le mostraba sus cartas náuticas a Juan de la Cosa, y que si este descubrió algo en Tierra Firme fue gracias al primero. (*Ibidem*: 172). No menos claro se

mostró Pedro Arroyal cuando aseguró que «vio como el almirante daba al dicho Juan de la Cosa cartas de marear que hacía, y este las dibujaba». (Varela Marcos, 1996: 60). Otros testigos, afines sin duda a la familia Colón, como Bartolomé Colín, se expresaron en términos similares y casi hablaban de él como un discípulo del almirante. (*Ibidem*, 312-313).

59. Licencia y capitulación, Sevilla, 5 de junio de 1500. (CODODES, 1994: II, 1205-1207).

60. (Real Díaz: 1962; 63-132. Verlinden, 1967: 142. Cerezo, 1991: 276. Mena, 2012: 393).

61. (Sánchez González, 2012: 340 Mena, 2012: 404-405).

62. (Varela Marcos, 2024: 35).

63. (Irving: 1851; 159. Ortega, 1925-1926: II, 330-331. Pleitos, 1983: II, 103. Mena, 2012: 405).

64. (Puente, 1900: 20-21. Fernández de Navarrete, 1964: II, 80-81. Verlinden, 1967: 143).

65. Asiento y capitulación firmado con Alonso Vélez de Mendoza, Sevilla, 20-22 de julio de 1500. (CODODES, 1994: II, 1214-1219). Véase también a: (Ortega, 1925-1926: II, 328. Verlinden, 1967: 141. Ramos Pérez, 1981: 137-138 y 431-433).

66. El 9 de mayo había fletado la carabela *San Pedro* a Alfonso García de Villalba, maestre de la citada carabela, vecino de Huelva, por un precio de nueve mil maravedís mensuales. (Bono, 1986: 163).

67. Según el detallado trabajo de Jesús Varela, descubrieron un amplio tramo de la costa brasileña comprendido entre los ocho y los veinticuatro grados latitud sur. (Varela Marcos, 2007: 10. Varela Marcos, 2024: 34).

68. (Ramos Pérez, 1981: 196-197 y 463-468).

69. Capitulación con Juan de Escalante, Granada, 5 de octubre de 1501. (Ramos Pérez, 1981: 459-462. CODODES, 1994: II, 1326-1329).

70. (Rubio, 2007: I, 386-387).

71. (Fernández de Navarrete, 1964: II, 60-63. Verlinden, 1967: 144. Ramos Pérez, 1981: 175 y 444-448. CODODES, 1994: II, 1246-1250 y 1251-1252).

72. Diligencias sobre el envío preso de Alonso de Ojeda, 1503. (CODODES, 1994: III, 1511-1513).

73. (Szászdi, 2001)

74. Carta a los oficiales de la Casa de la Contratación, Toro, 13 de marzo de 1505. AGI, Indiferente General 418, L. 1, fols. 152r-152v. (CODODES, 1994: III, 1736).

75. (Otte, 1965: 476-477).

76. Real Cédula al obispo Fonseca, Madrid, 13 de abril de 1495. AGI, Patronato 9, N. 1, fol. 83v. (Gil, 1989: I, 97-98).

77. (Rubio, 2007: I, 374-376).

78. Los franciscanos eran fray Francisco Ruiz, fray Juan de Robles, fray Juan de Trasierra, fray Juan Bermejo y fray Juan Francés. Estos dos últimos habían estado en la segunda expedición colombina. (Ortega, 1925-1926: II, 297-298).

79. No están claras las causas de esta escisión, aunque parece que Adrián de Mújica conspiró para liberar a su primo Hernando de Guevara, que había sido apresado con la colaboración de Francisco Roldán por haber raptado a Higuemota, hija de Caonabo y Anacaona. (Julián, 2015: 254. Bueno, 2024: 66).

80. (Monte y Tejada, 1952: I, 377. Olmo, 1975: 127. Díaz-Trechuelo, 1991: 161).

81. (Verlinden, 1967: 127. Moréu, 1997: 218).

82. (Irving, 1851: 152. Zaragoza, 1867: 263-274. Verlinden, 1967: 127. Varela Bueno, 2006: 273. Gil, 2007a: 281).

83. AHN, Consejos Suprimidos 21.474, N. 39.

84. (Peguero, 1975: I, 127. Cassá, 1993: I, 40).

85. (Fernández de Oviedo, 1992: I, 69-70). Según Bartolomé de las Casas y Antonio de Herrera, en la capitana iban registrados doscientos mil pesos de oro, entre lo que pertenecía a la Corona y lo de los particulares. (Las Casas, 1951: II, 221-224. Herrera, 1991: I, 423).

86. Cristóbal Colón estuvo varios años litigando por recuperar los bienes confiscados, entre ellos, cierta cantidad de oro y joyas. A su muerte continuaron con la reivindicación tanto su hermano Bartolomé como su hijo Diego.

87. (Fernández de Navarrete, 1825: I, 465. Pérez de Tudela, 1994: I, CCXV). Solo de esta forma se explica que en los libros de cuentas del tesorero Santa Clara aparezcan citadas varias cantidades abonadas por vecinos de lo que quedaban debiendo de la tercera parte que pertenecía a Su Majestad del oro que obtuvieron en época del Comendador Bobadilla. Por citar un ejemplo concreto, Juan Ponce, vecino de Santo Domingo, abonó tres pesos y dos tomines a cuenta «de lo que quedaba debiendo del tercio de Su Majestad que debía del oro que cogió en la época del Comendador Bobadilla». Cuentas del tesorero Cristóbal de Santa Clara (1505-1508). AGI, Justicia 990, N. 1, pieza 2ª.

88. (Didier, 2015: 46).

89. (Las Casas, 1951: II, 213). Fue comendador de Lares y después mayor de la orden de Alcántara; sin embargo, Alessandro Geraldini afirmó que era de la Orden de Calatrava, lo que ha inducido a error a algunos historiadores contemporáneos. (Geraldini, 1977: 149).

90. (Lamb, 1977: 76 y ss.).

CAPÍTULO 11. SU VIDA PRIVADA

1. (Martín Hernández, 2009: 101).

2. Así la describe en un memorial dirigido a su hijo Diego, Sevilla, 3 de diciembre de 1504. (CODODES, 1994: III, 1679-1680).

3. (León Guerrero, 2017: 29-38).

4. (Fernández-Armesto, 2004: 43. León Guerrero, 2017: 30).

5. El hermano mayor de Felipa, llamado Bartolomé como su padre, fue el segundo gobernador de la isla de Porto Santo, pero al morir sin descendencia le sucedió Pedro Correia, marido de una de las dos hermanas de Felipa, Inés de Perestrello. (Morales Padrón, 1988: 20).

6. (Las Casas, 1951: I, 35. Madariaga, 1975: 111. Colón, 1985: 60. Varela Bueno, 1992: 80).

7. (Colón, 1985: 60).

8. (Vieira, 2006: 69. Gil, 2007a: 154. León Guerrero, 2017: 30-31). Antonio Ballesteros cree que se ofició en el último trimestre de 1476, mientras que María Montserrat Guerrero piensa que ocurrió en agosto o septiembre del año siguiente. (Ballesteros Beretta, 1945: I, 290. León Guerrero, 2017: 31).

9. El humanista portugués Gaspar Frutuoso, que escribió a finales del siglo XVI, dice que se desposaron estando en las islas Madeiras. (Vieira, 2006: 69 y 71).

10. (Varela Bueno, 1992: 81. Ensenat, 2003: 1-16).

11. (Ballesteros Beretta, 1945: I, 344. Las Casas, 1951: I, 35. Olmo, 1975: 16. Madariaga, 1975: 112-113 y 117. Colón, 1985: 60-61). Defiende José Luis Cortés que esos supuestos papeles del suegro de Colón no eran fruto de su experiencia personal como descubridor, que fue muy escasa, sino al acopio de fuentes. (Cortés, 1990: 319).

12. (Colón, 1985: 61).

13. Sin embargo, en la carta anunciadora dirigida a los Reyes Católicos y publicada en el Libro *Copiador* afirmó que dejó en Portugal a su mujer e hijos cuando vino a Castilla. (Colón, 1989: II, 435-443. CODODES, 1994: I, 58 y 277). Ello ha llevado a algunos historiadores a sugerir que murió con posterioridad a 1485, quizá en 1488, estando ya el genovés en Castilla. (Martínez Shaw, 2006: 15. Gil, 2007a: 156).

14. (Madariaga, 1975: 117. Wiesenthal, 1987: 73. Bouza, 1990: 33. Varela Bueno, 1992: 81. Thomas, 2003: 69). Bien es cierto que los detractores de la figura del almirante no han desaprovechado la ocasión para acusarlo de uxoricidio, con el objetivo de evitar que contase el secreto del protonauta. (López Flores, 1964: 161).

15. (Gil, 2007a: 156).

16. (Enseñat, 1999: 239-240. Fernández-Armesto, 2004: 43).

17. (Varela Bueno, 1992: 81).

18. Miguel Muliart, en 1494, le reclamaba a su concuñado una deuda de veintinueve mil maravedís, aunque no sabemos si se los abonó porque falleció poco después. (CODODES, 1994: II, 705-706). Tras el fallecimiento prematuro de Miguel Muliart, Briolanja se desposó en segundas nupcias con el mercader italiano Francesco Bardi. (Morales Padrón, 1988: 20).

19. (Torre y del Cerro, 1984: 32). Hay acuerdo al decir que era de origen muy humilde, aunque no han faltado quien, como Diego Ortiz de Zúñiga, sostuvieran que tenía orígenes nobiliarios. (Ortiz de Zúñiga, 1796: III, 375). Y siguiendo a este último, Alejandro de Humboldt sostuvo que era *una dama noble de Córdoba*. (Humboldt, 1892: II, 239).

20. (Manzano, 1964: 115-116. Torre y del Cerro, 1984, 125. Arranz, 1985: 9).

21. (Enseñat, 1999: 242).

22. (Fernández de Oviedo, 1992: I, 21-22).

23. A principios del siglo XVII, en un juicio, don Cristóbal de Cardona y Colón, descendiente del primer almirante, esgrimió este argumento de manera interesada, lo que provocó que, después, Andrés de Morales y Padilla incluyese ese dato erróneo en su manuscrito titulado *Historia de Córdoba*, fechado en 1620. (Torre y del Cerro, 1984: 24. Díaz-Trechuelo, 1991: 65). Como afirma Juan Manzano, tenemos la certeza de que nunca se llegó a formalizar la unión canónica. (Manzano, 1964: 127).

24. Por ejemplo, Salvador de Madariaga le atribuye un origen judaico a ambos. (Madariaga, 1975: 205). Colón nunca abundó en sus orígenes, humildes y conversos, y, además, cambió el apellido —Colón por Colombo— y su nacionalidad —castellanoleonesa por genovesa—, con el objetivo de escamotear su pasado humilde y converso, una circunstancia que le podía perjudicar seriamente en su sueño de ascensión social.

25. (Arranz, 1986: 42-43).

26. (Serrato, 1893: 101. Ballesteros Beretta, 1945: I, 55. Varela Bueno, 1992: 82. León Guerrero, 2017: 33). Washington Irwing, en cambio, fecha su nacimiento el 28 de ese mismo mes y año. (Irwing, 1851: 212).

27. (Torre y del Cerro, 1984: 59).

28. Albalá de Isabel de Castilla a su mayordomo y contador mayor de la Casa Real, Santa Fe, 8 de mayo de 1492. (CODOIN, Serie 1.ª, T. 38, fols. 111-112. Torre y del Cerro, 1984: 60. Rubio, 2007: I, 98-99). Dada la corta edad de ambos niños, Cristóbal Colón nombró a su amigo Gerónimo de Agüero como su ayo o encargado mientras permaneciesen en la corte. A la muerte del príncipe pasaron con el mismo rango de pajes a servir a la propia Isabel de Castilla. Albalá al mayordomo de la reina, Alcalá de Henares, 19 de febrero de 1498. (CODOIN, serie 1.ª, T. 38, pp. 401-402. Balles-

teros Beretta, 1945: II, 306. González Arce, 2016: 313-314. Denisova, 2017: I, 162).

29. (Manzano, 1964: 134. Torre y del Cerro, 1984: 60. Arranz, 1985: 11. Díaz-Trechuelo, 1991: 67).

30. Orden dada a los fieles que abonasen la renta a los apoderados del almirante, Medina del Campo, 23 y 24 de mayo de 1504. (CODODES, 1994: III, 1638-1639).

31. Memorial que dejó Cristóbal Colón a su hijo Diego, marzo de 1502. (CODODES, 1994: III, 1444-1446. Véase también a: (Torre y del Cerro, 1984: 60. Arranz, 1985: 12. García-Osuna, 2013: 121). Por cierto, su heredero no era otro que su hermano Hernando.

32. (Ortega, 1925-1926: II, 355. Arranz, 1985: 12. Colón, 1986: 299. CODODES, 1994: III, 1821-1830).

33. La última vez que nos consta que vivía es en una escritura que otorgó en Córdoba el 11 de mayo de 1521. Reproducido en Torre y del Cerro (1984: 125-126). En el testamento de Diego Colón del 8 de septiembre de 1523 se da a entender que era finada, por lo que está claro que falleció entre mayo de 1521 y septiembre de 1523. (Torre y del Cerro, 1984: 65-66).

34. El padre Las Casas, que lo conoció personalmente, aludió a él como un hombre muy honrado y bien cuerdo, hermano de Beatriz Enríquez de Arana y primo de Diego de Arana, que murió en el fuerte Navidad. Fue con Colón en su tercer viaje como capitán de una carabela y se afincó en Puerto Plata, donde dejó descendencia. (Las Casas, 1951, I, 497. Torre y del Cerro, 1984: 49).

35. (Martín Hernández, 2009: 102).

36. (Fernández-Armesto, 2004: 87. Rajoy, 2021: 282-283).

37. (Rumeu de Armas, 1960: 257-279. Didiez, 2015: 43. León Guerrero, 2017: 35 Rajoy, 2021: 292-293).

38. (Rajoy, 2021: 294-295).

39. Carta de Miguel Cuneo a Gerónimo Annari, Savona, 28 de octubre de 1495. (Ballesteros Beretta, 1945: II, 195. Gil, 1984: 239-240. Morales Padrón, 1990a: 141. CODODES, 1994: II, 853-869. León Guerrero, 2017: 36).

40. (Cioranescu, 1978: 151. Rajoy, 2021: 294-295). Quedó muy impactado por la belleza de las indígenas y tiene algunos comentarios muy subidos de tono. Así, por ejemplo, escribió que estas tenían «las tetas muy redondas y duras y bien hechas... Y no se les arruga el vientre por el parto, sino que les queda siempre terso, y así las tetas...». (Gil, 1984: 249). Incluso él mismo no ocultó una verdadera violación que él mismo perpetró contra una indígena: «Mientras estaba en la barca, hice cautiva a una hermosísima mujer caribe, que el susodicho almirante me regaló, y después que la hube llevado a mi camarote, y estando ella desnuda según es su costumbre, sentí

deseos de holgar con ella. Quise cumplir mi deseo, pero ella no lo consintió y me dio tal trato con sus uñas que hubiera preferido no haber empezado nunca. Pero al ver esto (y para contártelo todo hasta el final), tomé una cuerda y le di de azotes, después de los cuales echó grandes gritos, tales que no hubieras podido creer en tus oídos. Finalmente llegamos a estar tan de acuerdo que puedo decirte que parecía haber sido criada en una escuela de putas». (Gil, 1984, 1984: 249. Morales Padrón, 1990a: 141-162).

41. (Martín López, 2019: 61).

42. (Rajoy, 2021: 305).

43. (Cioranescu, 1978: 204).

44. (Varela Bueno, 1992: 90).

45. (Ballesteros Beretta, 1945: I, 301. Madariaga, 1975: 117. Bouza, 1990: 33. Varela Bueno, 1992: 81. Varela Marcos, 2003: 86).

46. Carta a Miguel Ballester, La Concepción, 21 de mayo de 1499. (ADA, Carp. 183, leg. 29. Colón, 1992a: 418-419. CODODES, 1994: II, 1138-1139. Colón, 2024: 500-501).

47. Así se lo decía a Fernando el Católico en una carta fechada en junio de 1505. (Colón, 1992a: 527-528. Colón, 2024: 629).

48. Nombramiento como contino de Diego Colón, Segovia, 15 de noviembre de 1503. (CODODES, 1994: III, 1583-1584).

49. María de Toledo nació en 1490 en el seno de una casa de alta alcurnia, hija de Fernando Álvarez de Toledo y Enríquez, Comendador Mayor de León, y de María de Rojas y Pereira. Era sobrina tanto de Fernando el Católico como del duque de Alba. (Altolaguirre, 1908: 224. Tola de Habich, 2016: 8-9 y 20).

50. (Colón de Carvajal, 2015: I, 143). Por cierto, a su primogénita le puso el nombre de Felipa, en recuerdo de su madre. Además, el propio Diego Colón reconoció a dos hijos ilegítimos: uno con Constanza Rosa, vecina de Burgos, y otro con Isabel Samba, vecina de Bilbao, ambos nacidos antes de su matrimonio con doña María de Toledo. (Tola de Habich, 2016: 26-27).

51. Testamento de María de Toledo, Santo Domingo, 10 de mayo de 1549. AHNO, Osuna C. 3444, D. 22.

52. (Valle, 1946: 171-176. Tola de Habich, 2016: 15-16. Arranz, 2023: 69).

53. Dado el parecido de este palacio con el del señor de Mancera en el señorío de las Cinco Villas, se presupone que se inspiró en él. Hay que tener en cuenta que doña María de Toledo era sobrina del I señor de Mancera.

54. (Tola de Habich, 2016: 58-59 y 71-72). Diego Colón bautizó a una de sus hijas con el nombre de su madre, pese a que murió siendo él casi un bebé, en cariñoso recuerdo hacia su progenitora.

55. (Tola de Habich, 2016: 111).

56. (Tola de Habich, 2015: 123).

57. (Pleitos, 1967: I, XXI-XXII. Morales Padrón, 1988: 20. Arranz, 1992: I, 604).

58. (Colón de Carvajal, 2006a: 374-379. Tola de Habich, 2016: 105).

59. (Torre y del Cerro, 1984: 58. Arranz, 1985: 8. Peña y Cámara, 1990: 5. Eslava, 1992: 123. Fernández Duro, 1995: 148). Su padre, en una carta desde Jamaica fechada el 7 de julio de 1503, dijo que lo que más le dolió cuando estuvo a punto de morir en 1502 fue ver tan mal a su hijo Hernando, de tan solo trece años. (Colón, 1986: 281. Colón, 1989: II, 576. CODODES, 1994: III, 1519-1545). (Arranz, 1985: 8. Peña y Cámara, 1990: 5). En realidad, no tenía trece años sino catorce.

60. (Manzano, 1964: 122-123. Arranz, 1985: 8 y 10. Peña y Cámara, 1990: 5).

61. (Arranz, 1985: 11. Arranz, 1986: 116-117. Díaz-Trechuelo, 1991: 158. Varela Bueno, 1992: 89).

62. Michele Cuneo decía que había muchos insectos que producían grandes molestias y los europeos no encontraban más remedio que estar en el agua. (Gil, 1984: 252. CODODES, 1994: II, 853-869).

63. (Gil, 1988: LII. Tamames, 2021: 233-234).

64. (Ballesteros Beretta, 1945: I, 61. Herrera, 1991: I, 271. Colón de Carvajal, 2015: I, 221).

65. (Wilson-Lee, 2019: 379).

66. Escritura de mayorazgo de Cristóbal Colón, Sevilla, 22 de febrero de 1498. El traslado original se conserva en AGI, Patronato 295 y otra copia en AGI, Patronato 8, r. 3. También existe un traslado parcial de la escritura y de la licencia de 1497 en AHN, Consejos Suprimidos 21.474, N. 34, fols. 4 y ss. Ha sido publicada reiteradas veces. (Zaragoza, 1867: 275-288. CODOIN, serie 1.ª, T. 30, pp. 481-500. CODOIN, serie 1.ª: 30, 435-445. Ortega, 1925-1926: II, 290. Madariaga, 1975: 28 y 48-49. Colón, 1986: 298-299. Varela y Gil, 1992, 353-362. Moréu, 1997: 7. Rubio, 2007: I, 323-334.).

67. (Colón, 1985: 237).

68. El primo tomó carta de posesión de esos bienes por una escritura otorgada en Santa María de Trassierra, el 18 de agosto de 1525. Ambos documentos los publicó José de la Torre y del Cerro (1984: 131-136 y 137-139).

69. (Torre y del Cerro, 1984: 63).

70. (Denisova, 2017: I, 162. Mora, 1988: I, XIV).

71. (Morales Padrón, 1988: 20. Álvarez, 2000: 115-119). Sobre Hernando Colón y el origen de su biblioteca puede verse la reciente monografía de Wilson-Lee (2019).

72. (Colón, 1985: 45. Arranz, 1985: 26. Manzano, 1989: 78-83).

73. (Ballesteros Beretta, 1945: I, 61 y 64. Mora, 1988: I, XVII y XLVI).

74. (Altolaguirre, 1908: 200-201. Tola de Habich, 2016: 89).

75. (Wiesenthal, 1987: 69). Se ha culpado a María de Toledo de su mala gestión en la administración de la biblioteca, como responsable de su pérdida y dispersión. (Ruiz Asensio, 2008: 26).

Capítulo 12. De óbitos, inhumaciones y exhumaciones

1. (Kirkpatrick, 1986: 33. Martín Acosta, 2006: 315).

2. (Las Casas, 1951: I, 221).

3. (Fernández de Navarrete, 1964: II, 196-197. Verd, 1989: 40. Enseñat, 1999: 243. Fernández-Armesto, 2004: 98).

4. (Arranz, 1986: 147. Martín Acosta, 2006: 317). Sin embargo, tardarían en percibirlo porque al menos su hermano Bartolomé no había recibido aún sus emolumentos a primeros de 1506. En el archivo de la familia Colón en el convento de Santa María de las Cuevas había un traslado de una Real Cédula, fechada el 20 de enero de 1506, en la que se ordenaba el pago de veintiséis mil seiscientos cincuenta maravedís que le correspondían de su salario. (Serrano, 1930: 223).

5. (Manzano, 1988: II, 19).

6. Carta de Cristóbal Colón a su hijo Diego, Sevilla, 1 de diciembre de 1504. (CODODES, 1994: III, 1676-1678).

7. (CODOIN, Serie 1.ª: XXXIX, 118-119).

8. (Arranz, 1986: 144. Díaz-Trechuelo, 1991: 196-197. Varela Bueno, 1992: 180-181).

9. (Serrato, 1893: 407. Colón de Carvajal, 1992: II, 17-18. CODODES, 1994: III, 1727-1728. Varela Marcos, 2003: 333). La prohibición databa de 1494, cuando los reyes comprobaron que apenas disponían de diez o doce mil hombres a caballo mientras que más de cien mil se desplazaban en mulas. (Martín Acosta, 2006: 316).

10. Carta de Cristóbal Colón a su hijo Diego, 1 de diciembre de 1504. (CODODES, 1994: III, 1676). Véase también a (Martín Acosta, 2006: 314).

11. (Verlinden, 1967: 179. Olmo, 1975: 167. Morales Padrón, 1988: 114. Colón de Carvajal, 1992: I, 1).

12. (Martín Acosta, 2006: 321).

13. (Altolaguirre, 1928a: 513-525. Cuartero, 1988: 74. Martín Acosta, 2006: 319). Tras la muerte del almirante, su primogénito le confirmó los poderes a Francisco Bardi, en Astorga, el 4 de junio de 1506. (CODODES, 1994: III, 1831-1832).

14. (CODOIN, Serie 1.ª, T. 39, fols. 136-137. Fernández Navarrete, 1964: II, 196. Olmo, 1975: 168).

15. Codicilo otorgado por Cristóbal Colón, Valladolid, 19 de mayo de 1506. Hay varios traslados del original, por ejemplo, AGI, Patronato 295, n. 61 o en AHNO, Osuna C. 3444, D. 23. (Fernández de Navarrete, 1825-37: II, 311-314. Ortega, 1925-1926: II, 352-356. Colón, 1986: 302-303. Colón de Carvajal, 1992: II, 19-22. CODODES, 1994: III, 1821-1830. Cuño, 2014: 302). Muchos autores citan este documento como el tercer testamento, tras los otorgados en 1498 y 1502. Sin embargo, un testamento implica siempre la derogación del anterior, mientras que los codicilos suelen ser más breves, mantienen en vigor lo dispuesto en el testamento anterior y solo añaden o modifican alguna o algunas de las cláusulas. Está claro que la carta de 1506 no es un testamento sino un codicilo.

16. (Colón, 1986: 297-303).

17. (*Ibidem*: 301).

18. (Irving, 1851: 202. Ortega, 1925-1926: II, 358. Colón, 1985: 349).

19. Las palabras textuales de Jesucristo fueron muy similares: «Padre, en tus manos encomiendo mi espíritu». San Lucas (23:46).

20. (Ballesteros Beretta, 1947: 7-49. Verlinden, 1967: 180. Peguero, 1975: I, 152. Madariaga, 1975: 493. Morales Padrón, 1988: 119. Colón de Carvajal, 1992: I, 3-4. Varela Marcos, 2003: 67-68). Al parecer, sus hermanos se encontraban ausentes, Diego en Sevilla y Bartolomé siguiendo a la corte. (Ortega, 1925-1926: II, 356-357). Diego Méndez fue uno de sus más fieles amigos, y en su testamento pidió que en su lápida se pusiese una inscripción alusiva a sus servicios al almirante: «Aquí yace el honrado caballero Diego Méndez, que sirvió mucho a la Corona real de España en el descubrimiento y conquista de las Indias con el almirante D. Cristóbal Colón, de gloriosa memoria...». (CODODES, 1994: III, 1694-1703. Rajoy, 2021: 465). Y en la misma lápida funeraria se debía cincelar una embarcación indígena, con una inscripción en la que pusiese «canoa.» (Gil, 1984: 344).

21. Concretamente escribió: «El almirante Colón, que descubrió las Yndias y otras muchas tierras, murió en esta villa, víspera de la Ascensión, 20 de mayo de 1506. Enterrose en San Francisco, en la capilla de Luis de la Cerda...». (Martín Acosta, 2006: 324. Varela Marcos, 2006b: 1122. Alfonso Mola, 2006: 329). Rodrigo de Verdesoto estaba casado con doña Isabel de Espinosa, quien en 1520 decía ser viuda, cuando ratificó el mayorazgo de su marido. AHNO, Toreno C. 2, D. 50. La efeméride no quedó registrada en las Actas Capitulares del concejo de Valladolid.

22. (Cuartero, 1963: 26. Cuartero, 1988: 79. Colón de Carvajal, 1992: I, 2-3. Varela Marcos, 2003: 67. Alfonso Mola, 2006: 329-330).

23. (Sanz, 1980: 25. Bouza, 1990: 10). Por ejemplo, Diego Ortiz de Zúñiga sostuvo que murió de vejez, enfermedades y del «sentimiento de ver ajada su gloria» (1796: III, 202), mientras que Gonzalo Fernández de Oviedo sostuvo que falleció viejo y enfermo.

24. (Irving, 1851: 202. Ballesteros Beretta, 1945: II, 737. Cuartero, 1963: 26. Cuartero, 1988: 79. Díaz-Trechuelo, 1991: 206-207. Colón de Carvajal, 1992: I, 4. Martín Acosta, 2006: 324. Cuño, 2014: 302. Tola de Habich, 2016: 93. Sáiz, 2024: 20). El lugar de su primer enterramiento en el convento de San Francisco ya no existe, aunque se ha localizado con georradar la ubicación exacta en la calle Constitución, en el centro de Valladolid. (Sáiz, 2024: 18-23). Véase también: <https://www.heraldo.es/noticias/internacional/2022/04/07/georradar-plano-claves-hallazgo-primera-tumba-colon-1565724.html>.

25. Real Cédula dada en Medina del Campo el 18 de junio de 1504. AGI, Indiferente General 418, L. I, fol. 132r.

26. (Serrano, 1930: 187).

27. (CODODES, 1994: III, 1716-1717)

28. La décima parte de las rentas se debía entregar a los parientes pobres. Las otras dos décimas partes se debían dividir a su vez en treinta y cinco, veintisiete para Hernando, cinco para su hermano Bartolomé y tres para su otro hermano, Diego. Y las siete décimas partes restantes se le debían entregar a su primogénito, Diego Colón. (CODODES, 1994: III, 1826-1827).

29. (Morales Padrón, 1988: 119. Peña y Cámara, 1990: 12). Su amistad con el religioso se prolongó a través de sus hijos. Tanto se ocupó de los asuntos del almirante que incluso fue amonestado por su orden, por entender que tales actividades contravenían su condición de religioso cartujo. (Gil, 1984: 294).

30. La entrega e inhumación en el monasterio de las Cuevas están documentadas, pues el 11 de abril de 1509 certificó el escribano que se entregó a los cartujos la caja con los restos del almirante Cristóbal Colón. (Cuartero, 1963: 18. Deive, 1983: 26. Peña y Cámara, 1990: 12. Colón de Carvajal, 1992: I, 17. Tola de Habich, 2016: 93. Alfonso Mola, 2006: 332. Gil, 2007a: 570). A cambio, el segundo almirante se comprometió a pagar diez mil maravedís de renta anual al convento mientras permaneciesen allí sus restos. Algunos autores, por error, señalaron que la inhumación se hizo en la catedral de Sevilla, frente al coro. (Moreau, 1976: 144). Juan de Castellanos es el único autor que citó expresamente el epitafio que se colocó en su lápida: «*Este poco compás que ves encierra/ Aquel varón que dio tan alto vuelo,/ Que no se contentó con nuestro suelo,/ Y por darnos un nuevo se destierra./ Dio riquezas inmensas a la tierra,/ Innumerables ánimas al cielo,/ Halló donde plantar divinas leyes/ Y prósperas provincias a sus reyes*». (Cuartero, 1988: 89).

31. (Peña y Cámara, 1990: 13).

32. (López Martínez, 1948: 24-25 y 28-29).

33. (Díaz-Trechuelo, 1991: 206. García Arévalo, 1992: 41). Por cierto, cambiaba así lo dispuesto en su testamento del 16 de marzo de 1509, en el que dispuso su inhumación en una capilla que debía construirse en la catedral de Sevilla, frente a la del cardenal Mendoza. (Cuneo, 1923: 478-486).

34. (Astrana, 1929: 457. Tola de Habich, 2016: 94). Sin embargo, el año antes, Bartolomé Colón había estado en España a petición de la propia Corona, que había recibido de él una carta náutica. (Serrano, 1930: 241). Durante su ausencia se ordenó por Real Cédula, dada en Balbuena el 20 de octubre de 1513, que no se le quitase su encomienda mientras estuviese en Castilla. (*Ibidem*: 226).

35. AGI, Santo Domingo 238. El documento ha sido transcrito en numerosas obras: (Deive, 1983: 173-177. Rodríguez Morel, 2016: 180-181). Véase también a (Arranz, 1986: 152. Cuartero, 1988: 105. Cuño, 2014: 303. Tola de Habich, 2016: 95). El patronazgo de todas las catedrales indianas lo poseían los reyes de España, por lo que eran ellos los únicos que podían autorizarlo. (Colón de Carvajal, 1992: I, 49). El patronazgo se le concedió y, en 1574, Juan López de Velasco decía que la familia Colón poseía su enterramiento en la capilla mayor de la seo dominicana. (López de Velasco, 1894: 100).

36. (Luca de Tena, 1968a: 142-143. Alfonso Mola, 2006: 333).

37. Carta de poder otorgada por la virreina María de Toledo, Sevilla, 25 de febrero de 1544. APS, Protocolos de Sevilla, leg. 5867, fols 536v-537r.

38. El precio se estipuló en seis ducados de oro por cada una de las cincuenta personas, exceptuando a la propia virreina y a fray Antonio de Toledo y don Diego. Otros sesenta pesos de oro por las dos cámaras, seis ducados y medio de oro por tonelada de ropa, más doscientos maravedís de impuesto de averías. El señor de la nao se comprometía a llevar para ellos tres tinajas de agua sin coste adicional. Si no he sumado mal, el coste total del flete ascendió a ochenta y cinco mil trescientos doce maravedís y medio. Carta de obligación, Sevilla, 21 de marzo de 1544. APS, Protocolos de Sevilla, leg. 5867, fols. 998r-998v. (Colón de Carvajal, 1992: II, 65-66).

39. (Serrato, 1893: 411. Astrana, 1929: 453. Deive, 1983: 45. Cuartero, 1988: 125. Colón de Carvajal, 1992: I, 24 y 56-57. Colón de Carvajal, 2006a: 368. Tola de Habich, 2016: 101-103). Baltasar Cuartero, basándose a su vez en Jacobo de la Pezuela y su *Historia de la isla de Cuba*, creyó erróneamente que viajó en la flota de Hernando de Soto, que desatracó de Sanlúcar de Barrameda el 6 de abril de 1538. (Cuartero, 1963: 59-60. Cuartero, 1988: 112). Otros autores, siguiendo a este autor, han dado por bueno el embarque de los restos en la armada de Soto. (Armas, 1881: 23. Luca de Tena, 1968b: 13-14).

40. (García Arévalo, 1992: 42).

41. (Cuartero, 1963: 99. Deive, 1983: 83. Cuartero, 1988: 128. Alfonso Mola, 2006: 335).

42. Carta del arzobispo de Santo Domingo al rey, Santo Domingo, 1 de agosto de 1667. ADA, Carp. 183, Leg. 30, doc. 1.

43. Carta de Francisco Bermejo al duque de Veragua, Madrid, 11 de mayo de 1673. ADA, Carp. 183, leg. 30. Doc. 3.

44. (Moreau, 1976: 145-147).

45. (Armas, 1881: 42-43. Humboldt, 1892: II, 247-248. Serrato, 1893: 412. Astrana, 1929: 449-450. Verlinden, 1967: 84. Voltes, 1987: 154. Morales Padrón, 1988: 120. Peña y Cámara, 1990: 23. Cuño, 2014: 304).

46. Consta un expediente con varios informes, expedidos entre el 20 y el 22 de diciembre de 1795, en los que se detallan tanto la exhumación como los actos conmemorativos de la efeméride. (Colmeiro, 1889: 388-412. Cuartero, 1963: 112-123 y 233-236. Deive, 1983: 178-180 Cuartero, 1988: 144. Peña y Cámara, 1990: 23. Colón de Carvajal, 1992: I, 127).

47. (Deive, 1983: 22 y 70-73).

48. Juan Ignacio de Armas cree que la exhumación no fue apresurada y que, además, conocían a ciencia cierta el lugar exacto donde se encontraban los restos del primer almirante. (Armas, 1881: 49-50).

49. (Irving, 1851: 206-207. Cuartero, 1988: 144. Pérez de Guzmán, 1918: 443-446. Colón de Carvajal, 1992: I, 129-133).

50. (Cuño, 2014: 304).

51. (Colón de Carvajal, 1992: I, 181-185. Mena, 2006: 19. Cuño, 2014: 305).

52. (Mena, 2006: 20-21).

53. (Peña y Cámara, 1990: 23. Mena, 2006: 23).

54. (Colón de Carvajal, 1992: I, 186. Alfonso Mola, 2006: 343).

55. (Martínez, 2001).

56. (Deive, 1983: 12-123).

57. (Astrana, 1929: 477. Colón de Carvajal, 1992: I, 159. Eslava, 1992: 222).

58. (Cuartero, 1963: 12, 159 y ss. Peña y Cámara, 1990: 24. Colón de Carvajal, 1992: I, 61). El acta está reproducida por (Deive, 1983: 181-186. Colón de Carvajal, 1992: II, 213-218).

59. (Armas, 1881: 72).

60. Por citar solo las más relevantes, del lado españolista tenemos a las obras de Antonio Ballesteros Beretta (1945) y más recientemente la de Anunciada Colón y Guadalupe Chocano (1992), mientras que, en el lado dominicano, en el último cuarto del siglo XIX la apoyaron Emiliano Tejera (1878) y la granadina Emilia Serrano, baronesa de Wilson (1891), y más recientemente Manuel García Arévalo (1992 y 2006) y Carlos Esteban Deive (1993).

61. (Deive, 1983: 15, 27 y 74)

62. (Colmeiro, 1879 y 1888: 307. Cuartero, 1963: 11. Luca de Tena, 1968b: 10-11).

63. (Cuartero, 1963: 223-225). Luis Colón había fallecido en Orán en 1572 y se ignora en qué momento fueron trasladados sus restos hasta el presbiterio de la seo dominicana.

64. (Voltes, 1987: 156. Colón de Carvajal, 1992: I, 178-179. Olmedo, 2002: 13. Gil, 2007a: 61).

65. (<https://elpais.com/ciencia/2024-10-12/el-show-del-adn-de-cristobal-colon-pudo-ser-un-judio-de-valencia-o-no.html>).

66. (Luca de Tena, 1968a: 145. 207. Deive, 1983: 19. Colón de Carvajal, 1992: I, 67-68).

67. (Lorente, 2019: 31).

68. (Alfonso Mola, 2006: 352).

69. <https://www.elmundo.es/elmundo/2006/05/20/ciencia/1148152090.html. https://www.rtve.es/noticias/20241010/restos-cristobal-colon-enterrados-catedral-sevilla-son-autenticos/16282871.shtml> (consulta del 15 de octubre de 2024).

70. (Colón de Carvajal, 1992: I, 176. García Arévalo, 1992: 173).

71. (Colón de Carvajal, 1992: I, 176-177. García Arévalo, 1992: 52).

72. El 14 de mayo de 2002 ya la prensa se hizo eco del inicio de estos estudios, que en breve resolverían el enigma de los restos de Colón. (*ABC*, 14 de abril de 2002: 40). Al año siguiente, el profesor Lorente anunció públicamente la emisión de un documental para 2004 en el que la ciencia desvelaría el origen real del primer almirante de la Mar Océana. Desde entonces varias veces ha anunciado en conferencias y ruedas de prensa la salida inminente de sus resultados; por enésima vez, en la conferencia que impartió en 2023 en Huelva, en la Feria Colombina, prometió que el 12 de octubre de ese mismo año se darían a conocer ¡por fin! los resultados de sus estudios. Sin embargo, se trató de una nueva promesa incumplida, que al menos debía dar —para variar— alguna explicación convincente, sincera y verídica. Finalmente, el 12 de octubre de 2024 se emitió un documental sobre el ADN de Colón en el que se dieron a conocer las principales conclusiones. (<https://www.rtve.es/play/videos/somos-cine/colon-adn-verdadero-origen/16281015/>). (Consulta del 22 de enero de 2025)

73. (<https://www.rtve.es/play/videos/somos-cine/colon-adn-verdadero-origen/16281015/>). (Consulta del 22 de enero del 2025).

74. (Mena, 2006: 14. Lorente, 2019: 38. Sáiz, 2024: 18).

75. (Lorente, 2003: 53).

76. (Torquemada, 2002: 12).

77. (Colón de Carvajal, 2015: I, 97-98).

78. (Colón de Carvajal, 2015: I, 96. Mena, 2018: 24).

79. En una Real Cédula a Diego Colón le escribía al respecto: «Que lo enviamos por gobernador de esa isla, a causa del mal recaudo que vuestro padre se dio en ese cargo que vos ahora tenéis, estaba toda alzada y perdida y sin ningún provecho, y por esto fue necesario darle al Comendador Mayor el cargo absoluto para remediarla porque no había otro remedio ninguno ni había vaso para que pudiese dar ningún orden ni concierto desde acá para las causas susodichas, y también porque no tenía yo noticia ni información ninguna de las cosas de esa isla para poderlas proveer...». Real Cédula a Diego Colón, Burgos, 23 de febrero de 1512. AGI, Indiferente General 418, L. 3, fols. 249v-252r. (Arranz, 1982: I, 388-392. Mira, 1997: 100).

80. (Rodríguez Morel, 2023: 143).

81. (Fernández de Oviedo, 1992: I, 85). Sobre las luchas políticas en la isla y el papel del tesorero Miguel de Pasamonte puede verse el artículo de Genaro Rodríguez Morel. (2000: 269-290).

82. El caso es que no fue el único que solicitó la creación de una audiencia, pues también los vecinos de la isla lo pidieron, precisamente para tratar de poner coto a los desmanes que cometían las justicias del almirante. (Altolaguirre, 1908: 243-244).

83. Véase el apéndice III.

84. El documento fundacional original no se ha localizado, aunque sí dos copias, una firmada por el rey Fernando y otra por su hija Juana, con contenidos prácticamente idénticos. Se conservan en AGI, Patronato 295, doc. 102 y en Contratación 5089, L. I. En el archivo de la familia Colón en la Cartuja de Sevilla existía un traslado autorizado, según consta en el inventario publicado por Manuel Serrano (1930: 206-207). Ha sido transcrito paleográficamente en varias obras, la más reciente, la de Genaro Rodríguez (2011: 48-55).

85. (Aranda, 2007: 69).

86. Los mismos jueces de apelación reconocieron en una carta que ellos fueron a las Indias «para la libertad de la República que estaba oprimida y para que se haga justicia en aquellas partes como en España y para que crean que el Rey y la Reina Nuestros Señores son sus señores naturales y no el Almirante como hasta aquí lo han creído allá algunos...». Carta de los jueces de apelación a Su Majestad, S/F. AGI, Patronato 174, R. 1.

87. Su fallecimiento se produjo el 3 de febrero de 1572. (Astrana, 1929: 367. Poch, 1942: 114. Colón de Carvajal, 1989: 170). Antonio Ballesteros dice de él que se convirtió en el tercer almirante del mar océano pero que fue una persona indigna de su apellido. (Ballesteros Beretta, 1945: I, 66)

88. Real Provisión a Luis Colón concediéndole el oficio de almirante de las Indias, Valladolid, 24 de marzo de 1537. (Colón de Carvajal, 2015: III, 1779-1785).

89. Real Provisión concediendo el señorío de veinticinco leguas en Veragua, Valladolid, 19 de enero de 1537. Ratificación remitida a la audiencia de Tierra Firme, Madrid, 5 de septiembre de 1539. (Colón de Carvajal, 2015: III, 1752-1761 y 1796-1806)

90. Sentencia del pleito entre don Luis Colón y la Corona, Valladolid, 2 de junio de 1536. AGI, Santo Domingo 177. (Morales Padrón, 1952: 110-111. Colón de Carvajal, 1992: I, 47. Tola de Habich, 2016: 81-84). Real Cédula a los oficiales de La Española para que paguen la renta anual de diez mil ducados, enero de 1537. (Colón de Carvajal, 2015: III, 1751-1752). Testimonio de los privilegios concedidos a Luis Colón, 1686. ADA, Carp. 101, Leg. 8. (López de Velasco, 1894: 348. Ortega, 1925-1926: II, 352. Morales Padrón, 1988: 118).

91. Real Provisión a favor de Luis Colón, Valladolid, 19 de enero de 1537. (Colón de Carvajal, 2015: III, 1764-1768

92. (Morales Padrón, 1952: 111. Colón de Carvajal, 1992: I, 47-48).

93. (Fernández-Armesto, 2004: 110. Colón de Carvajal, 2015: I, 216 y 261).

94. Concretamente, en una cláusula de su mayorazgo decía lo siguiente: «Y si a Nuestro Señor pluguiere que, después de haber pasado algún tiempo este mayorazgo en uno de los dichos sucesores y viniese a prescribir herederos legítimos, haya el dicho mayorazgo y le suceda el pariente más allegado a la persona que heredado lo tenía, en cuyo poder prescribió, siendo hombre legítimo que se llame y se haya siempre llamado de su padre y antecesores, llamados de los de Colón. El cual mayorazgo en ninguna manera lo herede mujer ninguna, salvo si aquí o en otro cabo del mundo se fallase hombre de mi linaje verdadero que se hubiese llamado y llamase él y sus antecesores de Colón. Y si esto acaeciere, lo que Dios no quiera, que en tal caso lo haya la mujer más llegada en deudo y en sangre legítima a la persona que así había logrado el dicho mayorazgo, y esto será con las condiciones que aquí abajo diré, las cuales se entienden que son así por don Diego, mi hijo, como por cada uno de los sobredichos o por quien sucediere, cada uno de ellos, las cuales cumplirán; y no cumpliéndolas, que en tal caso sea privado del dicho mayorazgo, y lo haya el pariente más cercano a la tal persona...». Escritura de mayorazgo de Cristóbal Colón, Sevilla, 22 de febrero de 1498. El traslado original se conserva en AGI, Patronato 295 y otra copia en AGI, Patronato 8, r. 3. También existe un traslado parcial de la escritura y de la licencia de 1497 en AHN, Consejos Suprimidos 21.474, N. 34, fols. 4 y ss. Ha sido publicada reiteradas veces. (CODOIN, serie 1.ª, T. 30, pp. 481-500. CODOIN, serie 1.ª: 30, 435-445. Ortega, 1925-1926: II, 290. Madariaga, 1975: 28 y 48-49. Colón de Carvajal, 1992: II, 9-14. Varela y Gil, 1992, 353-362. Moréu, 1997: 7. Rubio, 2007: I, 323-334.).

95. (Astrana, 1929: 367. Poch, 1942: 114. Colón de Carvajal, 1989: 168-169).

Capítulo 13. Colón en la diana

1. (López de Gómara, 1985: I, 25). La frase ha sido citada hasta la saciedad, por lo que señalamos solo algunos ejemplos: Pérez de Barradas, (1976: 73). Avalle-Arce, 1991: 31. Zavala, (1993: 17). León Azcárate, (2006: 77).
2. (López de Gómara, 1985: I, 60. Kirkpatrick, 1986: 11).
3. (Las Casas, 1951: I, 329. Errasti, 1998: 21).
4. (Zuazo, 2000: 56-57).
5. (Bernabéu, 2006: 319 y 323-324).
6. (Ibidem: 320).
7. (Verd, 1989: 43. Bernabéu, 2006: 302).
8. (Rodríguez Alcaide, 2017: s/p).
9. (Castelar, 1892: 45 y 553).
10. (Núñez, 1989: 31).
11. (Vázquez Cienfuegos, 2018: 12).
12. (Bernabéu, 2006: 304 y 308).
13. (Spengler, 2002: I, 485
14. (*Ibidem*: I, 576).
15. (Gandía, 1942b: 13-16 y 61).
16. (García Arévalo, 1992: 53).
17. Cit. en (Díaz-Trechuelo, 1991: 213).
18. (Friederici, 1973: 265). Este mismo autor, inmerso en la Leyenda Negra, sostuvo que los españoles, desde tiempos del Cid, se caracterizaron «por un marcado rasgo de crueldad». (*Ibidem*: 387). Bien es cierto que Friederici era un alemán que se enorgullecía de haber luchado junto al ejército de su país en la primera guerra mundial.
19. (Dussel, 1992: 39. Reding, 2012: 31).
20. (Gutiérrez Meza, 2016: 215).
21. (Sánchez Ferlosio, 1994: 52).
22. Obviamente, para él, las bulas de donación de Alejandro VI fueron ilegítimas, entre otras cosas porque, como defendió Francisco de Vitoria, no tenía poder ni legitimidad para conceder aquellos territorios. (*Ibidem*: 177).
23. (Rodríguez Alcaide, 2017: s/p).
24. <https://www.larazon.es/internacional/america/dos-unicos-paises-hispanoamerica-que-celebran-12-octubre-como-dia-hispanidad_2024101767105956596dfb0001c75654.html> (consulta del 18 de octubre de 2024). En España en 1892 se propuso por primera vez celebrar el 12 de octubre como Fiesta Nacional, que desde 1940 pasó a llamarse Día de la Raza y desde 1958, Día de la Hispanidad.
25. Cit. en (Villoro, 1992: 4-68).
26. (Restall, 2004: 154).

27. (Narvaja, 1997: 59).
28. (García, 1986: 55. Martínez Martínez, 2020: 24).
29. (Martínez Shaw, 2006: 21).
30. (Castro, 2006: 5. Baraibar, 2022: 27).
31. (Perales, 2023: 47).
32. Esta descripción la reproducen, con pocas variantes, cronistas como Antonio de Herrera (1991: I, 476) y una gran parte de la historiografía contemporánea. (Ballesteros Beretta, 1945: II, 15. Madariaga, 1975: 27. Colón, 1985: 54. Arranz, 1986: 5. Voltes, 1987: 157. Taviani, 1990: 61. Díaz-Trechuelo, 1991: 51. Eslava, 1992: 117. Moréu, 1997: 19).
33. (Kirkpatrick, 1986: 16. Fernández de Oviedo, 1992: I, 16. Eslava, 1992: 117). El cronista del Siglo de las Luces Joseph Peguero reprodujo esta misma descripción con muy pocas variantes. (Peguero, 1975: I, 15).
34. (Incháustegui, 1942: 158. Ballesteros Beretta, 1945: II, 14. Las Casas 1951: I, 29. Ruiz de Lira, 1978: 37. Tornero, 1990: 77. Segovia, 2009: 49). Antonio de Herrera recogió también la idea de la barba rubia que se tornó cana con la edad. (Cuartero, 1963: 25. Eslava, 1992: 116-117).
35. (Ballesteros Beretta, 1945: II, 70. Comellas, 1991: 98).
36. (Segovia, 2009: 50). En su carta firmada en Jamaica el 7 de julio de 1503 afirma que tenía el pelo cano y que estaba enfermo y desmoralizado. (Colón, 1986: 295. CODODES, 1994: III, 1519-1545. Fernández-Armesto, 2004: 255).
37. (Varela Bueno, 1992: 23. Moréu, 1997: 19).
38. (Eslava, 1992: 117. Varela Bueno, 1992: 23).
39. (Segovia, 2009: 60).
40. (Reyero, 2006: 424 y 426. Castro, 2006: 6-7. Tola de Habich, 2017: 30. Eslava, 1992: 117. Valdivieso, 1992: 53 y 55).
41. Antonio Ballesteros Beretta incluyó una reproducción del mismo como ilustración en su monumental obra del famoso marino.
42. (Ríos, 1879: 244-254).
43. (Varela Bueno, 1992: 22). Tradicionalmente se había fechado este retrato a finales de la centuria decimosexta. (Rosell, 1879: 326-333).
44. (García Arévalo, 1992: 63). Los autores decimonónicos que pintaron al almirante y sobre todo a su encuentro con los Reyes Católicos, se cuentan por decenas, de los que solo citaremos a algunos: José Arpa Perea, Francisco Jiménez Aranda, Eduardo Rosales, Manuel Crespo Villanueva, Eduardo Llorens Masdeu, Lino García, Francisco García Ibáñez o Francisco Javier Casanova. (Rincón, 2004: 129-161).
45. (García Arévalo, 1992: 29).
46. (Baraibar, 2022: 32).
47. (Segovia, 2009: 58).

48. (Reyero, 2006: 429-431. Benito Rodríguez, 2025).

49. (Castro, 2006: 10).

50. (González, 2022: 312).

51. (Morales, 1991: 59-60. Castro, 2006: 10).

52. (Floeck, 2011. 333. Gutiérrez Meza, 2016: 207).

53. Al parecer, el libreto fue recortado poco antes de su puesta en escena, lo que se ha atribuido a una censura política para evitar cualquier crítica al Descubrimiento. (Gutiérrez Meza, 2016: 216-219).

54. Como los dirigidos por los franceses Vincent Lorant-Helibroon (1904) y Etienne Arnaud (1910), el escocés Colin Cambell (1912), Gérard Bourgeois (1916), Marton Garas (1923), Edwin L. Hollywood (1923), José Díaz Morales (1943), David MacDonald (1949) y Juan de Orduña (1951). (González, 2022: 312).

55. (*Ibidem*: 2022: 321).

56. (*Ibidem*: 325-326).

57. (Pasán, 2005: 79. González, 2009: 113-133).

58. Esta película recibió críticas desde la España franquista pese a que, según Luis M. González, el filme exhibe una línea tradicional, insistiendo en el carácter evangelizador de la empresa. (González, 2022: 316-320).

59. (*Ibidem*: 325).

60. Washington Irwing fecha su nacimiento el 9 de marzo de 1451, originario de una familia noble pero no acaudalada. (Irwing, 1851: 218).

61. Testamento de Juanoto Berardi, Sevilla, 15 de diciembre de 1495. (CODODES, 1994: II, 873-874).

62. (Varela Bueno, 1988: 43-45. Esteve, 1992: 43. González Ochoa, 2003: 427).

63. (Boorstin, 1989: 246. Robles, 2018: 22). Pérez de Tudela, en cambio, sugiere la posibilidad de que hubiese viajado a bordo de la nave capitaneada en 1498 por Juan Antonio Colombo, en la tercera expedición colombina. (Pérez de Tudela, 1994: I, CCXXXVI)

64. El padre Las Casas afirma que en realidad fue una mentira intencionada, al poner 1497 cuando en realidad sabía que debía poner 1499, coincidiendo con el viaje que hizo con Ojeda y Cosa. (Las Casas, 1951: II, 115-116 y 210). Pero cuesta creer que el florentino tratase de hacer pasar por cierta una mentira de esa envergadura.

65. Escritura de sustitución de poder otorgada por María Cerezo, en nombre de su marido, Sevilla, 27 de enero de 1500. (Bono, 1986: 159).

66. (Verlinden, 1967: 154. Formisano, 1986: 13-15).

67. (Vespucci, 1986: 56, 84 y 131).

68. (*Ibidem*: 91).

69. (Verlinden, 1967: 154-155).

70. (Arciniegas, 1990: 9. Esteve 1992: 43. Fernández Herrero, 1992: 69).

71. La carta ha sido reproducida hasta la saciedad. Véase, por ejemplo, a Vignaud (1917: 305) y Vespucio (1951: 171-195).

72. La extensa carta está publicada en CODODES (1994: III, 1862-1919).

73. (Fernández de Navarrete, 1964: II, 121 y ss. Boorstin, 1989: 253. Verd, 1989: 56-57. Arciniegas, 1990: 325-326. Cerezo, 1991: 279. Esteve, 1992: 45. Fernández Herrero, 1992: 69-70. Pérez de Tudela, 1994: I, CCXXXV. Fernández-Armesto, 2004: 193. Martín-Merás, 2006: 69).

74. En otros mapas, como el de Alessandro Zorzi de 1506 o el de Francesco Rosselli de 1508 y otros posteriores, continuaron apareciendo topónimos colombinos en Asia, pues no era tan fácil ni rápido romper con la tradición. (Duzer, 2008: 276-277).

75. (Verlinden, 1967: 161-162. Posada, 2020: 130).

76. (Verlinden, 1967: 163. Arciniegas, 1990: 328. Fernández-Armesto, 2004: 267).

77. Carta de naturaleza a favor de Américo Vespucio, Toro, 24 de abril de 1505. (Fernández de Navarrete, 1964: II, 175. Manzano, 1988: II, 52-53. CODODES, 1994: III, 1753-1754. Bernal, 2005: 120). Pocos días antes le habían entregado una ayuda de costa de doce mil maravedís. Real Cédula al tesorero Alonso de Morales, Toro, 11 de abril de 1505. (Fernández de Navarrete, 1964: II, 174-175. CODODES, 1994: III, 1749). Tres años después, el 18 de marzo de 1508, le concederían otros 6.000 maravedís de ayuda de costa. (Fernández de Navarrete, 1964: II, 78-79).

78. El título oficial está fechado en Valladolid el 6 de agosto de 1508. AGI, Indiferente General 1961, L. 1, fols. 65v-67r. (Ortega, 1925-1926: III; 129 Y 323. Gandía, 1929: 29. Fernández de Navarrete, 1964: II, 179-181. Boorstin, 1989: 251. Arciniegas, 1990: 295 y ss. Rubio Serrano, 1991: I, 31. Vicente, 2006: 100).

79. (Varela Bueno, 1988: 142-146. Arciniegas, 1990: 308).

80. (Fernández de Navarrete, 1964: II, 182-183 y 195). En 1524 estuvo entre el grupo de expertos que se reunió en Elvas-Badajoz para tratar de fijar con exactitud el meridiano y el antimeridiano establecidos en el Tratado de Tordesillas.

81. (Las Casas, 1951: II, 40. Corzo, 2018: 203).

82. (Arciniegas, 1990: 347. Pérez de Tudela, 1994: I, CCXXXV). Por poner solo tres ejemplos, Francisco Serrato lo acusó de ser un simple impostor, mientras que Carlos Callejo afirma que se inventó los cuatro viajes, atribuyéndose fraudulentamente el Descubrimiento, de ahí que publicase sus cartas en el extranjero, porque en España nunca hubiesen colado esas falsedades. (Serrato, 1893: 333. Callejo, 1958: 13-14). Asimismo, Gabriel Verd

sostiene que a Colón —a su Colom mallorquín, claro— se le hurtó el honor de que el continente llevase su nombre, gloria que fue usurpada por su amigo Vespucio. (Verd, 1989: 58).

83. (Ballesteros Beretta, 1945: II, 708. Esteve, 1992: 48).

84. En una de esas misivas le dijo que el florentino era una persona de bien y que en todo momento trató de ayudarle. (Manzano, 1988: II, 29. Arciniegas, 1990: 11).

85. (Varela Bueno, 1988: 66).

86. La idea de que al final de su vida pudo tener idea de que aquello era un continente nuevo ya la planteó el siglo pasado Alfonso Gámiz (1960: 31-63).

87. (Vespucci, 1986: 67. CODODES, 1994: III, 1935-1944).

Conclusiones

1. (Ramos, 1990-1991: 27-43. Baraibar, 2011: 12),

2. (Martín Hernández, 2009: 99).

3. Así lo expresó en un artículo publicado en 1928 en la revista Variedades. Cit. por José Antonio Benito, en <https://jabenito.blogspot.com/2014/03/cristobal-colon-en-peru.html>? (consulta del 25 de enero de 2025).

4. (Gil, 2007a: 144).

5. (Humboldt, 1892: II, 177).

6. (Serrato, 1893: 47-48. Segovia, 2009: 54).

7. (Martín Acosta, 2006: 312-313).

8. (Las Casas, 1951: I, 315).

9. Carta relación del cuarto viaje de Colón, Jamaica, 7 de julio de 1503. (CODODES, 1994: 1525).

10. (Varela Bueno, 1992: 24-26. Varela Bueno, 2010b: 165-175).

11. (Ortega, 1925-1926: II, 358. Fernández Duro, 1972: I, 113).

12. (Gil, 1986c: 1. Colón, 1989: II, 593. Verd, 1989: 33. Bouza, 1990: 53. Varela Bueno, 1992: 38 y 43-44. Colón de Carvajal, 1992: I, 1. CODODES, 1994: III, 1519-1545. García-Osuna, 2013: 141).

13. (Varela Bueno, 1992: 33).

14. Es cierto que no tenemos toda la información sobre la fortuna que pudo amasar durante el virreinato, o sobre las posibles rentas que llegó a percibir, porque no disponemos de los registros completos de los navíos para una época tan temprana. (Colón de Carvajal, 2006b: 7).

15. (Gil, 1986c: 75 Alfonso Mola, 2006: 330. Gil, 2007a: 541).

16. Baste citar un par de casos: Juan de la Cosa, que murió asaetado en el golfo de Urabá, el 28 de febrero de 1510, o Juan Sebastián Elcano, que pereció en medio del océano Pacífico.

17. El 2 de junio de 1506 se ordenó al gobernador de las Indias, Nicolás de Ovando, que acudiese con las rentas que le correspondiesen a Diego Colón, hijo primogénito y heredero del primer almirante. AGI, Indiferente General 418, L. 1, fols. 8v-10v.

18. (Rojo, 2007: 159).

19. (Thomas, 2004: 13).

20. (Taviani, 1990: 68-69).

21. Utilizaron esa misma expresión u otras parecidas numerosos testigos, entre ellos Rodrigo de Escobar, Juan Grande, Gonzalo Camacho, Hernán Pérez. (Pleitos, 1984: III, 28. Colón de Carvajal, 2015: III, 1213-1216. IV, 2126, 2135). El propio Rodrigo de Bastidas, en una declaración muy honesta, reconoció que solo pudo hacer sus viajes por la industria y los descubrimientos que previamente hizo el almirante. (Colón de Carvajal, 2015: IV, 2189).

22. (Fernández de Oviedo, 1992: I, 21).

23. La ruta entre Acapulco y Manila fue recorrida de manera ininterrumpida entre 1565 y 1815, cuando el último de los galeones, curiosamente denominado *Magallanes*, la realizó por última vez. (Mira, 2019: 225-227).

24. (Comellas, 1991: 249).

25. (Bergreen, 2011: 368).

26. (Bataillon, 1954: 343-351. Boorstin, 1989: 89).

Metodología

1. (Certeau, 1975: 275. Dosse, 2007: 21 y 185).

2. (Plejanov, 1974: 78).

3. Plejanov va algo más allá al escribir que el elemento individual no tiene absolutamente ninguna relevancia en la historia y que toda ella se reduce a la acción de las causas y leyes generales, así como del movimiento histórico. (1974: 78).

4. (Casanova, 2003: 142).

5. (Passeron, 2011: 285-286).

6. (Gómez-Navarro, 2005: 8-13. Naranjo Sanguino, 2023: 13).

7. (Dosse, 2007: 22 y 428).

8. (Ginzburg, 2001: 9-10).

9. (Febvre, 1986: 30).

10. (Boldizzoni, 2013: 23).

11. (Febvre, 1986: 42-43).

12. Cit. en (Dosse, 2007: 93).

13. (Hobsbawm, 1998: 20-21).

14. (Plutarco, 2007: 61).

Fuentes e historiografía

1. (Varela Bueno, 1992: 57). Carta de Isabel al almirante, Barcelona, 5 de septiembre de 1493. AGI, Patronato 295, n. 20. (Rubio, 2007: I, 197-198. Colón de Carvajal, 2015: II, 207-208). En esa misma misiva le pedían que enviase lo antes posible la carta de marear que estaba preparando.

2. (Luca de Tena, 1968b: 15. Esteve, 1992: 22. Gargatagli, 2021: 63). Sabemos que Colón con posterioridad solicitó la devolución del citado diario, que se envió a Juan Rodríguez de Fonseca para que se lo entregase. (Sagarra, 1997: 38).

3. (Cioranescu, 1978: 46. Denisova, 2017: I, 149. Tola de Habich, 2017: 13). Se ha discutido mucho sobre cuánto de fidedigno tiene el texto extractado por el dominico. Sobre el particular, véase el trabajo de Marta González Quintana (1992: I, 499-520).

4. (Colón, 1986: 72, 77, 80, 82, 84 y 89. Núñez, 1989: 71).

5. Sobre esta cuestión véase a Tola de Habich (2017). A los españoles les causó una gran impresión, pues decía Herrera que quedaban «maravillados de su grandeza y espantosa figura...». (Herrera, 1991: I, 286).

6. Carta de los Reyes Católicos a Cristóbal Colón, Barcelona, 5 de septiembre de 1493. AGI, Patronato 295, n. 21. (Rubio, 2007: I, 198-200).

7. Como es sabido, antes de zarpar de Cádiz, en su segundo viaje, entregó a cada uno de los capitanes de las embarcaciones un sobre cerrado con la ubicación exacta de La Española que solo podían abrir en caso de perderse. (Ballesteros Beretta, 1945: II, 197. Las Casas, 1951: I, 351. Colón, 1985: 163). También sabemos que lo hizo al menos en la cuarta travesía, aunque según el relato de Diego Porras, Contador Mayor de la Armada, más adelante se las quitó, con toda probabilidad para evitar que pudiesen cambiar de rumbo por su cuenta. (Esteve, 1992: 36-37)

8. La carta fue publicada impresa por primera vez el 20 de abril de 1493 en Barcelona, en los talleres de Pedro Posa, y después fue reeditada y traducida a varios idiomas como el italiano, el latín, el alemán o el francés. (Verlinden, 1967: 93-94. Antequera, 1992: 26-32). Solo entre 1493 y 1497 hubo diecisiete ediciones, nueve en latín, cinco en italiano, dos en español y una en alemán que han sido reproducidas facsimilarmente por Carlos Sanz (1951). El documento ha sido transcrito en infinidad de regestos, por lo que solo cito algunas. (Fernández de Navarrete, 1954: LXXV, 167-181. Verlinden, 1967: 92-93. Morales Padrón, 1979: 149-154. Morales Padrón, 1990a: 77-78).

9. Se sabe que fue vecino de Sevilla, antes y después de su viaje al Nuevo Mundo, aunque no existe la certeza de que fuese natural de la ciudad del Guadalquivir. (Varela Bueno, 1986b: 2). La relación se conserva en el Archivo General de Indias y fue publicada en 1819 por Martín Fernández Navarrete,

y desde entonces ha sido reeditada en infinidad de regestos y de obras colombinas. (Monte y Tejada, 1952: I, 213-234. Morales Padrón, 1990: 111-137).

10. (Varela Bueno, 1986a: 10, 27 y 33. CODODES, 1994: III, 1519-1545).

11. Unos citan a Nerbi y otros, como Juan Suárez de Peralta, a Albisola, también perteneciente al señorío de Génova. (Suárez de Peralta, 1990: 65).

12. En su obra incluye más de veinte documentos colombinos, entre ellos el diario de a bordo, de los que no se conserva el original, de ahí el extraordinario valor de la obra del dominico. (Varela Bueno, 1992: 178). Véase también a Antonio Ballesteros Beretta (1945: I, 34-55).

13. (Ezquerra, 1994: I, XXVIII. Fernández-Armesto, 2004: 104-105).

14. (Ballesteros Beretta, 1945: I, 76-77).

15. (Baraibar, 2022: 30).

16. (Ortega, 1925-1926: II, 288. Ballesteros Beretta, 1945: I, 17-20).

17. (Ballesteros Beretta, 1945: I, 88. Ezquerra, 1994: I, XXI y XXIX. García Cárcel, 2006: 384).

18. (Jorrín, 1888: 4).

19. Una de las ideas que con más erudición defendió fue que el objetivo del primer viaje fue la localización de las míticas islas existentes al oeste, cuando sabemos que trataba de llegar al Asia continental. (Jos, 1979-80: 16).

20. Uno de los originales y un traslado simple quedaron en poder de Cristóbal Colón, quien lo depositó en su archivo familiar de la Cartuja de las Cuevas de Sevilla, según consta en un inventario. (Serrano, 1930: 186 y 191). Una copia del siglo XVI se conserva en el ADA, Carp. 101, leg. 2, Doc. 3-1. Ha sido transcrita y publicada en numerosos trabajos, como, por ejemplo, por Antonio Muro Orejón (1951: 505-515), Francisco Morales Padrón (1979: 54-55), José María Moréu (1997: 89-90) o fray Vicente Rubio (2007: I, 87-89).

21. Ha sido reeditada tanto en castellano como en inglés. <https://datos.bne.es/obra/XX2137130.html?version=XX2701123> (consulta del m15 de marzo de 2025).

Apéndices

1. Debo este interesante documento a mi buen amigo el doctor Genaro Rodríguez Morel, que generosamente me autorizó a reproducirlo en este libro.

2. Se trata de Alonso Sánchez de Carvajal, un hombre de confianza de los Colón, que había sido regidor de La Isabela y había vuelto con el almirante a España y regresado en la tercera jornada descubridora.

ÍNDICE ONOMÁSTICO Y TOPOGRÁFICO

SUMARIO